HIGHER EDUCATION:

Handbook of Theory and Research

Volume XVII

教育科学精品教材译丛

Higher Education:

Handbook of Theory and Research（XVII）

高等教育学（第十七版）

John C. Smart

[美] 琼·C.斯马特　主编

陈伯璋　主持翻译

吴　娟　吴政达　等审校

凤凰出版传媒集团

江蘇教育出版社

JIANGSU EDUCATION PUBLISHING HOUSE

图书在版编目(CIP)数据

高等教育学/(美)斯马特(Smart,J. C.)著;吴娟等译. —南京:江苏教育出版社,2010. 1
ISBN 978-7-5343-9494-2

Ⅰ. 高… Ⅱ. ①斯…②吴… Ⅲ. 高等教育学 Ⅳ. G640

中国版本图书馆 CIP 数据核字(2010)第 002046 号

教育科学精品教材译丛

高等教育学

Higher Education: Handbook of Theory and Research (Vol. XVII)

琼·C. 斯马特(John C. Smart) **主编**

陈伯璋 **主持翻译**

吴 娟 吴政达 侯永琪 张雪梅 陈伯璋 陈锡珍 汤 尧 黄 玉 戴晓霞 **审校**

吴 娟 宋玫玫 李盈芳 官宏霖 侯永琪 张珍玮 陈芝韵 黄雅惠 廖玉珠 刘芝巧 薛晓华 **翻译**

责任编辑 韩宇新

出版发行 凤凰出版传媒集团 江苏教育出版社
(南京市湖南路 1 号 A 楼,邮政编码:210009 网址:www.1088.com.cn)
经销 江苏省新华发行集团有限公司
照排 南京展望文化发展有限公司
印刷 江苏凤凰盐城印刷有限公司
开本 787×1092 毫米 1/16 印张 24.75 字数 527 500
2009 年 12 月第 1 版 2009 年 12 月第 1 次印刷
印数 1-5000 册
ISBN 978-7-5343-9494-2
定价 48.00 元
批发电话 025-83657708,83658558
邮购电话 025-85400774,8008289797
短信咨询 02585420909
E-mail jsep@vip.163.com
盗版举报 025-83658551
苏教版图书若有印装错误,可向承印厂调换。
提供盗版线索者给予重奖。

译审者简介

主持翻译者

陈伯璋　现职：台湾“国家教育研究院筹备处”主任
经历：淡江大学教育学院院长、花莲师范学院校长

审订者

吴　娟　辅仁大学全人教育课程中心共同外语科专任讲师
吴政达　政治大学教育行政与政策研究所所长
侯永琪　财团法人高等教育中心基金会副研究员暨辅仁大学全人教育中心副教授
张雪梅　台湾师范大学公民教育与活动领导学系教授
陈伯璋　台湾“国家教育研究院筹备处”主任
陈锡珍　淡江大学教育政策与领导研究所助理教授
汤　尧　成功大学教育研究所教授
黄　玉　台湾师大公民教育与活动领导学系兼任副教授
戴晓霞　交通大学教育研究所教授

译　者

吴　娟　辅仁大学全人教育课程中心共同外语科专任讲师
宋玫玫　淡江大学未来学研究所助理教授
李盈芳　辅仁大学英国语文学系学士
官宏霖　辅仁大学国贸金融学系学士
侯永琪　财团法人高等教育中心基金会副研究员暨辅仁大学全人教育中心副教授

译审者简介

张珍玮　台湾师范大学教育研究所硕士
陈芝韵　辅仁大学国贸金融学系学士
黄雅惠　美国密苏里大学新闻学院研究生
廖玉珠　淡江大学教育政策与领导研究所研究生
刘芝巧　辅仁大学企管系学士
薛晓华　淡江大学高等教育研究所助理教授

教育科学精品教材译丛

总序

作为高校教师，我们中的许多人常常为教育科学教材的陈旧落后而痛心疾首；作为教育学人，我们中的许多人也常常对经济学、社会学等显学学科教材建设的突飞猛进而称羡不已。

于是，我们坐卧不安，我们摩拳擦掌，我们立志超越，我们走到了一起。经过几年的努力，涵盖当代高等学校教育学专业的全部主干课程的大型海外教材《教育科学精品教材译丛》（下面简称《译丛》）终于呈现在读者面前。

许多年来，我国高等师范教育和高等学校教育学专业课程改革的步伐极为缓慢，师范教育的教育学、心理学、教材教法这三门课程多年不变，教育学专业的课程内容陈旧，课程的选择空间相当狭小。可以说，改变高等师范教育课程和高等学校教育学课程的落后状况，是《译丛》最为基本的宗旨。

另一方面，随着教育事业改革的深化，教育实践中产生的问题日益复杂，解决这些问题需要极为丰富的教育科学知识和能力。《译丛》追求的另一宗旨正是通过奉献世界上最先进的教育科学知识体系，促进我国教育事业改革的深化。

在过去的几年中，高等学校课程改革已经取得了相当明显的成效。深化课程改革的一条重要途径是引进国外尤其是发达国家的高校教材，藉此提高教育质量和增进学生的学习能力。《译丛》的宗旨和思路与我国高校教材改革的这种方向是一致的，而且是高校教材改革过程的组成部分。

促进学术交流，是《译丛》向往的又一宗旨。学术沟通的障碍，表征是交际语言，而深层原因则是学术语言与学术规范。《译丛》希望通过引进国外的教育科学知识体系和贯穿其中的研究方法与表达方式,促进我国教育科学学术事业的进步,并为其走向世界奠定基础和开辟道路。

《译丛》是建国以来从海外引进的规模最大、门类最全的教育学科教材,被国内媒体称为"又一次重要的拿来主义"。在科教兴国的基本国策背景下,它所蕴涵的巨大社会意义已经超出教材本身。因此,《译丛》的编委会和出版者——江苏教育出版社对此高度重视,并为此做了大量的细致而扎实的工作。第一,组建了强大的编委会和翻译队伍。《译丛》的编委会阵容整齐,有各师范大学的博士生导师、教授以及一批海外教育专家;主要翻译人员和审校者均是教育科学专业的博士或教育科学领域的教授,其中一些译者长期旅居国外,并从事教育科学专业的研究和教学工作,他们均在教育科学领域具有相当深厚的积累,可以确保《译丛》的翻译质量。第二,精心筛选选题。《译丛》的入选图书品质上乘,所有选题皆经中、日、美等国专家反复磋商论证,精选而成。其中一些书目为国外学术机构所推荐,在国外大学拥有广泛的学术声誉。许多教材一版再版,最多的已达第十七版。

我们希望,这套教材能成为国内教育科学的替代课本或重要参考书,同时也能作为各地教师继续教育的重要资料。

我们期待,这套教材能给中国教育理论界带来一些观念和方法上的启示,为我国的教育科学的教学和研究,尤其是教材编写工作提供一定的借鉴。

我们相信,这套教材会得到许多中小学教师、校长、教育行政机关干部、教育科学研究人员、教育专业的研究生以及高校在校学生的关注和选用。

当然,我们更希望、更期待的是创新和超越。希望和期待我国的教育科学工作者编写出高水平的、具有中国特色的教材。站得更高才能看得更远,看得更远才能做得更佳,希望我们这套教材能使中国教育理论界有一个更高的起点,使中国的教师和师范学生有一个开阔的眼界。需要说明的是,原书附有大量的各类索引,但为降低图书成本,减轻读者负担,我们只好割爱,敬请诸君谅解。

我们欢迎各种形式的参与和合作,欢迎专家和读者随时为我们荐书,随时提出各种建议和评论。

《教育科学精品教材译丛》编委会

二〇〇二年四月

主持翻译序

21世纪高等教育的发展正面对全球化、市场化及信息化的冲击，如何秉持“大学自主、学术自由”(university autonomy & academic freedom)的核心价值，同时又能发挥教学、研究、社会服务的功能，的确考验着大学中的每位成员。

我们高等教育的发展进入21世纪以来，也呈现出“春秋战国”时代的氛围，各大学莫不铆足了劲，思索未来的愿景，拟定周延而可落实的策略，并竭尽心力统整各方面教育资源，以便在高度竞争的态势下能够继续发展。

近年来高等教育的议题不仅成为教育改革的重心，更是社会大众焦点所在，因此社会中的不同意见及学术界的各种论述，都展开了相当热烈的“擂台战”，而集结成书者亦为数不少。但能从微观角度深入探讨也能以宏观视野来比较者，则并不多见。本书《高等教育学》(*Higher Education: Handbook of Theory and Research*)可说是其中较具代表性的佳作之一。它涉及高等教育之重要领域，在高等教育的主体方面，不论是针对学生或教授，如高等教育的研究者如何投入高等教育的历程、大学生取得文凭的重要因素之研究与比较、博士班研究生的社会化与专业发展、大学教员的学术专业与生涯等，都累积着各种研究成果；在高等教育之议题方面，举凡微观的大学生学习动机与自我导向学习，到宏观的高等教育政策研究(如高等教育政策的效率性与公平性、高等教育的经费、社区学院的发展、高等教育中的政策实施研究发展等)，以及高等教育研究方法上的成果等，本书都有很广泛的回顾检视及深入的讨论。

最后要对本书翻译工作小组的成员侯永琪、宋玫玫、薛晓华、吴娟、李盈芳、张珍玮、官宏霖、陈芝韵、黄雅惠、廖玉珠、刘芝巧等老师深致十二万分的谢意，如果不是他们热情的投入，以及不厌其烦的修订，本书实在不易"出场"，同时也对吴政达、张雪梅、陈锡珍、汤尧、黄玉、戴晓霞等教授的审订表示谢意。期盼本书能为关心高等教育发展的各界人士提供一重要参考资料。本书为集体翻译之作，疏漏之处难免，仍请各方好友不吝指正。

陳伯璋谨序

于淡江大学教育学院

作者简介

Joan S. Stark（第一章作者）

密歇根大学安娜堡分校名誉教授及教育学院名誉院长。她是国家研究发展高等教育教学及学习中心（National Center for Research to Improve Postsecondary Teaching and Learning, NCRIPTAL，为一由美国联邦政府补助的组织）的主任，著名期刊《高等教育评论》的编辑，以及高等教育研究协会（Association for the Study of Higher Education, ASHE）的会长。她在大学课程及高等教育课程领导等领域有广泛的研究，出版多种著作，也曾经三次得到 ASHE 的奖项。

Paul R. Pintrich（第二章作者）

密歇根大学安娜堡分校的教育学与心理学教授，兼任教育-心理学系学程的主任。他的研究主要在于青少年的动机发展、学习上的自我调节，以及课堂环境如何塑造动机轨道和自我调节能力的发展。他已发表超过一百篇的论文及专著，也是八本书的共同作者或共同主编，其中包括一本有关动机理论的研究生院教科书《教育动机：理论、研究及应用》（*Motivation in Education: Theory, Research and Applications*）。

Akane Zusho（第二章作者）

密歇根大学安娜堡分校的教育-心理学系的博士候选人。他的研究重点在文化、自我概念和成就动机之间的交互作用，以及文化与成就动机对学习上自我调节的关联性。

Deborah Faye Carter(第三章作者)

印第安纳大学教育学院教育领导与政策研究学系的高等教育学助理教授。她的研究重点在少数族裔学生的升学渠道与公平议题、大学生的归属感,以及非传统学生的学习成果。她的专著《延迟的梦? ——检析非裔与白人美国大学生的学位抱负》(*A Dream Deferred? Examining the Degree Aspirations of African American and White College Students*)于2001年出版。

Stephen L. Desjardins(第四章作者)

艾奥瓦大学教育学院的计划、政策与领导研究学部的高等教育学助理教授。他的研究兴趣包括策略性招生管理的相关议题、有关大学生离校的研究,以及高等教育经济学。他在这些领域的研究曾经发表于《教育经济学评论》、《高等教育研究》、《学生资助日刊》及《航空专业档案》等学术期刊。

Donald E. Heller(第五章作者)

宾州州立大学高等教育研究中心的副教授兼资深研究员。他的教学与研究重点在于高等教育的经济学、公共政策和财政学等相关议题,以及高等教育科技。他是专著《州政府与公共高等教育政策:学费负担、入学渠道及绩效责任》(*The States and Public Higher Education Policy: Affordability, Access, and Accountability*,2001年出版)的作者。

Corinna A. Ethington(第六章作者)

孟菲斯大学教育研究学教授,兼教育研究方案的协调主任,并在该校教授统计与研究方法。她的研究兴趣包括大学生经验,以及和各个教育阶段的性别差异有关的领域,尤其致力于研究两性在数学与科学方面的表现、持续性,以及成就上的不同。她近来的成果包括与约翰·C.斯马特和肯尼思·A.费尔德曼(John C. Smart & Kenneth A. Feldman)合著的专著《学科——霍兰的理论与有关大学生及教授的研究》(*Academic Disciplines: Holland's Theory and the Study of College Students and Faculty*)。

Scott L. Thomas(第六章作者)

佐治亚大学高等教育研究生院的副教授。他近来的研究专注于高等教育的入学渠道及层级化的议题,尤其是在与大学质量及主修选择有关的经济成果与受惠程度方面的研究。他的著作曾涵盖教育社会学、劳工经济学与学生续学程度等领域。他在研究方法方面的著作包括最近出版的与罗纳德·赫克(Ronald Heck)合著的《多层次模式技巧概论》(*An Introduction to Multilevel Modeling Techniques*)。

Gary R. Pike(第六章作者)

密苏里大学哥伦比亚校区的助理副学务长,兼学生生活研究处主任。他的研究兴趣包括大学生学习与发展评鉴,以及学生课堂内及课堂外经验对他们学习与发展的影响。

Kevin J. Dougherty(第七章作者)

哥伦比亚大学教师学院组织与领导学系的高等教育学副教授,兼该校社区学院研究中心的资深研究员。他在过去二十年间,曾经对社区学院及教育卓越改革运动发表诸多的著作。他的研究兴趣包括联邦与州政府、私立机构对于社区学院所要求的表现绩效责任制度(包含奖助制度),以及社区学院的新角色(诸如契约训练、小型企业发展与地方性经济计划等人力培训与经济发展的活动)。

James Soto Antony(第八章作者)

华盛顿大学教育领导与政策以及多元教育的助理教授。他的研究兴趣在于高等教育的社会心理学,尤其专门于两个领域:(1) 分析大学生的社会化情形,及其对抱负与成就的影响。(2) 检视大学生与教授的抱负、角色满意度及成功生涯的社会与心理决定因素。

Åse Gornitzka(第九章作者)

是位于奥斯陆的挪威学术研究与高等教育研究生院(NIFU)的研究员。她在政治学方面的博士论文,主要讨论公共政策决策领域的科学的组织,以及研究成果的运用。她近来的研究主要在于欧洲高等教育政策,以及高等教育的组织改变过程。她最近有关这些领域的著作都已在《高等教育》与《高等教育政策》等期刊发表。

Svein Kyvik(第九章作者)

挪威学术研究与高等教育研究生院的资深研究员。他从 1978 年开始便任职于 NIFU ,并从事科学社会学以及高等教育等领域的研究。他是一位政治学家与社会学家。他的博士论文题目为《生产力在学术界:科学出版社在挪威大学》(*Productivity in Academia: Scientific Publishing at Norwegian Unversities*)。他在各种期刊上发表论文,包括高等教育类期刊,诸如《高等教育》、《欧洲教育杂志》和《比较教育》,以及专门讨论科学研究的期刊,像《科学计量学》、《科学传播》、《科学与公共政策》和《科学、技术与人文价值》等。他近来还负责评估挪威的博士培训系统。

Bjørn Stensaker(第九章作者)

挪威学术研究与高等教育研究生院的研究员。他自 1993 年起便任职于 NIFU,主要研究领域在质量评鉴、全国性评鉴系统及高等教育组织与管理等方面。他还在有关高等教育质量保证及改进系统的设计与影响等议题方面广泛发表论文。他是欧洲组织研究学会(European Association of Institutional Research)的执行董事之一,也是学术期刊《高等教育质量》的国际咨询委员会的成员。他的本行是政治学家。

Judith M. Gappa(第十章作者)

普渡大学教育行政学教授。她的学术兴趣包括教授的生涯与职业、有关公平的议题、高等教育领域内的管理议题。她的著作《无形学院》(*The Invisible Faculty*)与佛罗里达州立大学的戴维·莱斯利(David Leslie)合著,专门讨论兼任及临时教授的议题。她曾于 1995~1997 年间担任美国高等教育学会(American Association for Higher Education, AAHE)计划案"新道路——21 世纪教授生涯及职业"的资深研究员。

目　录

第一章 投入高等教育的一段意外旅程

本书的编辑约翰·斯马特(John Smart)曾经邀我叙述如何进入高等教育这个研究领域,以及我个人认为最精要的部分,还有我是如何将此领域发展成适合我的工作的,另外他还希望我阐明在我任职期间对高等教育的领域范围期望如何改善,并提供建议给现今的学者,以及一些可能的发展方向。我很荣幸能有这个机会,且值得高兴的是,我是为这个系列写自传式论文的第一位女性。在将我的想法整合起来时,首先,我吃惊地发现这与我原先计划的职业生涯截然不同。其次,与在高等教育系列发表过文章的那些受人尊重的男同事相比,我的故事应是跟他们有很大的不同!第三,在此研究写作团体之中,我是第一位在高等教育领域获得高学位的作家,而非一般传统学科。

男女平等、雄心壮志及1950年的机会

我从来就没设想将目标放在成为一位高等教育的教授或研究者上。然而回顾从前,假如有一些征兆,那大概就是我在雪城大学加入学生会吧。事实上,在20世纪50年代,雪城大学的行政管理人员和学生领导者正面的互动深深地影响了我,接下来几年,因为这个影响,我观察了许多研究高等教育的学者,发现他们在大学求学时都深受这个影响。除了与校园行政管理者有所接触外,我在职场上的其他发展大多是纯属意外。在那个年代,一个年轻的女子应该是恪守本分,而非胸怀大志地抱有过多向往。回顾当初将我引入高等教育这个领域的因素,我了解到以往性别的重要性及女性工作发展的背景,因这几年的环境变迁着实已有改变了。部分男同事的职业常常被有关军事的议题所影响,但很少被性别区分或家庭要求所左右,而我的经历就和他们大不相同。

我在学校担任老师的双亲,对我都抱有高度的期望。我的父亲鼓励我去读科学(并非是不实际的人文学科或文学),并且相信对一个女子来说,教师证照是一个有利的安全保障。我花了三个暑假的时间待在伊士曼·柯达当化学解析员,这是一份甚少有人际关系上往来的工作,鉴于此,我对于另一项任职于公立学校化学教师的提议便很欣然地接受了。我父亲

也认为我应该在从雪城大学毕业后就可以立即开始教书，这样一来我的硕士学位就显得更有意义。于是，在大四(1956～1957)时，我很荣幸被雪城大学的化学系邀请代替一位研究生担任普通化学的助教。

在那短短的一年，我感到纳闷的是，为什么我不能像大部分的同学一样申请医学院呢？先不论我父亲本身对科学的兴趣，另外他还十分确信地表示，如果我真的就读医学院，那将会是一种浪费，我应该要像大部分的女人一样，必须结婚生子而不是从事这些实习工作。我的母亲认为护士或牙齿保健师比医生或牙医更适合我，当然，假如我非常希望成为一位医生，我可能可以达成。或者，假如我想过化学研究员的生活，我可能会接到一些临时邀请，让我得以跟随一位指导教授到一所新成立的大学的化学实验室工作。不然，我可能会得到哥伦比亚大学师范学院科学教育硕士的研究生奖学金。但在我大学毕业后，父亲身体的健康状况急转直下，在经济不稳定的胁迫下，我不顾父亲原先的计划，开始在一所纽约市近郊的中学教物理，这可使我同时着手进行我在哥伦比亚大学兼任的研究工作。

我母亲以为当我结婚后就会稳定下来，远离那些所谓的道德危机，尤其是那个年代，年轻的女性会因为某些未知的诱惑而导致自由意识逐渐高涨。为了保护我远离此类的危险，她认为这应该是我未来丈夫的责任。当我遇到比尔·斯塔克(Bill Stark)之后，我真的变得“安稳”多了，他以前是就读师范学院数学系的，现职为进出口贸易商。在我教书的第一年春天我们就结婚了，我在第二年的五月请产假，而第一个孩子在七月出生。自 1959 年起区域性的学校教育法规定：“怀孕的老师必须在被看出怀孕前离开学校。”但因为学校方面非常希望学生能通过纽约州学区考试测验，而且物理的代课老师非常难找，所以我被准许继续讲课，虽然有几个家长抱怨他们的女儿不应该看到怀孕的老师。这种时代当然已经改变了。我的三个女儿只要她们愿意，都有权力继续待在她们的“工作岗位”上，直到她们要临盆的那一天为止。

在我儿子和第一个女儿的幼年时期，我们经济吃紧，多亏有一位好心且有六个孩子的母亲愿意当我两个孩子的临时保姆，我才得以在从事研究生院学术研究之余，在长岛的中学担任代课老师。我很喜爱这个以学术为导向的学校，特别是当学生领会我在科学及数学课上所提供的一些教材时。这是在其他的中学很难看到的，特别是当我被请去教自然科学，甚至是工艺课时。同时，在师范学院的那段时间，我将我的专长由科学教育转变至教育行政，并有足够资格担任纽约州中学校长。为此，我深信当我最后以教育为全职时，我有信心成为一个好的管理者并为教育作更多的改革。

我人生的转折点发生在一位哥伦比亚大学教授要求我对他的开会报告做的事前编辑修正。他对我的信心和赏识，激发我写信给许多出版社，应征以小时计费的科学及数学教科书的自由作家。在此我说明一下，其实我也想多花一些时间陪伴我心爱的孩子，但我依然需要工作！在 60 年代初，那是一段对于数学及科学需要作大幅课程上修改的时期，十分幸运地，我的技能很符合这项工作。而且，大约有九年的时间我都在家进行物理、化学及“新数学”的规划。在第三个孩子出生之际，我由编辑校稿、编索引的阶段，晋升为撰写解答本及教师手册。我是一个那些不想烦心为教师编写教材之作家背后的捉刀者，我的所得呈现倍数增加，两倍、三倍、四倍，很快就达到十倍了！

在多年以后，我发现可以主动要求在作者群或是在一些资料来源上列出我的名字。我的名字在刊物上的出现也帮助我缩短了找寻工作的“空窗期”，这也是在20世纪六七十年代许多妇女在她们的小孩长大后想重新进入职场所面临的问题。

博士求学期间(1967～1971)

第一本署有我名字的刊物出版，约与我第四个孩子出生的时间相同。几乎是同时的，我丈夫比尔上课的社区大学的小布告栏上，需要一位夜间部的化学教师助理，我获得这份工作，并为期一学期——这是当时反任人唯亲条例一个特别的例外。在教了几个学期之后，这个教书机会比起任何其他的因素，都更直接影响我在高等教育的职业生涯。

60年代末，劳资双方代表进行的谈判刚在纽约州立社区大学开始。我们的机构经历了纽约的第一次罢工——这次罢工对教授及行政管理者在学术课程和师生士气各方面都造成相当大的打击。观察此事件产生的影响，我确信社区大学的经营有其需要改进之处。某天，在位于奥尔巴尼(美国纽约州首府)的纽约州立大学读数学教育博士学位的比尔回到家告知我，他替我登记了社区大学管理行政班。因为这和我PTA保龄球联盟俱乐部的行程有冲突，所以我反对；但是比尔认为我一定会喜欢，所以劝我试试看，事实上，那个课程可说是很糟糕的，但是这个重返大学的主意倒是很快地吸引了我。间隔十年的时间而且在大学毕业后生了四个孩子，不过在1967年，我进入了奥尔巴尼的教育行政博士班，专攻高等教育。任凭距离一百多千米的路程，以及一个星期三到四天的车马奔波，我再也不会去仔细算计是否还有闲暇时间去从事我最热爱的保龄球娱乐活动了。攻读博士学位是一项明智的抉择，男女童子军活动、PTA、教育委员会的选举这些有意义的活动填补了我在照顾孩子、教夜间班、教学生科学及数学和当业余作家之余的空闲时间，而且时间都配合得很好！恰好那时我只有两个孩子处于襁褓时期。

回想起来，当我开始进入教育行政博士课程时，只有两位女性参与其中：一位是十分成熟稳重的公立学校的行政管理者，另一位则在许多大学从事过行政职务。所长常常揶揄我们充其量只是在“装饰这个地方”，说不定我们永远也完成不了这个课程(我处理这种批评意见的方法便是以另一种幽默有趣的态度轻松带过)。虽说我将志向着重于大学行政管理方面的知识，而非仅止于中学教育，但把大部分焦点皆放在公立学校部门的课程活动，实在不是一件令人感兴趣的事。真正使我感兴趣的地方是社会科学方面的一些同性质的选修课程。我选了几堂社会心理学，其中有一些课程是由沃尔特·鲍克(Walter Balk)教授所讲授,这类课程我都十分喜爱。很荣幸地,沃尔特·鲍克教授之后也成为我论文口试委员会中的委员。

我根据鲍克教授的课程的一个计划,开始进行的第一个系统化的社会科学研究计划,是有关各种不同年龄的邻家孩子们其相似性的研究(为了鼓励他们参加,我给了每个孩子半打的郁金香子,来年春天,我们的社区盛开了许多颜色鲜艳的花)。为了这个社会学科的计划,我到为了筹备附近的斯卡奈塔社区大学所召开的董事会及初期管理行政委员会进行观察活动。最重要的是,我与我的指导教授保罗·巴尔杰(Paul Bulger,已于2000年逝世)合作,他之前任职师范学院的院长及前纽约州立大学水牛城分校校长。巴尔杰教授加强培养我在行政管理方面的学习。其间,我也遇到其他教授,虽然时间比较短暂,例如约瑟夫·博斯科(Joseph Bosco)教授就曾质疑我为何想成为一个研究者而不是一个行政管理者,但他们都是我的良师益友。

巴尔杰教授是一位对我们帮助最多的老师,他和我们分享他最近在大学担任校长工作的经验,以及如何凭个人才智来处理行政管理风格的不同,讨论最近发生的议题,这对大学行政管理者来说是一个具有挑战性的时刻,如"1972年高等教育法案"仍是处于计划阶段(有关联邦控制是否会随着政府补助下达至各学术机构或学生身上,此一争论仍然激烈地进行着)。《高等教育年鉴》(*Chronicle of Higher Education*)的出版使我们继续了解有关这类的议题;纽约及新泽西州计划提供纽约州立大学帝国学院及托马斯·爱迪生大学成人教育协助;CLEP测验也开始帮助成人进入大学修进阶学分;联邦政府开始资助国家高等教育管理系统中心(National Center for Higher Education Management Systems, NCHEMS)。

巴尔杰教授对国家高等教育管理系统中心有明确及传统的意见。他建议我继续关注在成立此一系统中心后所可能招致的危险举动,例如:有关高等教育的事物会被加以量化或只是因为某些戏剧性的巨变而导致更糟的结果。巴尔杰教授觉得美国高等教育协会(American Association for Higher Education, AAHE)非常具有正面意义,而当时我正好为此一大型会议担任议程的记录人员。此会议的召集者E. K.弗雷特韦尔(E. K. Fretwell),他一直是巴尔杰教授在家庭和事业上的好朋友,不过令我最惊讶的是,他要求我替此团体做此会议的摘要。因此我不仅仅要学习如何快速思考,也认为它是增加我在早期工作中与旧网络联结的机会与能见度。之后我替美国高等教育协会"不再让研究生担任会议记录"的这个想法而深表遗憾,因为此一举动不仅不必花半毛钱,而且还会提高学生的参与感。巴尔杰教授介绍我到芝加哥的高等教育教授协会(Association of Professors of Higher Education, APHE),后期这个机构的名称改为高等教育研究协会。这是一个在星期天下午举行的一群高等教育教授的非正式会议。我记得学生只被准许参与很少部分的讨论,除我之外还有另外两位女士出席,一位是明尼苏达大学的玛丽·科科伦,另一位可能是埃丝特·劳埃德-琼斯或鲁思·埃克特。

在奥尔巴尼，博士班要求所有的学生担任一学期的实习生实际从事管理职位，要求大部分的学生必须负责助理监督之职。虽然高等教育已经有了新的方向，但实习生地位并未得到提升。我向邻近的大学及纽约州立中心大学办公室进行游说，但似乎没有一个机构愿意雇用一个有四个孩子且没有经验的兼职妇女。巴尔杰教授用尽各种方法说服了当地一位先生："她是未来的希望，而且她还获得了奖助金！"这才解决了这个问题。他之后任用我作为部门的助理以发展高等教育的课程规划。我与他共用一间看来十分庄重的办公室，他的最基本要求便是我的办公桌要整洁及下班后桌面要保持净空的状态，到现在这个习惯我仍然试着维持。另外，我每隔几个月便会写张感谢卡及进展报告给那些对我有恩的人。

我也不时会接到巴尔杰教授的关心电话，使我能够在华盛顿和奥尔巴尼与一些重要的人物见面。一切已成定局，我自己已投入了较局限的高等教育研究当中(1968)，对于未来职业的展望也才渐渐浮现出来：担任高等教育的教授。

巴尔杰教授是一位出类拔萃的行政管理者，但并非是位研究者。这和我的恩师约瑟夫·博斯科教授有相当大的差异，他逐渐灌输给我研究工作必须具有充足敏锐的洞察力。这种原动力是来自一位讲授基础教育研究课程的教授，他建议我说服博斯科博士得以让我进行独立研究报告，而不用去上他的课(在那些天我企图抑制这举动，因为我很想知道这位建议我这么做的教授，是否隐含了一些其他的原因，例如他在其他地方有需要我帮忙之处等)。

在那时候，我计划做一份规模非常宏大的论文，目的是在回顾及综合多份有关社区大学管理的博士论文，博斯科教授依据我的计划提出疑问，即我如何计划去分类数百份的研究概念。我说我打算以自己的方式分类，记得他大概是这样回答我的："你是什么东西，仅仅一个博士班学生的建议根本不值一分钱！"他给我一本很厚的黑皮书，弗雷德·克林格尔(Fred Kerlinger)的《行为研究基础》(*Foundations of Behavioral Research*)。他对我说："拿去阅读并熟记它，然后回头我们再来讨论你所学到的及提出的论文。"他又说："对了！你应该寻找一些可靠的类型或组织的概念，才可使你在做分类这些研究时，具有一定的效度及信度。"当然我并未(实在是无法!)熟记这本书，但是我必须尽量做到符合他的要求。在密歇根大学做了几年的教务长后，我已有资格提名弗雷德·克林格尔获得密歇根大学荣誉校友的头衔，但我仍然可以和他在晚宴中讨论那本书的细节。

我的论文，毋庸置疑地是建立在一个较简易且可掌控的社会心理学架构之上的。巴尔杰教授对我的信任使我能够在世界上留下一个文献的记录，博斯科博士及鲍克博士帮助我的研究技巧使我成为高等教育的教授之后，仍有时间作综合研究计划。

然而，要达到这个目标，看来似乎仍有一段曲折且漫长的路程。少数高等教育课程最初是要训练行政管理者而非是研究者，但对一位好的管理者仍是很需要的。因为就在1970年，学生由于某一些原因而产生暴动。记得我有一次在奥尔巴尼从教育大楼走到院长办公室时，还必须一步一步十分小心翼翼地从抗议学生的身边经过。对我来说，在那段非常时期，我需要一位有管理实务经验且可信赖的教授和高等教育的研究者带领，但实际上我当时并没有碰上任何一位。

磨炼我的行政管理技巧(1970～1974)

接着，我接到在马里兰州塔尔森・古彻大学的院长罗达・多西(Rhoda Dorsey)的电话，她有意要雇用一位助理院长来监督学生的指导课程，并在一月之内完成执行试验性质的计划与各种教职员委员会及从事教职。身为一个历史学家，她希望能够有科学背景的人来协助以取得平衡。她也认为，或许我可以教科学或数学来填补这个间隙。我到了塔尔森・古彻，且很快就爱上了这个大学及这里的人们。在经过协商后，我得以推迟原本规定要开始上班的日子，并可以先将纽约州搜集论文资料的工作结束。在 1970 年 1 月，我就和四个孩子(当时他们的年龄在三岁到十岁之间)及两只狗先搬到马里兰，留下我的丈夫比尔继续从事他的工作和研究。我希望在开始新的工作之后，可以分析我的博士论文资料及开始着手写论文。我记得第一天上班就遇到了下冰雹，这使得公立学校延迟了几个小时上课。我只能带着三岁大的孩子到托儿所，不过我上幼儿园的孩子必须自己去上学。我很快地告诉她如何看时间，并停止在厨房的桌子上画画，然后去学校，她无任何意外地完成了！

在塔尔森・古彻，就像在奥尔巴尼一样，我从良师益友那里增长了许多见识。多西院长帮助我了解她执行管理决策的前因后果，并尊重我的看法及意见。我在古彻学习到享受作研究以改善课程的乐趣。这个大学没有学术研究中心，但我逐渐地尝试在这方面帮助助理院长室。多西院长不但支持我的努力，而且还给我时间及经费去参与研究机构协会的年度讨论会(这是个在我专业的职业生涯中一直扮演着重要角色的团体)及 4-1-4 协商会与之后的高等教育创新协会(Association for Innovation in Higher Education)。

古彻女子大学一直有颇高的转学率，我常常和自愿转出(多半是转至男女合校的机构)的学生谈话，所以，我的第一份研究就是转学的原因。这份研究的类型是独一无二的，因为它包含了控制团体的各种分类。除了调查在第一年就离开的学生，我还询问了不论是否曾经考虑过转学但仍留下的一年级学生，了解究竟有何因素影响她们留下。结果相当有趣且有帮助，因为同样的学校特质使得一些学生离开，而另外一些留下。例如，如果一所大学做实质的课程改变以留下会离开的学生，它也对那些已留下的学生有相同程度的转移风险(从那时，我就再也没有看到其他像这种做法的转学研究)。我在古彻完成我的论文而且也指导了"4-1-4 学制所造成的冲击"的研究。我现在能够想象的是我出版的论文可能将科学及数学教师手册转变成高等教育的研究议题。

许多文理学院实验新的学制，以便学生能更自由地去探索新的观念或有效率地学习，例如：古彻女子大学（之后简称寺比尔学院）尝试让学生集中在几个单月中学习单一主科，有少数学校之后随着每个学年个别采取一个月制的形式，试着把四种课程平均分摊在两学期，这就是所谓的 4－4－1 学制。但是大多数学校采用 4－1－4 学制，例如古彻，以一月作为非传统的分界点，共有两期，每期四个月。我被委托协助教授发展非传统但学术上是健全并有效率的课程，由特别课程委员会来制定这些课程与相关实施规则。这项使命的完成包含许多有趣的任务，有几位古彻教授的学生要出国留学，我帮她们订了旅行行程，安排交通接送工具等相关事宜，当其中几位学生在莫斯科需要紧急做阑尾切除术时，我也总是尽我所能地给予最大的协助，但我还是会不时听到许多父母的抱怨。

一些教授在这特别的一个月期的学习制度下既胜任又愉快。例如有两位古彻化学教授在国家杂志的专栏描述他们课程的重点是去教年轻女子汽车的主要操作及修理。另一位教授讲授制酒课程，是门很实用的化学课，但我们必须取得特别的执照以调配适于饮用的酒制品。当然，并非所有的教授对于这个 4－1－4 学制都是采取热衷的态度。我就记得在一首我从两位哲学教授那获得的冗长及幽默的（但也是深刻的）诗篇中，想出了一些较“活泼狂放”的标题以迎合学生当时兴致的做法。

支持这些一个月学习课程的各个大学代表相聚在一起，提供经验分享及建议，范围由教育的理论至一般的安排细节，及要求学生一年缴纳三期的应付款项，还有提高学生宿舍迁进率，将出国旅游或海外实习学生的空房填满。这是 4－1－4 学制的研讨会，最初是在佛罗里达长老教会大学（现在的埃克德大学）由克拉克·鲍曼及爱德华·史蒂文斯（Clark Bouwman & Edward Stevens）发起的。4－1－4 会议创造了非传统的会议形式以适合非传统的任务。有一年，在会议中很重要的一部分就是激励教授假想是在一个虚拟的机构开会。在短短几年间，这个团体吸引了一些小型大学中层的行政管理者及教授们，引导他们“如何挣脱现有的思考模式”。在教学层面上，具有创新力的教授成员尝试以自我能力为基础的教育，例如凯勒计划，允许教授以学生的程度斟酌课程的进度。在行政层面上，一些大学会尝试订立学习进度、排除成绩及废除毕业考，以一个整合型高年级的研讨会代替。在学期行事历革新之后，为了增强组织的目的及扩增规模，我们换了个名字为创新协会（Association for Innovation）。在此，我认识了杰克·林德奎斯特、比尔·伯格奎斯特（Jack Lindquist, Bill Bergquist）及许多其他 20 世纪 70 年代早期在不同课程尝试创新的人。我在 1974 年担任此协会的会长，服务期间接触到我专业上熟悉的领域，但当我离开了此小型大学聚会之后，便渐渐失去此协会的消息，而他们不久之后也解散了。[1]

我有关学期行事历之研究的创新结论是，增进学习的计划课程，并可能产生一所

〔1〕 我并没有完全与一些小型独立学校机关失去联系，因为我在 1979～1985 年还于卡拉玛祖大学担任校务董事成员。

财力上可支持的大学。事实上，古彻的学生在一月学制暑期学分中了解到，他们可以在四年之内提早毕业。由于学校会计上的赤字，首先要作适当的调整，随后便中止了4-1-4学制(Stark, 1972, 1973)。

在创新协会，我遇见了德拉维尔大学的巴里·莫斯塔茵(Barry Morstain)，他发展了两个名为"学生生活量表"及"全体教员定位量表"的有趣方法。这些定位衡量学生及教授成员有关大学教育之目的、过程和权力关系的了解度。巴里十分渴望与大学的行政人员合作，确认等级及评定他们与其他变异的相互关系，所以我们花了一段时间进行合作。因为我刚好在行政研究协会(Association for Institutional Research)中，且能召集在小型大学中特殊利益的团体，所以我们其中的一个计划是调查教授的研究态度。我所知道的一些不同类型的小型大学，都愿意与我们合作。在古彻我已经见识到有关不同学科的教授在对教育的目的及过程上根深蒂固的不同(而且有时是不妥协的)见解。

我们的调查使我们得以用文件证明研究结果：在同质性高的文理学院中可以清楚区别，有些教授将教育目的视为一种理想的追求实践，而另一派则视为是投入职场前的工作准备(Stark & Morstain, 1978)。

在当时，这两个目的是为了继续生存而奋斗的小型学院的热门争论议题，独立的大学面对财政及招生压力时，不仅仅是开发传授职业导向的课程，也要吸收一些较年长者或非传统的学生。一般来说，在70年代看到了限制的放宽，这代表了满足学生的需求及增加他们对主动学习的责任。当然，之后教育者及大众都认为这对于学生的自由选择权条件可能太过宽松了！最初大约有1 985所大学开始再一次紧缩限制且统一入学要求，特别是学生必须提出以往在校学习的证明文件，并加以评估。

在学生等级定位工作方面，我也发现之前在古彻的转学率与学生和教授有关教育的信念、目的、过程及师生的权力关系之间高度的相关性。大多数古彻的学生强烈地相信，她们个人应该在受教育时扮演着一个有力的角色。大多数的教授不太愿意同意这种强烈的自主精神，因此，古彻有相当齐备的结构性课程。我发现学生们除了在其他方面都相似外，还有相当多转学的学生不喜欢教授始终控制她们学习的课程。这个发现和其他研究学校转学的报告是一致的，报告中指出转学是一种具有考量学生的需要、兴趣、才能与学术环境特质的功能(Feldman & Newcomb, 1969)。

这些早期的论文形式形成了我对不同学科差异、教职员对于教育的目的及过程看法的持续有兴趣的基础。虽然当时我并不十分了解我的论文及行政管理的责任，但使我对促进课程发展的念头逐渐萌芽。在小型的学院里，课程改制是被讨论的典型话题，改制过程还须经过行政层级和大部分教职员的支持签署。但不同学科的文化使得过程很难达成共识，而且企图达成共识或许会招致更多的教授团体分化。它本身也许已经过多次提议并组合协调的繁复过程，但结果永远不会使每个成员满意。这些协议的情节在课程委员会重复地上演，因此，课程改变重要的一步是帮助教授团体了解及重视他们不同见解的原因。这也使他们能尽量以相同立场来思考课程改制一事。

回顾过去,我和同事在从事了十五年的研究工作之后,了解这些早期研究确实是专业的准备课程规划的方向。它们也使我相信,系统化的学术行政研究不仅仅帮助个别的学校编制有效率的课程规划,也提供其他学校可以采用的课程改制的技巧。当我在整理删除一些不必要的资料时,我从来不会扔掉"教授等级定位的文件",我仍然有对它们作更多深入研究的想法。

这些论文中有许多是值得我再作进一步探讨的,虽然它们经常会占用我周末及傍晚的业余时间。当计算机技术逐渐升级,这种研究就显得更简易且更令人兴奋。古彻的计算机中心主任用占据整个房间的珍贵的 8K 计算机来协助我做统计资料,不过确实是比我的计算器进步多了。在我们投入六个变量之后,所得出的最大可能相关矩阵大致上有六组。

然而,科技看来并不总是如此地有帮助。大约在这时,古彻大学和邻近的约翰·霍普金斯大学参与了一个实验性的计划,即由国家高等教育管理系统中心(NCHEMS)所赞助的名为"RRPM1.6"的预测资源模型研究计划。经由 NCHEMS 计算机程序计算出**课程规划矩阵**(induced course load matrix)。由这个矩阵我们可以看出,学校入学率的改变是如何造成教学资源上的变动及对其他科系的影响的。例如基于过去的形态,这个程序可以告诉我们:如果英语系准许双主修文学,那么历史课将要增加多少新学生的名额?在此计划的记忆中有两件非常有趣的事,首先,当此模型在约翰·霍普金斯或其他大型的大学呈现有效的运作时,这个系统不能及时计算出古彻学生的配置,不过我们的注册组主任已经凭借他惊人的记忆力,知道每学年哪些学生要修哪些课程了。这种活动并不招致危险,但如同巴尔杰教授的预测一般:一些速度慢的计算机不能有效地超越富有经验的人脑。

接下来,在计算机才刚刚发展的初期,在 APL、FORTRAN 或 COBOL 系统中,每一项可变因素和关联性都需要被仔细地详加说明,以促成正确的编制程序。我办公室的一角被一沓沓的 NCHEMS 计算机程序的报告占据着,在每一份表上都印着较大的印刷字体,就是 1=Yes,2=No。有些通识课程的教授却对这些我看来荒诞的事物感兴趣,而且他们对于提供学分给计算机相关课程所引起的反对声浪有一些经验,显而易见地,在这些人的心中,所谓不可或缺的能力是单指机械性的,而非一些真正需仰赖智慧的事物。

我长久以来一直相信,管理行政方面的经验对于一位从事高等教育的教授而言,是非常基本且必须的一种职前准备,就好像我在古彻担任的第一线职务一般。没有任何以经验为依据的资料或是纸上作业,可以真正替代实际与教职员或学生的相处,事实上,直到我在文理学院遇到了一些瓶颈之前,我期盼可以多花时间和心力在古彻的管理行政工作上。当我们的多西院长晋升为校长时,她任命历史系一位资深教授担任临时院长,同时也推举我担任副院长,负责处理办公室行政事务。多西院长很直截了当地告诉我，除非是具有专业资格认证，否则以一个仅有教育博士学位的人是绝对无法在文理学院内担任院长职务的。之后，我成为教务主任申请者中被委员会复审的一个，他们要借着各个申请者的学习经历及临场所作的一些测验来作最后决定。有些申请者的名字也是我所熟知的。最后，古彻由外校选择一位化学博士来担任院长，这件事使我深深地意识到科系的偏见与性别偏见是一样深的。

身为学院主管及显露出学者精神的时期(1974～1978)

虽然毫无进展，我还是来回于古彻院长办公室，但是当我听到我的母校雪城大学也正在诚征高等教育系系主任时，我马上毫不犹豫地积极争取，出乎意料，我居然被录取了。这个科系包括四位教授(包括我在内)和几位助理，大部分都是在大学里负责过行政工作的人自愿担任。很不幸地，1974 年秋天，在一次船难中，我们失去了一位核心教授乔治・斯特恩(George Stern)。虽然我曾是如此盼望和他共事，但最终还是遗憾。

另一位全职教授是助理教授吉姆・赫弗南(Jim Heffernan)，他开发出一个全新的智力发展佩里(Perry)模型方案，也同时在纽约州从事新兴校外学位课程研究项目。第三位是约翰・赫尼(John Honey)，他是一位与马克斯韦尔市民学校联合聘任的大学的前任副校长，他和他在马克斯韦尔的学生也常常从事政策议题的探讨，例如艾米斯・麦吉尼斯(Aims McGuiness)与特里・哈特尔(Terry Hartle)(虽然不是经由很正式的程序来促成)。在兼职者中有一位是鲍勃・黛蒙德(Bob Diamond)，他是国际发展中心(Center for Instructional Development, CID)的助理副校长，他也大力推动了大部分校内通识课程的更新设计，使学校课程设计的基本含意显现在他的著作中。还有一位是埃德・凯利(Ed Kelly)，他是一名颇富名气的考核者和会议流程设计者。还有两位最近刚取得高等教育博士学位的欧内斯特・帕斯凯拉与帕特里克・特伦兹尼(Ernest Pascarella & Patrick Terenzini)，除了在别处任教之外，他们也热心地自愿开班授课，他们还负责搜集雪城大学的新生资料，并追踪学生学习情况的后续发展。明显地，每位组织成员所贡献的才能和心力都使其发挥的效能达到最大，这是个多么团结合作的团队啊！

在我口试时，有一位在雪城大学的人好像问过我的研究工作项目为何。若是如此，其实我也忘了当初的问题与回答究竟为何。我唯一确定的是，我很需要一份工作事项流程才能得以在这个多变的环境中维持基本和一定的研究可信度。为了要开始着手进行这份研究，在第一学期教育学院并没有指派给我教学工作，戴维・克拉沃尔(David Krathwohl)院长还建议我去观察帕斯凯拉第一次讲授的研究设计课程，但与其说我是观察者，倒不如说我是前来受教的学生，我学到了很多有关的研究设计，就像记忆中克林格尔的著作一样。我也觉察到作研究的那段时间，SPSS 第一版已在规模较大的大学中被推行实施。担任系主任时期我倒没什么深刻印象，比起在古御所肩负的一堆重担来说，这些一般的行政工作是轻松多了。唯一记得的是，当年我们大力积极招募顶尖莘莘学子，努力发掘他们的潜能。这该是一个多么意气相投且合作愉快的工作团队！

由于我对学生的关心，促使我在公共行政研究上进行了一项冒险革新。在古御任教使我对于"提供学生正确的资料以制定教育决策"格外重视，特别是入学信息方面。在 1976 年，我对一项消息十分感兴趣，那就是美国国会有意将"学生消费者信息"条款纳入高等教育修正条例中。不过它的本意是为了避免有些只为营利的学校，借由学生名义索取国家财政补助却不提供学生应有的权益。陈情者希望这项新条例适用于专科学校及大学，议员也向联邦交易委员会(Federal Trade Commission, FTC)提出禁止各校张贴任何对学生有误导倾向广告的规定。

参加在华盛顿的几个会议后，我发现对学生的关心及诚信和我的信念是趋于一致的，也就是高等教育不应处在联邦交易委员会或其他类似团体的控制之下，对于所谓诚信的广告标准尺度也提升为：如果学生没有在他们训练有素的那片领域找到工作的话，学校是会因此被处分的，对小部分人来说(不包括我)，他们的职业能力是在研究生时期所培养的。无疑，这个信息将会迫使大学去搜集一些无用却昂贵的信息供学生参考。

我深刻地觉得需要一个新的替代方案来修正已被误导的消费者保护主义，关键问题在于："学生如何能得到较佳的信息，辅助其学术上的决策？""谁要负责学生的兴趣是否真正受到保护？"我向一些具有专业水准的博士生请求协助，我们写了一本书以分析这些问题背后的答案(部分共同合著，部分由投稿文章而来)，也极力鼓吹高等教育相关团体，驱策它们真正承担起责任，先前一些已发行的篇章如乔斯-巴斯(Jossey-Bass)的《新方向的高等教育卷》就有一个会误导人的标题：《为学生促进消费者保护主义》(Stark, 1976)。(注意：所有新方案议题必先用动名词作开头以暗示行动！)

完整版著作名为《由多方面来探讨教育的消费者保护主义》(*The Many Faces of Educational Consumerism*)(Stark et al., 1977)，建议政府应试着保护在教育体系下的学生，而不尽然像书名一样的深不可测。这本书追溯保护学生权益的历史起源，分析其已提出的规则，并讨论当时为了保障学生公平性与学校进步的初衷的重要性，而非只是讨论如何保障政府的经费。这本书列入了图书查询系统的书目之一，但不久便销声匿迹。至今经过二十年，偶尔会有我的研究生关心是否有任何新的后续发展，但有人知道这工作已在 20 世纪 70 年代完成了。通常我会从地下室拿本书供他们作历史上的参考、启发，同时也提示他们 70 年代的保护学生权益运动和 90 年代的**评价运动**(assessment movement)两者有何类似之处，同样地，两者的提供者皆以政府限制规定的威胁来激起各大学的独立运动。

我反对那些在华盛顿的官僚提出的观点，也不赞同联邦政府对大学施加的控制，他们所要做的应是正视问题，而非粉饰问题点。另外更激起我好奇心的是，究竟学生在选择大学前真正需要的是何种信息，而他们又拥有哪些资料可供进一步的理解分析，这些问题也引起了一些人的兴趣。一个名为高等教育促进基金会(Fund for the Improvement of Postsecondary Education, FIPSE)的新的联邦政府单位提出制定“更好的信息，供学生选择”的全国性的计划，它们试着提供较新且更直接、更有效的信息给那些即将入学的学生，让他们的想象和现实不至于落差太大。

雪城大学因接受高等教育促进基金会的补助，而成为一个**资源机构**(resource agency)，此一工作是由研究生协助完成的，接下来我们便着手开始研究执行的议程。我们与九所不同性质的大学共同合作发展出此实验研究的手册，我们当前的研究目的就是要验证那些在教育家眼中对学生特别重要的信息，例如：学校政策及就业能力培养是否因研究的推行而对学生产生影响，另外，我们的长期目标要提出比先前更实用的建议，像作统计分析有多少比例的学生在毕业后能很快找到其(专业)领域的工作等。我们也随机选取几家高中以测试我们的假设：有提供重要就学信息的大学，不仅可提高学生群体意识间的认同度，也是在选择大学前众多考量的因素之一。但很可惜，我们的实验结果并不成功，因为学生们对大学既有的评价并没有因纸上的信息而改变多少。

其他方案同样也有着不确定的结果，“更好的信息，供学生选择”计划指出：总体说来，事实胜于理论，当高等教育促进基金会的成员越表现出不彻底的忏悔，就越显示出其背负的财政补助包袱有多大。舆论也在一些参与计划的大学和相关机构蔓延开来。通常来说如：“如果你想要以诚实为准则，但被拒绝入学，那你就放手一搏吧！但是可别把我们算在内。”这样下来，即使我们已发展了许多优良信息模式，也经由美国高等教育协会出版了几篇报告，但像国家许可顾问协会(National Association of Admissions Counselors)和国家财务支持行政管理协会(National Association of Financial Aid Administrators)这类性质的机构也并不急着采纳我们的意见，事实上，大部分学校只是虚应故事地征求意见，本质也只是做做表面文章罢了。

基于以上结果，我和我一群交情超过二十五年以上的朋友仔细衡量了“更好的信息，供学生选择”成功的原因。鲍勃·佩斯(Bob Pace)是加州大学洛杉矶分校的代表性人物，他奠定了学生问卷评量的根基。伊莱恩·奥克哈瓦斯(Elaine Elkhawas)担任美国教育理事会(the American Council on Education)的职员，年轻且具有出色的能力，常为全国性的报道文章拟制草稿。特德·马钦斯(Ted Marchese)是巴瑞特学院机构研究的发起人，不仅发展出新的且诚实可靠的信息，也同时使媒体大众真正了解巴瑞特学院所办所为何事。接下来的后续行动，我和特德共同着手进行一项有趣的方案。特德负责的是搜集巴瑞特学院学生满意度调查、财政补助记录、缩编数字等资料，我和另两个雪城大学研究生则在巴瑞特的图书馆花了一个漫长的下午，去查证其官方公开宣传刊物是否确实呈现了原始资料。我和特德在高等教育的期刊合著了一篇描述我们查证过程和结果的文章(Stark & Marchese, 1978),有意思的是,有些人也提议要查核公开宣传刊物内容的真实性,但似乎没有人先读过我们的文章,然后用作参考。

高等教育促进基金会接着又提供给我研究资金,让我负责第二个为期三年的"选择项目"(是一个帮助学生在教育方面也可拥有多项选择的中心),我雇用了帕特·特伦兹尼(Pat Terenzini)作为协助我的副手。选择项目计划是让学校的相关事务以幻灯片和手册来辅助说明,促进信息渠道良好地沟通并采取实际改善行动,许多机构借由这项计划的支持作了其后续调查,并阐述影响层面。选择项目计划同时也在许多地区和各校合作举办专题讨论会。

我领导的这两项计划,对于我接下来几年的研究产生了长远的正面的影响。首先,我学习到如何和大学机构共事、如何接洽并呈现可靠的研究报告以赢得合作机会,最后提供回馈。这些一连串协调性强的活动是和组织研究成员相处的基本要素之一。其次,我也学到如何妥善调配人力资金,使其达到适才适所的目的。在我的职业生涯里,经常和小组研究生或同事从事研究工作。经由通力合作,相信对其论文或学术演讲的完成有很大的帮助,不过随之而来的是同学们成熟的思考模式。第三,我学到了如何撰写和发表有关政策议题的演讲,这期间我受邀担任多场全国或多州大型研讨会的主讲人,我无畏地主张减少政府的直接干预将会建立更好的上下沟通渠道,但这通常会把我卷入一场大风暴之中(往后我还会再说到我如何学着尽量少发言)。第四,我观察到因从事教育研究引起了学者、提供资金者、政治决定者三者间的互动。第五,虽然这些有关公共行政方面的报告并不被看好,但始终不减我全心投入高等教育的信念,也包括任何机构和计划的评鉴。

任期内的新行政挑战(1978~1983)

当项目选择计划结束了第一个三年计划时,我的职场生涯产生了重大迂回,我的人生出现了戏剧性的转变。当时我在密歇根大学任职,在教育学院担任院长,一天下午我准备要对学校内某些提案的细节作最后修正时,我被告知了一个完全出乎我意料且令人震惊的消息:我的丈夫在巴尔迪摩的一家饭店参加海事研讨会议时,因发心脏病而猝逝了!这真是令人难以接受。我们有四个子女,长子十七岁在麻省理工学院攻读研究生,长女十六岁,是大一新生,还有两个小女儿分别在中学和小学就读。基于情势所逼,我不得不把家中成员重新聚集在一起,我卖了两间在雪城的住宅,并在安娜堡另购新居。当时我四十岁,成为一位单亲妈妈,处在陌生的环境,面对一个从没有女性担任过的工作,这处处都使我觉得一天二十四小时根本不够用!

我接受重新定位但已不具竞争力的教育学院之挑战。我实行着"选择"计划,但事实上的执行者是雪城大学的两位毕业生,一位是明尼苏达大学教授戴夫·查普曼

(Dave Chapman);另一位是长老会大学校长约翰·格里菲斯(John Griffith)。在过去五年中,我很少能找出时间去参与特殊的研究计划。我先前为学生选校提供信息的研究案,发展出不少杰出的报告,但我很少参与合著。不过我现今的首要工作就是负责推动研究发展,而非亲自投入研究。除此之外,我还为密歇根大学教育学院校友时事通讯撰写季刊评论,也在明尼苏达州一所高中与社区学院撰写毕业典礼的讲稿。我很荣幸在密歇根州著名的高等教育研究中心获得教职,但这个机构在我担任院长时,仍尚未发展成熟,部分原因是我觉得对学校内所有课程计划皆应持中立态度,另一方面也归咎于我时间不够。

在密歇根的教育学院聘用了近一百三十五名教授与助理,其中包括物理教育系,它的组织是独立的,预算也不在院长的控制之下。另外还包括演讲与听证科学课程。此外,教育部门还主办了两个孩童营队活动,借此表现其对教育学院财务与法律上的责任义务。而演讲与临床听力科系的教授仍属于医学院。但校内的重点核心着重在其他的十二个科系,其中有几位教职员是这些年从主流科系分离出来的。

在70年代晚期,教育部门面临着一些困境,导致教职员被解雇,教师联盟因而起来反对以教学助理代替正规师资;除此之外,硕士研究生的数量也骤然减少。每位教师平均每学期教授三门课,许多教授也在推广教育中心教授课程,他们也参与许多委员会,但对委员会的改选忧心忡忡;还有少数教授会持续从事研究活动,即使没有基金的资助、计划的支持,或费用早已耗尽。

二十年来无制度的博士生入学考试,已经制造了数目庞大的候选人储备,但他们多数人的论文质量并未真正受到有条理的监督。那年会计年度近乎一千一百万的预算,似乎还不够弥补所要偿付债务的款项,于是学校管理部门紧急下达以缩减预算作为优先考量的因素,以应财务危机。密歇根的院长对预算有较多的控制,甚至分配。但短期内,我还是很难控制先前产生的负债,所以我决定在还没展开下一个工作面试之前,我有责任提升各款项所能募得的金额,以补足赤字的差额。此时,社会大众及校友似乎也察觉到对新教师需求度的大幅下降,明显地,这次我所遇到的行政挑战是全然不同于在古彻或雪城的经历与体验。

因为我多半都在私立机构从事行政工作,所以我对公立大学内部产生的利益关系感到吃惊。即使在我离开雪城准备整理装箱之际,仍有许多在密歇根的利益团体怂恿我替他们的计划赞助资金或满足他们特殊的需求。这期间,我常接到州议员和大学董事会监事的询问电话,要求我推翻教师委员会的决议,而聘任特别推荐的人选或使不符考试标准的学生得以顺利入学。立法者要求查看研究报告的唯一真正目的,只不过是想确定他们提供的资金和真正花费的金额两者间毫无出入。当然,教育学院院长及运动员教练对运动员成绩标准的分歧是长久以来闻名的争议。我始终觉得拒绝所有不合理的需求是道德上正确的做法,但在面对无资格进入的运动员入学方案时,我又必须秉持弹性处理的态度,有时我的方法甚至全然被否决。在我对一切意外已不再感到诧异的时候，这种政治的现实面已不会对我造成打击了。

我更发现，大型学校的院长互相视彼此为竞争对手，他们不为全体的教育福利共同携手合作，反而着眼于争夺有限的教育资源。无论我是否因性别歧视感到孤立（那时密歇根大学九位院长中只有两位是女性），还是中央管理行政模式全然一片竞争的风气，2000 年夏天，当“幸存者”电视节目来校拍摄时，我决定让公立大学内的院长真实不作秀的一面完整呈现给美国大众。

我深信借由大型教学单位的资源整合与外界的鼓励、认同及赏识，教育学院教授能够提升研究的创作力和增进学生著作的质量。依照惯例，我开始由多项准备方案着手了解此计划的目标，教授和行政委员会与我一起商议，全体教师甚至利用周末讨论。为了能有更充裕的时间从事研究，我们将教师原有授课规定每学期最少教授三门两学分的课，调整为两门三学分的课，并分阶段淘汰一些推广课程，重整委员会（可降低教授超钟点），实质上紧缩、加薪、终身任职的步骤及标准程序。两项质量受到质疑的措施像是教职员退休和**弹性任命**（flexible appointments permitted），也都尽量避免铺张。

身为一个行政长官，对于我自己的计划却少有时间参与，多亏了安·奥斯汀（Ann Austin）的大力帮助（安·奥斯汀先是我博士班的学生，后来变成我的助教），因此，不管每日的行程表多忙乱，我总算有时间和精力去完成校友后续职业生涯发展的调查报告，就如同我在古彻大学内所从事的研究，这些调查结果都可以对教育学院未来规划有很大帮助，且最后我们会统计内容相似的调查报告，并发表其中的一些结果。

在我院长任期未满两年时，所有教授开始分别组合为五个他们觉得较有意义的小组，但很快地我们便发现这种自发性的改变来得太迟了。因为每当我们要为学校塑造一个学术与活力的新风气时，校方行政单位便会临时发布遍及全州的“预算危机”，而改实行另一种小而佳的方案。当相关行政单位决意大幅削减学校预算达百分之百时，有三所大学和其他许多学术机构单位发现了质量问题，形成了评估的指标。要如何顾全教育质量呢？这个议题值得深思！

这些在密歇根大学的预算审查案历经过了两年的曲折发展，不仅没为预算危机找出紧急的配套措施，反让学校、学院、院长陷入了一个困窘并混乱的境地。这原本应是一个适合研究人员从事高等教育行政的园地，但却没有人真正完成一篇详尽的研究报告，不过完整的原委可能从未被揭露过。有些密歇根的同事在机构从事个案研究充其量只是不想被他人视为粗鄙之人罢了。部分故事是发生在加州大学伯克利教育学院的杰拉尔丁·克利福德与詹姆斯·格思里（Geraldine Clifford & James Guthrie）身上，他们试着比较三所教育学院在审查过程中的异同点。但不巧地，当作者在使用《安娜堡新闻》（*The Ann Arbor News*）为原始参考资料时，遗漏了访谈的主要参与计划者。因此，其他人不知道这篇由新闻记者以教育学院的观点所撰写而成的文章已经被重新整理过了，因此最终在报上刊登则是副校长办公室准予发表的。

历经了十五年的教育生涯,有好几次都试着把我所知所学的作大致整理,情绪上的压力不容我只在一旁当个无所事事的学者。最后,当所有参与计划的管理人员被转至其他部门时,我也将所有重要的文件资料依标题整理,作为密歇根大学本特利历史图书馆的馆藏书籍,以供后继学者作研究参考。我唯一在教育学院出版的官方记述文章是在1997年4月13日的75周年校庆刊物中。

基于审查过程的结论,我决定不论最终结果为何,我都不适合继续位居院长一职,我和其他教授也都尝试厘清外界对管理阶层职务的角色及评价,众多来自各界的校友及同事均纷纷写信或发表评论来支持我们的立场。但这整个事件本身好像又把我安排成管理当局的反抗者,使我陷入两难的困境。我既不能精简缩编学校的规模,也无法重振其原有的名望及士气。于是在1982年夏末,当校方最终决议尚未正式出炉前,我主动地向校长哈罗德·夏皮罗(Harold Shapiro)表示,我打算在1983年五年任期届满之前提早退出院长的职位。

这时,一些议程及计划也都涌入我的脑海,使我体认到这是让我重新开始的一次契机,可令我更积极地投入高等教育的学术研究工作。我也刚被高等教育研究协会(the Association for the Study of Higher Education, ASHE)选为副董事长,接着于次年晋升为董事长,同时在华盛顿的国家教育协会(The National Institute of Education,后改为OERI)筹备设立数个教育研究中心,进行任务的说明,其中有一至两个研究中心会以高等教育为研究焦点。我向校长夏皮罗和副校长比利·弗赖伊(Billy Frye)表现出我对高等教育研究这项提案的热诚,并将引领其未来成果达到预期。最后我的建议被校长及主管官员所采纳。另外,特别提到有关我私人的一件事,在1981年的冬季,我与教育学院的同事马尔科姆·A.劳瑟教授结婚了。我们拥有共同的理念,不论是在研究工作上还是在日常生活上,都有我们两人想一起追求并达成的目标。

在一段冗长的审核之后,正如我预想的,教育学院被仓促削减了近四成的预算及活动经费,更确切地说,在作成最终决定之前,一篇国家性的报道《危机中的国家》(*A Nation at Risk*)便及时发表,政策考量下绝不能让大学放弃教育训练。行政部门决定将自然科学教育独立出来,自成一教学单位,显然地是因为有其他预算金额的资助。我和我的接班人卡尔·伯杰(Carl Berger,前任副院长),经由五年的通力合作成功地缩减了学校支出及提前退休,在这过程中外聘了一位院长来执行学校的改组更新。这整个事件最终总算有了完满的结局!

在我担任密歇根大学院长五年任期之后,我便没有考虑再担任行政工作。在50年代,我还是个年轻的大学研究生时,女性行政工作者是十分罕有的,直到70年代中期,女性逐渐被重视,社会上极力想招募能力出色的女性来实现**平权行动**(affirmative action)的目标。在我尚未到达密歇根大学时,就已经有一堆顾问咨询团体将我名列在各校长候选人名单之中了,但我拒绝了这些看来是千载难逢的好机会,因为此时我已发现自己不喜欢那些募款活动，而且也对无关我研究报告的公开演讲感到反感，最终我体认到在高等教育中最适任的角色便是当个学者或是教师(有了这两个目标，我便不必再绕道而行)。

这种坚定不移的信念，使我对那些循管理行政路线而爬升的人有敏锐的观察，我相信有许多女性或少数族群会因为“平权行动”而得以在行政层级的发展，即使他们心理尚未准备好去应对未来会遭遇到的行政工作挑战。我建议我的学生不需花费过多时间在每一个行政层级工作上，只要大致去体验，了解这职务真正的属性为何即可(有多余的时间再去完整实习也不迟)。我也建议他们如果被委托从事任何有关行政方面的事务时，在答应之前最好先确定他们能真正展现优于他人的行政风范，因为由行政实务中我们得知：高等教育学者所学的一切要能真正付诸有效实行，唯有在周遭相关组织机构的合力声援下才有可能达成。

重新返回研究工作(1983～1991)

1983 年恢复教师身份之后，上级领导先给了我一年的长假。在这一年中，我在莫尔及博士生邦尼·哈格蒂(Mal & Bonnie Hagerty，目前为密歇根大学护理系副教授)的协助下，发展了职业教育比较研究的一套程序。主要思考逻辑来源有两项：第一是我在文理学院所观察到的“通识”及“专业导向”两者间的紧张情势；第二是我在密歇根亲眼所见的对职业教育范畴极为严谨的预算审核。长久以来备受尊崇的传统专业科目(如医学、法律、牙科)或是较晚成立的企业经营方面的学科(如商学、制药学、工程学)通常具有较高的地位和较大的潜力而得以被准许设立。相较之下，以助人与艺术为导向的科系(如教育、护理、社工、环境科学等)反而被人忽略了，甚至院长在会议中所坐的座位也反映出这种科层体制。

另外值得附带一提的是，在我的看法中，一些参与密歇根大学预算审计委员会的传统科系教授，他们只采用自己既有的传统教学法，完全不理会他人意见，更是让我感到出乎意料的傲慢态度。举个实例来说明，有位法律系的教授坚持法律的教育方式一定要采用大型演讲及具有质问精神特质的上课方式，他重申实施大班制较节省经费，而且不需像其他学院的教育课程那样花许多注意力在个别学生身上。但对于我和莫尔而言，我们研究专业教育，其中有一个动机便是教育学校校长担当起教育的质量与责任，也希望任职审计委员会的成员可以真正重视校园内学科文化的多样性，因为专业准备课程涉猎的范围非常不同，诸如：教学目标、预期成果、教学方法、**学时承诺**(student time commitments)以及和专业人士保持良好合作关系。以上种种事项，对任何一个行政管理者而言，并不是这么容易发展其中每一项的专业工作的。我们衷心希望所作的比较研究可作为一个有效的指标参考，让专业学校的领导人能发展出一套模式以与其他领域同心协力地建教合作；也提供充足信息给想入学的学生，使其能配合个人喜好及专业技能作出正确选择。

大约在这个时期，有些国家性的报道要求大学主动削减或淘汰一些职业导向的课程，而且让主修社会人文的学生能享有更广泛的核心课程。前后两位国家人文学院(National Institute for the Humanities)主任——威廉·贝内特与林恩·切尼(William Bennett & Lynn Cheney)也认同此立场(Bennett, 1980; Cheney, 1989)。但当今之际，有超过半数以上的大学生入学偏重职业导向，且尚有许多学生因经济能力不足而无法延长大学修业期。在种种因素之下只单方面诉求削减职业导向课程，不去深入调查探索及取证，这种提议似乎有点不合逻辑而且过分简化了。他们的预定假设为：(1) 所有大学的职业教育都是十分狭隘且极度专业化的。(2) 研读伟大作家与思想家之作品可以自动产生批判的思考模式。终究我们希望所作的研究能发展出另一项更实际的建议，并借此达到加强通识教育和职业教育的双重目的。

从事研究大学专门教育

我、莫尔与邦尼首先发展了一个理论架构，可供引领的研究方向着重在职前专业教育课程的异同(Stark, Lowther, Hagerty & Orczyk, 1986)。[1]

在架构上，我们尽力去掌握在任何系统分析中所需的各种影响、过程、结果及关联。之后，我们在全国对十个不同领域的教授进行了调查，建立他们在教学目标、过程影响各方面的比较结果。我们也对大部分的教授进行口头访谈，并比较各种不同专业范畴所发行的教育期刊、文学作品(Stark, Lowther & Hagerty, 1986)。

在分析和了解这些不同领域的调查过程中，我们迅速得知，为何甚少学者会以不同角度作教育上的比较探讨。我们初步推测由于每个领域都树立起自我的专业准备环境，而这些环境被视为可以完全了解它的教育过程与结果，此环境成形也是由系所内部与大学内部建立关系，和外界专业团体所形成影响而决定的，经由校方专业工作团队委派的代理机构、协会等外界团队之间的活动关系而形成。专业准备环境较不受大学影响，包含着手进行何种计划、在何种规模或课程的类型运作(Stark, Lowther & Hagerty, 1987)。[2]

其中我们最重要的发现之一是所有的专业领域皆信奉一致的目标：如何针对研究生特殊专业实习(包括概念上、技术面的总体能力)的需要，进一步整合理论知识和技能。由于在不同程度上，校方均期望学生可以拥有良好的表达能力、逻辑连贯性、审美观、适应能力、领导力，拥有一份对周遭环境的学术关怀、持续学习的动机、专业认同和

---

〔1〕 经过这些年来，我发现每个研究计划都受益于完善的资料搜集库与立意清楚的研究前问题架构。一个良好的整体概念需要作者赋予其适当的空间自由度，并经由后续发现的新信息对研究本身结构体作不断的校订修正。

〔2〕 经由我们在大学专业知识领域中得到的经验法则：不论是在校园里或在职场上，有些以女性为主导地位的专业职务，连自身对其工作的评价都不高(例如：护理、教育、社工、人文科学及新闻学)，因此我们很难以性别的观点来厘清这一社会阶层议题。

职业伦理。

有些专业课程的次团体也在此时崭露头角，允许我们进行小组团体课程教育的理念。课程不同点在于：(1) 所处不同领域的教授对目标有共识的程度。(2) 这些目标包含着学生专业社会化的程度。举例来说：护理、社会工作教育学院似乎更需要传授职业伦理，相较于商业或机械工程而言，教授职业伦理是较不被认同的。

我们也关注到大多数**专业课程**（professional program）对学生的期望和通识课程主张的教学目标十分相近，主要不同点在于学生会将自己既有的知识技能应用在专业情况上，另一方面也同时应用在日常生活中（Stark, Lowther & Hagerty, 1987）。相对于这一共同理念，在各个专业领域的教授无不用尽心思努力维持教学质量，启发学生潜力，增加课程涉猎的广度；但从中他们也遇到了瓶颈，像是如何在学生有限的就学生涯中，使其获得最完整的技术知识。还有他们也不满通识课程的教授将专业人士在现实中会遭遇的议题避开。现今看来这是个成熟的时机去开发一条新的途径，使通识课程与专业课程教授共同合作，尤其是在课程方面传达给学生专业与实际工作相结合的重要性，并预期未来科技对专业技术的冲击及如何扩展个人人际关系。

根据对通识课程及专业课程两方面目标一致性的初步验证，我们获得了国家高等教育管理系统中心发展**专业准备课程网络**（Professional Preparation Network）的补助。由十六个不同学校选出几组教授，其中之一是大学专业课程教授，另一组是通识科目教授，接着我们带着他们与一个跨越领域提供专业建议的董事会碰面。PPP 网络整个团队在这为期两年的计划中，有多次和我们在安娜堡开会，并积极地参与讨论（有时甚至是到了某种情绪化的地步了），提供通识、专业课程与教育之间目标一致性的意见。在返回校园之后，两人一组的教授也主动继续从事后续研究，发掘学生不同目标的相关性，另外尝试让他们与不同科系携手合作。在校园内的讨论经由**大学部专业通识自我学习**（Professional Liberal Undergraduate Self Study, PLUSS）开始，这是一种指导教授团为他们共同目标及活动过程进行自我学习的渠道。

参加 PPP 网络计划可能是我和莫尔在职业生涯中经历过的最刺激的一件事。在这网络里的成员皆清楚地知道"做学问是没有界限的"。教授在讨论之初，会因不认同而产生些许敌意，也可能将对计划的热衷带回自己任职的校园。虽然平行的讨论在所参与的大学中举行，但是只产生出一些温和的改变与联盟。一些强而有力的创意想法最终还是会以不同形式显现，去试着整合通识课程和专业课程教育，也提供同时期所发表的其他计划的更具体的建议。

借由团队的协助，我们草拟了一个项目报告，称为"强化彼此的关系：整合通识与专业课程教育"(1988)。我们最终在美国高等教育协会国家会议发表这篇报告，并随后将之送至各大专院校的校长及主管长官作行政上的参考。这份报告在《高等教育年鉴》刊登，专题题目为《拥护通识及专业课程学术研究之"休战"》(Boyer, 1987)。

这同时也引起了更多的教育目标的讨论、扩展，这与结合通识及专业两者的精致化的教育目标是势在必行的。它鼓励从事教育者尽力化解阻碍发展的难题,再提供给那些有心改进课程整合的人物,如学校的领导人、教师及其他团体可行的策略建议。这份报告同时也举例说明 PPP 网络成员是如何引导讨论,并点出一些典型易犯的错误的。

我们提出的主要命题是:教育在日常生活及职场上都是互为相关、并不冲突的目标。大部分学生进入大学都是有多重目标的,包括通识教育及职业取向。在某一程度上,我们也为融合这些目标使学生受益,以及各机构可顺利达成使命而努力。这项挑战就是要整合通识与专业科目,使学生成为受过教育的专家,培养其价值观及态度,以及如何在实际环境中对于复杂的各项意见表现出正确适当的判断能力。PPP 团队极力主张舍弃一些有连续性但又单独的通识与专业课程,安排优良的课程计划,目的是让教师们共同寻求问题的答案,而非单方面的政策决定,只有此种良好模式才能真正有成果地推行整合通识与专业教育。

PPP 网络团队的两位成员编辑了一本十分具有实用价值的书籍,其中特别收录的文章都是团队中数位教师成员合撰而成(Armour & Fuhrmann,1989)。根据团队讨论成果,我与邦尼·哈格蒂也创作了**合作—整合之矩阵**(Collaboration-Integration Matrix)以帮助教授取舍何种方法,使之对达成特定教学成果有最大的帮助。许多未包括在 PPP 网络内的学校都以这些资料来进行整合通识及专业科目的试验。

当我仔细考虑评估"强化彼此的关系"项目的构想时,相较于我之前发表的以经验为依据的专门性文章,我仍深深替这份报告感到骄傲。这篇报告内容更具有潜在的影响力,且有对强而有力的策略的做法陈述。在过去十二年中,PPP 网络团队已经完成了他们的工作,包含它的工作、评量者与行政人员开始正视学生是否有达到他们心中渴望的预期目标的责任。但是校方始终不确定一位潜在有力的领导,可促使教师们发展出一套相互合作与整合的教育程序。实际上,确信的是行政领导阶层务必要为全体教授设立一个目标,使他们能尽力将课程规划发展至最佳的境界,如此也可继续为我的学术研究奠定根基。

开办国家研究中心

20 世纪 80 年代中期是极其忙碌的一段时期,因为 FIPSE 准予资助成立 PPP 网络,这并非是我唯一从事的研究活动。如我预期的,国家教育研究生院(National Institute of Education, NIE)将为国内研究中心举办一项竞赛。其中包括两个高等教育研究,一是研究教学及学习之议题,另一则是研究管理支配、组织结构议题。我致电给比尔·麦基齐(Bill McKeachie),他之前在密歇根大学担任学习及教学研究中心(Center for Research on Learning and Teaching, CRLT)主任,现在是心理学教授,我询问他是否有意愿与我一同申请教学与学习的研究补助,他同意了。经他的协助,我由另五个团队中集结了十二名精英研究人员。我们发展了一项计划是得以继续适用于广大范围的，不论是历经华盛顿政治力量的转换，还是 NIE 到 OERI 其间的变革，最后是想借由全新的政治化补助机构来迫使大学采纳评量方法。

与我早期对消费者保护主义的看法一致，我坚决反对采用任何活动或其他会让各大专院校误解的表现方式，避免它们将此研究中心视为是政府强迫执行下的产物或是一个只有呆板、政治化议程的团体。因为我相信成立此机构的任务是去管理、指导研究，其后将之研究成果公之于众，使各大学能妥善运用并有所改善。于是我们替这研究中心取了一个挺复杂的名字，叫做国家研究发展高等教育教学及学习中心（Nation Center for Research to Improve Postsecondary Teachimg and Learning, NCRIPTAL），较简易的说法，可以省去 Research 的“R”，只包含 Improve 的“I”，也使其更有可能直接深入校园。更有趣的一点，将首字母缩写后的名称具有双关的意味（试着去拼凑，你就会看到了）。比尔·麦基齐表示我们应该使用一些不能被发音的字母缩写，以免除他人不必要的误会，这点我们确实做到了！

NCRIPTAL 计划（1986～1991）中包含了一项由密歇根大学所做的“沉重”的承诺，也就是要给付教职研究人员薪水。这项承诺是由密歇根大学的副校长比利·E. 弗赖伊（Billy E. Frye）、教育学院的院长卡尔·伯杰、高等教育研究中心的主任马文·彼得森（Marvin Peterson），以及学习和技术研究中心的主任唐纳德·布朗（Donald Brown）制订的。这为数庞大的薪资补助使我们不必太过受制于原先四百九十万元的经费许可，也能使 NCRIPTAL 更有效地运作，当然，相对而言我们也会更加劳碌。在进行研究的五年之中，教职研究人员还如同往常一般进行学术教学，同时在四个夏季月份会收到从事研究的薪资。[1]

当然，所有的研究工作都被平均分摊至每个月的进度中（包括周末、假日），以此种密切联结的方法进行，我们的每位教授都是在学术方面相当多产但也是疲劳的。因此，我们也让许多博士班学生加入研究工作团队，让学生完全成为我们研究或出版刊物的工作伙伴，不论以何种形式：支付薪资、提供学分、自愿帮忙，甚或只是纯粹观摩学习。也正因为如此，引来同行专业人士的批评与不满，因为他们所见 NCRIPTAL 发表的文章或报告，作者通常有七位之多。

NCRIPTAL 研究团队主要从学习环境的五大方面来探讨：室内教学及学习情形、课程发展、师资问题、行政管理层级对教学环境的支持协助、科技的出现及应用。对于学者、教职员及行政人员而言，计划方案在这五大领域中呈现多样化，但也受到其关注。保罗·平瑞克（Paul Pintrich）与比尔·麦基齐发展出一套“刺激学习动机”的方法，至今仍广受欢迎且作更符合现代化的更新。马文·彼得森与金·卡梅伦（Kim

〔1〕 自从我离开了院长的职位，恢复到一般教授身份，我通常在每个学期执教两门研究生院课程，并且协助指导学生的博士论文，另外也包括自身独立研究。这些年我的教学范围大致为：课程概念、评量、研究设计、人事行政、学术领导课程之哲学。

Cameron)领导了一项十分具有影响力的研究，主要探讨行政支持与校方施行政策双方的关系。鲍勃·布莱克本与珍尼特·劳伦斯(Bob Blackburn & Janet Lawrence)对于了解教师在研究及教学的推动方面，有相当大的进展，随之也以集结成书的形式概述了他们的研究成果。不过，或许最引人注目的是由鲍勃·考兹玛与杰里·约翰斯顿(Bob Kozma & Jerry Johnston)所精心策划的 NCRIPTAL-EDUCOM 方案。经由这次国家性的学术竞赛，激发教授从侧面建议并改善教学用软件设备，也帮助鲍勃与杰里建立一套评估此类软件的标准。

接下来我将会提到有关如何让 NCRIPTAL 这类国家研究中心运作得当的一些挑战，因为我们必须使其有所改变，不论是在提高研究结果的成效或重视它的发展潜力方面。首先，每个由政府资助的研究中心被要求提供季报，以证明他们努力的珍贵成果，以及其他大量的各类文件(在五年展期中，我总计有二十份季报、五份年报及四份申请书)。每份报告的篇幅约两百页，另外并附有正在着手方案的进展及调查蓝图，以及一些档案公文。虽然写这些报告的程序是十分琐碎繁杂的，但也使得我们研究人员得以重新调整、更新研究的行程，以文件解说教学方法改变的原因，并授予研究生一些新知。另外，详尽的研究计划使我们招募到更多学校自愿加入成为计划中的一分子，也为往后的报告奠定基础(这些效用都是我不曾预期且偶然的，因为我感到在华盛顿就曾作过类似的报告了)。

第二项挑战便是处在“研究工作”及“宣传”两者间的紧张情势。我们的“教育研究和发展”(OERI)计划官员总是催促着要我们将研究成果尽快地广为宣传，基于这种需求，导致我们发表出许多暂时过渡性的报告，从文学探讨到研究计划到报纸专栏，在外界看来是值得高度赞扬的，但对研究小组而言却不尽然。当我们体认到自身的首要身份是研究者，其次才是传播者时，我们设法让这个复杂的名字 NCRIPTAL 在教育界达到众所皆知的程度。这名声也对我们发表的研究报告生发出一定的需求。

第三项挑战是在着手进行新方案之际，如何适时地提供回馈给以往实行计划的一些机构。几乎所有计划案，我们都会与机关团体合作，并且十分重视给予行政管理人员、教师适时回馈的这项责任。无可避免地，提供回馈这项承诺经常导致原有计划的延迟或重新调整，但除此之外，也无法在此心理实验室之外从事教育研究工作。没有人能够以各机构、教师、学生作为实验对象，之后就将之完全忽略！

第四项挑战是我们需经常接受评估。每年国家咨询委员会定期召开，针对我们的计划方案及未来议程提供建议，这个评量小组每年会检视我们体系的运作及产出，并调查已采用我们建议方法的委托人，其后再将评鉴报告上呈国家咨询委员会。尽管我们对评估一事采取欣然接受的态度，但有些咨询者仍旧不能领会为何我们的研究准备工作时间如此冗长，并想办法较快速求得结果。更有些人希望我们研究现今最新议题，没有事先认知到我们是接受补助来从事属于 OERI 的研究计划，而非事先于一年前就可以决定题目。但总归这整个评估过程可以使我们察觉到在高等教育界中，我们努力的成果是被如何看待的,也帮助我们对计划作适度调整。

开发课程计划

身为 NCRIPTAL 的领导人物,从头至尾努力的成就,可能最后都会归功到我身上,不过我和莫尔也另外领导了一个有影响的研究课程团队。自从我由院长职位返回教师身份之后,我对课程议题的兴趣便只增不减。在尚未将研究重心放在课程议题之前,我根据以往受的训练及最早的兴趣,认为我主要感兴趣的是组织研究学习方面。然而,在我接触行政管理事务的那些年,不禁让我质疑组织理论的效用何在,也减少了我教授这些课程的热忱。正好,我的同事马文·彼得森胜任地接手管理我们教学与研究的部分计划,所以我得以将重心放在大学课程及评估方面,以弥补我们的计划与由莫尔学习到的误差。因为莫尔曾在中学及成人教育讲授过类似的课题。我首次公开发表对课程议题的关注,是在 1985 年 3 月一场高等教育研究协会大学校长的致辞上,我将之命名为“善变的课程”。不过你们不用在《高等教育评鉴》(*Review of Higher Education*)的校长演讲致辞当中寻找,因为我根本就没有公开发表讲稿。我的构想还处于成形的阶段,而且这些概念发展大多受 NCRIPTAL 研究的影响。

我们 NCRIPTAL 课程研究团队引领一项多方位的研究,是有关于大学教师讲授入门课程的规划。这项企划持续有三年之久,包含广泛课程设计方案的议题的文献探讨,及在八所大学中挑选一些教授作在线访谈和课程计划实行情形的全国性调查。同时在这段期间,NIE 发表了一篇名为“学习的联结关系”的报告,文中陈述大学需要更多的通识课程,阐明对学生的期许,并鼓励学生更专注于学习。另一篇报道(美国大学联盟于 1985 年发表)也持同样的观点,学生所修的一些特定课程不一定会比他们从中获得的经验更具有连贯性。尽管强调大学的课程,我们发现尚未有人将课程规划视为教授的活动来研究。除了在大学从事课程改良革新的方案外,联结各独立课程中的关联性、建立多数学校学习架构也是十分重要的。理论也强化了了解学术课程与增进学生学习的关联性。

因此,我们的课程设计研究便和课堂实际流程作结合(由比尔·麦基齐与保罗·平瑞克的研究团队所完成)。我们的团队对于教职员如何检视本身课程架构及如何将架构清楚地传达给学生这两项议题有高度兴趣。根据我早先对于学科差异所作的研究,我们也急于得知有何因素会影响教师作的课程规划,于是我们便采取直接访谈的方式。

我们开始着手对来自不同学校的八十九位教授作深入透彻的面谈,相同的是,他们讲授的科目都是被全国性报道强烈批评的通识教育课程。基于这些访谈结果,我们发展了一个试验性的“课程设计的环境过滤网模型”(Stark, Lowther, Ryan & Genthon, 1988),仿效图姆斯(Toombs)在 1977～1978 年早期的著作,他提出教授在教学上的决定会受:(1) 满意度的影响,例如学科特色等。(2) 内容因素,包括学校教育目标、课程目的、学生特性、教师特性、学校内部及外部影响。

更精密的模型是假定教授自身学术、个人背景,以及他们对教育目标的看法,是反映出塑造学科本身的课程设计的最初基础。很难将学科、研究生院与吸引其他科系社会化的个人特质这三者特性差异的影响完全区分。无论如何,我们相信在不同特定学术领域中的课程规划一定有其与特定学科领域相联络的"惯用模式",而构成此模式的基础想必已经很长久了。特定教学环境(包括学生特质)也适用"课程设计的环境过滤网模型",用以在不同程度上修正教师的观点。

接下来,为了使"课程设计的环境过滤网模型"更加完善,我们对具有全国代表性且讲授入门课程的教师作考察研究。我们可以判断对于不同形式不同规定的机构而言,教师规划课程时,满意度与环境影响有很大的关联。显然地,一位教师的背景、本身学科观点及其对教育目的的理念,三项的结合对课程规划产生了强而有力的影响。而虽然教师对学生的事前准备工作及能力都赋予极大的关注,但大部分环境的影响还是相当薄弱的。根据以上结果,我们要确实地依据教师对于课程计划的假设及访谈过程将教师作分类(Stark, Lowther, Bentley & Martens, 1990)。我们另外也得知,虽然兼任教师在人口统计学上的特性稍有差异,也不具有丰富的教学经验,但是在同一学科当中,他们在课程规划上与全职教师十分相似。并且再附注一点,在同一专业领域中,教师对于入门课程和进阶课程的课程规划方式也大致相同。

我们在课程规划中发现,对于教授质量的改善有其特别的意义。无疑地,通常最能引起教师共鸣的便是课程及教学法的新近信息,正好是在他们所处的专业领域或是其他相关的学科。设计课程方案的教育发展专家必须将此点牢记在心。另外,教师或许期盼将自己的课程计划适用于每位学生身上,但他们只拥有一些有关学生兴趣与准备程度的资料。由于了解度的缺乏,我们可将教师比拟为一个当手术开始时才了解病人诊断结果的外科医生。特别是在现今计算机时代,相信各大学都能弥补规划之初的不足,并提供教师其班级学生概况以改善课程设计。

在学校将我们的研究计划付诸实行后,其中对校方来说获益最大的有两项:(1) 应用"课程设计的环境过滤网模型"进而转化为课程大纲架构。(2) 课程设计实用手册。表面上是为帮助教学助理,不过实质上对所有教授都产生帮助。尽管十年过去了,这两本手册还是有一定的需求。

基于对课程规划的研究,我们采纳了一个有用的观点:课程是一种可建构在单位、科目、计划或大学等各层面的学术计划。我们由多方消息来源以采用这个概念,特别是由 K-12 研究报告。不过在我与莫尔开发此构想之前(Stark & Lowther, 1988),尚无人为高等教育课程从多角度下定义。但这并不是说那些典型大学教授现在已了解或接受此一定义(例如反对课程是一连串单位或科目,或不认同某些特定学科之内容,诸如此类)。无论如何,其他研究学者现正研究更系统化的定义,而往后这也可演变为我在高等教育研究中心讲授课程的启发，以及我接下来写书的依据（Stark & Lattuca，1997）。

学生目标也很重要

我们或许都知道一个好的学术计划必须具备相当的连贯性——订立此计划的教授心目中，它绝对在逻辑上具有一致的连贯性；但对于学生而言，可能却是既模糊不清又不实用的一个概念。要使学术计划对学生产生实质效用，必先取决于计划是否能符合学生有关教育方面的期许，并适合他们的能力，鼓励其将先前所学和实务经验作结合。换句话说，学生的目标、实质努力成果（Pace，1983）及本身特质，是影响学生是否可依据教师计划学习的三大要素。

因为体认到学生与课程合适度两者间的重要性，于是我们 NCRIPTAL 团队也对特定课程的学生目标作了研究。在阅览有关学生目标文献概念性架构及基本原理之后，我们建构一个试验性质的计划，名为"学生目标的探索研究"（Student Goals Exploration，SGE）。我们设立这个活动的目的在于促进师生讨论交流，了解有关学校制订的课程目标与学生自身目标两者的关系（根据所处科系对其学习目标的描述，也提供教师一个渠道将自己的课程目标与班级学生数据相互比较）。衡量学生目标的标准也时常因主修或通识课程的不同而有所改变。另一项在 SGE 计划中的重要发现是学生所选科目不同，其预期的目标也有所不同，因此众多不同类型的目标（诸如：以赚钱为导向或是探索人生意义等目的）对学生目标的形成提供了线索，但还不足以解释是何种因素影响学生在课堂上的表现。

虽说 SGE 计划已经大致告一段落了（Stark，Bentley，Lowther & Shaw，1991），但我相信这工作仍是未完成的，我也很乐意见到其他学校的一些博士班学生继续研究 SGE 计划。其实教育上的成功必须依赖教育者如何将原先设定的课程目标巧妙地与学生自我期许作结合。在我的想法里，采用阿斯廷的"输入—环境—产出理论"，并不能根据学生目标在统计上作适当的调整，反倒形成评估程序中的缺陷。当尝试要去计算其成果时，将学生目标列为"输入因素"是十分重要的，就好像输入学生考试成绩或统计变量一样。事实上，这令我回想到早期对于"学生消费者信息"研究中一项令人瞩目的实例说明：政府官员总是想以学生完成学位的人数来衡量社区大学，即使我们看到许多学生只是为了一两门课程专程而来，他们并没想过要真正完成一个学位！可是这些学生真的成功地达到他们所要的目标时，官员们却视他们为失败者。

迈步前进

总体来说，我认为 NCRIPTAL 是一项成功之举，在它所带领下的研究报告赢得了研究者和实践者的注意，还带给了我们及研究生宝贵的经验。当 NCRIPTAL 迈入第五年之际，国家研究中心又开始筹划另一项新的学术研究竞赛，对于这项竞赛的内容，其实早在五年前 OERI 便有意安排我们研究此议题了，那就是与各大学合作、实验及评估学习，并为其提供更卓越的建议。预期这一研究重点将会加强我们与大学间更密切的合作，虽然我并不觉得很适当，然而我也决定，在我学术生涯中将持续找寻研究经费，并维持极长一段时期！

在这忙乱的五年中指导两项主要计划之后，我衷心希望能有些闲暇时间仔细思考并记录下我的所知所学。珍尼特·劳伦斯出色地领导五个研究团队提出一项新的建议案，但很可惜在这个竞赛中并没有获得胜利。在 1991 年的夏季，NCRIPTAL 否决了国家教育学习暨评估研究中心（National Center for Teaching, Learning, and Assessment, NCTLA）来自政府的资金，这个研究机构主要坐落在宾州州立大学（在宾州州立大学完成五年研究工作后，继任的研究中心是高等教育促进发展国家研究中心，现以斯坦福大学为总部所在地，也会与密歇根大学及其他机构合作）。虽然几乎所有 NCRIPTAL 资料都是 ERIC 的缩影单片（microfiche），我们还是继续使用五年到六年，因为其中资料仍为研究所需。容我举出一个很极端的例子：在 2001 年夏季，我由一个大学教授手中接到一张优惠券，并要求我随后将之列入 NCRIPTAL 的邮寄清单之中。而令人惊讶的是，这个优惠券居然用曲别针夹在我们 1986 年首批一般邮寄的文件当中！由此可下一个结论：一项新信息由学术研究单位传达至大学管理行政人员或教授的手中，可能要花费超过十年的时间。

NCRIPTAL 之后的职业生涯（1991～2001）

我在 1991～2001 年的职业生涯大致囊括下列诸项：为《高等教育评鉴》作编辑校订，多项令人感兴趣的咨询业务，对先前所作研究的后续追踪，从事课程计划目标在各学科间的差异性研究，出版了一本内容有关大学课程的书籍及作了一项有关系主任对课程领导力的研究调查。虽然我从中学到不少新知识，但我相信这是一段重要的时期，这个模式一直长期持续地影响我从事教授期间所参与的补助金的研究。

担任编辑工作

就在 1991 年 NCRIPTAL 的工作将近尾声之际，高等教育研究发展协会正在为《高等教育评鉴》寻找一位新的编辑。在向院长与系主任及计划总执行申请了一些经费补助之后，我便自愿应征编辑职位并且被录取了。琳达·斯泰尔斯（Linda Stiles）在我以前位居 NCRIPTAL 的行政管理者之职时，担任我的执行秘书，而现在她也变成《高等教育评鉴》中一位十分称职的执行编辑。虽然许多人都在不同方面给予我支持鼓励，但我特别要感谢的是在我担任编辑期间以下两位给我的大力协助，在那五年内，助理编辑约翰·克雷斯韦尔（John Creswell）及评鉴论文编辑戴维·莱斯利（David

Leslie)与我经营了一段忠诚可靠的合作共事关系。我想担任期刊编辑一职的原因，是因为在任何学术领域中期刊编辑都占据着一个关键的地位，而且我深信有学术地位的学者也都有义务提供自己的所学。历经一年，监督审阅了近百份的评论初稿，约三成修订发表。我被允准培养一群新兴学者，特别是当交出他们所著的第一篇文章时。

我的职责及目标便是试着确认高等教育研究协会所出版的期刊，能完整呈现各方面观点及多种研究方法。与编辑委员会的合作，我还是维持自发性的投稿方式。我相信一份编辑委员会充分参与意见的期刊，绝对比那些纯粹想吸引主编目光而提出特殊论点的要好得多。事实上，身为期刊编辑的我，发觉自身的专业素养还不足以挑选出能代表学术团体的特别议题。

服务及咨询工作——将研究落实于工作之中

NCRIPTAL 计划结束前不久，我接到两份邀请函请我参与一些令人振奋的计划案。其中一项是参与会计学教育更新委员会（Accounting Education Change Commission，AECC），以五年时间努力来改善课程及会计教学实习。这个委员会是由八大（后为六大）会计事务所出资设立的，这几家会计事务所对会计学教育有极大的影响。鉴于传统典型的会计学教育只依赖学生的记忆及背诵应用公式，现今对课程的目标着重于学生主动发现信息并整合作出正确判断。经由集思广益，新提案终于产生，会计学教育改进委员会提供会计系资金，经由生动的教学法，强调将重点放在一般专业目标上，例如良好的沟通技巧及批判思考能力，希望他们能达到新的教学目标。

在 1989～1994 年这五年巅峰期，我以身为 AECC 不支薪的会员而引以为自豪，我们在全国各城市碰面，我们一同成长。有些从事会计教学的老师会向我请教有关课程及教学法各方面的疑问，之后也对我的悉心解答深表感激。我阅读并评论了一篇长约七十五页的提议案，从中我学习到一个专业领域是如何运作的。我经常会发现专业认同及评鉴，与在线专家的关系等问题普遍存在于会计、护理、教育、工程等科系之中。

AECC 对会计学教育着实产生了重大的影响，反映了为何 AECC 所作的努力可以如此成功地改变。相较于促进高等教育基金会（FIPSE）对学生选择的计划案或是 PPP 网络而言，AECC 成功的原因在于直接补助给各系所并让它们负责一切，其他令我印象深刻的成功原因是 AECC 有良好的实习训练制度。在一次对美国会计学协会的午餐聚会谈话中，我将课程领导方向概括成以下六个“C”：

1. 教学法改变之后仍达到一定的可信度（credibility）。
2. 积极地将重点放在革新的诉求（call）。
3. 提供各个学校教授一个新鲜的挑战（challenge）。
4. 在计划方案中，维持专业领域之间的沟通渠道（communication）。
5. 有意愿去协调咨询（consult）。

6. 赞扬参与计划的大学的工作与辛劳(celebrating)。

还有个令人兴奋的机会是成为费城织品科学学院(PCT & S)的正式评鉴者,这是由 FIPSE 支持的,积极从事于整合通识与专业课程的研究。评鉴者与教授及行政管理人员共事,以只来演讲一次的演讲者或研习会主席从未做过的方式去帮助塑造与领导一个改变计划。在 PCT & S,我遇见负责计划的委员会,出席并且参加教授研究营,访谈发展新课程的教职员,给予计划负责人一些书籍及相关活动建议。对我来说,这是一个真正令人愉悦的协会,以有用的、非正式的方法去研究如何有效执行课程改革。举例来说,我也有一个重要的观察:一位学术副校长若要成功推动课程改革,需要完全参加每个研讨会、专题发表、会议与教职员进修,就如同理查德·尼古诺(Richard Nigro)在 PCT & S 做的一样。

探索相关教学与学科的差异性

一贯性课程在我的职业中是个吸引我的主题。在 1980 年中期,我写了一些短篇论文企图去解释这个被广泛使用且在很多国家报告中具有不同意义的词汇。[1]

教授和政策制定者相信他们所知道或能感觉到的便是所谓的一贯性,但重点是自开始对话以来,来自不同领域的教授就很少有相同意见,他们彼此无共识的原因使他们通常会借由详细说明其所认定一贯性的内容而开始彼此的讨论。在 1980 年,**协同学习**(connected learning)这一名词临时成为"一贯性"的同义词,但基于学科的差异性与通识及专业研究间的紧张对立,理性者也不同意学习是彼此有关联的。

我长期关注于课程一贯性、相关学习与学科差异性的潜在关联,当美国大学协会(Association of American College, AAC, 现改为 AAC & U)发表了《相关学习的挑战》(*The Challenge of Connecting Learning*, 1991a)与《专业领域的报告书》(*Reports from the Fields*, 1991b),并将之当成改革的部分成果时,AAC 挑选了十二个学习团体去发展能增加专业领域能力的计划:(1) 达到课程一贯性。(2) 对学生发展观念批判。(3) 连接其他领域与其学生的相关学习。(4) 包括弱势的学生。新的研究生莉萨·拉图卡(Lisa Lattuca),对这些问题很感兴趣,我们同时发展"专业报告书"的内容分析,以及各种领域如何表达它们一贯性课程的学科领域观点。在一个研究中,我们为了上述挑战分析了这些它们直接回答的报告(Lattuca & Stark, 1994)。我们发现一些结构性领域,像科学领域,同意一贯性课程的组成内容,然而人文与社会科学却不同意。换句话说,在人文与社会科学的教授深刻了解关于"批判看法"之意义后,社会科学的教授却对这样的概念有了解上的困难。科学的相关学习意味着在科学原则与概念之间联结。对于视知识有脉络一致性的人,这便意味着社会问题与学生生活的关联。

---

〔1〕 我特别地尝试从其他有价值的名词像是"正直"、"完成"与"严肃"去区分一贯性为"教学的逻辑一贯性规划"。

在第二个研究中，我们分析了一些"无条件"或"主动提供"的建议，也就是任务中对于课程所表达的关心或建议，但不对 AAC 权责作直接响应。基于我和莫尔之前所作的课程规划研究，将这些建议编号集结后作成文章，接着形成"课程设计的环境过滤网模型"比较文章，我们发现课程设计的环境过滤网模型的三个部分(内容、前后文、形式)为 AAC 主动提供的报告衍生出一个很好的组织架构。此外，在这三个广泛的构面下，我们又发现了在三个传统学科类型间的显著差异(Lattuca & Stark, 1995)，这工作以两种方式强化了我这几年从事的研究：第一，课程设计的环境过滤网模型引起了课程规划中计划与学科层级的注意；第二，我确信的是，既然不同学科对于特定教育目的及学生成就各设定了不同的价值，那么因为不同的特殊教育目的与学生成就的价值各异，所以其中的舆论必须自觉性地建立，因为它并不会因为国家委员会要求改进通识教育或是课程计划委员会所举行的一个会议就轻易地发生。

为了寻找更多因自觉性努力而来的证据，三位学生帮我检视 NCRIPTAL 课程规划调查中一些未分析的资料。我们从通识教育教授的开放式的回应中检测其课程目标，并很快地将其分类为下列几项：一般技能发展、知识的获取、有效思考、智能发展、个人发展与未来准备。接下来运用教授的话作为数据来源，我们在广泛的范围内去寻找各式各样的主题。

由不同兴趣延伸出的多样主题，我们认为是有效思考与智能发展的不同类型(Eljamal, Sharp, Stark, Arnold & Lowther, 1998; Eljamal, Stark, Arnold & Sharp, 1999)。智能发展涵盖上述两种目标，主要着重于帮助学生了解其关联性，我们可再细分为几个子目标：学术领域间的关系、学科与学生生活的关系、学科对人类贡献的评论、开阔视野、对分歧想法的容忍度与智力上的好奇心。教授在九个领域中讲授通识课程以强调不同的子目标，以及使用各类话语去描述子目标。相同地，我们对思考目标的八个类型在不同领域所解释的重点也不同，举例来说，数学教授使用"问题解决"、社会科学教授则用"逻辑解释"、人文科学教授却使用"评断性思维"，它包含不同层面的意义。我们总结出伞状词汇"有效思考"是最好的选择，因为其表达出大学中高层行政人员的共同目标，而且"评断性思维"不一定能适用于所有领域中；我们同样发现各种有效思考的目标，不是单独存在于教授的想法中或目标内。当教授着重学生学习时，我们发现多元却未明确界定的关联存在于各种不同阶层的演讲之中。因此，我们将有效思考的分析范畴作为全球信息网的引领。

教授对于"协同学习"的证据从各方面来看明显地增加了学科差异性的文献，但我们同样从工作上推论某些实用的建议，深信参加跨领域课程发展的教授将从深入了解同事间对教育目的与过程的认识中获益良多。有时课程委员会的任务移转所引发的火爆争论像是文化上的误解，假如教授参加早期的"多元文化运动"去分享与尊重彼此的观点，将会使进步过程顺利许多。

我们的结论隐含着教授团尝试去培养与评估通识教育课程与计划中高层领导阶

级的想法。如同我们发现的许多目标与解释一样，一个好的评鉴计划需要很多衡量指标去决定学生是否获得有效思考的技巧；最后我们也发现，对学生而言，既然每个学科促进学生智能发展的方式皆有所不同，因此通识分科必修应更有逻辑性。现在所缺乏的是帮助学生统计与整合这些通识教育概念的指标，学生该如何达成“一贯性”与“相关学习”，是我们尚待了解的问题。

合而为一

从1992～1996年，我主要致力的活动就是写了《塑造大学课程》(*Shaping the College Curriculum*，1997)这本书，写这本书的原因是我的学生在“高等教育课程”这堂研究生院课程中，必须不断地去参考上百种数据，以因应我要学生学习、了解的事情。[1] 因此，我开始有系统地写下每个班级所强调的重点，并且记录适当的活动去帮助学生了解这些重点。莉萨·拉图卡在我们的学科差异性的内容分析中是一个勤奋且“吹毛求疵”的研究者，同时也是课程规划的明日之星，她自然而然地成为《塑造大学课程》这本书的第二作者。我们写下我们所相信的：大学课程中最为广泛的理念，也就是高等教育课程合并初期的理论。除了针对课程规划的学生，这对教授、研究助理与研究者皆是有用的。

就我们的观点而言，这本书的优势就是发展学术计划时，其理论架构所陈述的八个要件：目的、内容、因果关系、学习者、机构资源、机构流程、评估与调适能力。这八个要件表达出当人们讨论如何规划、执行、评估或改善教学时主要的变量。这定义给予很多不相关的教学文献合理的保护伞(以这个观点来看，教育不包括课程规划，相对地却是计划的执行方法)，这定义之所以有吸引力是基于其所建立的回馈机制，鼓励互动的改变与进步；理论架构并未包含特定的教学内容与教学方式或特定的评鉴方式。然而，将课程解释为学术规划的特定环境的教授，应不只是具体地制定他们特定的环境，而重点是教授相信的学习方式，像积极学习，教授多元文化的课程或为学生设立明确的期望。

我发现写这本书是一种令人满足的体验，我生命中写的大部分期刊文章多是忠于接受资料搜集、分析与呈现，当有机会写一些我相信的事物，并没有强调方法学的观念时，我相信大部分研究的主要贡献是提出基本框架(不是惯用的指定模式)，使教授与行政人员能在使用后激励相关课程、规划与大学的课程、规划创造性思考的课程。我试着向教授陈述架构并给予建议与想法，而不是挑战教授对课程设计的能力或自治权。[2]

一个明显的例外便是关于管理学术规划的章节，我的学生与好几位管理者一同检

---

〔1〕 统一资料是撰写课文的教授的一个主要动机，另一个原因则是以教授认为最有意义的方式去组织资料。

〔2〕 与教授工作后，我发现教授经常投入研究，这对说明产品的草稿或开端有帮助，因为教授感觉他们有助于研究的成形；这对很多调查表中的起始问题有帮助，因为教授可随意地建议，他们将一直这么做。

查初稿,因此了解到这些管理者倾向更多的定义性指标,于是那个章节便包含了管理者可能实行的步骤清单。在研究者之间,学术规划框架已经相当普遍了,如同启发性教育法,其引领现有博士论文与课程分析,管理者将此书运用于教授的工作坊,并得到相当实际的运用方法。就像在高等教育规划中的内文所说的,由于传统的理念已被传播超过十年,因此我希望到2010年时,教授将会很熟悉课程作为学术规划的概念。

最后的计划?

当我还是大学生时,我便认识之前在雪城的院长,她当时五十多岁,仍旧单身,她常嘲笑自己不能了解那个最后向她求婚的男人居然是最后一个(也就是说她未能在六十岁之前找到她的理想伴侣)。同样地,我们称为"大学教育课程领导能力"(Curriculum Leadership for Undergraduate Education, CLUE)的计划,似乎是我最后的计划,但谁能预测呢?这计划从NCRIPTAL选取为期短暂且被禁止的研究。在NCRIPTAL,我和莫尔及其他几位研究生冒险完成了一项计划课程规划研究,发表有关"课程设计的环境过滤网模型"稍微修改的模式,这个单独的研究证实了早期有关外部催化剂能带来课程变动的相关研究(Hefferlin, 1969)。但我们同时发现系所与机构的领导能力极为重要(Stark, Lowther, Sharp & Arnold, 1997),也就是说,领导能力为了计划性规划设计的一贯性,必须来自学术系所之中。

不幸地,系所主管与教职员不愿意领导计划变革,他们也没有具备课程规划与教学的专门技术或知识,在《塑造大学课程》中,我描述的系所领导能力是基于个人经历与其他知识的累积(Lucas, 1994; Tucker, 1992),在那时我完全被吸引在为何我只找到一点点实际支持研究的智慧之上。学术系所如何定期检视其课程内容?它们有什么样类型的领导者?什么样的一致性因素影响着学术系所推动的规划流程的成功与否?我们能帮助教授改善学术系所中制定的学术规划模式吗?我很幸运地找到一个博士班学生夏洛特·布里格斯(Charlotte Briggs),他对这样的问题有兴趣,而我刚好需要一位伙伴协助我研究。

我们首先发展的以文献为基础概念的框架,是以个人接受领导者角色为中心概念,这个人应拥有领袖行为与专业知识以成为课程领导者,可能是系所主管或是其他教授。当然,这位领导者将特别受到学科、系所与机构的文化影响,以及当代为了课程改革的外部催化剂影响。基于架构设计,我们说明系所的研究内容、角色、课程规划流程与课程决策,尤其是关心大学计划定期评估与课程发展,我们随机选取监督者后,寻求提名,建立以各机构不同形式及许多学科所发展出的系所,我们以两种方式来进行:调查被提名系所的主管(具有76%的满意度)与访问被选取的主管及其他积极参与的成员。[1]

---

[1] 发展的第二年,在CLUE作资料搜集已经部分由斯潘塞基金会提供小额补助与支持。

我们仍然分析大量的信息，到现在为止，已经了解到学术单位主管的系所在课程规划效率上拥有声望、执行大量的领导行动去培养团队合作、热衷于系所教授的讨论与搜集外在环境的信息，特别在庞大且复杂的系所，领导能力不只被主管运用，同时也被委员会领导者与过程协调者运用。有些系所的主管与其他领导者通过大量主要与次要、直接与象征的方式去保证计划所规划的执行。此外，他们往往在没有院长的明确指示下期待有关课程领导能力之事。

如同主管与其他教授领导者告诉我们的，他们的课程领导者的角色显现出两个问题：第一，不管最近的状态与机构需求如何，很少系所真正去评估学生成果或定期搜集其他信息，即使在搜集之后也很少用在课程规划上，系所主管知道他们需要新技术去执行任务，却担忧不知该从何处获取专业技术；第二，我们发现即使是有效率的系所主管或教授也很少慎重地发展与改善其本身的课程规划技巧，他们很少涉入校园或专业机构以增加技巧。以上这两个问题点，提供了一般大学实用的补救方法，甚或是一些标榜模范的科系也不例外。

以我之前的研究来看，CLUE 计划寻求发展为教授考虑实习的模型甚过于提供解决良方，最后我们发现判断各系所是否强大对研究目的有其必要性，这也将影响持续性课程规划实习。基于访问与相关文献，我们发展了确认持续性规划系所的四个准则与五个方法评估准则(Briggs, Stark, Rowland & Poplawski, 2000)，我们相信这些准则将能提供系所本身研究的实用架构。

在快速变迁时代中的建议

在过去几十年里，不同研究方式的争论已清楚说明：研究人员所看到的现象存在于他们既有的认知与观点中。然而我几乎不需要多加说明，在我从事高等教育的生涯中，对于学术及组织议题与研究课程设计方面的特殊兴趣，已塑造出显著的变革。我的看法是强调学术规划是教育体制的核心。它包括了像课程设计的落实等内容。学术规划同样也值得持续密集研究，以改善进步的策略。其次学术规划也是值得被教授的，如此教授与行政管理者在未来的教育领导者位置上才能占有一席之地。[1]

以教育与学习为中心舞台

在职场上较为幸运的部分，便是我对高等教育研究的兴趣，从很少转而成为我研究的重心。在课程改革时期，1980 年中期所传播的概念往往与大学内的教学产生矛盾的观点。有人可能不同意所有的观点，但这样激烈的讨论确实能恢复对教学的兴趣。能够引起大量改善大学教育的兴趣关键点为：(1) 新的学习概念(包括知识的社

---

〔1〕 当然还是有很多趋势被深入了解，像 Hendley(2000)、Dezure(2000)、Levine(2000)。

会建构),如共同学习与学习团体的新式教育方法。(2)新的评估学习方式,如教室研究。教授也需应付多元学生变化、结合新科技运用与社区服务等问题。机构较以往更积极地去训练研究生教学,提供现有教授发展机会,以及平衡教学与研究。

将1970～1985年与1985～2000年显著改善的时期作比较,有很多创新被尝试,及很多实验性大学成立(虽然只有几所学校照原定计划存活至今)。在1970年,学生的不满成为改革的原动力,因此,大学着重放松教学时程与减少必修。随着1990年政府的率领、公共言论及科技鼓励对教育目的与流程的重新思考,我认识到,今日的变革是较稳固且持久的,因为研究重点着重在学生的学习方式及教授如何因应,而非着墨在一些徒劳无功的行事历或分级制度。今日的大学显然也更能接受有关改善学生学习成效的校园性实验。

政府和机构间的关系

我观察到另一个显著的改变就是联邦政府直接干涉高等教育的事务与大学对此的反应。20世纪50年代晚期,在哥伦比亚的师范学院,我们争论这样的议题:“联邦控制是否随着国家补助而来?”到了1975年,问题被清楚地厘清了。70年代早期,争论往往围着政府打转,纽约与马里兰同样开始以毕业生人数为提供大学补助的基准;我记得在第一次政府检查古彻大学的几个月后,我们收到政府将清点本校存货的通知以了解为何校园如此广大。

高等教育机构与州、联邦政府的紧密关系使大学在过去四十年来需要多次扩充行政人员。而增加职员的各种原因如下:(1)财政补助法令。(2)任用规范。(3)学生隐私条款。(4)犯罪记录需求。(5)健康安全系统。(6)需要会计细化补助。今日这样的关系并非皆具有可选择性,就我们所知,研究型大学若是没有从联邦机构募集到所期盼的重要经费将难以生存,只有一两家小型大学成功地在没有联邦机构的协助下持续运作。

然而,我相信大学正在改变其原有制度以获取更多优势。学生学习评量是大学中一个解释政府法规相当有趣的例子。大多数人认为学习教学评量是大学应尽的责任,许多完全实施评量制度的大学成功地将焦点放在领导改善的评量计划。也就是说,当政府立意良好的政策被错误执行时,大学将会对政策进行介入并设法逐步改善。

关于政府法规对“平权行动”的法规又是另一个案例。大学不再遵守“平权行动”的最初构想,而是有创意地执行法规。在80年代早期,当我还是院长时,大学设置有“平权行动”的监视者,他们必须雇用公务员在申请期间完成最终调查,接着在平等基准下考虑正式申请者,大量的文书工作证明了过程的公平性,这是反任人唯亲下的一种优势,这在1960年影响了我;今日,大学接受了“平权行动”是一项正确且应实施的活动,大学主动招募女性和弱势族群,但不久这些行动却又沦为幕后活动,现在的运作模式则改为进行长时间的开放性调查，说服未表示意见的人（已经选择请求的人），新招募模式联结了“old boy”网络，使可能包含的内容更为广阔。大学仍在寻求具有宽广视野的最佳候选人，结果相当显著，举例来说，在密歇根大学的副校长与院长层级上有超过半数以上的管理者为女性，曾经的我在会议桌上被孤立，然而现在却有了不同的感受。

基于增加政府补助和法规的趋势，高等教育学者现在经常讨论以公共政策议题为主的研究。以我的研究来说，影响州或联邦政策的问题比我同事研究的财务或学生议题还不受关注。相对比关心影响政府的政策来说，在发展与解释学术规划的机构层级上，将研究与教育政策结合对我有更大的吸引力。我将高等教育者在机构上与政策相关的研究分为三类：(1) 颁布政策或运作计划研究。(2) 预定政策或计划研究。(3) 对未来或潜在政策或计划的研究，仍在某人的脑海之中。

首先，谈谈正在运作的计划研究，我们作评估研究去帮助政策制定者决定这计划是否能达到目标。现行的政策容易促进研究出产，而政策制定者也乐于见到这样的研究结果，像是我曾经为费城大学的织品科学学院与会计教育委员会做咨询一样，在每个案例中我皆能从学校改革的实际过程中学到很多，我在其中主要扮演的角色便是帮助决策制定者改善决策的质量。

其次，便是将焦点着重于已提出的政策或计划，我们试着将研究性知识带入未来较适合发表或较方便的政策。我们的研究结果不一定能促进一个好的决策，选择项目与 PPP 网络的案例中显示，虽然我们发现和做了许多案例是为了提供更好的资讯，及整合通识与专业的调查研究，但很少有机构愿意使用我们所发展出的概念。

最后我们的研究未能转换为计划或可能导致不被预期的政策，而将其以基础研究或纯研究来处理。在这种案例中，研究者找寻真相，期望累积知识以提高对议题的兴趣，累积的知识最终不一定会被执行于不被预期的政策或计划，研究者主要的职责是在追求新知识之下，遵循可接受的研究标准及使研究得到的结果广泛地被接受。以我本身工作的例子来说，为了课程规划的“课程设计的环境过滤网模型”，课程被解释为一个由八个要素决定的学术计划、学科上差异的说明及有代表性的专业计划，以引领更多的研究。现在不再有人关心这样的研究，对我而言，这样的可能性并不会降低其研究价值。

终身任职体系的式微

多数有关揭露教授丑闻的评论家，加入了各种改革委员会去批评高等教育。一些评论家责怪终身任职体系已经式微了；过去十年来，由于这些批评，终身任职已开始了实质上的式微。大家认为许多大学约聘教授超过正职教授，加上 AAHE 开始进行对终身任职体系存废的讨论，一些机构开始检视这些反对终身任职的争议，其中有些已决定要废除终身任职。从另一角度来看，很多有名气的机构包括我自己的机构，正悄悄地雇用有实际经验的教授，而非一般的教授。

一些想要暗地破坏终身任职体系的人，显然不了解1900年早期的事件，以及它们带给创意研究与教学的危险。以现今趋势来看，我相信在未来，教授将会再度发现他们必须保护自己，不受专制且善变的解雇令所威胁。毫无疑问地，他们也将发现一些登记入学人数甚少的学科（如人文学科），也随同签约教授不再被雇用的情况而一并消失。当事件发生时，教授联盟可能没有能力同时保护学术自由与终身任职。虽然，终身任职在少数例子中被滥用，我仍期望行政人员能学着明白无误地处理滥用的案例，而不是逃避问题或是以短期指派任命来代替终身任职。但当终身任职的方案终止时，我实在无法对高等教育的未来再抱有乐观的态度。

科技的成长

在我的职业生涯中，科技成长已经在高等教育的运作与相关研究上有了很大影响。我清晰记得巴尔杰教授对会速记的秘书口述。身为行政管理者，我靠迷你录音机增加效率，可以随时随地地重复听取内容。即便是口述，但完成一篇初稿还是需要多次的重新打字，这个动作促进了研究成果处理者的思考模式，并使之略胜于当初写这篇稿子的作者。现在利用计算机，我们甚至不用知道如何拼字便可完成初稿，再将初稿寄给助理修正，然后立即传送给输入资料的同事。然而，我们将面临未经缜密思考便送出初步想法的极大风险。

计算机已革新了资料搜集与分析的方法，在我写博士论文时，花了五百元买掌上计算器以做平方根的运算，然而今日同样的计算器却不到十元。接下来发展出插卡机和计算机程序来计算，我们能在网络上选择调查数据或设定访问时间表，在桌上计算机上按几下便可做出复杂的统计分析，以及输入图表就能产生书面记录。

科技使我们不再从事低层次的劳动工作，反之，科技也使人丧失分析的熟练度与缜密的思考。太多的统计结果显示出研究者不了解他们所执行的过程。最近我开始使用如QSR、Nudist Vivo这种质化资料分析程序。在这些工具的协助下，计算机的内存可帮助研究者诠释资料，且以简短的指令分析大量的资料，特别是解释性研究，没有人能找到一种方式以避免不思考。

其他有关科技进步的更重要的成果是增加学生与教授间的沟通。师生可在每个领域中运用电子邮件和万维网，作为教学的设施。[1]

科技的影响并未阻碍新教学方法。由CLUE的资料中，博士班学生吉恩是个显示科技可完全改变课程规划的例子，包括更改课程的目的。

---

〔1〕 在某些机构，自动化的注册已消除了学生和指导老师的面谈。

高等教育正式研究的出现

在我职业生涯初期，高等教育的博士课程刚开始，我何其幸运地去帮助其中一个课程的初步规划及教授另两门课程。我相信这些课程在未来的高等教育中占有重要的地位。在许多大学或政策制定机构中，对毕业生担任行政人员的需求有所增加，最后许多具有传统学科资格的行政人员开始去研读高等教育的多项研究，并希望高等教育研究生院的课程可以提供给他们建议。

然而，对学术行政人员的教育资格偏见，确实是不可能完全消失的。[1] 尽管增加了高等教育研究的熟悉度，一些教授仍旧相信那些具备历史或哲学领域博士学位的人才能守护大学的价值。换句话说，大学不是商业机构且不需要行政管理者。我相信争论高等教育是否为企业是没有意义的，就像任何的现代组织一样，一个大学有些部分是需要用企业的方式来管理的，但在其他部分则需要依其主要目标，并以独特的方式来组织：负责财务的行政人员必须记得学校的主要目的，而负责学术发展的行政人员则需要知道良好的管理可促进目标的完成。这些存在的事实带给高等教育一些启示：具有良好设计的高等教育研究生院，不会产生极端的毕业生。

一个设计良好的高等教育系所，其课程应求广不求精。在密歇根大学时，我们喜欢说我们准备教授官员。如此，我们的毕业生在成为管理阶层时，才能以审慎思考的方式检视议题，并在适当的时机提出疑问，不论他们自身是否赞同传统智慧，都须以开阔的心胸去面对研究结果。同时当毕业生成为高等教育研究者或学者时，在研读及了解企业后应对教授与管理者角色有充分的经验。他们会更具弹性地回到管理阶层，并从多变的时代中学习。为了培养这种弹性与互利，我相信博士班学生应有两种不同角色：一为行政，一为研究。

除此之外，研究生院课程应被设计为毕业生未来不只是个企业管理者，也不是没有任何管理技巧的学者；博士班课程应包括对高等教育历史课题的研究，也应包含影响所有年龄层传统与非传统的大学学生认知之因素的研究发展，也该包含课程理论与发展、组织与管理理论、财务管理、个人管理与法律。最重要的是，还包含研究中常被疏忽的教育评量与技巧。另外，高等教育博士班应着重在研究专业上包括不同的量与质的研究方法。最后，引领我进入研究领域的是社会心理学而不是教育。但我相信研究生应该着重与兴趣相关的同性质领域，并在论文上建立学科的基础。此外，学生应在高等教育的领域上专其最感兴趣的议题。举例来说，想从事政府工作的人应研习公共政策，建立政治社会与经济稳固的背景。但整体的课程规划应比满足学生单一兴趣更为广泛。

---

〔1〕 大部分大学较以前更为自由地从教育中去研究文献与观念，举例来说，在古彻大学我开始管理一些小型机构研究，现在已成为机构研究的指标。

专业成长与协会

ASHE 在这几年已经成为我职业上的家。在这里，我尝试找出新想法及和同事相互争辩，而这种团体也符合我所期望的。ASHE 和我在专业上一起成长。几年来，年度会议已经有所改变。当我还是个研究生，ASHE 尚未成立之前，几位教授常在星期天下午安排非正式的会面；现在，组织已有一千多个会员及拥有受敬重的学术期刊。ASHE 有组织完善的会议，并且在许多方面确实有所改善。ASHE 在会员资格上也更为多元，为博士班学生孕育了更多研究方法和成长机会，但也同样带来负面的改变。随着时间流逝，我觉得协会成员已遗忘了处理分析及批评的天赋，甚至是友善及支持性的对话。于是，教学方法拙劣或逻辑不一致的论文对后起学者提供了负面模式。我们需要重新学习结构性与学术性的批评方法，以便在公开或私下场合能有效地使用它。

我在 ASHE 与 AIR(Association for Institutional Research，机构研究协会)持续地参加会议和定期地发表论文。每年我常去参加其他会议，有些大型会议是基于同事情谊参加的。有些会议则狂热于特殊原因或独特的创新。在某些会议上，报告似乎只是为了“说与演”而去建立校园或个人的公共关系。不幸地，这些会议潜在影响高等教育领导人、教授与大众甚巨。如果不是正确且稳固的理论，即使是一个创新的概念，恐怕企业体也不会对此一概念多加关注。一般而言，所有的“学者行政人员”应该至少参加一个以研究为主的年度会议。

对未来的梦想

自从我被训练成要将资料充分阅读后才能表达出来之后，我对预期的事物就感到相当的不舒服。在任何案例中，我相信去梦想比作预言较具生产力。失败的预言会带来失落，但实现梦想却将带来喜悦，因此我将分享一些我在 21 世纪末第一季对高等教育的梦想。

改善课程规划与评量

我梦想远距离教学将提供强烈的动力去改善课程规划。当一些教授发现他们必须在课堂上保有适当私密性时，规划在线课程将需要更多事前准备。除此之外，远距离教学是团队努力的成果，包括学科专家、“学习策略”专家、评量策略和技术传递人员。教学设计者提倡这种团队合作已经好几年了，现在似乎离成功越来越近。

我梦想参与通识教育课程的系所主管与教授将合作发展出如何运用课程领导能力的技巧，这样梦想的实现将需要副院长与校长扮演系所主任的角色，以及提供适当的职业发展与方针。

一个极重要但未被回答的问题就是：大学课程的设计是否影响学生学习？如果是真的，我相信质的研究与调查研究形成了强大的基础，可帮实验课程设计回答这个问题，我梦想在控制性实验下，将伴随密集课业质的研究去检测出课程设计与教育学上的方法。

大多数学生成功的研究着重于行政层面的成果衡量，即使学生的教育成长可能更常发生在系所层面(Pascarella，1985)，其评量是重要的，且能帮助学生判断其进展并了解为什么要学习某个概念与技巧，帮助教授了解学生的发展、改进学术课程及在变动的时代里有所反应。评量方式有三种类型：(1) 描述学生该做的事。(2) 描述学生的改变。(3) 归纳教育课程中学生的改变。第三种类型需要了解学生开始与终结的能力，以便控制学生已经拥有的相关技巧与知识。我期望每个学术系所可雇用一个受过评量技巧训练的教授，以便处理系所里教育成果的研究，该教授同样也可协助同事处理课业评量之事宜。

为了执行有效的评量，教授必须努力解决“如何定义教育质量”这一艰涩的问题。对于搜集教育质量各项证据的考虑包括：(1) 有关人物、计划单位或机构质量判断形成的特色为何？(2) 达成特定目标意味着什么？(3) 比较的标准或参照点为何？(4) 什么是适当的资料搜集与分析步骤？我希望教授在其系所或单位能找到这类问题的答案。

教职员与研究生的职业发展

在大学教学是一种职业，然而却不像其他颇具声望的领域，如法律或是医学，它不需要专门的训练与实习，我期待到了 2025 年所有的大学将只雇用具有博士学位的毕业生，而该毕业生已修过包括课程规划、学习理论、教学策略及专业伦理的教育与学科研究等课程，而且是一位成功的教学者。我盼望针对学科与各协会的期刊将在教育学方面提供教育奖助，进而激励大学老师与年长的教授。当然我希望教授的创造力能被终身任职制保护，大学老师逐渐增加的专业化特性(非职业化!)，能促使老师减少我之前所描述过的反对终身任职的批评。

较佳的研究整合与转化

在我的经验中，假如研究是综合性且可传播的，高等教育的专业人员将会有良好的基础研究。举例来说，信息正面的运用，像是在 1991 年欧内斯特·帕斯凯拉与帕特里克·特伦兹尼合作的文献中有关大学如何影响学生的内容，以及 1993 年汤姆·安吉洛与帕特·克罗斯(Tom Angelo & Pat Cross)对课业评量的著作。每个人在其职业生涯中发展其正面的角色模式。我很钦佩一些同事能将很重要的事以一种简单、直接的方式去吸引教授、行政人员甚至研究者。鲍勃·佩斯、比尔·麦基齐与帕特·克罗斯都是杰出的例子。这样的人在研究团体与使用研究者之间成为有效的沟通者。有些同事不断地激励高等教育研究者塑造其研究成为一种形式,便于政策制定者直接运用。我认为大多数的研究者都不可能做得很好,大部分的人被训练去强调研究限制,甚于呈现清晰明白的结果或意义。因此我认为培训和支持好的整合者与转换者使其能有效地传达意思,是一件很重要的事情。我梦想在2025年时,整合研究的学者将有用的研究告知教授与行政人员,也将得到和研究者相同的喝彩,期待某些学者是未来高等教育课程的毕业生。

消弭两分法

通过这种方式,学生可能被训练为批评型学者,亦使我们似乎有较多的两分法与两极化的想法。我相信大部分皆为错误的两分法,而一点点的结果将被转换成为更正面的影响。我认为不必要在质与量的研究之间划分两极化的概念,真正的议题是不论用哪种方法或是结合两种方法皆能回答问题的。同样,针对终身任职也会存在行政人员与教学者的两分法,然而,真正的议题应要看如何一起工作以提供学生最好的教育;至于科学与非科学之间的紧张通常伴随课堂讨论而来,而真正的议题应是提供学生知识与观点的平衡点。当然,在通识与专业的研究之间会持续分化。真正的议题应是整合学生的学习,去帮助学生在生活上及职业上皆可成功,我衷心期望所有不必要的两分法将被转换为具有生产力的互动。

总结

我身兼高等教育学者与行政管理者之职这几年来,试着贡献活力、热忱、效率与好奇心,以及指导学生与年轻的学者。相对地,我博士班的学生与我所珍惜、重视的同仁带来了更多职业上的挑战、自治和正向回馈。在一开始我就未曾规划的职业生涯中,我还能再要求些什么呢?

(作者 Joan S. Stark)

第二章

大学生课堂上学习动机与自我调整学习

大学生的学习动机是长久困扰高等教育所有教职员的问题。无论是在社区大学、综合大学、小型人文艺术大学或公、私立研究型大学，无一不悲叹于学生学习动机的缺乏。教职员们所提出的问题包括：为什么学生对自己的课业状况似乎漠不关心？为什么他们只关心分数而非学习？为什么学生们不努力去尝试？为什么学生们不太爱读书？为什么他们总是在拖延且临时抱佛脚？或者在报告上交期限的前一天才开始动笔？他们在计划工作时为何无法更加有系统？又为什么他们的学习表现总不尽理想？而这所有的争议都可以从大学生课堂中的学习动机与自我调整观点解释起。当然，也有学习与认知均恰当的优秀大学生，但在本章将着重于学习动机之自我调整学习管理的模式。本章的目的在于概要阐述现今有关大学生学习动机与自我调整学习的研究，并检视相关问题。

由于本章范围与页数的限制，在此无法回顾此议题所有不同理论与文献研究。事实上，以目前我们对大学生学习动机与自我调整学习的所有发展的了解来看，回顾所有不同的理论模式并不是非常有帮助的。所以，我们以一些普遍包括不同理论模式的架构来组织本章，希望这样的模式能提供给高等教育的研究者与教职员们有用的概念架构。另外将会建设一些以密歇根大学调查计划的经验研究，以及其他相关研究为基础的首要原则与通则。这些对引导未来的研究与实践应能有所帮助。这个模式直接针对大学生学习动机与自我调整学习上的学习，而不是针对非学术活动的启发（例如人际关系、友情、体育、就业等）。最后，这个模式最适用于大学课堂或课程程度，而不是整体的大学，因仍有其他包括教育及学习的模型结论在试图解释大学出席率会如何影响一群学生(Pascarella & Terenzini, 1991)。

对大学课堂具有理论与实用的价值。首先，现今多数针对大学前与大学时期的学生学习动机和自我调整学习的研究，均是就课堂上的程度而言的，因此十分适合发展学术方面的学习动机与学习。但更重要的，大多数学生的学习不只是花在实际教室中的时间，还包含在正式课堂之外针对特定工作与作业所花费的时间。最后，课堂上的程度着重于大学教师与我们本身的教学有意义且实用的内容上。改变或简单地影响在课堂外的因素(例如风俗与社区的规范和架构、学生室友或朋友的态度与信仰，或者是学生的家庭背景与信仰等)是我们做不到的，但是我们却能改变和控制在课堂上所做的事。当然，一定会有些例如课堂大小、课程的时间和需求等的限制。尽管如此，比起大学中其他的环境来说，在自己的课堂上仍然有较大的控制权。相对地，本章将着重探讨不同课程和课堂特征与大学课堂状况、学生的学习动机信念及自我调整学习之间各有何关系。

在开始讨论概括模型之前，为帮助我们了解实际大学生的学习模型，首先概述两个学习动机与自我调整学习行为表现不同的学生。迈克与林德萨在高中时期均十分优秀，并且在上大学后开始面临一些难题。迈克无论哪种科目都用同样的方法去念，尽管这些科目在条件要求(例如报告、期终考试、实验报告等)或教学性质上均有相当大的差异。对课程，迈克并没有仔细考虑过他的目标，只想得到好成绩(例如 A 或 B)。当他在准备考试时，迈克会把讲义反复地读，也专心地复习重要的术语和观念。迈克对某些科目感兴趣，但也发现其余的科目颇无趣，因此迈克在喜欢的课程内容上投入较多的时间，在学期慢慢接近尾声时，迈克对不感兴趣的科目感到越来越困难。似乎每次在迈克拨出时间要念这些科目时，他反而就会接受室友的出游邀约而没有留下来念书。通常是等到考试或报告上交期限的前一周才会开始行动，也因而老是处于很急迫的情况，并发现自己没有发挥最大的能力。迈克有些科目的成绩不错，但有些他却只得到 C 甚至更低的分数。当他检讨成绩不佳的原因时，他会觉得自己并不擅长这些科目，反正它们也十分无趣。迈克很少向班上同学或教师寻求协助，只是持续地使用自己在高中时的念书方法，既然这个方法适用于自己；他也不会担心自己在大学的表现是否理想，因为大学本来就比高中还难。迈克并非一个不好的学生。他不但尝试完成所有的作业，也会念书，就好比多数的大学生一样，但是，他却无法比能够自我调整学习的学生更为成功。

和迈克面对的科目相同，林德萨则使用不同的应对方式，她同样也希望得到好成绩，不同的是，林德萨会想要去学习并了解课程内容。她知道这些知识可在其他的科目或在未来职场上有所帮助，也因此林德萨强迫自己不只单单注重于取得高分，而是真正地去了解。除此之外，她考虑到各科目间的差异且能了解不同的测验方式，如考试及报告等就需要不一样的应对方式。当某些科目安排复习小考时，林德萨会花时间去复习重点。然而，当林德萨在念书的同时，无论面对哪一科，她会以自己较能了解的方式去记下重点，做摘要和提纲。这样的方式可帮助她了解教授上课所讲的和自己所读的有何联系。另外，在念书时，林德萨会为自己设计小小的测验以清楚自己对教材的了解程度，而当她发现自己并不能百分之百答对自己所出的测验题目时，她便会重新再看讲义，找出自己还没有完全了解的部分。林德萨会定期计划每星期、每月的读书时间，以避免临时抱佛脚。当然，在考试前，她会专注于所测验的科目，但通常都会觉得自己已经准备得十分周全了，因为并不是在最后一刻才开始准备的。林德萨当然也对某些科目感到无趣，但她却会花更多的时间在这些科目上，因为她知道自己相对无法专心地念这些科目。林德萨常常会和朋友们一起读书，她们在用功念书之后，就会一起去比萨屋休息，林德萨觉得这就是她读书的奖励。不同于迈克的例子，林德萨将朋友融入于她的读书计划中，来帮助自己有计划地读书并专注于课业上，而不是使朋友成为自己分心的因素。长期下来，林德萨会比迈克成功许多。和大部分的大学生一样，林德萨同样会经历一段步入大学的过渡时期，但她却利用认知与学习动机性的所有资源，试着去成为更能够自我调整学习的好学生。

我们的大体模式可从林德萨与迈克的两种不同的学习方法中来获得一些重要的差异性。首先概述模型与其构成要素，再来讨论各要素间所存在的相关性。在整篇文章中，我们都会选用到林德萨与迈克的例子，以使读者更具体了解模式不同的观点。

图 1 表示学生在课堂上学术性质的学习动机与自我调整学习模式，用以统整此章。模式中包含有五大要素：第一要素，是学生的个人特征，如与学生学习动机、自我调整学习和其结论有所关联的年龄、性别和道德观念等（以图 1 中的 A 表示之）。第二要素（图 1 中以 B 表示之），即课堂情境，包括所有课程的不同特征（例如林德萨与迈克所面临的不同的各科作业）。假定 A、B 两要素会影响模式的另外两大要素——学习动机历程（第三要素 C）与自我调整学习历程（第四要素 D）的操作过程。学习动机历程反映出学生本身对课堂情境及其认知相关的内心想法与感觉。迈克与林德萨同样对课程感到无趣，也都十分担心自己是否具备足够的能力获得成功。自我调整学习历程包括所有学生可用以管理、控制和使自己规律化的内部策略及程序。迈克与林德

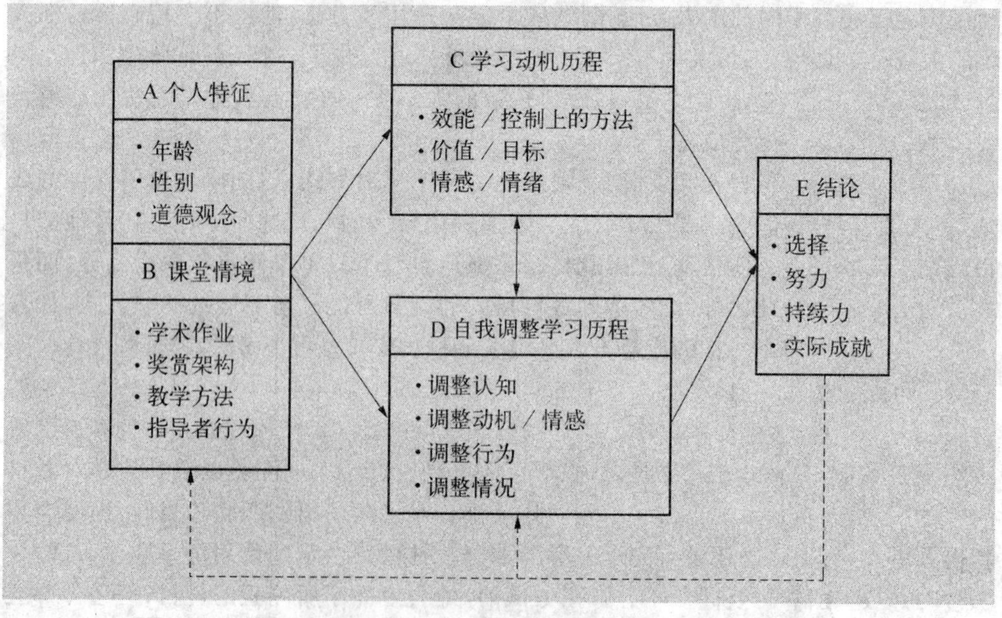

图 1　大学课堂中学生的学习动机与自我调整学习之概括模型

萨二者均有对付学习与研究的不同策略。第五要素 E 则包含在不同选择、努力、持续力及实际成就下所能得到的结论。林德萨与迈克选择不同的利用时间的方法，而在成果、耐心度及成就上就有所差异。

值得注意的是，虽然在模式中，线性影响作用是由课堂情境与个人特质开始，至学习动机与自我调整学习历程，最后影响结果的，但是这种安排是为了使本章容易表达。模式前提下表现出对社会认知的透视，假定模式中各要素之间相互影响（Pintrich, 2000c; Zimmerman, 2000）。大学生实际表现和得出的结论反映出影响其学习动机与自我调整学习（由 E 至 D 以虚线表示之），例如：在许多研究中指出，学生成就程度（所得到的成绩）会影响学生对本身竞争力与学习动机的看法（Bandura, 1986; Pintrich & Schunk, 1996; Weiner, 1986）。

相同的道理，大学生的表现也会影响到指导者的表现（情境因子，E 至 B 以虚线表示之）。举例说明，主动性参与课程活动的学生会影响指导者的教学方式（如由讲课转为较偏向讨论性质的授课方式）。最后，大学生在实际参与课程前，已对本身性质与学习动机上有了主观的看法，这些主观性看法会影响他们对大学课堂情境及之后的信念与行为。因此，本模式所描述的，是在相互影响的动态体系下，在课堂情境、个人特征、学习动机、自我调整学习及行为表现上主要的影响要素。

在此模式中，个人特征因素（A）和课堂情境（B）及所得结论（E）并没有直接的关联。这反映出我们假设个人特征（A）与课堂情境（B）是通过 C、D 的间接影响而得出结论（E）的，举例来说，女性与男性并非因为天生的差异而导致他们有不同的成就程度（E），模式中假设女性与男性可能因拥有不同的学习动机与自我调整学习模式，而产生不同的结论。同样的议题也可以套用在种族或是年龄发展等的差异性上。核心问题在于学习动机、认知及自我调整学习的（C、D）心理影响因素，以及他们和个人特征（A）与结论（E）的相关性。同样地，模式假设课堂情境因素（B）也间接通过学习动机（C）与自我调整学习（D）而影响结论（E）。较值得教育者庆幸的是，这样的学生间接影响模式假设，要素 C 与 D 是可以被改变的，反之，个人特征因素（A），如性别和种族则是完全无法改变的。

学生结论

为更详尽地叙述模式，从图 1 中最右方的结论（E）开始分析将会最容易，这些行为是所有大学教授都重视的。此外，心理学模式中的学习动机与自我调整学习，即在尝试解释其所得结果的所有发展。

学习动机历程（C）与某个体为何选择此活动而非其他活动是相关的，无论是像“该休息还是做作业”等每天都会遇到的问题，或是如职业、婚姻、家庭等较为重大的议题。自我调整学习历程（D）着重于为达到目标或抉择所采用的策略。在大学课堂背景的成就上，选择性行为包括选择不看电视、不与朋友聊天而专心念书的学生。迈克经常没有选择念书而与朋友出去玩，而林德萨却是将朋友并入她的读书模式中，因而同时满足了她和一般人一样都有的社交目标及学术目标。此外，许多教职员以此来证实具有学习动机的学生会去加修其他学科。实际上，许多教职员更直接地说，较晚期出现的选择行为是初期主要课程所影响的结果。这些选择性行为即为学习动机的佳例。

心理学所研究的第二种学习动机的改善观点，为学生活动的程度及作业的参与度。我们首先假设当学生为此课程付出很多的努力时，即称该学生相当具有学习动机，从不会在课堂上打瞌睡且总是更主动地参与。参与课程的行为表现包括：详细地记录笔记；在课堂上提出好问题，或愿意冒险去发表想法及意见；在下课后至办公室更加详尽地讨论课堂上所教授的内容；与同学朋友们于课余时间讨论课程概念；花适宜的时间读书；为上课及测验作准备；相比其他活动花费较多时间在课程上；甚至到图书馆等信息中心搜寻课程内容之外或更新的资料。林德萨显然比迈克花费较多的时间及努力在学习上。

除了这些行为表现外，还有些较不同、较无法观察出的参与度观点，包括认知上的参与及历程，例如深思课程教材，并应用不同认知策略，以更有规律、细心的态度去学习，探索了解教材内容(并非只是熟背出来)，利用先前课程内容的观念去统整出新的东西。林德萨试着使用这些较有深度的策略，而迈克却主要依赖于死记硬背。在面对较深的理解与学习时，决定性即在于这些有深度的认知历程上。我们会在自我调整学习历程(D)的认知历程上作更详细的讨论。但对所有不同的认知观点在学习上所扮演的角色作详尽的探讨，已超出本章的范围。然而，重要的是，只是单纯在行为上参与课程对学生们来说是不够的，他们必须要在认知上也参与课程，才能达到实际的学习与了解。

以最符合学习动机的原理去研究的第三种学习动机观点，即为持续度。当某个体无论是遭遇困难、无趣或疲劳，都能持续地去面对同一份工作时，我们通常称其为具有学习动机地面对此工作。一般来说，持续度是容易观察出的，虽然大学教职员通常不会接触到这些学生持续问题最常出现的情境。在大学之前的课程时间中，教师们的确有机会去观察实际做作业的学生。反之，大学教授则通常没有机会去了解学生们是如何念书的。

然而，对图书馆里大学生的一般观察，以及通过与学生们讨论工作进度的交谈，即可很快地发现持续度对大多数的大学生而言，均是一大关键。举例来说，当学生面对困难的作业时，持续力即十分重要，无论是面对微积分题目、化学平衡方程式，了解保守派与马克思的经济学说，或是在将评论家的论点应用于小说的暗喻上，大学生本身具备不同的知识及能力，也将面对不同的难题。其在面对难题时仍有意愿持续地去面对它，就是学习动机的好典范。此外，因为每个学生各有不同的兴趣和主修科目的选择,而对某些科目也因而感到无趣或者不具重要性,但能够持续地面对这些科目,就是学习动机的重要特征,就好比林德萨与迈克的表现有所差异一样。总而言之,学生们常与时间竞赛(如学业、职业、社交生活等),且常因同时参与太多活动而容易感到疲倦。面对这些潜在性的过度努力与疲劳,一个能够克服疲倦感,并且继续完成作业的学生就是一个具有学习动机的学生。

我们最后一个结论是,学生学业上的表现与成就可从各科所得成绩或整体平均成绩中显示。对大多数的教职员而言,所谓的"表现",包含学生对课程内容中的新观念、新学说、新模型或新的技术(如写作)与思维方法(如评论性思想、科学思想、数学思想)的了解程度。当然,核心议题在于如何评定这些认知与技巧。教授们假设学生们于课堂上参与的作业、测验报告和其他的工作与活动可以反映出所需要的结论。然而,使用标准选择题测验方式来评定结论并非没有可能,但通常是很困难的。因此,要衡量学习与认知程度,采用多种评定的程序是必要的。无论如何,学生在不同评定程序下所有的表现与成就,都部分受到学习动机与自我调整学习历程的影响。当然,学生本身的认知与所具备的知识,也是影响成绩的很大的要素,但在此章我们将着重于学习动机历程(C)与自我调整学习历程(D)的功用。接下来我们将探讨自我调整学习历程的作用。

自我调整学习历程的作用

许多不同的学习动机与自我调整学习模型都有各自不同的架构与机能,但在学习与调整上都有共同的基本假设。一个最普遍、依循一般认知观点的假设,称为主动建构假设,表示所有的模型都视学习者为学习历程中主动建构的参与者。假定学习能够在外部环境信息及本身已具备的信息(称为内部环境)中,主动建构起自己个人的意义、目标与策略。大学生并非只是教授、父母与长辈们消极的信息接收者,而是会在学习时主动建构意义的创新者。由此可见,提供"完美"的教学,并不表示学生们能依期望的方式了解教材。他们会从教学中创造出自己的意义,这些意义有些可反映出适当的认知训练,但有些却是以学生在课程开始前已具备的认知及错误观念为基础的个人意义。

第二个相关假设为控制可能性的假设。所有的模型均假设学习者具有监督、控制、调整其个人认知、动机、行为及环境上的可能性。此假设并不是表示大学生在任何情境下都能够监控其认知、动机与行为,只可能有部分的监督、控制及调整工作。所有的模型都承认个体的调整功效会因生物、发展历程、情境及个体差异上的限制而受到妨碍与干涉。

此外,十分明显地,大学生能很容易地控制、调整自己在学习了解上所订定的目标。但中学、大学里的实际课程,甚至大体来说的社会环境,都要求等级更高的目标与标准(例如英文课中必须使用某种特定的写作方式才可能获得高分;在大学里必须达到一定的GPA,才能被编入优秀学生名单中;在社会上要成为一位医生也有其一定的需求与标准)。然而,这些目标与标准显然是大学生无法控制的,因而显示了大学生在自我调整行为中所必须作出的反应和适应。由此可见,在一定的范围下,某些外在环境里的观念,的确能控制或引导大学生个别的调整行为。而本章主要的议题即在于大学生如何应付外部环境的需求与目标压力。

第三个目标、效标及标准假设是在米勒、加兰特与普利布兰(Miller、Galanter & Pribram,1960)之后所有自我调整学习模式所作的共同假设。这些自我调整学习模式都假设有特定目标、参照价值、效标或是标准可作为评断学习历程是否需要改变的依据。我们可以按室温自动调节器的作用方式来理解,当一期望室温被设定之后(目标、效标或标准的设定),自动调节器(监督历程)便会做出升、降温的动作(控制与调整历程),以维持所设定的期望室温。一般的例子均假设每个学习个体均依据一定的个人目标去努力学习,监督朝向目标的历程,并去适应、调整其认知、动机与行为。迈克与林德萨均设下"得到好成绩"的目标,两个人同样地念书,但林德萨却同时设下了了解学习的目标,因而引导她用更有深度的方法去了解课程内容。

大多数学习动机与自我调整学习模式所作的第四个一般假设,即动机信念与自我调整学习为个人特质、情境特征与实际成就或表现的调节者。这是表示个体的文化、人口或特性及课堂情境特征均不能直接地影响成就。个体认知、动机与行为的动机与自我调整是个人环境特征与最终结果之间的关系调节者。因此假设,我们在图1中结论(E)与个人特征(A)和课堂情境(B)间并无直接的关联,而多数自我调整学习模型中自我调整学习历程(D)与结论(E),如成就与表现,都直接地关联,尽管大多数的研究都以他们自己的观点去检视自我调整活动。

根据以上假设,可定义自我调整学习为一主动建构的过程,学习者会设立学习目标,并依目标及环境特征来监控、调整和控制他们的认知、动机和行为。而这些自我调整行为可调节个体和情境与最终结果间的关系。这个定义与其他所有的调整学习模型都十分类似(Butler & Winne, 1995; Zimmerman, 1989, 1998a, 1998b, 2000)。虽然此定义十分简单,但这个单元剩下的部分将以更详尽的方式概述调整不同的历程和范围,以及它在学术领域中的学习应用与成就,而显示出自我调整学习历程的复杂与多变性。

自我调整学习阶段

图2表示自我调整学习模式的四个概要阶段。许多调整与自我调整学习模式中均具备这四个阶段,用以反映目标设定、监督、控制与调整的历程(Zimmerman, 1998a, 1998b, 2000)。这四个阶段可作为组织思想与自我调整学习研究上的启发。

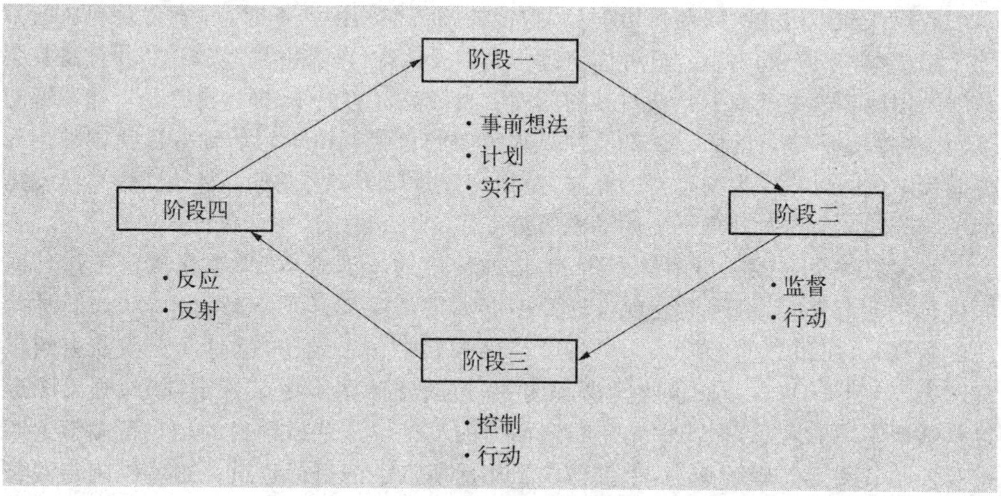

图2 自我调整学习的四个阶段

当然，并非所有的学习都依循这四个阶段。在很多情况下，学生的学习方式较为被动消极，并非如模式中所示一般明确地自我调整学习。在许多实例中显示学生在学习与思考时，没有明确地设定目标、监控并尝试去控制其认知与学习。事实上，在某些情况下，让学生自动地去使用特定的认知历程是很重要的(例如基本的阅读技巧)。假如学生花费大部分的认知资源在解读与了解课本中的句子上，那么剩下需要用于理解更深层的教材的认知资源就相对少了。意识与意图、控制与自我调整学习相对于较无意识、自动化的历程或学习之间差异的比较，仍于现今的研究中热烈地争论着，对未来的研究也是一个很重要的方向。然而，有时学生能够有意识、明确且有意识地控制其认知与学习，而此章中的模型即在概述当学生尝试去调整自己的学习时所涉及的不同历程。

阶段一包括了计划、目标设定及工作情境的观念与知识启用。例如，当林德萨开始念书时，她会问自己类似的问题："接下来的三个小时中我的目标为何？在面对教材时，我要着重在哪些地方？我对这个主题已经有怎样的了解？"前两个问题主要是在帮助林德萨架构起这个读书计划的目标。一方面，这些目标就可作为自我调整学习行为的效标。当慢慢接近目标时，她会发现她正朝着目标进步且持续着她的工作。另一方面，当她发现没有把重点放在所设立的目标上时，就可以作出调整或改变以重新专注于学习重点(就是当林德萨发现有不了解的地方又重新复习教材时)。而最后一个问题则包含了既有知识的启用——既有的知识对新的学习具有很大的影响力，考虑到个体本身既有的知识和她将要学习的知识之间的关联性，是一个很好的调整策略。

当学生实际开始接触工作时，他一定在执行某些特定的活动且进行不同的认知历程(如参与、比较、分析与思考等)。然而，阶段二关系到代表个体、工作或情境不同观点的后设认知体认的不同监督历程。例如，林德萨在阅读课本时，可能会发现自己不能了解课本中所有的内容。这种体认即称为后设认知，因为它是"认知上"并且是有关认知的体认。学生基本上是在对其阅读理解力做监督的工作，查核自己是否能了解阅读的内容。这种学习的后设认知监控是很重要的自我调整学习历程。自我调整大部分仰赖学生的自我作为与思考的监督，及相对行为与认知的调整。林德萨为自己安排的小测验即反射出此种理解力的动态监督工作。

阶段三关系到控制与调整个体、工作或情境的不同观点，学生在执行工作且同时进行学习监督时，也许会发现自己并不能如期望中那样了解教材内容（如同林德萨的发现）。阶段二的后设认知监督所产生的其中一个结论，就是回到前面去纠正理解力，举例来说，重新阅读整个课程内容，重新阅读课本中某特定部分，画出图形以联结课本中的观念，做出课本中特定部分的笔记。这些设计目的均在帮助学生调整及控制其阅读的理解能力，带领他向工作前所订下的目标迈进。这些控制与调整历程可以在执行工作期间随时进行，帮助学生在达到目标方面去作出改变，使其行为与认知更为适切。

最后，阶段四是在工作完成后，对个体、工作或情境所产生的各种不同的反应与反射。这样的反应关系到学生对成功或是失败的结果归因。假使一个学生认为自己这次的考试结果很成功，他也可以将其归因于试题简单、来自其他人的帮助（如教师等）或是其他许多的原因。同样地，如果学生认为此次测验结果不佳，他可以将其失败的结果归咎于自己的能力或努力不足（如前面例子中的迈克）、运气差、试题难、没有人帮忙等数不清的因素。学生认为的归因种类与性质对面对未来工作所作的尝试与期望，以及对一般动机与成就而言，均有很深的影响（Pintrich & Schunk, 1996; Weiner, 1986）。一般来说，如果学生认为成功的原因在于较稳定的因素（如能力强等），这些学生就会期望未来也是成功的。同样，如果学生将失败归咎于不稳定的因素（如努力不足等），那么这些学生未来则至少会期望自己能有所改变（Weiner, 1986）。在对大学生的研究上，佩里与他的同事们（Perry, 1991; Perry & Dickens, 1988; Perry & Magnusson, 1989; Perry & Penner, 1990）证明了相信自己较能控制本身行为的学生，确实比不认为自己有能力控制自己的学生有较好的成就。这种反应回馈到先前的各阶段上，尤其是阶段一，将成为在执行下一项工作时个体所具备的知识。

这四个阶段代表的是个体在执行一项工作时所经历时间的排列顺序，但并无假设强烈地表示这些阶段具有阶级性或是线性相关，即阶段一必须发生在阶段二之前。在大多数的自我调整学习模型中，监督、控制和反应历程均可在执行工作过程中随时持续不断且动态地进行。目标设立的改变与更新均来自这些历程回馈。实际上，平瑞克、沃尔特斯和巴克斯特（Pintrich、Wolters & Baxter, 2000）指出，经验上的监督工作（阶段二）和控制/调整（阶段三）之间只经由独自完成的问卷与自我发展的规范所得到的个人经验，只显示出少量的差异。这四个自我调整阶段可应用于自我调整的四个一般领域上，表 1 显示出这四个阶段是如何应用于自我调整的四个领域的。

表 1 自我调整学习模型的四大阶段

阶 段	认 知	动机/情感	行 为	情 境
1. 事前想法、计划与实行	1. 目标设定 2. 既有相关知识的启用 3. 后设认知知识的启用	1. 目标导向的采用 2. 效能之判定 3. 学习判定的简易(EOLs)；工作困难度观点 4. 工作价值效用 5. 兴趣效用	1. 时间与努力的计划 2. 行为的自我观察计划	1. 工作观念 2. 情境观念
2. 监督与行动	认知的后设判决与监督(JOLs)	动机与情感的判决与监督	努力、时间分配与协助寻求的判决与监督	工作与情境状况改变的监督
3. 控制与行动	学习与思考的认知策略的选择与适应	管理动机与情感的策略的选择与适应	1. 增加/减少努力 2. 持续/放弃 3. 协助寻求行为	1. 工作改变或重新协商 2. 情境改变或离开
4. 反应与反射	1. 认知判定 2. 归因	1. 情感反应 2. 归因	选择行为	1. 工作评量 2. 情境评量

自我调整领域

表 1 中的四栏所代表的是个体学习者试图监督、控制及调整的四个不同领域，前三栏认知、动机/情感与行为反射出心理机能传统上三个不同的领域(Snow, Corno & Jackson, 1996)。根据斯诺等人(Snow et al., 1996)所提出的观点，虽然这些领域间的区别较模糊，但将它们分开探讨有其一定的功效，尤其是当心理学的研究均着重于各个独立领域时。

表 1 中的前三个领域所代表的是个体能够试图控制与调整的认知、动机/情感及行为。这些在控制与调整上所作的尝试属于自我调整学习行为，即个体着重于本身认知、动机与行为的控制和调整时称之。当然，情境中的其他个体(如教授、同事或父母等)能够教导个体面对工作的方向、方法与时机的方式，来协助个体调整其认知、动机与行为。更广泛地，其他的工作或情境上的特征(如工作性质、回馈系统与评量架构等)也可以帮助或限制个体于自我调整学习上的尝试。

表 1 中的认知栏所涉及的是个体在学习与执行一项工作，以及控制与调整认知时

所使用的认知策略与后设认知策略的部分。迈克与林德萨在读书时就使用了数种认知与后设认知策略。此外,课程内容知识与策略知识均包含于认知栏中。动机/情感栏所涉及的是个体工作时所使用不同动机信念的执行与控制,例如:自我效能信念、目标导向、工作价值。另外,个体本身对工作的兴趣与喜好度,以及具有影响力的正面和负面反应均包括在此栏规范中。总而言之,个体在控制与调整其动机及情感时所使用的任何可能策略,均包含在此栏中。而行为栏则反映出个体在面对一项工作时所使用的一般努力、持续力、协助寻求与选择的行为等。

表 1 中的情境栏,所代表的是在学习发生的工作环境、一般课堂或者文化情境中的不同观点。个体的确会在一定程度内试图去监督与控制其所在环境,事实上,在某些有关智能的模型中(Sternberg, 1985)选择性的控制及改变情境所作的尝试是十分具有适应性的。同样,在本模式中,个体对环境的监督与控制所作的尝试,在自我调整学习的范围中是个十分重要的观点。情境特征领域在某些自我调整学习模式中被省略掉了,因为它所反射的是情境,而非个体本身的观点,在这些模式中,为控制情境所作的尝试不包括在自我调整的范围中(参见 Boekaerts, Pintrich & Zeidner, 2000 中的自我调整的其他模式)。

对表 1 中所有的栏与列所作的概述,提供了对自我调整不同阶段与不同领域之间的关联性概要。下文中,会更详尽地叙述表中各个小格子的内容。

认知调整

表 1 中显示了在认知栏下包含的四个一般可能发生的自我调整阶段,认知栏由上往下的四个格子代表了不同的阶段在不同的认知观点上可能的运用。这四个格子将以文字修饰、逻辑及叙述难易度等方面分别作讨论——虽然,据以上内容所示,各阶段在多样的历程与构成要素的互动中有可能有重复及同时发生的情形。并无任何明显的假设表示历程为线性且静态,而各构成要素独立且不互相作用。

认知的计划与执行

表 1 中认知栏与阶段一的交叉点上,有三项计划与执行的一般形态:(1) 目标设定;(2) 既有相关知识的启用;(3) 后设认知知识的启用。“目标的设定”包含特定的工作目标。目标设定所涉及的是可用于引导一般认知及特别监督的工作的特定的目标设定范围(Harackiewicz, Barron & Elliot, 1998; Pintrich et al., 2000; Pressley & Afflerbach, 1995; Schunk, 1994; Zimmerman, 1989; Zimmerman & Martinez-Pons, 1986, 1988)。如以上所示,所设定的目标作用为评量、监督及引导认知的效标,就如同室温调节器一样,期望室温的设定是用以引导调节器的运转与升降温系统。当然,目标设定普遍发生于实际执行工作之前,但实际上,目标是可以在执行

工作期间随时订定的。学习者可以在开始工作时订定出学习目标，针对时间分配与结果分别订定目标，但这些都可以在执行工作的期间随时作调整与改变，以达到监督、控制与反射历程的功效。林德萨将目标设定在夺得好成绩及理解课程内容上，但迈克只设定了得到好成绩的一般目标。

“既有相关知识的启用”，在相当程度上，这个既有知识的启用历程会毫无意识地自然发生。即当一名大学生接触到某特定领域的工作时，如数学，他们有关数学方面的既有知识就会在毫无意识的情况下，自然而然地快速启用。这种历程形态不被包括在自我调整的范围内，它涉及一般的认知历程，而非受学习者直接的控制。然而，自我控制能力较佳的大学生可在开始执行工作之前，较积极地搜寻本身既有知识(Alexander, Schallert & Hare, 1991; Flavell, 1979; Pintrich et al., 2000)。

“后设认知知识的启用”包含认知工作、认知策略及可帮助学习的知识的启用(Pintrich et al., 2000; Schneider & Pressley, 1997)。此外，与既有知识相同，这个启动工作可以是非常无意识的，受到个体本身、工作或情境特征所刺激而发生，或者是控制且刻意执行的。后设认知工作知识包含工作的差异如何影响认知。例如，问题或测验中如果提供较多的信息通常比提供较少的信息时更容易回答。大多数的学生了解这个观念后，这个观念就成为学生对工作特征所有的后设认知知识的一部分。其他的例子中包含了解某些工作及其目标的深浅难度，例如记得故事要点相较于记得故事中的一字一句也更为容易(Flavell, 1979)。

策略差异的知识包括个体在复习、思考、推理、解答、计划、学习、阅读与写作等认知上所能获得的不同做法与策略的知识。这个在大部分的研究中都可见到的观点即为最常见的后设认知知识类型。属于可帮助记忆电话号码的复诵策略，或是可帮助记忆与理解课本内容信息的组织及精致化策略的知识，均是策略知识的好例子。

后设认知知识更进一步地分为陈述性、程序性与条件性的后设认知知识(Alexander et al., 1991; Paris, Lipson & Wixson, 1983; Schraw & Moshman, 1995)。陈述性认知知识是关于“认知的什么”的知识，并且包含用于学习上不同认知策略的知识(例如复诵与精致化策略)。程序性知识包含的是了解执行的做法及使用不同的认知策略。只知道如何做摘要或意译等精致化策略是不够的，知道要如何有效地去使用这些策略才是真正的重点。最后，条件性的知识包含知道使用不同策略的时机与意义。举例来说，精致化策略也许适用于某些情境中的特定工作种类(从课本中学习)，其他如复诵策略可能较适用于不同工作中不同的目标(试图记住电话号码)。这种条件性知识种类对不同认知策略的变通性与适应性来说是十分重要的。林德萨似乎比迈克拥有较多的条件性知识，能够尝试去调整自己的策略以适应不同课程与工作的需求。这点即为自我调整学习者的反射，帮助她比迈克表现得更好。

认知监督

认知栏中的第2格为后设认知监督历程。认知监督涉及不同认知观点的判决与监督，且对于所谓的后设认知来说是十分基本的要素（Brown，Bransford，Campione & Ferrara，1983；Flavell，1979；Koriat & Goldsmith，1996；Pintrich et al.，2000；Schneider & Pressley，1997）。相较于较为静态、陈述性（个体能够陈述出自己是否能了解）的后设认知知识（于前段中讨论过），后设认知判决与监控则比较动态且为过程所导向，反射出当个体在执行一项工作时所涉及的后设认知体认与持续性的后设认知活动。

其中一种后设认知判决或监控活动涉及了“学习的判决”（JOLs）及理解力的监督（Nelson & Narens，1990；Pintrich et al.，2000）。这些判决也许会经由多次活动后显现出来，例如个体开始察觉到自己无法了解刚刚读过或听到的内容，或开始察觉到自己对其工作及目标而言，阅读速度过于快速或缓慢。学习的判决也可以于学生采用自问自答的方式动态地监督其阅读理解力时产生。林德萨即使用自我测验的方式来作出这些判决，而迈克只是在没有什么后设认知体认的情况下一味地苦读着。学生在试图决定是否准备好接受记忆测验中对刚读过教材的测验时，即表示他们已学会指定的单词，也可以作出学习的判决（Nelson & Narens，1990）。普雷斯利和阿弗贝奇（Pressley & Afflerbach，1995）提出了个体在阅读时所采用的监督活动的详细列表。在课堂情境中，除了阅读理解力或记忆力判决之外，学习的判决可以包含学生判决自己对授课内容的理解力，或是否能够在随后测验中回想起授课的信息。

认知控制与调整

认知的控制与调整包含了个体在适应及改变其认知时所使用的认知与后设认知活动的种类。在大多数的后设认知与自我调整学习模型中，控制与调整活动假定是依赖或至少是与后设认知监督活动密切相关的，尽管后设认知控制与监督设定为不同的历程（Butler & Winne，1995；Nelson & Narens，1990；Pintrich et al.，2000；Zimmerman，1989，1994）。那即是在说明试图控制、调整与改变认知与提供目标和目前进度之间的相关差异信息的认知监督活动应该是有所关联的。例如学生以理解作为目标去阅读课本（并非只是完成阅读的工作），当他监督自己阅读的理解力时，监督历程就可以提供学生是否需要改变阅读策略的信息。林德萨以自我测试的答案为基础重温教材中不了解的部分，以这样的方式做到此点。

认知的控制与调整其中一个中心观念在于实际的选择及采用不同记忆、学习、推理、解答与思考的认知策略。许多研究中均显示，适当认知策略的选择能够对学习与成就有正面的影响。选择的一个重要观点在于适应及挑选适合工作或课程需求条件的策略。使用一个象征的工具,不同的认知工作有不同的认知工具,重要的争议在于对哪一种类的学术工作要在何时使用何种认知工具或策略。这些认知策略涉及的范围由成人帮助幼儿简单记忆策略(Schneider & Pressley, 1997)至个体阅读方面(Pressley & Afflerbach, 1995)、数学方面(Schoenfeld, 1992)、写作方面(Bereiter & Scardamalia, 1987)、解答与推理方面(Baron, 1994; Nisbett, 1993)的复杂策略。尽管不同策略的使用较偏向于认知而非后设认知,然而使用、停止或改变策略的决定则是控制与调整后设认知的观点。

在自我调整学习的研究中,个体用于帮助其了解与学习教材的不同认知,以及学习策略均包含在此格范围中。举例来说,许多研究人员研究学习者会使用不同背诵、释义与组织的策略来控制他们的认知与学习(Pintrich & De Groot, 1990; Pintrich, Marx & Boyle, 1993; Pressley & Afflerbach, 1995; Schneider & Pressley, 1977; Weinstein & Mayer, 1986; Zimmerman & Martinez-Pons, 1986)。这些策略包含利用意象的方式去理解记忆工作中的信息,以及利用意象的方式去帮助某项策略正确实行形象化(例如,如体能活动般地把学术活动形象化,参见 Zimmerman, 1998a)。记忆力及其他例如释义、摘要、概述、组织化、绘制树状图与笔记抄写等不同策略地运用也同样归在此范围中(Weinstein & Mayer, 1986)。迈克似乎较为依赖基本的背诵和记忆的策略,而这些只能应付单纯的信息记忆测验,在面对需要综合与分析信息的论说式测验与报告时就有可能出现困难。相反,林德萨采用了许多不同摘要与组织资料的策略,这些似乎都可帮助她以更有意义的方式去学习,并且有更好的表现。

认知反应与反射,反应与反射的过程包含了学习者对其工作上的付出与表现的评估,如齐默尔曼(Zimmerman,1998b)所指出的,优良的自我调整者会以与避免或不重视自我调整的学习者作比较来评价其表现。此外,优良的自我调整者对其表现似乎会作适应性的归因(Zimmerman, 1998b)。适应性的归因一般是视为对低效率或使用劣质策略的归因,而非未来一般能力(例如因为我又笨又蠢所以表现不好)的不足(Weiner, 1986; Zimmerman & Kitsantas, 1997)。这些适应性归因及许多如正面情感、正面效能、期望判定、持续力与成就的适应性动机信念与行为,均与更深层的认知历程及较优良的学习与成就有关联(Pintrich & Schrauben, 1992)。

在我们两个学生的例子中,林德萨对表现不佳的科目使用较具适应性的归因,将其归咎于自己专业知识的缺乏,则努力读书、寻求教授及较成功的同伴帮助以学习如何更适切地读书。林德萨知道自己可以改善及改变学习方法,而这样的归因引导她期望找到能够实际改善她的学习的方法,并且在未来会表现得更好。另一方面,迈克将不好的表现归咎于自己能力的缺乏,他则开始怀疑自己是否有能力可以做好,并且不期望自己未来可以表现得更好。因此他认为这是一般能力上的问题,而一般人认为这种基本能力是无法改变的,他也就不会积极地寻找新的学习或读书方法了。

动机与情感调整

在学习者可以调整他们的认知时，即可调整其动机与情感（表1中的栏2）。然而，包含了认知性与教育学的心理学家所作的所有后设认知与学术学习上的研究表明，有关学生如何能调整动机与情感的研究比对认知调整的研究少很多。动机调整的部分多为性向、动机与社会心理学家所讨论（Kuhl，1989，1993），而非教育心理学家（Boekaerts，1993；Corno，1989，1993；Garcia，McCann，Turner & Roska，1998），但当在学习与自我调整上的研究察觉到一般动机及课堂中尝试调整动机的重要性时，这样的趋势已逐渐在改变（Wolters，1998）。

动机与情感调整包括尝试去调整在动机文学成就（Pintrich & Schunk，1996；Wolters，1998）中所讨论的不同的动机信念，如目标导向（执行工作的目的）、自我效能（完成工作能力的判定）、工作价值信念（对工作重要性、功效与适宜性的信念）及个人对工作的兴趣（对内容的范围或领域的喜爱）。库尔及科尔诺（Kuhl，1984，1985；Corno，1989，1993）讨论了在意志力的控制下个体在控制其动机时所使用的不同策略。在较具全球架构的意志力控制下包括情绪控制策略，波克特（Boekaerts，1993）同样提出包含了适应如焦虑及畏惧等负面情感与情绪的模仿策略。

动机计划与执行

就表1中的各阶段而言，计划与动机的启用（表1栏2的第1格）可涉及效能的判定，以及有关价值与兴趣的不同动机策略的启用。就自我效能判定而言，班杜拉和雄克（Bandura，1997；Schunk，1989，1991，1994）均证明了个体对其执行工作能力的判定和影响、努力、持续力、成就与学习相关。当然，当学习者开始接触一项工作时，自我效能的判定、个体动态调整及改变其效能判定所作的尝试，可以实际表现为以回馈为基础作出调整（Bandura，1997）。

在记忆力认知的研究中，个体可对工作的困难度作出判决，如要记住学习这份教材的困难度，或是在纳尔逊与纳仁斯（Nelson & Narens，1990）的架构中称为学习简易度之判定（EOL）。这些EOL判定利用了工作的后设认知及就过去工作表现而言的本身后设认知知识。在课堂情境下，学生即在教授介绍新课程或指定练习题、专题与报告等作业时作出这些EOL判定。尽管强调的是工作而非个体本身，但这些EOL判定与自我效能判定类似。就此观点而言，EOL判定与自我效能判定反映出在期望价值模型（如Eccles，1983）的工作难度及自我能力上的观点。

伴随能力的判定，学习者对其所面对的工作与兴趣也会有自己的观点。在期望价值模型（Eccles，1983；Wigfield，1994；Wigfield & Eccles，1992）中，工作价值信念包含适宜度的观点、功效及工作的重要性。如果学生相信工作对他们未来的目标具备执行的意义与重要性,或有一般而言的功用(例如,因为我将来想当医生,所以化学课很重要;因为我希望当一个聪明的消费者,所以数学课是有用的),那么他们就很有可能专注于这份工作或者选择在未来专注于此工作(Wigfield, 1994; Wigfield & Eccles, 1992)。尽管林德萨并不喜欢所有的课程内容,但她相信在不同科目所学习到的知识会对她未来的事业有所帮助。以自我调整学习模型而言,在学生经由指导者等人引导或自己面对工作时,不论是有意识的、自然发生的或是无意识的方式,这些信念似乎均可于早期启用。此外,在近期的自我调整学习模型中,假设学生都会试图去控制及调整这些价值信念(Wolters, 1998)。

除了价值信念之外,学习者对自己对工作的兴趣或目前的工作领域也有自己的观点(例如喜欢或对数学、历史、科学等科目有兴趣)。迈克与林德萨两人均有自己感到无趣、没兴趣的科目,他们对这些科目不太感兴趣。在对个人兴趣的研究中指出,这是个体稳定且持久的特性,但兴趣的程度是可以被启发出来的,且可能依据情况与情境不同的特征而有所不同,共同称为心理学的兴趣状态(Krapp, Hidi & Renninger, 1992; Schiefele, 1991)。最重要的,这个工作指出兴趣是在特定课程上、范围内,甚至是主题上的,因此记得兴趣与价值会因课程而改变是十分重要的。再者,研究中显示,兴趣会与增加的学习、持续度及努力相关。迈克在他不太感兴趣的科目上表现出十分低度的持续力及努力——和许多大学生的普遍形态类似。尽管在兴趣上的研究进行了期望值架构(Wigfield, 1994; Wigfield & Eccles, 1992),也讨论了本身动机或基本需求模型(Deci & Ryan, 1985; Renninger, Hidi & Krapp, 1992),但兴趣似乎是可以被工作与情境特征所启发的,而且学习者也能够试图去控制、调整它(Sansone, Weir, Harpster & Morgan, 1992; Wolters, 1998)。

最后,兴趣可为一正面预期情感,学习者也可预期其他如焦虑或者畏惧等负面情感。这也可包括如成就或全力需求的内含动机(Pintrich & Schunk, 1996)。这些内含的动机可引起大学生必须应付处理不同工作的情感。在学术学习范围上,考试焦虑可说是最普遍的焦虑形态,且是就其与学习、表现和成就的相关性而言被研究得最多的(Hembree 1988; Hill & Wigfield, 1984; Wigfield & Eccles, 1989; Zeidner, 1998)。在考试前就预期考试焦虑与担心会考不好的学生,会产生螺旋形下降的不合适的认知、情绪与行为,而导致他们测验成绩不佳(Bandura, 1997; Zeidner, 1998)。这种状况之下,如焦虑与畏惧等的预期情感会影响之后的学习历程,且必定会对要求认知、动机与情感的认知启用与适合的自我调整学习历程设下条件。

动机监督

就监督动机与情感而言(表1栏2的第2格),对个体如何明确地监督其动机与情感的研究,比起对后设认知监督的研究来并没有很多,但包含在对学生如何控制与调整其动机与情感的研究之中。也就是说，在认知的研究中，为了使个体尝试去控制其效能、价值、兴趣与焦虑，均作出他们必须对这些信念与情感有所警觉，并能或多或少地控制他们的假设。事实上，相比认知策略介入的研究（Pressley & Woloshyn, 1995），对这些介入如何改善其动机的研究，通常着重于帮助学生对自己的动机有所警觉，而使他们在工作中与情境需求上适应它。举例来说，自我效能研究首先着重于个体对自己的效能程度与自我怀疑的警觉，随后才着重在改变他们的效能判定以使他们更加实际化且具适应性上（Bandura, 1997）。对重新训练归因的研究，通常试图去帮助个体变得对其不合适的归因形态有所警觉，并且去改变它们（Foersterling, 1985; Peterson, Maier & Seligman, 1993）。在考试焦虑的研究上，除了尝试去改变环境中增加焦虑的条件之外，还有许多可让个体采用的建议模仿的策略，包含了对情绪（负面的感觉）与焦虑的认知因子（负面的自我想法与怀疑）的控制（Hill & Wigfield, 1984; Tryon, 1980; Zeidner, 1998）。在这些所有的情况下，对动机与情感的监控是尝试去控制和调整动机与情感的序幕。

动机控制与调整

表1栏2的第3格所介绍的是控制动机的尝试。个体要控制其动机与情感有很多不同的策略可以使用，但却可能没有认知调查人员对控制认知调查所作的讨论来得多。库尔（1984, 1985）、科尔诺（1989, 1993）、波克特（1993）及尼米弗塔（Niemivirta, 2000）都对动机与情绪控制的不同作出讨论，包含了去对付负面的情绪。

这些策略包含了应用正面的自我沟通控制自我效能，例如，“我知道我能够胜任这份工作”等（Bandura, 1997）。学生们可以利用外在的奖励或以一些诱人的活动（休息片刻、看电视、和朋友聊天等），作为完成学术工作的附带条件，去试着增加工作外在动机活动（Wolters, 1998），齐默尔曼与马丁-庞斯（Martinez-Pons, 1986）称为自我因果；库尔（1984）——称为刺激增进。林德萨在读到一个段落之后便会跟朋友出去，就是做到了这点。沃尔特斯（1998）发现大学生会刻意地试着去订定如夺得好成绩等的外在目标，去帮助他们维持学习动机。学生也可利用使工作变得更有趣（如“把它变成游戏”）（Sansone et al., 1992; Wolters, 1998）或维持学习优胜导向（Wolters, 1998）等方式去增进内在动机。最后，沃尔特斯（Wolters, 1998）也发现学生会尝试采用使工作对自己的职业、经历与生活更相关或更有用途的方式，试着增加学术工作的工作价值。在这些所有的情况中，学生都是为了完成无趣或是困难的工作，试图改变或控制自己的学习动机。林德萨似乎比迈克更能控制自己的学习动机，尤其是在面对无趣的科目时。

在其他的例子中，学生会使用自我肯定策略，藉着降低工作价值的方式去保护自己的自我价值，尤其是当自己在该科目表现得不好时（Garcia & Pintrich, 1994）。举例来说,学生在工作失败时会说这个对他们来说并不重要,学校比起他们生活中其他的事件来不算什么,来保护自我价值。斯蒂尔(Steele,1988, 1997)提出,自我肯定与否定学校可能可以解释非裔美洲学生的成就与自尊之间的不协调。

再者,学生用于试图控制情绪的策略,会与他们用于试图应用或控制自我效能或价值的策略有些不同(Boekaerts, 1993; Boekaerts & Niemivirta, 2000; Corno, 1989, 1993; Kuhl, 1984, 1985; Wolters, 1998)。调查焦虑人员(Hill & Wigfield, 1984; Zeidner, 1998)时注意到有控制负面情感与焦虑等自我沟通策略(如"现在别担心分数了"、"别再想这个问题了,进入到下一个问题")。学生也会以羞耻或内疚等负面情感来激励自己去持续工作(Corno, 1989; Wolters, 1998)。防御性的悲观主义是学生可用于表现不好时控制负面情感与焦虑的另一个动机策略,以达到激励自己、增加努力且表现得更好的作用(Garcia & Pintrich, 1994; Norem & Cantor, 1986)。与防御性的悲观主义相反的自我妨碍,涉及努力的减少(稍微或完全不念书)或延迟(只在考前死背、在期限之前写报告),为了保护自尊心,而将不佳的结果归因于不努力,而非能力差(Baumeister & Scher, 1988; Berglas, 1985; Garcia & Pintrich, 1994; Midgley, Arunkumar & Urdan, 1996)。

动机反应与反射

表1栏2的最后一格,考虑到学习动机相关的反应与反射动作,学生完成工作之后,会对所得结果有情绪上的反应(如成功会快乐、失败会沮丧)及仔细考虑结果的原因,即为对所得结果的归因(Weiner, 1986)。根据归因学说,学生对其成功与失败的归因,有可能会导致如骄傲、愤怒、羞耻及愧疚等更复杂的情绪(Weiner, 1986, 1995)。当学生仔细考虑表现的原因时,归因与经历的情绪的质量即为自我调整历程的重要结果。为保护自我价值与未来工作的动机,个体能够主动控制他们所作的归因。社会心理学家(Fiske & Taylor, 1991)所见证的一般归因上的偏见(如基础归因错误,行动者—观察者的偏见),可能是自然被使用的,但是它们也可能是用来保护自我价值的刻意策略(如自我服务,或快乐主义偏见、自我中心偏见;Fiske & Taylor, 1991; Pintrich & Schunk, 1996)。迈克开始怀疑自己的能力,且相较于对不良表现有较多正面态度的林德萨来说,显得较没前途。

事实上,为了发展更多适宜的认知、动机、情感及行为上对生活的反应,许多重新训练的归因文学主要都是在帮助个体改变归因或归因作风(Peterson et al., 1993; Foersterling, 1985)。最后,这些反射与反应都能导致未来自我效能、成功期望、价值与兴趣程度的改变(Pintrich & Schunk, 1996; Weiner, 1986, 1995)。根据这个道理,这些效能、价值与兴趣的潜在改变,从阶段四倒回阶段一,成为学生在面对新工作时入门程度的动机信念。

行为调整

自我调整观点上的行为调整涉及个体对控制有形的行为的尝试(表1中的栏3),由于此项并非是直接对个体自我的控制与调整,因此有些调整模型未将其包含在"自我"调整的范围内,只将其标为行为控制。相反地,表1的架构采用三合一的社会认知(Bandura, 1986; Zimmerman, 1989),尽管不是由认知、动机与情感所表现的内部自我,但行为是一个人的观念。然而,个体可以观察自己的行为,监督它,并尝试去控制与调整它,而这些活动就可被视为个体的自我调整。

行为计划与执行

表1栏3中的第1格包含的是行为计划。意图、刻意的计划及策划的行为的模型(Ajzen, 1988, 1991; Gollwitzer, 1996)证明意图的结构与随后行为在许多不同的范围中是相连的。在学术学习的范围中,不同活动的时间与努力策划或管理,即被归类于此格的活动。时间管理涉及读书及分配其余活动的时间表的安排,是大多数学习与读书技能课程的典型观念(Hofer, Yu & Pintrich, 1998; McKeachie, Pintrich & Lin, 1985; Pintrich, McKeachie & Lin, 1987; Simpson, Hynd, Nist & Burrell, 1997)。齐默尔曼与马丁-庞斯(1986)证明了自我调整的学习者及高成就者均从事时间管理的活动。再者,齐默尔曼(1998a)讨论到,不只是学生,连专门的作家、音乐家及运动员均从事时间管理的活动。时间管理的一部分是,学生也对如何分配努力与工作密集度作决定。例如学生可能计划在这学期中每晚有规律地花一到两小时去读书,但在期中与期末考之前,则刻意地增加读书的努力与时间分配。林德萨比似乎只在有时间时才念书、容易被朋友等分心事物所影响而没有念书的迈克,花了更多计划的时间进行读书管理。

齐默尔曼(1998a, 2000)也曾经探讨个体如何使用许多不同的方法来观察自己的行为,并且利用所得信息来控制与管理个人的行为。举例来说,一个作家可记录每日所产出的页数,并持续按星期、月份,甚至年的频率记录时间(Zimmerman, 1998b)。为了实行这些自我观察的方法,要组织行为记录的整理是需要配合一些计划的,许多学习策略计划都提出一些学习的行为观察与记录整理的方式,都是为未来的试验提供有用的信息,且改变学习习惯的。并且这些自我观察方法的履行必须配合一些计划和学习活动时实际完全履行工作的意图性。

行为监督

阶段二中(表1栏3的第2格),学生能够监督自己时间的管理与努力程度,并且试着去针对工作而对其努力作出调整。举例来说,在阶段一中,学生计划只花两小时去念课本里的两章，但他们一开始念书，就可能会发现工作比他们所预期的还要困难，而必须花费更多的时间或努力去了解章节。他们也可能发现，虽然已计划花两小时在图书馆里，但却花了其中的一小时在跟他一起念书的朋友聊天。当然，这种监督形态应该会引导对控制与调整其努力所作的尝试（如记下读书时间记录、活动日志、记录保持等）或者是自我实验（Zimmerman，1998a，2000）。这些所有的活动都会帮助学生对自己的行为变得更有警觉和及时监督，而因此获得实际控制或调整行为时所能使用的信息。林德萨比迈克似乎对自己的读书行为更有警觉，也监督得较好。

行为的控制与调整

实际的行为控制与调整策略对自我调整学习观念十分重要（表1栏3中的第3格）。如前面段落中所述，学生会以对其行为的监督与工作的难度为基础，去调整花费在读课本里两章节上的时间与努力。如果工作比他们原先所预期的还要困难，他们就可能会增加努力，视其目标而决定，或者也可能因工作太过困难而减少努力。另一个行为控制观念包括一般的持续度，这也是用于测量成就动机学习的典型动机指标。学生会以自我沟通的方式告诫自己应持续工作（如"继续尝试，你会得到的"）。或者他们会因工作过于困难而放弃，这同样也是视其目标与监督活动而定。迈克似乎较容易放弃，且比林德萨付出的努力要少。

前面所提到的动机策略，如防御性的悲观主义及自我妨碍等，包含对焦虑的控制与自我价值的尝试，也对增进努力（防御性的悲观主义）或减少努力（自我妨碍）有直接的暗示。就其而言，这些策略与行为控制的努力相关。自我妨碍的一个观点是拖延，无疑是自然的行为——拖延到考试或报告的最后一分钟才来读书。当然，因为努力与持续度是动机最普遍的两个指标，前面所提到的大多数动机策略都对努力与持续度的行为有直接的暗示。迈克确实有拖延的倾向，且在快到期限时才开始读或者写报告，而林德萨则是使用较有计划及适当调整的方式去完成她的工作，有进度地执行并试着在期限前准备好。

另一个对学习很有帮助的行为策略是协助的寻求。优良的学生和自我调整者都知道何时、为什么及向谁寻求协助（Karabenick & Sharma，1994；Nelson & LeGall，1981，1985；Newman，1991，1994，1998a，1998b；Ryan & Pintrich，1997）。林德萨是很好的协助寻求者，寻求教授以及其他表现优良的同学的帮助，寻求学习的进步。而迈克则相反，不会寻求协助，他对是否应该寻求协助，并不明显地察觉到。协助寻求被归类在行为策略之中，因为它涉及个人的行为，但也涉及情境控制，因为必定包含环境中他人协助的取得，即为社交互动（Ryan & Pintrich，1997）。寻求协助可为独立的策略，当情况为不涉及太多学习时，希望寻求正确的答案；或者是不涉及太多的理解与学习时，希望快速完成工作。就此种学习与理解的目标而言，独立的协助寻求为普遍不适应的策略，与学生着重于学习且只为了克服工作中的某些特定困难观念的合适的协助寻求相反。

行为反应与反射

反射是较为认知上的历程（表 1 栏 3 中的第 4 格），因此就其本身而言，可能没有任何“行为上”的反射，但如同预先的想法，个体对行为所有的认知可被归类在此格之中。举例来说，就努力延伸与时间的花费而言，实际行为的反射可为自我调整学习的一个重要观念。当学生可对其认知历程或学习动机作出判定或反射时，即可判定他们的行为。他们也许会决定，延迟为测验而念书也许非学业成就最合适的行为。在未来，他们也许就会依据努力与时间管理去改变选择。毋庸置疑地，根据反应，最主要的行为就是选择。学生可以选择不只改变未来的努力与时间管理，更会选择未来想要选择的课程（至少针对高中与大学生），或者是更广泛的他们大体将会从事的课程学习。这种选择性行为导致不同情境的选择，也将我们引入表 1 最后一栏。

值得注意的一个重点为，持续力通常被视为是动机行为的优良范例，更近期的自我调整与自我调整学习研究（Zimmerman，2000；Zimmerman & Schunk，1989）指出：学生如果要成功，必须也要能够调整自己的行为。就持续力而言，“盲目又固执”地持续一项维持太长的困难工作而不寻求协助，也许不会是最合适的模仿策略。如果学生太容易放弃困难的工作，也非合适且积极的行为表现——当学生不具备最终成功的知识或技能，却不断地付出更多的努力也是一样的。由此可见，当工作已超出学生能力程度时，寻求协助的行为是很重要的自我调整策略（Karabenick & Knapp，1991）。同样的道理，在无趣的工作上不断地更加努力去尝试，也许不会是最有帮助的策略。在调整工作的动机与反应上，为了使它变得更有趣，有许多可以应用的策略（Sansone et al.，1992）。因此，这有关努力与持续度的自我调整策略研究中提出，整体性的持续度并不重要，重要的是对工作性质合适的持续度（如困难度、有趣度），并与个体本身的能力配合（如知识与认知的技能、学习动机与劳累度）。

情境调整

如前所述，情境的调整包含的是个体对情境的监督、控制与调整，由于它着重于从事这些活动的个人自我或个体，因此是自我调整学习的重要观念。假设他是主动试图监督、控制与调整情境的个人，则将这些活动包含在自我调整学习的模型中似乎十分重要。

情境计划与执行

表 1 最末栏的第 1 格包含了大学生对工作与情境的观念。在大学课堂情境中，这

些观念可能是有关就完成工作的准则而言的工作性质(如应用的形式、是否允许与其他人合作等的工作应用的程序),以及一般有关工作与随堂练习的课程评分标准的知识(Blumenfeld, Mergendoller & Swarthout, 1987; Doyle, 1983)。

再者,大学课堂准则与风气也是大学生在情境信息启动时的重要知识。举例来说,当大学生进入一间教室,他们可能会启动有关一般准则与特定准则观念的知识(不允许聊天、与他人合作会被视为作弊、教师永远有标准答案、学生不会有太大的自主与控制权等),而这些都会影响他们对课堂的态度及普遍的学习情况。如教师的温和与热忱度、学生的平等与公平程度(如没有性别与种族偏见等)等的大学课堂风气,可以是学生进入课堂时所启动的重要观点或信念(Pintrich & Schunk, 1996)。当然,这些观念可为虚假的,而实际表现在课堂动态中,但学生也有可能对课堂情境有错误的观念,因为他们没有仔细地考虑课堂的真实性质,就启动了刻板印象。例如,有些情况可能是女性正确地感觉到一男性数学教师对女性的数学能力有所偏见,而也可能是没有反射在教师行为上的较为刻板的印象。不管在怎样的情况下,这些观念无论是真是假,都提供了情境的监督与自我调整的机会。

情境监督

当学生可以且应该监督自己的认知、动机与行为时,他们也可以且应该监督课堂的工作与情境特征(表1最末栏的第2格)。在课堂内,就与在工作和社交场合相同,个体并不能做自己想做的事;他们是社交系统中的一分子,伴随着塑造与影响行为的许多不同机会与限制。当学生对所存在的限制与机会没有警觉时,就较不可能会在教室里工作得更好。对课堂规则、评分练习、工作条件、奖励架构及一般教师行为的警觉与监督,对学生要在教室里有优良表现都很重要。举例来说,如果他们不知道自己的想法在报告中是很重要的(相对于摘要其他书本或杂志的材料),他们就较无可能将自己的行为调整得与这些条件一致。在大学课堂中,新生通常会对他们的第一堂课感到困难,因为他们并没有将课程的要求条件监督与调整至教授所期望的程度。许多大学学习策略或是读书技能课程,均试图去帮助学生对这些差异更有警觉,并调整他们相关策略的应用与行为(Hofer et al., 1998; Simpson et al., 1997)。迈克似乎只是依赖熟记的策略,而这在部分的课程中是不需要的。他在弄清楚这些准则上也有些困难。林德萨虽在弄清楚这些准则上也有些许的困难,但她向教授与其他同学寻求协助,帮助她裁定如何在这些科目中做得更好。

情境控制与调整

当然,认知、动机、行为与情境监督历程和控制、调整工作与情境的努力密切地关联着(表1最末栏的第3格)。相较于认知、动机与行为的控制与调整,工作与情境的控制则较为困难，因为他们并非永远在学习个体的直接控制之下。然而，即使是一般的智能模型（如 Sternberg，1985 年的"情境的次学说"），通常都包含重要的智能学习，试图塑造、适应或控制环境。自愿的控制模型通常包含标示为环境控制的术语，关联到试图去控制与组织环境达到能帮助目标与工作完成的状态（Corno，1989，1993；Kuhl，1984，1985）。就自我调整学习而言，多数的模型都包含塑造、控制或组织学习环境策略为自我调整的重要策略（Zimmerman，1998a）。

在传统的课堂情境中，课堂控制大多数的工作与情境观点，因此学生只可能有少数参与情境的控制与调整的机会。然而，学生通常会尝试去协调降低工作的要求条件（"可不可以不要 20 页，写 10 页就好？"、"可以带书和笔记考试吗？"），而使得工作表现可以更加简单容易（Doyle，1983）。这种工作协调应该是从小学到研究生院的所有教师都有的经验，即使是在教师控制程度极高的课堂中，也表现出学生对工作与情境环境控制与调整的尝试。

在高等教育的背景中，学生有较大的自由去组织学习环境。很多学习都不在大学授课厅与课堂中发生，学生必须能够控制与调整他们的学习环境。他们对学习环境分心因素（音乐、电视、爱说话的朋友或同伴等）的监督，然后尝试去控制与调整包含更能促进学习（移开分心因素、较有规划的特定读书环境）的学习环境，这似乎是自我调整学习的一个重要部分（Hofer et al.，1998；Zimmerman，1998a）。齐默尔曼（1998a）也讨论到作家、运动员与音乐家如何尝试运用情境的控制，去组织能够促进学习与表现的环境。林德萨以跟朋友一同念书的方式试着去控制情境的观点，因而使他们较少有机会邀她出去从事社交活动而使她偏离了读书计划。迈克在被他的朋友说服放弃他的读书计划而出游的时候，则有被环境控制的倾向，而非去控制环境。

情境反应与反射

最后，就情境反应与反射而言（表 1 最末栏的最末格），学生可以做工作与课堂环境的一般评量。这些评量来自一般乐趣与舒适的基础，以及更多和学习与成就相关的认知效标。在某些以学生为主的课堂中，均拨出时间来应对课堂进行的工作的偶然反射与对学生和教师反应的无效作用（Brown，1997）。伴随认知与动机，在学生进入一个新的工作时，这些评量即可回馈至阶段一中的要素上。

总而言之，表 1 中四个范围的四个阶段代表了一般观念上学术领域中的自我调整学习架构。它提供了可涉及自我调整学习的不同历程与要素的分类法。分类法的形式也提供给多数形成不同专有名词与架构的自我调整学习研究一个准则，并以能够容易看出相同与差异处的方式组织。当研究者在自我调整学习的不同领域来回移动时，此分类法使他们可以确认其努力在此"地形"中的位置，并查看需要更多调查、检视的尚未探讨的领域。此章的下一个段落转至不同的动机信念（图 1 中之 C）如何与这些自我调整学习历程(图 1 中之 D)与实际成就(图 1 中之 E)相联系。

动机信念作用

图 1 模型中的第二项历程因子为学生的动机信念(C)。尽管有许多动机模型都与学生学习相关(不同动机学说回顾参见 Heckhausen, 1991; Weiner, 1992),但一个普遍期望值模型可作为分析动机因子的研究时有用的组织和架构(Pintrich, 1988a, 1988b, 1989, 1994; Pintrich & Schunk, 1996)。这些模型似乎都存在着三个重要的一般因子:(1) 对个人能够执行工作的能力与技术的信念(期望因子)。(2) 对工作的重要性与价值的信念(价值因子)。(3) 对自身的感觉或对工作情绪化的反应(情感因子)。这三个重要因子假设上会相互交叉作用,并且依次地影响图 1 中的结论(E)及前一段中所介绍的自我调整学习历程(D)。在此节中,我们将会概述动机信念的性质与它们如何同时与自我调整和学生结果相关。

期望因子

期望因子即大学生对"我能够做此份工作吗"的问题解答。如果学生相信自己有能力控制他们的技术与工作时的环境,并且对本身执行工作技巧的必备能力有自信,他们则较有可能选择执行此份工作,涉及自我调整活动,并且较能够持续执行此工作。不同的动机理论提出不同的架构,可被分类为期望因子。最主要的分别在于个体相信其完成工作的能力状况与观点有多大。当然,这些信念均与过去的经验相关,但大多数的模型均提出控制信念与效能信念的辨别架构。

控制信念

许多架构与理论都提出对动机、动力的控制信念作用。例如,早期着重于控制场所的研究工作(Lefcourt, 1976; Rotter, 1966),发现相信自己有控制能力的学生能够影响环境控制的内部场所,使之有达到高程度成就的倾向。迪茨和德查米斯(Deci, 1975;De Charms,1986)讨论有关依据学生自我判定的控制观点。德查米斯(1968)创造了"起源"(origins)与"兵卒"(pawns)两个词,形容相信自己能控制行动的学生和相信他人控制自己的行为的学生。康奈尔(Connell,1985)提出控制信念的三个观点:内部来源、外部来源(或者强势之他人),以及未知来源。相信内部控制源的学生,假设上是比相信强势的他人(如教师、父母等)负责自己成功或失败的学生,以及完全不清楚结果归因为何的学生表现都要优良。在大学课堂里,佩里与他的同事们(Perry, 1991; Perry & Dickens, 1988; Perry & Magnusson, 1989; Perry & Penner, 1990)证明了学生对其影响环境的个人特质——称为感知控制,与成就及课堂环境方面有关(如指导者的反馈)。

在自我效能理论中，参照关系可影响结果能力的个体信念的结果期望，即为他们相信环境对其行动有所责任，这与自我效能（有能力执行工作的信念，参见 Bandura, 1986; Schunk, 1985）不一样。所得结果会受其行为所影响的信念引导，个体的成就有更高的期望，且能更具持续力。当个体观念上不认为结果与行为之间有所关联时，会导致消极、焦虑、缺乏努力与低成就等情形，一般称为**无希望的学习**（learned hopelessness）（Abramson, Seligman & Teasdale, 1978）。无希望的学习，通常视为是将很多事情都很习惯地归因于无法控制的原因上，而使个体相信改变已无希望，因为一切不在他们的控制之下。这些个体并不相信他们能够做些事而有所改变，环境与处境基本上都不会因他们的行动而有所反应。

这些模式均不考虑的讯息为导致正向产出的一般典型的内部控制观点（更多的认知参与、更高的成就、更强的自尊），但却保留导致负向产出之外部或未知控制观点（较低成就、缺乏努力、消极与焦虑）。回顾此领域中的研究将略具冲击性，然而仍有部分研究争议接受正向产出（控制的内部场所，见 Harter, 1985）的责任较好（参见 Findley & Cooper, 1983; Stipek & Weisz, 1981），且否认了负向或失败产出的责任。解释此份文献部分困难之处在于样本年龄层的不同、不同控制架构的不同定义应用、测量架构不同的使用工具及许多研究所得的不同产出测量。特别的是，控制内部轨迹的架构混淆了轨迹的三个构面（内部与外部）、控制度（可控制与不可控制），以及稳定度（稳定与不稳定），而归因学说提出：这三个构面能够从概念上及经验上分别开来，且对动机各有不同的影响（Weiner, 1986）。

归因学说提出，个体针对成功与失败所作的**偶然性归因**（causal attribution）表达了对未来的期望值，而非时机成功或失败的事件。很大部分的研究都证明：倾向于将成功归咎于内部与稳定性的原因的个体，如能力或是天资等，就有可能期望未来是成功的。相反，将自己的成功归咎于外部或不稳定的原因（及工作的简易度与运气等）的个体，则不会期望未来表现良好。在失败的例子中，正面的动机形态不是由控制的内部轨迹所构成，而是由对失败的外部与不稳定的原因归咎（工作的困难、努力的缺乏、运气差），以及将失败归咎于内部与稳定原因（如能力与技能）的负面动机形态所构成。林德萨与迈克对其失败表现出不同的归因形态，林德萨的是较为合适的形态。这种普遍归因方法被应用于许多情况中，且此动机力学看似十分健全而相似（Weiner, 1986）。

另一个值得注意的是在归因分析中，与未来期望值（相信个体未来可以表现得很好）相关的重要构面是稳定度，而不是轨迹（Weiner, 1986）。这就是说，你到底相信一个与未来期望相连的原因有多稳定（即为你对执行工作的能力与努力未来会是稳定的信念，而非相信它对你来说是内部或是外部的）。归因学说一般以情况观点去看这些归因与信念，但部分的研究人员提出，个体的归因形态无论在哪个范围或工作中都始终如一，作用就像个人特质一般（Fincham & Cain, 1986; Peterson et al., 1993）。这些归因形态似乎能预测个体在未来的表现。例如,假使大学生一直都将其成功归因于自己作为学习者的技能与能力,那就可以预测他们会持续在未来的课程中期望成功;相反地,如果学生一直都将成功归因于其余的原因(如师资优良、教材简单、运气等),那他们对未来的课程的期望也不会很高。

个体对事件原因的信念可由回馈或其他环境的运作改变成为促进正面控制与归因信念的采用。举例来说,部分针对成就的归因重塑的研究(Foersterling, 1985; Perry & Penner, 1990)提出,教导学生对学校工作失败的正确归因(如作努力上的归因而非能力上的归因)可以增进未来的成就。当然,在归因重塑上必须考虑到许多不同的议题,包含新归因形态的相对正确度,以及不只尝试去改变动机因子,而非可能对表现来说也很重要的认知技能(Blumenfeld, Pintrich, Meece & Wessels, 1982; Weiner, 1986)。

总而言之,个体对其行为与其相关情况下的表现之间的可能性,是与图1中的学生结论(E)与自我调整学习历程(D)相连的。在课堂情境下,这就表示大学生对读书、自我调整学习行为及成就之间关联度的动机信念,会影响他们实际的读书行为。例如,假使学生相信无论他们如何用功念书,他们都不会在化学测验中表现得很好,那他们就不太可能实际去为应对测验而念书了(即迈克的例子)。同样的道理,如果学生相信他们的努力会产生改变,不管他们对此教材的资质如何,他们都较有可能会去读它(即林德萨的例子)。由此可见,这些对控制与可能性的信念有动机上的力量,因为它们会影响到未来的行为。

自我效能控制

与控制信念相反,自我效能考虑学生有关自己执行工作的能力信念,而非在执行工作及所得结果间关系的相关性,自我效能被解释为是个体对特定范围的表现能力信念(Bandura, 1982, 1986; Schunk, 1985)。自我效能架构包含个体达成特定目标,或在特定情况下完成工作的动作的能力判定(Schunk, 1985)。这个方法意味着相对情况下或范围中的特定架构,而非整体的个性倾向。在一成就情境中,包含有关大学生对其表现学术工作的认知技能的自信心。迈克怀疑自己对大学工作的自我效能,而林德萨似乎相信她可以学习并进步。接着之前有关化学的例子,一个大学生可能对自己应对化学测验而学习教材的能力("我可以读这个化学计量学教材")很有自信心(高自我效能信念),因而付出更多努力去学习。同时如果学生认为班级的评分曲线太困难,而读书并不能对测验成绩造成多大的改变(低控制信念),那他就可能不念书了。因此,自我效能和控制信念是分开的架构,尽管他们通常是直接正相关的。更进一步地,他们也可以互相合并、互动,而对学生的自我调整与产出造成影响。

自我效能与控制信念相关的大多数动机学说都有一个议题,即考虑信念的范围与情况的特别。如先前所提，自我效能学说一般假设特殊情况的观点。也就是说，个体对其执行工作的效能是同时进行的工作与情况特征的功能(困难度、回馈、准则及与其他的比较等)，也是他们对过去的工作经历、先前的信念和他们目前所有的信念及对工作的感觉。然而，有些广义的效能信念的延伸可能已经超越了特定情况，而影响到动机行为。因此，大学生不只对特定的化学测验可以有自我效能，也可以对整体而言的化学科目、自然科目有自我效能，相对于对社会科学或人文课程，或一般学习及大体上的学校工作的自我效能而言。对未来的研究的一个重要方向为检视此范围的一般自我调整与控制信念。然而，在许多不同范围的研究(包括成就范围)中显示，大学生的自我效能信念(或者更口语化的，他们对执行工作能力的自信心)强烈地与图1中的所得结论(E)相关，包含他们活动的选择、参与度及持续工作的意愿(Bandura, 1986; Pintrich & Schrauben, 1992; Schunk, 1985)。

我们在密歇根的研究中，检视了自我效能信念作用与课堂内的大学生自我调整学习与成就。我们自1982年开始就参与大学课堂的研究，搜集了超过4 000个不同学科与课程的学生样本，包含了数学、生物、化学、英文文学、英文作文、社会学与心理学等科目(Garcia & Pintrich, 1994, 1996; Pintrich, 1988a, 1988b, 1989, 1999; Pintrich & Garcia, 1991, 1993; Pintrich, Smith, Garcia & McKeachie, 1993; VanderStoep, Pintrich & Fagerlin, 1996)。再者，这些研究均在研究机构，如在密歇根综合性大学、小型人文艺术大学及社区大学中进行，增加了我们发现的通则。这些研究都有相关设计且应用到学习问卷的动机策略中(Motivated Strategies for Learning Questionnaire, MSLQ)(Pintrich et al., 1993)，以评估学生课堂内的动机与自我调整学习。我们使用了如学生课程作业得分(报告、期中、期末与小考成绩)，以及期末成绩等其他测量成就产出的方法。

MSLQ是一种为课堂内的学生动机与自我调整学习所设计的自我回报工具。MSLQ的对象与标尺所注重的是在课程程度上的学习动机与自我调整。这也就是说，大学生会被询问到关于某特定课程的学习动机与自我调整。这并非指特定工作或作业(如期中考试或报告)，也不是一般大学的总体学习动机与自我调整。在相关的研究中，我们评估了学习刚开始的学习动机与自我调整(在课程开始的几个星期之后)，然后在学期末时再评估一次。在部分的研究中，我们对一个15周的课程使用三个时间点的MSLQ。这种设计帮助我们检视一个课程在此学期、时间上不同动机信念的相对作用，以及这些信念如何预测不同的成就产出。

就自我效能而言，我们所得的结果在时间上十分一致，且与自我调整的更多实验性研究都相同(Bandura, 1997)。自我效能是课程中实际成就的一个最强烈的正向预测因子，另外9%～25%评分上的差异(图1中的结论E)，仰赖进入回归的研究与其他的预测因子(Pintrich, 1999)。相信自己能够应付课程工作且可以学习课程教材的大学生，在此科目上较有表现优良的可能。更进一步地，在这些研究中，尽管说明了较少的整体差异，甚至在这些研究均考虑到先前的知识（在早期的测验中显示）或一般能力（以 SAT 得分显示）的问题时，自我效能仍是最终成就的一个极大预测因子。

最后在这所有的研究中，我们也发现自我效能是自我调整（图 1 中的 D）及课程认知参与的重大预测因子。对自己学习能力及课程工作的执行很有自信的大学生，较有可能使用详细且有组织的认知策略（图 1 的 D）。当学生试图解释教材并以自己的方式做摘要，或者概述观念、制作观念图时，比起单单尝试熟记教材来，这些策略包含了课程教材更深层的认知历程。林德萨使用了这些策略，而迈克却没有。再者，有较高学习自我效能的大学生也较有后设认知的可能，尝试在学习时以监督和控制认知的方式调整学习。在我们的研究中，我们在课程开始及课程结束时测量这些认知与自我调整策略，表明自我效能对课程结束时所应用的认知与自我调整策略是很重要的预测因子，甚至在早期的认知与自我调整测量中都包含有预测因子时。由此可见，正面自我效能信念（图 1 的 C）可提高一学期的课程认知与自我调整的策略使用（图 1 的 D）。

总之，我们第一个有关自我调整策略的使用的动机信念通则，强调自我效能信念的重要性。

通则一：自我效能信念与合适的认知及自我调整策略的应用，以及大学课堂内的实际成就均为正向相关。

由此可见，认为自己有能力且自信能够执行课程工作的大学生，有较大参与认知的可能，要去用心学习、去持续并且能在课程中表现优良（图 1 中的 C 预测出 E 与自我调整 D 历程）。实际上，在我们与其他的研究中（Bandura，1997；Pintrich & Schunk，1996；Schunk，1991）显示，自我效能与这些不同产出之间的关系程度，是其中一个学习与成就最好、最有力的动机预测因子。考虑到关系的程度，在大学生学习与表现的动机观念的研究中必须包含自我效能，其为课堂情境与个人因素、学生结果之间重要的传递物。在教育学中的含义，这个通则指出，教职员必须警觉到对课堂情境的不同观念如何对促进或限制自我效能信念有重大的影响。关于这个议题会在课堂情境因子的段落中有更深入的探讨。

价值因子

模式中的价值因子、个体的目标及他们对工作的重要性、效用及兴趣信念均参与工作的执行。实质上，这些因素所关系到的问题是：我为什么要做这项工作？更口语化的说法，价值因子关系到学生是否在乎这项工作及其关注的性质（见开头的段落，有关教职员关心学生对课程教材不在乎、不感兴趣）。这些因素应与自我调整活动及活动的选择、努力和持续度等结果相关（Eccles，1983；Pintrich，1999）。尽管有不同观念上的价值差异，两个基础因素似乎均适用目标导向与工作价值。

目标导向

所有的动机学说均假定某种目标，尽管这些目标的范围可从归因学说中相对易受影响且有所意识的目标，至心理动力学说中相对不受影响且无意识的目标(Zukier, 1986)。在近期成就动机学说中的认知改革，目标假定为学生在不同的成就状况下所采用的不同认知代表(Dweck & Elliott, 1983; Dweck & Leggett, 1988; Ford, 1992)。

近期成就动机研究中，以如核心目标与意图性目标等不同名字讨论两个普遍目标等级(Harackiewicz et al., 1998; Harackiewicz & Sansone, 1991)，或者是特定工作目标与目标导向(Garcia & Pintrich, 1994; Pintrich & Schunk, 1996; Wolters, Yu & Pintrich, 1996; Zimmerman & Kitsantas, 1997)。这两种目标等级一般分别在于代表个体所尝试完成的特定核心或特定工作目标。在学业学习情境中，可以“要在此次的测验中得到85%的正确率”或“期中测验要得到A”等目标为代表。这些目标是针对特定工作，并且最类似于洛克和莱瑟姆(Locke & Latham, 1990)中所讨论的，针对在如“要在一小时中增加十个零件”或“下星期要多卖五台车”等的组织情境中工作的人。

相对地，意图性目标或目标导向反射出较多个体为何履行此工作的原因，这些目标与较多成就动机研究相关(Elliot, 1997; Urdan, 1997)。在此，主要的问题在于个体在接触工作、执行工作与评定工作时所表现的整体导向(或是概略、学说)(Ames, 1992; Dweck & Leggett, 1988; Pintrich, 2000a, 2000b, 2000c)。在此情形下，意图性目标或目标导向则与个体要得到85%、A或是增加零件产出、汽车销售量的原因相关，以及与其在朝向目标时评定历程的标准或效标(85%、A)相关。考虑我们本身研究的重点，我们将会在此章中限制对学习与成就的目标导向作用的讨论。

目标导向的几个不同模式被不同的成就动机研究者(Ames, 1992; Dweck & Leggett, 1988; Harackiewicz et al., 1998; Maehr & Midgley, 1991; Nicholls, 1984; Pintrich, 1989; Wolters et al., 1996)所推进。这些模式以其对目标导向的定义与相似架构的不同标号应用而有所差异。它们也在目标导向的意图数量、不同目标之趋近与趋避形态上有所不同。最后，它们在目标导向的个人化程度、以个体差异的稳定度为基础、个体目标导向对情境的敏感程度，以及环境的情境特征作用上有所差异。大多数的目标均假设目标导向为个体差异与情境因子的作用，但在这个连续下的不同模型所强调的重点并不相同。大多数的研究假设课堂及其他情境(如商业或工作环境、实验时的实验室状况)可依据其目标导向而有所特征(工作环境下的目标导向学说应用，参见 Ford, Smith, Weissbein Gully & Salas, 1998)，但此章的功能着重于个体的个人化目标导向。

大多数的模型探讨关系个体在接触或参与工作时，所从事的理由或意图的两个一般目标导向。在戴科（Dweck）的模型中，这两个目标导向标示为学习与表现目标（Dweck & Leggett，1988），其学习目标反射出参与负面能力判定的趋避，而能力的正面判定的增强的能力为表现目标。埃姆斯（Ames，1992）则将其标示为精熟与表现目标，精熟目标以学习发展新技能、尝试理解工作、增进其能力程度或成就以参考自我标准的精熟感为方向（Ames，1992，p. 262）。相反，表现目标导向学习者着重于其能力与自我价值，测定自己在竞争时能力胜过其他人，成绩或成就上超过其他人，并且赢得大众对其优越表现的表彰（Ames，1992）。哈罗克维茨、埃利奥特（Harackiewicz、Elliot）与他们的同事（Elliot，1997；Elliot & Church，1997；Elliot & Harackiewicz，1996；Harackiewicz et al.，1998）也将类似架构标示为精熟与表现目标（回顾参见Pintrich，2000c）。在我们自己的研究中，我们着重于精熟与表现目标，并在此章的讨论中使用这些标示。

在精熟与表现目标文学中，一般学说假设精熟目标激励许多合适的动机、认知与成就产出，而表现目标则造成较不合适，或甚至不合适的产出。再者，此假设为目标与成就历程上多数经研究生院支持（Ames，1992；Dweck & Leggett，1988；Pintrich，2000c；Pintrich & Schunk，1996），尤其是对精熟目标的正面预测。此争议的逻辑为：当学生着重于学习与理解教材的尝试，以及相对于过去表现的进步时，这样的导向会帮助他们保持面对失败时的自我效能，避免如焦虑等的负面情感，减轻产生困惑的可能性，清空认知空间而允许更多认知的参与及成就。林德萨采用学习与理解的精熟目标，且明显地表现出这种适当的产出。相反，当学生关心的是表现目标，即怎样变成最棒的、如何比其他人得更高的分数、怎么比其他人做得更好时，此种导向可能会造成更多负面的情感，如焦虑或困惑与不恰当的想法（如担心其他人的表现而非专注于工作上），因此缩减了认知空间、工作参与度及表现。

就我们在密歇根的经验而言，在我们自己针对大学生的数据中发现类似的形态。精熟目标与所应用的认知策略、自我调整和成就是正面相关的。这些研究显示出有着较高精熟目标程度的大学生，较有使用精心策略与组织策略的可能，也就较为可能进行后设认知与调整（如林德萨），由于精熟目标占这些产出中16%的变数。采用精熟目标且尝试着注重学习的大学生就分数而言，有成就较高程度的倾向，尽管这些原因变数比率较低（只占了4%）。这些之间的关系虽然没有自我效能高，但许多样本与研究仍然有统计上的可信度。

就表现目标而言，因为传统上都将其定义为胜过他人并且试图比同伴夺得更高的分数，我们并没有以MSLQ测量。相反，我们评定学生针对课程工作所着重的一般外在目标，如整体上想要得到好成绩（林德萨与迈克两人均有这个目标），以及为了使父母或其他长辈满意而想表现优良。使用这个对外在目标导向的测量，我们普遍发现它不相关于，或负面相关于认知策略的使用与大学生的自我调整。这就是说，注重分数而非学习的学生，就不可能参与认知与自我调整(如迈克)。相对地，就表现上，我们发现了一些在外在目标导向与成绩间的正面相关，外在目标导向在这些研究中占了4%的变数。以这个情况看起来，似乎订下夺得好成绩的目标的学生的确比其他的学生能得到更好的成绩。然而，外在目标所产生的结果不比精熟目标来得可靠。

最近由部分经验上的证据显示出，表现目标并非对所有的产出结果来说都一定是不合适的(Harackiewicz et al., 1998; Pintrich, 2000a, 2000b, 2000c)。在这个研究中，至少就最终所得而言，鼓励竞争或建立目标(当学生尝试着接近超越别人的目标时)都似乎与实际表现成正比(Harackiewicz at al., 1998)。再者，这些研究似乎都显示并非很有必要去减低以接受表面目标为功能的认知参与或自我调整的方面(Pintrich, 2000a, 2000b, 2000c)。最后针对高中课堂内较年轻学生的研究显示，高度趋向表现目标及高度精熟目标的学生比较不会焦虑，不会有较为负面的情感，且与具有高度精熟目标但低度趋向表现目标的学生相比，表现出相等程度的学习动机(Pintrich, 2000b)。这近期的研究引导出精熟目标合适而表现目标不合适的一般学说假设的概念重塑，但仍需要针对这些表现目标作更多的研究，测试这些发现的稳定度。

总之，对目标导向的研究提出，在此时间点下，只有一个通则是稳定的。我们第二个通则为：

通则二：精熟目标与恰当的认知、自我调整策略的使用及大学课堂内实际的成就均是正向相关的。

采用精熟目标且着重学习、理解与自我进步的学生，较有使用适当认知与自我调整策略及成就较好的可能性(C预测出图1中的结论E与自我调整学习历程D)。由此可见，其可激励学生采用精熟目标的课堂情境，能够促进动机与学习。举例来说，大学的课堂经由奖励与评定架构的方式激励学生采用学习与理解的目标(即为分数如何打、工作如何评分评量)，而非只是夺得好成绩或与其他大学生竞争，应当会促进精熟目标导向。

工作价值

目标导向可以关系到学生对特定工作的目标与针对某一课程或范围的一般导向。同样地，学生的工作价值信念可为完全特定或者较为普遍的。工作价值的三个因素由埃克尔斯(Eccles,1983)所提出，对成就动力学来说是十分重要的：个体对工作重要性的观念(与内在动机学说的内在动机类似)、个体对工作兴趣的观念，以及他们对工作未来的效能价值观念。这三个价值因素对小孩和大学生来说可能都是类似的，但对成人而言却可能有很大的差异(Wlodkowski, 1988)。

所察觉的工作重要性、工作价值的重要因素，均与个体对工作重要性与特点的观念相关。它与一半目标导向相关，但重要性可与目标导向有很大的差异。个体的定位可能会引导一般行为的方向，而价值可能与参与度相关。例如，部分的大学生可能会相信在某特定学科获得成功对他们来说是很重要的（或不重要的），无论对他们内在或外在的目标而言。这就是说，学生会将课程的成功看做学习教材或得到好成绩，但他们针对这些目标可能会附随不同的重要性。重要性应与个体对工作的持续力与工作的选择相关。

学生对工作的兴趣是另一个工作价值。兴趣假定为个体对工作的态度或喜爱在时间上是稳定的，以及是个人特征的作用。在教育的背景下，这包含个体对课程内容的兴趣与对课程其余特征的反应（Wlodkowski，1988）。林德萨与迈克均对部分的课程感兴趣，对部分不感兴趣（或者甚至感到无聊）。对工作的个人兴趣是部分个人偏好与工作观点的作用（Malone & Lepper，1987）。然而，个人兴趣会被由单纯的环境特征（如有趣的授课方式、有吸引力的演讲者、很棒的影片等）所引发的情况所困扰，但却不能长期维持，也不是必定会反复灌输着稳定的个人兴趣（Hidi，1990）。希弗尔（Schiefele，1991）证明了所研究的学生对教材的个人兴趣，是与就认知策略使用与实际成就而言的参与程度相关的。对学习兴趣的研究在近代复兴起来（Renninger，Hidi & Krapp，1992）。

兴趣和动机的效能相比，效能价值则与学生最终及有益的动机相关（Eccles，1983）。效能价值是以个体认为工作对其的用处所判定的。对学生而言，这可能包含了课程会对自己（如帮助他们应付大学）、对主修的科目（如他们需要此信息以接受更高级的课程），或者是对其职场与整体生活而言（如这对研究生院会有所帮助）产生用处的信念。在工作程度上，学生可能会察觉到助益多寡不同的课程作业（如文章或选择题测验、期末报告、实验室的活动或是课堂讨论），决定对工作认知参与的多寡。林德萨试图去发现这份课程教材对其的益处，即使她并不十分感兴趣。

虽然这三个工作价值因素可被独立分开，但从观念上，以我在密歇根的 MSLQ 研究，它们有在同一等级中一同作用的倾向。在我们对大学生的研究中，工作价值与包含用心、组织与后设认知策略的认知策略是正向相关的（Pintrich，1999；Pintrich & Garcia，1991，1993）。在这些研究中，工作价值说明了这些对认知参与与自我调整的不同测量所得的 3%～36%间的变量差异（图 1 中的 C 预测出自我调整学习历程 D）。再者，在这些研究中，工作价值也可能与表现是正向相关的，虽然较不强烈。这些在工作价值与自我调整间的一般关系程度，相较于自我效能与自我调整之间的关系来是较微弱的，但在研究中仍有统计上正向相关的可信度。换句话说，认为课程对其而言是重要的，以及对课程感兴趣的学生就有可能参与较多认知与自我调整，也能成就较高的程度。这些发现将我们引向第三个通则：

通则三：高度的工作价值与如高自我调整策略应用程度的合适的认知产出，以及高成就程度均是相关的。

这个通则应该是不会太令人讶异的，但很重要的一点是要能有系统地阐述，因为例如价值、效能与兴趣的架构一般不被认为与认知产出和成就相关，而为非认知的重要产出。增加价值、效能与兴趣的分别产出必定是十分重要的，但此通则促进大学课堂内工作价值的发展，为认知参与、自我调整与成就产出更多的重要副产品(图1中的C预测出产出E与自我调整学习历程D)。举例来说，使用对大学生有意义且可引起兴趣的教材可以促进工作价值的增长程度。再者，有帮助、有趣且有意义的课堂活动(如工作、课本、文章与章节)可以促进工作价值信念的增长。

情感因子

情感因子包含学生对工作的情绪反应、表现，以及就自我价值、自尊、合并与自我实现而言的情绪需求(Covington & Beery, 1976; Veroff & Veroff, 1980)。情感因子满足一个基础问题:这份工作给我怎样的感觉? 除了学生的焦虑外，对情感因子的研究相当少。

焦虑

对焦虑测试与其对学术表现一般的负面关系的研究已有很长的一段历史(Covington, 1992; Zeidner, 1998)。焦虑测试是学术情况下不利表现的相关最始终如一的个体差异变量(Hill & Wigfield, 1984)。基础模型假设焦虑测试是测验时的负面反应，包含有认知的忧虑因子与较为情绪化的反应(Liebert & Morris, 1967)。忧虑因子包含测验时会干预学生实际启用正确知识与技能的能力的负面想法(如“我不会做这题，表示我失败，该怎么办”)。这些不安的观念可在课程进行期间建立(Bandura, 1986)，且在时间消逝的同时渐渐螺旋形地失去控制(spiral out of control)，因而产生更多对不能实时完成的焦虑。情绪因子包含更多同样会干预表现的生理反应(如手心流汗、肠胃不舒服等)。

在我们的研究计划中，检视了大学课堂内焦虑测试的忧虑因子作用。所得结果大体上呈现出，焦虑测试中学生对MSLQ项目的反应与他们在演练、合并或组织上的策略的使用之间仅有微量的关系(相关性在0.03～0.15之间，但包含低度正面与低度负面相关)。就后设认知策略而言，相关性一样很低(0.07～0.17)，但为负面方向的(Pintrich & Garcia, 1993; Pintrich et al., 1993)。考虑到在焦虑测试与这些认知及自我调整历程之间可能存在曲线关系，线性评估不足以记录这些关系的性质。

惹德拉(Zeidner,1998)在他对焦虑测试与信息取得历程的观点的研究中提到，焦虑一般对所有的认知历程来说都是不利的(见图2)。在计划与编码的阶段中，具有高度焦虑的人会对工作正确的信息获得和编码有困难。就工作时实际的认知历程而言，高度焦虑引起对工作较低的专心度与工作记忆使用效率的困难。是较多表面的历程而较少有深度的历程，是在控制学习的后设认知调整历程的使用困难。当然，这些认知历程与自我调整的困难度一般会导致较少的学习与较低程度的表现。

总而言之,焦虑测试普遍而言是不适宜的,因而可导出通则四。

通则四:高程度的测试焦虑普遍是不合适的,且通常会导向较不恰当的认知历程、自我调整及较低的成就程度。

这个通则是以惹德拉(1998)所回顾的实验与相关研究为基础的,当然,惹德拉提出在某些情况中焦虑可引导出学习与表现的促进作用。举例来说,加西亚(Garicia)与平瑞克(1994)提出有些被称为**防御性悲观主义者**(defensive pessimists)(Norem & Cantor, 1986)的学生,能够应用其担心会表现差劲的焦虑情绪,去引起更用心尝试及读书的动机,而有较好的成就。以动机意图利用焦虑是自我调整动机策略的一个表明学生可用以调整学习的例子。

然而,在测试焦虑的情形下,依测试的特殊情况,通则中仍支持这样的观念:担心自己表现不好的学生的确在认知历程中有较多的困难,且不会跟期望中的表现一样好。其中一个暗示在于,教职员必须警觉到焦虑测试有减低表现的作用,且应该试图去减少在其课堂内这种潜在力量的削弱作用。

其余情感反应

除了焦虑之外,其他情感反应也会影响选择与持续行为。韦勒(Weiner,1986)在他的情绪归因分析中提出,特定的情绪种类(如愤怒、怜悯、羞愧、骄傲、愧疚)是依据个体对其成功或失败所作的归因分类。举例来说,这个研究指出,指导者可能会因为某些不可控制的因素(如家人逝世),而怜悯一个测验成绩不好的学生,而未来也较有可能帮助这个学生。相反,指导者也可能对一个因单纯努力不足而考不好的学生感到愤怒,而未来也不太愿意去帮助他。一般来说,动机与学习的重复归因分析对理解成就动态是有帮助的(Weiner, 1986),而在课堂中其他的情绪反应上,仍需要更多的研究。

情绪需求

个体的情绪需求议题(如联系、权力、自我价值、自尊与自我实现的需求)与目标导向的动机架构是相关的,尽管需求因子假设上是较无认知参与、较多情感的,或者说,是个体较容易感受到的。有许多情绪需求模型已被提出(Veroff & Veroff, 1980; Wlodkowski, 1988),但自我价值与自尊似乎关系特别重大。对学生学习的研究证明,学校表现的模型中通常暗示着自尊或自我价值意识(Covington, 1992; Covington & Beery, 1976)。科温顿(Covington, 1992)提出,个体永远都积极地在建立、维持或创造出正面的自我形象。如果假定此快乐主义偏见永远在起作用,个体就有可能在维持自我价值上有不同的应付策略,但同时,这些应付策略也可能实际上是自我挫折的。

科温顿与他的同事们(Covington, 1984; Covington & Berry, 1976; Covington & Omelich, 1979a, 1979b)提出了一些对学生表现有不利影响的策略的文件。许多不好的应付策略决定于努力的作用,以及努力有时可能是一把双刃剑的事实(Covington & Omelich, 1979a)。较努力的学生能增加其成功的可能性,但伴随着成功与自我价值期望的降低,他们也增加了必须对失败负责的风险(Covington, 1992)。

一些典型的避免失败的技巧显示出维持自我价值意识动机的力量。其中一个策略是去选择简单的工作。如科温顿(1992)所提出的,个体可能选择可确保成功的工作,尽管此工作无法测验出学生实际的技能程度。大学生就有可能以选择简单课程与简单主修的方式应用此策略。第二个失败趋避策略涉及延迟。举例来说,一个因为时间不足而没有准备考试的学生,如果成功的话,就可能会作能力优越的归因。另一方面来说,这样的延迟维持了个体的自我价值,因为如果不成功的话,就可将失败归因于念书时间的不足,而不是能力不够。当然,这种努力趋避的策略增加往后失败的可能性,而造成自我价值观念降低的结果,所以,他最终仍然是自我挫折的。

总而言之,尽管缺乏研究,情感因子可影响学生的动机行为。再者,自我价值动机的分析(Covington, 1992)显示出,情感因子可与其他较为认知上的动机信念(及归因),以及自我调整策略(努力管理)互动来影响成就。然而,我们在此不对这些因子作出任何概括,因考虑到它们与其他动机因子均以同样程度的经验测试为条件。

个人特征作用

进入教室的大学生均伴随着许多个人特质。当然,有些是重要的个性差异(例如五大个性特征),或如成就的需求等内在动机特征上的差异(Snow et al., 1996)。在此章中,由于篇幅的原因,在此列出三个主要的个人差异:年龄、性别与种族(见图 1 中的 A)。这些个人特质在学习动机与自我调整历程上,以及这些变量差异以中间值表示的所得结果上,都可产生很重大的影响。同时,可能还更为重要的,这些个人特质可缓和学习动机(图 1 中的 C)与结论(图 1 中的 E)之间,或学习动机与自我调整学习(D)之间,或自我调整学习(D)与结论(E)之间的关系。

年龄

一般来说,动机信念与自我调整学习历程的重要的年龄发展差异是在生命跨度的过程中逐渐产生的(Eccles, Wigfield & Schiefele, 1998; Pintrich & Schunk, 1996)。整体趋势与一般发展的假设一致,即动机与自我调整学习历程依年龄的增长而愈见区别,而个体随年龄增长而具备更多自我调整的能力。多数直接着重于发展性差异的研究均注重大学前,特别是初、中级中学学生时期与年龄相关的改变。针对大学生的研究均趋向直接性发展,且极少使用在估计大学时期必须的纵向设计,且非仅为简单的横断面设计。

我们在针对大学生学习动机的研究上，使用了幅度在十七岁到二十五岁之间的相对同质样本，而非很长的时间来调查发展性差异。此外，尽管我们未使用纵向设计，但却着重在大学时期必有所改变的某特定大学课堂情境中的学生学习动机。然而，在我们的研究里，搜集了一学期或甚至超出一年的课程短期纵向数据（例如：两学期的微积分课程、两学期的化学课程）。这些设计使用了二至三个搜集学生学习动机数据波，提供了对学生学习动机在课程期间的改变估计。

在我们所有的研究里均使用**多数据波**（multiple waves of data），所得结果与于课程期间逐渐减少的不同动机信念颇一致。自我效能与工作效能的平均程度，均于课程期间显示出减低情形。这样的情况可预设为大多数的学生在课程开始时，都抱有相对高度的自我效能的观点，但课程进行期间，由于他们从工作中得到回馈，加上不可避免的分数分类，部分的学生会降低他们的效能观念，因而降低整体的平均值。同样地，工作价值在课程开始时较高，因学生对课程感兴趣，且认为它对自己的未来有重要作用且会有帮助。然而，课程进行期间，部分学生会发现部分教材对他们来说较无趣、不重要且无益处。这些学生就会降低对课程的评价，而降低了整体的平均值。

在我们的研究中，自我调整策略利用的所得结果则较无一致性，但考虑到其与动机信念的普遍正相关，因此期望中也认为其是在课程进行一学期的期间减少的。另一方面，当学生于大学情境中发展其自我调整策略时，个体可期望其不同自我调整策略的使用会越渐熟练。大学的第一年，学生可能对其能够运用的自我调整策略都不是十分的了解（如迈克的例子），或者即使他们会去运用一些自我调整策略（如林德萨的例子），他们仍然必须对大学情境去作出改变与适应。由此可见，在四五年的大学期间，学生会变得更善于调整自己的认知、动机、行为与情境。

当然，随着我们的研究与大学教职员的活动相联系，他们普遍认为这些学习动机降低现象的起因是使人灰心的学习，而某些程度上学习动机的降低令人失望。然而，回顾所有学生显示出的普遍降低是很重要的，但考虑到评量方式的不同，仍有些学生在这段期间提升了他们的学习动机。由此可见，考虑年龄在学习动机与自我调整的关系间的潜在缓和功用，比起考虑因年龄而产生的中间值差异来要重要许多。这点提醒了我们，不同学生在不同大学课堂情境里所察觉、反应及学习的差异能力倾向于处理互动（aptitude-treatment interactions，ATIs）的重要性。这就是说，某些学生也许对在某特定架构方式的，或使用某特定教材种类的课堂情境中有较为积极的学习态度，而在同样课程中的其他学生却不太积极，或者甚至感觉无趣。在以上的两个例子中，林德萨与迈克均有自己认为无趣的课程，但其他学生很有可能会觉得那些课程很有趣。

以年龄为调节器，大学生传统上都处在十七岁到二十五岁的年龄层；就年龄作用而言，不大可能在学习动机与自我调整关系上有多大的差异。然而，就算在传统大学生的年龄层内,仍有需要研究有关潜在年龄调节器的作用。更重要地,如果考虑超过二十五岁的非传统大学生,就能发现一些重要的调节作用。例如考虑到比传统年龄大的大学生较不易分心于社交上的活动,他们可能拥有高出很多的课业工作价值(图 1 中的 C),较能注重于学习而非成绩(图 1 中的 C),也较愿意参与以课业为主的重要自我调整活动(图 1 中的 D)。此例中,考虑到控制目标与工作价值,第二、三项通则在这些学生身上就不会显得如此强烈,尤其是因为这些年龄较大的大学生变化不大的控制目标或工作价值。同样,考虑到这些年纪较大的大学生对其学业技能较无信心,自我效能可能不会符合通则一,但自我调整能力仍然很强。年龄的调节器作用需要在不同样本上作更多的研究。

总而言之,年龄可能是一个能够改变大学生课堂上学习动机与自我调整行为的重要个人特征。无疑地,在大学越久的学生必定越年长,即使他们在十七岁到二十五岁的年龄层中,仍应该比新学生自我调整得更好。在一定的程度上,大三、大四仍在学校上课的学生已经很清楚"游戏规则",因此他们具备为应付大学的需求所能够应用的全部自我调整策略。大学新生通常都需要学习,如何使他们高中时期的认知策略与调整历程适应大学增加的需求(如迈克与林德萨的例子)。此外,许多在高中时由家长及高中老师等其他人"调整"的学生,会发现他们必须在少了这些支持后,开始自我调整。学生进入大学且逐渐进步时,在学习如何应付与自我调整认知、动机与行为上,会随年龄增长有所进步。此外,针对非传统年龄层的大学生,仍需做动机与自我调整之间普遍存在的关系的潜在调节器的作用研究。

性别

多年以来研究人员均肯定男性与女性在学术技能上的差异,男性与女性就数学与文辞上的技能有所区别,而这些不同的技能,对性别间在特殊学术领域的成就程度上的差别,都依次占有部分的原因(Maccoby & Jacklin, 1974)。当这样的观点仍遍布于普遍文化中时,近代对性别于学术成就及学习动机上差异的研究则提出了不同的论点。

首先,关于性别间不同的认知能力的解释已被提出疑问。对这个性别间拥有不同学术天资的见解仅有极少数的证据支撑。研究人员大体上在数学及文辞能力方面找不出任何性别差异,他们发现差异仅限于特殊形态的工作上——在此即为**智力循环**(mental rotation)(Linn & Peterson, 1985)。

第二,与性别相关的成就差异的存在说法显然已不再正确。近年来在此范围研究的后设分析回顾报告显示,即使有性别上的差异也是极其微量的(Hyde, Fennema & Lamon, 1990; Linn & Hyde, 1989)。检视性别间数学能力的差异通常会证实男性在数学能力上占优势的见解是不正确的。事实上,在某些例子中发现,女性在数学能力测验中胜过男性(Eisenberg, Martin & Fabes, 1996)。类似的情形也在其他的学术领域中出现。以海德与林(Hyde & Linn, 1988)为例,坚持性别在语言能力上的差异,假使那曾经真的存在,现在也已不存在了。

然而,这也不是说就完全没有性别上的差异。尽管在男性和女性之间没有实际成就变化上的差异,但在其他产出变量上必定有所差异,即选择与持续力(图1中的E)。大学中女性学生选择主修自然科学或数学的比例,即使在增加中,最高值仍不太高,特别是物理科学与工程的范围。再者,当女性取得将近一半自然科学及数学的学位时,在此范围内的所有博士学位中由女性所取得的不到五分之一(Rayman & Brett, 1995)。由此可见,女性在科学、工程及数学的范围中所占的比例仍是非常低的。

一个很有趣的问题,当然,为什么会这样呢?如果女性和男性在成就测验所得的结果是可以互相比较的,那又为什么没有更多的女性从事科学与数学范围的职业呢?动机学家普遍将此情形以自我效能学说作解释。研究人员发现在科学与数学类型的科目中,女性对其能力(如自我效能)的认知普遍较男性来得低,就算她们在实际的表现上,若不高于,也与男性相当(Eccles, 1983; Meece & Eccles, 1993)。也就是说,女性对自己在科学与数学领域上的表现比较没有自信。研究人员也发现这种自我效能程度的不等,不只限于青少年及大学年龄层的女性;性别在自我效能信念上的差异甚至在低年级的小学女生中也可以发现(Entwisle & Baker, 1983; Frey & Ruble, 1987; Phillips & Zimmerman, 1990)。因此,女性对自我能力较低的观念相信是影响她们或是更确切地说,阻挠女性从事与科学相关的职业路线的原因。总而言之,有哪个学生会从事他们认为能力较弱的学科相关的职业呢?

然而,这个发现并非意味着就没有方法可以反击女性这样的宿命论。以伦尼(Lenney, 1997)为例,提出性别于自我能力上的差异能够受到特定情境变数的影响。她在对此研究的回顾中推断,像是明显且客观评价的回馈防备、学术工作的性别种类及社交比较上的强调等变量,都能够缓和性别在自信心上的差异。再者,部分的调查人员假定学生于自我效能信念所得评分的中间值差异其实是反应倾向的显示。调查人员相信男性在自信心等级评价上有过于自傲的倾向,而女性却显得较为谦逊(Pajares & Graham, 1999; Wigfield, Eccles, Maclver, Reuman & Midgley, 1991)。

再考虑到自我效能信念的研究,部分有限的证据指出,女性较男性在其他动机因子上(图1中的C)显示出相对较低的程度。而在归因上的研究指出,举例来说,女性倾向于有不合适的原因归咎。许多研究证明女性显示出较低的成就努力,尤其是在失败的情况下,且时常怪罪于自己(随便地归咎于内部原因)学术上的不佳表现(在我们的两例子中,迈克比林德萨显出这样的弱势)。即使在成功的情况中,调查人员发现女性时常将其成功归因于外部或不稳定的原因上。相反,则发现男性一般归咎于适应性的原因,通常将其表现归咎于能力不足或运气不佳等,甚至会在失败之后仍有进步的情况发生(Dweck & Reppucci, 1973; Meece, Parsons, Kaczala, Goff & Futterman,

1982)。同时,埃克尔斯和她的同事们警告这种对男性与女性归因作通则的设立,因为研究在评估归因时通常会使用不同种的方法。相同地,更近代的调查反驳了女性会作不合适的归因的主张。以罗伯茨(Roberts,1991)为例,在她的性别热忱度差异的评价的研究中,发现女性对负面回馈不会有较为自我轻蔑的情形。

因此,迄今对性别于动机信念上的差异的研究,加上女性普遍倾向有自我学术能力较低的观念的可能的例外情形,证实了它些许的非决定性。检视在学生自我调整学习历程(图1中的D)上的性别差异的研究更是前后无法一致。首先,在自我调整的研究中很少有试图测试性别差异的可能性的。再者,少数包含此分析的研究均着重于中级学校或更低的年级(Ablard & Lipschultz, 1998; Anderman & Young, 1994; Nolen, 1988; Zimmerman & Martinez-Pons, 1990)。到目前为止,我们并不知道任何的研究发现有决定性的证据以显示在大学学生自我调整学习上有性别的差异。即使在我们自己于密歇根的研究中,尽管我们有时会找出一些中间值差异,但这些差异于研究中从来没有一致性,且我们认为没有任何象征性的系统形态。然而,那些针对大学前较年幼的学生的研究,研究人员一般会发现综合的结果。部分调查人员的报告显示女性表现出较高的自我调整学习程度(Zimmerman & Martinez-Pons, 1990),尽管其他的研究声称女性不比男性更能够自我调整学习(Meece & Jones, 1996)。很显然,关于性别可能是如何缓和动机与自我调整历程间及不同产出评估的关系上,在决定最后的结果前仍需作更多的研究。另一方面,如果以女性都会勤奋抄笔记而且很用功的刻板印象去作推测,那么预期女性比男性表现出更自我调整的行为就是完全不合理的了。

种族

尽管起初是中产阶级青年怀特(White)的研究中浮现出的问题,但现今大多数的心理学模型都在对不同文化、情境与种族的学生的心理学研究与通则的应用上作假设。自我调整与学习动机模型也不例外。然而,很遗憾地,为测试这些假设所作的研究为数极少。针对学生学习动机(图1中的C)与自我调整学习历程(图1中的D)的性别差异的研究却特别地麻烦,是因为这样的研究需求是十分明显的。当全国上下的大学中,少数种族族群登记入学的人数持续地增加时,大学教授也不断地面对该如何把这些学生教得更好的议题。因此,我们学习与动机模型应付潜在种族变量的功效是极为重要的。

与性别差异的研究类似,检视动机与自我调整学习的族群差异研究一般要面对下列两个问题:首先,不同种族的学术表现、动机及自我调整学习是否存在着任何的中间值差异?其次,这些不同架构之间的关系是否因少数族群学生而有所不同?也就是说,我们是否必须为应付种族的差异而在普遍自我调整学习与动机的模型上作出改变？或者，我们能否得出我们的模型可或多或少地概括出，且此架构在不同种族之族群间也能够产生作用的结论？

就第一个问题而言，已发现有关种族的成就程度（图 1 中的 E）中间值差异的宣布。与其他少数族群比较，在特定的情况中，高加索地区及亚裔美洲学生能获得相对较高程度的学业成就。他们不只在标准测试评量上胜过其他少数族群的学生，且亚裔美洲学生持续接受高等教育的比例也较非裔美洲及西班牙的学生来得高（Hsia & Peng，1998）。相反，调查人员发现非裔美洲与西班牙的学生显示出低程度的学业成就与表现（Graham，1994）。

大多数的动机信念学家将这种成就程度上的不相等解释为：(1) 亚裔美洲学生成就动机程度较高。(2) 非裔美洲学生相反地普遍因学术目标而产生学习动机。格雷厄姆（Graham，1994）在他对非裔美洲学生成就动机的回顾中指出，传统对此亚民族的研究暗示，这些非裔美洲学生的低成就程度可归因于他们对未来成就的低期望值，以及他们学业方面的低自我观点，而非认知能力上的不足。对亚裔美洲学生则是完全相反的说法。调查亚裔美洲学生的调查人员提出，这些学生较有可能做努力方面的归因且对学术成功有较高的期望，他们相信教育的重要性（Hess，Chang & McDevitt，1987；Holloway，Kashiwagi，Hess & Azuma，1986；Stevenson & Lee，1990）。

然而，近代对这两种人口的研究提出这样的解释有些过于简单。以格雷厄姆（1994）为例，没有找到人证表明非裔美洲学生显示较低的成功期望，认为非裔美洲学生对其学业能力有较低观念的说法也没有任何的支持。实际上，他宣布多数的研究都报告非裔美洲学生有着对成就较高的期望，以及较高的自我观点信念。同样地，对亚裔美洲学生的研究也多少有非决定性的证实。对偶然性归因的研究发现，亚裔美洲学生倾向于作内部且较稳定的归因，尤其是在面对失败的情况时，而根据归因学说，应该使个体对所学习到的无助感较为敏感，而无论用任何方法都不应该引导其至增加的成就程度。检视亚裔美洲人自我效能信念的调查也是一样的麻烦。许多调查人员均提出文件证明，亚洲与亚裔美洲学生相对来说有着程度较低的自我效能与能力的自我观点，尽管他们实际的成就测验所得结果通常都较其他非亚洲人来得高（Eaton & Dembo，1997；Stigler，Smith & Mao，1985；Whang & Hancock，1994）。

这样的发现，引导我们至关于我们的模型到底能多广泛地扩展到其他人口的第二个问题上。这些研究无疑指出，如归因与自我效能（图 1 中的 C）等的特殊动机架构，在亚裔及非裔美洲学生身上可能无法产生相同的作用。更具体地说，这些发现意味着：这些动机变量与产出结果（图 1 中的 E）之间的关系，在这两个种族族群中的强度可能不比在高加索地区学生中的更大。举例来说，自我效能与成就之间的关系在非裔与亚裔美洲学生身上似乎是相反的，尽管是不同方向的。非裔美洲学生认为他们的能力较高，但成就测验结果却较低；亚裔美洲学生认为其能力较低，但成就程度却较高。

对这两个情形，调查人员试图以工作价值信念对这种不相等的情况作解释。许多调查人员(Steele, 1997; Fordam & Ogbu, 1986; Graham, Taylor & Hudley, 1998)提出在非裔美洲学生的例子中，学校里重复的失败导致学生对教育的评价降低，而因此自我效能就比其他学生来得较无作用。同样地，伊顿与丹宝(Eaton & Dembo,1997)提出亚裔美洲学生较不着重于他们的情况能力观念(即自我效能)，但较注重学术工作(即价值)成功完成的重要性。

对这个不相等的情况，另一个似乎有道理的解释为等级分类——即对学生动机信念的分级能够实际反映出他们真正动机程度的限度。与自我效能信念的性别差异的研究类似，证据显示出非裔美洲学生普遍对自己学术工作能力的评价过高，而亚裔美洲学生却对其能力评价过低。考虑到我们依靠认知与调整努力表现的监督的自我调整学习模型，假使不把学生分等级，那么他们就不太可能会试图调整与修补他们的认知与行为。更具体地说，假使非裔美洲的大学生虽然没有达到适当的程度，但却相信他们做得很好，他们就不太可能试图去调整自己的行为。这些学生不会为了改善他们的表现而更加努力地去改变其认知或行为。长期下来，分级、监督与调整上的缺乏，就会引导至更低的表现与成就程度。

加上上列的研究，一群经过挑选的调查人员提出了较注重社交因素影响的不同动机架构间关系的替代模型。以斯蒂尔与其同事们为例，他们证明了刻板印象如何对非裔美洲学生学业上的成就产生有害的影响(Steele & Aronson, 1995; Steele, 1997)。斯蒂尔的模型建立在刻板印象威胁的见解上：他争辩在评价的情况下，会造成有关非裔美洲学生学业能力上的负面刻板印象的广为流传，这些学生即面对潜在被以刻板印象所判定及可能满足此刻板印象的威胁。他更进一步地声称这样的威胁可能会干预到学生的认知历程，因此造成低度成就程度。斯蒂尔在大学生的经验研究系列中发现，当非裔美洲学生被告知将测试诊断他们实际学术能力时，与所配对的欧裔美洲样本大学生比较，他们有相对较低的表现(Steele & Aronson, 1995)。

再者，希施(Shih)与他的同事近期所作的研究已不只将模型应用在另一个文化族群上，更检视刻板印象于之后成就潜在的正面影响方法，延伸至刻板印象的弱点架构的研究。十分有趣地是他们的研究发现：提出极少量正面刻板印象的启用(即亚裔美洲学生拥有较高的数学能力)，能够提高亚裔美洲大学生在数学成就标准评量的所得结果(Shih, Pittinsky & Ambady, 1999)。

最后，就自我调整学习种族差异上的变数而言，检视种族如何缓和自我调整学习历程的研究极少。然而，就策略的使用而言，部分证据表明亚裔美洲学生在学习时有利用调查人员所谓的表面历程策略(即熟记与演练)的倾向，而不是使用如后设认知策略的深层历程策略(Marton, Dall'Alba & Kun, 1996)。然而，这样的说法则反驳了使用深层的策略能引导出最高的成就度的主张。

总而言之，学习动机及自我调整的中间值都有潜在的年龄、性别与种族差异，而更重要地是这些个人特征在学习动机及自我调整间的关系上的缓和作用。十分明显地，应考虑这些个人特征如何促进学习动机与自我调整的发展。再者，考虑这些个人特征对此章所介绍的四个通则会产生什么条件限制。到目前为止，这四个通则似乎可以应用在所有族群种类的大学生身上，但关于年龄、性别与种族如何改变这四个通则的性质方面，仍需要作更多的研究。

课堂情境因素作用

许多课堂情境因素(图 1 中的 B)都可能对大学课堂中学生的学习动机(C)与自我调整学习(D)造成影响。然而，四个一般因素在这两个领域上都可能产生动态影响：工作性质、课堂奖励与目标架构、授课方式与授课者行为。本章介绍的学习动机与自我调整模型限制之一在于其着重大学生个体的倾向，因而在情境产生的学习动机与自我调整方面考虑不够周全，明显还需要更多关于不同课堂情境观点影响大学生的动机与学习方面的研究。也因此本段所谈的课堂情境因子会不如前述内容详尽，但仍努力提供给未来的研究以潜在关系轮廓与许多的方向。

学业工作性质

课堂教学研究通常着重于教师讲述的内容与其对学生动机的影响。然而，学生被要求执行的工作也有十分显著的影响。学生在大学中会面对的学术工作有选择题、申论题、图书资源搜寻报告、说明型申论报告、问题组合的解决、表演、实验报告、课堂读书心得讨论等不同的指定作业。协助组织与引导学生认知(D)的这些不同作业特征(图 1 中的 B)已经成为认知心理学的一项重要假设(Brown, Bransford, Ferrara & Campione, 1983; Crooks, 1988; Doyle, 1983)。举例来说，只需认识课程教材的选择题，相较于不仅要求信息的记忆外，仍需转化这些信息的申论题型，通常不需要较深层的认知历程。相同的情况下，学术工作的特征(B)对学生的学习动机(C)也可能有所影响。

工作的两个重要构成要素即为内容与产品(Blumenfeld, Mergendoller, Swarthout, 1987)。内容论及实际工作中加入的课程内容。例如，两种课程可能涵盖相同的基础教材与概念，但在其中一种课程中学生阅读次级资料(如标准课本)，而在另一种课程中则使用初级资料(如该领域内的原始著作)。这两种阅读形式可以不同的方式影响学习动机。一方面，初级来源教材应会以较吸引人的方式著作，较能引起学生的兴趣，因而培养了部分学生的个人兴趣，这也能导致较积极的行为(Garner, Brown, Sanders & Menke, 1992)。另一方面，比起标准课本来，初级来源教材对学生来说可能会比较困难，而导致就了解课程教材上较低的自我效能观念及较不积极的行为。这个简单的例子意指对困难度与兴趣而言的课程内容的结构与组织可影响学生的学习动机。

学术工作的产品范围包含学生为完成指定作业与工作实际需要的制造。例如:让学生选择自己做的事(选择调查报告的主题、考试申论题目的选择)可能培养出较高的控制信念,因为学生确实能够对指定工作拥有部分的自我控制。当然,学生在完成产品时所必须实行的认知活动的困难度会影响学生的自我效能信念与兴趣程度。一项太困难的工作可能导致低度自我效能信念与高度焦虑,而一项过于容易的工作可能引起厌倦、没兴趣的感觉。由此可见,关键在于发展在大部分学生能力之内,但也不失挑战性的工作(Pintrich & Schunk, 1996)。考试的其他特征(题型、考试允许时间等)可增加测验的焦虑度并且在学习动机行为上有决定性的特征。尽管这些例子均依循理论上的预测,但直接针对大学课堂内的学术工作的作用的研究极少,需要更多地对工作及其与学生学习动机和认知的相关性的研究。

奖励与目标架构

学生于大学课堂内所面对的学业工作被植入包含课堂整体奖励与目标架构的较大的课堂情境中。奖励架构所指的是奖励(即成绩)是如何分配给学生们的;目标架构所指的是不同工作室如何地设计给学生去执行(例如独自或者合作)。这两个架构实际上可与另一个相关,但理论上它们是垂直的(Good & Brophy, 1987)。奖励表现可为独立性质的(分配的成绩仅以学生表现与特定标准或效标的关系为基础,而非其他学生的表现)、综合性质的(所分配的成绩会与其他学生的表现有关联性,这是因为工作是由一群学生一起完成的,他们对此产品均有相同的分数),或是竞争性质的(分数是在某种可限制高得分的零和游戏为基础的弧线上所评定的,如此部分学生所得的高分自动地和其他取得较低分数的学生平均而降低其分数)。有些研究提出竞争性奖励架构会经由焦虑的增加及降低学生自我效能与自我价值信念,而对学生的学习动机造成损伤的作用(Ames, 1992; Covington, 1992; Johnson & Johnson, 1974; Slavin, 1983)。

然而,对普遍奖励作用的研究,并非仅限于竞争性架构,卡梅伦、皮尔斯、艾森伯格(Cameron, Pierce,1994;Eisenberger, 1996, 1998)与卡梅伦所作的后设分析提出奖励有几个损伤作用。相反地,戴茨、康斯特勒和瑞安(Deci、Koestner & Ryan,1999)在另一个后设分析中重新分析相同的研究,他们提出奖励可对学生内在学习动机有损伤作用。这个争议促使了一本不同作家讨论奖励的使用,以及其在学生学习动机与学习上的影响的相关议题的新书的出版(Sansone & Harackiewicz, 2000)。这个议题十分复杂,而且似乎没有任何简单的规则可以判定奖励的好与坏,以研究为根据,尽管奖励传递给学生对其效能的信息似乎能够培养正面的产出(Pintrich & Schunk, 1996)。更重要的是,注意到活动与其奖励可同时对学生的内向与外向学习动机产生多种作用,而未来的研究应尝试去理解如奖励等情境因素与大学生学习动机与认知历程之间的关系。

就课堂内的目标架构而言,根据学生为完成工作所作的组织方式,架构同样可分为独立性质的、合作性质的与竞争性质的三类。大多数的课堂中大概都是采用独立性质的,学生在控制与了解上基本都是独立作业。而有些情况会要求学生正式的合作(实验室的伙伴、写作群体及正式的读书会)。当然,学生们通常为了考试,以非正式的方式合作。他们也可能于课堂讨论时互相竞争,会为讨论时的发言权及意见的提供而竞争。因为涉及自我效能与兴趣的增加、焦虑降低、参与更多认知及普遍较佳的表现,于是证据压倒性地支持学生以合作方式完成工作(Ames, 1984, 1992; Covington, 1992; Slavin, 1983)。当然,并非所有的工作都能以合作方式完成,但证据指出,在可能的情况下,教授应制造合作型工作机会给学生,或者鼓励学生在课堂外一起工作。值得注意的是在许多研究中指出,最有利的安排方式即是让学生一起执行工作(及合作性质的目标架构),但为保持独立性质的奖励架构,个体对自己的工作部分负责。举例来说,学生们考试前一起念书,但各自独立考试得分。更重要的,调查(Pintrich & Schunk, 1996)结果指出,如果学生分组做专题(合作性质的目标架构),则应要求他们作分别的评论或报告以作为独立评分的依据(独立性质的奖励架构)。如此一来既允许学生共同作业,又要求独立地负责,有助于避免"搭便车"(不为团体出力的学生)的情形发生。

教学方式与教授的行为

大学中可使用的普遍教学方式(如讲课、讨论、回答课文问题、实验活动与模拟等)可能会对学生的学习动机有所影响(McKeachie, 1986; Perry, 1991),但研究似乎已超越不同方式效用上的简单比较,而着重于这些方法的质量是如何影响不同的认知与动机历程,以及这些历程依次如何造成成就的(Murray, 1991; Perry, 1991)。例如,以学生为主的讨论普遍要比讲课更能促使更多的学生参与及学习。了解这些不同教学策略的不同相关效用的关键,在于检视其可能影响学习动机信念的不同要素。讨论的方式的确使学生就进度及内容而言,对课程有更多的控制,因此,可能因学生控制信念的增加而期望帮助提高学习动机。反之,有趣、刺激的讲课方式也可能因启动学生对课程的情况与个人的兴趣,而促进学习动机。由此可见,对学习动机的不同要素与其如何与不同课堂情境特征相关的考虑显示,要达成统一促进学生学习动机的一般目标有很多途径。教学方法设定了允许特定动机事件发生机会多寡的情境与限制,但这些事件的实际发生则关系到教授及学生的行为。

实际教学情境质量与历程的一般重点强调了教授行为的重要性。教授使用及实行的不同教学方法,可对学生学习动机有明显的影响。例如,如果课堂上以没架构、没系统、什么都行的方式去实行小型合作团体，则不仅学生学习会变差，且就兴趣与自我效能而言的学生学习动机也会降低的情形便很有可能发生。此外，对不同教师特性的研究（如思想清楚、有组织、热忱、融洽、善于表达等）显示了这些特征与学生的评分和他们实际的学习认知与动机相关（Feldman，1989；Murray，1991；Perry，1991）。举例来说，佩里和彭纳（Perry & Penner，1990）发现善于表达的教授（肢体语言、眼神的接触、语调与幽默感）对学生的学习与动机有正面的影响。此外，善于表达的教授与善于表达的学生的控制信念互动，会对学生的控制外在轨迹显现出很大的作用。仍然有许多的研究等着被完成，但这种试图将教授的不同特征与不同的认知与动机结果作关联的研究，将对我们大学教学与学习上的了解有最大的益处。

同时，调查研究必须考虑到这些教授课堂情境中的行为包含了可以缓和教授行为直接影响的不同的工作、目标、奖励架构及不同的教学方式。很明显地，这种研究生院可能产生的结果会比课堂情境对学生学习动机的影响要复杂许多（McKeachie，1990），但它也将避免对教学问题与学生学习动机的简单答案，以及陈词滥调的解决方法的较为实际的观点。

结论

学生的学习动机与自我调整在大学生学习与成就上，均扮演着很重要的角色。此章所提出的四个通则，对理解课堂中学生动机如何促进或限制自我调整学习与成就，是有用的基本原则。认为自己学习与做事的能力较有效能的学生较有参与性，也能表现得较好。同样，注重学习、精熟与自我进步的学生就有可能投入学习，并且表现得较好。最后第三个促进参与度与成就的因素为：认为教材有趣、重要并且有所帮助的学生，较有可能参与并学习。参与度与学习的限制因子为焦虑测试，较高程度的焦虑测试会干预或妨碍认知参与、学习与成就。

这些通则似乎可应用于所有的学生族群，但很明显地，在不同的个人特征是如何缓和或限定这归纳出的四个通则方面，仍需要更多的研究。最后，课堂情境因子也绝对能够影响学生的动机与认知。另外，在此讨论的课堂情境因子天生是可控制与改变的，对想要为促进学生学习动机与学习，而改善课堂与指导性质的教职员来说，是很有启发的。更多的研究仍等着被执行，但在此所提供的一般模型可以给未来的研究与演练一个概念上的架构。

（作者　Paul R. Pintrich，Akane Zusho）

第三章

大学生取得文凭的抱负：针对非裔美籍与拉丁裔学生做的一个理论模型及文献回顾

已有相当多的综合性研究，正在讨论大学生的学习经验，以及大学生取得文凭与毕业与否的一般模型，凸显了考虑教育抱负的重要性。许多研究者整理出一个理论，学生的教育抱负深深影响着多种结果（或有紧密的关系），尤其是有关大学选择、学生复学和研究生院入学（Astin, 1977; Tinto, 1993）。

虽然如此，学生的教育抱负是较少被看成结果来研究的。已经有不少高等教育的研究者在探讨影响教育抱负的因素（Astin, 1977, 1993; Hearn, 1987, 1991; Pascarella, 1984），但是学者及研究者对于为什么少数种族/民族学生的教育抱负与白人学生相比相差很大，却仍然只有粗略的了解。

本章的目的是要回顾及统整与教育抱负相关的文献资料，试图去摘要一般为人所知的教育抱负，和非裔美籍与拉丁裔学生在教育抱负上的具体案例。我同时也以实证研究和现有理论为依据提出一个研究及概念上的模型，了解是什么影响着教育抱负。

本章所提及的许多资料，其理论基础与社会学息息相关。学生自身的教育目标是受到下列几项元素共同作用而产生的，包括内在心理历程、社会互动和结构上的进展性的历程；我将会着眼于社会互动和结构性历程，讨论学生教育抱负的形成与转变的原因。强调这点是因为上述概念可以帮助教育抱负理论上的进展，也能对大学本身规划和组织政策有实质的贡献。

在20世纪60年代和70年代抱负研究的文献上，帕斯凯拉（1984）提到研究者趋向于使用仰赖实证的检验方法，而非从理论上来加以检验。帕斯凯拉发展出一个结果影响模型，假定学生个人特征和在中等学校的表现对于以后教育抱负的影响力要比其他教育环境上的变因更大。帕斯凯拉的模型，虽然对于了解学生的教育抱负随时间而转变的过程有所帮助，但是仍有必要去分析有色人种学生随时间转变的独特过程。

一般来说，教育抱负的研究是不够清楚明了的。让研究者发现他们需要更多的了解及理论上具体分析的关键处，特别是对于在高等教育机构里一直处于不被重视的少数族群的学生们所塑造及维持的教育抱负(Kao & Tienda, 1998)。

有色人种的学生对教育的抱负通常不容易被预测。几个研究显示,非裔美籍学生倾向于有比预期中高的教育抱负(Astin, 1990; Hanson, 1994),不过却有研究者认为那是“不真实”的;但也有研究者发现非裔美籍学生对教育高度的抱负是影响他们进大学的因素(St. John, 1991)。

早在60年代,比较研究非裔美籍和白人青年学生在就读大学和完成学业的行为后,发现这两个种族在教育抱负及其转变的过程上有显著的不同。一些研究显示,非裔美籍学生的教育抱负比白人青年低,但也有些研究指出非裔美籍青年相对于白人有着较高或近似的教育抱负(Portes & Wilson, 1976; St. John, 1991)。姑且不论抱负程度差异的范围(或缺乏),清楚可见的是,影响抱负的变因是会随着种族团体的规模大小和趋势而改变的。

有关拉丁裔高中生及大学生在教育抱负上的研究,相较于非裔美籍的研究少了很多。拉丁裔学生完成学业的比率十分低;他们(特别是墨西哥裔的美国人)完成高中学业和就读大学的比率比白人学生低很多,而且大多倾向就读两年制的学校。

研究者提出,“提升少数族群进入研究生院是国家急需实现的重要目标……这是为了社会的集体利益,象征少数民族在获得高等学历的比例上有增加”(National Board on Graduate Education cited in Deskins, Jr., 1994, p. 144)。的确,最近的一个研究发现,具有种族色彩的医师影响了贫穷及少数民族社区可获得的医疗照顾(Komaromy, Grumbach, Drake, Vranizan, Lurie, Keane & Bindman, 1996)。所以少数族群学生的抱负和后来的研究生院的完成,不只影响如收入等的个人因素,同时也会影响整个社区的福利。

本章分成两个部分,第一部分讨论抱负研究的相关理论基础;第二部分描述教育抱负的模型,并且着重于与模型相关的实证研究。

抱负研究的理论基础

地位成就

地位成就的文献在社会学的范畴里提供了研究高中及大学学生在教育抱负上的主要基础。布劳和邓肯(Blau & Duncan, 1967)发展了第一个地位成就的模型,主要研究白人和非裔美籍的人口中男性的工作成就。布劳与邓肯的模型假定归属特征(父亲的教育程度和收入)会决定男性在工作上的成就。这个模型不太完整,而且含有下列四个变动因素:父亲在教育上的成就、父亲的工作地位、受试者的教育成就和第一份工作的状况。从前两个因素能够预测后两个的结果,而且全部四个因素能窥测受试者最后的工作成就。教育抱负并没有包括在布劳与邓肯原始的模型里,但是随后地位成就的研究已经把教育抱负纳入考虑。

许多研究者发现布劳与邓肯的模型里有一个主要的弱点：无法充分解释其中变动因素的关系（Kerckhoff，1984；Sewell，Haller & Ohlendorf，1970；Sewell，Haller & Portes，1969）。模型中父亲的教育程度决定儿子的工作成就缺乏理论上的支持，除了严格主张社会阶层的再生作用外（那就是以缺乏世代间阶层的更动为前提，父母的阶级地位影响人们社会经济的地位）。企图要以解释父亲或母亲的社会经济地位影响成人后代的过程去补充布劳与邓肯的模型，休厄尔等人（Sewell et al.，1969）和其他学者专家加入社会心理的变因去扩展整个模型。在发展这个被称为地位成就的社会心理模型、"威斯康星模型"，或是社会化模型时，研究者在这个阶段认为：之前被证明对教育成就很重要的社会心理变因，在检验与其相关的教育及工作成就上，被视为具有价值的中介变因。这些变因，如其他的重要因素、参考组、自我观点、抱负和在学校成功的经验，都是在50年代末60年代初完成的研究里被证明为影响成就的构想概念（Sewell et al.，1969）。研究者对能力的测量特别重视且将其纳入考虑，因为心智能力（如智力测验和其他标准化的测验）被认为是影响学生"学业表现和其他重要人士对他的影响"的重要因素（Sewell et al.，1970，p. 1015）。

地位成就的社会心理模型设定学生的社会经济地位和能力会影响其他重要人士给他的鼓励与支持，也就是说，会影响学生的目标和抱负（Kerckhoff，1976）。威斯康星模型非正式的假定论点，认为"以涉入行为的结构手法，把社会根源及能力与教育及早期工作成就相联结"（Sewell et al.，1970，p. 1015）。在发展这个理论上，休厄尔等人（1969）运用先前心理学研究者的发现，早在1935年就归结出：个别所得到的"社会行为的趋势大部分是经由别人对他们的影响而产生的"（p. 85）及"当个体的教育行为认知被别人认为是适合他的，会和教育抱负的程度有相互的关系"（p. 85）。

休厄尔等人（1969）的模型在1957年威斯康星高中三年级男生的同质范例（皆为白人青年）中研究，呈现四组非正式关系：(1) 社会的结构（社会经济的地位，或社会经济状态，SES）和心理因素（心智能力）影响其他重要人士对个体的影响；(2) 其他重要人士对个体在教育和工作抱负上的影响；(3) 抱负影响成就；(4) 教育成就影响工作成就。其他重要人士（在本研究中）是指父母、同侪和老师。

休厄尔、哈勒和奥伦多夫（Haller & Ohlendorf，1970）将影响的模式描述得更为详细。一般来说，社会结构和心理因素影响青年人在学术上的表现，并且关系到其他重要人士对他们的影响。这些其他重要人士对学生的影响和学生的学术能力，以及其教育及工作抱负的程度产生作用。而抱负的程度又对教育及工作地位的成就有影响。

地位成就的社会心理（社会化）模型把抱负看做地位成就过程中的主要元素，并说明抱负是"在社会互动下成形的"（Knotterus，1987，p. 116）。诺特鲁斯（Knotterus，1987）检验地位成就研究者眼里的社会，提出地位成就的社会心理模型，"抱负的发展响应了其他重要人士给予的评价和个体在学术表现上作的自我评估"（p. 116）。社会心理的模型推断,社会经济地位的团体建构了社会互动。这意味着"其他重要人士——例如老师和同侪——被摒除在社会经济因素之外,在某种程度上类似于那些青年的父母们,在相似价值观的背景上给予鼓励"(Otto & Haller, 1979, cited in Knotterus, p. 116)。这个论点假定任何被研究的高中,其人口在社会经济地位上存在着相关同质性。

地位成就的研究,主要是在高中学生人口上发现,他们经由与父母、师长、同侪和另外的"其他重要人士"的互动,塑造出成功的价值观和适宜的教育目标。这样一来,地位成就的观点认为社会是"被大众价值观所激发的群体,它们在开放式的结构下运作并且享有追求目标的自由"(Knotterus, 1987, pp. 116~117)。

因此,在60年代后期,有关地位成就过程(意指教育抱负的发展与文凭计划)的两个理论互相融合:一个论点为教育抱负和成就是社会经济/归属要素影响下直接造成的结果(布劳与邓肯模型);另一个论点修正布劳与邓肯模型,衍生出社会化模型,认为学生的社会经济地位影响他与别人相处的方式(也影响了别人如何与学生互动),而且这种互动关系同时影响了学生的抱负,最后也关系到他们的成就(Sewell et al., 1969)。在70年代初期完成的研究支持两个地位成就过程的理论,但是社会心理的模型在解释成就上的变因,比讨论归因的布劳与邓肯模型更详细(Sewell et al., 1970)。

随着部分研究者开始发现社会心理模型的理论缺点,另一个相关地位成就的论述便应运而生。这个论点,一开始是被科克赫夫(Kerckhoff, 1976)所提倡,称之为社会分配。科克赫夫认为地位成就的过程不太像是社会化的过程,而和社会分配的过程比较有关。他批评威斯康星的模型把个人看得太自由,且个人能在社会上自由移动,还有个人的选择与表现能决定他的成就。社会分配的观点是从个人被社会结构束缚的角度出发——一个人的成就决定于在被允许的情况下,他能有什么作为。研究者发现"企图心"和成就有很大的关系,所以社会化模型认为学生的目标引导和启发他们努力去自我实现(Kerckhoff, 1976)。另一方面,过去的研究并没有把动机因素考虑在企图心之内,反而是衡量"对现实社会的了解"(Kerckhoff, p. 370)。大部分调查动机或企图心的问题,是要学生说出他们在现实生活中的计划或期望,而不是他们的愿望或抱负(Kerckhoff, 1976)。科克赫夫认为愿望和计划两者间的差异,是社会化和社会分配观点中最重要的分别。社会分配的观点是指:

> 期望和成就是很有关系的,因为(学生)对评估结果多种的可能性,概念越来越完整……当人们在看别人的成就时,好像就在检视自己,无疑地会在期望上产生响应的作用(Kerckhoff, 1976, p. 371)。

个人可能会被认为想要得到相同的结果,但是在他们评估生活中的机会之后,有可能是期待不同的结果。因此,当地位成就的社会心理模型认为社会不会限制个人发展,而且个人能力是成功的关键的同时，社会分配模型却主张个人是被社会束缚的。社会心理模型觉得个人的社会互动和能力形成了抱负。这个模型的论点是说，学生不积极主动的原因是由于他们的能力不足，或是没有目标和动机想要成功。社会分配模型则说个人是被生活情况所压抑的，他们只能在系统的限制条件下，期望在能力所及的范围内达到目标。科克赫夫(1976, 1984)不讳言，要去分辨地位成就的社会化模型和社会分配模型可能不是件容易的事，但是他认为社会分配的观点是对相同现象的不同解释。

科克赫夫的观点存在着一个问题，即在讨论学生想要的事情的发生和他们期待事情的发生时，只有少部分的研究者以清楚的经验法则去证明两者的差别。除此之外，在抱负的讨论上也还没有统一的评定标准——有人把抱负当成喜好或需求(Agnew & Jones, 1988)、期望(Weiler, 1993)和计划(Pascarella, 1984)。

科克赫夫的观点存在的第二个问题就是"机会"的概念在美国文化中所扮演的角色。"自从最初合众国的时代起，美国人就一直确信他们身处充满机会的环境"(Brint & Karabel, 1989, p. 3)。不像其他的欧洲国家，美国的建国精神就是以人们有无限机会的可能为基础的，只要肯努力、有能力(在此是指"竞争的社会流动"，在下一节中会有详尽的说明)。美国现代社会的特别之处，显现在教育发展上，即相较于其他工业国家，没有一个国家能像美国这么鼓励个人接受高等教育(Brint & Karabel, 1989)。

问题在于，美国有更多，甚至上百万的人，向往接受高等教育和从事有声望的工作，但是却超过教育与工作机构的负荷。"举例来说，超过一半的高三学生(80 年代初期)'计划'从事专业/技术的工作……但是在同一年之中，只有 13%的劳动人口受雇于那样的工作"(Brint & Karabel, p. 8)。因此要划分学生的需要和预期，是个特别困难与特殊的问题，对已经完成高等教育的学生来说更是如此，因为他们面对的是一个多变的就业市场。

公平竞争与世袭支持的社会流动

特纳(Turner, 1960)提出一个了解美国和英国教育制度差异的框架。他认为美国的教育制度好比是流动性的"竞争"系统，想要成为精英就要公开竞争。在竞争成为精英的过程中，没有人能决定最后谁会拔得头筹，因此教育即成为提升社会地位的公开竞争的手段。从另一方面来说，世袭支持的社会流动系统是在精英操纵的过程中产生的。"精英的地位是在某些标准上被赋予的既定价值，而且不管作任何的努力或策略都无法改变他们的地位"(emphasis in original, Turner, 1960, p. 856)。特纳把世袭支持的上层流动比喻为获准进入私人的俱乐部：

> 每一个候选人必须有一个或一个以上的会员"担保"……在竞争的社会流动里，评量的标准是要让经过努力争取的人成为精英，而实至名归，然而在

世袭支持者的社会流动里，目的却是要把人们归类及安置在社会上适切的位置(Turner，1960，pp. 856～857)。

特纳也讨论社会上的团体组织如何确保和维持对社会系统的忠诚度。在公平竞争的流动系统里，个人要去争取成为精英。当个人觉得自己是精英的时候，会开始认同上流社会的成员并把他们看做“一般人”，而且确信自己将来一定能进入精英阶层。公平竞争的流动系统让社会上的人们，尤其是社会经济地位较低的，把高成就视为主观价值的那些人。那些没有企图心的人是“反常个体”，不会构成社会凝聚力的威胁。在公平竞争的流动系统里，教育被看成一个很好的“机会”，让有强烈动机和驱使的个人能够善加利用。特纳陈述，研究者发现“高中学生普遍的工作抱负和实际被分配到的工作机会对照之下，显得不切实际”(p. 858)，这证明了美国的教育制度主要是公平竞争的流动系统。所以不像世袭支持者的流动系统所预期的：社会经济地位比较低的学生，他们的抱负在初期的教育过程中是不会被减低(或维持低落)的。

在世袭支持者的社会流动系统里，社会控制主要的手段是要使社会经济地位比较低的人有自卑感，觉得比不上精英阶级。未来的精英分子在早期的学习过程中就被挑选出来了，为的是要“灌输其他人接受不如精英分子的事实，而去作比较‘实际’的打算，不要做白日梦”(p. 859)。尽早挑选未来的精英也是为了抑制“一般大众”有提升地位的希望，避免他们变成不满势力里的顽固分子。

竞争的社会流动系统其假设和用个人表现决定地位成就的社会心理模型很类似：个人的成就影响他们的教育抱负、期望和成就。以世袭支持的社会流动系统和社会分配流动的观点来看，个人被精英分子所限制，只能做精英分子允许的事：个人的成就大部分决定于出生时的地位。

地位成就和竞争/世袭流动性的批评

地位成就的模型是过去三十年来研究抱负的主要方法。本单元是要讨论对于地位成就研究(和多数以地位成就的模型去研究抱负理论)的评论。地位成就的研究——布劳与邓肯的模型和社会化模型——在讨论白人男性的案例上很成功。当模型主体变成白人女性和有色人种的男女学生时，结果看不出有明显的变异。此单元从研究弱势族群学生和白人女性的结果出发，提出假定去解释为什么地位成就研究不成功的原因。

批评地位成就模型，首先最主要的是针对模型在解释性别和种族的差异上很少有着墨，这也可能是社会心理的地位成就模型在过去十年里很少被学术研究的文章引用的原因。社会化的模型则很少去解释所有种族的女性和少数民族的男性在抱负和成就上的变因(Berman & Haug，1979)，而且白人和少数民族样本之间的关系模式是迥异的(Portes & Wilson，1976)。坎贝尔(Campbell，1983)批评地位成就模型，认为少数民族在成就过程中产生的差异，是地位成就研究上重要且必要的指标……（还有）也会发现在探讨少数民族的时候，有没有可能会决定"少数民族地位成就的过程"(p. 59)。除了批评这个没有将少数人口和女性纳入评量的模型，另外还有好几个相关的批评和一般的抱负研究(Kerckhoff, 1984)。

第二个地位成就研究的批评，除了抨击模型没有把白人女性和少数族群学生列入考虑之外，还认为地位成就的模型主要设定美国是一个由个人表现去决定成就或地位的社会。也就是说，当研究者用成就模型去研究学生时，主要从教育系统的运作上观察，发现能力最强的学生将会有最大的抱负，也将取得最高的文凭。先前有研究者认为社会经济地位影响大学就读，但却和大学毕业没有什么关系，对这样的说法，埃克兰德(Eckland,1964)作出回应：

> ……社会地位的差异会逐渐决定（未来）大学入学者以后毕业的趋势……高等教育发展出和我们中等教育一样的普遍情形，辍学生和社会地位有很密切的关系，类似的过程即将在我们大学里发生(p. 50)。

其他的研究者强调，教育体制应只以学生表现作为奖励的根据，去鼓励没有享受公平机会、社会经济地位较低的学生。教育机构却以学术成就为由，把阶级归属合理化(Morrow & Torres, 1995)。因此，学生在一生当中的机会决定于他出生时的情形。这个论点和以个人努力去决定成就的社会假设是相违背的。

竞争的社会流动也许描述某部分美国人口的教育机会，但是当特纳发表文章的时候，关于非裔美籍人小学教育的不平等和偏离，布朗和博德(Brown & Board)的教育决定只像六岁小孩。"美国教育体制的分层和流动性使得黑人的流动性近似于特纳世袭的流动"(Porter, 1974, p. 313)。非裔美国人在过去及未来继续要合法地抗争，去争取进入那些被认为存在着"个人努力决定成就"的教育机构中就读。美国社会全部的人都不能参加"公平竞赛"争取上层的流动，而地位成就的模型却认为美国社会是一个开放机会的结构(Wilson-Sadberry, Winfield & Royster, 1991)。这样的假设看来是不正确的，特别是在讨论工作成果的时候。女性赚的钱比男性少，这对非裔美籍人和拉丁裔的人来说是很震惊的：在 1980 年时黑人女性和男性分别赚取相对白人薪水的 46%和 68%(Grubb & Wilson, 1989)。美国流动性的系统，对所有的族群来说，似乎是不能被广泛地归类成一项"竞赛"，但是流动性的模式会依种族、社会经济地位和性别而有相当大的差异。所以，客观地看来，依个人努力决定成就的社会假定，针对不同的人口会产生不同地位成就模型应用的问题。

第三个地位成就的批评是有关研究的时效性。很多地位成就的研究完成于 20 世纪 60 年代和 70 年代，而且可能没有考虑到大学环境越趋多样化的情形。政府承诺的行动计划和教育补助的方案在增加（20 世纪 70 年代）和限制入学（从 20 世纪 80 年代到现在)上的结果没有被检验。在地位成就的模型里面,没有提到对大学生有着长远影响的政策和结构议题。

第四个对早期地位成就研究的批评(虽然高等教育研究者对近来的教育抱负研究不这么认为),就是专注在个人特性和缺乏或限制教育机构的变因上。研究者认为地位成就的研究,除了把个人特性纳入考虑,应该还要加入教育机构的特性和影响(Kerckhoff, 1976)。教育机构在资源分配上不均匀,会对学生的结果有不一样的影响。研究应该要考虑这些因素,同时也要评估学生之间的个别差异(Pascarella, 1984)。

最后一个地位成就研究的批评比较贴近社会分配的分析,而不是社会化的论点。社会分配的观点认为地位成就的过程和抱负发展具有决定性的意义。社会上的结构束缚限制了个人的抱负和成就,像如果是父母的社会经济地位比较低,那么个人在成长的过程中,很可能是停留在相等的社会地位。然而社会上还是有一些个人去反抗社会重现的机制而成功的例子。反抗理论假定,经济社会地位比较低的个人会借由细微或直接的手法,去反抗地位比较高的资源控制(Giroux, 1983)。反抗形成了学生抗议和直接冲突,更详细地说,抗议的学生拒绝被贴上失败的标签(Feagin, Vera & Imani, 1996; Hurtado, 1990)。

反抗理论的一个关键要素是机构结构上的改变。远大的抱负会增加非裔美籍和拉丁裔的学生去成就高等教育的人数。或许维持远大的抱负对他们来说是一个拒绝被贴上"不会成功"标签的方法。的确,虽然非裔美国人在经济地位上不平等,但由历史经验看来,他们仍旧很希望在教育的过程中能向上提升自己的地位(Knight & Wing, 1995)。

文化和社会的资本

地位成就、公平竞争和世袭支持的社会流动是研究教育抱负的完整理论框架。另一个以布迪厄(Bourdieu)对文化和社会资本研究为基础的理论框架,被认为在近年高等教育研究中越显卓越。

"社会资本"和"文化资本"的名词,起源于马克思主义者对阶级冲突的研究和布迪厄研究法国社会的著作。这两个名词多被用在社会重现的理论上,认为社会地位(尤其是阶级)差异的重现存在于特定的机构里。

社会资本可以被定义为塑造社会群体(或社会)互动的关系和组织。研究者把地位成就的研究连接到社会资本的概念上,由社会资本的观点来看,"与父母互动的学习促进孩子的成就"(Hao & Bonstead-Bruns, 1998, p. 177)。因此,父母和孩子之间互动的质量会影响孩子的成就。

中、高阶层的家庭灌输他们孩子社会资本的知识。这个知识让家庭里的经济资本概念更为完整。文化和社会资本的观点最近被运用在高等教育的研究上。研究者以布迪厄的框架去解释为何社会阶层对学生的结果有重大的影响，讨论包含复学及大学选择等多种结果的文化资本应用(Berger, 2000; McDonough, 1997)。

文化资本也许能解释为什么社会经济地位较低的学生有较低的抱负。受过较多教育的父母会让孩子较早就接受社会化的洗礼，目的是要他们及早对未来的职业生涯作准备。来自中、高阶层的学生对于高中毕业后的选择很有概念，所以他们不只要念大学，而且还想进入更高等的教育机构中深造，这种概念有助于他们未来的发展。

一个对许多社会重现理论(包括社会和文化资本的讨论)的重大限制是没有彻底检验机构和反抗的观念。此外，在美国社会上许多受到压迫的族群通常是在性别和种族上被歧视的，而不是以阶级层面而论。因为大部分的社会重现理论着重于阶级差异，所以在解释性别、种族和阶级间复杂的差别时，存在着一些分歧。部分的研究者试图去改善理论的缺失，注意在理论中不同性别和种族族群之间的关系(Luttrell, 1989; Morrow & Torres, 1995)。

弱势族群青年低抱负的解释

前面的章节是在阐述抱负的三个主要理论解释：地位成就、公平竞争和世袭支持的社会流动，以及社会/文化的资本。这部分的章节是在讨论解释非裔美籍和拉丁裔学生抱负较低(和成就较低)的理论。

非裔美籍人

在美国，非裔美籍人在教育和工作上的成就比白人低。一个解释是从文化不足的论点出发，认为“黑人的文化价值呈现在家庭中，特别是父母给孩子的观念，是不协调的，所以造成黑人教育成就的低落”(Solorzano, 1992, p. 30)。这个文化不足的观点也指出非裔美籍人没有像白人那样重视教育。虽然黑人父母要求孩子要努力向上，但是黑人孩童在学校并没有很努力的三个原因是：

> (1) 在黑人的文化传统里并没有发展对学业的执著耐性；(2) 在实际的生活中，黑人父母失业、待业及本身所遭受的歧视和他们鼓励孩子的言论是相抵触的；(3) 孩子从族群里年长的人身上观察到，在学校成功不一定能保证未来工作和其他重要事情的成功(Ogbu, 1983, p. 181)。

奥格布(Ogbu)认为，因为非裔美籍青年在美国长期以来的贫乏教育，让父母和孩子产生了对学校的不信任。这样的“不信任”让黑人孩童无法认同“学校的价值，接受学校对成功定义的标准，或是为了有所成就而遵守校规”(p. 181)。因为黑人孩童否定学校的价值，所以他们在学校的表现往往不如白人学生。

奥格布在非裔美籍学生教育经验的研究上，发展出在学校表现不好的阶级理论解释。这个理论认为：(1) 美国存在着主要以种族/民族为基础的阶级制度。(2) 少数族群经验的类型学造成“非自愿”和“自愿”的族群在与国家的关系上有着不同的历史背景，以及导致“非自愿”族群负面的历史经验至今仍然持续。(3) 为了反抗压迫和被限制的机会，“非自愿”的少数族群发展出不同的因应方法或生存对策，而那些对策通常被认为是有反效果的(Foley, 1991; Ogbu, 1983)。

奥格布把墨西哥裔的美国人、美国原住民(印第安人)和非裔美籍人归类成美国主要的非自愿少数族群。奥格布认为，非自愿和自愿的少数族群对他们在历史上所受的不平等待遇有十分迥异的看法(Foley, p. 65)。奥格布主要的论点是：近年来的移民族群(“自愿”的少数族群)“没有意识到美国社会的种族藩篱和机会缺乏的情况”，因此他们把美国看成一块“处处充满机会的乐土”，比他们的家乡多了许多机会。正因如此，自愿的少数族群对他们的未来比较乐观，在学校也有比较好的表现(Foley, p. 65)。另一方面来说，非自愿的少数族群对于社会本身与他们成功的机会比较悲观。奥格布主要强调非自愿少数族群的负面适应策略：

> (非自愿少数族群)被“社区约束”的工作上限、种族压迫，还有“学校约束”所打击。他们典型的心理和文化适应就是在多方面的自我毁灭。他们屈服在自己不如别人的社会迷思中。他们无法在学校里开创对他们未来乐观的族群理论。他们反而是发展出一种不协调的对立文化，说服他们自己无法同时在学业上成功，也无法变成另一种族的人……阶级理论提出一个有力的例证，说明非自愿的少数族群不太可能会在学校或现实生活中成功(Foley, 1991, p. 67)。

除此之外，福德姆(Fordham)与奥格布(1986)假定在学校有能力表现很好的黑人学生却不愿意有好的表现，是因为他们不希望被指控为“模仿白人”。在黑人学生的观念里，他们不应该去做被认定是白人学生才会做的事。

虽然奥格布的研究遭受到一些批评，但是在本章最突出的是奥格布针对非自愿少数族群在负面适应上的模式(Foley, 1991)。奥格布解释，那些受到压迫的少数族群所发展出的对立文化，反而对改善种族的刻板印象和迷思产生反效果(Foley, p. 76)。这样看来，奥格布对非裔美籍人的学校表现和常常被诋毁的“贫穷文化”概念不谋而合。但是，从非裔美籍人在内部城市的“贫穷文化”角度来看，他们的心理受到打击：他们对自己没自信、悲观，有宿命论。奥格布持相反看法，他并不认为非裔美籍人的心理被打击，而是他们因为社会主导的种族歧视迷思而感到沮丧和困惑。他们无法体会到其实成功与黑人也可以画上等号(Foley, p. 77)。阶级的理论确实忽略了受压迫族群寻求“正面”抗争的方法。因此，阶级理论的研究者倾向于“低估种族反抗运动激发个人潜能的力量”(Foley, p. 78)。

奥格布的研究和地位成就的社会分配理论相互对应：非自愿的少数族群觉得他们的机会被社会限制，而且这影响了他们在学校的表现。奥格布的研究则主要是探讨在美国社会，非裔美籍学童的教育“挫折”。在高中后继续接受教育的人，在很多标准上已经算是成功，而用奥格布的阶级理论来讨论大学生，可能在实用性上稍显不足。

拉丁美洲人

奥格布的研究和拉丁裔学生的研究相对应，而他们(特别是墨西哥裔的美国人)是被当做非自愿的少数族群的。他们和非裔美籍人在地位及教育成就的模式上很相似。所以，墨西哥裔的美国学生也会对社会和学校有负面与不信任的感觉。除了奥格布以外，巴瑞拉(Barrera)的研究在解释种族不平等上也十分具有实用价值。

巴瑞拉(1997)陈述种族不平等的三个主要缺失理论：生物、文化和社会结构。生物的理论认为族群分子之间存在着主要的差异，可以解释在教育成就、完成学业和社会经济成功之间存在的各种隔阂。社会结构的理论认为，美国社会的历史和社会结构因素造就某些弱势种族/民族松散的家庭结构(例如非裔美籍人、拉丁美洲人、美国印第安人)，也引发出情绪性的问题和低落的教育成就。文化的缺失理论指出是少数族群的文化造成他们较低的成功率和低下的社会经济地位。这些理论研究者把非裔美籍人和拉丁美洲人描述成“贫穷文化”的成员，在那种文化下，他们只有“考虑现在而不展望未来，也没有工作纪律等”(Barrera, p. 5)。“在这种‘文化’下的个人，在学校的表现很差，而且他们的教育成就让他们陷入贫穷和没有权力的困境之中，继续下去便形成恶性循环，让他们永远无法摆脱教育不平等的环境。”(p. 5)值得注意的是，理论研究者认为拉丁美洲人有“语言上的障碍”而且缺少成功的原动力，更因为他们相对较低的社会经济地位，使他们处于“文化劣势”。墨西哥裔的文化通常“在工业社会进步的条件下，显得十分的传统和难以适应”(p. 6)。

巴瑞拉作了以下的结论，认为“要解释种族不平等的方法，如果以社会结构为基础的缺失模型去讨论，会略显方法学上的粗浅——不同的种族必须要发展自己的缺失模型”(p. 7)。当理论极力主张少数种族/民族文化的负面特性时，那些理论通常不会检验所伴随的正面特性(参见先前福利[foley]对奥格布的批评)。进一步地说，主要文化族群详细的正面和负面特性讨论，通常不会在考虑之列。

抱负研究的种族差异

拉丁美洲人

有少数的研究是在比较拉丁美洲人口和其他族群的抱负。但是有两个相关研究针对拉丁美洲的学生抱负提出了一些看法。以国家的教育纵向研究（National Educational Longitudinal Study, NELS）资料去比较非裔美籍、拉丁裔、亚裔美籍人和白人学生的抱负，发现在四个族群当中拉丁裔青年的抱负最低（Kao & Tienda, 1998）。高和蒂恩达（Kao & Tienda）以对非裔美籍及拉丁裔青年的访问去佐证他们的定量分析。从分析上看来，拉丁裔青年对教育抱负感到乐观——将他们父母较低的社会经济地位列入考虑。虽然他们有着相当高的抱负，但是他们却对大学选择及教育补助的计划没有足够的了解，“部分学生认识到父母的经济状况无法支持他们念大学，然而其他的学生却认为他们可以凭借着拉丁裔的身份或运动员的资格获得全额的奖学金”（p. 379）。

高与蒂恩达也认为（如同其他研究抱负对成就影响的学者一样，参考 St. John, 1991）“教育抱负促成家庭背景和其他重要人士对最终教育成就的影响”（p. 380）。经过多年的研究，仍然存在着一个疑问：如果缺失理论是正确的，非裔美籍和拉丁裔学生在学校中确实有负面的压力，以及他们的文化限制了成就，那么为什么那些压力对抱负没有类似的束缚？

一个解释是拉丁裔的父母在孩子抱负上所扮演的角色。索（So, 1987）发现拉丁裔的父母“对孩子进入大学的期望就像白人父母一样高”（pp. 49～50）。索更进一步地发现拉丁裔的父母“在孩子读小学的时候就开始为他们准备念大学的计划”（p. 52）。

非裔美籍

研究者普遍来说无法精确地说明，为什么关系的模式在解释非裔美籍和白人学生样本的模型变因时，存在着很大的差异。当非裔美籍的学生有高抱负时，会被说成“不切实际”；而当收入较低或非裔美籍的学生提升他们的教育抱负时，会被贴上“习惯一无所有”的标签（Agnew & Jones, 1988）。被归类成有“不切实际期望”的学生，确实能完成他们的梦想（例如进入大学，或是完成大学学业），虽然和他们那些有高收入或高分数的同侪比起来，人数上少了很多（Agnew & Jones, 1988）。在美国高抱负的环境下，特别用“不切实际”去形容非裔美籍人的抱负，看来是十分没必要的，而且研究者发现经济地位低的白人学生在好几十年来，有着比“实际”更高的抱负（Brint & Karabel, 1989）。事实上，研究指出远大的抱负或多或少能减少想要进入大学，但是社会经济地位却比较低的人可能会面临的负面影响（St. John, 1991）。因此，非裔美籍学生的远大抱负对完成他们的目标很有帮助。

在 20 世纪 60 年代，非裔美籍的学生在抱负的程度上被认为比白人学生低，但是在控制社会经济地位变因的研究中发现：非裔美籍的学生在社会经济的分层族群中，出现和其他人一样高或是更高的抱负（Portes & Wilson, 1976）。这些发现让研究者归纳出，白人学生有比较高的成就是因为他们背景上的优势和特征（Portes &

Wilson，1976)。事实上，当少数族群的学生有“抱负、能力和资格进入四年制大学时，他们不像白人那样会去念所选择的大学”(Labovitz，1975，p. 248)。

除此之外，从文化缺失的观点来看成就“俨然成为社会科学的通则，虽然没有足够的经验证明它的许多说法”(Solorzano，1992，p. 31)。如前所述，非裔美籍的学生有和白人学生一样，或是比他们更高的抱负——特别当社会经济地位的特征被控制住的时候(St. John，1991)。所以，文化缺失的模型看来在经验法则的研究上没有什么基础。文化缺失模型的假设可能适用于部分选定的非裔美籍人(Ogbu，1983)，但在成为放诸四海而皆准的通则前，还是需要借由国家的资料去证实(Solorzano，1992)。

在讨论非裔美籍、拉丁裔和白人学生的教育抱负时，可别忽略了教育机构在抱负发展和维持上所扮演的角色。注意教育机构如何形成对抱负发展的贡献，将重点从文化和个人的特征移到教育环境的种类，去研究何种环境对学生的成就最有帮助。这样一来，大学冲击和大学生经验的文献辅助了地位成就的研究。

大学生的文凭抱负和大学冲击

大学生对文凭抱负的文献，也就是大学生计划进入研究生院的文献，比从高中进入大学的文献少了很多。帕斯凯拉(1984)对之前大学生的抱负研究毁誉参半。就一方面来说，帕斯凯拉发现在阿斯廷(1997)和其他同事的研究里，文献内容对了解影响学生抱负的教育机构特征很有贡献。而从另一方面来看，这些研究著作“有很多方法学上的问题……其中最重要的……是以经验法则为根源，而非资料分析上的理论框架”(Pascarella，1984，p. 753)。少部分的研究者把教育机构的特征为何与如何冲击学生文凭计划的情形理论化。

地位成就的社会心理模型是大学生抱负研究的基础。大学生是被认为能够自由进出校园和选择交友的独立个体。有许多的研究发现学校的结构在很多方面会限制个人的表现(Astin，1993)，但为什么有些学校比其他学校的学业完成比率高？学校的特征和学生的大学经验一起营造出学生在教育中正面的结果。举例来说，非裔美籍学生如果就读于历史悠久的黑人学院和大学(historically Black colleges and universities，HBCUs)，进入研究生院的人数就会比就读于优越的白人学校(predominantly White institutions，PWIs)多很多。就读于女子大学的女性，进入研究生院的人数也比就读于男女同校的大学多(Smith，1990)。

有关大学选择的文献也把抱负讨论当做重心。文献经过多年的研究进化成为三段式的模型：倾向、寻找和选择(Hossler & Gallagher，1987)。倾向阶段特别与抱负研究相对应。倾向被描述为“学生在高中毕业后决定是否要继续念书的状态”(Hossler & Gallagher，1987，p. 209)。倾向阶段的理论支持是奠定在地位成就的文献基础上的(Hossler，Braxton & Coopersmith，1989)。许多倾向阶段的研究发现，抱负程度和种族、家庭人口、父母的教育成就、父母的收入、学生的学业能力和成就，以及同侪和老师之间存在着十分重要的关系(Paulsen, 1990)。

个人对环境的适应——个人在环境中的归属(和环境一致)—— 能解释在既定状况下，为什么有些学生会成功而有些却失败(Feldman & Newcomb, 1969)。

> 社会地位较低的学生和地位较高的学生差别很大，因为大学环境的要求和大学提供的机会，在较低阶层族群的作用下也许会产生很严重的不协调。因此来自较低社会经济阶层的学生与高阶层的学生相互比较，发现前者：(1) 没有较丰富的文化背景……(2) 在经验的范围上也受到限制……(3) 以大学为目的，而非职业或专业的训练，也不是以智力发展为导向(Feldman & Newcomb, p. 277)。

传统的个人环境适应论有着一个问题，就是个人和环境的一致成为学生的负担，反而原本建立和维持校园环境的校园社区成员却不用为环境负责任。大学冲击之下，个人环境适应论的解释——特别和社会经济地位有关——十分符合公平竞争角度的社会流动性(在前述章节中所讨论的)。那些很能适应环境的人将会是最成功入学的一群——虽然社会经济地位比较低的学生较不容易成功，或许是世袭的社会流动机制在起作用。

高等教育里的非裔美籍人

虽然没有很多具体的去检验非裔美籍大学生对文凭抱负的研究文献，但是本章作者找出极少的已发表的研究，去测试拉丁裔大学生对文凭抱负的模型。接下来的部分是要描述先前非裔美籍大学生的抱负，及对其经验法则的研究。

用在黑人学生身上检验的模型，实质上和白人检验的模型相差很多。因此，如果要了解非裔美籍学生的教育经验，从学生发展、维持教育抱负与期望的过程上着眼是很重要的。在研究高中或高中以后(High School and Beyond, HSB)的大学毕业生时，威乐(Weiler, 1993)发现大约有差不多比例的少数族群学生与白人学生，在不是原本的计划下进入研究生院。但是，在原本想要就读研究生院却没有就读的人数上，少数族群和白人学生有很大的不同。威乐作了以下的结论，“少数族群进入研究生院的学生较少，关键的因素是原本要继续深造的人在进入大学时，却改变了他们的心意”(p. 446)。研究大学生“冷却”念研究生院计划的过程，很重要的是要去考虑个人和教育机构的属性。冷却的过程发生在大学中“社会化作用者”—— 教职员和同侪、课程及行政的程序等一起降低学生的教育目标(Clark, 1960; Pascarella & Terenzini, 1991)。

费金等人(Feagin et al.，1996)详细地指出非裔美籍学生在优越的白人学校里产生的负面经验。研究的对象是被漠视的黑人。就像拉尔夫·埃利森(Ralph Ellison)书里的主角一样，费金等人研究中的非裔美籍学生，“他们全部的卓越才华、美德、兴趣和问题都被白人教授、学生、工作人员和行政人员所漠视”(p. 14)。在优越白人学校的黑人通常会感到焦虑，而且在特别的环境下，会害怕成为唯一或是多数非裔美籍学生中的一分子。这样的焦虑意味着非裔美籍的学生希望寻求多数其他非裔美籍学生的支持。费金等人也指出：“最近一个有关黑人学生在多数白人大学的研究发现，黑人学生很关心他们知识分子的生存，担心他们没有如预期般致力于人际、社会和文化的发展(p. 75)。”

在高中的研究中，研究大学生的专家指出非裔美籍人有不切实际的教育抱负。阿斯廷(1990)说明，黑人学生的抱负和他们的职业生涯两者并不一致，数据显示分别有15.7%、14.3%和37.7%的非裔美籍学生计划去取得博士、高等专业(MD，JD)或硕士文凭，而只有11%、10.1%和36.9%的白人学生有这样的计划。此外，非裔美籍学生计划成为实业家或计算机程序设计师的比率，比白人学生多出4%～6%。博士文凭在商业和计算机程序设计的专业上并不是那么必要，所以阿斯廷认为黑人学生有不切实际的教育抱负。

一个采用工作声望评鉴的研究(而非分开的类别)发现，白人学生和在HBCUs与PWIs就读的黑人学生有相似的短期工作期望，且白人学生的长期工作期望近似于或稍高于黑人学生(Dawkins，1982)。所以当使用不同的测量标准和数据控制时，也许非裔美籍大学生的工作期望与现实并非那么不一致。

大学生对研究生院教育“不切实际”的抱负程度或许是很难确定的，特别是当进入大学已经被认为是成功的表现时。完成高中学业的学生，在大学里有个人目标、进取心和学业成就会受到大家的肯定。他们一般被认为是成功的、有才华的和有能力的——甚至很可能——得到研究生院文凭。然而就如本部分的文献回顾所指出的，在高等教育中存在分层的重要模式：非裔美籍学生在进入“名校”、大学辍学和取得研究生院文凭的人数上，与白人学生不成比例(Carter & Wilson，1996)。

理论模型的说明

教育流动性的假设把重点放在学生个别抱负及成就的概念上，像是社会限制(社会分配或世袭支持的理论观点)的功用，或是不受社会限制和隶属个人的作用上(地位成就或公平竞争的理论观点)。经验法则的证明支持上述两个假设，但是除此之外，抱负发展的过程对于非裔美籍、拉丁裔和白人学生有很大的差别。虽然有可能去研发一个围绕非裔美籍、拉丁裔和白人学生经验的抱负发展理论模型，但是这个模型应该要“分开地”在不同的族群上测试，因为非裔美籍、拉丁裔和白人学生在进入大学时有不同的背景，他们进入不同类型的学院，有着不同的大学经验(Carter, 1999b; Kao & Tienda, 1998)。

教育机构在学生抱负发展上的角色是缺乏理论概念的。帕斯凯拉(1984)就曾批评教育抱负的研究不具理论性，并且发现教育机构对学生文凭抱负的测量是没有直接影响的。为数不少的研究显示，教育机构结构上的特征确实在学生抱负上有直接的影响，而机构特征在学生文凭目标发展上的角色是必须要与地位成就的理论观点相连接的(Carter, 2001)。

因此，学生对文凭的目标受他们个人背景和情况、他们对教育机构的选择(或他们是机构的选择)和机构社会化的影响。学生文凭抱负和成就的理论包含他们作抉择的多元性，而教育机构环境可以影响学生的决定，可以把学生对未来抉择的过程更全面地概念化。

图1呈现一个以先前研究和讨论的理论基础为根基的理论模型。本章的这个部分将会着重在之前的经验法则研究；本章前半部所讨论的理论框架用来观察且去解读这些模型之间的关系。

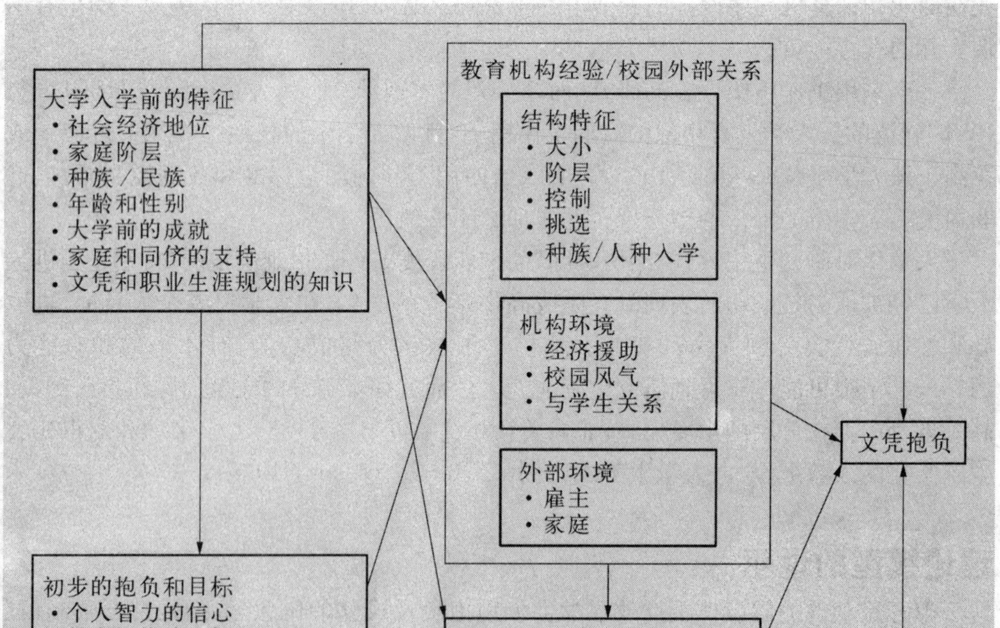

图1 影响大学生文凭抱负因素的理论及概念模型

研究和概念的模型假定，也许这是最适合定量研究的，因为变因的具体影响可以在结果上被测试出来。但是学生文凭抱负的多方定性研究仍是必要的（Kao & Tienda，1998），而模型的呈现可能会辅助学生抱负塑造的定性研究。

模型显示种族/民族是外来的变因，但因为种族/民族族群相差很大，我们应该要具体地去考虑。一般来说，学生文凭的抱负在以下的四个阶段中受到影响：

1. 大学入学前的特征（例如：社会经济地位、年龄和性别、家庭阶层、大学前的成就、家庭和同侪的支持、文凭和事业生涯规划的知识）影响学生初步的抱负和目标（例如：自信、大学选择行为、初步的文凭抱负、事业目标）。

2. 大学入学前的特征与初步的抱负和目标影响教育机构的经验及关系。

3. 全部三组的变因依次影响学业成就。

4. 最后，大学入学前的特征、初步的抱负、机构的经验和学业成就会全面影响以后的文凭抱负。

第一，大学入学前的特征以社会经济地位、年龄和家庭阶层来讨论，而大学前的成就影响初步的抱负、学生的事业及生活目标、个人智力信心的程度与大学选择。一个很重要的证据显示，社会经济地位会影响学生的文凭目标。因为有许多的研究者争论公平竞争和世袭支持的流动过程共同影响了学生的抱负发展，所以大学前的成就是合并前二者的重要测量值。年龄和家庭阶层是具体分辨传统和非传统学生在高等教育中的变因。有接近50%的高等教育人口年龄超过二十四岁，其中年纪较大的学生有的已经结婚或有小孩（Choy & Premo，1995）。既然在高等教育机构中的族群，不单纯只包括传统以十八岁的学生为主的研究对象，所以影响非传统学生抱负的特别因素也要列入考虑。除此之外，个人从家庭和同侪之间得到他们学业及事业目标的支持，还有学生未来事业与文凭规划的知识，这些皆需要被考虑在影响学生对大学初期抱负及目标的因素里。

起初的根源、目标、抱负和教育机构的选择，是整合文凭抱负模型的重要测量标准，因为它们可以表现学生智力与学业自信的程度、他们初步的文凭与事业目标和他们选择进入教育机构的原因（例如财务或社会状况限制学生对教育机构的选择）。

第二，大学入学前的特征和初步的抱负/目标影响学生的教育机构经验和与教育机构的关系。学生进入高等教育的机构中就读，不是偶然或随机取样的。大学前的特征和初步的抱负及目标影响着学生进入机构的种类。先前的研究结果显示，学生与特定机构的环境互动会影响他们的抱负（Allen，1992）。举例来说，学生进入机构的种类（四年制或两年制、学费高和学费低、高比例的少数族群入学人数、教员与学生的比率）影响他们获得的教育补助、对校园风气的观感和他们与教员及同学相处的情形。学生得到的教育补助（特别是来自奖学金、在校内或校外半工半读）影响他们与教师、工作人员、校内同学，还有他们和校园社区外个体之间的关系。学生对学校风气的观感和校园的结构特征，能共同地影响学生与校外个体的互动——尤其是非传统的学生，或是兴趣无法从校内得到满足的学生。对校园风气的观感借由影响学生和其他同学、教员及工作人员之间关系的程度，对抱负有间接的影响。此外，学生和校外社区的关系也会是影响学生抱负的重要因素。在优越的白人学校里，非裔美籍和拉丁裔的学生可能会和他们的家人、朋友与其他能减低他们负面经验的人有频繁的互动。

第三，全部三组的变因依次影响学业成就。学生在校内和校外环境的经验可能会影响他们在大学成就上的程度。最后，前述的所有变因影响后续的抱负。接下来的章节会详细说明模型的每一个部分在经验法则上的发现。

大学入学前的特征

高等教育研究显示，有几个背景特征影响学生的抱负。在过去几年的研究中发现，非裔美籍的学生有和白人学生一样高或更高的抱负（Allen，1991；Astin，1977，1993）。但是，抱负模型在非裔美籍人口上的作用却不是那么有效力（Blau & Duncan，1967；Epps & Jackson，1985；Portes & Wilson，1976）。波特斯和威尔森（Portes & Wilson，1976）发现非裔美籍的学生在成就过程的每一个阶段都表现得比白人学生好（当社会经济地位的因素被控制住时，黑人学生有较好的成绩和较高的抱负）。这样的发现使他们提出白人学生在成就上的优势是"直接依赖于他们先天优越的背景因素上"（p. 423）。

如较早所提到的，拉丁裔学生的抱负倾向于比白人或非裔美籍学生低，而且数据模型能够准确地预测他们的抱负（Carter，1999b；Kao & Tienda，1998）。拉博维茨（Labovitz，1975）研究种族、社会经济地位及实现大学抱负的影响。他的模型包含智商、社会经济地位、大学计划、学业平均水平、学校的社会经济地位和邻近环境的社会经济地位的测量，当做 1996 年圣地亚哥高三学生大学入学的预测指标。少数族群的学生被发现是"有抱负、能力和资格进入四年制大学的，（但是）他们进入所选大学的人数，不及白人（学生）多"（p. 248）。关于少数族群学生竞争的流动性，这样的观念又再次受到质疑。在拉博维茨的研究中，进入四年制的大学，不单纯只是一个以能力和目标为基础的公平"竞争"结果，还有其他的因素——没有在研究中检验——是不利于少数族群学生的大学入学过程的。当你考虑三十年前在拉博维茨研究里的高中毕业生，这个论点显得格外正确。

总体上来说，女性的抱负比男性低（McClelland，1990），她们会因为读书较晚而使教育抱负受到负面的影响（Kempner & Kinnick，1990），在抱负模型中会有比男性多的无法解释的变量（Hearn，1987），而且倾向于不会在大学毕业后马上进入研究生院（Isaac，Malaney & Karras，1992）。阿斯廷（1977）发现经过四年的时间，女性的抱负总体低落。然而，就读于女子大学的女性，在经过四年的时间后，她们对文凭的抱负很明显地升高了（Smith，1990）。

社会经济地位是在地位成就模型中最常被用来研究的变因。休厄尔和史密斯(Smith,1967)完成一个研究，讨论何者对进入大学和完成学业的影响较大：能力或是社会经济地位。他们发现不分男女，社会经济地位和才智与进入大学有正面的关系。更进一步说，对男性而言，社会经济地位的影响随着时间减少，而且社会经济地位对大学结果的影响比才智低很多。但是对女性而言却不一样。社会经济地位对结果测量的影响比才智大很多(根据心智成熟测验的研究数值)。他们研究的主要论点是"社会经济地位会随着才智继续影响大学的毕业，甚至在社会经济的选择发生在决定谁能进大学的过程之后"(p. 20)。因此，社会经济地位会影响决定谁能参与上层流动的竞争。从文献资料上得知，收入较低和父母教育水平较低的学生，与社会经济地位较高的学生相比，倾向于有比较低的抱负和期望。和白人男学生相比，社会经济地位对女性和少数族群学生在抱负与成就上的影响较大(Burke & Hoelter, 1988)。其他的研究者得到一个结论是，与自己同性别的父亲或母亲在教育上的成就，是影响学生教育行为最主要的因素(Isaac, Malaney & Karras, 1992)。

能力的研究显现出抱负的复杂影响。安兹和薛拉锡克(Ancis & Sedlacek,1997)认为"入学测验的成绩会低估女性的成绩"，而其他变因的使用"对女性教育发展提供比较正确和完整的了解"(p. 6)。当学院与大学依赖入学测验去作学业上的决策(以"优秀的表现"给予教育补助和入学决定)时，它们可能减少优秀的女学生获得教育补助或参与某些课程的机会，而且会限制女学生的入学(Ancis & Sedlacek, 1997)。此外，如果只依照入学测验成绩的标准去评断个人能力，学校导师也许会降低对女学生的成就期望。这对社会流动的社会化观点有直接的暗示：其他重要人士影响学生的目标。如果其他重要人士不用"真正"的标准去评估女学生的能力(例如入学测验的成绩)，这可能对学生未来的目标有不必要的限制。当以才能倾向测验和平均成绩去评断学生的能力，能力大部分会在教育抱负上有间接的影响。或许这是因为才能倾向被认为和社会经济地位有密切的关系(Thomas, Alexander & Eckland, 1979)。然而，另一个研究发现，能力(从智力测验和学业平均成绩上的测量)对白人学生的抱负有清楚的直接影响，但是对非裔美籍学生的抱负却没有直接影响(Burke & Hoelter, 1988)。几个研究者发现在大学平均成绩高和高抱负之间有直接的关系(Astin, 1997; Hearn, 1987; Pascarella, 1985)，虽然在其他的研究中，学业通常和抱负之间没有什么特别的关系(Burke & Hoelter, 1988)。这些相冲突的结果显示，有直接影响的测验把其他背景特征列入考虑，对决定能力测量与抱负之间的关系十分重要。

年龄和家庭阶层通常没有被考虑在文凭抱负的模型里。两个研究发现年龄是白人学生而不是非裔美籍与拉丁裔学生文凭抱负的重要预测值。年轻的白人学生在经过两年或四年的大学学习后，倾向有比年长白人学生高的抱负。因此，非传统学生的抱负看来是比较容易受到时间的限制的(Carter, 1999a, 1999b)。

在抱负的模型里，职业和文凭计划的知识是一个重要的元素。如果学生对研究生院文凭计划或某些专业领域的必要学业要求没有什么概念，他们的抱负会随着时间有相当大的改变。有一些证据显示非裔美籍的学生花在准备大学的时间比白人学生短。美国大学测验(American College Testing, ACT)组织——这个组织是执行两个最常用的大学入学标准测验中的一个——作了一项研究，发现选择进入他们第一志愿大学的非裔美籍学生，相较于选择进入第二、第三或其他志愿的学生，倾向有比较低的ACT成绩。对这个发现的解释是，“ACT分数较高的学生，不仅提升了他们的抱负并且被其他大学征招，或是发现教育补助的机会增加”(Maxey, Lee & McClure, 1995, p. 101)。这不令人惊讶，因为有81%的非裔美籍学生在十二年级的时候就已经参加了ACT测验，是白人学生的70%。非裔美籍的学生可能比白人学生更需要在高等教育计划发展上的支持(Mexey et al., 1995)。

初步的抱负和目标

伯克和赫尔特(Burke & Hoelter, 1988)用**认同理论**(identity theory)把他们研究地位成就的方法概念化。他们认为人们会选择符合自我观念或身份的行为。因此，他们设定有强烈及正面学业自我观念的人，应该会有比较高的教育抱负和目标。伯克与赫尔特也用和威斯康星(或是社会心理)模型一样的方法去研究抱负，在社会心理的变因之中(例如学业的认同/自我观念)，促成社会经济地位在教育意愿上的影响(Sewell et al., 1969)。他们发现学业的认同(定义为是独立于成绩、学业能力和取得高分能力之外的表现评量)是主要的预测指标变因——例如智商和学业平均水平对三个他们次族群在教育计划上的影响。学业的认同冲击白人男性、女性和非裔美籍的女性的教育计划，而不会冲击到非裔美籍的男性。

研究者对非裔美籍男性的不同结果很少作解释，只提到这个特别的族群中，教育期望的意义可能不一样，并且三个族群的学业认同来源都不一样。老师的影响对这三个族群产生作用，对黑人男性则没有影响，而且家庭背景冲击白人学生的学业身份，并不包括黑人学生。伯克与赫尔特认为：“许多传统威斯康星模型的变因与(非裔美籍人)没有关系，但却与(非裔美籍人)女性有关(p. 41)。”

伯克与赫尔特相信，他们的研究充分说明了个别的种族与性别人口需要不同的模型，同时也支持他们假设的认同理论可以成功地扩展威斯康星模型。倘研究者无法解释为什么认同理论的预设不适用于非裔美籍的男性，要利用自我观念的评量工具去预测抱负可能有其限制。伯克与赫尔特所建议的自我观念的变因应该合并在威斯康星的地位成就模型中——由于缺乏对非裔美籍男性的组成加以验证——他们的研究结论理由不是太充分。

社会心理模型(威斯康星模型)对非裔美籍年轻男性的样本，解释的透彻程度远比白人年轻男性要低(Portes & Wilson, 1976)。白人学生的自尊(罗森伯格[Rosenberg]自尊量表的部分测量)与教育抱负的相关性是0.24，相对于非裔美籍学生的0.13。对白人学生，模型解释35%的教育抱负变因，相对于非裔美籍学生的13%。波特斯与威尔森(Portes & Wilson)相信非裔美籍的学生基于自助和企图心，能够在教育和工作的系统上生存；而白人学生也同样利用这些特质，从社会结构系统上获益，并"伴随这些特质而晋升到更高成就的层次"(p.430)。波特斯与威尔森的研究发现是支持个人特质(竞争的社会流动)的抱负功能及结构的限制(世袭的社会流动)。

抱负研究中有一些证据说明了如果一个学生的抱负持续越久，那他就越可能达成目标。亚历山大与库克(Alexander & Cook，1979)发现，在十年级以前就有念大学计划的学生比十二年级才决定念大学的学生，多出47%进入大学的可能性。所以，早期与持续不变的抱负对学生未来的成就很重要。

阿斯廷(1977)把学生的文凭抱负分析合并在他对大学的四年影响研究中。他发现"学生在进入大学时的文凭抱负是就读研究生院或专业学校最有效的预测指标"(p.112)。关于学生抱负的改变，阿斯廷有几个十分有趣的发现：他发现学生的抱负在进入大学后，有51%的大学新生计划念研究生院，但在四年后增加到65%。另一个也很重要的发现是，学生文凭计划的改变在四年中逐渐地增加。大约4%的学生每一年在学习上提升他们的抱负。

阿斯廷在1993年更新1977年的研究，且发现在1985年有63%的学生计划取得研究生院文凭。在大学最后一年，想要进研究生院的学生增加到68%。除此之外，1985年与1989年的抱负有0.35的相关性，这显示出大部分学生的抱负随着时间改变，或主要因为他们的大学经验改变了抱负。接下来继续有1985年高抱负学生和入学研究生院之间的正面相关性。高抱负的正面预测指标是智力自尊和"(表示)就读大学是'为研究生院或专业学校作准备'"(p.265)。阿斯廷的发现支持先前的研究结果，说明学业的身份和教育的抱负有关(Burke & Hoelter，1988)。

大学选择的文献资料认同个人特质和结构限制的影响。如同之前的解释，大学选择的文献在许多方面与抱负的文献互相重叠，而且对大学选择的结果有直接的暗示。学生就读学校的类型对未来的文凭成就和工作所得有很重要的影响。学生选择就读学校的过程是去了解教育抱负发展过程的重要元素。非裔美籍学生进入第一志愿学校的比例比白人学生低很多(Hurtado，Inkelas，Briggs & Rhee，1997；Maxey et al.，1995)。

教育机构的特征

教育机构的特征和经验可以促成或抵消背景的特征(Alwin，1974)，而且可以独立地影响好几个教育成果，包括学业的成就及抱负。这特别适用于非裔美籍的学生：

> 黑人学生在具体的社会环境下所表现的教育目标和活动，不单只是影响他们的企图心，还有他们会实现目标的可能性。特定环境中的角色或作用——的确，环境本身——可以促进或阻挠黑人学生的学业成就（Allen，1992，p. 40）。

研究者尝试以加入学生在教育机构里的经验方法去扩大地位成就的模型。奥托（Otto，1976）寻求以调查社会融合（学校活动的参与）影响教育成就的程度去扩展布劳与邓肯的模型。根据奥托过去的高中研究对教育成就的影响，发现校内的影响比校际的影响重要许多。鉴于斯派迪（Spady，1970）假设课外活动的参与能提供学生去学习、发展、适应与熟练的机会，因此引发奥托决定研究参与课外活动是否会影响教育的成就。

奥托（1976）讨论1957年密歇根高中毕业生参加1972年追踪研究的样本，假设较早的社会融合（参与课外活动）有益于"学习、发展和对成就有关的准备"（p. 1379），并且从社会融合中得到的帮助还能应用在除了教育成就以外的结果上。研究的结果支持奥托部分的假设。社会融合是模型唯一对三个主要结果有重要影响的变因：教育成就、收入和工作成就。但是，社会融合在收入及工作成就上的影响大部分操控在教育成就上。这样复合结果的解释为，社会融合可能只是代替抱负，而完成社会融合的影响研究需要控制住抱负的因素；这表明研究抱负的时候应该要把大学经验考虑进去，因为学生会从与同侪相处的社会化过程中获益。

除了大学经验之外，环境的特别因素也会影响学生。学费就是影响成就的一项教育机构特征。帕斯凯拉、斯马特与斯迈利（Smart & Smylie，1992）发现学费独立地影响工作成就。学生念高学费的学校将来在工作上的成就，会比念低学费学校的高。昂贵的学费也显示出对学业持续（教育成就）有负面的影响。学费越贵，越少学生能负担，所以也就越难继续学业（St. John，Oescher & Andrieu，1992）。

阿斯廷、特苏和阿瓦罗斯（Tsui & Avalos，1996）发现私立大学（与宗教学院、私立学院、公立学院、公立大学比较）每一个种族/民族族群的九年文凭成就比例最高（共72%）。天主教学校的文凭成就比例排名第二，有54.9%。所以，就读私立大学比念其他类型的学校更能保证学生获得学士文凭。既然进入私立大学和取得文凭有这么紧密的关系，或许教育机构的类型对文凭抱负的发展有很大的影响。

进入大型学校（以学生人数来说）会降低在优越的白人学校和历史悠久的黑人学院及大学的非裔美籍男性于教育上的抱负（Smith，1988）。精选的学校对白人拉丁裔学生有正面的影响（Carter，1999b；Pascarella，1985）。在大学的国家研究中，阿斯廷（1997）发现进入精选学校的学生，与普通、公立和大型学校的学生比较，他们的抱负随时间增加，而普通学校学生的抱负则随时间降低。阿斯廷在1993年的追踪研究上又发现，学生人口中的女性比例，是学生抱负增加的正面预测指标。相对地，学校类型对教育抱负的影响是中庸的，认为学校环境主要对抱负没有很直接的影响，反而像是学业成就这样的变因影响了抱负(Pascarella，1984)。

在讨论学校差异影响个别学生的抱负时会有一些明显的冲突概念。社区大学对学生抱负和成就上的影响，几十年来一直具有争论性。克拉克(Clark，1960)讨论社区大学在学生教育和工作成就上所扮演的角色，他相信社会经济地位比较低的学生应要求进入两年制的学校，并且学校经验使他们“冷却”(降低他们的愿望)。如以前所说，冷却的过程发生在两年制学校的“社会作用力”中——教员和同侪、课程和行政程序全盘影响教育计划的降低(Pascarella & Terenzini，1991)。值得注意的是，学生就读两年制学校获得学士文凭的机会，比念四年制学校的学生低了19%(Brint & Karabel，1989；Vélez，1985)。

> 社区大学在辅助学生教育和经济成就的表现上不如四年制大学，约三至四成的社区大学学生希望取得学士文凭……通常就读社区大学的人与读四年制大学的人比较，前者拿到学士文凭的机会较小、教育时间较短、有声望的工作机会较少，长远来看，也就是薪水更少……(Dougherty，1987，pp. 99～100)

这样看来，社区大学在高等教育中有“类别分类”的功能，像是比较有能力、社会经济地位较高的学生就直接进入四年制的学校；而社会经济地位比较低、能力较差的学生就接受两年的文凭。从降低成就(与假设、抱负)的角度来看，社区大学的功用被一些研究者定义为“企图心分配”中部分的社会角色：美国社会上充斥着人们的企图心，但是却没有足够的机会让人发挥；因此社会经济地位较低的学生念社区大学变成了一种抑制强烈企图心的方法(Brint & Karabel，1989)。

优越的白人学校和历史悠久的黑人学院及大学对非裔美籍学生于教育成就上的影响，是过去二十年里许多研究的重心。HBCUs颁发的大学文凭占全国的9%，但如果“解释有超过30%的学士文凭颁发”(Trent，1991，p. 56)给非裔美籍人，那么HBCUs对抱负与成就的影响似乎是很不一样的。许多研究发现在PWIs中的非裔美籍学生倾向于有社会孤立的经验和身份上的问题干扰他们的学业成就(Jackson & Swan，1991)。另一方面，HBCUs在教学资源上相对贫乏，且被认为是提供“非常平庸的教育经验”的学校(Jackson & Swan，1991，p. 127)。但是，一些研究者却认为，纵使HBCUs的教学资源不足，学校方面“不仅培养学生社会心理层面的满足、有归属感和适应学校，也致力于促进学生继续学业与取得文凭的可能性”(Bohr，Pascarella，Nora & Terenzini，1995，p. 82)。

研究显示，HBCUs对学生成就的正面影响和对PWIs的非裔美籍学生在教育上的经验研究互相对立：

> 在白人学校的黑人学生，和从HBCUs毕业的黑人学生比起来，前者普遍

> 学业平均分数较低、继续学业的比率较低、学业成就的程度较低、辍学率较高、攻读进阶学位的可能性较低,整体来看,心理适应的反应较差,在毕业后的成就与工作薪水都比较低(Darden, Bagaka's & Kamel, 1996, p. 56)。

根据弗莱明(Fleming,1984)的研究,HBCUs在三个方面上帮助学生的学业发展:培养学生与同侪及教员之间的友谊、鼓励他们参与学校生活和体验学业成功的滋味。HBCUs在鼓励非裔美籍学生和同学及师长间的互动上,比PWIs要积极许多;非裔美籍的学生在HBCUs中担任干部的机会,比在PWIs中多;最后,HBCUs的师长比PWIs的师长更会鼓励(或注意)非裔美籍学生在学业上的成功。

此外,进入HBCUs被证实能够帮助学生的现实生活情况。就读HBCUs的非裔美籍学生在二十年后,与其他学校的学生比较起来,有较高的收入(Constantine, 1995)。至于教育抱负,一个研究显示:就读HBCUs的非裔美籍学生想要获得博士学位的,比在PWIs的多;但是PWIs的学生渴望有"声望"比较高的专业文凭(如法律和医学文凭)(Allen & Haniff, 1991)。

除了比较非裔美籍学生在HBCUs和PWIs的不同经验研究之外,对于有关少数族群学生进入大学的比例影响他们教育成果的了解却很少。学校的种族组成多样化(包含多少种类的种族/民族)是学院和大学的一项重要特征。以白人(和有色人种的学生比起来)为主要组成的学校,提供很少的跨种族互动,不把少数族群的学生看做独立的个体,反而是一种符号象征,并且认为维持学校多元的文化环境是劣等学校的优先考虑(Loo & Rolison, 1986; Hurtado, Milem, Clayton-Pederson & Allen, 1999)。此外,少数族群的学生因为他们的身份而遭受到许多排挤和骚扰(Loo & Rolison, 1986)。他们在校园中十分"醒目",也"常常被看成是局外人而且被大多数的人孤立"(Nagasawa & Wong, 1999, p. 81)。在PWIs的有色人种学生,可以感受到少数族群的阶级压力及在校园社区中被隔离的感觉(Loo & Rolison, 1986; Smedley, Myers & Harrel, 1993)。所以,大学里学生的种族组成会影响学生的教育成果,而且这影响是独立存在于其他特征之外的。

对于人数众多的少数民族学生是否将正面或负面地影响教育成果,研究产生了一些不同的看法。一方面来说,由较少种族组成的学校环境将少数族群的学生看成"符号象征"而不是独立个体,并且更会增加族群的显著性和族群间的差异(Hurtado et al., 1999)。另一方面,少数民族学生的庞大数目"会阻碍他们融入校园文化"(Nagasawa & Wong, 1999, p. 87)。少数族群的学生有必要去组织具有支持性的同侪团体,这样会让他们在大学校园中感到比较自在(Smedley et al., 1993; Nagasawa & Wong, 1999)。大学里有为数众多的少数族群学生,会显示这个学校对他们成功的肯定度较高(Hurtado, 1990; Loo & Rolison, 1986)。这样的说法也许是对的,因为一个研究发现非裔美籍、拉丁裔和白人学生进入少数族群占多数的学校——考虑学校本身的程度——他们在四年后倾向于有比较高的抱负(Carter, 1999b)。

另外很重要的是，要考虑在特殊教育机构的学生有什么不一样。学生进入大学不是经由随机的分配，不同类型的学校会吸引不同类型的学生（Feldman & Newcomb, 1969）。一个学生的社会经济地位与他选择何种类型的学校有很大的关系。卡拉贝尔（Karabel）与阿斯廷（1975）研究社会经济地位、学业能力和大学程度的影响，发现学生的社会背景对选择学校的程度有很密切的关系（p. 394）。社会经济地位越低的学生，越有可能进入比较便宜、公立与程度较低的学校（Karabel & Astin, 1975; Pascarella, Smart & Smylie, 1992）。赫恩（Hearn, 1991）研究1980年高中毕业生进入的大学类型得到的结论是："在公平竞争的社会里最难突破的障碍直接及间接地存在于社会经济地位的条件中，比起存在于人种、民族或性别的因素来更为重要。"（p. 168）换句话说，虽然有越来越多的学生进入大学，但是社会经济地位较低的学生进入程度较差的学校比社会经济地位较高的学生多。在赫恩的研究中，非裔美籍的学生纵使有与白人学生差不多的入学比例，但是他们在教育和工作的成果上远不如白人学生。

大学选择的理论论点连同上述的研究发现：社会经济地位和学生进入的学校类型之间的关系意味着收入间接影响文凭抱负的发展，而学校的特征直接影响学生发展或是局限他们的抱负。但是在发现学校类型对文凭抱负的深远影响之后，帕斯凯拉（1984）却认为学校的特征间接影响学生的抱负。无论学校的类型有无直接或间接的影响力，研究的结果凸显出控制背景特征变因的重要性，以利于评量机构特征的真正影响。

教育补助变因的影响

教育补助对学生教育抱负的影响很少被研究。教育补助可以表示学校机构的财务支持和学生本身的财务需求。一般来说，广义的教育补助是要帮助读大学的学生减少学费上的负担。1965年的高等教育法令是国家支持大学就读的第一个范例。这个法令的特色是提供资金补助和政府保障的低利率贷款（Rippa, 1997）。因此，社会经济地位较低的学生接受的教育补助会解决他们的财务限制，并且增加进入四年制大学和研究生院的机会。学生接受的补助类型和他们财务需求的状况也许会影响他们对文凭的期望。教育机构的类型和个人的特征也会影响教育补助的方式。

很少有研究把教育补助的变因纳入教育成果的模型讨论。可惜的是，有不少教育补助的研究是十年或更久以前完成的，所以我们无法得知近年来国家政策限制教育补助的影响。美国在20世纪60年代到70年代的政策是补助经济困难的学生增加高等教育的入学率，但是在80年代补助的政策荒废了（Baker & Vélez, 1996）。这个对低收入大学生的补助政策荒废后，造成对学生的资金补助额变少而贷款的方案变多。本研究检验20世纪80年代末和90年代初教育补助对大学生文凭抱负的影响。

圣·约翰和诺尔（St. John & Noell, 1989）发现所有类型的教育补助方案对学生的入学决定，尤其是少数族群学生，有正面的影响。但是有关高等教育入学的文献数据显示，非裔美籍学生在20世纪80年代入学比率降低的原因是“他们不愿意为了高等教育借钱，纯粹是因为经济的因素……并且很多非裔美籍的学生来自低收入的家庭，普遍1万～1.2美元的负债甚至超过了他们家庭每年的收入”(Baker & Vélez, 1996, p. 88)。

教育补助（没有特定形式）能够帮助学生与同侪之间的社会互动(Cabrera, Nora & Casteñeda, 1992)。“教育补助可以提供被补助者足够的自由去参与社交活动……(或者)让学生免于担心是否有额外的资金能保障他们在教育补助上所花费的时间和努力”(p. 589)。参加建教合作课程的学生受益特别多，因为他们和教职员与学校的政策接触比较频繁(Hossler, 1984)。增加和教职员的互动会促进学生选择文凭的知识，也会鼓励学生继续深造的计划。

因为教育补助被发现对入学、复学和文凭的进展有影响，所以补助也很可能会影响学生对文凭的期望。或许更重要的是，补助的形式（贷款和资金）会妨碍学生追求（或想要追求）更高的文凭。

学业成就

有好几个研究发现，大学平均成绩和抱负之间存在着重要且正面的关系(Astin, 1977; Carter, 2001; Hearn, 1987; Pascarella, 1985)。显而易见的是，地位成就的框架显示：学生之前的学业表现会影响他的教育抱负程度。所以学生会依照在大学里的表现去调整他们的抱负程度。检验学业能力在文凭抱负发展里所代表的意义，对决定是什么在影响非裔美籍、拉丁裔和白人学生的流动模式特别重要。

结论

本章所讨论的主要理论框架可以从整篇文献中摘要出三个主题：(1) 地位归属或支持在影响学生的抱负上所扮演的角色。(2) 学校机构特征和经验的影响。(3) 非裔美籍和拉丁裔学生在高等教育里的特殊经验。

社会心理的地位成就模型(Sewell et al., 1969, 1970)、特纳(1960)的公平竞争和世袭支持流动，以及文化资源是检验地位归属和支持影响学生抱负的三个主要出发点。地位成就模型、特纳的社会流动过程理论和文化资源，对学生如何达到（或获得）地位，以及讨论他们的抱负如何随时间被影响有重要的假设。

学校机构的特征和经验对学生社会经济地位或个人成就的抱负有十分重大的影响。每个学校（或学校类型）的独特社会环境会分别影响学生的学业成果。具体地说，某些学校的特征会改善社会经济地位较低的学生的入学情况，也会特别影响非裔美籍学生的教育目标。

非裔美籍和拉丁裔的学生，与白人学生比起来，人口多数是来自收入比较低的背景而且大学入学的比率较低。进一步地说，研究者尚未完整地解释到底是什么影响了非裔美籍和拉丁裔学生的文凭抱负。未来的研究应该要更详尽地去解释：为什么教育抱负中存在着种族/民族上的差异？

本章的模型把以前经验法则的研究融入社会学的主要理论架构，强化了先前大学生文凭抱负的论点。现存的研究还无法确切解释非裔美籍和拉丁裔学生的特殊个案。模型研究的元素应该能帮助研究者探索族群之间的差异，而且，或许有着适当的资料便能够启发学校对增加学生文凭目标的企图心，并且因此促进学生的教育成就。需要有更多的研究去讨论学校环境对学生文凭抱负的影响。抱负是独立形成且与社会相关的；理论的研究，而非经验法则，清楚地指出社会与个别建构的入学前因素。但是在解释学校如何影响学生的文凭目标与不同族群在文凭目标上的差异时，隔阂仍然存在。本章和假设的模型开始以整合之前的研究与理论论点，去解释大学生的抱负如何随时间而改变——并强调学校环境的因素。

现在有关学生教育抱负的研究存在着几个重大的分歧。第一，同时身为研究者和参与者，我们必须要对教育抱负的假设有清楚的了解与认知。举例来说，虽然抱负的降低可能不尽理想，但是根据学生的情况来看，它最终可能还是有积极的意义。如果一个社会经济地位比较低的学生希望能成为内科医师，即使他“只有”学士的文凭，他已经算是成功的了。了解我们对抱负的假设可以帮助厘清模型与理论，以及解释学生改变他们教育目标的过程。

第二，研究学生抱负的相关障碍是讨论影响非传统学生抱负的因素。非传统的学生是个人进入大学的主要族群，而且需要更多的研究去了解对他们文凭目标的影响。运用理论的模型去假设直接从高中进入大学的流动人口是接近三十岁或三十岁以上的大学生，这样的假设不是很恰当。

第三，本章所讨论的现存理论框架，结合经验法则的研究，需要其他的理论方法去佐证补充。其他有系统的方法(例如组织理论、人类学、心理学、种族身份理论)，提供了在社会学理论之外的方法，并帮助解释学生的抱负。举例来说，种族身份的理论不单只解释少数族群地位的负面特征，却也解释了像是模范对学生成果影响的正面行为。

学生的教育抱负研究，最后的问题肇因于许多研究生院采用的方法学。许多学生抱负的研究多半用量化资料分析。这类研究的贡献意义重大，因为研究者能够呈现出不同学生族群之间的差异，并指出多种对抱负直接和间接的影响。然而，质性研究是这个领域研究上一个新的必要方向。学生订立教育目标和随着时间改变目标的过程十分复杂，所以去了解学生为什么改变他们的目标，以及其他许多影响教育目标的因素，是未来抱负研究的重要方向。

(作者　Deborah Faye Carter)

第四章 理解与应用在高等教育政策研究中的效率与公平标准[1]

序言

公共政策的决策者常必须依据更深层的社会目标来决定资源使用的方式。因为资源有限,因此决策者一方面需致力于以有效率的方式进行资源配置,另一方面则需要寻求以公平的方式分配有限的资源予个人及团体。根据分析与研究,决策者通常以"效率"与"公平"作为进行资源配置决策的标准。[2]

政治哲学家与经济学者长久以来对于效率与公平有深入的探讨与丰富的论著,古典经济学家如约翰·斯图尔特·米尔斯、杰里米·本瑟姆和亚当·斯密(John Stuart Mills, Jeremy Bentham & Adam Smith),对于市场的效率有广泛的讨论。这些学者同时亦花大量的时间探讨社会资源分配是否公平或合乎正义的议题。举例而言,亚当·斯密在1776年所著的《国富论》(*The Wealth of Nations*)中指出,"大环境的进步必定带来全体的福祉,如果大部分的成员还生活于悲惨与贫穷之中,这就不可能是一个繁荣且快乐的社会"。

近年来在探讨大学教育利益配置时,寻求公平与效率之间平衡的两难(Schultz, 1972)一直是经济学家所特别关注且有兴趣的议题。在20世纪60年代及70年代,许多经济学家,如西奥多·舒尔茨、加里·贝克尔、塞缪尔·鲍尔斯、W. 李·汉塞恩、伯顿·魏斯博和爱德华·丹尼森(Theodore Schultz, Gary Becker, Samuel Bowles, W. Lee Hansen, Burton Weisbrod & Edward Denison)均在高等教育财政如何更具效率,以及如何使利益(特别指个人收入)的配置更为公平方面,进行了广泛探讨并提出相关论述。舒尔茨(1972)总结指出:"美国高等教育机构所进行的资源配置,并未符合社会效率或社会平等的标准(p. 2)。"汉塞恩并提出以下批注:"促进更为公平目标的达成,将可能与其他如经济效益等目标相抵触(Hansen, 1972, p. 262)。"

今日,在高等教育政策的相关论述中,对效率与公平两项

〔1〕 我要感谢总编 Michael Paulsen 对此篇原稿的协助,没有他的帮忙将无法成书。然而,如有任何错误与疏漏,则是我个人的责任。——作者

〔2〕 当然,还有其他重要的社会价值与目标。如政治与经济自由、机会、个人及团体安全、言论集会自由等。而此处则是以"效率"和"公平"作为社会价值或目标。

标准的讨论仍然占据重要的位置。举例而言，朗根耐克(Longanecker, 1978)发现："联邦政府的政策主要致力于三个目标，分别是促进教育机会的均等、减少大学支出的负担(效率)及维持高等教育体系的完整发展(p. 1)。"赫恩(Hearn)与朗根耐克(1985)借由指出某些政策分析学者相信"降低高等教育阶段学费的公共政策是'不具效率'且'不公平'的"(p. 488)，而进一步以效率与公平作为政策检视标准。麦克马洪(McMahon, 1991)则指出："提高效率是维持及促进高等教育的质量与入学率的一种手段。"麦克马洪并重申在高等教育政策的三基础——"效率、质量与公平"之间有重要的连动性，其中一方的衰弱将不利于另两方的发展，故它们是相互影响的，且决策者有时需要以一项目标(如增进效率)交换另一项目标(公平)的达成，反之亦然。

虽然效率和公平两者密不可分，且均被视为重要的教育目标，却少有教育政策分析学家对这些标准进行详细讨论。当论及这些目标时，总是预设读者已具有相关的哲学与经济基础，并对其定义及于公共政策方面的应用有所认识。然而不幸地，基于道德、政治哲学与经济学的公平与效率标准的概念与理论基础却未被广泛地了解。由于缺乏明确定义的社会目标，即会导致未能应用至政策讨论的阶段。"在经济与社会政策形成的过程中，效率与公平的目标需要尽可能地被明确说明，且需获得社会的共识以能被有效地应用于实务之中"(LeGrand, 1991, p. 1)。

本章的目的即在于呈现以效率与公平为决策标准的相关哲学与经济议题，[1]其中将先讨论这些标准中的哲学概念，接着呈现经济效益与社会福利理论的概念，而在经济效益部分之后将讨论"公平"的相关议题。最后，则进一步实际应用本章所讨论的重要概念，以检视高等教育政策的议题。经由本章的介绍，将帮助我们思考如何以增进效率与促进公平为标准，进一步改善高等教育。

基本哲学概念

相关术语

在对效率与公平进一步讨论之前，本章将于此先对在教育改革进行哲学讨论时常被使用的术语加以讨论，并且因为其中一些术语在文献中常被交替使用，因此将这些术语的意涵予以澄清是很重要的。

"公平"、"正义"、"公正"与"平等"这四个用语，在政策讨论与学术著作中常被交替使用。举例而言，大众都认为对于获得高等教育受教权的机会应是"公平的"，而此术语"公平"则被视为与"公正"或"正义"同义。然而，在道德与政治哲学中，这些术语常具非常特定的意义。例如，在《正义论》(*A Theory of Justice*)中，约翰·罗尔斯(John

〔1〕 因为其中一些讨论的概念与议题实在过于复杂，以致无法于本章中完整呈现，请参考本章末所提供的额外文献资料。

Rawls, 1971)发展出"正义即公正"的观念,其定义在近期道德与政治哲学对该主题的讨论中被大量引用。然而,罗尔斯在使用此观念时实则具有其特定明确的意涵。一些分析者相信"公平"与"正义"的广义概念之间关键的差异在于"公平"与"个体与团体经由努力工作与急切寻求以获得应得的报酬[1]"的观念相关,而在平等、正义与公正间的定义仍存在实质的差异。本章将依据莱格德(LeGrande,1990, 1991)的观点,视此四术语为具有共同含义的同义词汇。

至于区分"公平"与"平等"的含义则是另一项重要的议题,"此二概念实际上是非常不同的。'平等'具有的是描述性的概念,而'公平'则是一全然规范性的概念。因此平等并不必然指称公平或**公平平等**(equity equality),并可能因不同支持(拥护)的理由而形成各式的平等,而公平的结果则可能是十分不平等的"(LeGrande, 1991, p. 11)。以下的例子可以帮助我们理解这样的关系,假设有一笔固定金额的奖学金可分配给三位学生。学生A获得奖学金金额总数的25%,学生B获得奖学金金额总数的40%,而学生C则分配到奖学金的30%。这样的分配很明显是不平等的,然而这样的奖学金分配是否亦为不公平的呢?当我们进一步发现分配奖学金的标准,是依据这三位学生于夏天所进行的公共服务比例时,可能就会对最终的结果产生不同的解读。这样的金额分配虽然仍是不平等的,但给予分配资源的补充说明信息之后,如此的配置可能就不能视为是不公平的。

竞争性的道德哲学[2]

在讨论作为评鉴标准的"公平"与"效率"之前,简短描述一些身为社会目标基础的道德哲学是重要的。例如,大部分经济学家对福利的分析都基于个体与社会福祉本质的相互竞争观点。"所有看似合理的道德观在个人利益、公用事业、福利或福祉的议题讨论上均占有重要地位"(Hausman & McPherson, 1996, p. 71)。然而,学者在这些概念应如何被定义与其间的关联性方面,则有不同的解读。如同豪斯曼和麦克弗森(Hausman & McPherson,1996)所指出的:"福祉理论是哲学中的杂乱领域,甚至于将这些各样理论加以分门别类都很困难,并且它们正面临严重的困境。但福利经济学家与其他学者'如果想具有判断福利增加或缩减的能力,则不能避免地需触碰哲学问题'。"本章接下来的部分将简短地描述这些基础理论。

福祉理论

福祉理论可被归类于形式理论或实质理论的类别之中,形式理论不会告诉我们什

---

〔1〕 这些即为"功绩本位的正义理论",将于之后被进一步讨论。

〔2〕 在此部分所讨论的道德哲学部分信息参考自Lamont(2000)的著作,此一"动态的"百科全书在学习道德与政治哲学基本概念时是很具价值的资源。

么是对人们本身有益的，而是给予我们如何经由观察发现对人们有益事物的指引。经济学家(与其他学者)有时可借由观察个体偏好的尝试，以发现何者是对人们有益的。这通常被称为是福祉的“偏好满足”、“偏好功利主义”观点，其视偏好的满足本身即为有益的，并且我们应当尝试将其最大化。这观点多为经济学家所用，是因为他们常依据效用理论解释人类的选择。对于许多经济学家而言，效用与偏好的满足是相等的，并且效用、福祉与快乐三者通常被视为同义词。[1]

另一方面，福祉的实质理论则告诉我们什么是对人们本身有益的。例如，道德的享乐主义即叙述人类基本道德义务的实质理论，其为寻求欢愉或快乐的最大化(并减轻痛苦)，而欢愉则是借由自身欲求得到满足所致(Sidgwick, 1907)。此理论特别强调什么是对人类有益的——即欢娱，并指出人类的道德目标是追求欢愉。[2] 然而，许多经济学家却被“福祉的形式理论”吸引，因为“它们包含较少的哲学束缚限制，特别是经济学家不愿断言什么是对人们绝对有利或有害的”(Hausman & McPherson, 1996, p. 72)。

功利主义

功利主义是基于“唯有符合效用原则的行为才是对的”所发展出的道德理论。1789年边沁在其著作《道德与立法原理导论》(*Introduction to the Principles of Morals and Legislation*)中建构出效用原则，如称一个行为遵守效用原则，则此行为必然较其他选择的行为导致更大的欢愉、快乐，或减少痛苦、不快乐(除了使用欢愉与快乐，有时也使用“福利”一词)。

由于功利主义论者所着重考虑的是“福利”，功利主义即常被称为**福利本位理论**(welfare-based theory)。因功利主义的研究焦点在于福利，故当其他理论的重要核心概念(如自由、平等、如何对待不利地位者、资源本位与功绩本位理论等，细节将于之后细述)能增进个体与社会的福利时，方视其具重要性。

边沁理论的另一项特征是行为的对错与否依赖其结果的价值。此即本理论支持者有时也被描述成“结果论者”的原因。边沁的功利主义理论与其他理论的差异即在于其所假设的是非价值标准是基于“产生欢愉”与“解除痛苦”之上，并据此以判断特定行为的结果价值；[3]进一步最大化此项假设后，即如行为未能达到快乐最大化的结

---

〔1〕 经济学家因其使用福祉的形式理论而遭受攻击的原因之一，是因为形式理论“似乎”涉及较少的哲学论述(Hausman & McPherson, 1996, p. 72 特别强调)。然而，豪斯曼与麦克弗森在讨论关于将福祉与偏好满足相提并论时，发现“如此的假定是值得置疑的，其错误地假设社会政策应满足所有的偏好，即使它们是昂贵的、反社会的，是由虚假的信念、作假的或有问题的心理历程所导致的结果”(p. 83)。当偏好改变或彼此相冲突时，将偏好的满足视为福祉是有问题的。此外，将福祉与偏好视为相等亦是可置疑的，因为效益常是难以衡量的。关于此一议题，细节请参见豪斯曼与麦克弗森(1996)第六章的内容。

〔2〕 虽然可能会是此种情况，但形式理论和实质理论并不一定是对立的。“比如当快乐是偏好的终极目标，那么‘福祉即为满足偏好’与‘福祉即为快乐’就都是真实的”(Hausman & McPherson, 1996, p. 72)。

〔3〕 此即被称为“行为功利主义”。功利主义尚有其他形式，如“规范功利主义”和间接功利主义，细节请参见 Zalta(2000)的著作。

果，则该行为就是错的(Zalta，2000)。事实上，因某些人以功利主义观点来追求物质价值，故这样只论结果的理论遭到了其他学者的攻击。

罗尔斯的分配正义

近年来，由罗尔斯所提出的分配正义理论在各领域均广受讨论。罗尔斯并在1971年所著的《正义论》中借其发展出下列原则，以讨论近来关于正义的相关议题：

1. “人人都具备一项同等权利，并将同等的基本自由扩大到最广泛、完整且符合人人都具相似自由的体系”(p. 266)，此即为所谓的**自由优先原则**(priority of liberty principle)。

2. “社会与经济上的不平等要被改变，其方式包括：

(a) 对居于最不利地位的人们提供最佳利益，并与公平的储存原则相一致”，以上即所谓的**差异原则**(difference principle)。[1]

(b) “在机会均等的情况之下，各种职位应对每一个人开放”(p. 266)。

罗尔斯特别强调在考虑原则2之前，必须先满足原则1，并且原则2b必须先于原则2a得到满足。这是因为原则1决定自由是如何被分配的，而原则2b则决定机会的分配。由于罗尔斯依此方式考虑正义，而使所有的正义原则均与分配正义紧密相关。

一些哲学家，像罗尔斯一般均觉得功利主义的关键问题在于，他们以为如果侵犯个体权利的结果会对社会有益时，这样的处理是可接受的。然而，罗尔斯相信他所提出的以社会契约为中心的正义理论，将可避免此项问题。罗尔斯将他的观点命名为“正义即公平”，其表示正义的规范应符合对每个人均为公平的原初契约。这样的“原初状态”只是一个理想(即如同霍布斯的自然状态)，用于帮助建构与促进公平社会原则的讨论。在原初状态中，个体各自想象没有政府的状态，并彼此讨论何种政府可以借由社会契约以建立最终达至正义原则。由于这样的原初状态是于“无知之幕”之后进行讨论的，因此个体不确定他们将在最终的社会结构中居于何种位置，而个体借此所作的社会结构选择将无关于他们在社会中的自我利益行动，并因而使社会趋于“公平”。罗尔斯并非使用原初状态的概念以正当化某特定政府的权威，而是借由此一心智运作过程，尝试达至建立公平社会基本原则的共识。

罗尔斯主要关切的是居于不利地位团体的绝对位置，而非相对位置。如一严格要求收入平等的体系能最大化不利地位者在社会的绝对位置，罗尔斯即致力于推动收入平等。然而，如不利地位者的福祉因资源(如收入)的不平等分配而有所改善，则原则2a将限制不利地位者的绝对位置提升。在这个方面，罗尔斯的理论与强调福利的功

〔1〕 罗尔斯的差异原则被支持其他道德理论的哲学家所批判，例如平等主义者(支持极端的平等)宣称在差异原则中所允许的不平等即使确实对处于最不利位置的人们有利，仍是不可被接受的；极端的功利主义者反对差异原则，因为其主要所重视的并非效用的极大化。

利主义也有相通之处。

关于效率，罗尔斯采用帕累托(Pareto)效率的经济概念(以下再详述)。然而，他批注道：如果有人使用帕累托准则尝试建构一个不同的世界状态将会遭遇许多困难。例如，会发现许多的社会配置虽具效率，但并非全然符合公平原则。因此我们需要寻求一个正义的理论，以选择出最具公平性的分配方式。

经济学家通常将功利主义与罗尔斯式哲学同归于一更广泛的思想体系——社会福利哲学(简称为“福利国家主义”)，此即构成现代福利经济学的正义理论。福利主义的中心思想即如下述：最终状态依评断他们如何影响社会的效用而定，并且如果社会福利可以借由社会资本(即劳工、能力等)的重分配而得到改善，则此亦为可行的策略。[1] 然而，福利主义只在可使福利极大化的前提下使重分配政策正当化，而“个体的权利则需依据他们对社会福利的贡献而定，而非绝对的”(Boadway & Bruce, 1991, p. 176)。

社会福利主义是**支付能力**(ability to pay)原则的哲学基础，并常被使用于重分配政策的讨论上。例如一个关于高等教育的财政支持范例，即多依据学生家庭(如学生已经财政独立，则指学生本身)的财政资源进行分配。

对于社会福利哲学的批评，在于它忽略或是无法清楚宣告人们因其行为所配得的经济利益。然而，这样的批评实为基于对福利主义不同方面的考虑，而并未面对“个体的行为与选择亦常牵动他们的福祉[2]”此项事实。

自由主义[3]

一般来说，自由主义信奉的是个人主义。一个人是社会组织的基本单位，且他们的权利是天赋的——即权利是人类与生俱来的，且并未依靠结果而有所改变(Nozick, 1974)。“对于哲学的自由主义者而言，只有当法案与政策未能妨害个人权利时，才可谓其为公平的”(Hausman & McPherson, 1996, p. 130)。自由主义者相信结合法律的规范以捍卫自然权利，并借以限制政府，将增进个体与社会的福祉。

自由主义不只专注于个体的权利(自然与财产权)，并且强调个体的责任。虽然一些人批评自由主义者是在为完全的自私动机背书，自由主义者则指出：在不侵害个体自由的前提下，博爱与慈善这些理想方可作为社会目标。一般而言，自由主义者对于重分配政策(如罗尔斯的差异原则)并不表赞同，因为他们认为强制的重分配将损害自由。然而，如果重分配并不会侵害个体自由，则自由主义者亦不反对此类政策的实施。

---

〔1〕 即“资本平等主义”。

〔2〕 如需更多关于社会福利概念的信息，请参见 Hardin(1982, 1988)、Elster 与Roemer(1991)、Glover(1990)的著作。

〔3〕 这里的“自由主义”是自由主义的形式之一，特别强调自由选择。亦有书(《哲学思想的大师》，译者是李培元)特译其名为“放任自由主义”。——译者

资源本位的正义理论

支持资源本位的正义理论的学者，相信人们必须接受他们选择所得的结果。例如经由劳力而获得较多资源（即收入）的人们，不应补助那些选择休闲而非劳动的人们。然而，资源本位的哲学家也强调个体不应受限于未能自主选择的缺陷（如不健康、伤残或天生能力的不足等），而在自我生命选择中居于不利地位。

资源本位原则与罗尔斯的差异原则相较是较新且更进一步发展出来的法则，例如资源本位原则的拥护者目标即在进一步使差异原则中纳入“禀赋”或“志向”的因素（Lamont，2000）。罗纳德·德沃金（Ronald Dworkin）在其1981年的两本著作（1981a，1981b）中提出资源本位取向中最为人熟知的部分，他宣称人们应在起初具有平等的资源，但因他们所作的不同选择而于最终得到差异的利益分配。“当然，在天生不平等上仍存有问题——他们并非依据人们的选择而被分配，亦非能根据其他与人们相关的道德事实作为考虑并予以正当化”（Lamont，2000）。为了处理这个问题，德沃金像罗尔斯一般假设一个“无知之幕”般的架构，其两者间的差异是在德沃金所设定的方式中，个体可以（在幕后）选择买“保险”，以预防居于不利地位。这个库存的“保险金”则将之于后用做补偿处于不利地位者。[1]

因为资源本位理论之后的动机与差异原则相似，因此对于此二理论的道德批评亦较相似。然而，与差异原则不同的是，如何可使资源本位理论于现实世界中真正落实仍是十分模糊的。首先，有人认为既然不可能测量个人天资的差异，因此在决定谁应因其天赋能力的不足，[2]而被支付赔偿金时则更为困难。其实尽管如此，此理论对于生理与心理失能者的补偿仍然可于现实世界中部分落实。唯其问题是虽在如此的配置之下可对不平等进行补偿，但天生的不平等仍然无法得到完全的医治。简而言之，对于资源本位理论应如何被落实的做法仍不明确，因此难以验证它们对差异原则的改善。

支持资源本位原则的学者们批评差异原则，因为他们相信差异原则并未提供与人们的志向或是选择的结果相称的奖赏。资源本位理论学者相信具有更多企图心的个体能得到更多的补助金。他们并同时宣称差异原则未能适切地补偿人们因天生或因非能选择（如天资不足、不健康或其他失能的情况）而致的不平等。[3]

功绩本位的正义理论

大部分功绩本位的原则均与奖赏人们对社会产出的努力或贡献有关。支持功绩

---

〔1〕 参见德沃金(1981a，1982a)两著作。

〔2〕 并且，如何能由被发展出的才智中判定天赋的才智？

〔3〕 罗尔斯原则(特别是差异原则)广受其他学者(如 Barry，1973；Daniels，1975；Pettit，1980)的评论，在此只于本章中简短陈述上列观点。

本位原则的哲学家认为一些团体因为他们努力工作，故值得拥有更多资源，功绩理论者宣称差异原则并未解释经由何种"过程"使一些团体成为越趋有利或不利，而这些解释与他们现在所居的位置公平与否是相关的。[1]

对于功绩本位原则持道德反对意见是指这些原则使人们以难以掌控的因素(如天赋能力)获得经济利益，罗尔斯(1971)虽对此种影响提出最广为人们讨论的理论，但问题在于生产力是许多因素的函数，其中一些是相关于个体所作的选择，其他则是人们只能稍微调整或完全无法掌控的部分。罗尔斯与其他哲学家对于功绩本位原则所持的主要反对论点，是个体不应居于经济上不利的位置，因为他们并无办法掌控外在的因素。

一般而言，自由主义、资源本位与功绩本位理论均倾向于康德式的哲学观，即强调绝对的权利。康德式理论中特别探讨税收的利益原则，即应根据所获得的利益征收税款。此一理论常是一些经济学家用以作为卫护现存财富分配的基本论点(参见 Buchanan, 1954; Nozick, 1974)，此亦为许多"使用者付费"的基础，以致此制现在流行于高等教育机构的一些财政设施(如计算机实验室)中。此概念即所谓的"受益者付费"。

在此，介绍许多社会福利与康德式正义理论之间的差异，这些理论似乎是"根本上相冲突的"(Boadway & Bruce, 1991, p. 176)。然而，既然经济学家也常在不同的哲学"阵营"中暂居，对于他们的道德与哲学信念的基础多作理解将是有益的。

个体选择的概念基础

政治与道德哲学家与经济学家对于效率与公平标准的讨论由来已久。事实上，经济学特别为相关议题发展出一特别分支。这个领域被称为福利(或规范)经济学，其超越对客观量化经济变量(如数量与价钱)相互影响的实证研究(Boadway & Bruce, 1991, p. 1)。实证经济学探讨"是什么"的状态，但福利经济学关注的是"应该是什么"的状态。一个福利经济学家会"尝试透过某些明确陈述的伦理标准，而非透过其本身价值判断某政策的可取之处"(Boadway & Bruce, 1991 p. 1; 附注)。此即虽然社会政策的目标是意识形态式的，我们达成(或设法达成)这些目标的方法，仍然是在进行实证的经济分析。

举例而言，美国公立高等教育机构(私立机构只有少数)接受了资金补助。不论高等教育应被补助是属意识形态或规范性的社会目标，或应于公共领域中持续被辩论，社会均决定高等教育机构"应"被社会资金所补助，而一旦社会决定了公共政策的规范(如资助高等教育发展)，福利经济学便可帮助我们回答这些社会目标如何能被达成，及追求这些目标所引发行动的结果。许多时候，经济学家(及其他学者)可能已忘记伦

〔1〕 关于此主题的更多论述可于 Feinberg(1970)与 Lamont(1994)的著作中找到。

理学与价值判断已成为福利经济学所关注的一部分。

效用理论

承上所述,"效用"常被等同于"快乐"、"满足"或"福祉"等义。这在古典经济学家的论述中更是明显。然而,由于概念上的问题,许多现代经济学家均假设效用是一主观概念,并只代表一种偏好的次序。

举例而言,假设某一学生有两个选择方案,每年花 25 000 美元念私立大学,或是花 5 000美元念公立大学。由于实难由观察得到其中的效用,因此我们无法分析这两种方案效用上的差别。然而却能够借由观察该学生的选择行为,来推论该效用的高低。但如因此而将其效用的差异量值化是有问题的。我们难道能说这学生选私立学校比公立学校多了五倍的效用吗?这问题是难以回答的,并且如此只看效用的次序或等级,而忽略其量值的差异是值得商榷的。在此例中,我们透过观察得知该生偏好私立学校甚过公立。在类似的个案中,经济学家就假设理性的个人会设法使其福利最大化,以选择消费商品(商品与劳务)的"组合",其中包括选择大学——并从中获取最高效用。[1]

偏好及消费者理论

为使我们现存的复杂世界能被进一步研究,经济学家(或其他社会科学学者)常会在其模型中简化假设。当经济学家探讨消费者行为时,亦常会使用许多假设。其一是消费者的选择权实隐含其偏好,其二是经济理论常"将消费者的选择描绘成是理性的"(Hausman & McPherson, 1996, p. 27)。如果选择是具"递移性"与"完整性",则其选择即为理性的。[2] 递移性所表示的是,若一学生认为哈佛大学(X)至少与加州理工大学(Y)一样好,且加州理工大学(Y)至少与普林斯顿大学(Z)一样好,则根据递移性可推论该生认为哈佛大学至少与普林斯顿大学一样好。完整性所指的是任意两商品的"组合"均可以被拿来比较。基本上此定理宣称商品可被比较,且个体将能决定哪一个商品是比较好的。当然消费者也可能觉得两个商品是一样的好,此时我们可以描述该消费者对于两组商品的喜好是没有差别的。至于消费者理论的第三个原则是"反思性",其所指的是任一商品组合即假定自身是最好的。[3]

除了上述的原则之外,还有一个**边际效用**(marginal utility, MU)的假设,意思是消费每多增加一单位,其效用会随消费量的增加而递减,此假设也称为"边际效用递减法则"。这假设其实也隐含消费者比较偏好包含数种商品与劳务的组合(即"消费多样

---

〔1〕 现代福利经济学家常假设"消费者的偏好对于分析其选择是有用的,并且效用只是描述偏好的方式之一种而已"(Varian, 1996, p. 55)。

〔2〕 对于"完整性是否为理性的条件"的一些问题,请参见 Levi(1980)的讨论。

〔3〕 更多关于偏好、消费者理论原理的讨论,以及反对这些概念的信息,请参见 Varian(1996)。

性定理”)，而非单一特定的商品。我们常运用效用极大化的概念，以理解与描述个体(有时为其他单位，如家庭)的行为，用代数表示就是：

$$\max U = f(A, B)$$

上式 U 代表个人(或家庭)的效用，A 和 B 则表示商品的数量。然而实际的问题在于效用是无法由观察衡量得到的，因此我们以个人对 A、B 的偏好来间接代表经由这些项目所产生的效用。

无异曲线

要在平面空间描述偏好，其中一个方式就是借由使用无异曲线以进行图形解释。将满足程度无异的所有消费组合(在此我们以 A 与 B 表示)连接起来即是无异曲线。[1] 举例而言，在图 1 假设 A 代表的是学习(学生工作)，而 B 则代表休闲相关的活动(如去看曲棍球赛或演唱会等)，则在一条无异曲线上的任何点(U_1—U_3)所代表的是其学习与休闲两者的效用层次均为相同。此即表示个体于此条无异曲线上的任何消费商品组合(任何点，即学习与休闲的组合)的效用均相同。然而，所有在较高无异曲线上的所有组合(如 U_3)，比起较低曲线(如 U_2)来，其效用是较高的。换句话说，即在 U_3 上任一点所提供给个体的效用均大于 U_2，并且依此逻辑，U_2 与 U_1 相较之下，个体亦较偏好 U_2。而此种偏好的方向呈现为由北至东，因为“一个理性效用极大化的消费者，将想要尽可能提高无异曲线”(Browning & Browning, 1987, pp. 503～504)。

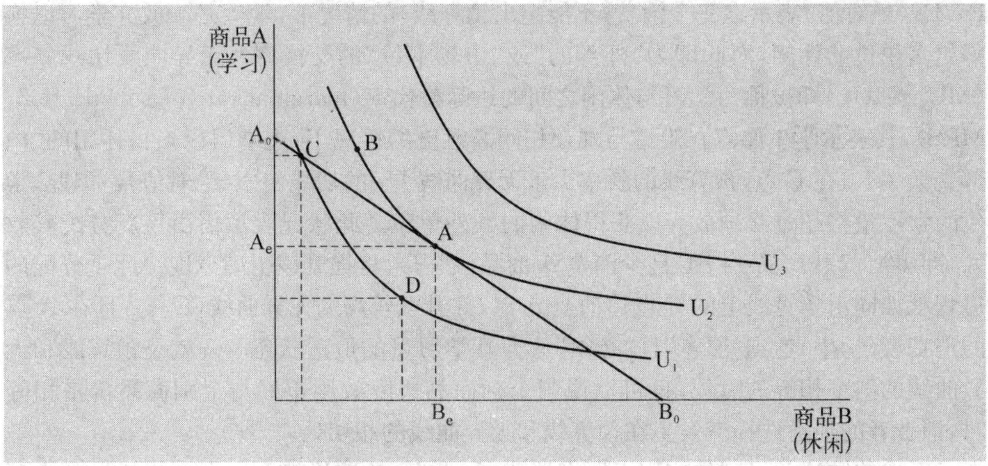

图 1 消费者选择的分析

〔1〕 无异曲线与其他于经济分析中所使用的函数也可数量化呈现，我将减少在本章中以此方式呈现，如读者对于与此模式相当的数学公式有兴趣，则可以参考 Varian(1996)与 Hirshleifer(1980)的相关著作。

图 1 中无异曲线是根据我们对消费的偏好多甚于少的假设而呈现负斜率。[1]同样地，由于个体一般较为偏好商品的组合（而非单一商品），故无异曲线会凸向原点。如借由这些特性来检视图 1 的无异曲线，将可以了解图 1 的无异曲线是符合常态的。

将这些差异的消费组合与无异曲线加以比对，将帮助我们对不同世界情境相对的个体福祉作出次序性的陈述。在本章稍后，我们将会依据许多个体的偏好信息，形成对社会议题的判断。

预算限制

在图 1 中，共有三条由个体对不同偏好所形成学习与休闲消费组合的曲线。而由商品 A（学习）与商品 B（休闲）在纵轴、横轴间构成不同的偏好组合。这表示在两轴所展开的空间中存有无限多条无异曲线。然而，个体（与社会）因收入与商品的价格（P_A 和 P_B），而只能有限地进行消费。图 1 中以预算线 A_0—B_0 表现资源的限制。在此例中，个人因受限于能运用的资源，而只能于预算线之上或之下的空间进行消费。

预算线与无异曲线的概念，可作为比较世界上可能的选择方案的分析工具。在此例中，可应用此工具以检验学生在受到收入与商品价格的限制下，如何在学习与休闲的组合间作出达到效用最高决策的过程。例如，任何在预算线左下方的点（如 D 点）均呈现对资源使用的低效率，因为由 D 点到 A 点，学生可获得更多商品及更高等级的效用或满意度，重点即是任何在预算线内的消费点都只具低效率。

然而，虽然 C 点在预算线上，其消费组合却非最理想的。预算线限制的斜率 P_B/P_A（绝对值）表示在完全消费（不能超出预算线）的情况下，学生必须放弃学习以换得更多单位的休闲，而此即为“外部的”或“市场本位”的交换率。无异曲线切线斜率（MU_B/MU_A）即被称为学习与休闲之间的**边际替代率**（marginal rate of substitution, MRS），其表示学生愿意在维持与现今相同满意度的情况下，先学习以换得休闲的“内部交换率”。在 C 点，预算线的斜率少于无异曲线 U_1 的切线斜率（绝对值）。因此，学生的学习量将超过必须放弃以获得休闲的额外单位。此状况表示借由重新分配其收入，即多消费 B 商品（休闲）且少消费 A 商品（学习），将提升该生满意度。此重分配的过程就如同由预算线上的 C 点移动至 A 点，并升至较高的无异曲线（U_2）。且在 A 点的消费者（学生）达到“愿意”且“必须”放弃其学习量的最适状态——就是预算线和无异曲线的斜率相等的时候，也可以说当个别商品边际效用正好与个别商品价格相等时，消费者的最适选择就发生在预算线和无异曲线的相切处。[2]

上述的结论并可延伸应用至所有消费者（学生）的选择组合。在帕累托标准中具有**交换效率**（exchange efficiency）的预设，并要求所有消费者（学生）均具相等的边际

〔1〕 然而，如果学习（商品 A）在经济上实属“恶商品”（越多越痛苦），则无异曲线的斜率将为正向。

〔2〕 虽然 U_3 上的商品组合与 U_1、U_2 相比能提供较高的满意度，但由于 U_3 在消费者预算集合之外，故不适宜。

替代率。为了简化上述分析，我们假设在竞争市场中，所有消费者将面对具有相同的价格比率的两种商品。并且，即使各消费者或许具有不同的偏好组合(因此具有不同的无异曲线)，他们都会根据在市场中已决定的商品价格比例，选择适当的消费组合，以与其边际替代率相等。此即表示消费者的预算限制和无异曲线切线的斜率将呈现相等，并且所有消费者将具有相同的边际替代率，以依不同的偏好消费不同的商品组合数量。

生产效率

为了达到经济学上的效率(帕累托最适境界)，则只在商品与劳务方面具有效率是不够的，我们也必须检视其生产的方式是否符合效率，并且“产品”的组合势必反映社会偏好。交换的效率已在以上部分有完整的讨论，在此部分我们将讨论欲达经济效益的第二个标准——“生产效率”。[1] 为了继续上述与教育相关的范例，在此我们假设两项投入要素，分别是“教师时间”与“学生时间”以生产学生学习。[2] 在图 2 中将教师时间置于纵轴，学生时间置于横轴，对于教师与学生的时间有许多的组合，并产生学生学习的不同层次。将这些输入组合绘成等产量曲线以表现教师与学生时间的组合(输入)，并将致使产生学生学习的不同层次(输出)。在图 2 中有三条等产量曲线(Q_1—Q_3)，如其中 Q_3 在 Q_2 右上方，且 Q_2 在 Q_1 右上方。这样的排列代表的是 Q_2 产出的学生学习量高于 Q_1，而 Q_3 又高于 Q_2。[3] 当等产量曲线呈现负斜率时即表

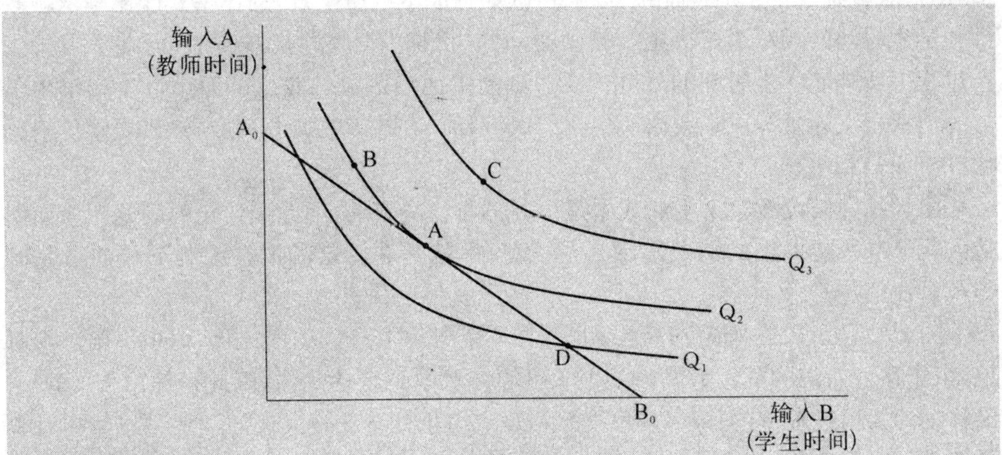

图2 学生学习中生产的效率

---

〔1〕 生产效率有时也可被称为“内部”效率。

〔2〕 不论是高等教育机构本身、教职员，结合输入要素(教师时间与学生时间)与资源以达到具效率的结果(学生成果、研究与公共服务)。本例只单纯使用于描绘生产的效率概念，并不应被过度引用。

〔3〕 在此两轴间有无限多条无异曲线。

示在产出过程中使用较多(少)学生(教师)的时间。而此两种输入要素需相互替代以维持产出的持续性,即为所谓的**边际技术替代率**(marginal rate of technical substitution, MRTS)。

边际技术替代率为等产量曲线的斜率,并随等产量曲线由左向右移动,边际技术替代率亦随等产量值而递减。[1] **边际产量递减法则**(law of diminishing marginal product)是指当我们增加一单位的输入要素时,该单位要素所额外产出的部分(即边际产量)将会减少。用于本例,学生时间(教师时间)的边际产量即多使用一单位的学生时间(教师时间)所多产出的学生学习量。举例来说,用较少的教师时间(如在图 2 中即从 B 点到 A 点)再搭配较多的学生时间,仍能产出相同的学生学习水平(在 Q_2 上)。而以学生时间代替教师的时间,将使教师时间的边际产量(MP_T)增加,而学生时间的边际产量(MP_S)则随之减少。如欲维持相同的产出水平,则学生时间必须被教师时间所替代,并应视两输入要素的边际产量而产生改变。因此,给定某点,其等产量曲线的斜率(MRTS)会与两输入要素的边际产量比率(MP_S/MP_T)相等。

等产量曲线虽是相当有用的分析工具,却只能提供产出方面的相关信息。决策者为在输入与产出间作出最佳选择,尚需知道产出学生学习所需的预算及相关输入要素(教师及学生时间)的成本。至于关于成本限制与输入要素的相关价格的信息皆由等成本线(意指相等成本的曲线,如图 2 中之 A_0—B_0)提供。该等成本线的斜率(绝对值)即代表教师及学生时间能被互相替代(如等成本线所呈现)的比率。此比率依赖教师和学生时间的相对价格决定。教师时间的"价格"(P_T)即指其薪水,而在学习的生产过程中所聘雇学生时间的"价格"(P_S)则是指他们过去的收入。而用以生产学生学习的消费层次即是等成本线内所包含的区域,而等成本线的斜率则与输入要素价格比率(P_S/P_T)相等。

由于我们假设教育学生的成本是由外部市场决定的,因此最佳化的问题即为如何最大化外部所能提供的消费范围。[2] 而目标就是在固定的消费限制下移向最高的等产量线。

图 2 中显示出在既定消费限制下,并不能达到位于 Q_3 产出层次的 C 点。相对地,由于在可获得的资源数量中学生学习的高水平是可达到的,因此任何由 Q_1 至 Q_2 的移动均为增进效率的移动。举例来说,D 点由于处于花费大量的学生时间与相对少量的教师时间之间,故尚有改善空间。这意思是指花费额外一单位学生时间的边际产量是小于花费等值教师所产出的数量的。重新配置输入要素的比率(雇用更多教师且

---

[1] 当输入的要素被完全替代时,等产量线将以直线呈现,边际技术替代率则将是固定的并且与该直线的斜率相等。而报酬递减法则使等产量线如图 2 呈现凸向原点的样貌,并且致使此时没有固定的边际技术替代率。

[2] 另外关于最佳化的问题常于生产理论中被讨论:如何在既定的产出水平下,选择可以最小化生产成本的输入组合。如以图形表示,其将由单一等产量曲线和多条的等成本线来呈现,因此最佳化的问题即为产出已决定的情况下,寻找最低可能性的等成本线。

减少学生时间)时,将可使我们预算限制(A_0—B_0)的产出提高(由 Q_1 至 Q_2)。这样对输入的重新安排,不仅更善加利用教师时间及学生时间,且使整个生产过程更具效率。最后经由不断调整输入要素,生产点将移至等成本线和等产量曲线相切的 A 点。在预算限制下,A 点同时也是唯一在 Q_2(在既定消费限制下能达到的最高产出)上,且为两输入要素互相替代程度(MRS)与应被替代的比例相等的一点。在 A 点,边际技术替代率(MRTS,即边际产量比,MP_S/ MP_T)将与相对要素价格比(P_S/ P_T)相等,此时即达到帕累托最适境界所需要的第二项标准——生产的效率。[1]

以上所述在交换效率中亦为真实发生,在本例中我们假设输入要素的价格为由竞争市场所决定,此表示所有大学将依相同的要素价格比例雇用教师及学生的时间。因为大学追求更有效率的生产,故其等成本线和等产量曲线会相切,并且其两者的边际技术替代率亦会相等。

或许有人会认为本研究在对生产效率与交换效率的分析中,无异曲线与等产量线相类似,等成本线和预算线的观念相仿,边际效用和边际产量也相似,并且边际替代率和边际技术替代率是相似的概念。然而,在这两种分析方式中,最主要概念上的差异是当评估交换效率时,效用并非是能经观察或测量得到的,其生产或输出的过程则是可量化的。

生产组合效率

为了完全满足经济效益,只要求商品与劳务的生产与交换过程的方式具有效率是不够的,这些商品的组合亦必须反映消费者的偏好。后者的效率即所谓的"生产组合效率"。

我们在图 3 中假设 A 商品与 B 商品分别代表教育产出中的"教学"与"研究"。借由将时间与努力依不同的方式进行分配,机构(教员)可以生产出许多不同的"教学"与"研究"组合以供社会消费。这些可能的产出集合被称为生产可能集合。生产可能集合隐含在既定技术类型下,能够产出"研究"与"教学"的范围。此集合的界线(如图 3 中 A_0—B_0 所示)即被称为生产可能曲线(PPC)。此界线的意义在于其有效使用所有可用资源(输入要素)及技术,使其达到生产"教学"与"研究"的最大数量。生产可能曲线呈现的是凹向原点的样貌,其隐含的意义是生产转换报酬[2]的递减,并且生产可能曲线的负斜率表现的是牺牲教学换取研究比例的边际转换率(MRT_{TR})。MRT_{TR} 所测量的是在既定生产要素(如学生和教师的时间)输入的情况下,"教学"可交易换做"研究"的比率。

---

〔1〕 即如同先前探讨对于交换效率的讨论,我们再次可借假设竞争性市场以简化分析。当市场是竞争的时,所有厂商均面临相同的输入要素价格,而使所有厂商中"学生时间对教师时间的边际技术替代率"均相等。

〔2〕 研究与教学可为互补的商品,此时 PPC 会呈现略微不同的形状。请参见McKenzie(1979)的著作,以获得更多关于教育过程的经济学信息,及参见 McKenzie 与 Staaf(1974)以获得关于学生学习的经济分析著作。

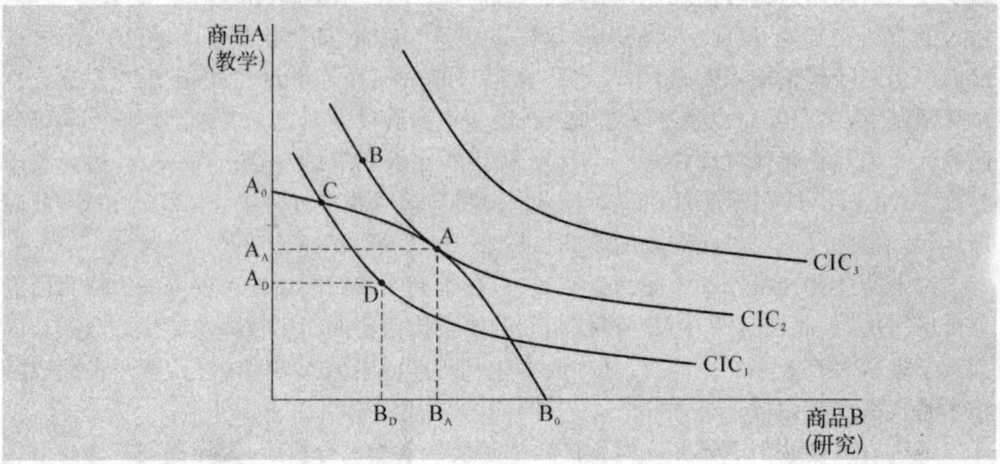

图3　生产组合效率

在图3所展示的无异曲线（CIC_1—CIC_3）即所谓的"社会无异曲线"（community indifference curves, CIC）。[1] 其中每条曲线都产出相等效用总合的教学与研究组合，而这不同研究与教学的产出组合进行替代与生产这些产出的比值即为"边际替代率"（MRS_{TR}）。如以数学的方式进行解释，可说此边际替代率（MRS_{TR}）即社会无异曲线切线斜率的绝对值。

以上两个分析工具（生产可能曲线和社会无异曲线）能检视输入要素和产出是否符合效率。在生产可能曲线的限制下，我们所假设的社会无法达到 CIC_3 的水平，因为其已超过生产可能曲线所含的范围。同理，B点也在生产可能曲线之外，故亦是未能达到的。而任何在生产可能曲线左下方的点（如D）的生产均不具效率，并因其在产出过程中资源并未物尽其用，因此其产出还可以再提升（生产点往原点之北、东或东北移动）。如以D点作为起点，而在教学方面产出增多，即使产出点由D移至C，因为如此的移动都在 CIC_1 上，故不使总效用减少。即使C点代表的是两商品的生产技术效率（且其位于生产可能曲线上），它在经济学上亦并非有效率的解决方式。若生产的因素可被重分配，以致生产出一更受偏爱的教学与研究组合（即由C点移动至A点），则如此的移动即为**计划的效率**（allocatively efficient），因其生产的是最受高等教育消费者所偏爱的两商品的组合。由此技术及分配效率（即 CIC_2 和PPC相切处）的结合可推导出符合经济效益的成果。借由D点移至A点，生产将达到效率的标准，且在教学与研究间产出的边际转换率（MRT_{TS}）与其边际替代率（MRS_{TS}）将会相等。

---

〔1〕 社会无异曲线由Lerner(1932)所建构，另一个常用的总合无异曲线，则是由Scitovsky(1942)所提出的"Scitovsky无异曲线"。请参见Just、Hueth与Schmitz(1982)的著作，其中对各类型无异曲线有进一步的推导。

交换效率、生产效率及生产组合：帕累托最适境界

如上所述，经济的效率并非像一些人所以为的，只是“在生产或分配过程中节省时间或原料”。当指某事件具有效率时，是指个人在不可能使自己变得更佳（即偏好满足）的同时，亦不使其他人遭受更多损失（Hausman & McPherson，1996，p. 84）。此状态即所谓的“帕累托最适境界”，为达此境界需同时满足三个条件。第一，在输入要素已被决定的情况下，生产活动需要被妥善组织以求产出的最大化，即“生产效率”，此类型的效率即如图 2 所描述的那样，主要焦点在于其间运作的研究者与生产过程中劳动者的努力。第二，如图 1 所示的消费及交换的效率，此概念亦指借由经济活动将生产所得的商品与劳务有效率地分配给个人。第三，**生产组合效率**（product mix efficiency）（Barr，1998，p. 71），其即如图 3 所示。举例来说，即使社会具有设立一新社区大学的技术知识，亦未具足够的理由成立社区大学。此外，尚需包括的条件还有社会必须愿意放弃建立大学资源在其他方面的可能用途（即机会成本的概念）。因此这必须先得到大众建立社区大学为社会目标的共识。

以上所隐含的经济效益讨论具有两个基本的价值判断：个人主义和帕累托原理。个人主义即相信人们是其福祉或偏好的最佳判定者。个人主义与家长作风完全相反，个人主义的支持者认为家长作风所持的是完全“反民主成分”的理念（Browning & Browning，1987，p. 14）。当然学者对于个人主义也有相对的批评，其中有些批评即指出：有的个体无法作出对其产生最大效用的判断而需要别人为他们作出选择。[1]其他对于个人主义的批评指出，有的人根本不具行为能力，因此他们的偏好亦难以辨识，必须由旁人为其争取、保护他们的个人权益。为了反驳这些批评，经济学家即常引述“个人与家庭的基本决策者是可替换的，故允许父母决定其子女的行为偏好”（Boadway & Bruce，1991，p. 2）。此现象尤其当检视以稚童为分析基础的初等教育政策时最为明显。

帕累托原理第二个判断标准是指，当世界上的状态已无改善的可能性时，即达帕累托最适境界。即使此概念可能与其他价值判断标准（如公平、自由或言论自由）相冲突，帕累托原则仍常用于评断世界上各种不同状态及为其分级排序。但如以帕累托标准[2]作为决策的标准时，其在以下两方面备受争议。在现实世界中，政策的决定往往会导致某些人受益，某些人受害，而帕累托标准并无法在此过程中有效帮助引导决策者作出最大利益的决策。第二个对其的批评是其欲对所有社会状态作出完全的评价与排序是不可能的，因此难以使用帕累托标准帮助作出决策。

---

〔1〕 举例而言，即使一些儿童（或他们的父母）可能不想就学，但美国社会明显地相信儿童应受教育至特定的年龄（常指十六岁），而一些教育者与哲学家则相信此项要求是家长作风式的强势作风。

〔2〕 此处需要作一区别性的说明，帕累托最适境界中所具的任一点均可满足之前所指的三条件。而帕累托标准则指的是福利改善的方向，通常是原点的北方与东方。

这两个帕累托标准的弱点所表现的是"既然帕累托标准无法给予决策者帮助,它们仍被迫必须依福利交换原则进行政策的抉择"(Stokey & Zeckhauser, 1978, pp. 272~273)。也由于这些仍然存在的问题,经济学家便发展出另一套研究个人与社会福利的理论。

社会福利理论

总和偏好

为以个人主义与帕累托定理评估公共政策,我们必须先将偏好总和置于社会秩序之中,以至可将世界的不同状况予以分级排序。然而,有时我们是无法排序或比较产出成果的,即所谓的"帕累托非可比拟情境"(Pareto noncomparable states),这同时也是福利理论的一个重要限制。即使这样的限制有时仍会呈现,但使用借由加入弱价值判断[1]的帕累托原理,则可以将世界不同情境予以分级排序,借此给予我们描述政策内涵及呈现特定行动的量度标准。

而将个人选择推广至社会性决策的方法之一,即为加总个人偏好置入社会效用函数之中。虽然有许多相关的推论方式,[2]但最常用的还是简单加总所有个人的效用至"总和函数"之中,亦即所谓的社会福利函数(SWF)。[3] 举例来说,古典功利主义或边沁福利函数[4]是对个人效用进行简单的加总。另一个福利函数则是罗尔斯式或最大化函数。罗尔斯福利函数所表示的为"社会福利只分配给遭受损害的个体——得到最小效用的人"(Varian, 1996, p. 549)。此外也有其他定义的社会福利函数,每个函数均对其加总不同个体福利的过程,有着不同的伦理或道德上的假设。当我们选定一个福利函数时,我们就能运用该分析工具评估不同的政策。

效率强化或公平强化的政策

举例来说,可以图4作为辅助我们判断高等教育政策是属于效率强化或公平强化,或两者都有。其中由 A_0 和 B_0 所围起来的区域是效用可能集合,A_0—B_0 曲线是反映具有稀少资源的高等教育可能曲线。在本例中,此两轴分别呈现学生的效用层次,效用A代表富学生对教育的满意度,而效用B即穷学生的满意度。

---

〔1〕 弱价值判断可能被认为是那些已为大众所接纳的(至少在福利经济学中),而强价值判断则被认为是更具争议性的。关于弱价值判断的例子,包括:(1) 个人主义;(2) 帕累托原理的弱形式。关于强价值判断例子则可举罗尔斯的差异原则(如需对强与弱价值判断有更进一步的理解,请参见 Broadway 与 Bruce 于 1991 年著作的内容)。

〔2〕 参见 Broadway 与 Bruce 于 1991 年著作的内容。

〔3〕 总和函数常被定义为增加个别个体的效用,此限制所保证的是如果个体偏好 A 甚于 B 时,则社会的秩序将亦呈现偏好 A 甚于 B 的倾向。并且,社会福利函数有时亦称为"社会选择法则"(Sen, 1970)。

〔4〕 以道德哲学中功利学派创立者边沁命名。

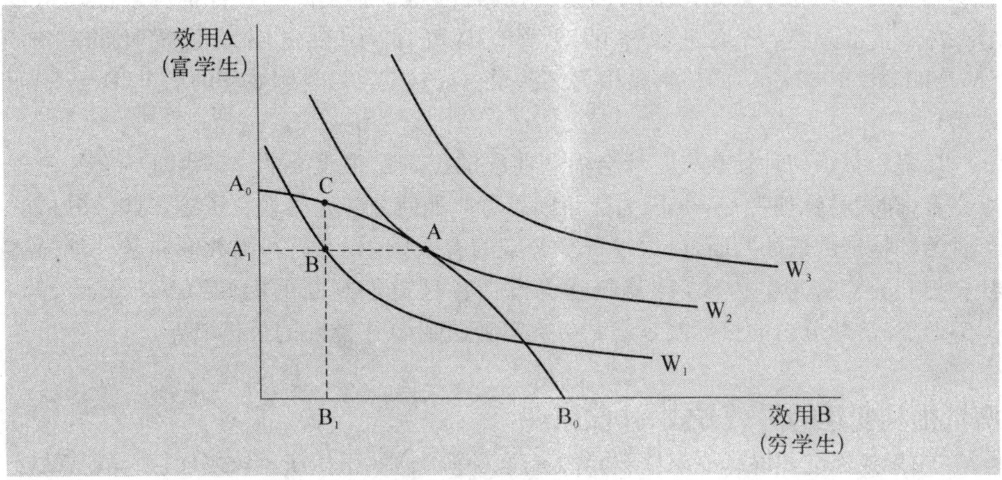

图4 社会福利函数

由于我们是在处理关于社会福利的决策,因此将 W_1—W_3 定义为决策者偏好(如大学管理者)的等福利曲线。借由对等福利曲线的定义,我们假设大学管理者是全知伦理观察者,并且因其身为社会的代理人,他们也能作出改善高等教育福利,且符合伦理或道德的决策。[1] 对经济学家而言,他们的目标则是"在经济与机构的相关限制下,极力达成此函数主体的最大化"(McMahon, 1982, p. 6)。有些情况是为改进效率,有些则为改善公平性,有些则是同时促进以上二者。

假设我们一开始是位于B点,由个别的效用量(A_1 和 B_1)进行验证,可知此时的富学生对高等教育较穷学生是更为满意,且此种情况是有可能改善的。例如因某一政策的变迁而增加效率,使原本的B点(社会不具效率的情况)移动到C点(位于可能曲线上)。这样的移动将导致富学生(A团体)增加对高等教育的满意度,同时无人因此利益受损(穷学生的满意度还是位于B点)。因为没人因此变迁而受害,故此政策即达到帕累托标准。然而,正如麦克马洪(1982)所批注的,像这样纯效率的移动是"有陷阱"的(p. 7)。在此时效率的增加,常扩增其可获得的资源数量(由B点移动至C点),但有时此种变迁也导致更不公平的分配。就本例而言,富学生是唯一得利的群体,该政策其实加深了学生因贫富背景不同,而导致高等教育满意度分配的不公平。

但如果社会(以先前假设的全知伦理观察者为代表)观察到如此政策的变迁使富人获得更多资源,并对结果感到不满意时,则可能进行资源的重分配。比如使C点移至A点所显示的是由穷学生至富学生的重分配,结果即使社会移至较高的社会福利曲线(W_2)水平。事实上,社会福利的改善所显示的是该重分配实现了一个有价值的

〔1〕"全知伦理观察者"相关之主题请见麦克马洪(1982)的著作。

社会目标。A点位于效用可能限制上，所隐含的意义则是高等教育资源被使用得很有效率。此例也指出增进效率的政策有时可作为“改进财政公平性的基础”(McMahon, 1982, p. 14)。这是因为某些重分配(C至A)是因效率的增进(B至C)而改善。

反复思量由何种社会决定社会福利曲线的位置是很重要的——由这些全知伦理观察者(即大学管理者)——因为能帮助思考应如何分配高等教育资源。此一分析的工具始于特定的道德判断，以检视资源分配的有效应用。“福利函数取向是一种描述社会福利非常普遍的方法，且其同时也概括各种道德判断的内涵”(Varian, 1996, p. 552)。经济学分析的目标就是尝试帮决策者达到如A点般的最佳境界。[1]

衡量福利变迁的另一方式：补偿原理

“帕累托标准并没有要求以不同的家庭为单位的效用相互比较或加权。故其缺点即为所产生的是不完整的阶级次序”(Boadway & Bruce, 1991, p. 96)。而为解决这样不完整性的方式之一，即借由补偿原理以扩充帕累托原理。[2] “补偿原理出现的时间比帕累托原理晚得多，且被寄予厚望可于抉择政策上提供更有利的协助”(Just, Hueth & Schmitz, 1982, p. 33)。补偿原理所发展出的标准是在实际上最广泛应用的(Just, Hueth & Schmitz, 1982, p. 45)，根据此原理所陈述：如两资源分配均属帕累托非可比拟性，我们就可以设计一个系统，使因政策变迁而得利的个体能够(潜在地)补偿因此利益受损的人，借以改善社会的福利。在此有一重点是补偿原理并不要求确实发生重分配，只需要有潜在性的补偿即可。

如同帕累托原理，补偿原理也涉及价值判断。不管是否要赔偿那些因政策蒙受损失的人，该决定都是主观的判断。事实上，“往往确实执行政策且不补偿损失者的决定可能是本质上更严谨的主观决定”(Just, Hueth & Schmitz, 1982, p. 34)。然而，这些价值判断不应动摇我们尝试分析政策变迁分配的影响。

在现实世界中，补偿原理通常由两个统计度量单位进行运作，即**补偿变量**(compensating variation, CV)和**等量变量**(equivalent variation, EV)。它们在福利经济学中常用来研究不同政策方案分配的影响。因效用无法被直接观察或精准量化，故这两者就被使用为“效用”的代表。这些量度在决定个人愿意支付多少金额以增进其福利或避免其效用降低方面是很重要的。对于此标准的直观解释则是在政策变迁时，得利者和受损者之间会有潜在的交易得利(Boadway & Bruce, 1991, p. 15)。

接下来将举例说明补偿原理、补偿变量与等量变量。假设在一所大学中，注册组人员用人工为学生注册，在此过程中必定需要大规模的员工。但若学校现在引进一套

---

[1] 从B点直接移动至A点，即同时改进效率与公平。
[2] 此概念初次出现于Hicks(1939)与Kaldor(1939)的著作中，有时并被称为“Kaldor-Hicks标准”或“补偿测验”。

自动化在线注册系统，则将造成大多数员工必须失业。在此如使用补偿原理，则若得利者（使用新系统的员工、提供软硬件的公司、可在家注册的学生）能补偿损失者（被裁的员工），则此新注册系统的引进即是一个潜在的帕累托改进途径，即使整体社会得到潜在利益，然而如果没有任何实质补偿发生，则永远都会有输家和赢家。另一方面，社会经由决策者决定是否要补偿损失者，即形成价值判断，只要得利者愿意为其新福利位置支付的补偿金额，大于损失者失去职位所应得到的最小补偿金额，则该新技术计划就呈现出潜在的帕累托改进途径。在此，"补偿变量"的意思即为补偿该被裁员工至新注册系统引进前的福利水平所需的金额数量。而"等量变量"则是如果在新系统永不引进时，所需支付给新系统受益者的最小金额数量。〔1〕

此二愿意支付的量度标准在应用福利经济学中的地位非常重要，它们直接与上述的消费者选择理论相关，并能帮助我们在决策过程中考虑因政策变迁而得到更多福利的个体对失败者的补偿是否已经足够，并且评估是否能够持续增进既得福利者的效益。〔2〕

决策标准的其他类型

补偿变量和等量变量可拿来帮助决策者考虑因政策变迁而产生的分配改变的影响。并且教育分析学者还引用其他标准以评估政策是否达到他们的预期目标。其中有些在学理上有根据（此学理却非经济学），但有些则仍处于福利经济的讨论范围。以下将对这些标准的一部分进行简短讨论。

麦克马洪（1982）提倡一种在评估教育政策变迁中所具效率的标准阶层。最低层的标准是**责任性**（accountability），其探讨投资后产出是否符合目标产出。然而，此标准并未说明其产出是否为有效的。效率的第二层次是所谓的**生产函数分析**（production function analysis），此类型的分析尝试探讨一些因素，以生产欲求的教育结果。然而对于尝试教育生产函数推演的尝试并不成功，而且也不完全，因为一般而言他们并未考虑输入要素成本与输出产物价值，因此这种生产函数方法仍待改进。**利益/成本分析**（benefit/cost analysis）则是下一层级的概念，其考虑成本与产出价值的相关性，但使用产出的**期望价值**（expected value），因此只代表可能性与暂时性的方向。成本效益比、净值法及内部报酬率均可用来决定政策的优劣。通常，当计算高等教育的回馈时，由于仅计算人数与货币值，因此会错估真实的教育成本与利益。为了解决这样的潜在问题，一些利益/成本分析均包括对高等教育的个体、精神、社会成本与利益的整体考虑。唯有"借由透过私人及社会利益及相对权重作'质的分析'，方可

---

〔1〕 补偿变量与等量变量的图请参见 Just、Hueth 与 Schmitz（1982）著作中的图，此外更完整的叙述请参见 Boadway 与 Bruce（1991）的著作。

〔2〕 关于补偿原则的更多叙述以及应用此原则的一些问题，请参见 Boadway 与 Bruce（1991）的著作，或 Just、Hueth 与 Schmitz（1982）合著的论述。

达到完全的社会效率目标(即帕累托最适境界)”(McMahon, 1982, p. 11)。

公平作为社会目标

以上我们已经对效率及古典与现代福利经济学的概念问题进行了讨论,即使我们着重于探讨效率,但许多哲学家及经济学家相信社会亦需关注其资源分配的方式。诚如前面所提过的,有时在经济上具效率的成果与社会的目标与价值并非一致。在此部分,我们将转而介绍一些基于资源分配公平原则以构成的政策效果分析。

在开始深入讨论之前,我们必须先提出一个基本问题:公平是否应为社会政策的目标?即使大部分观察者的答案均是肯定的,但有一些道德哲学家与经济学家并不这么认为。一般而言,他们最常引用以下四项反对的理由。

第一个由某些学者[1]所引用的理由是“不切实际”,因为他们相信“对公平取得一致的定义是不可能的”(LeGrand, 1991, p. 14)。

第二个理由是“不适用”,因为“公平牵涉价值判断,故因而无法进行实证的分析”(LeGrand, 1991, p. 14)。然而,如我们前面所陈述的,效率标准也包含价值判断,虽然实证方法常用以决定政策是否具有效率,但似乎其并未具备说明该方式不能用以判定社会目标是否公平的充分条件。如同罗格朗(LeGrande, 1991)所陈述的:“问题是在对于公平一致定义的缺乏,而非在实证分析所宣称的不适用问题(p. 15)。”

第三个以为公平不应被使用为社会目标的理由,则是由彼得·鲍尔(Peter Bauer, 1982, 1983)所提出,他认为使用公平目标进行评估是“不道德的”,因为“它有始于不值得尊重的动机:忌妒”(LeGrand, 1991, p. 15)。然而使公平成为社会目标可能是基于并非忌妒的其他理由(如自利或甚至同理心)。同时,增进公平动机的来源不应该被必然地排除在社会目标之外,就如同使效率与社会目标分离一般。

第四个理由,即如哈耶克(Hayek, 1976)所述,使用“公平”(在此他称之为社会正义)作为社会决策的标准是既“专断”且“无意义”的。因其始于自然发生的过程——市场力量,哈耶克及其追随者相信经由无数个人与组织的互动所创造出像“正当的”或“公平的”成果,根本都是假象。这就如同将“这里在下雨,其他地区在放晴”描述为不公平一样无理(LeGrand, 1991, p. 17)。对哈耶克于社会正义如此批注的批评是强调资源分配常是政府行动的结果,并非是由自发过程所产出的结果。因此,当在非自发过程之前提出时,讨论社会正义或公平确实具有意义,甚至连哈耶克也承认在此情况下探讨公平概念是有其意义的。将公平作为社会目标并予应用虽说是不明确的,但其肯定并非假象(LeGrand, 1991)。

〔1〕 举例请参见哈耶克(1971)。

公平的类型：使用效率标准和社会福利函数来探讨社会福祉，是很类似的推论方法。另一种用以检视政策对社会福祉影响的方式是进行“公平配置或正当分配”的研究。寻找一种公平或正当分配资源的方式即一种反映社会价值的社会目标。然而，当我们尝试判断分配是否正当，则必须“先对何谓公平分配商品的方式有清楚的定义，之后再应用我们对经济分析的理解来探讨其内涵”（Varian，1996，p. 552）。因此，理解如何定义此一概念，并于分配的讨论中予以应用，对我们而言是重要的。

既然我们已讨论过“公平”与“平等”的差异，前者常被解释成“要求成果的平等即包含以下两种：收入的平等与效用的平等”（LeGrand，1991，p. 64）。罗格朗对前者的批注是“对于不平等的收入并无直观的不公平认定，而平等的收入亦无绝对的公平认定”（LeGrand，1991，p. 64）。因为收入是由许多因素（如个体工作量的多寡、在受雇过程中有无受到歧视及其能力大小等）互动决定的。

经济学家和其他学者在定义及衡量收入方面有许多不同的观点。其中有些定义只计算薪水俸给，其他则还包括对于非薪资（如股息和利息）部分的计算，还有其他包含工作满意度、健康及其他非用金钱衡量的个体价值与收入的定义。此外尚有其他包括个体享受其休闲时间的价值等。休闲时间的价值是特别重要的，因为就算某些人拥有相同的机会，但因其对劳动/休闲时间分配的不同，他们也会有不同的收入。

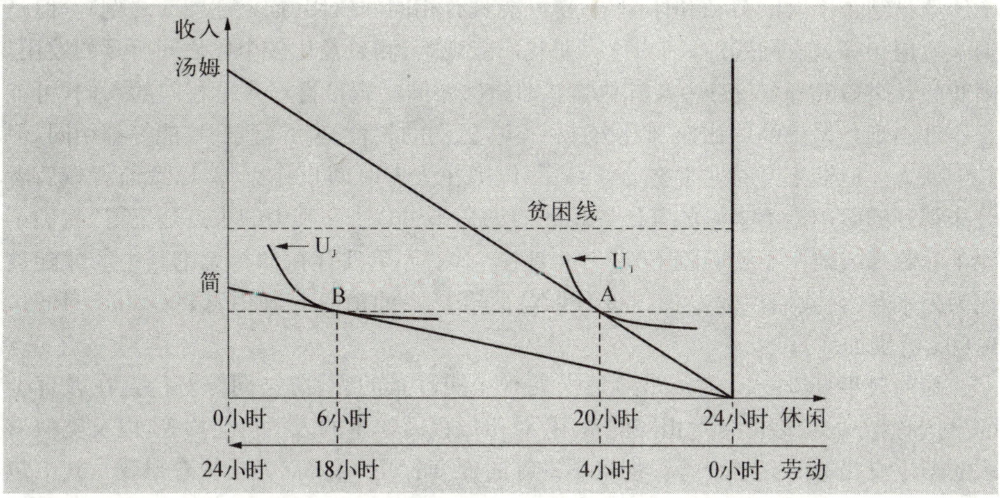

图5 因个体选择或机会限制所造成的贫穷？

（改编自 Barr，1998，p. 131）

在图 5 中即表现出劳动/休闲的分配如何影响个体的收入，其中收入是以纵轴表示，而个体选择的劳动量/休闲量则以横轴表示。衡量劳动量和休闲量有两个等级，上方测量的等级用以测量休闲的尺度，则原点代表零休闲，而点 24 小时（一天时间）代表整天都休闲。下方的等级则测量劳动，其原点代表每天工作 24 小时，没有休闲。而汤姆与简所具的机会均由个别所具机会限制线(固定斜率)加以呈现。汤姆的机会限制线呈现较陡的函数,而简的机会限制线则呈现较平缓的走向。这些机会限制线所衡量的是"包含休闲在内的个人'潜在'消费"(Barr, 1998, p. 131)。在图上可清楚地看出汤姆拥有比简更多的潜在完全收入(包括休闲),而此所表示的事实是汤姆的机会限制线与纵轴(收入)的交点较简的机会限制线为高。在图中标有 U_T 和 U_J 的曲线分别代表汤姆和简分配收入及劳动/休闲的无异曲线。在机会限制线与无异曲线的相切处,是汤姆和简个别的效用最大化交点(A 点和 B 点)。虽然在 A 点与 B 点上两人所拥有的效用是相等的,但其个别最大化所分配的劳动和休闲组合呈现截然不同的数量。

汤姆和简虽因其实际收入水平(个别位于 A 点和 B 点)均低于贫困线而属于"贫穷"。但汤姆贫穷的原因是因他选择休闲(每天 20 小时)大于劳动(每天 4 小时)。他有"机会"选择多一点劳动,并借此赚取全薪脱离贫穷。但简的情况则与汤姆相反,简每天工作 18 小时,休闲 6 小时,即使她一天工作 24 小时,也无法摆脱贫穷。因此在探讨个人或团体所得的收入是否公平时,先了解个人选择劳动/休闲的分配是很重要的。

在给定收入分配是公平性指标的前提下,一些哲学家(Sen, 1973; Hammond, 1976)即指出我们应把焦点置于使效用趋于均等之上。他们的论点是拥有不同收入的个体透过结合不同的劳动和休闲量,将可能具有相同的效用(如上述图 5 之例)。但是追求效用相等是有问题的,因为这需要我们能观察、测量及比较个体之间所具的效用,因此德沃金(1981a, 1981b)及其他学者即指出要同时满足喜好各不相同的人们,可能是非常困难且昂贵的。比如"假设有两学生,他们的教育、家庭背景、技能等都相同,但其中一人在他期末考时非常努力,而另一位则花太多时间玩扑克牌,以致前者较后者可能得到的效用是不平等的"(LeGrand, 1991, p. 66)。而其中的重点是记得"我们不能单看收入或效用不相等就下判断,并且在'不平等单独存在'时,无论其中的分配被视为公平与否,我们也需要探讨该分配背后进一步的信息与理由"(LeGrand, 1991, p. 66, 特别加注)。

横向公平(horizontal equity)是指具有相同背景的人,应被同等对待。在教育上的事例有:分配给每位学生相同的费用,对相似程度学生的入学机会均等,以及类似需求的学生有相等的奖学金等。衡量不平等的程度有几个指标(尤指教育财政),其中包括差异分布、(5%~95%)限制范围、变异数、变异系数、平均差、阿特金森指数及基尼系数。[1] 此外,检视水平公平还可能对相似学校间(四年公立、可用的财政资源)、各学院间(教育学院)或系所(即所有高等教育课程)进行比较。

此外还有两种常见的公平,分别为**纵向公平**(vertical equity)及**世代间公平**

---

〔1〕 对于这些量度方式于教育中的应用,请见 Berne 与 Stiefel(1984)、Berne(1978)对于使用这些不同量度方式应用的讨论。举例而言,对基尼系数的计算是用于了解在发展中国家的教育就学率是否公平,参见 Lewis 与 Dunder 近期将出版的著作。

(intergenerational equity,有时被称为“流动性”)。前者即指对不同背景的人应予以不同的待遇,而后者则包含跨世代间资源分配需达公平之目标。因此二者均基于“对不同条件背景者,应予以不同对待”的理念,此二衡量标准彼此互有关联(McMahon, 1982, pp. 19～20)。比如佩尔(Pell)清寒奖学金即为纵向公平的范例,但此种重分配可能也会改善学生社会经济地位的流动性,因此缩减世代间的不公平。借由不同方式,如从继承、市场机制(交换公平)到罗尔斯式的实证主义(即通过严谨的重分配政策以匡正社会的谬误),皆可能发生纵向公平。而跨世代性的公平标准在教育领域中是非常重要的概念,因教育所陈述的目标之一即在打破此种在“上一代的财富”与“学生未来前景及机会”间的关联。如在保尔森(Paulsen)与圣・约翰近来对大学生进行不同阶级背景如何影响学生的就学经验的研究(付梓中)中,他们发现美国高等教育系统后期中等教育经由阶级再制机会的确实证据,如此后期中等教育将跨世代地传递由阶级本位再制出的不公平,并且造成对跨世代公平性原则的侵害。

某些观察家相信水平和纵向公平有其直观上的合理性。如豪斯曼和麦克弗森(Hausman & McPherson,1996)即表示:“很难想象个体均持各自立场对议题进行争辩,但他们在特别的花费上确实应当如此实行,特别是对‘谁是公平的或不公平的’或‘应该如何对待不同处境的人们’且‘应采取何种待遇的形式’等讨论。”(p. 72)然而,除非能有解答,否则要运用这些原则是很困难的。此处问题点即在于当我们尝试回答这些尤其是纵向与跨世代性的公平问题时,“共识即可能会消失”(Hausman & McPherson, 1996, p. 72)。[1]

此外,对于数种商品与劳务的**平等取得性**(equal access)亦被视为探讨公平目标时常进行的相关讨论议题。正如同效率的定义一般,“许多人常表现出对不公平取得商品的关注,但事实上其确切探讨的定义并不明确”(Olsen & Rogers, 1991, p. 92)。如奥尔森和罗杰斯(Olsen & Rogers)即相信某些研究取得公平性的学者其实是关心团体间商品与劳务间**等量消费**(equal consumption)的原则。例如奥尔森与罗杰斯对大学入学进行的研究,以及亚历山大、帕拉斯和霍帕卡(Pallas & Holupka,1987)对平等入学进行的探讨研究等,均着重于大学平均消费量的议题。其中奥尔森与罗杰斯认为“取得性”与“消费量”是相当不同的。

假设由于有补助金,故每人进入公立大学的机会是平等的,但却只有某些所谓“有前景的”学生选择入学,而其他人则否。在这样的情形下,进入(公立)大学的渠道是平等的,但对于该商品(指大学教育)的消费则不一样。此公共政策的问题在于:这样的情境是否为不公平的?奥尔森与罗杰斯相信平等取得商品应被定义为“个人是否‘能’

[1] 许多经济学家均在处理此种两难困境,特别是关于横向公平的部分,其中一种取向是检视政策变迁的结果(如赋税的增加),并且查验个体所居的阶层是否有所反转,如果其所在阶层有所改变,则该政策即被视为是不公平的(参见 Atkinson, 1980; Plotnick, 1981, 1982, 1985)。

消费'等量'的商品",但这样的定义可能也有问题。如有两位学生欲进入某一大学,他们必须支付相同的学费,并且没有其他奖学金或财政支持,再假设其中一名学生较另一位富有,故即使他们所需支付的学费相等,但大学的成本对他们而言却有不同的影响。这是因为较贫穷的学生将必须支付他预算的大部分,以取得等量的大学教育(即他们的预算限制线不同)。

图 6 正表现出此一状况。我们假设有两位学生及两类足以被消费的商品与劳务。其中一种商品是高等教育(横轴),纵轴则表示其他所有商品之组合,而学生中一位是较富有的,且他的预算线是 $A_{rich}B_{rich}$,而相较之下贫穷学生的预算线则是 $A_{poor}B_{poor}$,并位于富学生预算限制之内。此两条预算线的平行代表的是两学生所需面对的相对价格是相等的。故若平等取得性被定义为具有相等价格,则这些学生即具有取得机会的平等。但若按照奥尔森与罗杰斯所定义的"取得的平等性",则因富学生较贫困学生能消费更多量的高等教育,因此未达到取得平等性的意义。只有当高等教育的价格下降至穷学生得以负担的范围时,取得平等性的定义方可谓达成。而这样的降价即由原来的预算线($A_{poor}B_{poor}$)替换至新的位置($A_{poor}B_{rich}$)。当然,在这样的情形下,也违反以相同价格取得平等性的定义。

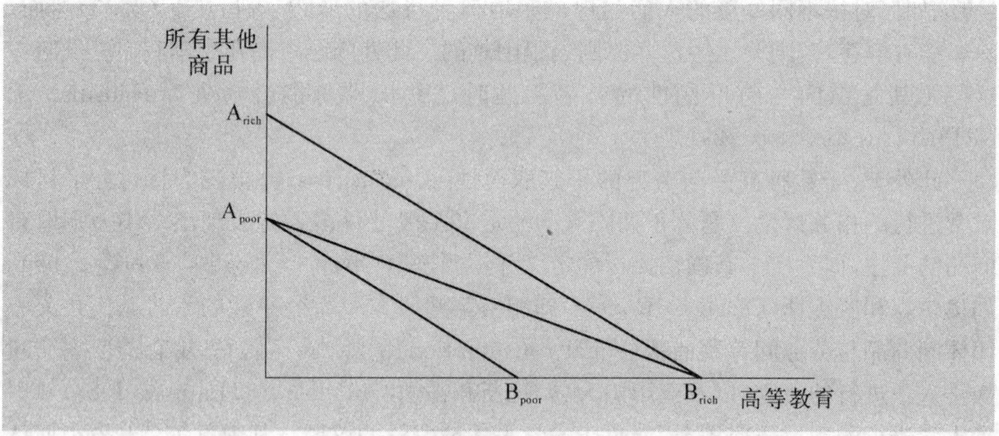

图 6　在不同学费与预算计划下的消费能力分析

另一种定义公平的方式则是基于资源配置是否能"免除忌妒"。福利(Foley,1967)是发展此概念的权威。但此概念却始于"如何平分蛋糕"的原则,如要"免除忌妒",则当两人要平分蛋糕时,应由其中一人先切,并由另一人先选的方式进行。然而,如此的平分方式可能因而不会成为帕累托效率,如果个体对于商品具有差异的偏好的话,因帕累托改善途径常需经由交易进行。然而,如上所述,如此的质疑将重新考虑,则又回到"帕累托效率的产出是否'公平'"的问题上。如果平分被视为是公平的,则帕累托效率式的解答——依不同价格满足需要——可能就是不公平的。而这样的评判标准均在于如何定义“公平”。[1]

公平此一目标(特别在高等教育)可分为数个不同的等级层次。麦克马洪(1982)阐述其基于市场机制的交换公平原则。在教育财政的脉络中,此原则强调应基于学生的能力进行完全的竞争后方行补助,而非视其需求即给予补助。这样的规则几乎没有减少不平等的产生,且可想而知的是将加速世代间不公平的发展。

第二个层次所发生的公平目标是**财政中立**(fiscal neutrality),即通过补助经费及其他对学生的移转性支出以促进更大的社会公平。此原则欲分列学生们所在的财政阶层,以减少不平等来源之一,并借由捐助、奖学金、助学贷款、低利贷款及工读机会等以帮助学生,使高等教育超越略显微弱的交换原则。

比例性则是第三个公平原则,要求支付金额应与支付能力成比例,并强调利益应成比例地合乎需求者的需要。但事实上比例性这个概念在实行上有困难,因为衡量需求并不容易。另一方面,比例性允许为公民花费不同数量的教育资源,是因为有些学生是较为短视的(不进大学或中途休学,就无法享用到高等教育资源),而其他学生则较具远见(选择回报高且多资源的高等教育),懂得投资其人力资本。故比例性可谓“非常符合教育机会均等”(McMahon, 1982, p. 21)。同时比例性也能大大缩减(但非完全灭除)对世代间所得不平等的传递(McMahon, 1982, p. 21)。

根据以上所述,实证主义所隐含的是财政缴税与获利两边相等的累进比率。此种罗尔斯学派的理念,是借由帮助不利地位者的设计,以解决过去的不正义与不公平。此原理应用至高等教育,可借由提供无法负担高等教育支出的学生全额奖学金,以减少存在世代间的不公平。此原理同时也可延伸至另一层面,即以高额奖金补偿吸引因短视而未完成学业的学生进入大学。一些哲学家相信当采用实证主义政策时将大量减轻纵向与跨世代间不公平的情形,并趋近分配正义的境界。

最后,还有平等牺牲,即等边际利润学说。在收入与利益边际效用递减的假设下,社会利益的最大值会产生在边际社会利益等于边际社会成本时,上述即利益/成本学说的基础,并常用以衡量教育计划的效率。有些经济学家相信“要让这些边际的成本及利益相等,则需有累进的赋税及补贴利率或实证主义的思想”(McMahon, 1982)。

在教育议题中应用这些标准

实际上,每个人都同意教育的效率及公平是高等教育的重要目标,但“对达成此目标的最佳方式却有所争议”(Hearn & Longanecker, 1985, p. 487),前面部分讨论效率和公平可用来评估如何达成社会目标。而下面部分将会讨论到,此二项标准也将帮

〔1〕 对于这些主题的正式讨论,请参见 Varian(1996)。

助我们对于高学费—高补助计划有更好的理解。

现今高等教育的公共财政系统，是借由提供学校资源，以补贴学生受教成本的方式补助学生。然而，有一些观察家相信仍有更具效率及公平的高等教育财政补助方式（相关讨论，请参见 Hearn & Longanecker，1985），既然此为高学费—高补助计划，该政策无疑将会调高公立大学学费，并将多收的学费以奖助金方式重分配给需要的学生。这样的运作方式其实就是古典经济学差别定价的应用，也可称做**学费合理化**(tuition rationalization)方案(Hearn & Longanecker，1985，p. 489)。此方案将允许对不同财政状况的学生收取不同比率的学费，一般而言收入中上的家庭将会面对大学学费上涨的情形。但支持学费合理化的学者相信这对中上阶层学生的入学率并不会有不利影响，因为这些学生对学费的改变是相对较不敏感的（St. John，1991a；Heller，1997）。相反地，低收入学生对于价格的改变（特别是以奖助金形式）较为敏感，因此增加提供奖学金对低收入的学生而言将有正向鼓励效果，并将促进入学渠道的更为开放。

当然，面对学费上涨，某些学生可能会选择不继续升学。然而高学费—高补助计划的拥护者相信这项政策的结果确实能强化效率政策的成果。比如在学费上涨之后，某些在考虑是否进入大学的“边缘”学生可能会不再相信大学教育值得付出增额部分的学费。因此他们的投资决定并不会受一般补助的影响，并可能因此将资源导入更具价值的用途而增进社会的福利。

这些赞成高学费—高补助计划的学者（有时也称为修正主义者[revisionists]）相信高等教育机构性的补助其实违反较高层次的公平标准，因为“机构花费在中上等收入学生身上的钱比花在穷学生身上的要多”（Hearn & Longanecker，1985，p. 489）。其他的分析学者也指出，即使政府的税制是累进的，富有家庭的子女就读大学的比例仍远高于贫穷家庭。因此教育利益的不公平分配，即反映在由低收入学生缴税，以资助（相对）富有的学生接受高等教育此一现象中（Hansen & Weisbrod，1969）。

虽然目前资助高等教育的方法（通过对机构进行补助）对中上阶层的学生较为有利，但高学费—高补助计划的支持者相信借此方法将可以增进公平。其理由有二：(1) 较富有的学生应该负担较高的学费；(2) 人人缴付相同学费及政府以税金资助高等教育的做法，将会导致高等教育利益分配的退化，并对低收入户产生不对称的影响。因此高学费—高补助的计划支持将公共补助金分配给未能支付大学学费的个体（即有意愿却无能力付费的学生）。[1]

此种财政分配的支持者常引用“道德性”论证以卫护此体系。修正主义者坚信高学费—高补助的策略，是鼓励通过社会流动，进而满足国家需求，达成跨世代性公平，

〔1〕 对此计划的细节与相关批评请参见 Johnstone(1999)。

最终建立一个有教养的社会的最佳途径。他们认为对低收入学生采取积极的不平等对待(如增加补助金)也符合纵向公平的精神。当学生不愿或不能为其自身作出进入大学教育的理性决策时,高学费—高补助政策的支持者也会引用家长作风式的论点助其作出有利的决定。其他学者则指出若无补助金,高等教育入学率将会比社会最佳状态时要少。相对地,现今财政分配的拥护者则认为政府对机构所行的资助,是要提供一个杠杆以帮助立法者推动机构,以提供支持政府目标的学术与公共计划(Cohn & Geske, 1990)。

补助高等教育经济效应分析

许多关于高学费—高补助政策的辩论均会提到一般性的补助如何影响学生进行选择。我们可以使用一些(上述)经济学工具来分析直接补助对公立高等教育机构的影响。

公立高等教育机构的平均学费通常只够支付学生教育所需成本的一小部分(在此所指教育学生所需的全部费用),费用主要来源还是来自联邦与州(占大部分)政府所提拨的税金。社会补助高等教育的原因之一,是因其希望能增加对此商品的消费量。而社会如此的做法是因其家长作风式的强势,或是相信高等教育所提供的利益是高于个体所能获得的。[1] 此外,供给高等教育补助其实就是教育上的"降价",图 7 即表现出一般补助的效应。

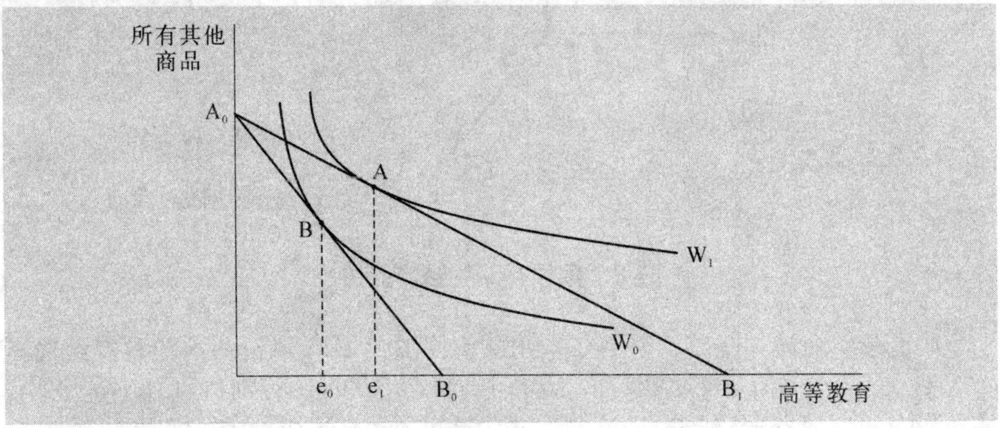

图 7　对高等教育补助的经济影响

(改写自 Hirshleifer, 1980, p. 119)

[1] 此所隐含的即是高等教育生产的"外部利益",而如果在此市场失去个体需求时,高等教育的消费将随之减缩。请见 Browning 与 Browning(1987)著作中对于外部性的讨论。

假设现状是 B 点，其无异曲线 W_0 和预算曲线 A_0B_0 相切。该补助（或是降价）使预算线因此由原位转移至新的位置（A_0—B_1）。而新的消费最佳境界则位于 A 点，即此新（扩增后的）预算线 A_0B_1 与新（较高的）无异曲线相切处。故学费（价格）的减少，即导致高等教育消费量从 e_0 增加到 e_1。

然而分析通常可能没有那么单纯。在 1999～2000 学年中，公立四年制大学的平均学费及杂费共约 3 300 美元（Chronicle of Higher Education, 1999），但这只占在这些机构中“教育一位学生所需真正费用”的 30%（每一个体真正的教学成本约为 10 000美元）。图 8 描绘了这样“定额”补助的经济效应。定额补助所提供的是“免费或可能低于市场行情价格且定量的商品给消费者。此特定类型的补助最重要的特色就是消费者无法控制商品的补助量”（Browning & Browning, 1987, p. 92），因此亦难以再进一步予以补充。

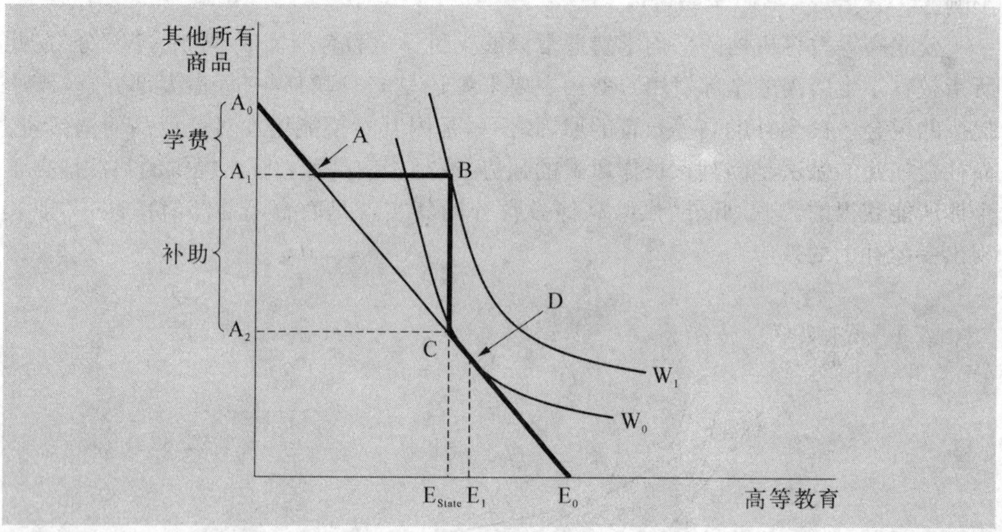

图 8 定额补助的经济效果

假设学生的预算线原本为 A_0E_0，州政府则提供 E_{state}单位的高等教育给选择进入公立大学的学生，这些学生所支付的学费（3 300 美元）则以纵轴上的 A_0A_1 距离来表现。但这数量并不足以涵盖真正的花费（A_0A_2）。其差额（A_1A_2）所代表的是补助金，而补助金的提供则使原预算线（A_0E_0）转变成为 A_0ABCE_0（粗线）。在此情况下，选择接受定额补助的学生将使其效用最大化至无异曲线 W_1 上，并与定额补助后所成的新预算线相切至 B 点。然而，如果有位学生需要获得（就他认知）更好质量的大学教育——进入私立大学（以 E_1 表示），那他就必须放弃该补助金。因此他就被限制在预算线的 CE_0 部分，且学生必须负担大学教育的全额费用。[1] 在放弃补助金而缩减福利的过程中，即如同由无异曲线 W_1 上的 B 点移至 W_0 曲线上的新 D 点。

一般而言，如果没有定额补助（且其他条件均相等），学生将减少在高等教育上的消费。某些学生——其无异曲线并未绘在图 8 中——可能会选择获得少于 E_{state} 单位的教育，而在原预算线（实施补贴前）的 A_0C 部分达到最大效用。但是补贴政策会诱使这些学生消费更多的教育，进而提升其福利（移至较高无异曲线上的 B′点）。社会补贴高等教育的理由有很多，我们接下来将转而讨论补贴的争议性。

补助高等教育的争议

前段已解释过社会挹注资源于公立高等教育机构的不同理由，原因之一是为增进教育机会的均等。在美国社会广为引用的价值判断是“有能力在大学大放异彩的公民，不应因财政问题而被摒除在大学校门之外”。如何确保平等的机会则是既重要又具争议的政策议题。某些人主张对机构进行补贴、奖助学生贷款及直接给予奖学金都不是确保教育机会的最好方法。比如有的低收入学生可能讨厌贷款，即使未来的报酬（平均而言）值得现在进行投资，他们仍不愿意为念大学而负债。

另一个社会想要资助公立大学的原因是可负担性的议题。因为念大学实在相当昂贵，且近年来学费增长的速度已超过一般的物价水平，一些观察家相信社会有义务借补贴控制大学教育开销在可负担的范围内。然而我们必须牢记在心的是，提供补贴本身并未能减少社会对高等教育的成本开销，它只是改变高等教育利益及成本的分配而已。就如前例所述，在社会中个人所面对的教育价格已产生改变，但其实高等教育的成本还是一样。天下没有白吃的午餐，社会不论是以征税进行一般性的补贴，或取消补贴并提高学费，都得为高等教育支付成本。故如布朗宁（Browning，1987）所述：“因此真正的重点是为何未受教育服务的人亦需负担部分成本（Browning & Browning，1987，p. 154）。”

还有一个常用以解释补贴高等教育的原因，是学生在贷款念大学时常会遭遇困难。一样的钱，资本市场宁愿投资在其他资本上，也不愿投资人力资本，故学生在私人资本市场中不易运用其未来报酬作为附带条件，因此如果大学教育没有被补贴，则个体对教育的需求将比社会所预期的还要少。

如同本章前面部分所指出的，有些人相信高等教育的提供会产生正向的外部性，此即当公民受过大学教育时，则不论是社会与个体均能得利。例如高等教育的外部利益有传播共同性的语言、法律体系的知识，对于一般社会价值观的接受（可能使社会系

---

[1] 这里所述当然是对现实的简化，一些州提供私立大学的学生补助款，有些州则甚至提供选择进入其他州大学的学生补助款。然而此处分析的重点是，定额补助款对于学生或家庭提升高等教育量（或质，如其相信私立大学具较佳的质量）时的努力，是难以达到理想目标的。

统更为稳定)，以及造就有素质的选民等。此外，由于大家认为受过大学教育者较具生产力，故正向的外部性常被用以形容生产力提升及较高级的国家生产力。[1] 但学生较高的生产力通常反映在较高薪资上。因为大部分是由个别大学教育消费者获得实质金钱利益，因此是否将其增加的生产力导致外部利益，这过程就值得争议。[2] 政府对高等教育的补助可能也会产生“既重要却又常被忘掉”的“负向外部性”。譬如说有些学者就指出 20 世纪 60 年代及 70 年代因过度供给某些领域的博士学位而造成学生的不安，也算是产生负向外部性的例子。

提到外部性，除非社会利益内部化会减少生产，否则严谨的经济学效率并不要求社会福利内部化(由社会偿付)。政策分析学者常会忽略讨论上述外部性是否会在无社会补助的情况下发生。在经济学著作中，这概念被称为**外在的相关性**(relevance of externalities)(Buchanan & Stubblebine, 1962)。在高学费—高补助范例中，如果有些学生并未接受学费补助而进入大学，则这些学生所产生的正向或负向外部性就会被视为“不适切”，因为最终他们就是已经被“生产”出来了。因此低学费政策所带来的社会利益可能有点言过其实。

另一个常被忽视的外部性观点是对初、中等教育的补贴可能也会使高等教育的外部性产生“无相关性”(依学术观点)。例如社会能让更多学生进入大学，则可能不再需要以补助金来吸引贫穷子弟选择就读大学。减低教育的不公平会改变低收入家庭对于成本的理性计算，而使进入大学成为更具可行性的选择。当他们了解到可以借由少量的成本(大学对低收入的人们不再是如此遥不可及)改善福利(或许是他们子孙的福利)，则学生被吸引进入大学的比率将大为提高。如在初、中等教育时就投资过多资源在这些学生身上，则会使学生更为愿意通过贷款或其他方式自行负担高等教育费用，这是因为他们认识到念大学可以得到更多利益，使他们愿意负担其成本。若这样的计划落实于现实情境之中，即可能减少在高等教育阶段的补助金额。因此在成长过程中改善初、中等教育可能会增进学生自立负担大学费用的意愿，并使他们在社会中拥有更高的生产力与人力资本，以为个人与社会创造跨世代的利益。由社会观点来检视此一计划，即应投入更多资源到初、中等教育，以增进高等教育的效率。

在高学费—高补助辩论中未被论及的另一议题是入学需求对学术课程的影响，高学费—高补助计划会对“被认为需要补助的学生”提供综合性的补助。但此种补助方式将有两个危机，第一是综合补助可能无法鼓励学生进入社会所预期的学术领域之中。第二是我们必须小心将没有登记在计划中的学生排除在补助之外。我们可以预见这个缺漏会造成申请其他计划的机会增多，或使用资源达成其他的目标(Hoenack, 1982, p. 411)。

---

[1] 大学教育是否会导致个体生产力的增进是值得进一步争辩的，参见 Cohn 与 Geske(1990)对此议题的讨论。
[2] 真正的外部利益的效应并非可于价格系统中获得。

例如高学费—高补助计划并不会依课程的特别需求提供不同补助,也不会因校内教学成本的不同而有所调整。公立高等教育机构学费一致性在补助特定学术课程(作为机构成本的函数)方面却有很大的差别。学费一致性政策是较缺乏效率的,因为其资金相对花费较多在低报酬的领域,并且因为相对得利者位于报酬率相对较高的领域中,而呈现不公平的结果。因此,如果社会对于如何有效率地分配补助真的有兴趣,或许我们应将补助置于一个较修正主义者更为微观的层次来进行检视。例如,政策分析学者应该对高等教育特定学术领域(指需求不足但社会报酬率高的领域)补助的效率与公平影响进行分析。而重点式的补助也能用以鼓励弱势学生进入特定领域之中,比如提供超额供给的奖学金鼓励弱势族群或低收入家庭的学生,进入长久以来学生人数不足的领域(依实证主义者的取向)等。

但现在看来似乎有政治力量在阻止高学费—高补助政策的落实(Griswold, 1996; Johnstone, 1998)。因为这项政策会造成中产阶级子弟读大学的成本上扬,因此拥有庞大政治权力的他们并不赞成此项政策的推行,且在教育系统中亦发展出广泛的政治权力分布,高等教育的投资者常运用其影响力(Windham, 1976)。另一方面则因立法者为寻求更多的选票,且利益团体并不愿放弃他们原能分配到的经济利益(Hoenack, 1982, p. 414),以致一个新的高等教育财政政策根本难以落实。然而,未来将因对财政的考虑而不可避免地接触此议题,如当税收减少(经济萧条时)或高等教育财政因其他资金用途(如建监狱或进行老人关怀)而遭排挤时,立法者及教育分析学者们将会被迫重新思考高等教育的财政策略。可想而知,一些政策分析学者(St. John, 1991b)期望看到高等教育机构在财政曲线移动之前即先行规划因应,而非被动地等待危机来临。

结论

首先,重要的概念是"公平与效率并非必定互斥的目标",同时追求两者有时也不无可能。"举例而言,如果更多弱势团体中具有优异能力的学生进入高等教育能增进社会流动,且若此结果是对社会有利的,那么对这些学生的补助即可被视为增进高等教育的效率"(Hoenack, 1982, p. 408)。希望在本章所讨论的内容能使我们对于福利经济学及道德哲学的相关分析有更佳的理解,并可帮助我们朝向福利经济学的中心目标迈进:建立一个允许我们提出"某些经济状况对其他人是否同具社会偏好"等的架构(Boadway & Bruce, 1991, p. 137)。

如同本章所述,由于面临许多道德及理论上的问题使发展一个一致性的架构备具挑战性。在目前的论述中,福利经济学并未提供给我们足以解决所有政策议题及社会问题的工具。"因此,如认为运用福利经济学即能解决现实世界所有问题是错误的,政治学或道德哲学也不能提供所有的答案"(Just, Hueth & Schmitz, 1982, p. 336)。

但不论福利经济学(例如对高等教育现状或未来方向规划等)本身所具备的任何问题，其在评估决策时仍具有效用。因此如上所述，经济学家和教育政策分析学者相信效率与公平概念将“提供高等教育寻求价格及财政方面运作规范的一个有用的起点”(Hansen & Weisbrod, 1969, p. 102)。

同时，我希望由本章的内容呈现出对评估教育政策学者的提醒，即“必须对道德哲学有所认识”(Hausman & McPherson, 1993, p. 712)，因为唯有当价值判断(及因此形成的政策)受到普遍的支持时，才能依合法政策的基础，进一步对社会状态进行分列排序，此亦为民主社会的必要条件(Boadway & Bruce, 1991)。如同莱斯特·梭罗(Lester Thurow)所述：“我不认为可以一面朝向不平等之路迈进，一面仍然维持民主状态。因民主与不公平两者并不相容(*Star Tribune*, March 7, 1996)。”且即使“经济学对达成高等教育的分配目标比选择目标更有帮助”，我们也不应放弃同时追求两者的达成(Schelling, 1984, p. 18)。对于道德哲学的学习与运用是相当困难的，且即使我尝试“提供该领域一个粗略的轮廓”，却“不保证继续于此领域钻研的人不会有任何惊喜。这的确是一个困难且盘根错节的领域”(Hausman & McPherson, 1993, p. 712)。

希望前述的哲学概念及分析工具能对教育研究者及其消费者在高等教育系统中寻找新方向有所帮助。如前述所强调的，我们进一步考虑如何借由对效率及公平两目标予以改进，将对我们在教育改进方面有所裨益。如果我们能视此为社会目标并持续努力，则将能“为每个人贡献更好的教育，并因此促进社会人类的成长”(McMahon, 1982, p. 3)。

(作者 Stephen L. Desjardins)

第五章
州补助金计划的政策改变

前言

过去三十年来，我们看到了许多州补助高等教育的重大改变。这些改变包括提高公立学校的学费、限制州对学校的补助款、发展新的学生奖助方案。而这些改变也有其他的原因，例如人口的转变、对责任要求的提高及科技日新月异的影响。这些因素处处使得公立高等教育学校及体系面临了更多新的压力。

负担高等教育费用的能力，近年来已受到许多关注。[1] 父母、学生、立法委员及大学校长们都同样关心在实际上和想象中，念大学的费用到底要多少。或许是因为媒体有失偏颇的说法——“一周一千美元”(Morganthau & Nayyar, 1996)研究显示，大众其实都高估了念大学所需的实际开销。举例来说，1998 年美国教育协会所作的一项调查中，受访者高估了社区大学 180%的平均学费，以及公立四年制大学 212%的平均学费(Ikenberry & Hartle, 1998)。[2] 更糟糕的是，低收入家庭的父母高估学费的情形，比高收入家庭的父母更为严重。另外，受访者大部分也低估了全国财政补助的可获得数量，显示出大众对大学学费认知误差的程度。

在同一份研究中，“大学教育的开销”也被父母列为最关注的焦点，它远胜于“子女沦为犯罪的牺牲品”、“子女的医疗保健问题”与“公立学校的素质”等问题(Ikenberry & Hartlc, 1998, p. 6)。然而，这份调查的“好”消息是，它显示了所有不同收入的受访家庭大致上都对大学学费有着共同的担心。[3]

为了对这些忧虑作出响应，联邦政府过去十年来已委托各机构作出无数关于大学学费及开销的研究(如 1993 年的国家补助高等教育责任委员会、1998 年的国家高等教育费用委员会、1998 年的美国总会计局)。而其中尽了最大努力的，当属在 1997 年根据公共法第 105～118 条所创立的国家高等教

〔1〕 欲知近年来公立高等教育负担能力的趋势，请参照 Heller(2001)。

〔2〕 为了确保受访者了解学费和学杂费(包括食宿费用)的差别，调查中要求受访者必须预估社区大学和公立四年制大学的学杂费费用。结果他们高估了社区大学 193%的学杂费，以及公立四年制大学 99%的学杂费。

〔3〕 但是这个发现需要被谨慎地解读，因为它并没有询问受访者们担心的是哪一种大学的学费。有一种解读是：高收入的家长担心的是私立大学的学费(根据调查，他们的子女最可能上私立大学)；而低收入的家长担心的则是公立社区大学或四年制大学的学费。

育费用委员会。这个委员会的报告"直述大学费用与开销",曾让许多来自高等教育系统内外的观察家非常期待。不过,这个委员会在一年的研究后,却下了一个很不肯定的结论:

> 在提供许多可能的原因、数据及证据资料后,它们避开了结论。对于"大学行政费用的增加造成学费上涨吗",它们的答案是"有可能"(p. 248)。对于"校园的建设与整修费用造成学费上涨吗",它们的答案是"或许是"(p. 266)。对于"科技教育的费用造成学费上涨吗",它们的答案还是"有可能"(p. 266)。这些模棱两可的答案,当然称不上让人满意(Mumper, 2000, p. 41)。

当许多人期待这份报告能够揪出这出学费闹剧中的"元凶"时,它却明显地避开了指陈。

能否负担公立学校学费由许多原因组成:包括所谓"不二价"的学费、州对学校补助的配额、学生补助计划的可获得性等。补助金的来源有很多,包括州政府、联邦政府、学校和民间机构等,学生可以通过经费补助、贷款、担保及打工来获得。近年来,补助金已经成为一个支付大学学费的重要来源。三十五年前,全国一半以上的州还未拥有补助金计划;公立学校就算有,也是占少数。而今,在这个国家内的每一州已有了它们的补助金计划,许多公立学校更发展出一套自己的拨款和贷款方案。

本章主要描述各州的补助金在近几年的改变,以及这些改变所带来的冲击。在第二节中,我将提供一段简明的历史,叙述各州如何经由拨款至学校,或直接给予学生补助,来支持公立高等教育的发展。由于公立高等教育在美国有着一段悠远又辉煌的历史,因此了解过去的情形,将是明了现况的关键。而第三节里,将探讨近来公立学校学费的上涨、州拨款至学校模式的改变,以及大学学费从纳税人分担到学生和他们的家庭必须分担的改变。

第四节主要从荣誉奖学金的发展来讨论州补助计划的结构在近几年的改变,其中也将提到几个较大州的荣誉奖学金计划。此外,本节也讨论到学校补助经费的成长,这是一笔用来补助联邦政府及州的资金所不足的经费。最后,本章得出了结论和一些未来值得思考的议题。

州支持高等教育的简史

从殖民地时期到第二次世界大战

美国各州一开始补助高等教育时,是把公有的资源分配给大部分和教会有关的私立学校。[1] 这种补助的方式常是赐予公有土地及核准乐透彩的经营，使学校的收入增加。许多州政府在18世纪晚期及19世纪初期开始提供直接的财政补助，用一般的税收来支持许多私立学校。

真正的"公立"高等教育学校，是在18世纪晚期开始特许设立的，主要分布在南部和中西部。但这些学校直接接受州的补助金，对学校的掌控有限。大部分的权利集中在董事们的手上，所以这些学校还是只能称为"半公立"学校。特别是有些学校里，董事们是永久任职的，这些董事更能把学校全盘掌控在大众可及的范围之外。布鲁贝克和鲁迪(Brubacher & Rudy, 1976)指出，在19世纪前，许多州的立法机构开始借由授予董事权利，来宣称对公立大学的控制权。布鲁贝克与鲁迪选出由总统杰弗逊于1819年创立的弗吉尼亚大学为"第一个真正自主的州立大学"(p. 147)。

基于下列几点原因：

- 学校的视察委员会成员是由州长来指派人选的。
- 弗吉尼亚州提供了学校营运需要的最初资本，以及正在筹措中的资金。
- 学校是以"不被任何教区掌控"的信念而建立的。
- 补助金是为全国特定的贫穷学生所提供的。

一直到19世纪初期，州对公立和私立学校的补助都还是一起的。转折点是发生在1819年有名的达特茅斯学院一案。当时新罕布什尔州因设立且赞助达特茅斯学院，而试图宣称对达特茅斯学院的所有权。新罕布什尔州的高等法院当时站在州的这边，裁定达特茅斯学院为一个公立的学校。在上诉到美国最高法院的时候，丹尼尔·韦伯斯特(Daniel Webster)为大学的独立自由作了一段激烈辩护，这段话至今仍常被引用在法庭上：

> 法官先生，这是我的理由：这件案子不仅是有关敝校，更是有关这块土地上的每所学校。问题很简单：我们的州立法机构应该把不属于自己的东西占为己有，扭曲其原貌以作为自己的用途，并且在审慎判断后还认为这是合理的吗？法官先生，你可以就这样毁了这所小学校，但如果你毁了它，你也会把这一百多年以来照耀着这块土地的文明光芒一个个扑灭(摘自 Rudolph, 1990, pp. 209～210)。

最高法院最后选择站在达特茅斯学院这边，从此也阻断了任何一个州想控制私立学校的野心。"达特茅斯案"划清了美国公立和私立学校的界线。在这个案子以后，各

[1] Brubacher与Rudy(1976)和Rudolph(1990)提供了一段早期各州补助私立学校的良好历史摘要。

州开始把补助重心放在公立的学校上，逐步撤回对私立学校的经费。

在州对高等教育补助的扩张期中，1862 年《莫里尔法案》(Morrill Act)的其中一节扮演了很重要的角色。受到佛蒙特的代表贾斯廷·莫里尔(Justin Morrill)的赞助，《法案》中载明联邦政府的土地赐予州作建设大学之用，而这些学校必须以"教导有关农业或机械力学技术为主"(摘自 Rudolph，1990，p. 252)。另一方面，联邦政府也允许这些土地被州售出，唯所得需拿来建设大学。《莫里尔法案》使许多公立学校得以建立，而建立的经费都直接来自州。

19 世纪公立学校的经费除了来自州售地的收入和一般税收之外，还有其他的来源。有些学校是从私人捐款中受益，有些公立学校是向学生直接索取学费。但是这些学费的价格远比私立学校低，也没有统一的价格。一个在 20 世纪初以公立学校学费为题的研究，作出了以下论断：

> 收取学费或学杂费的构想在一开始的州立大学计划中是存在的。联邦授予土地的法条中也并没有任何反对收费的规定……只是当时大部分的学校采用了新的不收费，或收取些微费用的概念。也许是后来那些董事们发现，就像现在一样，其他的收入来源根本不敷使用，向学生收费是必要的。也或许，他们认为如果学生付点钱，会更懂得珍惜也说不定(Morey，1928，pp. 185～186)。

另一项研究也证实了早期公立学费的微薄：19 世纪中的年平均学费，在威斯康星大学是 12 美元(1855)，田纳西大学是 10 美元(1866)，伊利诺伊大学是 5 美元(1868)，俄亥俄州大学是 15 美元(1874)，密苏里大学则是 5 美元(1874)(Sears，1923)。

尽管学费相对来说很低，但不可否认的是，公立学校任何的收费都可能造成某些学生丧失求学的机会。

> 我们必须谨记在心，申请书上任何程度的费用，都将使一些渴望求学，也有权利求学的学生无法负担。我们必须提供补助给这些学生，让他们的受教权免于被剥夺。奖学金或贷款都是创设已久且实用的好办法，应能解决这个问题。然而，目前补助经费的范围虽然已经很大，经费还是呈现普遍不足的情况(Morey，1928，p. 188)。

这样的看法和之前杰弗逊在弗吉尼亚大学所主张的给予来自全国特定贫困学生全额学费的观念不谋而合。而当艾奥瓦州立大学在 1855 年创校时，它也提供了类似的五十名全额补助奖学金(Sears, 1923)。

《莫里尔法案》及许多州公立高等教育学校的建立,促成了注册人数在19世纪下半期和20世纪上半期的增加。图1显示从后南北战争时期到第二次世界大战初期,高等教育学校的总数及注册人口总数。这段时间,学校(含公、私立)的数量增长三倍,注册人数却增长了三十倍之多。因此美国不但看见了更多大学院校的建立,也预见了这些学校未来在大小和规模上扩建的需要。

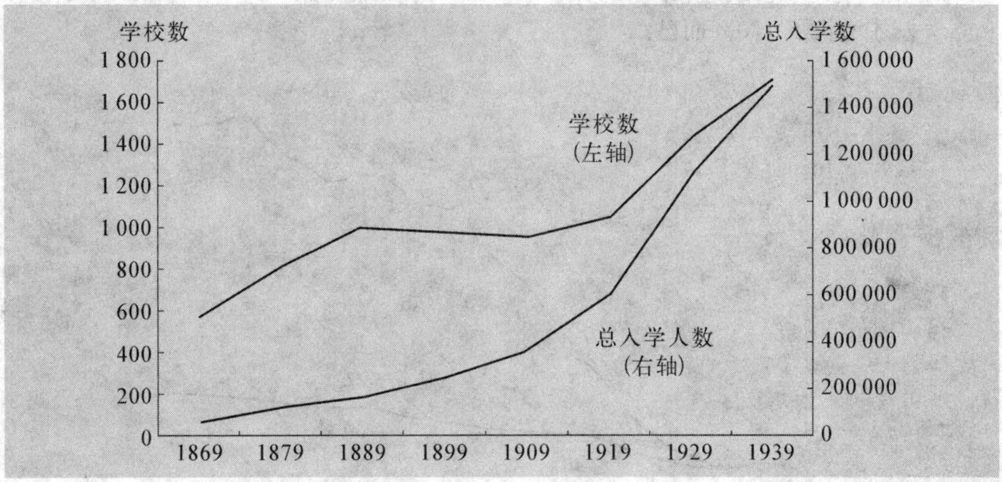

图1　高等教育学校的总数及注册人口总数

资料来源:国家教育统计中心(2000a),表174。

公立大学院校的学费从南北战争后,一路调涨到20世纪上半期。据报告指出,平均学费从1920年间的每年约50美元(Holst, 1923; Sears, 1923)涨到第二次世界大战初期的80美元(总统高等教育委员会,1947,第二册)。

军人退伍福利法案及第二次世界大战后期

美国高等教育史上所谓的"黄金时代",开始于1944年的《军人重新调整法》(通称为GI Bill)通过后,也就是约第二次世界大战的尾声时(Freeland, 1992)。GI Bill常被认为是第一个范围广,且由政府完全负担的补助计划,但这个法案通过的原因其实非常特别。在第一次世界大战后,许多退休军人聚集在华盛顿抗议,指控联邦政府没有给予他们当初承诺的福利津贴。第一次世界大战时的海军秘书助理富兰克林·罗斯福对于这些军人所遭受的待遇铭记在心。因此他在第二次世界大战初期,征得美军的支持,开始拟定退休军人重新进入社会的计划。为了避免第一次世界大战抗议事件的重演,以及军人们可能遭遇的冗长失业期,他成了游说国会的先锋,促使了GI Bill

的通过。[1]

高等教育的入学人数从20世纪初以来不断扩张，现在更因GI Bill的丰厚补助而激增。GI Bill提供了每年学费500美元及每月75元生活费的福利(Goodwin, 1994)。此时公立学校的住校生，每年学费才不过100美元以下，私立学校则是300美元以下(总统高等教育委员会，1947，第二册，p. 17)。高等教育的入学人数从第二次世界大战前的150万人，到战后立即超过200万人，且数字还在持续增加中(见图2)。主要的增加是在公立学校，它们战后的注册增长率在五十年内激增了十倍，同时期的私立学校才增长了170%而已。

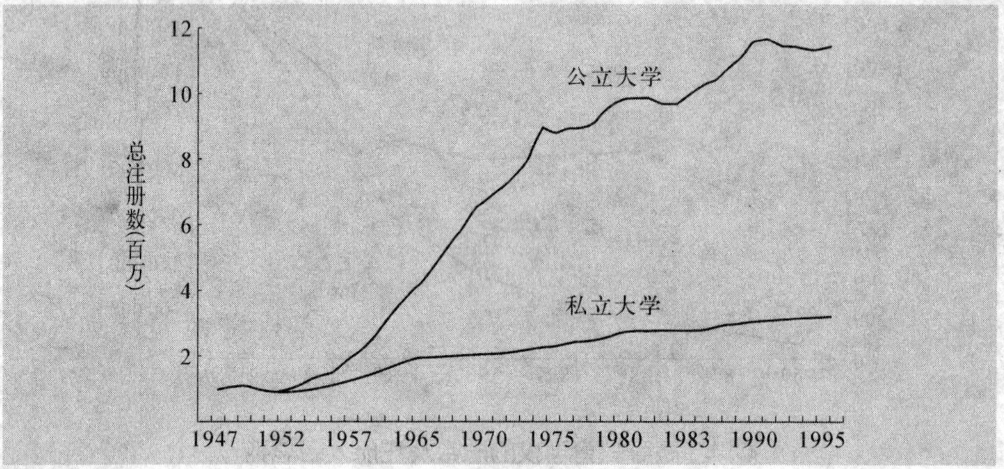

图2 公私立学校高等教育的总注册人数

资料来源：国家教育统计中心(2000a)，表175。

纵使已有GI Bill的补助计划，大多数州的高等教育政策还是致力于以低学费来提供进大学的渠道。一直以来，各州对公立学校的补助，是提供给所有的学生，而不是真正有需求的学生。因此，富有家庭的子女跟贫穷家庭的子女得到的补助金是相同的。然而这个政策之所以被视为有效，是因为它不需太多官僚的行政手续来决定给予每个学校的经费多寡。而它被认为公平，是因为每所学校的学生都收到相同的补助，就该付一样的学费。

公立学校所收取的学费跟私立学校相比虽然低，但它渐渐成为学校重要的资金来源。学生支付的费用在公立学校的总收入中所占的比例，从1927年的12%增加到1940年的20%(Morey, 1928；总统高等教育委员会，1974，第六册)。但GI Bill帮助学生把这个比例在1947年降到14%，而且连同GI Bill本身所提供的补助款加起来，

[1] 欲了解促使GI Bill通过的一连串活动，以及它为社会所带来的影响，请参照Bennett(1996)与Greenberg(1997)。

学费和GI Bill补助款的总数可占学校一年36%的收入(总统高等教育委员会,1974,第六册,表46)。因此,GI Bill不但造福了学生,也造福了学校。因为它降低了学生平均需负担的金额,却同时提高了学校的总收入。

公立学校的学费在战后持续上涨,到了1964年,四年制的大学每年学费为261美元,社区大学则是每年99美元(国家教育统计中心,2000a)。有些州开始发展限制名额的奖学金来补助学生,但这些奖学金的发放却是取决于学生课业的表现,而不是他们家庭经济上的需要。杜鲁门高等教育委员会在回顾对高等教育所做的补助时,就注意到纽约州的奖学金计划(美国第一个大规模的州补助计划)是以摄政测验的成绩来作为发放的依据(总统高等教育委员会,1974,第二册)。虽然杜鲁门高等教育委员会确实鼓励各州发展它们自己的奖学金计划,来达成平等就学机会的目标,但主要还是期待能有一个联邦出资的补助方案,因为它们相信各州已不愿或不能增加更多的负担了:

> 不论联邦政府决定采取怎样的补助方案,本会还是积极鼓励各州提供更丰裕的奖学金计划。然而,我们也必须承认,不久各州将无法负担这样的计划……换句话说,即使各州渴望推动奖学金的补助,本会相信这种补助仍无法有效、全面地解决问题。对一些财政状况艰难的州,问题更加严重(总统高等教育委员会,第二册,p.47)。

无视于杜鲁门高等教育委员会的悲观,许多州开始加入纽约的行列,制订它们自己的奖学金计划。[1] 卡内基高等教育委员会调查发现,在20世纪60年代晚期已有19个州成立自己的奖学金。在1960~1970学年间,它们总共颁发了20亿美元给48.8万名学生(卡内基高等教育委员会,1971)。补助计划的金额多寡,有从缅因州的150名学生分61 000美元,到奖学金计划成立最久的纽约州的26.3万名学生分59 000万美元。

1965年的高等教育法与1972年的州立学生奖金计划

1965年《高等教育法》(Higher Education Act, HEA)的通过,宣告了高等教育补助新时代的来临。《高等教育法》为第一个大规模、联邦出资的奖助金计划。《教育法》中的第四条,设立了教育权奖助计划(Educational Opportunity Grant program, EOG)、学生贷款保证计划,以及大学工读计划。

当这些计划随着HEA的通过被设立时,一开始并没能够嘉惠许多学生。迈克

〔1〕 联邦政府并没有针对杜鲁门委员会的期望作出及时的响应。在下一节中会提到的1965年HEA,是一个由联邦政府设立、以需求为导向的大额补助贷款计划,它几乎花了二十年才通过。

尔·蒙柏(Michael Mumper, 1996)指出,失败的部分原因在于补助款的给予方式出了问题。联邦政府给予州政府的补助款,是以注册的总人口数为依据,而不是以学生经济上实质的需要为依据。除此之外,蒙柏指出当时的政治和社会风气都不支持这些计划的实行:

> 面临越战所带来的经济和政治压迫感,国家的决策者们已无心扩展对社会的远大承诺。况且,学生们的暴动和校园不安的气氛,都使得人们不愿支持高等教育的补助,特别是对学生的补助。《教育法》中的第四条还是存在,只不过已被证明了是确保平等受教育权利中的一小步而已(p. 81)。

1972 年 HEA 的重新确认是极重要的一大步。它改变了整个《教育法》第四条的结构和资金,确保达成高等教育的平等受教育权利目标。经由罗德岛议员克拉邦·佩尔(Claiborne Pell)的大力推动后,EOG(之后被更名为基本教育权补助计划,在 1980 年又更名为佩尔奖助金)获得改善,把补助对象锁定为真正有需要的学生。这个计划的资金后来得到扩张,1974～1975 年当第一年计划执行完毕后,超过一百万的学生(16%的大学生)获得了最高 1 400 美元的援助,作为付学费之用(Mumper, 1996)。

另外一个在 1972 年 HEA 重新确认后的重要事件,是州立学生奖金计划(State Student Incentive Grant, SSIG)的设立。这个计划提供了与联邦政府相等的资金,给予那些州立的,并以学生需要为主的补助计划。这个计划后来被证实是州立计划发展与扩张的重要催化剂。1969 年 19 个州共拨了 2 亿美元以下的补助款,到了 1974 年已有 36 个州拨了 42 300 万美元(Fenske & Boyd, 1981)。等到 1979 年,每个州(包括华盛顿特区)都有至少一个补助计划,并拨了总数超过八亿美元的款项(国家州立奖学金及补助金协会,不同年份)。国家州立奖学金及补助金协会在 1975 年所作的调查中评论:"在历史的脉络中,1974～1975 年,以及 1975～1976 年的补助金增长,是 SSIG 所带来的成果。SSIG 提供了每个学生最高 1 500 美元的补助(由联邦和各州平均分担)(Boyd, 1975, p. 2)。"州立补助计划的经费总增长参见图 3。

虽然 SSIG(在 1990 年更名为教育协助推动方案,Leveraging Educational Assistance Partnerships program, LEAP)是各州发展奖学金计划的催化剂,但它对于之后计划中的资金增长并没有什么功劳。SSIG 执行的第一年(1974～1975)所拨给州的1 900万美元,只占各州给学生的 42 300 万美元补助款中的一小部分。而当州立补助经费在 1974～1998 年增长了 750%(以现行币值计算)时,SSIG 的资金才在 1981 年突破 7 800 万美元,增长了 300%而已(大学董事会,1999b)。在 1998 年被削减到 2 500 美万元前,SSIG/LEAP 在 1980～1990 年间,还是维持在 6 000 万～7 000 万美元之间。尽管近几年克林顿政府试图删除这个计划,国会仍旧尽力地保住它。然而,各州补助计划到达的成就还真难说是 SSIG/LEAP 所提供的些微资金帮助了它。

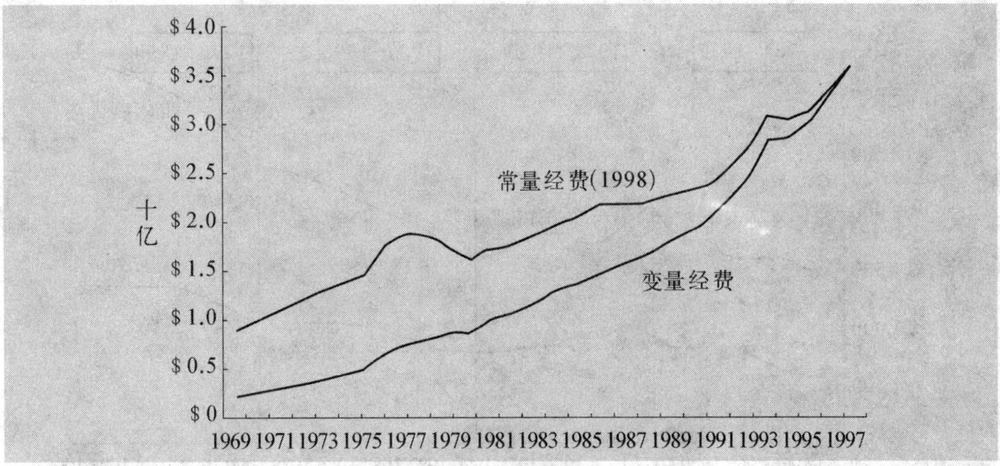

图3 州立补助计划总经费

资料来源:作者根据 Fenske 与 Boyd(1981)所统计的结果;国家州立奖学金及补助金协会(不同年份);国家教育统计中心(2000a),表 38。

学费的调涨和负担大学费用的转变

学费从 1960 年开始上涨

长久以来缓慢但稳定增长的公立学校学费,在 1960 年开始快速上涨。分析家对于学费的上涨提出了许多解释,包括:婴儿潮世代开始上大学,造成对高等教育的需要相对增加;新的服务与设施提供,造成学费调涨;以及大部分企业需要高等教育的人力资源等。这个时代可划分为四个时期,如图 4 所示。

从 1964～1972 年,四年制的大学学费以每年 4.5%的比例增加,社区大学则是以每年 7%的比例增加。在越战的年代,全国收入大为增加,中等收入的家庭在那几年实际增长了 3.2%(美国统计调查局, 2000b),因此学生和家长至少还能负担调涨的学费。在之后的 1970 年,微幅调涨的学费和物价膨胀,使得四年制的大学和社区大学的实际学费得以降低。

1980 年揭开了公立学校学费新时代的序幕。四年制大学学费的每年调幅虽还是接近 1970 年时的 4.3%,社区大学 3.1%,然而此时家庭的收入已大不如前,年收入仅增长 0.6%,情况日趋恶化。1980 年一个中等家庭必须用年收入的 3.7%来支付大学四年学费,到了 1990 年这个比例更高达 5.3%。

1990 年的情况大致上跟 1980 年一样,学费继续以相似的比例上涨,家庭的收入也同样欠佳。这两个因素使得每个中等家庭必须负担的大学学费,增加到年收入的 6.9%。

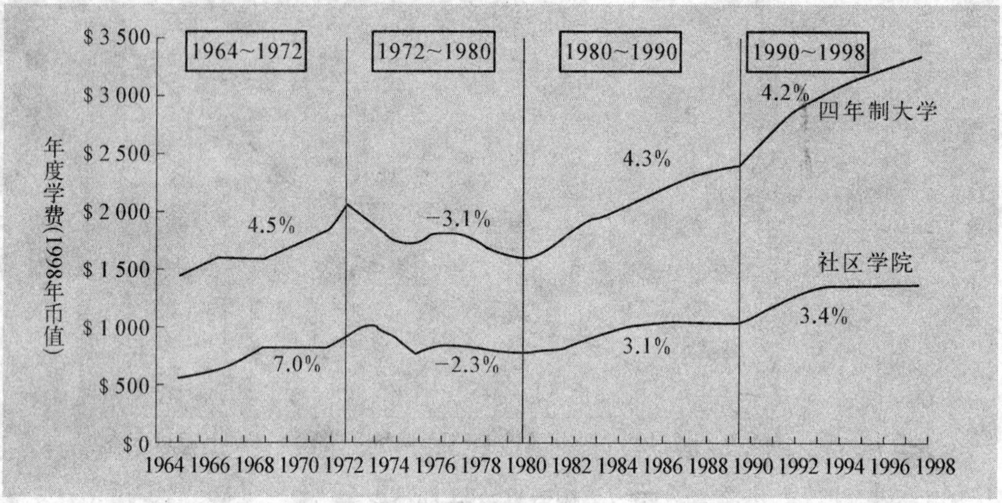

图 4　平均公立学校学费(1998 年币值)

注：四个时期显示了四年制大学和社区大学的学费改变。根据每学年的消费者物价指数显示，当时物价紧缩。

资料来源：作者根据国家教育统计中心(2000a)，表 38 和表 317 所统计的结果。

州政府补助的改变

当学费占据越来越多家庭的收入时，州政府对高等教育的补助形态也改变了。图 5 显示了州政府的两种补助方式：给予每个公立学校注册生州立及地方补助金(包含全国五十州)，以及给予每个公立学校注册生州立及地方补助金，再加上一份州的拨款奖学金(假定币值不变的情况下)。[1] 从 1960 年开始的三十年来，共有五次显著的景气循环。

除了在 1975 年一度减少之外，[2] 从 1966～1978 年，州政府对每位学生的补助都在稳定地增长。但是在 70 年代末到 80 年代初，出现了两位数以上的通货膨胀，以及注册人数持续增长的情形。于是在补助经费小幅增加、高通货膨胀和注册人数增加的情况之下，州降低了对每位学生的补助。

1982 年起是一个经济复苏的时代，补助经费增加，通货膨胀下降。此外，最后一批婴儿潮世代也完成了大学学业，注册人数开始回稳。这些因素都促使州的补助回到早期的繁荣增长。但紧接着这次的蓬勃景象后，又是一段五年的衰退期。这段衰退期

[1] 这些数据并不能完全精准地衡量州对高等教育的补助，但它们是目前可获得且有根据的大约数据。有些州(如宾夕法尼亚州及马里兰州)提供直接的资金给私立学校。但在 1995～1996 年，超过 99%的州立和地方补助都拨给了公立学校(作者根据配额研究公司所统计的结果，2000)。大部分州的地方补助则是分发给社区大学。

[2] 1974～1975 年(以及下一年)学年的补助下降，归咎于那年州立与地方所呈报的大幅增长补助费(实际上只有 17%)。经费的资料来自国家教育统计中心所作的 HEGIS 和 IPEDS 调查。虽然这个补助下降看来不寻常，但没有证据显示那年的数据有误。

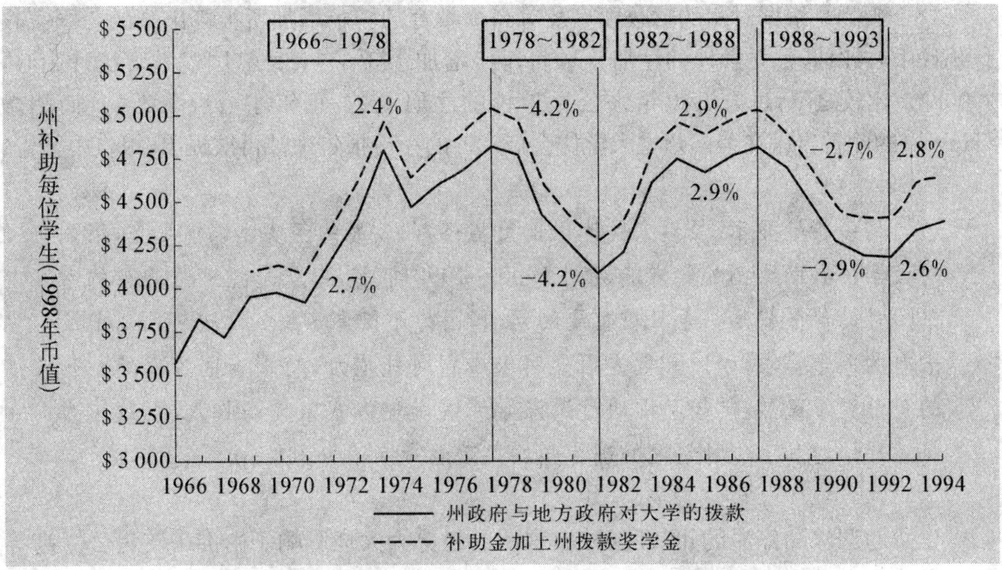

图 5 州政府对每个学生的补助(1998 年币值)

注:五个区分的时期显示了每年的改变。根据每学年的消费者物价指数显示,物价紧缩;每个学生所获得的补助是以注册人数计算的。

资料来源:作者根据国家州立奖学金及补助金协会(不同年份);国家教育统计中心(2000a),表 38 和表 176;配额研究公司(2000)所统计的结果。

不仅补助减少,注册人数又开始重新增长,导致总补助经费更是下降到每年不足 3%。

根据可获得的资料,最近这段时间有再次复苏的现象。注册人数又开始下降,州政府的预算已从 80 年代末到 90 年代初的阴霾中走出,各州也开始把重心集中在高等教育的补助上。但尽管有这样的复苏气息,州政府对每个学生(以实际币值计算)的平均补助仍是低于二十年前。[1]

近来州政府补助的增长现象仍需谨慎观察,最近一项为公共政策与高等教育国家中心所作的 21 世纪州政府财务状况预测,便显示出未来高等教育的实际情形是很不同的:

> 从国家平均值看来,如欲维持高等教育的现状,州政府对高等教育的补助将必须增加得比对其他的补助更快……而既然过去十年来州政府对高等教育的预算都是下降的,持续地补助及维持高等教育现状,已代表了州政府预算趋势的重大改变(Hovey, 1999, p. vii)。

〔1〕 虽然只能获得 1995~1996 学年的资料,但其他的资料来源显示州政府的财政持续复苏,而高等教育也因此获利。伊利诺伊州立大学(高等教育及教育财政中心, 2000)的 Grapevine project 指出,州立补助经费自 1996 年起增长了 4.7%。而根据国家教育统计中心最近的数据显示,注册人数也持续呈现稳定的状态。

这个预测是根据对州的财政预算及对高等教育的需求增加所推算出来的。国家教育统计中心评估,公立学校的注册人数将每年增加 1.3%～1.8%(国家教育统计中心,2000b)。比较之下,过去近十年来公立学校的注册人数,每年才增长 1.1%。而胡微(Hovey)的此番告诫在美国州立大学协会(2000)的一份报告中被再次提出,报告中警告:

> 许多指标显示,虽然人民比以前更富裕,州政府的经费比以前更多,但州对大学的补助比例还是未能达到 1990～1992 年前,也就是经济萧条前的水平。补助优先权是一个日益重要的问题,因为不仅许多州的学校将面临前所未有的入学需求,同时其他方面的需求也很可能增加,特别是医疗保健。州的资源竞争激烈,学校必须通过调涨学费或其他方式来提高收入,财政压力将无疑地增加。这种情况的确为州的执政者带来不少困难(p.4)。

学费的调涨和停滞的州政府补助,这两股趋势大大地影响了由谁来支付公立高等教育学费这个重大的变化。图 6 显示了由纳税人(以州的补助经费和州的奖学金计划方式资助)和学生(缴纳学杂费)[1]所负担的公立学校教育及一般性支出的负担比例。

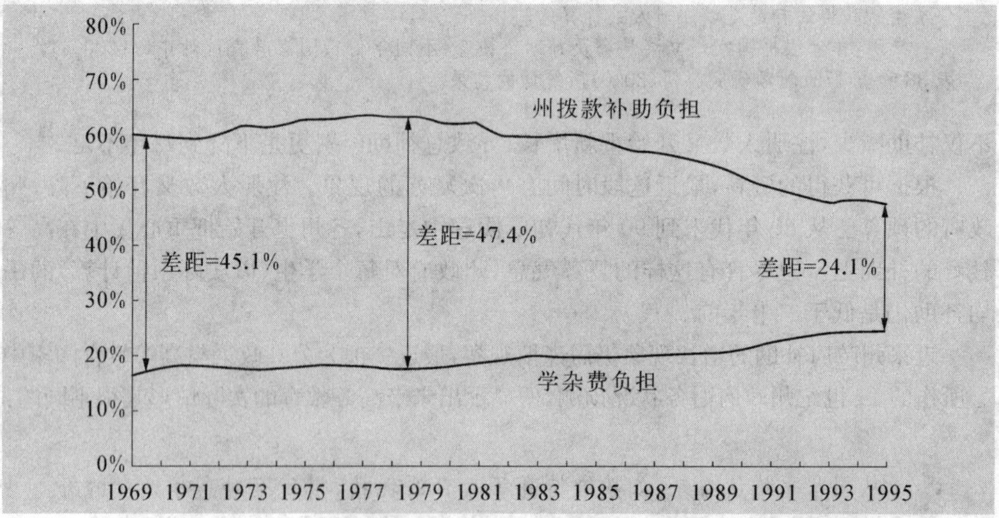

图 6 州的补助及学杂费对公立学校教育及一般性支出的负担比例

资料来源:作者根据国家州立奖学金及补助金协会(不同年份);配额研究公司(2000)所统计的结果。

---

[1] 在此需注意的是,学生和他们的家庭所付的部分学杂费,是由联邦政府的佩尔奖助金和其他非州政府的补助所支出的。但即使没有这些补助,学费负担的改变和本节所述依旧相似,也就是说,学费的负担已由州转向学生。学生必须负责确保他们有钱支付学费,这些钱的来源包括学生打工赚的钱、家庭的收入、存款,以及非州政府所提供的财政补助。

1969 年州的补助费分担了 60%的费用，学杂费分担了 15%的费用。但是到了 1978 年，这两个费用比例的差距拉到 47%以上，大部分是因为州政府这段时间的补助增加（图 5）和 70 年代中期学费的降低（图 4）。但从 1978 年起，因为学费调涨和补助的不稳定使得差距开始缩小。到了 1995 年，学生和他们的家庭要付 23%的费用，而州政府只负担 47%的费用。这两个比例间的差距为 24%，几乎是 1978 年时的一半。

财政补助新制度的发展与成长

20 世纪 90 年代早期的计划

联邦政府的 SSIG 看似鼓舞了许多州立奖学金计划的设立。在 1972 年 SSIG 成立前，只有 24 个州有奖学金计划；但五年之后，每个州都发展了一个奖学金计划。但就像之前提到的，SSIG 并不是各州能够扩展奖学金的唯一原因，因为各州后来的奖学金金额远超过了国会和每个行政机关愿意提供给 SSIG 的金额。

原本的州立补助计划是针对经济上有需要的学生而提供的，但是在 20 世纪初纽约州的一些计划方案中，需要学生提供学业的成绩表现。[1] 尽管学业表现被列为一些州发放奖学金的参考依据，大部分的计划还是依循联邦的第四条计划目标提供学生入学渠道和理想的大学选择权：

> 入学渠道和选择大学的权利从第一次在鼓励的宣言中被提到置入大型补助计划增长中，并经过二十几年来频繁的讨论，已成为学生补助计划中两个最重要且为人熟悉的主题。这个计划的目标造福了社会上许多年轻人，提供他们更多渠道选择理想中的高等教育学校……通过改变金钱发放的本质和目的，从以往肯定学业表现的奖项，到现在可以全额支付学费的补助金，这个计划成功地扩大了学生入学的目标（Fenske & Boyd, 1981, pp. 2～3）。

国家州立奖学金计划协会早先的调查发现，四十二个州里有十六个州的奖学金计划是用学业表现作为发放奖金的依据，这些计划占了那年五亿奖金中的 23.7%（Boyd, 1975）。

毋庸置疑，确保入学仍是 70 年代末到 80 年代初计划中主要的目标。一项在 1980～1981 年由州立补助计划所作的调查，对发放奖学金的机构提出这样的问题：

---

〔1〕“奖学金”和“补助”在此意思可以互通，同指学生日后无需归还，也无需以打工来换取的财政补助。某些作者会特别区分两者，指“奖学金”是必须因为学业的成就来获得；而“补助”是纯粹指经济上的补助。

“究竟要具备哪些条件才能符合申请补助金的资格?”(Reeher & McKelvey, 1981, p. 98)表1为一个样本(p. 238)。如其中所示的,大部分的州都把补助的目标锁定为最需要的学生。在同样一份调查中,共有八十四个为大学生而设的补助计划,其中四十四个计划是完全根据经济需要,一个完全根据学业成绩,二十九个同时根据经济需要及学业成绩,剩下十个无法从资料中分类。[1] 每个州决定学业成绩的项目都不同,如:高中或大学的学业平均成绩(grade point average, GPA)、班级排名、SAT或ACT得分、推荐函。

表1 1980～1981学年提高大学入学渠道在某些州的奖学金计划政策

州名	政策
· 亚拉巴马州	300元的奖金足够支付州立或社区大学的学费,因此应能确保合理的入学方式。
· 阿肯色州	增加奖助金额的提案,使得学生能选择理想中的公、私立大学。
· 加州	在审查的过程中,考虑到学生的经济状况和弱势背景等因素。
· 佛罗里达州	以经济状况为审查标准,学生能选择理想中佛罗里达州的高等教育学校。
· 佐治亚州	学生实质的需求、补助计划所要达成的增进大学入学渠道的目标,都被规定在申请书和小册子里。
· 缅因州	给所有需要帮助的学生奖学金。
· 新泽西州	给予经济上需求较高的学生较高的奖学金。
· 北卡罗来纳州	把款项拨给在期限内申请,并且最有需要的学生。
· 俄亥俄州	低收入学生优先,并给予较多奖学金。
· 俄勒冈州	始终优先给予最需要的学生奖学金,强调并延续了俄勒冈州对增进大学渠道的使命。
· 田纳西州	照排名顺序,低收入学生优先。
· 弗吉尼亚州	“大学奖学金补助计划”协助公、私立学校最有需要的学生。

注:以上政策逐字摘于资料来源。
资料来源:Reeher & McKelvey(1981), p. 98。

国家州立奖学金补助方案协会在1981～1982年,开始第一次有系统地追踪没有以经济需要为依据的补助计划(Reeher, 1983)。这些计划多针对特定的族群目标,如已故或受到永久性伤害的消防队员、警员的子女(德拉维尔州、佐治亚州、爱达荷州、马

[1] 许多州拥有一个以上的大学生补助计划,所以总数应超过五十一个(五十个州,包括华盛顿特区)。许多补助计划要求学生必须有令人满意的学业进步,才能继续享有奖学金。

萨诸塞州、新泽西州)，以及士兵、水手的子女(佛罗里达州)，或是已故、残障退役军人的子女。这些计划的规模都比较小，一年颁发不到一百个奖学金名额。反观其他以学业表现为依据的一些奖学金，规模还比较大。在这个追踪调查中发现，发放给大学生的补助金中，有 60.3%是根据需求，30.7%是根据需求加非需求项目，而 9%是根据非需求项目。

过去的十二年里，需求和非需求的补助以相似的比例实际增长，维持同等的补助金比例。虽然大学生的总补助金从 1981～1982 年的 97 500 万美元，增长到 1993～1994 年的 24 亿美元，但是以非经济需要发放奖学金的比例还是占了其中的 8.9%～11.1%(国家州立奖学金及补助金协会，不同年份)。

佐治亚 HOPE 奖学金计划的设立

州补助计划结构上的转折点，是由州长泽尔·米勒(Zell Miller)在 1993 年所创立的佐治亚 HOPE 奖学金计划。[1] HOPE 计划(Helping Outstanding Pupils Educationally)是泽尔·米勒在 1990 年竞选州长时所许下的一项重要承诺。他首开了佐治亚州的乐透彩计划，并把乐透彩的收入作为改善州立教育制度之用，包括以下三个方面：学龄前教育、科技教育和大学奖学金。在对选民阐述乐透彩计划的细节时，米勒强调 HOPE 计划能拓展进入大学的渠道：

> 为了提高佐治亚州高中毕业生进入大学的比例，米勒先生表示他欲建立一个奖学金补助方案，使成绩达到某个水平，而且家庭收入在某个数字以下的高中毕业生，能进入佐治亚州的好大学就读。不过，他没有明确指出成绩和家庭收入的数字到底是多少(Sherman, 1991, p. A1)。

米勒后来成功地说服了议会和选民，使得佐治亚州成为继佛罗里达州之后第二个设立乐透彩的州。[2]

奖学金制度在佐治亚州的实行并非创新，佐治亚州是六个将其大部分州奖助费用投入非需求导向计划的州之一，但 HOPE 计划的发展却建立了奖励计划经费补助的新标准。

起初在 1993～1994 年所执行的 HOPE 计划中，以经济需求和学业表现来作为发放奖学金的依据。若毕业生的成绩平均达到 B，家庭年收入也低于 66 000 美元，就符合资格。而达到这个条件的学生，若选择读公立学校可获得两年全额学费的补助，而读私立学校则可获得 500 美元奖金。唯学生成绩必须在第一年维持平均 B 的水平，才

[1] 欲知更详尽的 HOPE 设立过程，请参见 Mumper(1999)。
[2] 因为佐治亚州原本是禁止设立乐透彩的，所以必须获得立法机构和选民们的同意来修改宪法。

能在第二年继续得到补助。而 HOPE 奖学金计划在第一年就颁发了 2 140 万美元，造福了 43 000 名学生(佐治亚学生财政委员会，2000b)。

HOPE 的结构之后产生了一连串的变化及修正。如家庭收入的最高限度从第二年被提高到 10 万美元以下，到了 1995 年被完全删除，学生的经济需求不再是申请补助的条件。另外，HOPE 给予公立学校学生的补助除了学费外，还增加了其他必要性的支出，以及每年 300 美元的书籍费；而给私立学校学生的补助，则经过三个阶段的改变，最后增加到 3 000 美元。这些补助金都渐渐扩大到足以支付完大学四年的学费。除此之外，学业成绩的要求也改变了，高中毕业生平均 B 的学业成绩是包含所谓的重点课程，不含非重点课程。

到了 1998～1999 年，HOPE 的影响力更大，一年下来共有 141 000 名学生获得 18 900万美元的奖学金。HOPE 在七年来的奖学金补助情况摘录于表 2。而因为四年制公立大学或社区大学的学费比其他公立技术学院高，所以 41%的学生可获得总奖学金的 60%。总计因为 HOPE 奖学金而受惠的学生超过五十万，一个人平均获得 2 000美元以下。

HOPE 的扩张，与佐治亚州大幅删减以经济需求为导向的奖学金发生在同一时期。1993～1994 年，也就是 HOPE 开始时的第一年，佐治亚州分配了 530 万美元以经济需求为导向的奖学金。然而到了 1998～1999 年时，这笔金额降到 50 万美元，也就是在五年之间下降了 90%。

表 2　1993～1999 年 HOPE 奖学金的分配

学校	学生		奖学金		
	总数	比例	奖金(百万)	比例	学生平均所得奖金
大学体系*	206 377	40.7%	588 90	59.7%	2 854
技术学院	224 383	44.2%	193 80	19.6%	864
私立学校	76 511	15.1%	204 20	20.7%	2 668
全部的学校	507 271	100%	986 90	100%	1 946

* 大学体系包含公立四年制大学及社区大学。

注：学生四年来每年所获得的奖金是换算为四个学生的奖金，因此学生平均所得奖金这一项，指的是每年获得的奖金。

资料来源：作者从佐治亚学生财政委员会(2000c)所做的计算。

HOPE 在美国已然成为主导的奖励性补助计划。它在第一年就独占了全国奖学金发放总额的 9%。到第四年时，更成长到从五十州给的每三美元中，就有一美元是来自 HOPE。虽然当其他州更积极地加入补助金计划时(如下所述)，HOPE 的补助金占有率的确是下降了。然而，根据最近的数据显示(1998～1999)，HOPE 仍旧占了各州奖学金比例的25%。[1]

州长泽尔·米勒起初对HOPE设立的目标,是希望提供贫困家庭的学生更多进大学的机会,但这个目标已经改变了。在提高家庭收入限制的门槛后,原本大多被排拒在奖学金补助计划之外的中、高收入家庭,也开始有机会获得奖学金。事实上,佐治亚州还曾为此成就在2000年发行的一份报刊上表示:

> 国家州立奖学金补助方案协会(NASSGAP)第三十年的年度调查报告显示,佐治亚州连续第三年给予非贫困家庭的奖学金超过任何一州……佐治亚学生财政委员会的执行总监格伦·纽瑟姆(Glenn Newsome)说:"我们非常满意佐治亚州作了比其他州更多的努力,让所有的学生都有机会,并负担得起上大学或技术学院的费用(佐治亚学生财政委员会,2000a,p.1)。"

消除家庭收入的限制,并不是唯一使得中高收入家庭的学生成为HOPE补助目标的原因。一开始HOPE就规定学生在得到HOPE的补助之前,必须先申请联邦佩尔奖助金的补助。但是佐治亚州的公立大学学费在HOPE创立时,就比佩尔奖助金的补助最大额度低,加上HOPE的奖金不能用来付其他的费用,如食宿费和交通费,因此最贫困的家庭,除了书籍费(每年300美元),便无法从HOPE得到任何补助。这导致了帕特里克·卡伦(Patrick Callan)所说的:"HOPE把那些低收入、有联邦佩尔奖助金的学生排除在外,使奖学金的发放本末倒置(Callan,2000,p.88)。"[2]

这个转变,与当初许多州的补助计划在1960～1970年所达到的成就是相去甚远的。当时是强调(本章前面已提过):"通过改变金钱发放的本质和目的,从以往肯定学业表现的奖项,到现在可以全额支付学费的补助金,成功达到扩大学生入学的目标(Fenske & Boyd,1981,p.3)。"卡伦(2001)当时得出一个结论:"基本上,不是以经济需求为出发点所发放的奖学金,都是给那些已有能力上大学的学生使用的(p.88)。"

在检视HOPE发放奖金的方式时,还有一点必须考虑:由于HOPE的资金完全来自佐治亚州的乐透彩收入,这点和其他州立的奖学金补助方式不同(但以下将提到,许多州开始仿效佐治亚州)。一份对于乐透彩的研究分析了其中一直隐含的税金,发现赋税重担的逆转情况很严重,比其他项州立的税收都严重。这项赋税重担逆转到收入较低的赋税人身上。查尔斯·克洛特佛忒与菲尔普·库克(Charles Clotfelter & Philip Cook,1991)在他们对乐透彩作的深入研究中下了结论:

---

[1] 佐治亚州虽有其他小型的奖学金补助计划,但HOPE在1998～1999年仍占了全州奖学金补助的85%。

[2] 2000年3月佐治亚州的立法机构通过一项法案,改变了这个不平等。它准许学生用HOPE的补助金来支付学杂费,用"佩尔美元"来付食宿费及其他费用,因而增加了贫困学生可使用奖学金的范围。

> 很明显地,隐含的税金无疑地造成了严重的逆转情况。也就是说,乐透彩的收入增加却带来像税收增加一样的冲击……玩乐透彩的人口随着教育程度而降低,似乎也证实了批评家的控诉:乐透彩占了那些低收入人口的便宜(pp. 227, 230)。

如果佐治亚州的乐透彩利益(如 HOPE 奖学金计划)都流入中高收入阶层的情况属实,那么它的结论会是非常讽刺的。库克在稍后解释了使用乐透彩收入来支撑教育事业有多讽刺。他说:"教育和乐透彩是政府和企业间很异常的联结。一个负责教育大众的无知,另一个却利用大众的无知(Selingo, 1999b, p. A38)。"

蒙柏(1999)引用了一个最近的全国赌博行为模式调查发现,玩乐透彩的人口不一定随着他们的收入或教育程度而改变,有时是随着赌金数量的大小而改变的。不过,大部分的时候一个人若越穷,教育水平越低,每年就会花更多赌金在乐透彩上。

佛罗里达州仿效佐治亚

虽然 HOPE 是第一个大规模的奖励性补助计划,但它绝不是最后一个。HOPE 的成功吸引了全国的注意,尤其是佐治亚州南边的邻州们。从 1993 年以来,越来越多州也渐渐发展它们的奖学金计划。

1997 年,佛罗里达的立法机构设立了"锦绣前程奖学金计划"。就像佐治亚州一样,佛罗里达在锦绣前程奖学金计划前,原本也有其他的奖学金计划(事实上,在佐治亚州的 HOPE 设立之前,佛罗里达的奖学金计划是全国规模最大的)。后来"锦绣前程"与原先的奖学金计划合而为一,并降低了学业成绩的要求标准。

像 HOPE 一样,"锦绣前程"的资金来自州立的乐透彩,但是它并没有家庭最高收入的限制。从创立以来,它已经变成全国第二大的州立奖金补助计划。"锦绣前程"提供三种奖金:两种给普通大学的学生,一种给职业学校或技术学院的学生。关于奖金和资格的摘要列在表 3。

表 3 佛罗里达锦绣前程奖学金的颁发数量及获奖资格

	学业受奖生	奖励受奖生	金印 职业学校生
奖金金额(公立学校)	提供全额学费及 600 美元	提供 75%学杂费	提供 75%学杂费
奖金金额(私立学校)	和同等级公立学校一样	和同等级公立学校一样	和同等级公立学校一样
高中 GPA	大学课程 3.5 (15 门课)	大学课程 3.0 (15 门课)	大学课程 3.0 职业课程 3.5

续表

	学业受奖生	奖励受奖生	金印 职业学校生
最低考试成绩要求	1270SAT / 28ACT	970SAT / 20ACT	依不同考试而变化
其他资格要求	高中 75 小时的社区服务	—	—
大学 GPA(作为续领奖学金之用)	3.0	2.75	2.75

注:对于居家学习的学生及普通教育的接受者,另有获奖资格。所有的奖学金最多可领到七年,或达到某个学位或学分数为止。
资料来源:高等教育计划委员会(1999)。

在 1997～1998 年第一年开始运作的时候,“锦绣前程”总共颁发了 6 960 万美元给 43 244 名学生,也就是说每个学生平均得到1 609 美元(高等教育计划委员会,1999)。到了第二年时,奖金增扩到 9 330 万美元,分给 56 281 名学生,其中有大约 57%给了在读的大学生,其余的给新生(Sue Jones,佛罗里达教育部,个人通信业务部, 2000)。而在 1999～2000 年,共有13 150万美元分发给七万多名学生(学生财政协助局, 2000)。

“锦绣前程”不仅迅速地广受欢迎,它也几乎无所不在。根据佛罗里达董事会的资料,在 1998 年秋天,几乎 70%佛罗里达公立四年制大学的新生获得了“锦绣前程”三种奖学金中的一种(高等教育计划委员会, 1999)。这个比例的范围从一个历史悠久的黑人学校——佛罗里达 A&M 大学的最低 33.4%,到佛罗里达大学主校区的最高 99.3%。而州立的社区大学在那一年,也有 21%的新生享有锦绣前程奖学金计划。

佛罗里达高等教育计划委员会(Florida Postsecondary Education Planning Commission, PEPC)应佛罗里达立法机构的要求,在 1999 年作了一个“锦绣前程”计划初步的评量(高等教育计划委员会,1999)。PEPC 的工作人员分析了奖金中有关种族和收入的分配。调查结果的摘要列于表 4。1997 年黑人和西班牙学生占了全州公立高中毕业生的三分之一,却只收到 17.5%的“锦绣前程”奖学金。反之,在比较过白人和华裔美籍学生在高中毕业生所占的人数后,会发现他们却分到了多到不成比例的奖学金。

佛罗里达中等家庭的收入在 1998 年约三万五千美元(美国人口普查局,2000a)。从表 4 的资料来保守估算,近半数低于中等收入的学生家庭,仅收到不足 37%的奖学金。如果以三万美元到约四万美元这个区域来看(亦即佛罗里达的中间值),一个更实际的推算是:比这个收入低的家庭只收到近 30%的奖学金,而几乎近 40%的奖学金,却给了每年收入超过六万美元的家庭的学生。PEPC 的报告发现,主要获得“锦绣前程”奖学金的公立学校学生，根据联邦订定的需求研究论，都没有上大学的经济困难。而收到佩尔奖助金的学生只有21%收到“锦绣前程”奖学金，另外收到佛罗里达以经济为需求的奖学金的学生，也只有11%收到“锦绣前程”奖学金。

表4 1998～1999年佛罗里达锦绣前程奖学金的初期分布情况

	获奖人数	占总数的%	
种族			公立高中毕业生的%(1996～1997)
印第安人	55	0.2	0.2
亚裔美籍人	1 148	4.5	2.7
黑人	1 893	7.5	20.2
西班牙人	2 527	10.0	13.9
白种人	19 335	76.2	62.8
其他	420	1.7	—
收入			累计%
小于$10 000	484	2.6	2.6
$10 000～19 999	1 433	7.7	10.3
$20 000～29 999	2 178	11.7	22.0
$30 000～39 999	2 792	15.0	37.0
$40 000～49 999	2 271	12.2	49.2
$50 000～59 999	2 327	12.5	61.7
$60 000～69 999	1 712	9.2	70.9
$70 000～79 999	1 545	8.3	79.2
$80 000～99 999	1 712	9.2	88.4
大于$100 000	2 141	11.5	99.9

注：在此收入的数据是取自于受奖者的次样本，因此它的总数比种族人数还少。
资料来源：作者根据高等教育计划委员会(1999)、展示会6、9及国家统计中心(2000a)，表106、表185所统计的结果。

家庭收入在此成为一个预测学生是否能在大学第二年继续获得奖学金的指标。家庭收入低于每年二万美元的学生，只有近65%能保住奖学金；但家庭收入每年超过七万美元的学生，却有超过75%的比例能继续享有奖学金。

“锦绣前程”渐渐受到各界的批评。一份1997年由佛罗里达商业及高等教育合作所作的报告，指出佛罗里达州：“精心策划一场财富的转移，把金钱由低、中收入者转向高收入者(并被引述为“愚蠢的点子”，1997，p. 2D)。”前任州立大学体系的总理查尔斯·里德(Charles Reed)呼应了上述说法，并描述这个计划是“剥削州内最贫穷的人，把他们买彩券的钱变成州内最富裕者的钱”(高等教育团体要求奖学金改变,1997,p. 8),并且“是一个糟糕、拙劣的公共政策”(Chancellor 抨击这个奖学金计划,1997,p. B4)。一份属于佛罗里达最富裕的社区之一——棕榈滩的报纸,嘲弄这个计划是:“一个不以经济需求为考虑的计划。从穷人的彩金里把钱拿走,然后名正言顺地转移给富人(《佛罗里达的黯淡景况》,1999,p. 14A)。”

另外的批评,则是对一开始衡量学业表现的标准有争议。《迈阿密先驱报》的一份研究指出,第一批接受“锦绣前程”奖学金的学生中,有 10%是辅导班的学生(Wheat,1999)。然而,当时立法机构在授权这份奖学金时就声明:“任何计划中的奖学金都不可以被用来支付上辅导班的学生的费用(佛罗里达“锦绣前程”奖学金计划,《佛罗里达法规》,1997)。”在 1998 年接任里德的职位,成为州立大学体系总理的亚当・赫伯特(Adam Herbert),援引了一些数据来质疑“锦绣前程”的正当性。他说:“如果这个计划在于驱使佛罗里达朝着学费全免的方向前进,那我们就快达成这个目标了。但如果它是在于鼓励学生有更优异的学业表现,那我们还有一段很长的路要走(Wheat,1999, p. 1A)。”佛罗里达代理州长的发言人,也是前任佛罗里达教育委员会的成员弗兰克・布罗根(Frank Brogan)就表示:“如果你在辅导班的学业平均有 3.0,却没有学到该学的东西,那实在是太夸张了(几乎近 10%的奖学金受惠者是辅导班学生,1999)。”

为了对这些批评作出响应,佛罗里达的立法机构试图把“优秀学生奖学金”(约有 60%的学生可获得)所规定的 SAT 分数门槛从 970 提高到 1 020。但是这个计划遭到少数立法委员的极力反对。根据迈阿密的参议员肯德里克・米克(Kendrick Meek)所说:“如果把 SAT 970 废掉,无异于告诉那些在佛罗里达 A&M 及 FIU 的少数学生,你们不再有获得‘锦绣前程’的机会了。这将严重影响到那些州里最有需要的学生,那些虽然考得不好但却有潜力的学生(Silva, 1999, p. 6B)。”[1]

虽然 SAT 的分数门槛终究没有提高,但这个争议在就读辅导班的学生人数从第一年的 10%降到第二年的 3%后,仍未平息(高等教育计划委员会,1999)。[2] PEPC 还是建议把“优秀学生奖学金”的 SAT 从 970 提高到 1 020,并把学业平均成绩从 3.0 提高到 3.1,虽然他们也承认如此一来,“冲击最大的会是黑人、西班牙人、印第安人学生,以及那些家庭收入低的学生”(p. 31)。

其他州也纷纷加入这股奖学金热潮

佐治亚州和佛罗里达州已成为州立奖学金计划中两股主要的势力。两个州从

---

〔1〕 如之前所述,佛罗里达 A&M 大学是一个历史悠久的州立黑人学校。而佛罗里达国际大学(FIU)则是西班牙学校,三十万名学生中有一半是西班牙人。比起全国其他的四年制大学,它是西班牙学生最多的学校。

〔2〕 PEPC 的评量中指出职业学校的奖学金在第二年获奖资格改变了,许多原本有领“金印”的辅导班学生大量变少。而学业受奖生及奖励受奖生中为辅导班的人,在 1997～1998 年是 2.5%,1998～1999 年是 1.7%。

1990 年合占全国奖学金的 26%，增加到 1998 年的 53%。不过其他的州也争先恐后地纷纷加入这股奖学金热潮，开始设立它们的奖学金计划。

1997 年路易斯安那州的立法机构创立了“学生就学机会计划”(TOPS)。就像佛罗里达的锦绣前程奖学金计划一样，TOPS 也没有设家庭收入限制，并且依照学业成绩发放不同金额的奖学金。然而它不像 HOPE 和“锦绣前程”，TOPS 的资金来自政府一般收入。最高的荣誉奖金不但提供州内公立学校学生(学生的 ACT 需有 27 分，GPA 需有 3.50 分)全额学费，还加上 800 美元的其他开销费用(路易斯安那州学生补助机关，2000)。至于私立学校的学生，荣誉奖金也提供全额学费，以及和公立学校一样 800 美元的其他开销费用。而最低的奖金则是提供全额学费给 ACT 有 20 分及 GPA 有 2.50 分的公立学校学生。学生至多可以保有四年的奖学金，但必须保持一定的 GPA 并且修得足够的学分数。

路易斯安那州学生补助机关起初预测，在奖学金实施的第一年(1998～1999)，大约会有 15 000 名学生符合申请资格，需拨款 3 620 万美元。然而，这个预测远比实际数字要少，第一年共计有 23 000 名学生符合资格，总金额 6 240 万美元(路易斯安那州学生补助机关，1999；Selingo，1999a)。州政府官员提出了他们低估的三个主要原因：第一，缺乏明确数字，特别是光依据高中的 GPA 成绩，很难估算符合奖学金资格的比例；第二，人手不足以进行深入的调查，尤其当它牵涉必须推算一个像 TOPS 这样重要且复杂的计划时(Selingo，1999a，p. A36)；第三，考 ACT 的学生人数增加，包括许多试图达到最低申请限制而考了很多次的学生。在 2000～2001 年，这个奖学金计划的人数预计达到 37 000 名，总金额8 600万美元。

TOPS 受欢迎的程度，意外地使得路易斯安那州的财政经费出现压力，但是它的知名度已经不容许它调降奖学金。因此从计划一开始实施，立法机构就不断地讨论如何让经费减低。它们设想了许多办法，例如：如果学生的成绩平均降低到某个程度，就迫使学生归还奖学金；订立奖学金补助学费的最高限制，让学生和家长负担日后增加的学费；降低那些家庭年收入十万美元以上的学生的奖学金，以及提高学业成绩标准等。然而这些企图都失败了，因为 TOPS 的知名度使得立法机构根本无法动它一根汗毛。

在资金来源的方面，路易斯安那州的立法委员尝试着推动一项法案：以征收乐透彩券税的所得提供给 TOPS 奖学金计划，或者是从州内烟草诉讼案的和解金中拿出 2 500万美元来资助 TOPS。只是这些努力依旧失败了。

TOPS 究竟带给路易斯安那州大学入学率怎样的影响，并没有许多资料足以说明。但是在 2000 年由路易斯安那州学生补助机关所作的调查发现，1999～2000 学年的奖学金有 15%跑到那些家庭收入有十万美元以上的学生手中(Dyer，2000)。这样的资料一公布，就像其他不设家庭收入限制的奖学金一样，也被大加挞伐。前佛罗里达州州立大学体系的总理查尔斯・里德就说：“州立资源不是被滥用在那些收入已有

10～20 万美元的家庭，还补助它们子女全额的学费(Selingo, 1999a, p. A36)。”弗吉尼亚大学的柯理教育学院院长戴维·布伦南(David Breneman)回忆，他曾试图和一群立法委员强调大学费用对有需要的学生是多么重要：“但我就像对着一面砖墙讲话一样。负担学费的能力对那些立法委员来说，就是如何挪出更多的钱给中、高收入的家庭(Selingo, 1999a, p. A36)。”

1997 年新墨西哥州也设立了“乐透彩成功奖学金计划”，资金便是来自 40%的乐透彩所得。这个计划发放与新墨西哥州公立学校学费同等金额的奖学金，并不限家庭收入。但学生必须是新墨西哥州的居民、在校全职生，而且必须在大学第一年 GPA 有2.5分。虽然学生到第二个学期才能开始领奖学金，但是最多可以领到八个学期。新墨西哥州高等教育委员会在 1997 年建立了一连串财政补助的信条，规定“州政府给予的补助应持续针对经济上有需要的学生”及“州政府的补助应该锁定一群有需要的学生中最需要的那些人”(新墨西哥州高等教育委员会,1997,p. 1)。

就像其他大规模的奖学金计划一样，乐透彩成功奖学金计划也被证明非常受欢迎。第一年发放了 440 万美元给 5 378 名学生，1998～1999 年发放 800 万美元给 8 232人(《乐透彩奖学金造福了广大的新墨西哥州学生》，新墨西哥州高等教育委员会,1999)。然而，乐透彩收入的渐渐短少，使得奖学金计划的快速成长面临威胁。预计 2000～2001 年的金额短缺会到达 270 万美元，2004 年会增加到 500 万美元。新墨西哥州的立法机构正在试图把奖学金金额减低，或是提高乐透彩分给奖学金的比例。

密歇根州则是选择使用一部分烟草诉讼案中的和解金，来作为“密歇根州荣誉奖学金计划”的资金。这个计划预计在第一年(2000～2001)发放约 8 000 万美元给 37 000名学生。它一度提供 2 500 美元给就读州内公立学校的学生，以及 1 000 美元给就读密歇根州以外公立学校的学生。这个计划同样也没有家庭收入的限制，但学生必须通过州内制定的“密歇根成绩评量计划考试”(MEAP)。一份针对第一批通过考试的学生的研究发现，学生所获得的奖金比例很不平均。大部分的钱都落到白人、亚裔美籍及来自较富裕家庭的学生们的口袋里。表 5 摘录了不同种族的学生有资格获得奖学金，以及可以享有免费或折价午餐的比例。[1]

除了上述几个州的例子，还有许多州像亚拉巴马州、肯塔基州、马里兰州、得克萨斯州及华盛顿州，都在近几年纷纷成立大规模的奖学金计划。这些计划的发展和扩张，使得以学业表现为主的奖励补助计划大幅成长，连带影响到以经济需要为主的需求补助金计划。两种计划的成长率列在图 7。

---

〔1〕 密歇根的奖励补助金在联邦法庭上受到由美国公民自由联盟、国家种族权力促进协会及墨裔美籍法律资金会所组成联盟的挑战(Christian, 2000)。这个代表密歇根一群弱势学生所提出的诉讼案，指控密歇根奖励补助金计划违反了 1964 年人权法案中的第六条，以及美国宪法的第十四条修改案。当笔者在写这篇文章的同时，这个案子还在审理当中。

表5　2000～2001年密歇根州荣誉奖学金计划的资格符合率

	合格考生获奖的资格%
种族	
印第安人	19.4
亚裔美籍人/太平洋岛民	39.7
非裔美籍人	7.0
西班牙人	20.3
白种人	33.9
混血	25.7
其他	23.8
种族不明或未知	32.3
总数	30.3
四分位数——学生获得免费或折价午餐比例(范围,中数)	
最高(26.6%～100%, 41.8%)	17.6
次要(12.6%～26.6%, 18.8%)	26.1
第三(5.9%～12.6%, 9.1%)	34.8
最低(0.3%～5.9%, 3.0%)	42.1
免费午餐比例不明或未知	13.8
总数	30.3

注:ANOVA分析中指出各种族的获奖率及得到免费或折价午餐的比例,只是数据上从0到p≤0.001的不同。

资料来源:Heller(2000)。

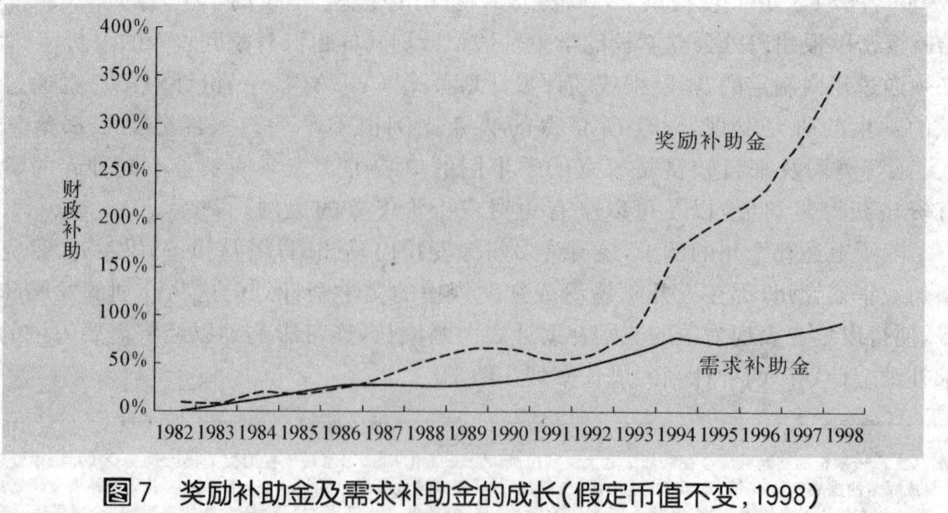

图7　奖励补助金及需求补助金的成长(假定币值不变,1998)

资料来源:作者根据国家州立奖学金及补助金协会不同年份所统计的结果。

在1982～1986年之间,奖励补助金和需求补助金都以相似的比例增长,在四年中大约增长了25%。然而在1987年初,奖励补助金的增长开始超过需求补助金的增长。在1990年初期,除了因为州政府发放多一点资金给需求补助金,而使奖励补助金短暂下滑之外,此后奖励补助金即一路快速增长。从1993年佐治亚州HOPE奖学金计划的成立以来,各州开始越来越强调奖励补助金的重要。在国家州立奖学金及补助金协会开始个别追踪奖励补助金计划的十六年来,奖励补助金的资金已经增长了336%,而需求补助金只增长了88%。1982年各州拨给奖励补助金的资金占了9.3%,到了1998年,这个比例已增加到18.6%。

学校补助经费和州政府补助的发展

就像稍早所提到的,能否负担大学学费取决于许多因素,如较高的学费或是财政补助的有无等。而也是像稍早提到的,财政补助的来源有很多方面,包含联邦及州政府、私立机构及学校本身的补助。

但关于各学校分配给大学生的财政补助,可搜集的资料很有限。国家教育统计中心(NCES)通过它的高等教育资料整合系统,搜集到一些学校发放奖学金的数据,用来作为年度大学财政调查的资料。然而这个调查并没有要求学校对于给予大学生及研究生的奖学金作区分。

但一个很有价值的资料,是由NCES从1986年开始的四学年所作的国家高等教育学生补助调查(National Postsecondary Student Aid Survey, NPSAS)。NPSAS是一个针对学校和学生注册人数所作的全国性的调查,可提供丰富的资料来检验国家有关财政补助来源的趋势,包含学校本身的补助。NPSAS记载了学生每年收到的各种来源、形态的奖学金,以及学生的背景及大学成绩记录。

一份刊登在《学生财政补助期刊》的研究中,唐纳德·E.赫勒与托马斯·F.纳尔逊·莱尔德(Donald E. Heller & Thomas F. Nelson Laird, 1999)利用NPSAS的资料来分析学校颁发奖学金给大学生在1989～1990学年和1995～1996学年的改变。[1] 这份资料的发现可以被用来检验学校的财政补助在和其他补助计划的改变比较之下有何增长。表6显示了全国公立和私立四年制大学的比较。

在公、私立学校,总教育及一般性支出在1989～1995年的增长少于50%,但各奖学金的支出却在公立学校增加了72%,在私立学校增加了80%。[2] 而由联邦政府单独颁发给大学生的佩尔奖助金,在公、私立学校则各增长了近30%。

---

〔1〕 这个研究只检视了全职、受补助的四年制大学学生,所以它只代表了那几年上大学的学生中的一部分。然而这些学生也占了每年约三分之二的奖学金名额。

〔2〕 就像先前所提到,IPEDS调查中取得的奖学金及总支出资料综合了大学生及研究生。

表6 1989～1990 学年及 1995～1996 学年四年制大学的财政补助和总支出

	1989～1990	1995～1996	改变的百分比%
公立学校			
总教育及一般性支出	$57 156 128 000	$79 650 716 000	39.4
奖学金——全部的来源	3 654 809 000	6 270 652 000	71.6
佩尔补助金	1 609 314 000	1 968 094 000	22.3
学校给予大学生的补助	386 648 000	928 420 000	140.1
学校的补助占总奖学金中的百分比	10.58%	14.81%	40.0
学校的补助占总教育及一般性支出的百分比	0.68	1.17	72.3
私立学校			
总教育及一般性支出	$37 184 113 000	$55 707 146 000	49.8
奖学金—— 全部的来源	4 845 453 000	8 711 855 000	79.8
佩尔补助金	672 894 000	860 973 000	28.0
学校给予大学生的补助	1 856 073 000	3 806 248 000	105.1
学校的补助占总奖学金中的百分比	38.31%	43.69%	14.0
学校的补助占总教育及一般性支出的百分比	4.99	6.83	36.9

资料来源:作者根据配额研究公司(2000)所统计的结果,Heller 与 Nelson Laird(1999)。

NPSAS 的数据显示,学校在给予大学生补助金上的支出和其他任何一个项目比起来,增长最快:在公立学校增长了 140%,在私立学校增长了 105%。1989 年公立四年制学校所颁发给大学生的奖学金中,只有不到 10%是来自于学校本身补助的奖学金,但是到了 1995 年,这个比例已经增加到了接近 15%。而一直以来就比较仰赖于学校本身补助奖学金的私立学校,也从 38.3%增加到43.7%。这些数据都显示出学校补助的奖学金,在财政补助的资源中占了日益重要的地位,特别是对于公立学校而言。

结论

本章记录了近年来各州对大学经费补助的改变。两百年以来,在美国原本是公立高等教育中最显著的特色——普遍的低学费,到了 20 世纪的晚期已渐渐不再。除此之外,州政府补助的计划起初强调让最需要的学生能进大学,但近十年来,整个计划的结构及诉求也已经有了重大改变。

这些改变带给了学生负担学费的巨大冲击,也改变了我们衡量它的方式。在公立学校学费很低,或几乎免付费的时代,我们不必去担心大学学费这个问题。就连最贫穷的学生也能勉强通过其他私人的赞助等,得到上大学的资源。

但过去的二十年来，我们看到了学生负担大学学费的能力大大降低，因为学费的重担大量转移到低收入的家庭。唐纳德·E. 赫勒(2001)针对不同的学生，检视近年来公立学校学费负担能力的改变。他依家庭收入把学生分成五个区块，发现必须用较多家庭收入去支付学杂费的，属于那些来自家庭收入较低的区块。家庭收入最低的那群学生必须从收入中支付学费的比例，从1971年的11.7%到1997年的25.8%，总共增加了120%。而家庭收入最高的那群学生，必须支付的比例只从1.6%增加到2.3%，仅仅增加了47%。相似的情形也同样发生在社区大学。

借由国家高等教育补助调查的资料，赫勒也研究了在扣掉所有可以领取的奖学金之后，不同区块的学生必须负担的学费实值。他发现在1989～1995年之间，最低收入和第二低收入的学生需负担的平均学费实值各增长了61%和73%(以现今币值计算)。另一方面，最高收入和第二高收入的学生需负担的平均学费实值，却只各增长了55%和49%。除此之外，不同的种族族群也有很大的学费差距。当白种人学生的学费实值只涨了56%时，非裔美籍的学生却涨了208%，而西班牙籍的学生更涨了414%。

很明显地，这些改变不但影响了学生负担学费的能力，也对大学的入学率造成冲击。大学董事会(1999a)在它的年度大学学费调查中，记载了从1970年来，不同家庭收入的高中毕业生的大学就读率。这份资料可以用来检视这些学生们的大学就读率在这段时间演变了多少。

图8显示了最高收入学生和较不富裕学生之间的大学入学差距。最富裕的学生(在1997年的币值中，收入大于74 584美元)和最贫穷的学生(收入少于25 063美元)之间的差距，在1971年只有不到31%。到了1996年，这个差距被拉开到超过34%。其他中等收入的学生和最有钱的学生的差距也连带地被拉开。

相似的差距也存在于白种人学生和非裔美籍、西班牙籍学生之间的大学就读率。一份研究非裔美籍大学生入学率的报告发现：

> 非裔美籍的大学生入学率历年来就比白人学生低，近二十年来这种情况更是明显。1976年非裔美籍入学率为16.4%，比白人学生低了4.4%；到了1996年，两者间的差距更拉开到7.1%……就目前来看，非裔美籍的入学率也必须再努力二十年，才能把差距缩小为1976年时的比例(Heller, 1999, pp. 14～15, 27)。至于西班牙籍学生，在1976～1996年之间和白人学生的差距同样很大。[1]

[1] 在此的大学入学率是以18～29岁的人口作为计算基准，所以只能用来衡量以种族为主的大学入学率，不适用于之前提到的家庭收入所造成的入学率差距。

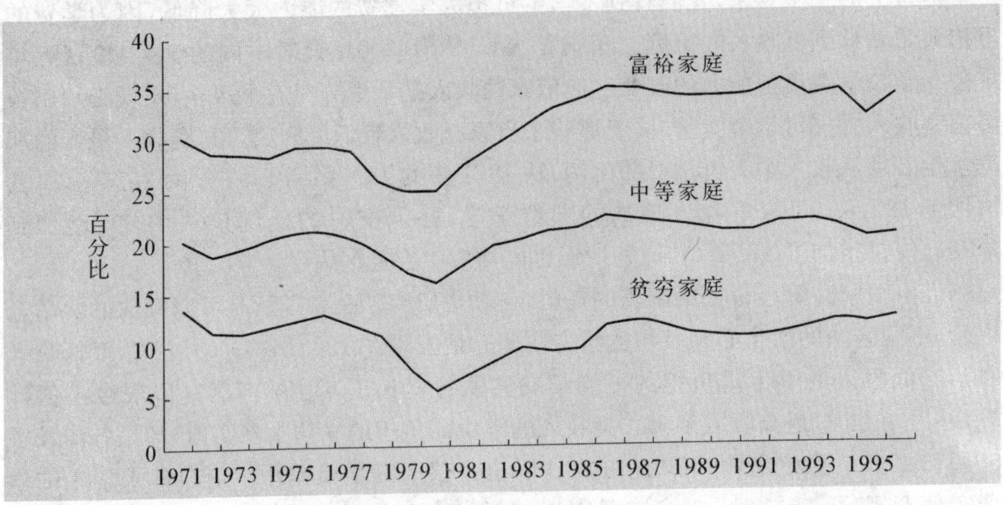

图8　最富裕家庭的学生与其他家庭学生的大学入学率差距

注:在此所用的是18～24岁进入高等教育就读的高中毕业生的比例。三年的间距是用来弥平每年间差距的微量变化。

资料来源:作者根据大学董事会(1999a),表10所统计的结果。

在这二十五年来,所有的财政补助计划,包括佩尔奖助金、州立学生奖励金计划、州立奖学金计划和学校本身的奖学金补助,很明显地并没有发挥作用。它仍旧无法消弭美国不同家庭收入及族群的学生之间大学入学率的差距。纵使有人可以辩驳,如果没有这些奖学金,差距会更大,但是如果州政府和联邦财政补助计划的主要目的是如同70年代所主张的,不让金钱成为就读大学的障碍,那很明显我们还没有达到劳埃德·莫里(Lloyd Morey)在七十五年前所说的:

> 我们必须谨记在心,申请书上任何程度的费用都将使一些渴望求学,也有权利求学的学生无法负担。我们必须提供补助给这些学生,让他们的受教育权利免于被剥夺。奖学金或贷款都是创设已久且实际的好办法,应能解决这个问题(Morey, 1928, p. 118)。

本章也记录了州政府的财政补助政策在近几年的改变,和这些改变所带来的暗示。奖金补助计划是一个资金来自乐透彩或烟草诉讼和解金的计划,虽然这个计划中的大部分奖学金根本就落到了那些有能力负担学费的大学生身上,但它还是受到许多立法委员及州长们的支持。原因很简单,像佐治亚州的HOPE奖学金、佛罗里达州的"锦绣前程"、新墨西哥州的乐透彩成功奖学金计划及密歇根州的奖励金补助计划,都被证明很受选民们的支持,尤其是那些在政界中较有影响力的选民。前任佛罗里达州

州立大学体系的总理查尔斯·里德在一个小故事中道出了他对这些政策的挫折感:

一个男人最近去迈阿密州找查尔斯·里德,并告诉他佛罗里达州的大学制度有多棒。里德于是请他解释原因。这个男人说,他两个在佛罗里达大学就读的孩子都收到了新制的乐透彩奖学金。而令里德不解的是,这个男人是个整形外科医师,明明就不必接受州的补助而有能力负担孩子的学费。"有些事真的是做错了。"里德说,"当你能给予中、高家庭更多福利时,以政治的眼光衡量,似乎再好不过了"(Dunkelberger, 1997, p. 1A)。

托马斯·莫特森(Thomas Mortenson),一个长期注意国内奖学金政策的观察家,也对奖励补助金计划提出了相似的批评:

在这个社会福利有限的世界里,把原本就稀少的补助资源给予那些不需要的人,是浪费、不必要,也是不值得的。它牺牲了那些应该给予无法负担大学学费的学生适当的补助金(Mortenson, 1997, p. 2)。

有人或许会期待奖励补助金的蓬勃成长,因为它或许可以衍生出更多额外的钱给财政补助系统,开启以需求为主的奖学金的资金来源。但是许多观察家也承认,虽然这些政策可以增加高等教育的资金,但他们并不能促进国家长远发展的利益。美国州立大学协会——一个鼓吹公立四年制大学的组织表示:

许多新一代的奖学金计划都很没有效率,因为它们提供奖学金给那些本来就有能力负担学费的学生。奖励补助金的收受者,多半都是来自于中、高家庭收入的学生,这些家庭至少也有能力负担部分的学杂费。甚至,这些家庭的学生也常是其他补助方案的受惠者,例如联邦税收减免优惠、预付学费计划,或是大学免付费计划(Reindl & Brower, 2000, p. 2)。

决策者必须重新检视州补助计划的目的,来决定应该补助那些成绩优秀但已有能力念大学的学生,还是那些急需资金继续求学的学生。如果前者胜出,那我们将看到更多的州不断跳出来,加入奖励补助金计划的行列。但如果支持后者的人胜出,那么州政府的官员就必须重新正视三十年前曾被信奉的准则,也就是在 1965 年通过的《高等教育法案》,以创立更多以学生需要为主的奖学金计划。

(作者 Donald E. Heller)

第六章
回归，回归

简介

弗朗西斯·高尔顿(Francis Galton，1885)以研究父子间身高的关系将“回归”的概念引入到研究团体。在他的研究中，发现儿子们的身高并不趋向他们父亲的身高，而是回归到整个母体的平均数。因此他将这种**回归到平均**(regression toward mediocrity)公式化，而且随着卡尔·弗里德里希·高斯(Carl Friedrich Gauss)(Myers，1990)所发展的**最小平方法**(ordinary least squares procedures，OLS)，在研究**多元回归**(multiple regression)时，它已经成为最常用来调查或者用模型表示变量间关系的一个统计工具了。回归几乎能应用在每一个领域，而在浏览高等教育期刊时亦至少会遇到一篇研究论文是选择用 OLS 回归方法的。同样，高等教育研究协会(the Association for the Study of Higher Education)、美国高等教育研究协会的 J 部门(Division J of the American Educational Research Association)及研究制度协会(Association for Institutional Research)中有非常多的利用多元回归的方法所发表的著作，鼓励我们重新温习这些高等教育研究讨论中的基本原则，并竭尽所能去传递更精确的分析方法，借此提高研究的可信度。

由于本章并不是要介绍多元线性回归，因此我们假设读者们已经有回归的基础知识。另外，虽然本章大多是介绍性的课题，但主要还是想要引出一些可以应用在高等教育研究的重要技术性议题。在这里所引发的议题是这个有用的技巧从基本法则到准确地应用。而在我们已发行的研究中亦常常部分或约略地提到它。在此，我们希望本章可以重新调整一些关键论点，使多元线性回归更有帮助。回到这些基本论点让我们可以用这些技巧工具来使我们的分析精练，用以改善高等教育的种种研究结果。

回归分析的用途

多元回归的两种主要目的是预测及说明解释，而且这种分析所用的方法取决于模型估计的目的。举例来说，假设一个学术研究机构必须决定一组变量(例如能力、高中时的成绩、社会与经济的地位、兴趣、动机)是否可以预测入学第一年年终的平均学期成绩。若想要充分运用这个预测结果,并运用这些预测的方程式来辅助准许入学的决策,则需发展一个可以从入学许可的各种数据中计算出的最佳的产出比例,并且有最小预测误差的最简略方程式。目的是删去多余的变数,而非检验有理论基础的假说。在选择变量时并不一定要运用理论学说来发展如此的预测方程式,而且估计参数并不是很重要。更重要的是,要如何才能符合经济,使数据有效性更高;如何才能容易获得所需的数据,而更准确地预测。为产生最精确的估计值,我们使用各式各样的方法来使必要的变量保持在最少数目(Montgomery & Peck, 1992; Myers, 1990, 介绍为了预测而发展的回归方程式)。同一个数据所使用的不同方法会导致保留不同组的变量,但还是有很多符合任何研究精确估计的方法。

当高等教育研究里都是利用回归分析作预测的研究时,很少有人会使用涉及最有效预测方程式的数学方法。高等教育中所有回归分析的运用都是为了解释,而本章所讨论的方法就是要讨论行为学研究的要素。而我们所研究的问题大部分是想要了解或者解释:为什么有些研究的现象会因人而异?高等教育的研究现象普遍是"多变项的",也就是说,研究的重点与多元相关因素(自变量)有关,或是受其影响时,将(因变量)概念化。很少有简单的二元关系可以准确地说明或解释模型的实质性。社会科学的现象错综复杂,使我们必须研究重要变量间的共变异性。因此,共变量与变异数是多元回归的根本。

我们在研究解释变量及模型的真实性时,对变量间的关系的期望及选择想要研究的变量常隐含着理论上或者概念上的基础解释。佩德哈泽尔(Pedhazur, 1982)在著作《多元回归于行为学研究之应用》(*The Application of Multiple Regression in Behavioral Research*)中,提到"就方法而言,若不与理论作结合,则其本身的意义不大"(p. 3)。他还提到"解释研究资料的分析,势必要从理论延伸出去"(p. 11)。从20世纪50年代初社会学普遍地应用回归分析后,便不断地出现有关用理论领导多元回归来研究行为学的争论。伊齐基尔和福克斯(Ezekiel & Fox, 1959)强调以下叙述的重要性:"小心逻辑的分析,同时需要对问题发生的相关领域有完整的了解及掌握特定问题所涉及的要素在完整技巧上的知识(p. 181)。"因此,最有效应用回归分析需要依赖良好的理论与适当的方法。

理论的角色

如同先前所提到的,在高等教育研究里,多元回归常用来解释现象,而克林格尔(Kerlinger, 1973)更说明这种解释称为理论。他将"理论"定义为:为了解释及预测现象而发明的定理,借由具体指出变量中的关系以提出对现象有系统化的看法,它是一组相互有关系的观念、定义或有待验证的定理(p. 9)。因此,用来解释现象及欲测试特定假说的变量的选择，来自该研究生院根据的特定理论。理论的定义引出变量测量的架构，并且用以检定理论假说。所以我们假设某些基础理论直接具体说明这一组用于统计分析的自变量及因变量。

以理论为基础来选择多元回归的自变量，也包含了该如何讨论这些多元回归分析所得到的结果。估计回归系数的解释跟自变量的**效用指标**(indices of effects)一样，只能被应用在该理论的架构下。佩德哈泽尔(1982)提到，没有理论基础的变量选择，就没有办法说明变量的有效性及其意义。它更指出，无论是用以理论为基础的方法来选择变量或用统计方法(例如逐步法)来选取变量，研究结果终究会是当初预测的状态。那是因为，自变量是为最佳结果而选取的变量组合。因此逐步法不适合用来解释模型。事实上，《教育与心理测量》(*Educational and Psychological Measurement*)学刊的主编布鲁斯·汤普森(Bruce Thompson)亦指出，用逐步法会带来很大的问题，他同时认为用逐步法的教育研究不适合投稿到该学刊。

多元变量的选择也算是精简的，当这些多元指标之间存在高度内部相关时，极端的多元共线性便会产生(在稍后的章节会有详细的介绍)，而这样会排除对统计结果所作的任何有意义的解释。尽管资料并未显示出有多元共线性存在的迹象，戈登(Gordon, 1968)仍论述说明大量的"控制"变量会导致"偏谬误"，且不因为变量很好取得就随便滥用。例如，在他的论文中所使用的什物(odds-and-ends)变量就是回归因变量与自变量呈低度相关，且因为"很少重复出现"，所以有统计显著水平(p. 598)。因此，有意义的分析结果仰赖于**适当理论**(appropriate theory)的变量选择及对回归的**适当应用**(appropriate application)。就像佩德哈泽尔(1982)所说的"除非通过分析工具的应用，否则资料本身不会传递讯息"(p. 4)。

多元回归分析的要素

设定假设

理论模型及模型中结构的可运算化导出数据结构及统计模型。理论模型描述研究者在研究利益现象时的一个概念化观点，而统计模型则是给予一个用来测试理论的数学表示。数据结构与统计模型所指出的关系大抵确定回归是否为分析的适当工具。尽管回归是一个很好的稳健工具(例如：就算严重违反基本假设，也经得起考验)，但仍容易被许多分析的数据特征所影响。因此，我们不能只着重于"了解"分析数据的重要性，在了解的过程中还需要培养对数据来源与以下的特征的熟悉度，如数据结构、变量的测量特征及单变量与多变量的分配特征。

数据的结构

就像许多统计程序一样，多元回归的推论效用大部分都是假设，分析数据是简单随机抽样的特定模型。这个假设隐含着理论模型本身可以利用单一分析单位的数据来运算(例如学生或教育机构,而非学生与教育机构)。然而,在建立高等教育的结果模型时,这个假设常不实用。譬如,环境的影响在教育领域中许多个体水平效果的理论里扮演着重要的假设(如学生)。一个人只需要通过三十年来证明:"大学环境在个人的行为与态度上扮演何种角色(Astin, 1993)?"我们假设学生身边的环境对学生个人有很大的影响,也就是说,研究者关心的是两个不同的分析水平——学生与教育环境(例如校园、系所、教室等)。

像阿斯廷这种 I-E-O 的架构下常常合并一个以上的分析水平。一般来说,假设每一个变量用同一种分析水平的分析工具,如此的操作模式就很不适当(我们在这里所讨论的多元线性回归就很依赖这样的一个假设)。发生这些计算的数据建构需要"多标准"的技术,也就是设计用来利用多种分析水平的技巧(Bryk & Raudenbush, 1992; Ethington, 1997; Heck Thomas, 2000)。

根据国家教育资料中心(National Center for Education Statistics)的统计,在使用这种大量的数据集合时,一个单独却有相关性的问题便产生了。通常当我们在第一阶段随机选取教育机构,并在第二阶段随机选取学生个体时,这些资料依赖复杂多重抽样策略,也就是说,为追求其有效性,在抽样设计时,用教育机构将学生集合归类成群。虽然仍是几率样本,这种搜集数据的方法是再简单不过的,且对统计工具计算的结果有重大的影响,就像多元线性回归的模型一样,其假设数据是独立分析水平下的简单随机分配(Thomas & Heck, 2001)。

变量的测量

因变量

当因变量没有一个适当的基本衡量水平时,线性回归模型的因变量可以用连续水平测量(例如,区间或比例测量水平)。虽然回归模型用不连续测量还是会产生结果,但对建立不连续结果模型有兴趣的研究者,不应该使用我们在这里所介绍的回归方法,因为还有许多适合分析这种因变量的统计方法。研究者也可以使用专门设计来测量这种因变量的一般回归模型,如二项式回归、多项式回归或几率模型(Long,1997;对这些模型更精辟的介绍)。

自变量

线性回归模型中一个最吸引人的特色是:它所得出的结果可以很容易地诠释。不论在模型中是如何的测量变量,都可以套入"每增加一单位 x,会增加/减少 b 单位的 y"的这个解释。正因如此,当自变量与因变量用同一单位的尺度测量增加或减少时,这种容易被了解的诠释才是有意义的。

年龄与收入是最能有丰富诠释的理想范例——尺度上的任何一个区间单位点到其他点之间有相同的距离,而尺度上0点代表测量性质不存在。因此,假设用回归模型来讨论年龄与收入的关系也许可以解释为"年龄平均增加一岁,则收入会增加9 700美元(年龄的斜率值)"。

然而,当研究者用五点尺度(五分制,5-point scale)来测量同意程度时,情况则开始变得复杂。大多数的人会想,这种尺度可以是用来说明同意、不同意的一般水平,但在五点之间的距离并不全然相等(不像前一个例子中的年龄)。在这种情况下,很难说明从1~2之间的距离跟从4~5的距离相等。如此一来,使用非连续变量模型的解释会变得不精确,但是还是可以提出一个有意义的解释。我们的任务是在多元回归分析中用最高的测量水平。而低阶的测量则需要有较完整的测量误差,也就是我们稍后会提到的重点。

自变量还有一些广泛使用的特殊例子。像宗教或性别一样,许多变量用名目水平测量——也就是说量表没有次序,且点与点的区间无意义。根据前面讨论的符合连续测量的变量性质,也许有人会认为多元回归模型用名目测量水平是有问题的;但是,跟前一个态度量表的例子比起来,这种变量类型才可以轻易地转换成有用的测量。

假定名目测量水平是应答者的性别,我们也许可以将之编码:1表示男性;2表示女性。这种变量可以用"虚拟变量"或"指标"的变量重新编码,将一组指定为0,另一组为1。例如,我们用以上的方法将性别重新编码,0代表男性,1代表女性。变量用这种编码方式编码,便可以用回归模型计算出"净差"——一个很有用的结果。名义上的编码可以用在各式各样的多元回归模型中,我们鼓励读者更深入地去发掘更多适用或不适用的变量(读者可以参见Hardy完整的介绍,1993)。

在我们结束变量测量的议题之前,回归中有一个很重要的关键假设,那就是所有变量都没有测量误差。[1] 也许可以说是高谈阔论,但提供"随机"的测量误差(而非系统性误差,随数据的变量值或观测值的变动而改变)。这样的观测值会比没有测量误差还小。也就是说,在不完全测量下,模型也许无法充分叙述出两个变量间的关系,并导致错误的解释与结论。

既然讨论了测量的重要性,研究者应该更注意这变量是否足以产生有意义的解释。比较精明的研究者会将测量水平与模型中实际分配视为相同。例如,我们常发现回收应答者的资料中李克特(Likert)尺度只有二分或三分——大幅地降低解释变量的范围,且使变量没有意义。因此,各变量在模型中的分配需要经单变量的检验方法,以确保这些所使用的变量具有原本期待的测量性质。[2]

---

[1] 许多与多元线性回归应用有关系的假设将会随后在本章逐一提到。

[2] 研究者通常不会在这个阶段把重点放在变量的常态性。变量中唯一假设常态分配的是误差项 ε,模型中的观测变量可以是任何一种分配。但我们要提醒读者,一定要留意这些分配,使量表能真实呈现出数据。

这种初步检查是在建立回归模型时第一道重要的防线，而且可以在统计软件包，像 SPSS 或 SAS 中找到。联合几率分配的检定跟单变量特征的检定很像，只是更复杂。

模型规格

由于我们希望有精确的测量结果，研究者在阐明回归模型时必须非常小心。我们也必须在假设检定统计模型时，假设正确测量模型。在本章的后面会遇到这两个假设的主要范围。第一个是自变量与因变量间有一个线性关系，也就是说它们之间有直线关系。如果这个假设很难获得理论上的支持，那么并不适合使用多元回归这个模型。既然因变量可以看成是自变量的线性组合，则首先要检视的是自变量与因变量之间是否可以用简单二元散布图表示。

假设研究者可以合理地断定理论关系可以充分地用线性方程阐明，则可以将另一个模型构面视为已包含所有重要的变量，且排除不重要的变量。回归模型中的测量变量具有一定程度的偏差，使其理论上重要的变量被排除掉，也就是说，研究者很明显地在冒险将不包含在模型内的重要变量归因于模型中既有的变量。这两者之间的偏差将会导致估计误差，也可能会误导统计结果与解释。研究者的责任是了解理论上与经验上模型的偏差，以及估计这种偏差所带来的影响。

在下一节中，我们将利用模型规格与测量等课题来导引出回归模型的一些基本数学概念。有了这些基本概念后，再将焦点转向使用多元线性回归模型时必要的假设。

统计模型

多元线性回归在统计模型的著名的**一般线性模型**(General Linear Model)基础的线性模型水平中：

$$Y = X\beta + \varepsilon$$

特定多元线性回归模型是：

$$y = \beta_0 + \beta_1 x_{1i} + \beta_2 x_{2i} + \cdots + \beta_k x_{ki} + \varepsilon \quad (i = 1, 2, \cdots, n)$$

因变量 y 由两个部分组成。第一个部分是定义测量值 y 与参数($\beta_0 + \beta_1 x_{1i} + \beta_2 x_{2i} + \cdots + \beta_k x_{ki}$)的基本线性关系。对给定任何水平的 x，都会有一个对应的 y($E[y] = \beta_0 + \beta_1 x_{1i} + \beta_2 x_{2i} + \cdots + \beta_k x_{ki}$)值，第二个部分 ε_i 是变量的猜测值或者随机值。这个误差项——ε_i 是一个随机变量，也是几率分配的结果，有以下的性质：

1. $E(\varepsilon_i) = 0$，误差项的平均值永远为 0。
2. $Var(\varepsilon_i) = \sigma 2$，误差项予 x 以相同水平的变异数。
3. $Con(\varepsilon_i, \varepsilon_j) = 0$，任何两观测值的误差项不相关。

4. ε_i是常态分配。[1]

虽然有许多方法可以用来估计这个模型，但最小平方法仍是现在最常用的方法，亦是原本多元回归分析发展时的方法（常指普通最小平方，OLS；它是统计分析软件包中隐含的一个方法）。[2] 估计回归系数(β)的 OLS 方法，像是最小的误差平方的总和($\Sigma\varepsilon_2$)。βs 是母体参数与估计参数用②这个数学方式的表示。在控制其他的自变量不变的情况下，这个回归系数是用来测量每增加一单位 x 时，因变量(y)的变化量。另外一个更常用的解释是 x 变量的系数代表 x 对 y 的净效用，而系数的大小依赖于测量自变量的测量。方程式(β_0)的截距大多没有测量自变量的实质意义，因为它代表一个 x 值为 0 时的因变量 y 值。

许多统计软件系统也计算标准系数测试版（请不要与母体参数 βs 混淆），它代表会产生使所有变量标准化的回归系数。因此，就如同所有变量已经被标准化一样，它们都有相同的度量，既然自变量视为可以被一般地度量，与 βs 不同的是测试版可以比较出相对大小。

一旦 βs 可以被估计，在独立测量中，变异量的总平方和可以被分解成两个部分：解释回归平方和与误差（残差）平方和。这些平方和是统计检定的基础。

显著水平检定

回归的显著水平是决定因变量 y 与其自变量之间是否有线性关系的全权 F 检定。在 F 检定中，其虚无假设与对立假设分别为：

$$H_0: \beta_1=\beta_2=\cdots=\beta_k=0$$

$$H_a: \beta_j\neq 0 \text{（至少有一个 j）}$$

拒绝虚无假设指的是最少有一个因变量与模型中出现的变量有显著关系。F 检定是均方回归除以均方残差的简单比。

$$F=MSreg/MSres$$

当 F 显著时，我们检定自变量以决定哪一个对解释有贡献，且对因变量有效用。这些系数检定包含 t 检定以及与 F 检定相等的检定（指在包含所有自变量的方程式中，应变量的总变异的改变）。

解释回归平方和与总变异平方和的比率是判定系数(R^2)，且给予了被解释的 y 或可归因于自变量的 y 的总变量的比例（大多数主要代表在观察与预测 y 值之间的相关平方）。这称为 R 平方，且是符合模型的指标，范围从 0（表示不适当）到 1.0（表示

[1] 在下一节中，我们将会针对了解误差项的性质与特征的重要性作说明。

[2] 本章的目的不是用矩阵代数表现的完整数学式来介绍多元回归，而是对统计结果的诠释。如果读者对回归的数学式有兴趣，可以参考任何一本多元回归的标准参考书。

完全适合)。

$$R^2 = SSreg/SStotal$$

许多研究者试图将解释总自变量的比例分解成单独可归因到各个自变量的分量。唯一可能的解法是当所有的自变量都不相关时,但这是不可能发生的。然而,已经发展出许多试图分解的方法,且随不同的方法,变异量大体上归因于各个变量的不同。为了更近一步讨论分割变量的困难度,我们将读者留给佩德哈泽尔(1982);且非常认同一位杰出的社会学家奥蒂斯·达德利·邓肯(Otis Dudley Duncan)的建议:我们不要再讨论了。

> 一个小小的建议——一个省去工夫与担忧的人——是一个懂得避开所有单独随机成分划分 R^2 的检定。虽然有许多社会学家、心理学家,或者是有堂吉诃德思想的人永远无法放弃这个企图心,但是,它永远不可能完成(1975, p. 65)。

实质重要性与显著水平

一旦可以找到显著水平,就一定会有人质疑这个发现的实质重要性。我们都知道,大样本的大小对寻找任何类型统计分析的显著效应的可能性有贡献。如果受访者回答调查的数据不到千个,我们也常使用百个以上的数据。研究者的责任在于决定搜集数据的特征及已提出的问题后,去决定何种度量的使用是实质上有意义的。有一些作者会给读者重要性标准的指标或范例。虽然某些度量在这个设定里是重要的,但在其他设定里却不见得如此。例如科恩(Cohen,1977)提出 R^2 等于 0.01 可以视为一个小而有意义的值,但使用自变量集合的应变量的变异若只有 1%,没有人会同意这有任何解释的意义或重要性。与报告中的 R^2 相比,类似研究里仔细考虑残差度量的 R^2 能使这个研究发现更有意义。在其他条件不变的情况下,假设这个在因变量改变 5/100 的标准差代表自变量改变一个标准差,残差小于或等于 0.05 时很难说这是有意义的。

多元回归效用之威胁

就像许多推论技巧一样,在使用多元线性回归模型时,必须有 n 个假设。若没有办法使资料符合这 n 个假设,则会破坏此统计模型结果的有效性。当一般不了解"何种假设最适合线性回归模型"时,一定会有舆论认为"或多或少会有某些假设影响回归模型所产生的结果的精确性"。在先前的章节中,我们已经介绍过其中的两个假设——规格与测量。违反这两个假设会使多元回归模型的斜率估计不精确。另外的部分设定则与误差项 ε_i 有关（见表 1 中的假设 3 到假设 6），违反这些假设会影响到标准误差的估计，连带影响到斜率与显著水平的估计。不可否认的是，要完全符合表 1 的每个假设是不太可能的。因此，我们在这里说明违反这些假设会有何种程度的影响，而研究者有责任去判定所列出的假设对多元回归模型的影响（正向或负向），接下来的部分是简单地介绍每一个假设对模型估计的影响，以及判定符合假设程度的方法。

表 1 有关多元线性回归的关键假设

1. 规格（直线性与自变量）	简单来说，我们假设结果可以被解释为自变量加上误差项的线性方程式，且模型中包含所有有关的自变量。这个假设在本章节前面曾提到过。
2. 没有测量误差	我们假设在模型中的每一个自变量都被精确地测量。
3. 平均数独立性	我们假设误差项的平均值永远等于零，且假设这个值独立于自变量。
4. 各行列的等方差性（homoscedasticity）	我们假设误差项的变异数与交叉所有自变量层级相同。
5. 无交叉项误差	我们假设任何一个观察值的误差项的值不受数据集合中其他观测值的误差值所影响。
6. 误差常态分配	误差项的所有分配都是常态分配。

检定以上的假设

我们鼓励研究者深入地去了解资料，但舍弃前面章节所提到的基础不看，很少有研究者事先知道多元线性回归是否是合适的。通过模型残差的**析因分析**（a post hoc analysis），那些模型后面所剩下的部分是合适的（在数学式里的 ε_i）。更具体地说，残差是 i 项用模型所预测的值（y）与 i 项实际的观测值间的差，比较适合模型会产生较小的残差集合，较不适合的模型则不适合（这些残差实际上是 OLS 中“最小平方”的基础）。

许多回归的假设很容易理解，也容易用相对简单的残差分析检定。社会科学所使用的任何统计软件包（例如 SAS、SPSS 或 Stata）都会提供一个令人印象深刻且常包含分析 OLS 回归残差的序列。以下我们粗略列出几个应该被任何多元回归分析所用到的说明。统计软件包所附的说明书提供与附加的检定和解释相同的详细分析，也许是有用的。亦希望有兴趣的读者能变得更熟悉这些相关的资料。在前面的章节考虑到的第一、第二个假设时，我们用相同的方式在假设 3 到假设 6 里协助建立一个着眼于残差项的特性的背景环境。

假设 1：模型规格

违反假设的结果：估计系数会被残差所限制

当我们第一次在本章前段介绍到线性时，便告诉大家这可以开始思考这个假设伴随着每一个关键自变量与结果 y 而成的二元散布图。由于这种早期的分析发展得不完整，导致产生一个使它无法只用二元来思考或检验的缺点，也就是假设 y 是由自变量组合而成的线性方程式。但现在有了误差值，研究者便有更大的空间来选择更精确有用的方法去检定直线假设。[1]

总而言之，这在大部分主要的统计软件包中属于比较简单的分析。大多数的软件使研究者能描绘出在每一个考虑到残差的模型中所估算的预测值。如果自变量与因变量的关系可以实际用线性方程式表示，则所绘制出有预测值与残差的图将会因为与实际值交叠而看不出差异。也就是说，这个模型会刚好符合所有交叉预测值，而其残差则随机分配在趋近于零(残差的平均值)的带状图中。预测值与残差的任何系统性变异会干扰这个直线性假设。

假设 2：测量方法

违反假设的结果：估计斜率系数会因误差趋近于零

正如同先前所提到的，社会科学中部分变量可以很精确地测量出来，因此，如果基本变量可以完整地测量出来，通常这个假设会使斜率系数的估计小于原本应有的水平。因为在单独测量变量时，例如年纪或薪水，研究者必须依赖理论及直觉大略地估计。但是请不要忘记，早期讨论到的许多准确的测量水平还是有价值的。严格的**测量水平**(hard measure)，像年纪(用法定出生日期计算)，比“同意度”这种不严谨的测量水平(例如，用李克特尺度测量)更能被信赖。就**复合量表**(composite scale)来说，研究者亦可以用克伦巴赫的阿尔法(Cronbach' alpha)这种测量信赖水平的工具来判断量表的信度。由于测量水平是另一个完全不同的领域，读者可以自行参考洛德、诺维克、南奈利、博赫斯特(Lord, Novick, 1968; Nunnally, 1978; Bohrnstedt, 1983)等人针对这个领域的详细介绍。在这里我们想说明它的重要性，并提醒读者，这种错误将会误导对统计结果的解释。

假设 3：独立平均数

违反假设的结果：估计斜率系数会因误差趋近于零

这些说法用关系架构中的误差项来证实，前两个假设是在说明有关模型规格与测量水平的假设。那就是，变量有测量误差及规格设定错误时，会显示在误差项上，并违反多元回归适当的假设。有一些统计学家(如 Lewis-Beck, 1980)曾说到，平均数独立这个假设只有在估计截距时是重要的(社会学里很少会遇到)；其他人则认为，所有会对 y 产生影响却被模型忽略的效应全被归在这个误差项 ε_i 中。这种不正确省略的自变量应该与模型中其他自变量相关联吗？如此一来将会造成自变量与误差项 ε_i 之间

---

[1] 与多元线性回归有关的违反假设的补救办法是很复杂的。虽然我们提供了一些简单的补救办法，但是由于本章篇幅有限，无法再有更多关于补救办法的论述，因此我们建议读者参考一些数据例如 Neter、Wasserman 与 Kutner(1985)，或者直接参考统计软件里的说明手册。

的相关,明显违反平均数独立的假设。同样,误差项存在的范围里也包含在误差项 ε_i 中。这样的测量误差影响到模型中自变量的测量值,导致与误差项相关,如此一来又会衍生出另一个问题。没有一个简单的方法来测量违反这个假设后会有何种程度的结果产生。就像我们常说的,我们鼓励读者多参考理论与经验模型,小心谨慎地考虑变量运算的测量。

假设 4:等方差

违反假设的结果:估计标准误差可能会产生偏差

估计值与残差所描绘出的图标是用来检视线性假设的,亦可以用来检定等方差的假设——换句话说,误差值(也就是残差)与自变量是同一个层面的。当残差值随估计值 y 的增加或减少而散开时,这个假设不成立。例如,学生 SES 背景低的学生表现估计值(y)会因为某种因素而比学生 SES 背景高的学生的表现估计值(y)更为精确。也就是说,学生来自高 SES 背景的残差值会比来自低 SES 背景的还要大,呈现异方差(与等方差性相反)、误差的本质。

违反这个假设会使标准误差有偏差,降低弃绝虚无假设的可能性——相同条件下,研究者很有可能判定此系数有统计显著水平。有许多补救的方法,包括加权回归最小平方,或使用统计软件提供的稳健标准误差——读者可以自行利用统计软件包所提供的方法来学习更多的补救方法。

假设 5:无交叉项误差

违反假设的结果:估计斜率系数会因误差趋近于零

在前面我们花了一些时间来说明多元回归模型的假设:简单随机抽样。如此,同样的方法不会产生一个有系统性相关的观测值样本;但当时间或样本群变成抽样计划的一部分时,观测值也许会因为(1)与时间点交错而相关(例如,教职员每学期或每年的态度),或者(2)观测值与样本群有内部相关(例如,学校里的学生),从而导致这样的观测值常会对其他观测值产生系统性的影响,且违反无交叉项误差的假设。研究者很有可能认为系数有显著水平,但其实不然。

如果考虑时间向度,统计软件中亦有检定序列相关的简单检定。杜宾-沃森(Durbin-Watson)的"自身相关"统计是最容易用来测试观测数据集合中的时间顺序相似度的。如果模型会产生相关的干扰项,研究者就应该找一个适合时间序列或历史事件的方法(可以参考 Ostrom, 1990; Allison, 1985),亦可应用于样本观测值成群组相关(参考 Thomas 与 Heck 的更多详细的介绍及补救方法, 2001)。

假设 6:独立误差

违反假设的结果:随样本大小而改变

本节讨论的最后一个假设与误差项本身的分配有关。给定一个样本数超过一百的充足样本(并假设有五个以下的自变量,这也是多元回归的一个不严谨的假设),当假设中使用较小的样本时,必须使用 t 分配来检定;大样本则需要用**中央极限定理**

(central-limit theorem)胜过样本误差的常态分配。有许多检定的方式，两个最直接的方法之一是残差图，许多统计软件都提供这项残差组织功能，一眼便能看出残差的分配。另一个方法是用累积几率图，研究者亦可以靠统计软件很快地求出。若样本数小于一百，则残差的分配会呈现非常态的状态，有可能是正向残差分配。可以利用数学逻辑来改变分配，例如，将一个负的残差分配平方。

总而言之，虽然多元线性回归是一个健全的工具，但是当违反假设时，反而会降低它的效用。尤其是有一些假设比其他模型还要严苛，比如模型规格、测量方法、独立平均数与等方差。比较不严谨却值得读者深思的则是误差的分配与误差项本身。社会科学所用的任何模型不可能都完全符合这个假设，而违反这些假设会降低斜率的估计与假设检定。因此研究者应该要清楚模型有哪些缺点并会因此影响对模型的解释。

其他的考虑

不合格值

不管情况是有异常值的自变量还是应变量，都会对多元线性回归的结果产生很大的影响。就像前面提到过的，对抗这种异常的影响最佳的第一道防线是检查初始的叙述统计值与模型中的变量分配。应该注明那些极端的观测值，并且仔细考虑在最多元回归分析时是否要移除这个值。残差分析不应该只是模型中的变量的单变量特征值，而是供考虑变量的**联合影响**(joint effects)。在极端不正常的情况下——有极端值或是不可能的变量组合——都应该考虑从这个分析中剔除。[1]

透过残差图(可以在统计软件包中找到)可以清楚地发现这种像是有极端值或者是不合格值的情况。它们通常会出现在残差图的边界，而大部分的统计软件包里都会提供让研究者可以发现问题及补救的处理办法。这种分析方法只会考虑到残差——也就是估计值减观测值——并且提供符合这种变量结果一个预测的变量。不符合的例子会有很高的残差值，必须要再进一步考虑这种极端的观测值。

为了直接讨论残差，必须强调如何判定一个或者更多的因变量或自变量有极端值的重要性，因为如果自变量中出现极端值将会对产出结果有很大的影响。自变量有极端值，假设产生的因变量也是极端值，则观测残差分析的时候就会被蒙上一层面纱。为了不让这种问题在残差图上出现，我们可以利用测量模型中每一个自变量到所有自变量的平均值的距离的估计，这就是所谓的“马氏距离”(Mahalanobis' Distance)，并

---

〔1〕 当不合格值出现时，会降低分析的解释能力及导致估计不精确。不可否认的是，必须手动地移除这个值再估计。通常面临需要剔除不合格值的研究者将会报告两个估计结果(包含不合格值及不含不合格值)，或者是更改变量或借搜集更多的观测值以消除这个问题。无论怎么处理这个问题，都必须依赖研究者承认数据修改的事实。

且可以在现有的统计软件中找到。当残差值越大,这个值也就越大,也就代表这个有问题的情况需要进一步的分析及考虑。

另外一个思考观测极值的影响是,直接针对它对多元线性回归中的参数估计有何影响来说明。在统计软件包里也都找得到的"库克的距离"(Cook's Distance),对估计"影响"也很有帮助。这种估计提供研究者一个影响的指标,在数据集合中剔除特殊特征值的剩余影响。库克的距离的相对大值表示对观测值有很大的影响,也许会不成比例地将观测值往它们的方向拉近。若库克的距离观测值越大,则在马氏距离估计中也会出现很大的值。因此再次说明,观测值在这些估计中若出现高的值,通常表示这个有问题的情况需要进一步的分析及考虑。

极端的多元共线性特例

在前一节提到多元线性回归模型的假设中,虽然用适度违反项来表现,但是还有一个附带的假设,这个假设其实也是一个为了要满足这个模型的数学要件:完全共线性不存在。如果模型中有任何自变量跟其他自变量(或者是其他自变量的线性组合)完全相关,模型的解则不存在。而正当完全共线性的不存在使模型永远可以找到一个独立解的同时,自变量之间非常密切关系(例如极端多元共线性)的出现,则会在解释回归结果的时候造成严重的问题。

在所有行为科学的研究中,教育研究的大多数回归分析包括与许多不同层级相关的自变量。例如,许多大学生的研究中所利用来解释学习效果的自变量,包括对学术的涉入、对社会的涉入、对大学环境的感觉等。诠释这些关系的理论常指出,这些组合的重要关系及许多用来操作这些组合的变量是显著相关的。同样,回归在研究能力时使用的自变量,像性别、学科、学术排名及服务年数等,这些自变量常常是相关的。理论上来说,多元共线性是重要的,而只要自变量间没有过度的多元共线性,多元线性回归便会有好的结果(我们随后就会考虑到相关的项式)。

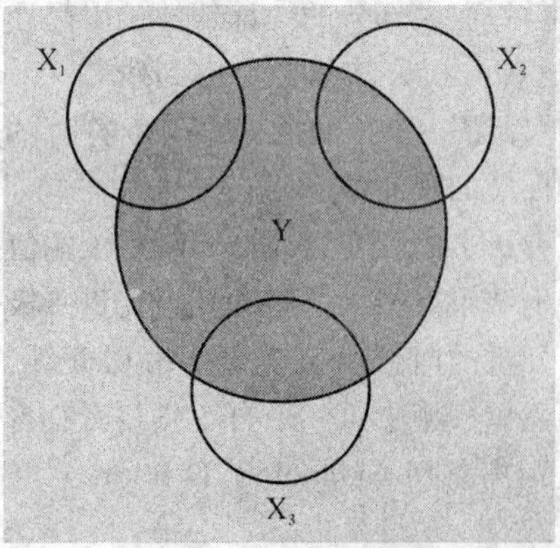

图 1 标准的数学情况
——自变量互不相关

虽然基础多元回归统计对相关的自变量的解释已超出本章规划的范围,但是对多元共线性基本逻辑的了解却很重要。图 1 到图 3 描绘出多元回归模型中自变量与因变量的可能关系。圆圈是用来代表各个自变量与因变量,而重叠的区域则代表变量间的相关性。在一个最简单的情况下,从数学上来说(见图 1)自变量(x_i)与因变量(y)是相关的,可是彼此间又不相关。回归系数的计算是直接的。事实上,自变量中内部相关性若不存在,则标准回归参数(β_i)可辨识自变量与因变量的相关性(r_{xy})。若直接用数学式来看,这种理论上是可辨识的或实际上可能存在于社会科学中的任何情况很少会发生。

图 2 描绘出一个在高等教育中比较典型的情形。在这个情况中,三个自变量与其应变量相关,而自变量与自变量之间也相关。虽然可以估计这个模型的回归参数,但这个标准回归参数跟自变量与因变量间的相关性不会相等。而且在这个例子中,标准回归参数会小于自变量与因变量的相关性。

图 3 的情况与自变量间的多元共线性有很大的关联。虽然模型还是可以被估计,但在解释多元回归分析的结果时会有问题产生。[1] 在自变量间存在高度多元共线性的情况下,有一些或全部的回归参数跟自变量与因变量间有相关性。举例来说,当高度多元共线性存在时,自变量、因变量间也许只有中度正相关,而自变量的回归有可能是负的。同样,当数据呈现高度多元共线性时,回归参数的标准误差会变得很大,而表面上看起来很有意义的结果会变得无意义。事实上,在整体模型中,F 值的异常放大值与回归参数有小的或没有统计显著性,常常是高度多元共线性一个很好的指标。[2]

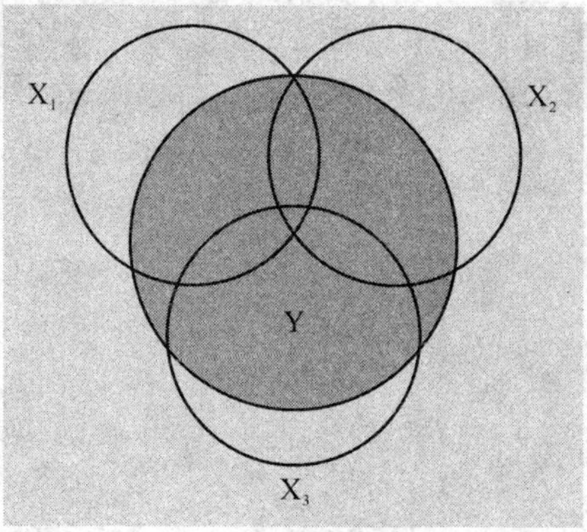

图2 典型的情形
——自变量间的中度相关

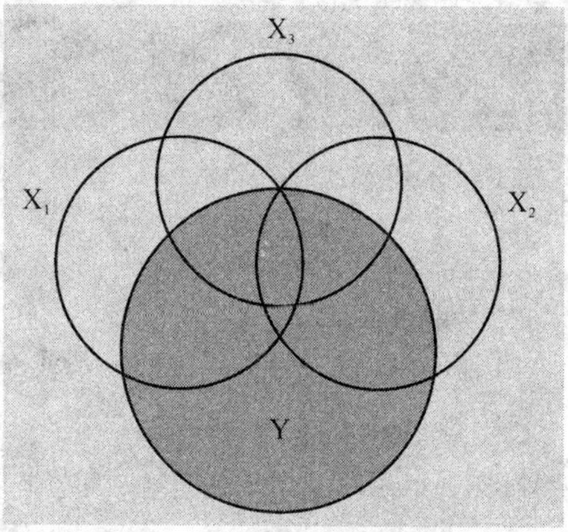

图3 有问题的情形
——自变量间高度相关

〔1〕 再者,若模型中有一个自变量是其他自变量的直线联合,则完全多元共线性存在,且模型不可能被估算。

〔2〕 会相互影响的项式(不包括本章所说的,但与行为研究学有关)也可能造成极端多元共线性的情形,特别是当在回归模型中的两个变量与所产生的相关性有关的时候。会相互影响的式子容易与其主要影响的效用产生强烈的相关性。因此,回归参数与其显著检定不能精确地呈现出这些会相互影响的式子与应变量有何关联。对多元回归的相互影响关系有兴趣的读者可以使用 R^2-change 统计来评估其重要性,并避免去解释回归参数。

具体的范例也许有助于读者们了解高度多元共线性对多元回归分析的影响。假设研究者想了解如何能用入学时的学业能力来衡量学生在大学第一年的平均成绩,研究中,因变量是大学第一年的平均成绩,而自变量则是美国大学入学评估考试(ACT)中的英文、数学、阅读、科学推理的个别成绩及入学考试的**综合成绩**(composite score)。研究者用 1 020 个学生的资料,将其第一年的平均成绩回归到五个美国大学入学评估考试的成绩。

检查自变量与应变量间的相关性是了解多元回归结果的一个很好的开始,而这些相关性亦有助于厘清与多元共线性的一些潜在问题。表 2 显示出这个假设研究中的六个变量间的相关性。必须要注意到,五个美国大学入学评估考试的分数(从阅读成绩的0.28到综合成绩的 0.93)与第一年的平均成绩必须小于中度正相关。四个美国大学入学评估成绩也是中度正相关,从 0.54 排到0.65。美国大学入学评估考试的综合成绩与四个个别成绩则有高度正相关,范围从 0.77～0.84。虽然它们的相关性很高,且很可疑,但在回归模型中并没有极大的相关性($r_{xy}>0.90$),因此并不需要建议来解决此问题。正如读者所看到的,在执行多元回归分析时,高度的多元共线性的问题会变得更明显。

表 2 美国大学入学成绩与大学第一年平均成绩的相关系数、平均数、标准差

	ACT 综合成绩	ACT 英文	ACT 数学	ACT 阅读	ACT 科学	大学第一年平均成绩
ACT 综合成绩	1.00					
ACT 英文	0.84	1.00				
ACT 数学	0.77	0.54	1.00			
ACT 阅读	0.83	0.65	0.42	1.00		
ACT 科学	0.82	0.54	0.59	0.60	1.00	
大学第一年	0.39	0.36	0.35	0.28	0.29	1.00
平均成绩平均数	25.80	25.94	25.03	26.59	25.01	2.92
标准差	3.48	4.15	4.32	4.79	3.83	0.76

表 3 是多元回归分析的结果,我们可以很明显地观察到综合成绩的回归参数值为负值,但 ACT 综合成绩与第一年平均成绩是正相关。事实上,和其他的个别成绩比起来,综合成绩与第一年平均成绩有高度的相关性。值得注意的是当整个回归模型有统计显著水平时($F=40.59$;$dF=5,\ 101\ 4$;$p<0.001$),只有两个 ACT 的回归参数是有显著水平的(英文和数学)。这些参数有 $p<0.05$,而非 $p<0.01$。我们在前面也曾

提到这样的统计结果,表示模型中的自变量有高度共线性。只是不清楚问题是源于相关性,还是回归结果?

表3 美国大学入学成绩与大学第一年平均成绩的回归分析结果

效 用	b	标准差	t	p	β
截距	0.714	0.165	4.321	0.000	
ACT 综合成绩	−0.028	0.081	−0.348	0.728	−0.129
ACT 英文	0.044	0.022	2.042	0.041	0.243
ACT 数学	0.043	0.021	2.042	0.041	0.246
ACT 阅读	0.012	0.021	0.584	0.559	0.077
ACT 科学	0.015	0.021	0.584	0.488	0.075

大部分的统计软件包(例如:SAS、SPSS 或 Stata)提供各式各样的工具来检测多元共线性。容忍度跟方差膨胀因子(VIF)是两个与多元共线性紧密相关的测试工具。统计软件在计算这两个统计值时,利用首次回归,将每一个因变量回归到其他因变量。举例来说,在计算变量 ACT 综合成绩的容忍度与 VIF 值时,统计软件会将综合成绩回归到其余的四个个别成绩。由 ACT 个别成绩来计算的 ACT 总成绩,其变异数(R^2)是用来计算容忍度以及 VIF 的,这两个值最后是由统计软件计算。容忍度的定义如下:

$$T=(1-R^2)$$

而 VIF 是容忍度的倒数:

$$VIF=1/(1-R^2)$$

一般来说,容忍度小于或等于 0.10 可以视为具有高度或极度多元共线性的指标。相反地,统计值 VIF 超过 10.0 也是这个问题状况的指标。但是要注意,这些门槛只是判别多元共线性是否存在的通用经验法则,而不是绝对的标准。容忍度小于或等于 0.10 及 VIF 超过 10.0 也许不表示有多元共线性。所以在计算多元共线性之前,还是应该先仔细计算相关性、估计参数及参数的标准误差。如果出现一些前后矛盾的结果,像是测试值大于 1,这种问题出现时也许代表有共线性。

表 4 是第一年平均成绩与五个 ACT 成绩的回归模型测试容忍度与 VIF 的结果。表中容忍度或 VIF 的值都超过应有的门槛,表示有多元共线性的问题。比较特别的是 ACT 综合成绩有极端的容忍度值与 VIF 值(0.006 与 166.229)。事实上,综合成绩的容忍度代表 ACT 的个别成绩对它有 94%的解释变异量。

表 4 多元共线性检定

效 用	容忍度	方差膨胀因子	条件指数
截距			1.000
ACT 综合成绩	0.006	166.229	262.787
ACT 英文	0.057	17.179	19.978
ACT 数学	0.058	17.590	18.035
ACT 阅读	0.047	21.244	23.667
ACT 科学	0.071	14.179	27.870

实际上,自变量之间的回归,非单纯只依赖统计软件包所提供的结果,此是可指出在回归模式中高度多元共线性的来源。举例而言,从 ACT 个别成绩的回归乃呈现出四组个别成绩可以显著地解释综合成绩。而英文、数学、阅读与科学个别成绩的标准化回归参数分别是 0.31、0.30、0.34 与 0.27。由此发现,观察所得的多元共线性问题是此四组 ACT 个别成绩之总和与综合成绩两者间关系的产物。

另一个可以用来测量多元共线性的统计工具是**条件指数**(condition index)。条件指数的定义是:回归参数的最大特征值跟测量自变量的回归参数的特征值的比例的平方根。

$$CI_i = (\lambda_{max}/\lambda_i)^{1/2}$$

将条件指数与 VIF 放在一起时,可以有效地预测是否有多元共线性这个潜在问题。利用现有统计软件包可以轻易地计算出这两个统计值。贝尔西、库和韦尔什(Belsey、Kuh & Welsch, 1980)提出一个最常用来测量是否有多元共线性的标准:要小心变量的条件指数超过三十且 VIF 值大于五。超过这个门槛的条件指数带出资料里的线性关系。再次提醒,这些指标都只是测量多元共线性的通用法则,而非绝对的标准。在这个研究假设中,每一个个别成绩有很高的 VIF 值,但条件指数在这四个 ACT 的个别成绩却未显示出是否有多元共线性问题存在的迹象(它们都低于所建议的门槛)。相对地,综合成绩的条件指数(166.229)跟 VIF 值(262.79)都远远高过这个极端多元共线性的门槛,而研究者应该时常留意这样的极端值。

因为多元共线性的检定主要在测试综合成绩与个别成绩是否有问题。谨慎的做法是淘汰掉这个模型中的综合成绩。事实上,要谨记在心,理论模型也许禁止删除其中的变量。若研究者受限于这个假设,也可以使用不同的模型方法(例如山脊型回归分析法[ridge-regression])来解决这个问题(了解这些其他的清楚选择,还可参考贝尔西、库与韦尔什[1980]或 Chatterjee 与 Price[1977])。

表 5 是第一年平均成绩跟四个个别成绩的回归结果。表中明显地表示多元共线性的不存在。加上容忍度、VIF 与条件指标的值比标准门槛还要小,便可清楚地了解到这

个模型没有多元共线性的问题。同样,回归参数的标准差也很小。再者,除了阅读与科学推理和第一年的平均成绩有显著相关以外,其余的变量都没有统计显著水准。

表5 美国大学入学个别成绩与大学第一年平均成绩的回归分析结果

效用	b	Std. Err	t	p	β	Tol.	VIF	CI
Intercept	0.706	0.164	4.314	0.000				1.000
ACT 英文	0.037	0.007	4.980	0.000	0.204	0.490	2.040	18.506
ACT 数学	0.036	0.007	5.486	0.000	0.206	0.583	1.715	16.494
ACT 阅读	0.005	0.006	0.821	0.412	0.033	0.496	2.016	21.587
ACT 科学	0.008	0.008	0.991	0.322	0.040	0.501	1.997	25.437

牢记有哪些回归参数对了解或解释结果很重要,因为这些回归参数代表自变量与应变量间的关系。在这个分析中,阅读成绩与第一年的平均成绩之间的关系涵盖英文与数学对第一年平均成绩的关系;同理,科学推理亦是。实际上表5的统计结果代表阅读与科学的成绩并无法加在ACT英文与数学的成绩所提供用来解释的模型中。模型中的关系强度会抑制阅读与科学推理对第一年平均成绩的效用。

话又说回来,我们一直强调,理论在塑造模型时扮演着一个很重要的角色。在回归模型中,理论是厘清多元共线性这个潜在问题的要素,若研究者对于使用标准测量来预测大学第一年的平均成绩的相关文献很熟悉的话,便会发现ACT的综合成绩其实就是这些成绩的线性加权组合。所以多元回归模型若包含综合成绩,其他成绩是不会有错的。在较少涉入观察的情况下,对理论与文献的了解与认识就变得很重要,理论与研究应该引导研究者对自变量与因变量间的关系作预测。当结果与预期相反时,熟悉文献的研究者因为有某种程度的基础,可以解释结果或说明共线性存在的可能性。当多元共线性不是造成结果与预期相反的主因时,研究者则必须再次检视该测量方法对这个架构的合适性与准确性。

结论与摘要

在这个章节里,我们试图引起一些(我们认为)时常在研究多元回归中被忽略的理论与技巧上的议题。前面一直没有提到在应用多元回归时常被问到的一个理论与技巧性的问题:我们的样本数应该有多大?因为这个答案会影响到多元回归模型在这个章节所考虑到的每一个层面,因此我们将这个问题留到最后一个章节。多元回归所用的样本数大小会影响到统计结果的稳定性,满足假设的检定与统计检定的适当性。科恩(Cohen)与科恩(1983)协助研究者在研究给定自变量规格数量,以及大小的先验估计时,能提供分析与决定满足样本数大小的表格与公式,亦有人提出决定自变量的实验数目的"通用经验法则"。例如史蒂文斯(Stevens, 1996)建议"一般每个变量十五个实验值可以提高满足交叉确认的可信任结果”；欣克勒、维尔斯曼和朱斯（Hinkle、Wiersma & Jurs，1998）主张数量大于一百的样本只需五个或更少的自变量，但对于更多变量持保留意见。他们却附注说明，当变量的数量逼近实验的数目时，R^2 会被人为扩大。姑且不论已采用的方法介绍，我们希望研究者注意有关样本数大小的议题，也请记得极大的样本数大小不会产生很大的统计显著性（大样本对显著性的效用小）。[1]

这再度引发有关实质重要性的问题，它是寻找研究价值的真正意义。然而，若缺少周详的研究设计与适当的应用统计方法，就算拥有再高的显著水平也不重要了。当研究的主要或次要目的是策略的建议时，研究发现的有效性变得很重要。架构在有问题的研究方法上的建议会导致不完善，甚至是错误的策略产生。一旦被发现，不但研究者颜面无光，连带还需做一连串的补救。不良的研究也会引发议论，就像赫查吉尔（Hechinger）说过的：“一位纽约时报教育版主编曾建议一位立法者应该忽略所有社会科学的研究（Pedhazur，1982 曾引述）。”佩德哈泽尔又补充道：“研究社会现象支持的社会科学的可信度的确已经被它所引导的不可靠的社会政策所破坏（p. 267）。”这些二十年前所作的陈述至今仍然适用。

然而，一篇小心谨慎的研究若不能使读者有通盘的了解，也是没有用的研究，因此，完整而详细地说明资料是很重要的。为了使读者能更准确地了解所使用的样本特征及小心正确地诠释结果，读者必须先了解变量的架构及测量估计的方法。如此一来，研究者必须提供所有分析中曾用过的变量的估计值、平均值、标准差、相关性等。没有提供这些信息的研究，就像是研究者在作变异数分析时没有提供整组平均数与标准差一样。呈现完整的结果与回归分析也很重要，如模型中所有变量的标准化及未标准化的系数等。虽然研究者对特定变量影响并不感兴趣，但是他们有权利得到所有解释模型中估计值的所有数据。

就像前面所提到过的，我们将注意力放在几个使用多元线性回归时很重要却常被忽略的议题上。我们已经对假设作了详细的说明，使研究者对操作模型有一个概念性的了解，并忽略在建立回归模型时的一些数学上或者是技巧上的细节。欲了解以上细节或曾提到过的修正违反的补救方法，可以参考所附注的资料。最后提醒研究者需要：

1. 多注意概念性模型所发展的理论。

2. 仔细考虑以经验为依据的理论所应用到的理论、测量方法，以及建立变量的数据架构。

3. 检视对多元回归效用的主要威胁。

留意以上几点，会使多元线性回归在高等教育研究上的应用更加精确，更值得信赖。

（作者 Corinna A. Ethington，Scott L. Thomas，Gary R. Pike）

---

〔1〕 研究者使用加权样本以修正不均衡的采样方法时，应十分谨慎留意对样本数大小的有效性所产生的影响，若再次应用数据的原始数据时，将会人为地膨胀样本大小。并且在多元回归分析时所使用的每个变量系数会有显著水平。欲仔细考虑样本数大小的研究者可以参考 Thomas 与 Heck（2001）对回归模型应用的建议。

第七章

社区学院转变中的角色：政策议题及研究论题

社区学院最近真的是政策舞台灯光下众所瞩目的焦点。州及联邦的政策决策者都特别把社区学院视为服务越来越多想进大学的学生的一个高成本效益的好办法(Phelan, 2000)。而且，当今的职业结构对专业化劳动力的需求与日俱增，社区学院也毛遂自荐为因应此种需求的重要机构(Grubb, 1996)，再加上社区学院是补习教育及远程教育的主要供应者，因此关心此两种教育的人士，自然也把他们的焦点放在社区学院上面(Spann, 2000)。

对于长久以来一直在社区学院工作和研究社区学院的人来说，决策者的这种关爱在很多方面是非常令人高兴的。一个无论就其社会重要性还是学生人数比例来看都很重要的关键机构，终于获得了它早就该得到的注意力。目前美国约有一千所社区学院，占了全美所有高等教育机构的四分之一以上。[1] 这些机构在1997年总共招收了530万名修习正式学分的学生，在所有颁发学位/学分的大学学生人数中占了将近37%，在所有第一次入学的大一新生中也占了42%(American Association of Community Colleges, 2000a: 11, 25, 27, 43; U.S. National Center for Education Statistics, 1999a: 203, 211, 283)。[2] 社区学院在为弱势学生打开高等教育之门、为副学士(sub-baccalaureate，或称次学士)程度的工作提供职业训练、促进经济发展及提供层面广泛的成人非职业教育与社区服务等方面，都扮演了主要角色(Cohen & Brawer, 1996a; Dougherty, 1994; Dougherty & Bakia, 1999)。

虽然位于政策聚光灯的焦点中让人很愉快，但是它同时也对优良的学术研究及政策造成风险，因为政策的焦点虽然为社区学院某些方面带来注意力，但是也把其他一些重要的方面冷落在漆黑的暗夜中。即使是被舞台灯光照到的面孔，也往往会因为灯光投射的方式而扭曲了原有的面貌。

---

[1] 美国社区学院协会(American Association of Community Colleges)在1998年列出了968所社区学院，而美国全国教育统计中心(U.S. National Center for Education Statistics)则列出1 047所公立两年制高等教育机构(American Association of Community Colleges, 2000a: 11; U.S. National Center for Education Statistics, 1999a: 283)。

[2] 这些学生人数是由全(美)国教育统计中心有关公立两年制高等教育机构的资料中得出的，这些数字不包括在社区学院常见的非学位学分课程的学生，这些学生尤其在补习教育、成人教育或是企业契约训练等领域更为常见。从加州、伊利诺伊、马里兰、纽约、华盛顿等各州1993年秋季班的学生人数资料来看，我估计修习非学位学分的学生是攻读正式学位学生的一半。

因此，我将在这一章检视社区学院的几个重要层面，就从现在最受舞台灯光青睐的层面开始，但是也会移向那些处于边缘，甚至完全被冷落在一旁的层面。我也会对各个子题的政策与研究的现况作一描述，并提出对政策改变与未来研究方向的可行建议。

照在政策舞台灯光下的议题

在“婴儿潮回声”的刺激及高中毕业生越来越想念大学的双重因素的推波助澜下，美国高等教育的在读人口又再次快速地高涨(Schneider & Stevenson, 1999)。各州及联邦政府的决策者对于这一波学生潮的需求可能给高等教育所带来的成本负担，都感到非常的忧心，甚至惶恐。以前，当州政府面对社会所带来的其他重大政策需求时(例如中小学、犯罪及贫户医疗保险)，总是将社区学院视为能够低廉地收容许多学生的好地方(Pascarella, 1999: 13; Rouse, 1998: 615)。例如，经济学家塞西莉亚·劳斯(Cecilia Rouse)就说：“当技能的重要性及大学生的人数都与日俱增时，州政府的官员们应该要记得，社区学院提供了一个成本效益有可能很高的方法，可以同时扩大高教入学渠道，又能提升整体教育成就(Rouse, 1998: 615)。”

这样的建议假设社区学院在对学生教育成就与职业成就上的贡献程度，与四年制大学是一样的。这个议题已经引起学界相当大的争议(Brint & Karabel, 1989; Dougherty, 1994; Grubb, 1996; Pascarella, 1999; Rouse, 1999)，但是在决策者之间却几乎没有被提及。因此，接下来我会在大部分落于政策舞台灯光之外的几个主题的标题下，就社区学院对学生的教育与经济成就到底有多少影响这一个议题，作一探讨。

必须一提的是，对决策者而言，社区学院要扩大其角色的障碍，并不在于它对学生有负面的影响，而在于它能不能应付政府对绩效责任日益增高的要求、新兴积极的竞争者及远程教育与补习教育的需求。美国社区学院协会1999年到2000年的董事长托尼·齐司(Tony Zeiss)就说：

> 我们正处于学习爆炸的时代中……公立社区学院花在“相当于每一个全职学生”的经费，已经比1986年提高了52%。随着经费的增加，规定与绩效责任的压力也随之升高……为了能够传承我们的传统，为了能够满足我们学生的需求，为了能够将税金的价值回馈给纳税人，我们就得以乐观的态度与实际的行动来面对这些挑战。几股强大的聚合力量：(1) 雇主越来越多的需求；(2) 学生越来越多的需求；(3) 科技的进步；(4) 日益减少的政府补助；(5) 越来越高的绩效责任要求等，处处制造出一个极为竞争的教育与职训环境。

让我们来检视一下齐司提及的这几个议题。

日益升高的竞争

这几年来，决策者及学者们都怒气冲冲地讨论着营利教育机构重要性日益增高的角色，特别是那些运用像网络之类的远程教育科技机构(Levine, 1997; Marchese, 1998; Phipps, 1999; Strosnider, 1997, 1998; Winston, 1999)。在社区学院之间也有同样的讨论(Dillon & Cintron, 1997; Zeiss, 1998)。前面已提及的齐司，将给职训的私人机构所带来的威胁讲得很清楚："如果我们不满足学生的需求与期望，营利性大学与训练机构一定会有办法满足他们；的确，它们已经扑向我们了……究竟哪些人是高等教育的竞争者呢？公立大学院校、私立非营利性大学、营利性大学及企业的训练组织等，都投入了职业生涯发展的事业，而且已经行之有年(Zeiss, 1998: 8, 12)。"这种觉得社区学院已面临一个更加竞争的环境的感觉是有依据的。例如，一项分析哪些学院是最需要与营利性教育组织竞争的研究，指出有49%的公立两年制学院在这方面是特别脆弱的(Winston, 1999: 16)。

未来研究需求

即使有这些警讯，我们仍不知道有多少社区学院的潜在学生真的被新来的竞争者拉走了，或者将来还会有多少人被拉走。它们所带来的强大挑战很有可能比许多人所害怕的程度要小，主要是因为这些新的竞争者所拉走的学生，也许是社区学院现在根本就没有大量吸引到的，例如事业已建立、却还想接受更多教育的成年人。此外，我们对于这些具有高度竞争力之挑战的精确位置知道得很少：在哪些特定的课程领域和地理区域，以及哪些特定的顾客，被影响得最厉害？最后，我们对于社区学院到底采取了什么步骤来反击这些竞争，几乎一无所知。基于这些资料的缺乏，哥伦比亚大学的社区学院研究中心(Community College Research Center)在2000年的秋天展开了一项研究计划，其中一个子计划便是检视社区学院的新竞争对手：他们的强度与地理位置，以及社区学院的反应对策。全美目前有十五所社区学院正提供有关这个研究的资料。[1]

政策论题

对很多决策者而言，社区学院所面临的日益增加的竞争是件好事。竞争越多表示学生的选择越多，组织效率与社会效率也越高。但是同时，我们也需要考虑到这些竞争对手——如果竞争成功的话——是不是真的能够以较低的价钱，或者较高的质量，

---

〔1〕 这个研究个案的结果将会于期刊与书籍中发表，并且会放在社区学院研究中心的网站 http://www.tc.columbia.edu/ccrc 上面。若有问题可与 ccrc@columbia.edu 联络。

提供相同的教育产品。它们也可能会提供不同的教育产品，尤其是它们很有可能不愿意提供许多**普通教育**(general education)，将其视为没有必要的装饰品。很多学生或许也会很同意这样的做法，尤其是如果他们可以因此用更短的时间、更便宜的价钱得到学位的话。但是从一个社会的观点来看，这种普通教育的流失很可能让社会付出相当大的代价。我们会在本章结束前回到普通教育的议题。此外，社区学院在面对这些遽增的竞争时，其应对策略也许会是效法营利机构，大量依赖兼任教师。这样一来将会对未来的教授治校产生巨大的影响，毕竟教授治校还是必须依赖一个强而有力的专职教授团体(Winston, 1999: 18～19)。

日趋严苛的政府补助

目前社区学院之所以在财政上面临一个更为困难的环境，其原因不只是因为来自私人的竞争越趋激烈，也因为它们的公家客户变得比以前更小气，还要求得比以前多了。政府(联邦、州及地方)经费占社区学院总经费的比例，从1991～1992年的69%下降至1996～1997年的67.8%，尤其是州政府的经费比例降得最多：从46.2%降到43.3%(American Association of Community Colleges, 2000a: 108～109)。政府补助额在20世纪90年代晚期时曾经反弹回升，但是在新的千禧年又重返财政紧缩的困境。2001年有大约二十个州从它们前一年夏天拨给的高等教育款项中，抽回最多高达5%的经费(Hebel & Selingo, 2001)。

90年代早期的财政萧条虽已远逝，但是它在州政府的财政补助方面却留下了一个影响深远的传统：对大学加诸更为严苛的绩效责任标准。也就是说，补助已不再只是用学生人数之类的投入变量来预测，现在也有一大部分要看组织产出的指标(Burke & Serban, 1998: 53～54; Carnevale, Johnson & Edwards, 1998)。源自《柏金斯技职教育法案》(Perkins Vocational Education Act)与《劳动力投资法案》(Workforce Investment Act)的联邦补助，都有分量极重的表现绩效责任的要求(Grubb & Badway, 1999)。尤有甚者，至少有九个州已经制定了以表现为基准的奖助机制，依据社区学院达到某些表现标准的程度来分配"一小锅的粥"——可能是额外加给它们的平常的州政府拨款，或者是从中扣除(American Association of Community Colleges, 2000b; Burke & Serban, 1998: 99; Burke & Modarresi, 1999: 2, 10～11; Dougherty & Kim, 2001)。各州的这类标准在数目与内容上都相差很大。有些标准颇为常见，例如社区学院的易入学程度(以居民就读的比例来衡量)、续学率、学生转学至四年制大学的比例、毕业或完成的比例、学生成功就业的比例、在证照考试中的表现、在人力发展方面成功与否，以及学生满意度(American Association of Community Colleges, 2000b; Burke, 1997: 48～49; Burke & Serban, 1998: 51～55, 98; Dougherty & Kim, 2001)。

政策论题

奖助(performance funding)机制之所以很吸引人，在于它允诺能确保社区学院会对其联邦与州政府等补助者最注重的议题多加注意。然而，以目前运作的状况来看，我们也有理由可以怀疑这个机制是否真的能像大家希望的那样有效。这些问题有一部分是所有奖助机制都会有的问题，不管是运用在社区学院或是四年制大学都一样。首先，奖助机制让大学的经费来源不稳定，使得大学很难作未来规划，也让它们对未曾尝试办过的计划深具戒心(Dougherty & Kim, 2001)。其次，如果一所原本就已经资源不足、表现不好的大学，在这种机制下再流失补助经费，很可能会证实并加深它们的不良表现(Grubb & Badway, 1999: 2)。第三，奖助机制有可能造成与原意相违背的结果。比如说，对高续学率的要求会不会造成大学对学生成绩灌水，以便让原本应该要退学的学生留下来(Grubb & Badway, 1999: 19～20, 30; Ruppert, 1995: 13, 20～21)？更糟的是，由于大多数的高等教育机构往往追求数个不同且不见得都是完全兼容的组织任务，各种的奖助标准有可能反而硬将它们拉往数个相互冲突的方向(Grubb & Badway, 1999; Layzell, 1999: 238)。

但是除了这些共同的问题以外，还有专属于社区学院自己的问题。表现指标常与社区学院的任务使命不相契合。就以最基本的来说，重要的使命不见得总是有办法与表现指标联结在一起。一项针对十一个在当时采用了奖助机制拨款给社区学院的州所作的研究发现，其中仅有六个采用转学率方面的指标，只有四个采用人力发展方面的指标，仅有四个采用少数族群学生的入学、续学及毕业率作指标(Burke & Serban, 1998: 51～53, 95～98)。此外，即使社区学院的组织任务真的能和具体的表现指标联结，这种联结也很可能十分松散，没有办法紧密地相结合。例如，有许多州以社区学院的续学率作为奖助基准(Burke & Serban, 1998: 50)，但是社区学院的校长们经常抱怨，这种指标其实用在四年制大学比用在社区学院要更合适。许多两年制学院的学生进入这些学院只是拿它当实验，想尝试看看自己是不是真的对念大学有兴趣。一旦发现大学教育不对胃口，他们就会离开。这种情况应该算是社区学院的错，还是应该被视为成功学习的一种(Burke & Serban, 1998: 26; Grubb, 1996: 62)？

这些疑虑告诉我们，表现指标的建立应该要谨慎而且深思熟虑地进行，在这个过程中必须与社区学院的领导人有充分的沟通。首先，社区学院的每一个主要任务(包括转学至大学的比例、职业训练、补习教育、普通教育，或许还有成人非职业训练)，都应该有一个小心地校准与测量过的表现标准来代表。其次，决策者必须非常留意的是，这些任务有时候的确会互相冲突，因而会造成可适用的表现指标及测量标准将社区学院锯得四分五裂。例如，当一所社区学院越致力于职业训练时，它的转学率平均而言就会越低(详见下文及 Dougherty, 1994: 186～188)。因此，如果一所社区学院对于提供更多职业训练的诱因反应热切，它很可能反而在转学率的部分表现不佳，并因此在那个领域被惩罚而拿不到奖助。最后，决策者对于用经费来惩罚表现不佳的社区学院所造成的组织内部的反弹，必须要很小心。这些学院需要的是更多的协助来帮它们发展组织能力，以达到表现标准，而不是仅仅削减它们的经费。

诚如齐司所提出的，财务压力——加上州政府财务的紧缩、私人竞争的提高——已经将社区学院逼得对人力发展及远程教育非常感兴趣。很凑巧的是，这二者也同时是高等教育决策者及研究者非常注意的议题。

人力发展

在过去的八十年中，社区学院已经在人力发展的领域闯出了属于它们的一片天。今天，约有四分之三的社区学院学生希望接受能够让自己立即投入职场的职业训练(Cohen & Brawer, 1996a: 226～227; Grubb, 1996: 52)。因此，将近一半已有某种程度的大学教育但没有学士学位的职场新人，是从社区学院开始接受高等教育的(Grubb, 1996: 54～56; U. S. National Center for Education Statistics, 1998: 432)。

我们绝对有理由可以相信，社区学院未来在人力发展方面所扮演的角色将会更加重要。劳动力市场对专科程度的人力需求将会持续地增加(Braddock, 1999; Grubb, 1996: 2～4)。州及联邦的决策者与企业领袖会持续对人力发展保持高度的兴趣，将其视为社区学院重要的——如果不是最重要的——任务。而社区学院的领导人也会继续紧追着人力发展的方向行进，不但是基于意识形态上的信念，也是因为他们将人力发展视为抑制近来州政府的补助不足与来自私人竞争者的威胁升高的最佳武器。

社区学院很积极地为许多行业提供了范围广泛的职前训练，从保健专业到建筑业都有(American Association of Community Colleges, 2000a: 64～65; Cohen & Brawer, 1996a: chaps. 8, 10; Dougherty & Bakia, 2000; Grubb, 1996, 1999)。

然而，有四大行业在社区学院教育中独占鳌头：保健类、商学类、保卫服务类(警察与消防队员)及与工程相关的科技类。[1] 例如，培育合格护士的学系每一年的毕业生中，有五分之三是以副学士毕业的，而他们通常是通过社区学院的教育拿到这些学位的(U. S. Census Bureau, 2000: 124)。

这种职前的技职训练经常被当成完全是属于专科程度的。但是现在有越来越多的技职学科毕业生能够继续攻读学士学位。总体而言，在1980年参加“高中以上学生调查”的所有社区学院新生中，有23%拿到技职类副学士学位的人，于1984年春天之

---

〔1〕 在所有社区学院所授予的证书及专科文凭中，有三分之二在技职领域。而这些技职证书及学位中，又有三分之二全集中在少数的四大类：保健专业及相关领域(在1996～1997年占职业证书及专科文凭的32%)、商管及行政服务(23%)、保卫服务(7%)及工程相关科技(6%)(American Association of Community Colleges, 2000a: 64～65)。

前都已经转学到四年制大学(Grubb, 1991: 200～201)。[1]

从社区学院的技职科系毕业的学生，其薪资显著地比高中毕业生高出很多，却又比大学毕业生低。例如，当我们比较相似种族背景、父母教育程度、婚姻状况及工作经验的学生时，会发现就读过社区学院却没有领到证书或拿到学位的学生，每多读一年的社区学院，其薪资便会比高中毕业生的薪资高出5%～10%。就读社区学院且取得一年结业证书的学生的年薪，较高中毕业生多出10%。而取得副学士的社区学院学生的薪资，则较相同背景的高中毕业生高出20%～30%。但是，不管这些数字看起来有多吸引人，我们必须记得，平均而言，学士学位的收益比这些高出更多：取得学士学位者的薪资比高中毕业生高出了40%(Grubb, 1996: 90; idem, 1999: 10～11 and Tables 6～9; Kane & Rouse, 1995, 1999)。[2]

社区学院在人力发展方面的角色，不只在为人们的第一个工作作准备，它也为现职员工做技术升级，以及为失业者或仰赖社会福利的贫困户做职业重新训练，以利于他们寻求新的工作。有90%以上的社区学院目前已经从事**契约训练**(contract training)的工作，也就是说，它们与外界的团体(例如公司、企业协会或政府单位)签约，提供以签约对象为主要客户的特定训练，一般学生反而成为次要客户，而且签约对象可以大部分主宰——甚至完全主宰——受训的对象、训练的内容，以及在训练过程中什么样的表现可以称为成绩优越(Dougherty & Bakia, 2000; Grubb et al., 1997; Pincus, 1989)。

虽然资料仍然不多，也还未有真正的结论，但是社区学院的契约训练课程似乎已经带给学生较高的收入，带给公司较高的生产力及利润，也为社区学院自己带来了更多的学生、经费收入与政治上的支持。但是同时，也有一些证据显示，它对社区学院的组织任务及组织结构有负面的影响。

针对契约训练对于受训者的影响所作的严谨研究仍然相当少。然而，已有的资料显示出它对毕业率、就业率、收入，还有可能对工作升级都有正面的效果(Dougherty & Bakia, forthcoming; Dougherty & Bakia, 1999: 57～60; Krueger & Rouse, 1996; Lynch, 1992)。

关于契约训练对公司影响的实质资料也同样稀少。针对两个新泽西州的公司所作的研究显示：受过契约训练的员工较少离职，有较多的升迁机会，经常被提名并得到个人或团体的优良表现奖赏，也较相信自己的上司会认为他们的工作表现比一年前好(Dougherty & Bakia, forthcoming; Dougherty & Bakia, 1999: 60～61; Krueger & Rouse, 1996)。契约训练对公司有一个很有趣的影响：它们显然部分替代了公司

---

〔1〕 虽然现在技职科学位的可转学度提高了，但是这些学位是不是和普通科的学位同样容易转学，仍是个疑问。Grubb (1991)发现两者间的转学率有差异，但是这项研究并未控制社会背景、高中成绩和教育与职业志向等变量。详情请见下文。

〔2〕 我们也必须记得，这些估计数字指的是平均效果，一所社区学院的学位的收益价值会视学生的性别、社会地位背景、主修学科及未来的工作是否与所学相关而定(Grubb, 1996: 95, 99, 102)。

原本自己提供的内部训练。为了避免枝节弊端，州政府常常要求公司必须自付有时多达一半的训练成本，才能拿到补助(Bosworth, 1999)。一项对新泽西州补助计划的评估调查发现，接受契约训练补助款的公司表示：对于它们所拿到的每一元州补助款，它们将计划付出平均两美元的相对款(Van Horn, Fichtner, Dautrich, Hartley & Hebbar, 1998: 11)。然而，另一个针对纽约州的补助计划的研究却显示，当补助对象于1987年被问到如果没有州补助会如何做时，有34%表示会用公司本身已有的员工资源来从事训练，而有26%说它们会到别处购买训练课程(Winter & Fadale, 1990: 5)。这就出现一个很棘手的问题：州政府究竟在多大程度上没有必要补助公司的员工训练计划？直到今日为止，仍然没有什么证据显示州政府曾经谨慎地检讨过这个“是否在提供没有必要的企业福利”的议题。

对社区学院而言，契约训练现在终于有了广泛而神秘的影响。从好的一面来说，它大幅增加了社区学院的注册人数及收入，也扩大了企业界对社区学院的政治支持，它也帮助社区学院经常性的技职课程能够更贴近就业市场瞬息万变的需求。但是，契约训练对社区学院也有负面的影响。它大大提高了企业界对社区学院决策的影响力。这个问题本身并不坏，但是它很可能让社区学院很难去持续注意一些没有绝对商业利益底线的公共利益，例如普通教育。同时，对契约训练的热切追求可能会让社区学院对于诸如大学部教育及国民的普通教育等传统的大学任务，反而不太有行政时间、注意力及精力去关心。转学学程或许最能够感受到行政注意力流失的影响。社区学院必须花费很多行政时间与精力来和四年制大学建立并维持有效的协议——因为社区学院及四年制大学都不停地推出新的课程，也因为协议的原始签约对象时有变动，而每当有新加入的机构成员时，又必须花时间去融合适应他们。当社区学院忙着去吸引并维持企业界的训练契约时，社区学院传统的使命任务也可能会随着“做生意式”的组织运作风气的普及化而被威胁。由于企业界对转学教育及普通教育的兴趣不大，社区学院的行政人员会不自觉地将这种取向自我内化，而造成社区学院渐渐不重视转学教育及普通教育的现象(Dougherty & Bakia, 2000; idem, forthcoming)。

未来研究需求

正如上文对一些研究结果的摘记所指出的，我们必须有更多重要的研究来分析社区学院对人力发展的角色。首先，目前很少有关于经济收益的研究能够很严谨地比较在社区学院接受的训练，与在其他两年制院校(如营利大学及公立技职学校)的训练间，究竟在日后的收益上有何差别。此外，更少有研究能够检视契约训练对学生及雇主的影响(包括企业福利等议题)。而我们虽然有一些关于契约训练对社区学院本身的影响的资料，我们仍需要深入地调查契约训练对于社区学院在转学教育及普通教育方面的投入有何影响。

政策建议

从社区学院内各种技职学历之间(依学制与学科的不同而有差别),以及社区学院毕业学历与学士学历之间悬殊的收益差异看来,让学生明了这些差异的存在,并以此为依据作出明智抉择是非常重要的。但是学生往往选择未来收入不高、就读人数过多的学科,因为他们甚至他们的教师也常常对不同教育程度及不同学科的学历的收益差异不甚明了(Grubb, 1996: 95; 1999: 14～17)。劳工阶级及非白人的学生尤其需要良好的就业咨询辅导,因为他们从一开始就最不可能得到充足的信息来作抉择,而且也不太有资源来处理自己因为资源不足而作了不当选择的后果。有些州尽了很大的力气来改善学生探试职业教育系统的能力,例如佛罗里达社区学院系统及州立大学系统就发展出一套全州性的计算机辅助学生咨询系统,这套系统是有办法可以扩充到涵盖就业咨询方面的信息的(Florida State Board of Community Colleges, 1998: 39～40)。然而,有待观察的是,这样的系统在来自劳工阶层、少数民族,以及年龄较长的学生层之中的普及性,是不是能够像它们有利于熟悉计算机、来自优势族群、应届毕业的学生一样地好。

但是,增加对未来可能从事职业的知识并不会解决社区学院学生徘徊于应该就读技职科或是普通科的副学士学位的两难困境。一般而言,技职科的副学士学位比普通科的副学士学位在薪资上较为吃香(Grubb, 1996: 94～95),但是持有普通科的副学士学位却比较容易转学到提供学士学位的大学,而拥有学士学位的经济收益又更高(见下文,以及 Dougherty, forthcoming)。州政府的政策事实上可以让学生在面临这种抉择时——应该去追求比较少但是比较确切的报酬(亦即技职证书或者副学士学位),还是要追求比较高但是比较不确切的收益(亦即比较容易转学的普通副学士学位)——少一点痛苦。教育训练的学系应该要能纵向串联,让从学习比较低层次技能,或者比较短期的学科出来的毕业生,日后能有机会进入学习较高层次技能、较长期,通常也授予较高层级的证书或学位的学科(Grubb, 1996: 123～128)。[1] 作为这种学位间的纵向统整的一部分,我们也应努力让技职学位的毕业生能更容易转学到提供学士学位的大学。下文将对此议题作更详尽的讨论。

其实不只是社区学院的学生,即使是社区学院的行政人员也同样有技职教育方面的信息落差。社区学院为就业准备的学系往往缺乏及时的时代信息情报来了解就业市场千变万化的概貌。今日,学校课程与就业市场需求衔接不上的问题还没有那么

---

〔1〕 这一种统整也可以被应用来衔接社区学院内部强烈分隔的两种学制——亦即传统技职教育学系和专注于为接受社会福利的贫户、失业劳工,以及旧职务已被人取代的家庭主妇做二度就业训练的职业训练课程。后者通常提供颇为短期的简单技能训练。因此,它们的毕业生如果能够更上一层,进入提供较高层次技能、日后并会带来较大的经济收益的社区学院证书或专科文凭的学系,将会获益无穷(Grubb, 1996: 124～125; Gurbb, Badway, Bell & Castellano, 1999)。

大——尽管这仍然是个问题[1]——更大的问题是，课程内容及教学设备无法跟上雇主对于员工技能快速而多变的要求。传统上，社区学院一向都依赖某些机制来增进与就业市场间的联盟关系，包括企业咨询委员会及对雇主的问卷调查等。但是雇主们几乎没有感受到什么压力，觉得需要与社区学院清楚沟通他们对技能的要求究竟是什么。其原因不外乎以下几种：雇主自己也不清楚他们真正的需求是什么；雇主除了社区学院以外还有许多不同的来源可以为其提供技能训练；以及他们的雇用需求并不稳定，常紧密地依随着生意的周期状况而有所变动(Grubb, 1996: 196～198)。如果我们将对社区学院的经费补助导向强调诸如就业状况等产出成果的奖助方案的话，就可以减少目前社区学院对就业市场趋势缺乏反应的现象。这样的方案鼓励社区学院更积极地追踪就业市场的要求，并取消一些毕业生就业纪录不佳的学系(Dougherty & Kim, 2001; Grubb, 1996: 198)。这当然又把我们带回前文讨论过的绩效责任标准的议题。而就如同前文所述的，奖助机制并不是完全没有争议的。

最后，关于契约训练这个议题，如果将来的研究真的确认它会造成没有必要的企业福利，并减损转学及普通教育的功能的话，我们必须找出一些对策来将这些负面的影响减到最低。关于企业福利这个议题，州政府应该想办法设定一些补助公式，可以将雇主训练员工的意愿提到最高，而又可以将政府掏腰包替企业支付员工训练的合理花费的可能性降到最低。至于转学及普通教育的部分，我们或许可以提供社区学院一些强烈的诱因(例如在州政府的奖助方案方面下功夫)，引导它们努力提升普通教育，以及致力于提高技职类学生的转学机会，借以缓和或减少社区学院热衷招揽契约训练对转学教育及普通教育所带来的负面影响。

教学科技及远程教学

不论是政府官员、社区学院领导人，或是高等教育的研究者，都对远程教学有极大的兴趣。对决策者及研究者而言，远程教学可以扩大进入大学的渠道，并切合成人的职业训练需求，同时又降低教学成本。社区学院领导人不但同意这样的看法，而且还将远程教育视为迎战来自私人的职业训练机构的重要利器(American Association of University Professors, 1998: 31; Blumenstyk, 1998; Gladieux & Swail, 1999; Phipps et al., 1998: 15; U.S. National Center for Education Statistics, 1999b: 2)。

根据一项全美的调查，在1997～1998年，有62%的公立两年制学院开设远程教育，而另外的20%则准备在三年内开设。[2] 这些远程教育课程总共招收了714 160

---

[1] 一些学系有可能尽管就业率已经很低，但是仍被保留下来，因为前来就读的学生对于就业市场状况的信息了解非常少，因而继续来就读。而社区学院也没有什么强烈的动机要确实了解就业市场的真正需求，因为直到不久之前，它们拿到的补助几乎完全都是以就学人数，而非毕业生就业状况为基准的(Grubb, 1996: 187～190)。

[2] 相较之下，仅有34%的高等教育学府于1997～1998年间开设远程教育(但是公立四年制院校的相对数据则有78%)(U.S. National Center for Education Statistics, 1999b: 12)。

名学生。[1]

我们必须记得很重要的一点是，远程教育绝对不等同于网络。最普遍的远程教育科技是单向预先录制的录像带（有62%的公立两年制学院采用此方法），其次是异步的网络教学（57%），以及双向的互动录像带（53%）。其他所有的教学科技只有不到六分之一的公立两年制学院采用（U. S. National Center for Education Statistics, 1999b: 12, 16, 38）。

而且，教学科技的应用并不局限于远程教育（American Association of University Professors, 1998: 32）。即使是住校的学生都有可能通过非直接教学的方式来学习，例如当选修某些课程的人数超过限度时，他可以用闭路电视上课，或者当教师想要提供希望学生按照自己进度学习的教学方式时，学生可以用异步教学。

研究结果及研究需求

尽管大家对远程教学很热衷，也有人提议应该更进一步倡导远程教育，但是有关远程教育的效率，以及最佳使用环境方面的研究基础，仍旧相当薄弱。而有关远程教育对于学生学习及教师角色的影响，也都迫切地需要更多的研究。

关于远程教育的评论及许多在此方面的文献探讨大多认为，远程教育对于学生学业成就的影响基本上与面对面的教学是一样的（Moore et al., 1990; Russell, 1999）。然而，我们应该要抗拒这个结论。大多数关于远程教育影响的研究都是针对四年制大学作的，是不是能应用在社区学院上，不无疑问（Phipps & Merisotis, 1999: 34）。更重要的是，绝大多数关于远程教育的影响的研究，在研究方法上都相当有瑕疵，通常都没有采用实验设计（亦即用随机抽样选取实验组及控制组），或者起码有个良好的半实验设计，运用统计控制一些范围很广的投入变量。如果我们要知道为什么——打个比方说——远程教育课程的辍学率较传统教学更高，我们便需要一些设计得比较严谨的研究来回答（Phipps & Merisotis, 1999: 3～5, 19～21, 25）。此外，无论质量如何，现有的研究对于远程教育在特定条件下的效果也极少着墨，也就是说，不同的远程教育科技、教学科目的性质、学生的特质（例如他们的能力、人格特质及学习风格），以及以远程教育授课的教师的质量等变量，如何对学生有不同的影响。事实上，已经有几个研究显示：远程教育的影响力随着学生的学业能力、人格特质（独立性、执著性和时间管理技巧），以及社会背景（例如性别和婚姻状态）而会有所不同（Phipps & Merisotis, 1999: 5～6, 16, 24, 26, 30～31; Powell, Conway & Ross, 1990;

---

〔1〕这个数字在5 360 686名于1997年秋季班、在公立两年制授予正式学位的学院选修学分的学生中，占了13%强（U. S. National Center for Education Statistics, 1999a: 200）。如果以所有（包括修习学分与非学分课程）的学生人数为基数的话，这个百分比会是7.8%，因为这是根据我们的估算——修习非学分课程的学生人数约有学分课程的学生人数的一半——而来的（Dougherty & Bakia, 2000）。然而，在公立两年制学院所提供的学生人数中，只有3%的远程教育学生修习非学分课程（U. S. National Center for Education Statistics, 1999b: 16, 20, 26, 28）。

Sherry, 1996)。最后，我们对于运用远程教育的整套科系课程(而非仅是个别的科目)了解得非常少(Phipps & Merisotis, 1999: 5, 23)。[1]

如果说关于远程教育对学生的影响我们还有很多要学习之处的话，那么我们在其对教师的影响及对大学的社会和行政结构的影响方面，简直就像有一整个全新世界的东西要重新学习一样。例如，远程教育如何改变教学的本质，以及教师在大学治理中的角色呢？现在已经有许多人担心，远程教育的广泛运用会造成教师丧失对他们的智慧财产的控制，因为授课大纲及讲课内容都变成公开化，或者因为大学越来越要求拥有教师授课教材的所有权，以便可以自由替换教师(American Association of University Professors, 1998: 34～35; Rhoades, 1998: 203)。事实上，尽管已有证据显示远程教育不成比例地依赖兼职教师，目前仍仅有非常少的教师聘任契约能够给予专职教师足够的保护，以免教师因为教学科技的普遍化而失业(American Association of University Professors, 1998: 35; Rhoades, 1998: 195, 207)。尤有甚者，已经有人开始质疑远程教育的大量应用是不是会减弱教授自治的力量。从最基本的谈起，很少有教师聘约明确规定教师在同意使用远程教育课程上的角色及对新教学科技的运用，也很少为教师提供运用新科技方面的训练(Rhoades, 1998: 186～188)。此外，观察家们也质疑，大量地任用兼任、临时的、分散于不同校区的教师，是否可能会造成教师之间减少为全校性议题合作互动，进而针对学校的决策凝聚有力的集体意见的机会(Eaton, 2000: 4～5; Phipps et al., 1998: 24)。

政策建议

基于我们对远程教育的影响及成效还有太多的地方都不了解，社区学院对远程教育必须要谨慎而行。最起码的，它们必须要非常警觉远程教育的效果可能不是全然一致的，而且在某些特定的环境下，远程教育也许会明显地比传统教学差很多。这个现象可能在学业能力不佳、学习动机偏低的学生(通常来自弱势家庭)身上特别明显。这一类的学生似乎特别能受惠于教师与学生，以及学生与学生间的高度直接接触，因为这样的接触可以提高动机，加深理解，亦提升续学率(Eaton, 2000: 9; Pascarella & Terenzini, 1991: 98, 101～102, 104; Phipps et al., 1998: 26; Tinto, 1987)。传统的教学会比较有可能提供这一类型的接触，但是学校很可能有很大的诱因想要转向远程教育，以节省成本。然而，如果学校真的运用了远程教育，便应该要致力于保障师生间能有最大的接触机会——即使这种接触不见得全是面对面的接触。

基于远程教育也可能对教师在全校性决策的角色方面有负面的影响，我们应该要竭尽所能地保护教师的角色。学校应该设立政策办法，来提供教师关于新的教学科技

---

[1] 另外还有关于越来越普遍的远程教育，有没有可能造成社区学院中的普通教育的弱化的问题(Easton, 2000: 6～7; Phipps et al., 1998: 24～25)。请见以下有关普通教育的讨论。

的训练，并将教师在订定聘用远程教育课程教师、选用教学科技及评估远程教育课程成效的相关办法时的参与层面，扩展到最大(American Association of University Professors, 1998; Eaton, 2000; Rhoades, 1998)。另外，我们应该要运用远程教育的方法，来反制远程教育本身在大学教师互动方面所带来的负面影响，例如设置网络视频的教师学术议会(Eaton, 2000: 8～9)。

补习教育[1]

就业准备及远程教育并不是近年来吸引决策者注意社区学院教学的唯一因素。尽管性质并不相同，但是**补习教育**(remedial education)吸引了和远程教育一样甚至比它更多的注意力。

在1995年一项对全美的高等教育机构的调查中，公立的两年制学院总共有41%的大一新生于该年的秋季班修习补习教育，而在全体的大专院校则只有29%(U. S. National Center for Education Statistics, 1996: 6, 10)。无论这些数字看起来有多高，它们很可能仍旧低估了实际的状况。全(美)国教育统计中心的这项调查让学校自己定义什么是大学程度的能力，以及随着这个能力的高低不同来决定什么样的课程叫做补习教育、什么样的学生又需要补习。举个例子来说，对于是否将"英语为第二语言的人纳入补习教育之列"这个问题，大学间的差异便非常的大：55%的公立两年制学院将其列入，但只有38%的所有大学院校把它算成补习教育(U. S. National Center for Education Statistics, 1996: 2, 25)。其次，这项调查很可能没有问到隐藏性的补习教育课程，这些课程可能没有被正式列入补习教育的范畴，但是由于修课学生的能力不足，因而实际的授课其实不到大学程度(Grubb, 2001; Levin, 1999)。再有，有些学校可能碍于脸面，而把校内的补习教育的真正数字打了折扣(Phipps, 1998: vi, 5)。

无论我们从哪个角度看，社区学院中的补习教育是越来越多。在全(美)国教育统计中心1995年的调查中，55%的公立两年制学院表示，学校内在1995年修习补习教育的学生比五年前多(U. S. National Center for Education Statistics, 1996: 11)。促成这种成长的因素有这样几个：第一，大学就读率的提高，再加上社区学院广开大门且来者不拒的政策，让社区学院收到越来越多高中成绩比较落后的学生。但是同样重要，或者更重要的是，州政府的官员，甚至四年制大学的校长们一直在推动减少补习教育在四年制大学中的分量，或者甚至想把它完全踢出四年制大学，放逐到社区学院中去。其中最有名的例子或许是纽约市高等教育评议会在1998年决定把所有的补习教育几乎完全移出纽约市立大学系统下的四年制大学。但是事实上在佛罗里达州、佐治

[1] 我对这个名称其实有所保留。它隐含着对先前教育缺失的修补。然而，在不算罕见的情形下，它并非真的是修补的工作，比如一些成人可能多年前从高中毕业时其实学业能力很好，但是因为现在想回去修习大学课程，而需要一点辅助来温习高中数学和写作技巧。在这种情形下，发展教育其实是比较合适的名称。

亚州及加州，都曾经有人尝试要推动类似的措施（Arenson，1998a，1998b；Healy，1995a，1995b；Lively，1993；Shaw，2001）。[1]

由于补习教育长久以来一向被许多人视为社区学院的基本任务之一，因此在社区学院中的补习教育并没有像在四年制大学中那样有争议。举例来说，有40%的州要求其社区学院要开设补习教育，而另外还有11%的州采取鼓励的态度（U. S. National Center for Education Statistics，1996：30）。但是虽然如此，即使在社区学院内也还有越来越多的对补习教育不满的声音（Ignash，1997：6）。

研究发现与未来研究需求

虽然社区学院的补习教育非常普遍，但是我们几乎没有什么指标可以检视这些补习教育做得好不好。很少有大学院校作过系统化的评估，而州政府对于这些计划办得如何也不太清楚（Phipps，1998：10～11；Roueche & Roueche，1999：53～54；Shaw，2001：197）。而目前已经有的研究，基本上都存在大量的研究方法上的瑕疵。例如，在1995年一项针对全美国高等教育机构的调查显示，公立两年制学院表示它们有超过三分之二的学生成功地完成阅读、写作及数学的补习教育课程（U. S. National Center for Education Statistics，1996：13）。但是这个结果是非常薄弱的，因为这项调查乃是依赖大学院校的自我表述，我们没有办法知道这些院校如何决定什么叫做“成功地完成”，也不知道完成这些课程是不是真的让学生能具有等同于大学程度的能力。另一项美国全国性的调查也有类似的情形，它发现77%通过数学科补习课程的学生，以及91%通过英文科补习课程的学生，日后在大学程度的相同科目中都至少拿到及格的成绩（Boylan，Bonham & Bliss，1992）。然而，就和大多数关于补习教育的研究一样，这项研究并没有使用随机抽样的方法来选取实验组及控制组，或者至少控制各学校间学生特质的差异。尤有甚者，它没有报道出各校补习教育课程的辍学及完成的表现指标为何，以控制选择性的折损率，因此，上过补习教育课程后看起来很好的学业表现，可能大部分只是因为学生起步的能力就已经比较好，或是他们的学习动机比较高，而不是因为补习教育课程帮了他们的忙。最后，这个研究采用的成就标准其实颇低：77%～91%的补习教育学生，在后来的大学程度课程中拿到至少D的成绩。至于这些大学课程的授课程度的挑战性有多高则没有着墨（Grubb，2001；Levin，1999）。

---

[1] 四年制大学会放弃补习教育的原因有很多，最明显的是企图把补习教育从四年制大学移往比较便宜的教育机构，以便节省公共支出；另一个企图是想弥补高中教育未能将毕业生教到可以念大学的程度的缺失（Healy，1995a，1995b；Lively，1993；Shaw，2001：199）。然而还有不够明显，但是也许更有问题的因素，包括企图将学士教育留给那些看起来真正有价值的学生，来维持学士学位在一般人认知上的经济与地位价值。基于修习补习教育课程的学生有不成比例地高数额是来自贫穷家庭及非白人族裔，这种情结多多少少有意识地陷入了阶级和种族的歧视中。事实上，反对大学补习教育的人往往也是反对平权行动者（Shaw，2001：194，196）。

由于目前对补习教育还没有什么好的研究，因此我们需要一些采用随机抽样法来选取实验组及控制组，以及/或严谨地采用学业性向、动机及社会背景等指标来探讨补习教育课程的影响的研究。这些研究必须控制学生在修习补习课程前的特质，不但要测量已完成补习教育课程的学生的表现，也必须测量未完成以及未修习这些课程的学生的表现。补习教育课程的影响程度应该不只用修完课程的比例来看，也应该包括修习学生相对于未修习补习教育的学生的学业能力程度、顺利从社区学院毕业并取得证书或学位的比例、转学并取得学士学位的比例，以及在经济收入方面的最终成就(Grubb，2001；Levin，1999)。

有证据显示，教学方法随着学生的学习风格不同而有不一样的效果。例如，年长的学生也许会比较能应付进度较快的课程，或者同时进行补习教育与大学教育的综合课程(Ignash，1997：17)。其次，只有一门科目能力不足的学生可能对计算机辅助教学的课程反应很好；而在很多科目都能力不足的学生则因为需要大量的指导，也许需要多与教师互动(McMillan et al.，1997：29)。因此，关于补习教育的研究需要注意，其效果如何随着学生类型及教学方法类型的不同而有变化，也需要让大家知道这些补习教学的方法是不是对所有的学生都有帮助。大学会很想把同样的教学方法全面应用到所有的学生身上，因为那是较省钱的办法；但是它很可能只对某些学生有效，对其他学生则不然(Pascarella & Terenzini，1991：103～104，109)。

最后，基于近年来有很强大的力量想把补习教育推出四年制大学，贬抑到社区学院去(Phipps，1998：1；Shaw，2001：200～201)，因此很重要的是必须检视这样的政策对补习教育学生的教育及经济成就会有什么样的影响。这些修习补习教育的学生会不会因为原本可以就读四年制大学，现在却必须先去社区学院，结果反而造成他们与一开始就进入四年制大学的学生相比较时，受教年数较少，学历较低，薪资也较低？这样的研究可以挑出对四年制大学实施补习教育的政策比较严格及比较宽松的州，作补习教育学生的对照，或者用有意愿要念大学的补习教育学生，在要求他们必须先念社区学院的政策(如同在纽约市立大学的例子)实施前后的表现来作对照。

政策建议

有效的补习教育包含改善学生在初入社区学院时就已经不足的能力，以及在学生甚至还未进入社区学院前便开始提高他们的能力，以求减少日后需要补习教育的可能性。对于前者，要实施有效的补习教育，便需要社区学院真正地了解哪些学生需要帮助(可通过初入社区学院时实施的强迫性评量得知)，以及保证这些学生真正得到补习教育(可通过强迫性补习教育课程的分级能力测验得知)(Phipps，1998：23；Roueche & Roueche，1999：23～24，47～48)。但是初入社区学院时的强迫性评量，以及补习教育课程的强迫性分级能力测验并不是大家都实施的。在联邦政府于1995

年对补习教育的调查中，只有三分之二的公立两年制学院要求应该需要补习教育的学生必修补习课程；其他的仅仅建议这些学生选修(U. S. National Center for Education Statistics, 1996: 19)。此外，在学生修习补习教育课程时，应该也要能够在可能范围之内允许他们选修大学程度的课程，以便让他们有向前进步的感觉，来增强其学业上的学习动机。也就是说，如果有一个学生在数学科需要补习教育，但是在阅读与写作科不需要，则这名学生应该可以选修大学程度的英文课，虽然他当然不能选修大学程度的数学课(McMillan, Parke & Lanning, 1997: 28; Roueche & Roueche, 1999: 30～32)。另一个已经有几个研究指出为有效的方法，是将大学程度的课程与补习教育的课程配对一起选修，以创造学习社群(Grubb, 2001; Levin, 1999; Tinto, Russo & Kadel, 1994)。[1] 最后，也有人提议补习教育课程的内容应该被扩充到最大极限，纳入诸如高层次思考方法，来为学生转型到一般学术课程作准备(Levin, 1999; Shaw, 2001: 198)。

政治决策者是不是可以，或者应该有能力来决定补习教育的方法，其实不无疑问。目前的补习教育运用了范围极广的教学方法，但是至于哪种方法最好则缺乏有力的结论(Boylan, Bonham & Bliss, 1992; Gurbb, 2001; Levin, 1999; McMillan et al., 1997)。这个议题之所以会不明确，乃是因为任何一种教学方法的效果都不是全面性的，而是只针对某种特定的学生或科目。无论教学法为何，很重要的一点是，授课者必须是具有良好训练、教学动机很高的教师，补习教育千万不能被贬低到任用最没有准备又最没有动机的老师来教的地步(McMillan et al., 1997: 28～29; Roueche & Roueche, 1999: 26)。援助教师的资源必须包含范围广泛的支持服务，其中包括个人化的辅导系统，用以提供学生应付学业、职业生涯及人生中各种偶发事件等方面的咨询(Phipps, 1998: 10, 23; Roueche & Roueche, 1999: 46)。

无论社区学院的补习教育将来可能办得如何的有效率，我们仍需积极采取一些措施，让学生在甚至还未进入社区学院前便已具备较佳的学习能力(Ignash, 1997; Phipps, 1998; Roueche & Roueche, 1999)。数据显示，在1989年有40%的高教机构没有采取任何的措施来减低对补习教育的需求，因此可看出我们的确很需要一些积极的政策(U. S. National Center for Education Statistics, 1991: 15)。这些积极政策可能会采取什么样的措施呢？最重要的是让高中毕业的最低标准与大学对其学生的期待有更密切的配合(Phipps, 1998: ix, 20～21; Roueche & Roueche, 1999: 50)。我们有几种方法可以做到这一点，其中之一是提高高中毕业的标准，举例而言，得克萨斯州已经提高其公立高中的毕业标准，并明确规定公立高中的核心课程(Breneman & Haarlow, 1998: 12, 16; Ignash, 1997: 18)。但是无论这些条件的高低为何，很重要

[1] 然而，Nora(2000)指出，虽然学习社群明显地提升了学生自评的学业能力，但它是否在实际上真正地提升了他们的能力，则仍不明确。

的是大家必须对它有清楚的了解。因此，许多州政府——例如科罗拉多州及俄克拉何马州——均采用了比较明确的大学期待标准，并确认这套标准与高中毕业条件的内容与程度有密切关联。而且，有些州还设立了一些方案来让各个高中知道它们的毕业生在大学里的表现如何(Ignash, 1997: 17～18; Phipps, 1998: 21～22)。[1] 除了这些一般性的方案以外，还有其他联邦及州政府的辅助措施(例如GEAR UP方案)提供具有弱势背景的学生——在他们甚至还未决定是否要念大学以前——一些辅导及家教的帮助，并且向他们保证只要达到某些特定的标准(例如完成大学预科的课程、学业成绩并保持在某一程度以上)，就一定有大学可念，还有助学金可拿(Breneman & Haarlow, 1998: 16; Phipps, 1998: ix, 21～22)。除此之外，为了要让高中达到较高的标准，其他的辅助方案还包括提高教师的能力，以帮助学生达到那些目标。比如许多州正积极地订定学生表现的标准，并设法改善教师的培育教育，作为现在已经有二十年历史的改善中小学教育学业卓越运动的一环(Conley, 1997; Phipps, 1998: 22; Shaw, 2001: 199～200)。

虽然社区学院在补习教育方面可能比四年制大学做得好很多，但是我们应不应该把中学后的所有补习教育工作全部都丢到社区学院头上，还是个疑问。如果四年制大学几乎完全放弃补习教育，这将会大幅减弱州及联邦政府对于提供充分补助给补习教育的政治支持。尤有甚者，强迫有意愿读大学、实力却不好的学生先去读社区学院，可能会大幅降低他们最终拿到学士学位的机会。就如同下一个部分所讨论的，有意愿要念大学却先进入社区学院就读的新生，其最终拿到学士学位的机会明显地低于直接进入四年制大学的学生。

落在舞台灯光外的议题

正如上文所述，已经受到高等教育决策者及社区学院领导人注意的社区学院议题，当然很值得我们探讨。但是还有其他议题也需要政策上的关心，却始终没有得到应有的待遇。这些议题包括“普通教育”和“社区营造”作为社区学院基本任务的角色，以及社区学院是否阻碍了其有意愿读大学的学生的教育成就等问题。这些议题已经吸引了一些学者的兴趣，但是却一直上不了政治议程的台面。不过这种情况也不是不能改变的，而且应该要受到挑战，因为政策论述不应该只局限于政治与经济精英所订定下来的传统智慧。

让我们从“探讨社区学院究竟是协助或阻碍教育成就，以及如果它真的有影响，我们该做些什么”这个议题开始，来致力于扩大舞台聚光灯焦点的范围吧！

---

[1] 例如马里兰州的“学生成果及成就报告”(Student Outcome and Achievement Report, SOAR)，就让各高中及学区的人员知道近年的高中毕业生表现如何：他们需要多少的补习教育、他们在第一个大学程度的英文与数学课的表现如何、他们的学业累计平均成绩、他们的续学率(Ignash, 1997: 17～18; Phipps, 1998: 21～22)。

教育成就：社区学院是协助还是阻碍？

对社区学院校长及大部分的决策者来说，社区学院是推进教育机会的巨大引擎，尤其对弱势背景的学生更是如此。有关这种对社区学院的信念的典型论述可以从美国教育委员会（Education Commission of the States）最近发表的政策说明书窥见一斑：

> 社区学院在教育机会扩充的早年历史，代表了一个独特的美国成功故事。第一所两年制专科学校成立于1901年，便致力于为大众提供渠道与教育……这些两年制学院办得非常成功，以至社会上对社区学院的需求与支持以惊人的速度不断地增加……从各种数据来看，社区学院的入学需求很可能会持续至21世纪。在未来的十年内，许多州的高中毕业生人数将会有爆炸性的增长，其中很多毕业生将会寻求社区学院作为其踏入四年制大学院校的起点，或者会经由社区学院取得职业训练。这些学生的人口结构将会越来越能反映出美国日益增加的族裔多样性，以及社会经济背景差距日益加大的人口结构(Phelan，2000：2)。

宣称社区学院经由扩充通往高等教育的渠道，为教育成就的全面提升提供了极大的助力并不为过。许多研究皆指出，设有数目较多的社区学院的州及地方县市，其全部人口进入高教机构的比率比社区学院数目较少的州及地方县市显著地高出许多(Dougherty，1994：50～51；Grubb，1989；Rouse，1998)。〔1〕

但是在谈到这个研究结果时，有一个主要特质必须连带地提出来。这个特质在上述的美国教育委员会的政策说明书里完全没有提及，甚至在所有有关社区学院的官方文书中也都没有提到。许多不同的研究都指出，进入社区学院——而非四年制大学——显著地降低了学生拿到学士学位的几率，而且除了学位外，它也降低了学生的教育成就(Dougherty，1994：52～61；Pascarella & Terenzini，1991：372～373，506～507；Whitaker & Pascarella，1994)。〔2〕 由于社区学院对其新生取得学士学位的教育成就的阻碍效应，因此境内有许多社区学院的州，其居民在拿到学士学位的成

〔1〕 社区学院的几个特质让它成为进入大学的绝佳渠道。社区学院遍布全美各地，其学费通常比四年制大学低，而且因为它们离学生家很近，所以可以不必(也不太可能)住校。而由于它们广开大门、来者不拒的理念，因此比较愿意招收“非传统”的学生，亦即高中辍学生、学业能力不足的学生、想走技职路线的学生，以及想为自己的技能升级的成年人。

〔2〕 然而，可以稍微与这些研究结果相制衡的，是另一个研究结果——虽然这个结果只能说是暂时性的，而且由于它仅仅建立于一两个研究之上，因此也绝对不能说是有结论性的——发现对于年龄较长、来自弱势背景，以及没有读大学之意愿的学生来说，社区学院和四年制大学一样有帮助，甚至更有帮助(Berkner，Cuccaro-Alamin & McCormick，1996：16～20；Dougherty，1994：56；Pascarella et al.，1995：90；Whitaker & Pascarella，1994：204)。

就方面，便不像他们在进大专院校的比例那样大幅领先于境内社区学院很少的州(Dougherty，1994：51～57；Rouse，1998)。拥有较多社区学院的州在培养大学学士的比例方面，之所以比社区学院较少的州高一点(虽然统计上并不显著)，大部分是因为社区学院比任何其他机构都能把学生带入高等教育。然而，这种很具民主化的效应却被打了折扣，因为这些“多出来”的学生一旦进入社区学院之后，显著地比直接进入大学的学生较无机会取得学士学位。也就是说，社区学院对培养学士的贡献其实不大，因为它的“民主化”作用大部分(虽然没有完全)被它的“转向”作用抵消掉了。由于还有许多人无法接受这个事实，因此让我来回顾一些证据，让大家看看这种转向作用的影响程度，并点明整个制造出这种作用的机制。然后我们可以回顾这方面的研究，以及由这些证据所引申出来的政策议题。

对成功取得学士学位的阻碍

很明显地，关于为什么社区学院的学生取得学士学位的比例比在四年制大学中的学生少很多，其中一个主要的解释是：社区学院的学生平均来说家庭收入比较低、学业上表现比较差，而且教育及职业的志向比较低。然而，当我们控制了这些学生的差异后，社区学院学生取得学士学位的比例仍旧少很多。即使当我们比较社区学院及四年制大学具有相同背景(社会阶层、种族及性别)、学业性向、高中成绩，以及教育和职业志向的学生时，社区学院的学生平均比同样背景的四年制大学学生，少拿到11%～19%的学士学位(Dougherty，1994：52～61；Pascarella & Terenzini，1991：372～373，506～507)。

很清楚地，无论学生本身的特质为何，进入社区学院对一个人的教育成就有某种程度的影响。当我们更进一步地检视时，我们发现有拿学士学位的意向而先进入社区学院就读的学生，比同样背景的四年制大学学生容易在大学教育的前两年间辍学、没有继续读大三，或在大三或大四时辍学(Dougherty，1994：chap. 4)。[1] 让我们来看看这每一个因素是如何阻碍社区学院学生取得学士的机会的。

社区学院的辍学问题

社区学院的辍学率向来特别高。在1995年秋季刚进入高等教育学府就读的学生中，44%的公立两年制学院学生，在1998年春季之前就已经离开学校，没有拿到任何学位；而四年制大学学生的相对数据是18%(Berkner，Horn & Clune，2000：9，26，43，59)。不过要厘清的是，这些没有拿到学位就离开社区学院的学生，很多其实不是辍学生。他们之所以没有毕业就离开，也许是因为原本就只打算修几门课，或者只想

[1] 接下来的几页，是根据并详细陈述Dougherty(1994)综合了许多研究结果的论述。为了避免参考目录过多，我在后文将仅节录Dougherty(1994)中相关的部分。

习得一些技能，并不想要学位。而且如果他们本来只是想试试大学教育，结果发现并不对他们的胃口便离开，就不应该被视为个人或学院的失败，而应视为合理的教育成就(Grubb, 1996: 80～81)。即使如此，还是有很多学生进入社区学院是想拿到学位的，但是仍旧没有成功。

在社区学院非必要的辍学个案中，个人因素当然扮演了重要的角色，因为社区学院的确吸引了很多学业上准备不足、学习动机较弱，或是生活中被各种危机困扰的学生来就读。另一方面，组织性的障碍对学生的辍学也扮演了重要的角色。有一些研究在限制了学生的家庭背景、高中成绩及教育和职业志向后，仍旧发现社区学院的学生往往比相同背景的四年制大学学生容易在大学的前两年辍学(Dougherty, 1994: 86)。形成这种差异的原因还没有定论，但是有证据显示：这种辍学率的差距有可能是因为社区学院不太能借用学校宿舍，或者让学生身处于有学术志向的教师与学生的环境中等机制，让学生在学业及社交上融入大学生活之中(Dougherty, 1994: 85～92)。

不足的转学率

社区学院的学生比直接进入四年制大学的学生在继续念大三或拿到学士学位上的几率小很多。主要的原因很明显：大部分的社区学院学生并不打算拿到学士学位，即使他们表示那是他们的目标，往往也只是一种遥远的希望，而非真正的自我期许。尤有甚者，社区学院学生平均比四年制大学学生较多来自弱势家庭，学业上的表现也较差(Cohen & Brawer, 1996a: 55～58; Dougherty, 1994: 53; Grubb, 1996: 61, 80～82)。

不过，学校因素仍旧在社区学院学生的低转学率方面扮演了重要的角色。虽然社区学院的确是不少学生为大学教育“热身”作准备的地方，但还有许多的学生反而被“降温”。有两个多变项统计分析发现，有意完成大学教育但先进入社区学院的学生，比具有类似背景、能力及志向的四年制大学学生，显著地容易在第二年结束之前降低自己的雄心(Pascarella et al., 1998)。[1] 有什么原因可以解释这种雄心的减弱呢？一个很重要的因素是社区学院对副学士学位(相当于专科学位)的技职教育的投入。一所社区学院的技职导向越强，其学生的转学率就越低(Armstrong & Mellisinos, 1994: 88; Dougherty, 1994: 94)。为什么会有这种情形发生呢？

很显然，技职导向很强的社区学院会摆出一长串在诸如护理、保健相关专业、计算机操作及工程科技等领域，设计良好又吸引人的技职教育课程给学生看，吸引原本入学时有拿学士学位雄心，或者尚未决定要不要进入技职教育系统的学生往技职教育靠

〔1〕虽然这个研究作得很谨慎，但是我们仍需指出，它的学校取样数目很小：十六个州内的五所两年制学院及十八所四年制学院。基于全美国的两年制及四年制大学数目之庞大、差异性之高，如此小的样本如何能具有代表性，令人置疑。请详见下文。

拢。这些课程在学校的简介目录与手册中都有精彩的广告介绍，它们在学校中的教室通常都比普通科要现代新颖，而且学校往往宣称技职教育体系的毕业生出路和学士一样好(尽管整体来说并非如此)(Dougherty，1994：93～97)。

其次，当一所社区学院变得越来越倾向技职教育时，其教职员通常也不太重视转学。最起码的，一所学院的技职化会引进更多比较重视在职人力发展，而不太重视转学的教师。一项于1995～1996年针对全美社区学院教师的调查显示，技职教育体系的教师普遍地比其他普通教育体系的同侪更重视人力发展，而且显著地不太注重转学。当被问到他们眼中什么是社区学院的主要任务时，48%的技职教育教师回答人力发展，只有14%回答转学。这些数据与他们普通教育体系的同侪的答案相去甚远：只有21%把在职人力发展放在第一位，而有37%将转学列为最主要的任务(Brewer，1999：16～17)。

这并不代表进入技职教育体系就成为转学到四年制大学的路上无法克服的障碍，许多社区学院的技职学生仍旧转学到四年制大学就读。比如说，一项对参与过“高中以上学生调查”并于1980年进入社区学院就读的学生所作的研究发现，23%拿到副学士学位的学生，以及7%拿到技职证书的学生，在1994年春季之前仍然转学至四年制大学。然而，这个数字依然比拿到普通科副学士学位学生的转学率低很多：只有49%(Grubb，1991)。而来自一些州政府1990年中期的数字也同样反映这种不对称的现象。佛罗里达州对于1993年进入社区学院的新生在1998年所作的一项追踪调查发现，有20%主修普通科系的学生转学至四年制大学，然而主修技职科系的学生，这个数字只有6%(Florida Department of Community Colleges，2000)。而伊利诺伊州对1990年新生于五年后的追踪调查也发现，普通教育体系与技职体系的学生的转学率分别是35%及12%。当然，造成这种不平均现象的原因，有一大部分是因为技职教育的学生可能根本就没有攻读学士学位的雄心。然而，前述的伊利诺伊州的调查发现，即使在有攻读学士雄心的学生当中，技职主修学生的转学率仍比普通科的学生显著要低：分别是25%及40%(Illinois Community College Board，1998)。

倘若社区学院学生的确有转学的欲望，他们在达到目标前会碰到数个组织上的障碍。由于社区学院本身是两年制，它并不能控制大学教育体系的后半部，也就是不能想让谁去念就让谁去念。相反地，它们必须仰赖四年制大学来接收它们的转学生。已经有证据显示，四年制大学比较喜欢招收大一新生，而不太愿意招收来自社区学院的转学生，尤其是如果这些学生来自技职科系，或是来自大部分是少数民族的社区学院。大学对社区学院转学生的厌恶不仅仅反映在拒绝他们的申请方面，还反映在大学基本上只给转学生条件较差的助学金，而将条件比较好的助学金留给新生和本校在读学生的现状方面。这种助学金的差异的确是会有影响的。一项针对申请转学至加州大学、却没有去注册入学的学生(其中有19%被录取)的研究发现，主要的原因之一便是财力(Dougherty，1994：96～97)。而且即使四年制大学很愿意招收转学生，并不表示转学生们就没什么好担心的了。合格的学生仍旧可能因为他们心目中想就读的校区的大三科系(尤其是热门科系)已经没有多余的空间来容纳转学生，而被这些分校拒绝入学。而即使学校提供其他分校给学生选择，许多转学生往往因为第二个校区对转学生有完全不同的标准要求，或者因为家庭或其他因素而无法迁移到那个地区，最终无法就读(Dougherty，1994：97)。

在大学教育后半部的折损

即使在成功地转学到四年制大学后，社区学院的学生仍旧比一开始便就读四年制大学的学生较有可能拿不到学士学位。许多州及全美的研究发现，来自社区学院的学生在大三这一年的折损率，比一开始便就读四年制大学的学生显著地高出许多。大约有五分之二的转学生在转学后五年内离开大学，而没有拿到学士学位。另一方面，与这些社区学院转学生同年升上大三的四年制大学学生的相对辍学率却大约只有四分之一(Dougherty，1994：97～100)。[1]

毫无疑问，这个在辍学率上的差异是肇因于来自两年制学院的转学生在平均性向能力及学习动机上，都比原本便就读于四年制大学的学生低。但是有证据显示：美国高等教育系统里有许多特质也造成了来自社区学院的转学生较高的折损率。与原本就读于四年制大学的学生相比，来自社区学院的转学生相对不能拿到奖助学金，他们在大学前半部的学分相对不被后半部的大学承认，而且他们在社交上及学业上，都相对不能融入四年制大学的生活里(Dougherty，1994：97～101)。

由于来自社区学院的转学生比原本便就读于四年制大学的学生较少拿到奖助学金，因此增加了转学生因为财力不足而必须辍学的几率，也阻碍了转学生在学业上及社交上融入四年制大学的可能性(Dougherty，1994：98)。其次，有为数甚多的转学生在转学到四年制大学时，损失许多原有的学分，因而使他们学业进步的脚步减缓，也危及他们能够支付大学教育的能力。这种学分的损失在来自社区学院的技职科的转学生身上特别明显。由于许多州政府要求公立大学必须承认社区学院的普通教育课程，因此来自社区学院普通科的学生往往受到此类政策的保护，但是非普通科的课程就必须被更严格地审查了(Cohen & Brawer，1996a：331～332；Dougherty，1994：98～101；Rifkin，2000；Striplin，2000)。例如，一项于1998年对加州二十六所社区学院的调查便发现，其非普通教育课程在学生转学时往往不被承认：27%的非普通教

〔1〕 Lee等人(1993)根据“高中及高中以上学生调查”的资料分析指出，来自社区学院的转学生和原本就在四年制大学的学生相比，其拿到学士学位的比例，事实上是一样的。然而，Lee等人(1993)似乎没有控制学生累积的学分这个变量。因此，他们只用了来自社区学院的转学生转学后的续学率数据，来和四年制大学部学生整个大学生涯的续学率数据(其中包括很高的大一辍学率)相比较。类似的错误也出现在美国教育统计中心于1994年对1989～1990年的“高等教育学生起步调查”的追踪调查分析(McCormick，1997：26，38～39)。比较好的对照，应该是要拿取得相当学分的社区学院转学生与原就读四年制大学的学生来作比较。例如，拿已经念大三的社区学院转学生和原本就在四年制大学的学生相比的研究，便发现转学生的续学率及毕业率都显著地较低(Dougherty，1994：109～111)。

育课程不被加州州立大学系统承认为转学学分，而更糟的是，高达73%的学分不被加州大学系统所承认(Striplin, 2000)。(若想进一步了解学分损失的原因，请参考Dougherty, 1994: 100～101)。

转学生遇到的第三个障碍是很难融入四年制大学的社交生活。由于转学生通常都得工作才能支付生活开支，因此很少有时间去和校园内的同侪相处。四年制大学中专门为转学生所设计的新生训练节目如凤毛麟角，社团及其他课外活动又往往到大一新生中去招募新成员。此外，转学生常常申请不到学校宿舍，因为许多四年制大学把优先权留给大一新生。这些不同的障碍往往让转学生抱怨他们很难参加学生活动，以及参与大学中的一般社交活动。而且相对地，较差的社交融合往往比较容易造成学业上的挫败(Dougherty, 1994: 101～102)。

最后，转学生往往陷入重重障碍，妨碍他们在课业上融入四年制大学。研究不断地发现他们倾向在转学后的第一年成绩大幅下滑(Cohen & Brawer, 1996a: 65; Dougherty, 1994: 102)。[1] 显然，转学生这种成绩的滑落有一大部分基于四年制大学较严格的标准，而他们的能力达不到这些标准。但是它也肇因于一些组织因素，特别是较少机会拿到奖助学金，以及也许在社区学院中的学业准备不够充分。研究已经发现，学生若越拿不到亟需的奖助学金，其大学后半部的成绩就越差(Dougherty, 1994: 98～103)。此外，我们也有理由可以相信，来自社区学院的转学生的大三、大四成绩比原就读于四年制大学的学生差，或许是因为他们在大学教育前半部的准备平均而言比较差(Dougherty, 1994: 103)。然而关于这一点，目前还有一些争议。

为了要知道来自社区学院的转学生究竟对其大学后半部的教育作了什么样的准备，华盛顿州社区及技术学院委员会(Washington State Board for Community and Technical Colleges)在1991年对1 604名于1988年进入社区学院并于1991年以前转学的学生展开一项调查。研究发现，虽然有85%的转学生表示他们以前修过的课为他们大学后半的课程奠定了充分的准备基础；但是有55%的认为四年制大学的教师更具挑战性，70%表示在四年制大学的课程需要学生有更多的分析能力，70%表示阅读作业变多，65%表示写作作业变多(Washington State Board for Community and Technical Colleges, 1994: 11, 16～17)。支持这项研究结果的，还有1993年所作的"全(美)国高等教育教师调查"。它发现在公立两年制学院开设学分课程的专职教师中，47%表示他们从未在自己所开设任何课程的期中或期末考试里，要求学生用申论的方法答题，51%表示他们从未在任何的课程中要求学生递缴论述或研究报告

---

[1] 常常有人宣称，转学生只要在从"转学震惊"(transfer shock)中恢复过来后，他们大学教育后半部的成绩便可以很快地回升，但这种论点非常容易误导大众。这项研究是拿转学后二至三年的学生的成绩，与转学后第一年学生的成绩作比较。即使它用的是同一群样本，但是其年龄较长的学生样本并没有包含转学后成绩不佳而已经辍学的学生，而此研究并没有对此一事实所可能造成的误差作修正。事实上，一项对伊利诺伊州的转学生所作的研究显示，虽然那些最后终究毕了业，也拿到学士学位的学生的确从他们的转学震惊中恢复了过来，但是那些最终辍了学的学生并没有恢复(Illinois Community College Board, 1986)。

(Palmer，2000：48～49，87～88)。[1]

另一方面，帕斯凯拉、玻尔、诺拉和特伦兹尼(Pascarella、Bohr、Nora & Terenzini，1995)认为社区学院的学业准备教育并不会比较差。当他们比较两年制学院的学生和具有与其相当社会背景、上大学前的能力、求学志向及各种不同大学经验的四年制大学学生时，发现社区学院的学生在阅读测验、数学及批判性思考(在大一结束前施测)和写作与科学逻辑(在大二结束前施测)等方面的表现与之一样好。由于帕斯凯拉等人的研究质量向来很高，因此我们应该要审慎地注意这个研究结果。然而，我们还是有理由来反驳帕斯凯拉和他的同侪所作的研究结果(1995：93～94)。他们的样本只包含了五所两年制学院(得到280名大一学生及147名大二学生)，以及十八所四年制大学。由于不论在两年制或四年制学院内部之间都有很大的差异性，因此这么小的样本如何能代表全美所有将近1 800所的两年制学院及2 300所的四年制大学，让人非常的怀疑。第二，帕斯凯拉等人(1995)自己也对他们所施测的选择题题目是否能够真正测出要在四年制大学有优异表现所需的能力提出质疑(Pascarella et al.，1996：93～94)。我想在这两个议题之外再加上第三个问题：这项研究控制了每一所大学大一新生入学前的学业能力，以及学生是否住校等因素。这样做有可能已经减少了四年制及两年制学院的差异性，因为它消除了四年制大学学生的两大优势——比较有机会与高能力的同侪相处，以及比较有机会申请到学校宿舍(这是学生得以促进学业及社交融合的有力来源)。对于帕斯凯拉等人(1995，1996)的研究方法的这些质疑，再加上其他的研究显示，社区学院及四年制大学间确实有学术严格要求程度的不同(Dougherty，1994：103～104)，让下列的叙述变得更有可能：平均而言，社区学院在学术上的要求相对没有四年制大学严格，而且这个情形导致从社区学院转学至四年制大学的学生，在大三及大四时的辍学率比一开始便就读于四年制大学的学生高。

改善教育成就的政策

为了要改善社区学院新生的教育成就，我们必须致力于减低折损率、增加毕业率，以及在合适的地方鼓励学生攻读学士学位。人们提出了无数的建议，也已有一大堆政策方案在施行，设法要达到这个愿望，但是这些数量比起此议题真正需要的政策与研究注意力，还差得很远。虽然决策者普遍认为，社区学院也许应该成为吸收未来大学人数增加的主要机制，但是相对地，他们对于社区学院在提供教育机会的不足之处，却没有什么兴趣去关心或改变。然而，这种兴趣与注意力其实极为重要，尤其是如果我们想要照顾劳工阶级及少数民族学生的利益的话更是如此，因为这些背景的学生非常依赖社区学院来提供通往高等教育的渠道与机会(Nora，2000；

[1] 兼职教师方面的相对数字是53%及59%。这些数字随着教师的任课领域而有很大的差距。在所有的专职教师中，73%的保健类教师从未用过申论题出题，但是这个数据在人文学科教师中只占了17%(Palmer，2000：48)。

Rendon & Garza，1996）。

1. 降低折损率

如前文所述，并不是所有未取得学位就离开社区学院的学生都是实质上的学业失败者，但是有相当多的人的确是。我们可以做什么来减少学生在尚未达到目标前就离开社区学院的情形呢？一个很重要的方法就是，加强促进社区学院学生在学术上及社交上融入其学校生活。学术上的融合可以通过鼓励教师及学生于课堂内外有更多的互动来达成。另外，学生的工作生活应该能与他的学术生活相结合。校外的工作会消耗掉学生极大部分的精力与时间，可能会造成他们最后完全离开大学。大学院校可以提供更多的校内工作机会给学生，或者通过给薪实习的方式将校外的工作"学术化"，以试着把这股与学校学业相互竞争的力量抵消掉（Dougherty，1994：252～253）。由于学生的社交生活在联结学生与学校之间扮演了很关键的角色，因此有观察家曾建议应该鼓励学生社团及读书会的设立，通过晚间和周末的文化与社交活动延长学生停留在学校的时间，以及举办周末，甚至整周的学生休闲活动（Dougherty，1994：253；Tinto，Russo & Kadel，1994）。学习社群似乎是能够同时促进学业及社交融合的一个很有力的方法。将相关的课程排在整个时段上课，让学生上完课后全体一起移到下一个教室，或者以开设超级课程——以团队授课，集中在一个星期中的好几天，每天排好几个小时——等方式，都似乎能显著地强化学生与学生间，以及学生与教师间的互动（Tinto，Russo，& Kadel，1994）。[1]

除了致力于融合一般学生的生活外，社区学院特别需要减低弱势背景学生目前居高不下的辍学率。如同在补习教育一节中所讨论的，社区学院必须与中学系统合作，在学生甚至还未进入社区学院前，就设法提高他们的能力与动机。而一旦进入社区学院后，弱势学生需要马上能选修到优良的补习教育课程，并得到全面的辅导（Dougherty，1994：253～254）。在进行这些学业支持及辅导咨询方案的同时，还需要对学生的成绩及修课模式有密切的观察督导——也许可以通过计算机化的辅导系统——来确定学生修到适当的课程，不会超出他们的能力范围，并在有需要时能得到学业上的辅导（Dougherty，1994：254）。此外，特别是对少数民族及劳工阶级的学生，必须尽可能地努力让他们感到社区学院很欢迎他们，对他们非主流的文化、忧虑及能力都秉持着开放的心胸来接纳。这种开放的心态必须在课程的内容、上课的方式，以及教师、行政人员及为学生服务的职员（从入学申请与奖助学金申请，到学术支持及学生生活辅导等各方面皆然）的态度、行为和气质上都能表现出来（Banks，1995；Rendon & Garza，1996：300～301）。我们会在下文的多元文化及建立社会凝聚力的

[1] 另一个可以用来鼓励社交及学术统整的策略，是由社区学院提供宿舍。这个提议看起来可能很不切实际，因为现在只有5%的社区学院提供宿舍，但是这个数字正在增长，因为许多社区学院已经开始兴建宿舍，来吸引本来想去念四年制大学的学生，以及提供住宿给居住于邻近地区以外的学生（例如外国学生）（Lords，1999）。

内容中回到这个议题。

2. 增加学历成就及转学至大学的机会

如果学生最终不能拿到符合其志趣与能力的学历的话，光是让他们待在学校续学是不够的。我指的这些不见得一定是以转学至大学为取向的学历，某些技职执照与副学士学位也能带给学生很不错的薪资，例如男性在工程或计算机方面的工作，以及女性在保健健康、商学或公职等方面的工作，收入都很好（Grubb，1996：94～96）。

另一方面，由于学士学位的经济收益较高，因此很重要的是鼓励有能力读学士的学生尽力朝那个方向走。为了要解决前文所提到的学生的两难困境——该去念不再有升学机会的副学士学位，以寻求较低但是较有把握的经济报酬；还是该去念学士学位，以寻求较高但较无把握（对社区学院新生而言）的经济报酬——我们应该要很努力地尝试增加技职学分在学生转学时能被大学承认的机会（Dougherty）。

为了增加所有学生的转学机会，我们必须在几个不同的点作改变，尤其是在提高转学意愿以及统筹转学过程两方面，后者还包括确保学生转学后的学习成功。

提高转学意愿 社区学院应该要多主动与可能会或应该会有兴趣转学的学生接洽，提供他们详尽及最新的转学机会信息，把目标放在加强或甚至唤起学生的转学兴趣上。我们当然应该要找回一般教师在转学方面的辅导角色，但是社区学院应该也要学习加州的社区学院，设立转学中心来详尽搜集所有有关转学的信息，聘用专门的转学辅导人员，并提供场所给四年制大学中掌管入学申请的人员到校内会谈时使用。另一方面，对于比较可能进入社区学院就读又不想拿学士学位的弱势家庭子弟，我们应该努力在一开始——甚至于在他们进到社区学院之前——就拦截他们，以便及早鼓舞他们的求学志向（Dougherty，1994：253～254；Palmer，1998：5；Rifkin，2000：6）。

为了要克服学生对远离原本熟悉的社区学院，到一所全然陌生的大学求学所带来的恐惧感，安排他们事先体验一下四年制大学的生活会很有帮助。社区学院应该要鼓励他们的学生选修四年制大学的课程，参加大学的文化活动，就算仅仅是到大学校园参观也好。而我们也应该鼓励四年制大学把他们的大三、大四课程，甚至整个学士课程都搬到社区学院来开设（下文还会详述）。

统筹转学过程 为了要确保转学生转学后的学习成功，我们必须要将他们转学时损失学分、被拒绝奖助学金、无法融入四年制大学社交生活，或者未能为大三、大四学业作好准备的可能性尽量降到最低。

为了要减少学分损失，许多人建议——事实上也有很多州已经下令要如此——普通教育课程的学分必须被一概承认：已经被认可的社区学院普通科课程，应该可以抵免大学普通科教育的学分要求，或者拥有已获认可科系的副学士学位的学生，应该被视为相当于可以直接就读大三课程的程度（Dougherty，1994：257；Illinois State Board of Higher Education，1997：Rifkin，2000：3；Schmidt，1997）。[1] 我们可以通过等值课程指南及共同课程编码系统，来连接社区学院及四年制大学的课程，进一步增加非普通教育课程再转学时的抵免性（Dougherty，1994：257；Knoell，1996：58；Rifkin，2000：4）。这些信息可以放在计算机辅导系统中，该系统可列出四年制大学目前要求必修的课程，整理出建议的修课计划，有些时候还可以追踪学生达到这些要求的情形（Dougherty，1994：258；Nussbaum，1997）。

技职学生在抵免学分方面，有着特别困难的障碍，因此我们有必要为他们特别的需求采取特别的措施。像是佛罗里达等几个州的做法就很有帮助，他们要求社区学院及公立四年制学院一起合作，想办法让技职学位的转学更容易（Horine，1998；Pitter，1999：1，6～7）。但是为了要有效率，这个政策必须有一些特别的机制来支持，以便使其更为可行。这些机制之一就是设立位于学制之上的"顶点方案"，其中社区学院的技职教育课程学分完全由四年制大学相对的技职领域科系授予，而学生大学教育后半部的修课内容也完全以因应四年制大学普通教育的必修要求为中心（Dougherty，1994：255；Pitter，1999：10～11；Rifkin，2000：5；Washington State Board for Community and Technical Colleges，1997：10）。[2] 另一个很可行的方法是在技职科系的课程中多纳入普通教育课程，让他们有多一些可抵免的学分，同时也要确保这些普通教育科目是已经列在州政府订出来的可抵免普通教育课程名单上的科目（Pitter，1999：6；Rifkin，2000：6）。

虽然州立大学是社区学院安排学生转学时特别重要的对口单位，但是也还有包括营利性学校在内的私立学院。传统的私立大学也许会很欢迎技职科系的转学生，因为这样反正可以让学校在这个高度竞争的高等教育经济体制中增加招收到的学生人数。而营利性大学也可能特别欢迎新进的转学生，因为这些学校需要快速地成长，而且它们原本的学术性质就很薄弱，或者甚至完全没有。事实上，一个由很精简的十九所全美顶尖社区学院组成的"社区学院革新联盟"已经与许多所非传统的大学达成协议，订立正式的转学流程。它们的合作伙伴包括西部州长大学、凤凰城大学，以及美国开放大学（League for Innovation in the Community College，2001）。

转学完以后，助学金往往是转学生的一大头疼问题。比较充裕又能贴近转学生不断改变之需求的助学金，可以让这些学生相对不需要去打工来支付生活费，帮助他们在社交上更完全地融入四年制大学的生活（Dougherty，1994：258；Rifkin，

[1] 有一项为了列出一套保证可以转抵学分的普通教育课程而施行的特别详尽的措施，称为伊利诺伊州转学方案。它是由四年制大学及社区学院教师共同合作的成果，定义出全州性的"普通教育核心课程"，包含了跨越五大领域的十二至十三个课程：口头与写作沟通、数学、人文学科与艺术、社会科学及自然科学等（Illinois State Board of Higher Education，1997）。

[2] 这种机制的另一种变化是 2+2+2 转学系统，就像在加州实施的一样，由高中、社区学院及四年制大学达成明确的协议，共同协力帮助技职学生在此三层教育系统顺利向上移动（Helm & de Anda，1993）。

2000：7)。同时，转学生还需要其他方面的帮助。他们需要专门为转学生设计的新生训练，而不仅是把他们和大一或其他新生凑在一起(Dougherty，1994：258)。

许多转学生从社区学院转到四年制大学时成绩显著地下滑，这种情形并不像大家通常所讲的，是个不重要的现象，或只是个过程。如果说学生在社区学院时的学业准备真的不够，我们可以设法将大学与社区学院的标准订定得更加适中一些，来舒缓这个现象。我们应该鼓励大学及社区学院的教师多开设相同的课程，也许还可以让他们到彼此的学校授课。其次，我们需要让有意转学的学生知道——或许可以通过他们转学前就先安排选修大学课程的方式——大学的课程通常比较严格，也比较需要自我鞭策。而且我们应该提高转学学程的入学及毕业标准，而转学课程的要求也应该要比较严格，像要求阅读层次较高的书籍，并要学生能做较多的分析性写作(Dougherty，1994：259～260；Rifkin，2000：3)。

如果州政府能给予转学率较高的社区学院及四年制州立大学财务上的奖励，上述这些提高转学率及促进转学后学习成功的努力就可以更有效果。事实上，通过越来越受欢迎的奖助制度，这样的方式已经开始实施了。在这些奖助制度下，有一部分的州政府经费是根据学校在某些领域的表现而拨给的，其中也包括了转学率方面的表现(Burke & Serban，1998；Dougherty & Kim，2001；Rifkin，2000：6)。

除了要确保有意读大学的学生的雄心不会被阻挠，社区学院必须加强对那些只有意向要拿副学士学位，但其实有能力念大学的学生"热身"，鼓励他们考虑转学至四年制大学。这对弱势学生尤其重要，因为他们特别可能进到社区学院，也不打算继续攻读学士学位。我们需要在他们一进到社区学院，甚至还没进之前就拦截他们，让他们了解念大学的可能性，并进一步发展他们就读大学所需要的能力与动机。类似这样的方案中，很值得一提的例子是普恩特项目(Puente Project)，它是一项由加州大学及加州社区学院联合起来，以墨西哥裔美国学生为目标对象的方案(Laden，1999)。如果学生觉得自己无法念大学——也许因为他们的经济需求比较迫切，需要他们能够赶快拿到短期的技职学位——那么我们必须让这些学生了解，他们的技职学位日后如何能转学到授予学士学位的科系。

3. 结构改革的需要

虽然上文所描绘的改革方法非常值得追求，但是我认为它们的效果仍旧有限，因为它们没有办法消除阻碍社区学院新生追求学士学位的最基本的组织障碍。经历这些改革后的社区学院仍然会是个两年制、学生走读的教育机构，在组织上仍旧与四年制大学是分开的。只要社区学院仍然是个学生走读的学校，它们就没有办法像学生通常住校的四年制大学一样，在学术上及社交上让学生融入学校生活。一些像是安排较多的校园活动，并要求教师多与学生互动等方式，的确可以增进社交凝聚力，但是它根本无法和住校生活相提并论，也无法像后者一样能让学生充分参与大学生活。只要社区学院仍旧维持两年制，它有读大学意愿的学生就必须要克服转学到不熟悉的新学校才能拿到学士学位的心理障碍。而只要社区学院仍旧和四年制大学独立分开，转学生就必须总是碰到录取入学、拿到奖助学金、抵免社区学院学分等方面的障碍。由于四年制大学和社区学院是分开独立的组织，因此四年制大学也会继续偏好大一新生，比不太喜欢转学生，并且把助学金优先留给大一新生。四年制大学的教授与行政人员也会继续偏好他们自己开设的课程，不太喜欢社区学院开的课，因而不愿意承认社区学院的学分。而由于四年制大学与社区学院的教师分属于不同的机构，不处于同一个屋檐下，他们也会继续觉得要跟上彼此的学术期望是一件很困难的事。相互的参观、交流及协商都只能部分地在这道鸿沟上筑起桥梁，但是却不能替代开设大学前半部与后半部课程的教师在同一所大学中经常性的接触。这些组织结构上的限制也许可以解释为什么转至大学的转学率并没有改革者希望达到的那么高(Center for the Study of Community Colleges，1988：108，110，144，146，156，160)。

上述对非结构性改变的限制，让我们知道改变社区学院最基本的结构——而不只是改变其运作——的重要性。这些结构性改变的改革深度，可以随着它们对社区学院与四年制大学的影响程度而有不同。

社区学院内设的大学中心可以将社区学院与四年制大学的实体关系拉得更近。例如密歇根州的马科姆社区学院及得克萨斯州的北哈里斯蒙哥马利社区学院区就在自己学校内提供场地给四年制大学开设学士学位的课程，由大学教授或一些社区学院教师来授课(Cook，2000：3；Martorana，1994；Washington State Board for Community and Technical Colleges，1997：13)。

双联课程可以为社区学院与四年制大学拉近社交心理上(但非实体上)的距离。学生同时被两边的学校录取，也被当成是两边的成员。他们如果能够成功地完成社区学院内的前半部转学学程，就可以保证进入该所四年制大学(Dougherty，1994：255；Knoell，1996：59；Rifkin，2000：5；Washington State Board for Community and Technical Colleges，1997：12～13)。

但是对社区学院与四年制大学关系最根本的改变，乃是允许社区学院授予学士学位，让社区学院本身转变为真正的四年制大学(Cook，2000；Dougherty，1994：263～266)。学生可以在大学教育的前半部与后半部间移走，不会有今日的转学生所碰到的重重困难。学生们不必再横越两所相互猜疑的学院间的鸿沟，而只需要在同一所学校内跨过一条几乎看不见的线就可以。既然两边为学生服务的补助与注册系统结合为同一个，学生自然也可以把原有的助学金及学分一起带过去。他们的前半部学业准备也会和后半部课程的要求比较协调，因为两个部门的教师通常是一体的，甚至一样的，或者至少也都在同一所机构工作。而由于他们的学士学位课程往往构筑于副学士课程之上，因此他们如果想选修任何技职课程，通常也都能被计算在他们学士学位的毕业学分内。

要给社区学院授予学士学位的权利这个建议是很有争议性的，而许多政策者干脆就把它否决摒弃掉。[1] 然而，这样的想法正慢慢地扩散开来。佛罗里达州就已经决定，如果没有四年制大学愿意到社区学院开设学士层级的课，就要允许社区学院授予学士学位(MacDonald, 1999; Schmidt, 1999)。另一方面，阿肯色州已经赋予威斯答克社区学院在九个领域授予学士学位的权利(Cook, 2000: 4)。此外，在亚利桑那州及纽约州也已经有提议，要让两年制学院授予应用科技方面的学士学位(Call, 1997; Healy, 1998)。

要允许社区学院授予学士学位的政策的确碰到一些重要的问题。其中之一便是资源以及成本。社区学院需要把它们的师资、图书馆、实验室等升格到什么程度，又要花多少钱，才能达到学士教育的认可标准(Cook, 2000: 6; Pitter, 1999: 9)？这个关于资源的议题马上就牵涉到财政问题。在现今的州及地方政府对两年制与四年制学院各有不同补助方式——地方政府要负担较大部分的社区学院经费，学生负担较小部分，而对四年制大学则相反——的结构下，我们又该如何补助这些新的科系呢？(Cook, 2000: 6)而财政补助问题又一定会牵扯到治理的问题，谁又该来管理并认可这些学士教育的科系是否合格呢(Cook, 2000: 6)？最后，如果社区学院开始授予学士学位，会不会分散学校的时间、注意力及经费，而伤害到社区学院有关非学士课程的其他组织任务呢(Cook, 2000: 5)？这些都是很重要的议题，但是它们不应该妨碍我们去探求让社区学院授予学士学位的好处，以取代目前要把想就读大学的学生转移到四年制大学的不便而又没有效率的系统。

关于教育成就的未来研究需要

虽然对于社区学院对教育成就的影响已经有许多杰出的研究，但是仍有数个重要的领域缺乏很好的研究。这些研究分量尚嫌不足的领域，包括有关社区学院的各种效益，以及社区学院阻碍其有意向读大学学生的教育成就的过程。

1. 社区学院效益的变异

目前现存的研究都集中于讨论社区学院的平均效益，但是就如同我们在前文所看到的，有证据显示社区学院的效益也许会随着学生的特质及社区学院的特色而有显著的不同(Dougherty, 1994: 56; Pascarella et al., 1995: 90; Whitaker & Pascarella, 1994: 204)。然而，这些变异过的不同效益一直没有为研究者及决策者所重视。

在学生方面，求学意向及社会背景基本上决定了社区学院能在学生的学业、教育及经济成就上有什么样的影响。白人、中产阶级及女性学生如果去念四年制大学而非

---

[1] 如果想对于反对社区学院授予学士学位的文献，以及反驳这些文献的评论有进一步的了解，请参见 Dougherty(1994: 263～266)。

社区学院，在认知方面的成长似乎较卓越，也会接受比较多的教育；但是对非白人、劳工阶级及男性学生则相反(Dougherty，1994：56；Pascarella et al.，1995：90；1996：38～39)。类似地，教育及职业意向较高的学生如果去念四年制大学，而非社区学院，似乎能在教育上及职业上得到较高的成就；但是意向较低的学生则似乎在社区学院也表现得一样好，甚至更好(Dougherty，1994：56；Whitaker & Pascarella，1994：204～206)。[1] 基于这样的证据，我们需要严格地检视——用很大的全国性样本，并有完整的追踪调查——社区学院的效益如何随着学生的社会背景(社会阶级、种族、性别)、年龄、教育与职业志向等因素而变化。这样的研究调查可以帮助我们厘清社区学院在什么情况下是特别有帮助，或特别没有帮助的教育机构。

在学校方面，我们知道各个社区学院在它们明列的组织任务、对转学至大学的支持度，以及经费来源等方面都有很大的差异(Bailey & Morest，2001；Shaw & London，1998)。而且我们也有证据显示，社区学院特质上的差异会造成他们学生在教育及职业成就上的差异。例如，一所社区学院的技职导向越强，其转学率就越低(Dougherty，1994：94；Dougherty，forthcoming)。这又显示了我们有必要将社区学院分解开来，检视不一样类别的社区学院是否对其学生造成不同的结果。

2. 更多资料来检视有意愿上大学的学生是否被阻碍

虽然我们对于为什么有意拿到学士学位的社区学院学生，比从一开始就进入四年制大学的学生较不容易拿到学士学位的这个问题，已经有详尽的解释，但是我们仍旧需要更多的研究来得知这些不同的效应是如何造成的。从最简单的来说，我们现在只有几个研究控制了学生背景、能力、求学动机等变量，来检视社区学院与四年制大学间学生的折损率，而且这些研究都是在20世纪70年代发表的(Dougherty，1994：85～92)。

很类似地，目前宣称社区学院学生比起直接进入四年制大学的学生容易在大学后半部辍学的研究，也都没有对此两类学生可能有的各种差异进行控制(Dougherty，1994：92～97)。因此，我们需要一些谨慎地进行的多变量分析来得出有代表性的结论，看看是否有组织上的因素显著地造成社区学院新生较低的转学率的情形。

学生转到大学后的折损(辍学)程度与原因也需要进一步的探究。李等人(Lee et al.，1993)的研究应该再重复作一次，或许可以采用“高等教育学生起步调查”的资料，但是附带条件是转学生必须要与累积学分相同的原就读于四年制大学的学生相比较。另外，我们需要大规模的全国性调查，来对社区学院学生转学前的学业准

[1] 在经济成就方面也有类似的情形。如果控制了家庭背景、婚姻及家庭状况、工作经验和一些其他的变量，拿到技职专科文凭及证书的女性的收益较男性为高(Grubb，1996：90，262)。

备平均而言是否真的比较差这个问题作一个明确的澄清。我们也需要更多的研究——特别是需要用全国性资料——来了解奖助学金不足与转学生转学后的学业及社交融合情形不佳等两个因素，对转学生的高折损率究竟有多大的影响力，以及用什么方式来影响的。

最后，如果能有研究来整体地探讨有意愿就读大学的学生在其求学生涯中所面临的种种事件（在大学教育前半部的折损、转学申请被拒及在大学教育后半部的折损等）对学生究竟有多大的影响，也会对我们很有用。倘若能在同一组样本中检视所有的变量，而不必将许多不同组的样本数据拼凑在一起，我们就可以看出这些求学生涯所发生的事件其相对的重要性究竟占了多少比重。

除了要作更多的研究来让我们对社区学院在教育成就上的影响有更深入的了解以外，我们还需要更多研究来评估那些提议用来提高社区学院新生取得学士学位的比例的政策究竟有多少效益。基本上，所有的政策提议原本就都必须有持续的评估，但是最近的两个提议更需要谨慎的检验。对于鼓吹提高技职学分的转抵性的提议，我们需要知道究竟学校实行了什么措施来达到这个目标，以及这些措施究竟在提高技职学分的转抵性方面成效如何。另外，我们还需要知道社区学院所设立的大学中心、社区学院与四年制大学的双联制度，以及社区学院自己授予学士学位等三种方法，对转学生拿到学士学位的成就的影响究竟有多大。

普通教育

普通教育是一个在讨论教育的目的时不断出现的题目，它也是个概括了许多不同观念的名词。一个传统的定义是与通识教育有关的，以共同文化的传递为中心，这种文化可能是全国性的文化，也可能是某种对整个世界的思考方式。但是另一个定义则根植于**进步教育**（progressive education），其中心焦点是培养学生层面广泛的技能（例如沟通技巧及批判性思考）来为学生作生活上的准备（Levine，1978：8～9；Zeszotarski，1999）。很不巧的是，高等教育的教师与领导人往往把这两个成分要素混合在一起。这一点可以从表1中所列举的两项研究看到。第一个研究是1987年对美国2 487所高教机构所作的全国性调查（回收率为50%），该调查运用开放式问卷，找出了普通教育六个可辨识的方面。其中有两项显然与通识教育有关：(1) 文化遗产：提供伟大思想的共同核心，并传递西方文明的共同传统。(2) 对比观点：让学生对他们主修学科以外的科目有所了解。其他的四个方面则与普通教育（而非通识教育）有关：(3) 技能的发展，例如写作、演说、批判性思考等。(4) 充权赋能：发展全人，以及培养成为终身学习者的能力。(5) 社会议题：达成社会性的目的，例如全球意识及环保主义。(6) 价值评估：学习理解在不同情况下产生的价值标准，以及认识价值是如何被决定出来的（Smith，1993：246～247）。

表1 普通教育的方面

1987 年高等教育机构调查(Smith, 1993)：找出的方面	社区学院研究中心对三十二所社区学院的书面简介所作的分析(Zeszotarski, 1999)：找出的方面	
文化遗产	文化传统的核心知识	34%
对比观点	学术广度	13%
技能	基本能力	44%
充权赋能	终身学习	16%
	个人成长	31%
	人际关系能力	22%
社会议题	重视多元性	25%
	公民权	22%
价值评估	道德发展	13%

很明显，与 1987 年比起来，现在的普通教育定义又更加宽广了。而且由于大家越来越重视对多元文化的了解，因此文化资产与社会议题的层面也更大了。此外，工具性能力发展的方面还多出了计算机操作的能力(Zeszotarski, 1999: 45～47)。

社区学院对普通教育的定义和史密斯(Smith, 1993)在针对高教机构的调查研究中所提出的方面颇为相似。就如同表 1 所指出的，这些方面又与加州大学洛杉矶分校(UCLA)的社区学院研究中心(Center for the Study of Community Colleges)对全美三十二所社区学院的书面简介作分析所得出的普通教育的方面很类似(Zeszotarski, 1999)。

很显然，由于这些普通教育的目标已经由单纯的目标转变为组织内部的实际措施，所以我们可以知道它绝对不是空谈。根据对社区学院书面简介的分析，被问到的三十二所学院都对它们的转学学程有某些关于普通教育的要求，而且其中有至少 90%对它们的非转学课程也有一些关于普通教育的要求(Zeszotarski, 1999: 45～47)。[1] 此外，社区学院也很积极地从事在职进修课程。有 30%的学院于 1995 年时表示该校已经提供在职进修课程，另外的 45%则表示正在研拟设立中(Barnett, 1996: 10)。

虽然这些有关社区学院从事普通教育的数据看来很可观，但是我们也要知道它们实际上夸大了社区学院学生真正接受普通教育的程度。举例来说，在非转学学程亦制订有核心课程必修要求的社区学院中，有 90%的学校，其必修条件有半数在学系与学系间相差很多，因而让人置疑这些普通教育的必修要求到底有多么“核心”。此外，有

〔1〕 此外，1997 年在对全美国学院教师的调查发现，社区学院教师与整体的教师对以下各种形式的普通教育的重视程度几乎完全相同：口头与写作沟通能力(89%的社区学院教师、88%的整体教师回答此项目很重要)、分析与解决问题的能力(86%相对于 85%)及科学与科技操作能力(43%相对于 41%)(Huber, 1998: 69～71)。

50%的学院至少并未要求它们的非转学生必须选修一门美国政府的课程，有43%没有要求选读美国史（虽然有超过90%的学校要求它们的转学生必须选修这些科目）。在这三十二所社区学院中，只有31%要求转学生选修族群研究或多元文化的课程，也只有21%要求非转学生要选修（Zeszotarski，1999：45～47）。事实上，大学对多元文化教育的注意可能比这个数字所显示的还要少。一项对大学行政人员的调查显示，只有15%的社区学院行政人员表示他们的学校要求学生选修以多元文化议题为焦点的科目（El-Khawas，1992）。类似地，另一个研究发现，社区学院比四年制大学较少要求选读有关多元文化的普通教育课程，较少开设族群及性别研究的课程，在学科学系、咨询辅导或中心与研究生院等方面的变化也比较少（Levine & Cureton，1992）。

这些在开设普通教育课程方面的明显差异并不令人感到意外，因为社区学院若要为它们所有的学生提供普通教育，其实有很大的困难。这些学院所招收的学生的背景、兴趣及使用学校的方式都很不一样，以致很难为他们提供一套共同的核心普通教育。转学预备生教育的衰落及职业教育的兴起，正代表了社区学院现在招收的学生中，有许多人的主要求学目标是为日后的工作作预备，而不是在为日后不同的人生角色作准备。如果是雇主付钱让员工受训，这个问题就更加恶化了，他们很可能质疑普通教育的实用性。事实上，即使在社区学院内部，推动契约训练的精神往往与普通教育不同，甚至完全相反。一项在1993～1994年间对社区学院内主掌契约训练的主管所作的全（美）国调查发现，当这些主管称赞某一所社区学院的契约训练很具代表性、值得参考时，经常提到的话题就是认为对方的经营风格很企业化，而这种风格显然不同于典型的教育方式（Johnson，1995：139，154）。[1] 因此，典型的契约训练都很狭隘地专注于技能的提供，而不太注重或根本不注意广泛的社会知识与生活能力（Dougherty & Bakia，2000）。[2] 此外，远程教学的兴起让普通教育的议题更加复杂。远程教学的课程往往局限于传授狭隘的能力，其中一部分的原因是由于它们的顾客多半想上技职导向的课（Phipps et al.，1998：24～25）。尤有甚者，大多数远程教学课程的设计都围绕着几个单一课程，或是一个小小的配套课程，而不是一整个学系，因此很难把普通教育放进去（Eaton，2000：6）。

政策建议

如果想要让普通教育蓬勃发展，我们需要政策制定者强力的鼓吹，而不是只靠社

---

〔1〕 例如，最常被提及的堪萨斯州的约翰逊县社区学院就被一位受访者称赞："它们的契约训练与企业服务就真的经营得像企业一样……它们首先是个营销者，其次（而且是离得很遥远的其次）才是个教育者（引述自Johnson，1995：139）。"

〔2〕 这个模式自然也有例外。由通用汽车、福特及其他公司所发展出来的汽车保养技术人员训练课程就融入了一些普通教育课程，学员最终也可以拿到专科文凭。除此之外，最近也屡见部分员工的在职训练课程将相当大的注意力放在诸如解决问题能力、团队能力及沟通能力等"软性技能"上，这些技能通过某些方式的普通教育，来促进学生的生活能力与对生活的理解。然而，这些普通教育的要素仍然局限于工作上的问题。例如在某一所社区学院，其汽车修护学程便将其社会科学方面的普通教育必修要求，限制在有关组织内的人际关系的课程中（Dougherty & Bakia，2000）。

区学院教育者的努力。就像在大学以前的教育一样，我们需要断然地肯定教育在公民权及其他主要社会角色上的重要性。由于普通教育在有组织的学系（而非像自助餐式的个别课程）环境中发展得最蓬勃，因此我必须再次强调“学位”作为将教育的供给与需求组织起来的准则的重要性（Eaton，2000：7～8）。

普通教育最需要加强的重要领域之一就是其非转学生的课程，这是社区学院的普通教育最薄弱的地方（Zeszotarski，1999：45～46）。除了多要求非转学生——就类似对转学生所要求的一样——选修普通教育课程以外，还有其他的技巧可以将普通教育灌入技职及补习教育当中，就如同我们在普通科与技职科教育统整的标题下所讨论的一样。这些技巧包括开设应用性的学术科目、将学术能力（尤其是在沟通与数学方面的能力）融入技职学系的课程当中、将学术的实体运用到广义的职业课程、开设跨学科而且结合学术与技职观点的课程，以及开设群集且纵向排列的课程（Cohen & Brawer，1996a：359～364；Grubb & Associates，1999：chap. 7；Perin，1998）。然而，很重要的是要知道，常被大家认为是学术与技职教育体系统整的课程，往往并不是这么一回事，经不起进一步的检验（Perin，1998）。

为了要大力鼓励这些努力，州政府应该要让普通教育的广度与效率成为其奖助机制的指标之一。最有效的方法就是采用真正能够测量出学生从普通教育究竟学到多少的产出指标。然而，只有在大家对于普通教育的意义，以及我们是否已经发展出学习普通教育的有效测量指标等两个议题上能够得到共识时，这个方法才会有用。因此同时，对于社区学院究竟多广泛地提供了普通教育，州政府或许会想要考虑制定出可以测量这一个项目的表现指标。

研究需求

我们急需研究来了解社区学院到底有多广泛地、多称职地及用什么方法来扮演它们在普通教育中的角色。美国全国教育统计中心如果能够对普通教育作个调查，其结果对于阐明普通教育的范围与形式，以及吸引大家对普通教育的注意这两个方面都会很重要。这种对普通教育的现状的实验应该要检视，社区学院中不同学系的学生所得到的普通教育是否在数量及种类上皆大相径庭。还有，关于社区学院的普通教育的研究，应该试着找出社区学院中对普通教育的各种不同的概念，以及不同的教学方法，还有它们如何在不同的学科领域与不同类型的学生身上有不同的效果。

多元文化教育及社区营造

社区学院普通教育的功能和另一项基本上是不被决策者提及的功能——社区营造毗邻而居。由于社区学院可以提供不同背景的人们聚集在一起的机会——无论是通过学生在课堂中学习，或是让附近居民参与校园内的公众活动（例如文艺表演和展览，或是公共集会场所）——以及让他们有相互学习、寻找彼此共同点的机会，因此社区学院是营造出生气蓬勃的“公民社会”的一个重要场所（Cohen & Brawer, 1996a: 284～286; Rhoads & Valadez, 1996）。社区学院在这方面会比四年制大学或是高中都容易做得好，因为基本上它们的学生结构在社会背景方面比四年制大学有更多差别，在年龄上也比高中差别大。而且，社区学院通常比较有意愿来服务它们邻近的社区（Dougherty & Bakia, 1999; Grubb et al., 1997）。

的确，美国社区学院协会和其许多会员学院都十分接受且欢迎它们在营造社区凝聚力的角色（American Association of Community Colleges, 1988: 6～7, 29～31; Pierce, 1996）。有两百五十所之多的社区学院参加了美国社区学院协会的“灯塔方案”，横跨全美的社区学院一起携手探索不同形式的社区参与方法（Barnett, 1995）。

在社区学院对其营造社区的任务有多热切的问题之外，我们必须面对的事实是：它尚未成为政府及其他决策者的政策目标。虽然它们或许颇欢迎这个想法，也偶尔会补助一下，但是从目前没有任何一个奖助机制用它来作指标的事实可以证明，它并没有得到什么助力（American Association of Community Colleges, 2000b; Burke, 1997; Burke & Serban, 1998）。

政策建议

就像决策者设立了各式各样的方案来鼓励并帮助中小学促进社会上不同部门的团结一样，我们也应该同样有方案来帮助社区学院。事实上，基于整个美国许多地方的高中都存在高度的种族及阶级隔离现象，今日的社区学院在促进种族及族群了解与融合方面，是和高中一样重要的场所。

要培养不同团体间的相互理解与凝聚力的最有力的方法之一，便是通过不同背景的学生间持续而放松的互动来促成。传统上社团、学会及球队便是让这些互动更容易的机制。然而，我们必须有意识地努力引导不同的学生团体往文化融合的方向发展，而不是将这种互动的效果留给机遇来决定。还有，这些共同课程活动与课外活动应该要有明确的课程活动来辅助支持，这些课程内活动包括可以促进持续互动的学习社群及**合作学习**（cooperative learning）活动。学生在学习社群中，会一起上同一门课或会有一段时间一起学习，这样的团体可以通过学生一起共同合作的作业或计划来提供许多互动机会（Tinto, Russo & Kadel, 1994）。同时，我们也可以通过合作学习团体的方式，在教室中创造出较小的社群（Mahony, 1992）。

如果不同团体间的成就差异能被缩减到最小，就比较能够促进多重文化社区的团结。因此，我们应该要采用能让不同背景的学生更容易成功的教学技巧，例如，合作学习技巧似乎对非洲裔及墨西哥裔美国学生特别有用。[1] 此外，大学院校需要改变其不公平地制造不同种族、阶级或性别的学生间成就差异的教育结构与教育实务——例如歧视性的评量工具、教师的期望或人员聘用模式。[2]

研究需求

虽然关心社区学院教育的人对其社区营造的功能都加以详述并大加颂扬，但是除了凯恩琳・肖与霍华德・伦敦(Kathleen Shaw & Howard London,1998)最近的研究以外，目前对这个议题仍然缺乏有系统的研究。我们对于社区学院在促进不同背景的学生与社区居民的相互了解及社会团结力方面究竟多有影响力，仍旧没有什么实质的信息。此外，就社区学院至少有一部分做得成功的地方，我们也需要多了解社区学院所运用的各种教学技巧、每种技巧对整体以及特定种类的学生究竟有多少效用。

摘要与结论

我们已经跨越了有关社区学院的各种不同的议题。我们从处于政策舞台聚光灯下的议题开始谈起，也就是政府官员、政策取向的研究者及其他制定政策的成员所热烈讨论的议题。我们讨论了社区学院所面临的来自营利学校日益升高的竞争、州政府逐渐减弱的支持，以及它们越来越喜欢用表现指标来决定部分补助额度的现象；还讨论了许多人关心的各种不同领域的教学活动：人力发展(特别是契约教育的方式)、远程教育及补习教育。但是接着我们也将目光转移到位于政策舞台聚光灯边缘，甚至灯光之外的议题，包括普通教育、社区营造，以及社区学院对学生取得学士学位的成就的阻碍效应。

我们一开始从政策舞台灯照得到的中心区出发，进而走到边陲之政策微光区，之所以绕了这一趟的理由，是为了要让读者知道：政策圈子里认为是重要的议题，不见得就涵盖了社区学院面临的所有重要议题。因此，很要紧的一点是，想要了解并改善社区学院的人士，不能只将注意力局限在决策者现在有兴趣的议题上。当然，提出决策者关心的议题是很有价值的，因为那些议题往往是十分重要的，而且反正最后都会有些政策动作——不管这些动作是好是坏。面对诸如绩效责任和远程教育之类的议题时，很重要的是必须谨慎地思考，并作试探性的研究，因为如果作得不好，这些议题会带来非常有害的负面影响。错误概念下形成的绩效责任指标，会极度扭曲社区学院对它们任务的追求。对远程教育如果采取乌托邦式、不分好坏的方式来追求，则会损

---

[1] 迈阿密—戴德社区学院在构思其教学课程，以便容许各种不同的学习与教学风格方面的成就，特别值得一提(Jenrette & Adams, 1992)。

[2] 伊利诺伊州的朱丽叶初级学院及迈阿密—戴德社区学院就引起大家的注意，因为它们致力于将其教师的种族与族裔背景的分配尽量两极化，并努力增强教师对文化差异，以及这种差异对学习的影响的觉醒(Jenrette & Adams, 1992)。

害原本可以从传统教育受益最多的学生的教育机会。

但是如果研究者只将他们的注意力集中在政策聚光灯之下，他们也可能会无法提出适当地引导社区学院的关键要素。许多议题之所以会位于政策焦点之外，并不是因为它们的重要性不够，而是另有其因。就如同约翰·金登、查尔斯·林伯隆、克劳斯·奥菲、黛博拉·斯通(John Kingdon, Charles Lindblom, Claus Offe, Deborah Stone)及其他政策过程领域的分析家所提出的观点一样，一个社会问题或政策议题所得到的注意力，并不只是社会重要性所反映出来的结果。一个议题是否能够进入政策竞技场，能否被放到议题焦点与决策议程的名单上，同时还要看以下数个因素的影响：是否有政策掮客来鼓吹该议题或者为其提供解决办法、社会的文化和政治组织的结构(此二因素会有偏见地偏好或排斥某些议题)、有力的经济与政治团体的利益、经济状态(经济繁荣时就能承担比较多的问题)、议题的创新性，以及选举和政策决策的周期等(Hilgartner & Bosk, 1988)。

由于社会重要性并不单独决定政策的核心性，也由于政策的核心性是一个由社会建构出来的结果，因此政策的相关研究必须不能只被决策者现在的定义所左右，还应为社会大众利益的考虑所引导——而这种利益往往只由权力核心外围的团体之声提出。虽然决策者不谈，似乎也不想听到社区学院阻碍了有意攻读学士学位的学生的教育机会这个事实(虽然社区学院也的确扩大了进入大学的渠道)，但是研究政策领域的学者必须让自己不受限于这样的现实状况。相反，如果社区学院想要对学生——尤其是对弱势学生——的教育机会作出最大的贡献的话，政策导向的学者必须注意这个影响，调查它的结果并提供不同的选择方案。类似地，尽管决策者也许对社区学院对于多元文化潜在的重要贡献不怎么注意，但是很重要的是学者们必须留意这个议题，因为在一个永远有分裂危险的多元社会中，社区学院可以在凝聚社会团结方面扮演着重要的角色。

(作者　Kevin J. Dougherty)

第八章 博士生社会化与专业发展之再检视：超越一致与同化倾向

前言

2000年的春天，数百位来自各大学研究生院的高层领导人一起相聚在西雅图“重新检视博士教育研讨会”的会场上，讨论如何改革艺术与科学领域的博士班课程与专业训练（Re-envisioning the Ph. D. Conference，Seattle，2000）。在这次由皮尤慈善信托基金会（Pew Charitable Trusts）所赞助举办的会议中，重点提出了美国博士研究教育所持续产生的危机。至今，美国一些传统的博士研究课程仍然被认为应当训练学生在未来成为学术专业人员。但基于许多不同的理由，大学学术单位职缺已经越来越少了（Chronicle of Higher Education，1999），此一现象造成多数的博士研究生院毕业生开始在学术界之外的企业市场寻找就业机会（Sanderson & Dugoni，1997）。由于以上两个因素，迫使许多博士研究生院深思博士训练的组织结构与未来可能的结果。

事实上，博士毕业生在未来专业市场就业前景的改变，引导着博士课程应如何改革的方向。而此改革也将朝着具有可以协助学生容易就业的功能性方向发展，未来也将以增强博士课程的学习广度为主。然而，这一类型的改革也使得大家更需探讨：“如何培养21世纪的优秀博士毕业生？”

任何有关学生应当学习些什么的讨论，都与如何培养博士生就业训练与社会化的概念有紧密的关联性。在许多有关了解学生职能发展与社会化的架构中，有两组理论定理被选为本文文献探讨的基础：（1）职业选择与决策的心理与社会理论架构（Katz，1963；Klein & Weiner，1977；Holland，1966，1973，1985，1997；Williamson，1965；Zaccaria，1970）。（2）职业社会化理论（Bragg，1976；Merton，Reader & Kendall，1957；Tierney & Rhoads，1994；Weidman，1989；Twale & Stein，2001）。

将职业选择等相关文献理论用来讨论研究生社会化的过程，或许会令人觉得奇怪。就如我在本章所清楚说明的，许多提出职业选择的专家皆视职业选择与决策、职业专业化与社会化发展为日后作更进一步研究的基础。职业选择理论者已尝试去解释操纵个人职业选择与发展因素彼此间的关联性。

职业选择与社会化理论者彼此也赞同运用这种职业决定与发展理论来解释。不同的是,职业选择理论学者是由个人的观点来解释,而社会化理论学者是由组织的观点出发。

不管研究者在这些领域所采用的研究方向为何,传统研究已提供了一套解释职业选择与专业发展的相似理论基础: 是什么原因使一个人选择继续博士教育? 是什么样的动力驱使其在博士教育的过程中,朝专业社会化的方向发展? 即使这些理论已经可以确实地描述发生在博士教育的社会化的形态,然而由这些理论所解释的却又太偏往"一致与同化"的方向,对于这部分我将会有所批判。我也将对此方向所产生问题的理由加以详尽说明。当中最主要的挑战是,传统同化理论的概念对那些不同于一般组织的"个人",是如何将其个人特质并入研究生院教育之中的。更甚于此的是,此理论漠视社会化过程是相当独特、个人主义的,并可反映出许多现职者对于学术与专业角色多元本质的想法的。最后,此理论减低了可以增加博士生知识的广度、实务经验的范围及他们在非学术单位与私人机构之适应的能力。

正如其他的研究(Fordham, 1988; Taylor & Antony, in press; Tierney, 1997; Turner & Thompson, 1993; Weidman, Twale & Stein, 2001),我尝试想要去解决的挑战,是如何发展出一个可以对在博士班课程中持续增加的女性与少数民族学生有利的"研究生社会化理论"。我提出这理论并不需要用"同化"与"一致"的基调来解释这些所谓社会化相当成功的学生。借此,我的主要目的就是要广义地讨论研究生社会化的过程,并提供另一个如何使社会化可以被理论化与如何实际实行的思考模式。而我所提出的任何讨论议题,必定会追溯到有关学生社会化的实证理论根本。我也已经暗示过,这些理论根基将植根于职业选择与决策的心理学与社会学理论中,而此两项理论也是目前职业社会化理论形成的基础。

在了解这些传统性理论间的关联性之后,证明社会化如何可以在理论与实际两方面之间同时采用由早期职业选择与发展理论学家所提出的同化与一致理论,顿时成为一件可行的工作。

我在心理学与社会学理论的职业选择与决策的报告,以及即将报告的社会化理论中,将着重于"同化"与"一致"理论的运作过程。然后我将证明这理论是如何过度地被用来诠释研究生应如何被社会化的过程,以及所形成的思考模式。最后,我的目标是讨论为何在理论上与实际上,"同化"与"一致"会造成一些问题的原因,并提出修正的版本。我也将深入探讨此一替代的理论架构是否可以更有利地引导出增强博士生学识的广度、实际经验的深度与他们在非研究型大学或私人机构的任职适用性等的整体结构性改革的形态。

为了符合此一章节的目的,我将只把焦点放在艺术与科学类的博士课程上。虽然技能类的博士课程与我在此所讨论的有许多相似之处,但我的目标主要是那些我们在认知上认定是传统科系的博士课程。一旦了解了整体的基础架构,接下来的工作,我将转而了解这些课程之间的异同。

职业选择与潜能发展的传统心理学理论

历史观点

职业选择与潜能发展的传统心理学理论的发表始于1900年初。最著名的是帕森斯(Parsons,1909)所发展出的一套职业辅导人员可用来协助人们在作职业选择时的理论架构基模(Brown, Brooks & Associates, 1984)。当帕森斯在进行此研究时，美国正处于转型为工业化国家的时期，大量移民的拥入使其人口快速地增长。因此，职业辅导与职业教育立即扮演着帮助个人作职业选择的角色(Brown et al., 1984)。帕森斯所发展出的选择职业的方式有三个基本的概念：(1) 一个人需明了他本身资质、能力、兴趣、目标、资源、限制与其他的特质。(2) 一个人必须培养出可以成功的必要知识与了解不同领域工作的未来、前景、福利措施的能力。(3) 一个人也需要具有对上述两个观点之间关联与否的理性判断力(Parsons, 1909)。

根据布朗等人(Brown et al., 1994)的观点，美国持续成长的企业提供了许多就业机会，使得职业辅导与教育的工作重点放在了职业的研究之上。这种发展基于适当的职业信息可以使个人建立具有有效基础的职业志向的看法上。借由帕森斯所提出的第二个概念——系统性的职业研究，可以引导个人发展自己的职业志趣。直到1940年止，此理论一直都是最具有权威的职业理论模式(Brown et al., 1984)。

经济大萧条期间，美国产业界不再提供如早期一般大量的工作机会。就业与职业辅导者首要关心的问题成了失业劳工的“再训练”问题(Brown et al., 1984)。美国经济的转变导致职业研究方向的改变。职业机会研究已不再是唯一的研究方向。随着因素分析法与十进制法的出现和运用，个人系统研究也已开始。随着第二次世界大战而来的不景气，更帮助我们了解从事特殊工作者所需在职训练的需求。为了协助工作者获得某些“才能”以顺利进入适合的职场，许多测试(如明尼苏达性向测验与陆军一般分类测验)与职业兴趣理论慢慢被发展出来(Antony, 1996)。

根据早期的职业研究，测试的方式是建构在许多所谓了解职业选择与决策之**特质因素理论**(trait and factor theory)方法的心理学与社会心理学理论之上(Brown et al., 1984)的。在这些被衍生出来的有关特质因素理论当中，霍兰的职业选择的结构互动主义是最受推崇的(Holland, 1966, 1973, 1985, 1997)。在开始进行讨论霍兰理论之前，我将对此理论作一详尽的描述。我这样做的原因是为了了解“一致与同化”理论的根源与它如何被运用在霍兰的理论假设中。我下面要讨论的是塑造霍兰思考模式的特质因素理论，以及其在博士课程设计中的运用。

特质因素理论——符合个性与职业的理论

第一项有关职业兴趣与决策的完整的特质因素理论源自于分析个人差异的心理学(Zaccaria, 1970)。特质因素理论依据的是威廉森(Williamson,1965)所提出的“每个人都是因自己独特的才能和潜能,而可以与众不同”的假设。这些特质与能力和特殊工作所需条件有紧密的关联性。工作上有很高成就的人都倾向于拥有这些特质与才能(Katz, 1963; Klein & Weiner, 1977; Williamson, 1965; Zaccaria, 1970)。克莱恩与韦勒(Klein & Weiner)提出四种源自于特质因素理论的假设(Brown et al., 1984)。它们分别是:(1) 每个人都拥有一种可以被有效测量的独特特质。(2) 虽然一个具有许多特质的人可以在任何的工作上表现优异,但他仍需拥有在职场上可以达成成功的特质。(3) 职业上的热忱是一种个人相当直接反映的过程,是可以将两者——职业与热忱相互融合的。(4) 个人的特质与工作所需条件越吻合,成功的可能性、生产力与满意度也会越高。

虽然特质因素理论已发展出许多测试、工具、发明,并具有一些规模,但将理论进行实际的运用仍招致一些批评。许多人批评那些利用特质因素理论的辅导人员在诠释测验结果的效度时,忽略了个人的输入面。其他人也认为特质因素理论过度倾向决定论,忽略了个性与环境的互动关系(Brown et al., 1984)。然而,不论这些评论为何,特质因素理论的确对早期“职业研究”有很大的冲击。特别的是特质因素理论奠定了多数“职业”与“兴趣”相关论点的基础。特质因素理论也影响了许多最初建构在此一理论上,而提出假设的较完整理论的后续发展。最广泛被引用的例子是霍兰的职业选择结构式的互动理论(Holland, 1966, 1973, 1985, 1997)。

霍兰理论——“个性职业”类型

霍兰所发展的职业选择结构式的互动理论,是众多属于特质因素理论中的一种,经由一种延伸的概念而引导出来(Holland, 1966, 1973, 1985, 1997)。特别的是,霍兰的理论源自“人类行为是一种人与环境互动之功能的概念”,属于一种早期的特质因素理论(Smart, Feldman & Ethington, 2000)。很明显地,霍兰推论个人在职业中展现的兴趣是个性中的一个方面,由个人职业兴趣了解,可以洞察其真实的个性(Brown et al., 1984)。更特别的是,霍兰(1982)认为对一份特殊职业的热诚是一种自我个性的表现,并非与个性无关联。正是霍兰的人与环境互动的看法,将现在的特质因素理论与早期的理论区别开来。

总之,霍兰的理论是由三项元素所组成的——个人、环境与这两者的共鸣。霍兰理论往前推测了三个假设(Smart et al., 2000)。第一个假设是个人将会选择可以与其个性兼容的学术或其他工作环境的工作,此一假设是斯马特等人(Smart et al.,

2002)所指的自我选择假设。第二个假设是学术或工作环境会强化与回馈具有不同能力的学生——这也是斯马特所指的社会化假设。第三个假设是个人在一个可以与其相互共鸣的环境中，将可以更充分地发展——这也是斯马特等人(2000)所提出的一致假设。

霍兰共发展出可以同时描述个人个性与环境的六项基本个性类型：真实型、调查型、艺术型、社会型、企业型及传统型。霍兰所归纳出的个性类型在个人所展现的明显特质在表1有详尽的说明。同样，对环境方面则归纳在表2。

表1 霍兰的六种不同个性所展现的特质

个性类型	参与活动	需要能力	对自我的认定	价值观
真实型	明确、有序、系统地操纵工具、机器和动物	手工的、操作式、农业、电力、技术性的，而非教育或社会性的	实在、保守、技术型、运动型但缺乏社交技巧	物质回馈（如金钱、权力、地位）是成就感的来源
调查型	观察的、象征的、系统的、创造的物体、生物与文化现象的调查。避免说服性的、社交性与重复性的活动	科学的与数理性的，而非去说服与具有领导能力	谨慎、批判、复杂、好奇、独立、务实、理性与博学的	知识的发展与获得
艺术型	含糊不清、随意和无章可循地操纵身体、语言或人类的材料来创造艺术形式或产品。避免日常活动并符合既定规则	艺术型——语言、艺术、音乐、戏剧、写作，而非文书或商业取向	表现的、不加修饰的、自觉式、不随波逐流、内省的、独立的、具有情感的与敏感的	想法、感情或感性的创意表达
社会型	操纵别人来获得、训练、治疗、发展或启蒙其他人。避免介入有关物质、工具或机械的清晰、有次序、系统的活动	人际关系与教育性的，非技术性与手工操作	合作的、悲天悯人的、慷慨的、乐于助人、理想主义者、负责任、得体的、善解人意、热情的	社会福利与服务的发展
企业型	操纵别人达成组织的目标与经济上的获利。避免科学与过度用脑的活动	注重领导能力、人际关系、说话能力、说服力，而非科学型	积极的、有雄心、专断的、精力充沛、外向、乐观、受欢迎、有自信、善社交的且擅长说话	物质追求与社会地位
传统型	数据的清晰、有次序、系统的操作。避免模糊与无组织的活动	文书、计算机与企业系统，不同于艺术	谨慎、一致、有次序，需要文书与数理的能力	追求物质与财务的满足与社会、企业与政治领域的权力

资源来源：Smart, Feldman & Ethington(2000)

表2 霍兰六种不同个性在环境中所展现的特质

	强调的活动	增进需要的能力	鼓励对自我的了解	对人群的回馈
真实型	具体、实用、使用机械、工具或材料	手工的、机械的、技术的，而非人际关系	实际的、丰富的与具体的价值	行为表现与实际的成就有一致性
调查型	智力的、分析的与知识的运用	分析的、科学的、数理的，不同于有说服力与领导能力倾向	谨慎、批判、复杂、好奇、独立、务实、理性与博学的	怀疑主义、坚持解决问题、新知的引用与了解一般问题的解决方法
艺术型	模糊、随意、无系统性，涉及与他人的互动表达	革新与创新，不同于文书或企业取向	发展非传统的行为与美学价值的概念	文学、艺术或音乐的想像力
社会型	着重于指导、规范或教导他人	人际关系与教育性的，非技术性与手工操作	合作的、悲天悯人的、慷慨的、乐于助人、理想主义者、负责任、得体的、善解人意、热情的	悲天悯人、人道主义、好交际与友善的
企业型	着重于操纵别人以达成组织的目标或经济上的获利	注重领导能力、人际关系、说话能力、说服力，而非科学型	积极的、有雄心、专断的、精力充沛、外向、乐观、受欢迎、有自信、善社交且擅长说话	财务与物质的追求，专断与自信
传统型	着重于数据的清晰、有次序、系统的操作	文书、计算机与企业系统，不同于艺术	具有传统的外观与注重次序与常规	依赖、一致与组织技巧

资料来源：Smart，Feldman & Ethington(2000)

属于真实型的个性，在环境上偏爱操纵机械、工具或动物等相关的活动，因这些活动都较不需要熟练的社会沟通技巧。属于调查型的个性，在环境上偏爱分析、可引起好奇心、需运用方法，但却较不需要领导能力的活动。属于艺术型的个性，在环境上偏爱表现的、独立的、原始的、自省的、不需文书技巧的活动。属于社会型的个性，在环境上喜欢与人一起做事或帮助别人，偏爱无次序、无系统，但需机械与科学能力的活动。属于企业型的个性，在环境上偏爱领导别人，可完成组织目标或经济利益，但不需系统与科学能力的活动。最后，属于传统型的个性，在环境上偏爱在资料、纪录、档案或其他材料上，能有系统地操作的活动。

根据霍兰，个人经常被视为属于这些个性类型中的一种，而环境也是由具有这些不同类型的特质的个人所组成。结果造成一个人若具有某一个性类型越多的特质，他也就越可能展现出与此一类型相似的特质；然后他也就越可能选择与此个性类型特质相符合的环境工作。更甚于此，环境会倾向支持那些具有吻合工作环境特质的员工所从事的活动。这种个人与环境之间的相互配合与彼此共鸣，有利于个性类型与环境产生共鸣，并较容易接受环境文化与基模所产生的个人社会化的活动（Smart et al.，2000）。最后，个人与环境之间共鸣是决定一个人的成功、自我满足与未来发展的主要因素。凡是符合其个性类型与环境工作的人，较可能改变或发展出与环境一致的基本价值与模式（Smart et al.，2000）。换个角度来说，学术或一般的工作环境会因个人与环境共鸣已达到某一程度，而使个人更可能达到专业上的成就。有人质疑此理论如何会影响研究生的社会化，以下是我们的说明。

霍兰的理论与研究生的社会化

不论是稳定性的或是不确定性的，研究者已经成功地运用霍兰的理论来解释分属于不同学术领域与环境的大学毕业生的就业模式（Smart et al.，2000）。然而，研究者将霍兰理论运用在研究生的社会化研究却进行得相当缓慢，只有一项研究（Smart，1987）显示出大学与研究生院毕业生对研究生院教育的满意度为何。尽管如此，霍兰理论的三项假设——“自我挑选”、“社会化”与“共鸣”已经具有探索的价值，也使研究生社会化如何真实地发生有所依据。就如从前研究生与教授所知，研究生与系所在相互挑选时，依据的是彼此的兴趣与发展取向之间相互的适合度。众所皆知，对于那些在各方面行为可与系所规定的标准与价值一致的研究生，就较可能有突出的表现，未来也较可能获得相当的社会报酬。最后，这两个首要的条件无疑会帮助研究生在其兴趣与发展有紧密关联的学术领域上，有更进一步的发展。

霍兰的理论提升了我们了解个人如何在学术与专业领域上，借由各项考虑与环境特质互动所产生的稳定或改变，以及所作的选择与成功的方法。另一方面，霍兰理论由传统心理研究方法转变为职业才能发展方法，已经与具有高度决定论的特质因素理论——一种职业理论学家对传统心理研究方法普遍不满的反应——大不相同。当霍兰在重新修正其“结构—互动”理论的同时，许多社会学家也相继发展出他们对个人如何选择职业的理论与看法。

职业选择与发展的社会学角度

社会学在职业选择与发展的理论，是建立在“外在环境或一些超出个人可控制之要素对职业能力有很大影响”的假设之上的。奥斯波（Osipow，1973）是第一位开始由社会学角度来审视职业选择的社会学家。根据奥斯波的观点，社会学研究方法建立在“个人选择职业的自由度其实并不大，其在职业成就的自我期许会与社会的期许一致”的假设上。借此，社会被认为是可以提供符合个人期待的工作机会的场所(Osipow, 1973)。

职业能力的社会学理论是考虑环境对个人职业能力发展的限制。在许多相关的社会学文献之中,个人社会阶级对教育与职业能力的影响已经被社会学家广泛地检视过了。在多数的社会阶级成员影响的研究中,社会阶级与个人所选职业的种类之间的强烈关联性已经被肯定(Alwin, 1974; Berman & Haug, 1975; Blau & Duncan, 1967; Dawkins, 1982; Deskins, 1994; McClelland, 1990; Morrow & Torres, 1995; Sewell, Haller & Ohlendorf, 1970; Sewell, Haller & Portes, 1969; Solorzano, 1992)。特别是来自较低社会阶层的个人,倾向选择社会地位与声望较低的职业(Havighurst, 1964; Hollingshead, 1949; McClelland, 1990; Morrow & Torres, 1995; Osipow, 1973; Sewell, Haller & Ohlendorf, 1970; Sewell, Haller & Portes, 1969; Solorzano, 1992)。这种介于社会阶级与职业能力的连接操作的机制就是一种职业继承。学生也倾向选择与其父亲相同的职业(Antony, 1996, 1998a, 1998b; Brown et al., 1984; Werts, 1968)。特别的是,这种现象普遍发生在其父母亲是医生与牙医的男性学生之中——这些学生倾向于比一般大众更可能选择与其父母亲相同的职业(Antony, 1996, 1998a, 1998b)。

此外,职业阶级与职业能力的关联已经在布劳与邓肯(Blau & Duncan, 1967)的研究报告中被证实。而利普斯特、休厄尔和沙阿(Lipsett, 1962; Sewell & Shah, 1968)也发现一些变量,如种族、性别、父母职业、家庭收入、居住地、父母婚姻状态(所有其他与社会阶级有关的标准)全会影响学术与职业机会、训练、生活经验与准备。在了解决定个人职业能力的因素之后,这些研究者已经发现一个重要的结论,那就是,家庭社会地位在个人职业的起跑点上扮演着相当重要的角色。卡特(Carter, 1999)在这些地位提升的社会学理论方面,已经写过相当多的文章。他也发现这些理论对于教育能力与学位获得,特别针对那些少数民族的学生来说,提供了一个很好的发展模式。

社会阶级可能会影响职业能力,因为父母的教育背景(造成社会阶级的元素之一)及其特殊的经验与社会资源是有相当程度关联的。这些有关职业与自我建构资源的取得,是源自孩童与青少年时期的经验的(基本价值、信念与目标可能被形成的时期)。

家庭收入——另一个评量家庭阶级的指标,已经证实与学生的就业能力及职业期许有很大的关联(Osipow, 1973)。特别是学生将会选择与他们父母职业具有类似薪资与声望的职业。此外,家庭的收入对学生在未来薪资与就业机会的期望有相当大的影响(Osipow, 1973; Sharp & Weidman, 1989),并可能塑造出他们个人在获得某一特殊职业能力的自我认知。

有人会怀疑:这些有关社会阶级的发现如何会影响学生的社会化?举例来说,"一个来自低收入家庭的学生,较可能进入一些学术声誉较低的大学就读,而且他们父母的学历也相对不高”，对于这样的发现，我们并不感到惊讶(McDonough，1997)。由以上有关职业继承的相关研究发现，来自社会阶级背景较低的学生，可能较不会渴望去追求需要研究生院以上学历的职业(Antony，1998a，1998b；Pascarella，Brier，Smart & Herzog，1987)。更甚于此的是，社会阶级背景较低的或少数民族，其就读于研究生院或专业学校，会感受到有更大的责任将其所学发挥在实际的职场上——特别是服务他们的乡里。这种倾向基本上改变了在研究生院或专业学校就读，并已被社会化学生的类型。同时，假如学校老师相信这些倾向与学生受训练的学术或专业工作环境有所冲突时，那么这将更迫使这些学生被置于一个不利的处境之中(Antony & Taylor，in press；Becker，Geer & Hughes，1965；Cooley，Cornell & Lee，1991；Fordham，1988；Fries-Britt，1998；Taylor & Antony，in press)。我这里的论点并不是支持过度的决定论主义，而是希望提出社会阶级对一个人在研究生院期间作的选择与进行社会化时，所造成的影响力。

或许来自社会学传统理论最令人振奋的发展之一就是社会化理论。社会化理论就是在达成职业成就与专业发展的两者时，一种个人与社会或组织因素互动的尝试。它的最初重点是放在个人由一个初学者转变成一个职场专业人士时，所经历各阶段与过程的描述。

具有不同内容的社会化理论，最近已经被拿来分析学校教授(Tierney & Rhoads，1994)与大学生(Weidman，1989)的社会化程度与过程。在下一个部分，我将会摘要那些古典社会化理论学者的重要论述。因为社会化理论是我们进行有关研究生社会化思考最有效的工具。然后，我会将社会化理论的重点运用在研究生社会化的主题探讨上。

社会化理论

社会化被视为是个人或组织直接影响他人在认知、行为、技能的获得时，所经历的一种积极性社会参与过程。在教育环境中，这种社会化发生在教师与学生直接的沟通中，也间接地发生在同侪之间的互动(一种较不明显的方式)，或是学生对如何参与课程与如何获得别人正面评价的认知过程之中。

根据戴尔什与普莱科(Daresh & Playko，1995)的研究，社会化的过程使得学生有能力回答三个重要的议题：(1) 我要如何处理所学习到的技能？(2) 我要如何在我的专业领域中表现？(3) 当我在扮演新角色时，要如何才能表现得像其他专业人士一样专业？

在一项相当有帮助、并摘要有关研究生院教育社会化理论的文献中，韦德曼、特韦勒和斯坦(Weidman，Twale & Stein，2001)隐喻性地指出：研究生在就读研究生院时期，历经了一种所谓的“羽化”过程。这种改变意味着一种不安定时期的历程。卡恩和斯坦顿(Cahn，1986；Staton，1990)已经描述过，这种“不安定”是一种研究生经由研究生院就读的经验，在获得新知时所产生不安全与不确定感觉的历程。

韦德曼等人(2001)也描述，社会化是一种螺旋式的移动，带领着刚入学的研究生经由角色的认同过程向上提升自我。根据他们的比喻，当学生在进行螺旋式的自我提升时，他已经比入学时更加成熟了，且在每一个特别的环节上有所改变与成长，最后能以万全的准备来扮演新专业人士的角色。

社会化理论学者如蒂尔尼、罗兹和马里奥(Tierney，Rhoads，1994；Mario，1997)也指出，在高等教育机构的研究生院与专业科系，也表现出如范·马安恩与施恩(Van Maanen & Schein，1979)最初所描述的组织社会化的相同结构性方面。源自这些组织社会化理论与桑顿和纳帝(Thornton & Nardi，1975)的想法，韦德曼(2001)等人提出两项社会化假设：(1) 社会化是一种个人发展的历程。(2) 社会化的某些核心要素与个人角色认同与需担当的责任有关联。我接下来就是要讨论以上两项假设。

社会被视为个人发展过程

桑顿与纳帝(1975)尝试采用“阶段”这一词汇来描述个人发展过程中角色的获得与认同的形成。虽然超出本章的讨论范围，但这里指出，许多社会化理论学家并未完全将焦点放在阶段性认同发展理念之上，此发现是相当重要的。这些理论学家也欠上一代发展理论心理学家一个人情。此外，另一个可能影响不同“认同形成”阶段的连续历程的概念，也同时被许多早期研究学生发展理论的学者用来当做一种描述学生认同的探索(这些理论的完整探讨，可参见 Evans，Forney & Guido-DiBrito，1998)。在任何的案例中，为社会化理论学家所借用的“阶段取向发展”的含义是指，社会化是经由一连串的阶段而产生的。与其他学术界的前辈一样，社会化理论学者相信：当学生由一个阶段进步至另一个阶段时，也会增加自己在成功角色认同与扮演上的责任感。韦德曼等人(2001)也正确地指出，个人对认同与角色责任感的培养，在职业准备期是无法完整地被完成的，而是需在其实际从业之后，才能持续地进行。毋庸置疑的是，四个发展阶段(见表 3)已经借由社会化理论等相关文献被呈现出来，并被用来了解新生是如何发展自我的认同感与责任感的。

在角色获得的期待期阶段，个人开始明白对现在所扮演角色所产生的行为上、态度上与认知上的期待为何。这阶段包含学生在刚进入研究生院或专业课程就读时的准备时期(Weidman et al.，2001)。在期待期阶段，新生会带着对于专业角色的既定形象、事前的了解与某种期待等想法进入学校就读。布赫尔和斯特宁斯(Bucher & Stellings，1977)曾经指出：在此阶段，新生会对要扮演的研究生角色与成为此专业领域的一员有一定的责任感。

表3　社会化阶段与核心要素

阶段	核心要素		
	知识获得	投资	介入
期待	由媒体与对目前角色扮演者的观察，学习到对一般角色的期待。身为“局外人”是导致其所获得知识是否正确的重要因素。	借由申请学校、入学与舍弃其他选择来强调对角色与地位的兴趣。	由入学与被学校录取的结果，产生对角色介入的程度。变为一局内人。开始思考角色中的自我。在其领域展现出专业人士的“影子”。
正式	对隐喻式、传承的知识与角色的规范开始训导式的教学。开始具有一些必备知识与技巧。对这些方面所产生的期望很清楚。开始了解为何会拒绝某些角色与学校。由教授筛选学生。	专业知识、教育政策、持续性的社会价值与自尊心使自我改变很困难。包含专业价值、态度、伦理与信念。	由与他人互动提供了与现任角色扮演者或学生在扮演该角色与职业选择的动机上，一个可以与自己比较本身能力与技术的机会；反映在能力的表现上；在某些角色的活动上证明自己的能力；有时认为自己正在扮演该角色；人生新阶段、考试通过、奖学金、实习生。
非正式	学习非正式的角色期待。在学生或其他非正式的团体中达成期望的地位。	角色的永恒性与现职者及教授的支持，增加放弃此角色的困难度。对外宣称是它的一分子，促使新生必须就如真的一般来努力扮演好此角色。	对现在角色的持续扮演与介入，产生了明显的角色融入现象。对角色活动的参与也增加本身的能力。与其他学生机械式地团结在一起。
个人	运用适合的技巧与能力，表现出角色知觉方面。准备考试与论文口头答辩。	对专业能力与角色表现状况之依赖度增加。创造出一种持续增加，且不辜负期望的责任感。一对一的教导。	持续增加与一些现职者的联系。临床经验、共同报告，与教授共同发表论文。

资料来源：Weidman，Twale & Stein(2000)

在**正式阶段**(formal stage)中，学生可以学习到有关社会对标准角色的期待(Wedman et al.，2001)。在此阶段，学生与教授之间对何谓标准角色有一共识。学生被引导进入课程，练习角色的预演，然后决定他们的调整程度，由角色扮演来观察与模仿这些期待，最后逐渐成为研究生院的一分子(Stein，1992)。

在社会化与角色获得的**非正式阶段**(informal stage)中，学生借由在研究生院与他人的互动所引起或传达的信息，学习到非正式或隐藏式角色期待(Thornton & Nardi，1975)。学生可以对行为脉络作出响应，观察可被接受的行为模式，然后了解到哪一种模式是可被接受的。当有些信息是来自教授时，学生则倾向发展出他们自己的同侪文化，并建立同学之间彼此社会与情感上的支持（Staton & Darling, 1989; Weidman et al., 2001）。

在社会化的个人阶段中，“角色”已被内化或采用了。当学生在扮演新的角色时，他们会自己形成一个专业性的认同，协调他们先前自我形象与新的专业形象之间所产生功能不彰与不一致性的问题（Weidman et al., 2001）。学生必然接受其专业领域的标准与价值取向，并解决可能会妨碍角色转型所产生的冲突（如他们自己本身与专业领域价值、标准之间的冲突）（Bullis & Bach, 1989; Gottlieb, 1961）。

总而言之，将社会化视为一种成长历程的看法，在本质上是源自于认同、责任感与角色获取的一连串发展。这一连串的发展会帮助新生跳出早先他所认为某些特别角色应是如何的想法，并经由训练与职业准备过程的互动，将他本身社会化成该职业或角色可接受的成员。因此，在社会化的历程中，新生对自我与其角色的认知会一直受到挑战。当新生不只接受职业的角色认同，也同样接受其价值与标准时，这也就是这些社会化经典阶段理论达成其最终目标之时。

社会化的核心要素

根据社会化理论学者的看法（如 Baird, 1990, 1992; Bragg, 1976; Merton, Reader & Kendall, 1957; Tierney, 1997; Tierney & Rhoads, 1994; Van Maanen & Shein, 1979; Weidman, 1989; Weidman et al., 2001），学生标准角色内容的转变就是社会化的目标，而且可能发生在学校或个人层次的过程之中。不论社会化是否被认为是一种学校或个人的过程，社会化的核心要素包含了知识获得、投资与介入。这三项要素（见表 3）与角色认同及其责任的发展有密切的关联——而这也是会导致职业标准、价值与角色取得的内化形成所产生的成功社会化的重要指标（Stein, 1992; Thornton & Nardi, 1975）。

根据斯坦（1992）与韦德曼等人（2001）的研究，他们举出两项知识获得是与社会化有相当关联的。很明显的是，一个人需要足够的专业知识与能力，以帮助其扮演好角色。第二种方式与社会化有关联的知识获得，是经由对职业角色的期待内容、成功扮演该角色的能力与别人对其所扮演该角色的评估等认知而来的（Stein, 1992）。

在社会化的过程中，个人知识的成长将会逐渐由一般的层次，发展成更为专业甚至复杂的层次。入学新生首先会发展出其所选定职业会面临的问题与意识形态的特质之应有的认知，也会了解为何这些特点是其他职业所没有的（Weidman et al., 2001）。其次，当他在学习这职业的语言文化、历史遗产与礼仪时，他会认识到这是他参与职业文化所需的能力。总而言之，此一发展会引导新生开始去扮演如同这领域的专业人士所扮演的角色（拥有此职业的现任者）一般。而这种对现职者的感觉产生对此角色认同的情形，是由贝克尔、卡彭尔、舍洛克和莫里斯(Becker, Carper, 1956a, 1956b; Sherlock & Morris, 1967)所提出的。

社会化的第二个核心要素是投资。在角色上的投资是指"对于有关个人价值的投入，如时间、不同职业所需的能力、自尊、对于职业角色某些方面所产生的声望或各项准备工作"(Weidman et al., 2001)，这种投资在研究生院阶段时会逐步增加。根据吉尔(Geer, 1966)的研究，当一位新生在开始对某一特殊职业角色与地位发展出责任感时，要在教育机构或职业能力上静观其变化会变得相当困难。其次，斯坦(1992)也指出，投资会与学习专业技术有关联，而且这些技术也不容易移转至其他的职业之上。斯坦更建议这种投资是很值得考虑的。而且当更专业化的知识需求增加时，学生在某部分的学习投资也会相对增加更多。

舍洛克与莫里斯也指出，由指导教授或其他教授所接受到的资助或指导，会使得学生与其科系产生一种紧密的关联(或认同)。这种关联或认同会发展为一种符合其指导教授期待的职责，继而持续增加其所扮演角色的责任感。因此，接受这种来自学校教授团支助的关系，会更加深其对职业角色的责任感(Weidman et al., 2001)。

第三个社会化的要素是介入。将介入应用在社会化是相当合理的，况且介入理论运用在学生发展与成就的其他理论研究之上已有很长一段时间。如迪尔克姆(Durkheim, 1961)所提的分享团体价值与友谊的支持会降低自杀的看法；或是斯佩德、廷托和帕斯凯拉(Spady, 1970a, 1970b; Tinto, 1975; 1980)认为较高层次的社会与学术整合，可以降低一些不必要的社会耗损等。每一位理论学者，不是直接就是间接地援用介入的概念，并将其当做完成社会与学术整合的重要工具。更值得注意的是，阿斯廷将"介入"定义为，经由自我对学校的责任与毕业的目标两种渠道所发展出来的一种机制。

提到社会化，介入强度随着学生在课程上的进步而有所变化(Astin, 1984; Brown, 1970)，教师与学长的介入可以提供新生了解专业的理念、动机与态度的机会(Weidman et al., 2001)。奥利森和惠特克(Olesen & Whitaker, 1968)指出，对角色的介入会产生职业角色的认同。

社会化理论与研究生的社会化

我在已经说明过的许多社会化过程的概念中所强调的一个事实是，新生(指研究生)在社会化的过程中会不断地探索他们本身对于这项职业或领域的想法，而这些想法通常大大超出他们原本的认知。这些新形成的概念有时会令人觉得不舒服，但社会化理论使得这一切变得更清楚，也就是经由这些新概念的相互协调，这些概念最后的采用或整合将使得个人得以社会化于自己的专业领域之中。

在研究生的研究案例中，社会化可被视为一种发展的过程。在对研究生院认同与进入就读的初期，学生会对应该如何在特殊领域或学校扮演好什么角色抱着很大的期待。在期待的初期，学生开始了解外界对一位研究生与其未来在所选择的职业的专业人士的行为、态度与认知上的期待。角色的取得与认同的形成通常是自然地发生的。借由和同侪、老师与整体职前准备过程的互动，研究生院新生会逐渐脱离其所认为成为一个特殊专业领域中的一员应该是如何的原有想法，并逐渐了解到在实际上应如何成为该专业领域所真正接受的一员。随着想法的改变，学生选择学习新的技能，增加本身责任感，不断投资自己的专业领域，最后逐渐地与其领域建立紧密的关系。当知识增加时，投资也会增加，而投入也增强学生在专业理念、动机与态度上的取得。最后，对这些动机、态度与理念的采用会产生职业角色的认同。职业角色的认同成为社会化的特征，使得学生会想要成为该职业成功的一员——这也是学生是否已经成功地被社会化为该职业之中的指标之一。

正如前面所提到的霍兰的概念，具有发展架构与核心要素的社会化理论有其效度。研究生似乎可以经由不同的阶段，在认同的形成与角色的取得上逐渐增加个人投资与义务。基于这样的观点，我已经尝试不要完全只描述职业选择的心理理论与社会化理论的基本要素，而多提及这些理论与研究生院教育的结构的关联性。既然已经如此地进行，我现在必须提升原先所提出的基础论点至更高一层。这论点最重要的是，专业职业选择与发展社会化理论与心理学理论，皆具有我所提的“一致与同化”的特质。

一致与同化取向的定义

在我已报告的职业选择的心理学与社会学理论，以及我接下来要报告的社会化理论中，我将会把重点放在一致与同化倾向的进行方式上。然而，截至目前，我尚未提出一致与同化的定义为何。

简要来说，源自职业选择的心理学与社会学理论与社会化理论的一致与同化，会产生一种对于某一职业的标准、价值与伦理的内化或采用的结果，这也会引导新生定义自己的职业定位与形象。这种内化或采用，实际上被描述为一种个人对于所就读或进入的专业与领域中建立的标准与价值的代替品。当个人的价值与其专业领域的价值有着程度上的一致性时，他将会在该专业领域上有不凡的成就。其他的研究者已经对这种同化需求有所批评，因此我也有必要解释一下。

或许早期认同社会化理论的一致与同化需求，可以在贝丝(Bess, 1978)的研究中发现。在他的研究中，贝丝讨论到社会化与专业化的异同。我相信这两个专有名词也一直在社会化的文献之中被交互误用着。这种看法也获得贝丝的支持。他指出：

专业化是学生学习职业或专业技能、价值与标准的过程。而社会化是指限制个人在组织中，如大学教授所任职研究生院、学院或大学，发展个人行为的价值、标准与社会角色的过程。

其他的研究者对于专业化与社会化的差异也有相似的诠释（Becker, Hughes & Strauss, 1961; Bragg, 1976; Friedman, 1967; Tierney & Rhoads, 1994）。不管两者之间有何不同，专业化与社会化仍有许多相同的特质。特别是，两者都是持续性的社会学习过程（Bess, 1978）。此外，布拉格（Bragg,1976）更将专业化与社会化延伸为“五阶段”论。特别的是，专业化与社会化两者皆需要下列的要素：(1) 观察：对模范角色的认同。(2) 模仿：尝试模仿模范角色的行为。(3) 回馈：对所尝试模仿行为的评估。(4) 修正：根据评估的结果，改变或修正行为。我认为社会化与专业化在过程中最大的区别在第五阶段内化或采用：个人在自我形象的建立时，将模范角色价值与行为模式两者的合并。

韦德曼(2001)等人间接地认为社会化与专业化之间有差异，虽然他们也采用社会化来描述整体的过程，其中包括布拉格的“五阶段”论。他们看到早期研究生院或专业课程的专业化阶段是不同于社会化的最后阶段的。特别是他们了解学生在历经研究生院学习进步的历程中，专业价值与伦理整合所遇到挑战与需求之间的不同为何。这也是所谓“社会化的辩证”，也就是社会化变成个人在内化行为模式与标准，或是对专业领域建立认同与责任时的一种半意识过程。

借此专业化应该被视为一种知识内容的转换，一种对于专业规范、伦理与价值的了解与相关技能的传授。社会化本身也因为在定义新生自我专业定位与形象时，所要求的专业规范、伦理与价值的内化程度与被采用的有所不同——也是我先前所指的一致与同化取向，是异于专业化的过程的。

回头检视职业选择的心理学理论与社会化理论的经典架构，可以很清楚地了解到一致与同化取向都一直在被使用中。下面两个讨论部分，我将会简要地陈述这种取向在职业选择的心理学理论与社会化理论的经典架构中是如何被运作的。

职业选择理论的一致与同化取向

假若回溯到职业选择、特质与因素的心理学理论的起源，很清楚的是，职业选择的心理学理论采用了一致与同化取向。在特质与因素理论中，它主要的假设是每一个人都有一些可以被有效测量出来的独特特质。那些职业会需要工作者拥有某些成功的特定特质，此外，职业能力的培养是一种相当直接的过程，而且两者配合是可行的。然而，第四种特质与因素理论的假设清楚地解释其对一致与同化取向的依赖程度。换句话说，个人特质越符合工作要求的资格，生产力、满意度与成功的可能性就越大。很明显地，这种结论对研究生的影响是，学生个人特质与他们受训练的科系领域之间的契合度，直接影响了学生生产力、满意度与成功的可能性。

第四种特质与因素理论的假设，对于研究未来职业的学者有很大的影响，而且也影响到未来社会化的学者如何架构他们社会化的想法。特别是在霍兰对于研究生社会化研究的案例中，一致与同化取向是相当明显的。根据霍兰理论，研究生与研究生院之间相互的选择是建立在彼此兴趣与倾向的契合度之上的（霍兰的自我选择假设）。与研究生院的规范标准与价值有一致性，且被教授认定是优秀的研究生，较有可能获得奖励（霍兰的社会化假设）。最后，以上这两个条件会使得研究生在与其兴趣与倾向符合的学术环境中，表现得更优异（霍兰的同化假设）。

霍兰不避讳将同化理论视为其理论的根基，而且也有相当多的研究支持他的推论。然而，我现在的目的是去思考社会化理论学者对于个人是如何发展职业角色认同的，以及最后应如何继续完成职业选择心理学理论的概念所需进行的方式。我将会简要描述一致与同化取向是如何成为社会化理论的核心重点。

社会化理论的一致与同化取向

我所提及社会化过程的概念是强调，在社会化过程中，新生必然会经历他们自己原先对于职业的认定与就读研究生院时所需较新的专业角色两者间的协调与融合的过程。最后，这些较新的想法会与本身原本的想法结合，并随着专业技能的取得，而成为可以被用来区别一个人是否已被社会化进入该专业领域的一个指标。

在研究生的个案中，社会化可被视为一致与同化结果的发展过程。在认同与进入研究生院的初期，学生对于在某一特殊学校与领域应扮演何种角色，带有极高的期待。在初期期望的阶段，学生会了解到外界对于研究生与特定专业领域的专业人士在行为、态度与认知上的期待。随着知识持续的增加，投资也会持续增加，随之而来的投入会强化学生获得专业的理念、动机与态度的洞察力。最后，对此专业的理念、动机与态度的采用会形成专业角色的认同。角色认同变成社会化的标的，但社会化理论强调一致与同化至专业领域的阶段，仍是判定一位学生是否可以成功地社会化至职业中最重要的决定因素。总而言之，那些为社会化理论而争辩的人可以确定的是，一位学生同化的程度就是他社会化成功的程度。我将在下个章节继续讨论，即使可以确定的是，社会化在大部分的研究生院课程中如何被实施已经有了精确的描述，但此一社会化的模式仍旧是有问题的。这是因为许多有成功潜力的学生并不会作出一个令人不舒服的决定——企图借由社会化所灌输的价值与规范来取代他们原有的价值观念。

为什么一致与同化是有问题的

如我以上所提到的，传统上，社会化理论认为：为了让一个人可以成功地被社会化必须要具有两个条件。首先，个人必须要发展出与所选择领域的他人一致的特质。

其次，个人必须将其价值同化于职业标准规范之中。我已经证明了此一致与同化取向如何在职业选择心理学理论中发现它的根本理论基础。传统社会化理论的一致与同化取向究竟有何问题呢？

研究者长期以来并不满意传统社会化理论的线型本质。社会化的线型模式是指每个人都会经由社会化的单向过程而达成自我进步。个人也会经由社会化的每个阶段与核心要素（见表3），以一步步渐进的方式达成自我的进步。如大部分传统社会化理论一样，外界所认为标准化的一致与同化，由定义来看，是社会化线型模式的主要特质。但此线型特质确实受到研究者的批评（Fordham, 1988; Taylor & Antony, in press; Tierney, 1997; Turner & Thompson, 1993），原因有四：首先，这些批评者认为传统社会化线型概念在研究生扮演一个专业角色时（Wentworth, 1980），忽略其认知与性别的影响（Gilligan, 1978）。第二，批评者（Thornton & Nardi, 1975）相信社会化的线型方式，在一段更长的时间中，并不能改变原本外界对标准式角色的期待。第三，研究者（如 Feldman, 1974; Gilligan, 1978）控诉社会化理论的线型本质皆认为所有的学生都是一样的。第四，由传统社会化的观点，同质化的假设与标准的共识显示出，这会限制女性获得职业角色与工作的平等机会（McClelland, 1990; Weidman et al., 2001）。

韦德曼早期所建立的大学生社会化理论架构，已经对社会化理论（Weidman, 1989）有很大的贡献。然而，蒂尔尼（1997）却认为此一大学生社会化理论架构忽略了社会化过程是独特的、个人主义的，是反映许多扮演学术与专业角色者的不同特质的。

在了解许多与传统线型社会化理论架构有关联的问题之后，斯坦与韦德曼发展出一种修正后的社会化理论架构，这提供了塑造研究生社会化的另一种选择。此种看法保留了社会化是一种复杂发展的过程，而学生背景特质、学校经验、社会化结果与中介的因素——如在研究生院之前与在就学期间，个人或专业社区团体等之间的关系——皆会介入其中。不同于传统模式社会化要素之间的直线关系，斯坦与韦德曼（1989, 1990）架构下的因素是被认为以双向的方式彼此相连的（Weidman et al., 2001）。这些较新的理论架构承认此种在学生身上的相互影响，如教育经验的内容与过程的相互影响，社会化的结果也影响学生所处高等教育环境的标准内容（Weidman et al., 2001）。社会化的过程指出了不同成员要素之间彼此的互动，而非只是线型的、偶发的现象；也证明了社会化是一种发展性的过程（Weidman et al., 2001）。

在描述完他们本身在传统社会化理论所提出的研究方法构思之后，韦德曼等人（2001）追随桑顿和纳帝（1975）的理念，他们建议社会化发生在四个阶段：期待、正式、非正式与个人阶段。韦德曼等人（2001）修改架构并建议：

> 进入专业的社会化，可以被视为一种新生进入研究生院接受有关自己与期待的专业训练的价值、信念与态度的过程。新生在追求硕士学位时会受到

一些压力，其中包含来自教授与同侪、社会、专业组织、实习或个人可咨询的成员等，他就会将自己暴露在不同社会化的影响之中。新生必须要评估达成个人职业目标会遭遇的各种标准压力的重要性。最后，新生必须要思考、改变或保留那些在社会化经验过程中所需的价值、能力、定位与责任。

韦德曼等人(2001)指出，一个学生可以经由他自己社会化的结果来塑造系所的规范与价值。此外，借着了解他们最后的理论重点——"新生必须要思考、改变或保留那些在社会化经验过程中所需的价值、能力、定位与责任"，他们的理论架构使得我们不会陷入一个简单与直线式社会化的看法之中。另外，就如我在这里所争论的，他们最后的理论重点支持了社会化理论必须使自己和严格的一致与同化取向脱钩。我在最后一部分所要提出的，将会建立在最开始我所认为的和一致与同化倾向脱钩的社会化理论之上。

研究生社会化架构的特征

我对于和一致与同化取向有关联性的社会化传统研究理论方法的关注，分别在三个方面。首先，他们假定只有一种研究生社会化或是获得经验的方式。第二，他们假定所有研究生必然会被社会化，以便与该科系或职业的人一样。第三，他们假定研究生未来的成就不仅会受到所主修内容的影响，并会依职业的传统规范与标准的内化程度而有所不同。这三个假设皆建立在一致与同化取向的核心价值之上。

一个修正过的研究生社会化模式，若与一致与同化取向脱钩，应该是如何的呢？我提出三点让大家思考：

1. 社会化必须仍是对专业领域的价值与规范的一种认知，但却不期待学生去接受那些价值与规范，并把它们当成自己的价值规范。

2. 社会化必须以不同的形式展现，有超过一种以上的研究生社会化方式。

3. 社会化必须增强与支持个人智能发展的特色。

以下要分别说明以上三点，并举出不同例子。

修正后的研究生社会化理论架构

修正后的研究生社会化理论架构是以发展领域内容、价值和规范的认知与对这些内容、价值和规范个人的接受度来区分的。此类型的社会化认为：一个人可以在某类职业的传统规范与标准内，掌控自己的内涵与发展才智，而不需要将其内化，并将其接受成为自己的规范、价值与标准。采用此社会化方式的研究生，会学习到引领职业发展的价值与规范，但不要期望他会为了被视为社会化相当成功，而采用这些价值与规范。

一个有关修正后社会化形式如何被运作的例子，在非裔美国博士生社会化的早期研究之中已被发现(Antony & Taylor, in press)。一群强烈认同研究生院与希望成为一位大学教授的非裔美国人在接受访问时，谈到他们社会化的经验与获得专业职业的方法。这些学生皆发展出高度的学术能力，而且拥有可以充分驾驭其领域的技巧与技术。但使他们不同于无法成功完成追求学术性职业之人的因素是，他们已经被强烈地社会化(被他们的指导教授)去学习如何在不增加自己的价值标准之下，朝领域的标准期望的方向前进。这些被社会化的学生深信，为了成功，领域的规范与价值是必须被采用的，但他们也感受到认知与情感之间的极不协调，最后会导致这些学生认为他们无法取得任何一种学术专业职业。因此，个人为了达成此一目标所作的牺牲，是无法克服这些困难的，也令人无法接受。由这个例子可以很清楚地看出，学生由社会化的方式来学习有关领域规范、价值与标准是可以达至目标的，只要不建议学生用领域的规范来完全取代他们自己的规范、价值与标准就好。

修正后的研究生社会化理论架构，必须要能接受超过一种以上的研究生社会化方式。虽然可以用相当标准或传统的方式来教授主流的专业内容与技巧，但社会化仍然可以借由不同的经验来塑造学生的学习与发展。这些不同的经验可以包含教育与课程内容的改革。学生可以借由不同形式的教育帮助他们熟悉专业领域知识与该专业领域可能发展出的不同职业上的应用，继而被社会化进入该领域之中。在任何例子中，许多不同的经验可能会被吸纳至研究生院就读时的学习，总之，这些将使学生社会化成远远超越出传统的概念。

更甚于此，那些认为有需要调整学生如何被社会化的科系，会发展出可以扩展学生智能与实际经验的社会化理论研究方法，以跨越传统科系的弱点。有一个例子可将这种想法带入实际的生活中。

在大部分的研究生院中，基本上，指导教授会教育学生该系所的传统价值与标准，以及他本人的喜好价值。然而，系所与职业都变化得太迅速了。知识的速度在增加，而且对于传统也一直产生较新的想法——而他们总是如此做，以将继续塑造那些进入专业领域的人，并指引着该领域的实际运作与研究。许多研究生院相信，研究生院社会化所需的形式，就是去鼓励更多的跨领域整合的工作。由跨领域整合的工作，学生可发展出超乎指导教授与系所推动的社会化范畴的自我能力。如此多元的社会化，也可以引导学生将其知识应用在解决跨领域科系的问题上，或是帮助其在新领域或单位工作。

修正后社会化架构应该是可以增加与支持个人才智特质的培养。就是说，经由个人能力的养成，领域才得以扩展。历史本来就是充满了许多个人成败的例子，他们不管领域中的制式规范，冲破界线，给领域创造出无数珍贵的进步成果及作出贡献。

个人智慧特质无法完全脱离专业领域的标准价值，以及可被接受的内涵。此外，个人智能特质——在其最具有生产力的时期——仅是为那些可以完全掌握其所知的人所拥有，而且他们也是可以将知识当做创造新智能基础之人。像这样的特质是其个人为了增强专业领域，而终止传统式智慧思考的表现。就如其所描述的，这是一种个人智慧特质的表现——而非一致性的智能——对于专业领域来说，也是最有价值的部分。基于此一理由，研究生需要被社会化来发展个人的智慧特质。

结论

最后，我尝试着作一个相当简单的论述，以下是摘要重点。第一，我们目前对于研究生社会化的理论与实务研究方法，并不需要完全架构在一致与同化取向之上。第二，这一致与同化取向——在职业选择的传统心理学理论中找到其理论基础——是有问题的。而最主要的问题是，一致与同化的传统观念对那些与组织格格不入，以致无法将他们独特的定位并入研究生院的人形成了挑战。更甚于此的是，一致与同化取向忽略了社会化过程可能是独特的、个人主义化的，而且可反映出许多现职者对于学术与专业角色多元本质想法的。

最后，一致与同化取向减低了我们可以协助博士生增加知识广度、实务经验及将才能运用在非研究型大学与私人机构等的能力。社会化的未来思考方向将需有助于区别和一致与同化取向的不同——由我所提出的对新社会化理论架构的三项看法来引领其发展。

在我所提出的对新社会化理论架构的三项看法中，我的目的是要扩展我们对社会化的讨论，借此可以鼓励我们对于一致与同化如何在学生每日社会化的过程中扮演一个重要的角色，有一清楚的认识。至于以上举出的三点，由非一致与同化的社会化过程中可认识到学生对专业知识、内容与技术掌控的需求，也可学习到职业的规范与政治现实。然而，非一致与同化的社会化过程的一致与同化，也让我们进一步了解与欣赏个人特质的重要性。此修正后的社会化是赞许学生去发展个人不同的期望与特质。此外，它也引导我们努力与学生紧密合作，以符合研究生院的学习经验，借此以增加成功地完成所设定目标与才能的机会的最大公约数。

在本文的前言，我详细介绍了一场研究生院教育的全国会议。此会议的成果之一是，学者与临床专家都同意：为了增加博士生的知识广度、实务经验及将才能运用在非研究型大学与私人机构等的能力，研究生院教育是需要改革的。我在此所提出的社会化修正方式，将会一步步帮助我们达成会议所讨论出的目标与成果。

（作者 James Soto Antony）

第九章 高等教育中的政策实施分析

前言

重检被忽略的环节
——高等教育中的政策实施分析

在许多国家里，高等教育都正经历一场有关治理、结构、经费与组织的重大变迁。至于促成这些改变的原因，最普遍的说法就是基于后工业社会对于高等教育的影响，以及当前市场之介入高等教育(Williams, 1995; Slaughter & Leslie, 1997)。这些变迁历程似乎意味着未来高等教育的走向很可能趋向于自我调节的、动态的与创新的组织。此现象所造成的结果是，在对于高等教育的分析与诠释中，一般人都略过了对于政府公共政策的分析。由于现阶段研究的重点都放在其他动力因素对高等教育的冲击，例如新科技对于大学里教学与学生的学习可能产生的影响、企业导向的终身学习方案使得教育与就业之间的疆界日趋模糊，以及全球化对于高等教育的影响，当前研究对于政府政策的疏于分析也似乎是可以理解的。

虽然政府政策的分析遭到忽略，但是政府从来不曾置身事外，以上种种影响力也丝毫不能动摇政府的运作。虽然在过去几年中，主政者与政府部门参与高等教育规划的方式已有些改变，但政府对高等教育的涉入从未减少(Neave & Van Vught, 1991; Neave, 1988)。面对当前一些新的观念名词，诸如管理主义(Henkel, 1991)、新公共管理(Pollitt, 1993)，以及评鉴的国家(Neave, 1988)，我们应可看到主政者与政府部门如何看待高等教育发展及其中所蕴涵的新政策、理念与观念。虽然许多研究观察者都同意国家在高等教育中所扮演的角色正在改变(Neave & Van Vught, 1991; Dill & Sporn, 1995; Neave, 1998; Henkel & Little, 1999)，但这并不意味着国家对于高等教育的影响力有丝毫减弱。如果我们稍加观察在OECD地区许多高等教育的公共改革与政策发展的范围与步调，便能深深地体会到政府扮演着积极性国家的角色，因为政府总是不断地采纳一些新的法案来响应高等教育环境的变化。在过去十年里，这类政府主导性的高等教育改革有许多先例可循。举例来说，在英国，公共改革影响了高等教育与研究的经费政策，几项相关的措施也改变了高等教育机构监督与管理的方式。另外，政府也导入了综合性的全国评鉴体系，以确保并维护学校教学与学生学习的质量(Kogan & Hanney, 2000)。有些人便意识到，这些政府主导性的政策显示出国家对于高等教育的控制更为严苛了(Bauer & Henkel, 1999)。至于在瑞典，在20世纪90年代就已经实行了许多大规模的改革，其中包括解除管制——这是一种针对高等教育所实施的准市场机制与国家质量保证体系的措施(Bauer & Henkel, 1999)。另外，在其他一些西欧的国家(Maassen & Van Vught, 1996)、东欧较先进的国家(Westerheijden & Sorensen, 1999)，以及在美国，类似的政策发展与公共改革也同时在运作着。除此之外，高等教育机构在当前社会经济与新科技发展中所扮演的角色日益吃重，这也说明了：在未来几年里，政府对高等教育的关注会持续影响着高等教育的发展，且不断地延续下去。

无疑地，政府对于高等教育的关注总是结合了对于效率、质量与效能等要素，而结果是这些正是影响高等教育中政府政策的主导因素。政府预算的缩减、基于新的社会需求所衍生的绩效责任，以及高等教育的产出结果被诉诸讨论，凡此种种自然使得政策的分析成为学生有兴趣研究的重点，而有关政策实施情况的分析更是首当其冲。

然而有人可能会怀疑，实际上的情况是否果真如此？虽然政策的分析在高等教育里仍是热门的议题，相关的政策的文献、白皮书，以及政策发展也被人们详加分析并集结成文献，但却很少有研究是针对整个政策实行的过程进行分析与“追踪”的。普雷斯曼与维达夫斯基(Pressman & Wildavsky)于1973年，在其初试啼声的著作《实施》(*Implementation*)一书里首先提出“政治科学中的实施研究”这个新名词，大力地提倡这类严谨的，并有理论基础的政策实施的分析。(举例来说，决策制定之后接下来要进行什么步骤，以及如何将这些决策诉诸实现?)这些在当时可说是政策研究中被人忽略的环节(Hargrove, 1975)。二十五年之后，他们的主张在高等教育的研究领域里仍掷地有声。然而，政策实施的研究对于高等教育现阶段的情况来说可能更耐人寻味。因为，很明显，政府政策在实施的过程中仍然不断有重大的改变。

首先，由于相当多的资源已投注于高等教育；再者，社会对于高等教育也有诸多期待。如此一来，为了让大众了解这些分配高教经费的政策的效能何在，政策实施的分析自然势在必行。对于一般社会大众，特别是与高等教育有切身关系的人来说，他们最有兴趣的议题莫过于这些资源用到什么地方去了，以及产生的效能如何，此外，就算国家与政府官员在政策的制定与研讨改革的活动中表现积极，当今的全球化、科技化及市场化的过程也可能以一种全然不同又鲜为人知的方式影响着政策实施的过程。由于公众政策制定的环境不断在改变，此时的当务之急便在于分析政策如何受到上述动力因素的影响，以及要明察这些因素是促进了主要政策的推动，还是形成了阻碍。最后，随着新的成员(例如，高等教育中新类型的学生、新的知识生产者和高等教育中新的消费者)的加入，以及其对高等教育的影响，一种政策制定研究的新领域也酝酿而生，以探究我们了解不多的政策因果关系。在此情况下，对于政策实施的整体分析有助于我们了解真相。

这些兴致勃勃的高等教育研究者的研究目的或许仍然响应了这类研究的初衷(O'Toole，1986)，其中包括了提出能有效地达成政策目的的理论，以及发展出有实证基础的建议来协助参与决策制定与政策实施的人，以使其了解如何实现目标与落实改革。因此，这篇文章便是要探讨在高等教育变迁的过程中实际政策实施的分析，以及未来可能采纳的分析。

本章纲要

本章之目的是要重新检视高等教育政策研究中，有关实施方法在理论上、实证上，以及实务上的演进。在第二部分，我们则会参考此领域内相关的文献，来讨论高等教育政策实施的发展。在这个部分首先要呈现最初期的政策实施的研究，一直到最近的一项由保罗·萨巴蒂尔与拉迪斯拉夫·塞里奇(Paul Sabatier & Ladislav Cerych)所主导的一个多国研究小组针对六个欧洲国家共九项高等教育改革所作的研究。保罗·萨巴蒂尔是美国政策实施理论学者中的佼佼者，拉迪斯拉夫·塞里奇则是研究欧洲高等教育的健将(Cerych & Sabatier，1986)。他们这项研究堪称此领域中最完整的研究，少数明显地运用实施方法的研究结果后来亦被集结成书。他们所运用的方法是一种由上而下的观点的研究法，也就是以政策的目标为出发点来进行分析。在此之所以要引用塞里奇与萨巴蒂尔的分析，是为了要了解及讨论用这种由上而下的方式来分析政策的实施有何优缺点。在讨论中我们也特别留意了所谓的由下而上的观点。比方说，此观点对于由上而下的研究法的批评为忽略了实施政策改革的第一线人员的需求与特质。此外，他们也批评此由上而下的研究法总是会受到其他的因素的影响。这样的批判总是与高等教育政策中的结构性、文化性的特质息息相关。在第二部分的最后则是就理论方面来探讨这两种基本的研究方法如何能结合成一种“混合的模式”。

本章的第三部分是要探讨政策研究与政策制定之间的关系。在这部分，我们首先要提出一个问题，那就是：为何在高等教育的领域中，研究者对于政策实施的分析缺乏兴趣？造成此情况的理由当然有好几项，不过我们认为最主要的因素是由于高等教育政策在形式、内容与目标上的改变，这些改变已经取代了现有的研究重心，而导致了政策实施分析研究在类型上的转变。我们所提出的主张是，政策形态的改变与政策内容的改变会轮番地影响研究重心。如此一来，传统的由上而下，或是由下而上的政策实施研究观点都不再是合适的分析工具。接着我们要列出在现今的高等教育政策拟定中最主要的三项议题，并深入地讨论。这三项议题就是在政策改革中评鉴所占的主导地位、具有适应性的高等教育机构，以及在认知高等教育问题的过程中，对私立部门的兴趣似乎已逐渐取代了向公立部门寻求解决。

至于本章的第四部分，我们会延续之前的讨论来回顾当今高等教育的一些主要政策，以及人们如何处理这些问题，又如何看待这些政策的改变。然而，我们所提出的问题与见解都是基于当代的研究领域中基本的政策实施的观点。

最后，在本章的第五部分则是要探究人们对于高等教育政策分析所重新燃起的兴趣与实际的政策拟定有多少相关性。我们还附带地建议了一些在此领域中的其他类型的研究，以补足现有知识上的缺陷。此外，对于未来的政策实施的研究，我们也提供了一些建言。

高等教育政策实施分析的历史、观点与评论

导言

高等教育的研究和其他社会科学一样，长久以来一直侧重于目标与结果之间的关系，然后针对问题点加以解释。话虽如此，我们完全可以说，在发轫于20世纪70年代中期的社会科学里，像高等教育这样明显地着重于政策实施过程的领域仍是独具一格的。普雷斯曼与维达夫斯基在1973年发表的著作《实施》一书，在这方面为后来的研究树立了里程碑。这本著作是针对加州与奥克兰地区的经济发展委员会（Economic Development Administration）的成效进行研究，并提出了两项一般性的政策建言以加速政策目标的实现。首先，他们提出一项政策的实施过程涵盖了许许多多的决策重点。而如果在实施上有所停滞或是延误的话，则必须在细节上加以澄清，这类的澄清细节要尽可能地减到最少。此外，两位作者也指出，在政策实施的过程中也要留意组织机制的产生，而非只有在政策开始推动时才注意此事。此书另一项重大的贡献就是强调以因果理论来解释改革过程中手段与目的间的关系。遗憾的是，经此番案牍的劳形，普雷斯曼与维达夫斯基的研究及其他的个案研究对于政府能否有效地实施政策的能力均抱着悲观的看法。这些研究之后又有大量的文献来探讨欲达成特定的政策目标所需要的条件。

许多研究者都曾尝试建立一般性的理论来说明如何有效地达成政策的目标，或是大众媒介应如何运作以确保政策的目标能够落实。然而，大体而言，足以证实这些有效模式的实证性经验仍是付之阙如。因此，一般的研究取向仍在于提出实施上的谬误，或是说明实证性的研究何其缺乏，以致实施的过程无法奏效。这也就是为什么在70年代末期与80年代初期，大型的高等教育的多国研究计划会在欧洲兴起的原因之一（Cerych & Sabatier，1986）。本章有关这方面的内容特别具有参考价值。这项研究不仅是高等教育中最完整的、最明确的运用政策实施的分析，就一般的实施分析来说也是相当重要的文献。在保罗·萨巴蒂尔与拉迪斯拉夫·塞里奇主导的研究计划中所提出的最主要的问题就是，是否当代社会真如悲观者所说的，无法主导有计划的

高等教育的改变。此两位作者在结论部分对于这个问题的回答是，由政府所推动的主导性的改革是绝对可能的，但是这样的主导性的改革需在特定的情况下才能成功地运作(op. cit. 1986；242～254)。

不过，这类的研究却很明确地道出了分析政策实施的复杂性，萨巴蒂尔与塞里奇的研究也不例外，就连后续的研究也被批评为忽略了问题的复杂性。于是，那些原本主张要发展出理论性的模式，并将此复杂性融入实施过程中的研究者改变了心意，他们转而研究那些真正执行政策之人如何历经这些实施的过程。在分析政策实施过程的议题上，由上而下的观点与由下而上的观点间的争辩仍然维持了好几年。在这些理论的发展方兴未艾之际，有些研究者也试着将两项研究方法结合在一起。

普瑞佛斯(Premfors，1984)认为由上而下，以及由下而上的区别可以表现在三个相当不同的层面。首先，这些学术上的论辩都是在探讨何者是最适当的描述政策实施过程的方法，由上而下的方法会比由下而上的方法更贴切吗？第二个层面是有关在政策实施研究中的方法论，也就是说，研究应该如何进行？最后一个层面，多数的政策分析的研究都有规范性的目的，也就是在探讨这样的研究对于政府在达成计划目标或是改革目标上有何帮助。在政策实施分析的领域中，这些在方法上的区别主要是着重在以下四个方面：

1. 何谓政策实施？政策实施有所谓的起点与终点吗？两者的分界点为何？
2. 政策的组成成分为何？什么是政策实施的目标？
3. 何谓失败的政策实施与成功的政策实施？
4. 实施政策最理想的工具为何？

关于这些问题，我们在此会针对高等教育政策实施研究中的观点、模式，以及评论作一简短的回顾(若欲知更深入的介绍，可参考 Sabatier，1986；Lane，1993；Parsons，1995)。

塞里奇与萨巴蒂尔
——高等教育政策实施的经典研究

关于高等教育政策实施的研究，毫无疑问，最重要的著作便是由拉迪斯拉夫·塞里奇与保罗·萨巴蒂尔合著的《巨大的期望与混合性的表现：高等教育改革在欧洲之实施》(*Great Expectations and Mixed Performance: The Implementation of Higher Education Reforms in Europe*)。这本书于 1986 年出版，其内容是研究在 60 年代，一项涵盖了九项特定改革的大型研究计划的结果。除了此大型的研究计划外，另外还有些个别的个案研讨也被纳入其中，这些个案包括了英国开放大学(Woodley，1981)，瑞典五分之二十五招生计划(Kim，1982)，瑞典于默奥大学(Lane，1983)，波兰优惠点系统，挪威特罗姆瑟大学(Bie，1981)，挪威区域学院(Kyvik，1981)，法国大学技术学院(Lamoure, 1981),意大利卡拉布里亚大学(Coppola-Pignatelli et al., 1981),以及德国综合大学(Cerych et al., 1981)。

很明显地,以上所有的改革运动都希望在它们国家的高等教育上作重大的改变,这些改革活动的目标可分为以下三大类:

1. 扩大高等教育的入学渠道。

2. 使高等教育更切合地区性的发展。

3. 发展更多的就业取向,以及短期的高等教育课程。

这项计划的主要目的是要运用政策实施的分析来探究这些改革成功或是失败的原因为何(Cerych, 1992)。

关于这项研究的概念架构,塞里奇与萨巴蒂尔将公众政策实施的过程划分为三个主要的阶段(1986: 10),那就是政策形成、政策实施及政策修正。

1. 第一个阶段——政策形成,主要是先探究现行制度中不足之处,继而评估一个或多个解决方案,最后由内阁或是国会汇集成一套正式的(合法的)决策以拟定新的计划,或是设立新的组织等。

2. 第二个阶段——政策实施,政府会指定一个或是多个机构来实施此政策。若此政策是有关高等教育的改革的,则实施的机构几乎都会包含教育部及受高等教育影响的组织。如果此改革计划是有关设立新的大学,或是招募研究生,那么其他相关的机构,像地方政府及私人企业也可能会被囊括在内。在此阶段,人们大致上都可以区分当初精心制定的规章与后来的新结构有何不同。这些后来形成的新结构负责政策的日常运作及调整内阁或是国会所作的决策,使其更符合实际运作。

3. 第三个阶段——政策修正,由于各类不同的行动者都会对政策实施的经验作评估,并对情况的变化有所响应,随之而来的便是我们称之为修正的阶段,也就是要费心修改计划的目标、改变政策实施的机构,以及最极端的情况就是要放弃整个计划。这样的修正可能是基于对计划的结果详加研究,或只是认知成效为何,或了解政治风向改变。虽然重大的修正通常都会牵涉到内阁或是国会的正式决议,这些计划的修改也可能单单由教育部所附属的权威体系,或是管辖高等教育的机构自行裁定。计划的修正也可能是不断累积而成的重要改变所导致的更细微的流程。这类的改变对于局外人来说是很难觉察的。

研究的内容强调了几个重点,例如目标的分析、目标与结果的比较,以及影响政策实施的因素。特别是那些会影响官方所制定的目标的因素,其中包含了以下各点。

1. 法律上或官方所设定的目标:

(1) 明确性与连贯性。

(2) 预知体系可能改变的程度。

2. 支持改革的因果关系理论的适切性。

3. 资助政策实施机构的财务来源的适切性。

4. 在面对各式各样的计划目标时，教育机构内的政策主导人与管辖高等教育的机构投入的程度。

5. 在面对各式各样的政策目标时，官方的立法者和执行者与政策实施体系外的团体投入的程度。

6. 社会与经济的变化对于优先级，以及政策的因果关系的假设所产生的影响。

这里所列出的明细点与萨巴蒂尔(1986)在一般的政策实施的文献里所提出的看法是相当接近的。

关于改革的目标，这两位作者开宗明义就提到了计划的成败取决于目标本身的两个方面，那就是计划内在的明确性与连贯性，以及预知体系可能改变的程度。也就是说，计划改变的幅度越大，要达成改革目标的机会就越小。此外，改变的目标越明确、越有连贯性，则目标越容易达成。不过塞里奇与萨巴蒂尔同时也主张，在决策形成的过程中，目标的模糊性，甚至是冲突性，有时候是取得共识所必须付出的代价。另外，在政策实施的阶段，较抽象且模棱两可的目标也有利于人们适应改变的环境。

塞里奇与萨巴蒂尔研究了各式各样的高等教育的改革而得出了这样的结论：目标并不会确保更好的政策实施成效。此外，一项明确目标的模糊性与内在冲突在许多个案里都是无可避免的。他们因此主张，政策实施的分析应该要认同可接受的混合性的结果，而非一味地强调明确而持续性的目标(p. 243)。

萨巴蒂尔(1986)在他另外的著作里也提到，那些固守着由上而下观点的学者一味地强调目标的明确性与持续性基本上是错误的(p. 29)。“这样的方式并不能阻碍学者评估计划的效能，相反地，这只是意味着我们要探究多元的评估方面里各种可接受的价值，并依这些价值的相互作用归纳出可接受的空间，之后将效能的概念重新界定以切合此可接受的范畴”。他援用了具有诸多冲突性目标的挪威区域学院的例子来陈述其观点：“虽然区域学院在这些相冲突的目标上很少获得‘极优’的评价，但整体而言，区域学院都能适度地完成这些目标(p. 29)。”

至于政策对于结果的影响程度，塞里奇与萨巴蒂尔认为若要诠释整个实施的过程，就要提出一套更复杂的概念架构来解释这些改革。他们提出了一个三元的概念架构，那就是改革的深度、功能性的广度，以及改革的层次。所谓改革的深度是指一个新的政策，与现行的价值与运作的差异程度为何。而功能性的广度指的是当一个政策要作修改时，此修改会牵涉到多少功能性的机构。而改革的层次则是有关改革的目标：是整个体系都要跟着改变呢，还是仅限于特定的部门，或只是一个单独的机构？

我们从这些比较性的研究里，归纳出以下几点相当耐人寻味的结论：

- 如果大幅度的政策改革只锁定在体系或是机构里的一项，或是极少数的功能性的领域，这种政策改革多半能够成功。

- 要改革单一的机构(或是创造一个新的机构)比起改革整个体系会容易许多。
- 如果政策改革的深度与功能性的广度都相当微弱的话,这种政策改革通常会以失败收场,因为基本上这样的改革无法衍生出足够的能量以对抗体系的惰性。

至于在他们计划里的理论观点,塞里奇与萨巴蒂尔都强调引用恰当的理论,或是一套适用的假设来解释政策实施的方法与结果是相当重要的。"如果我们想要达至目标,就要了解其中的因果关系,主导政策的官方人员也有权力引用充分的裁量权来与其可能达成的目标相结合"。唯有当此两个条件都符合时,我们才能肯定地说,促成改革的基本决策已经整合成了一个具有因果关系正当性的理论(p. 15)。因此这两位作者在作结论时表示,他们很惊讶地发现有许多改革活动都是基于错误的假设。然而,他们也承认无法预知每个可能发生的情况。此外,他们也鼓吹体系的评估应该是政策实施中最重要的部分,如此一来才能依评估的结果来改正错误、重新修改实施运作的策略,甚至是目标。

在以上的分析之后,他们继而又提出了领导人与其鲜明的人格特质的概念,也就是所谓的灵魂人物(Bardach, 1977)。此灵魂人物在实现改革目标的过程中扮演了举足轻重的角色。"这样的个人多会投入与整个体系改革有关的活动,通常他们的角色仅限于政策的形成与采用阶段,以及早期的政策实行的阶段。不过我们认为,如果这个真正具有影响力的灵魂人物能参与更长的时间,许多后来可能产生的困难、误解及冲突都能迎刃而解"(p. 251)。

主要的争议:由上而下或是由下而上的观点?

许多研究者对于政策分析的复杂性的关注,特别是在塞里奇与萨巴蒂尔的著作中,让我们能清楚地了解此研究里最主要的争议:影响改革目标达成的主要因素为何?这些因素是促进了主导决策的推动,还是形成了阻碍?塞里奇与萨巴蒂尔戮力同心研究后提出了一系列关键性的变量,并以此来解读政策实施的成功。这一套理论为后来的许多政策分析研究者所依循,不仅在高等教育的领域里是如此,在其他的领域也颇受青睐。这类研究的主要特性就是,他们相信只要这类相关的变量,以及变量之间的连带关系能透明化,政策实施的过程就能集中掌控与推动。

关于这样的思考模式,我们可以从更早期的由范・米特与范・霍恩(Van Meter & Van Horn, 1975)所作的研究中得知明显的例子。在他们用来分析实施过程的模式里,这些关键的变量包括了:(1)政策的标准与目标;(2)政策的资源。除此之外,还有另外四项因素也不容忽视,那就是:组织间的沟通与推广的活动;政策实施机构的特质;影响政策实施场所的合法性与组织的经济、政治与社会环境;政策实施者的特质。以下我们要就各个因素分别说明。

● 政策的标准与目标

改革的目标显然是分析政策实施过程的起点。普雷斯曼与维达夫斯基(1973: xiv)曾提出:"在政策实施的过程中,若没有明确的目标来加以评估,便很难断定是成还是败。"大体上而言,明确而清楚的目标比起模糊、复杂且互相冲突的目标更容易达成。此外,如果改革政策只是基于一般性的指示,那就相当可能产生不同的诠释,而使得目标的达成较为困难。另外范・米特与范・霍恩也预设了,如果政策需要在细节上作些修改,而且大众对于政策目标都有极高的共识,则此目标极可能成功。他们最后还提出,若能充分地掌握此两项变量,对于政策的有效实施而言,共识比改变的程度影响更大。有效能的政策实施一部分取决于欲达成的政策本质,而影响政策目标成败的因素则因政策不同而不同。因此,原创目标的特质对于后来的目标是否能依原始的方向来运作是相当重要的。

● 政策的资源

若要实施一项改革,在政策上必然要有资源作为后盾,以推动计划的行政作业。此资源包括经费和其他激励方式。在这方面,一般人常说的名言就是:经费永远是不够的,因此要达成政策的目标困难重重。

● 组织间的沟通与推广的活动

关于组织内的关系架构,有两项后续的活动是最重要的。第一就是组织需提供技术的设施及资源;第二则是表现优异者应该要接受更广泛的检视,包括正面的与负面的。

● 政策实施机构的特质

这部分的因素包含了正式的组织结构上的特质,以及非正式的人员物质。范・米特与范・霍恩另外还提出了实施机构人员的能力与规模,以及在政策实施的过程中,官僚体系控制的程度也有相当的影响力。

● 影响政策实施场所的合法性与组织的经济、政治与社会环境

我们可以明显地看出,一般的经济、社会与政治的情境对于目标与结果的关系是相当重要的。人们往往采取政治的手段而疏于分析财务上的因果关系。更重要的是,经济的状况总是持续地变动,要坚持政策的最初意图基本上是十分困难的。此外,基于新的权力分配与权力多寡的变动,来自政治方面的支持也在不断改变。

● 政策实施者的特质

这方面则是有关政策实施者的动机与态度。在组织里总会有一个关键的角色,以巴尔达赫(Bardach, 1977)所创的专有名词来说就是灵魂人物。前人的经验已经告诉我们,此人物对于改革的成败有举足轻重的影响力。

不计其数的研究者都追随范・米特与范・霍恩的研究,基本上这些研究者所钻研的重点仍是影响政策目标实施效能的因素,并加以发扬光大。例如萨巴蒂尔与马兹曼

尼亚(Mazmanian,1981)就列出了十七项足以影响政策实施效能的因素,并将其区分为三大类别:

- 问题的易处理性

(1) 是否有适当的技术理论与科技。

(2) 实施对象团体的行为的多样性。

(3) 实施对象团体占总人数的百分比。

(4) 行为所需要改变的程度。

- 法令对于运作政策实施的能力

(1) 明确而连贯的目标。

(2) 适当的因果关系理论的引用。

(3) 经费的来源。

(4) 在政策实施机构内部组织阶级的整合。

(5) 政策实施机构的决策原则。

(6) 政策实施人员的招募。

(7) 局外人参与的正式渠道。

- 法令以外,影响政策实施的变量

(1) 社会经济情况与科技。

(2) 媒体对于此问题的关注。

(3) 公众的支持。

(4) 立法团体的态度与支持。

(5) 元首的支持。

(6) 政策实施官员的敬业态度与领导能力。

在此领域有一些研究者试着发展出理论性的架构来分析政策实施,不过他们仍然限于针对影响政策的因素作大范围的讨论。比方说,奥图尔(1986)就发现在70年代后期和80年代初期的数年间,专门探讨政策实施的重要变项的研究就超过一百个。在有些个案里,研究者会将这些变量衔接至更复杂的理论模式(如Sabatier & Mazmanian,1981)。

第一批研究者试图发展出概念性与方法学上的理论架构来诠释实施目标的理论与运作。不过,他们很快就遭到强烈的批评。其中一派批评者的说法是,这些研究主要只是点出了重要的因素,或是列出一长串的影响因素,没有说明政策实施的模式(O'Toole,1986)。其他的批评者则主张,这些变量都是长篇大论,而没有深入地探讨到底哪些变量才是最重要的,以及在什么样的情况下才会发挥其影响力(Lester et al.,1987)。在接下来的篇幅里,我们就要审视这些讨论中的重点,以及这些议题与高等教育政策实施的相关性为何。

有些研究者强调,明确而连贯性的政策目标是要达成有效能的实施的不可或缺的前提。不过，这样的主张也很快地就被批判。几位学者主张，缺乏明确而连贯性的目标基本上已经是一种常态，而非例外情况。他们反而提出相反的论调："政策目标在本质上就是多元的(因为人们的需求很多，绝非只是单一的)、有冲突性的(因为我们要不一样的东西)，以及模糊的(因为我们都同意应该要怎么做，但是真正的做法并非一致)(Majone & Wildavsky, 1978)。"然而，这样的事实并不代表要实施公众政策改革是毫无机会的。我们可以找出许多成功的例子，而这些例子的目标都是多样的且没有连贯性的。另外有些研究者主张，将明确的目标视为成功的政策实施不可或缺的条件，以学术的贡献与政策的运作来看，这样的看法不过是后知后觉，没有什么实质上的意义。在70年代与80年代初期之间，决策制定理论的主要学者，以及组织理论方面的主要学者展开了一场激辩，其争辩的主题是"目标的情况决定了人类的行为"，但早期的有关政策实施的文献似乎都规避了这样的讨论。此外，研究者都坚持要有明确的目标，并将此议题视为研究结果中最重要的元素，此举显示出部分研究者对于政治所抱有的天真想法。然而，我们相信，针对目标的明确性所作的讨论与高等教育仍有相当大的关联。少数几个作者指出，过去二三十年来，人们对于高等教育的体系及机构的期望持续地升高，几乎已经使得这些机构感受到沉重的负荷(Clark, 1988)。就这方面而言，为了明哲保身，我们不妨假定政策的目标越来越复杂，而政策目标的不连贯也是司空见惯的现象。

同时还有另外一派的天真人士则是坚持，我们需要提供给政策执行者适当的因果关系的理论。对于许多政策来说，在政策制定的过程中加入此认知是不可或缺的。然而，要获致这种适当的因果关系的理论，不仅在面对政治的争辩时困难重重，而且当因果关系被置入专业与科学的领域讨论时则更加复杂。对于想要依适当的因果关系的理论来制定政策的人来说，其中的问题恐怕是一言难尽。因此，早期的政策实施的研究者算是作了一个正确的抉择，那就是澄清政策订立的基本逻辑。像这样将焦点放在政策上的做法，与后来社会科学所着重的认知转向是不谋而合的(DiMaggio & Powell, 1991; Scott, 1995)。研究者对于基本的政策理论所投注的心力，的确是我们应该谨记在心的。基本上，这个观点激荡出一个问题，那就是——什么构成了政策制定的知识基础？眼前混沌未清的情况，正好让高等教育的研究者有充分的理由扮演一个为决策制定者提供信息与知识的角色。

另外还有一项批判，其焦点是相对来说时间较短的由上而下的政策实施的研究。在研究报告中，有许多失败的例子都是因为在政策推行后很短的时间内就开始研究其成果。一般来说，经过长时间的观察所作的整体评估是会较正面的。对于任何一个想要研究政策实施效能的人来说，这是一个很简单却十分重要的方法论观点。

然而，对于由上而下的最主要的批判仍是在于，欲以这种分析政策实施的方式来解释真实世界里的实施过程是行不通的(Hjern, Hanf & Porter, 1978; Barrett & Fudge, 1981; Hjern & Hull, 1982)。因此，此由上而下的研究方法所代表的是对于组织的工具性,以及理性的理解,而有些目标总是得通过特别的方式才能达成。因此,人们认为些许改变可能导致令人满意的结果。这些改变可能是组织结构、权威的关系、决策制定的原则,以及沟通的形式。这些运用由下而上的方法的研究者在其尚未发展出一套另类的方式来诠释实施的议题时,就先与由上而下的研究者划清界线。如此一来,在早期的政策实施的研究上,无论是在理论上、方法论上,以及在标准上都出现了分裂的现象,以致这些研究者后来不得不大费周章地避开官僚制度这样的专业术语,以及其在研究中的分量。很明显地,像这样的批判正是高等教育政策的研究者所心仪的主题。这些学者汲汲于投入这份在传统上被视为极有分量的研究,而这些研究机构的主要功能基本上是要违抗官僚体系的。

另外有一派对于由上而下的观点的批评,则是反驳了他们所主张的政策实施的过程是一项技术性的流程。萨巴蒂尔(1986)将这些批判归纳为三个问题。第一个问题是,这些研究者的研究重心在于中央所欲达到的目标与决策制定者,因此忽略了目标的来源是地方上的政策实施机构,是决策制定的次要体系,以及私人的机构。第二个问题是,在政策运作的过程中,在没有一个主导性的决策或是媒介,而只是一大群政府的主事者或是行动者的情况下,要用由上而下的方法来分析基本上是行不通的。第三个问题是,这种由上而下的模式很可能低估了地域性的官僚与团体常用的策略,那就是将中央所发布的政策转化成对其机构有利的政策。在这方面,邓利维(Dunleavy, 1981)则强调专业人士在实施政策的环节中扮演了相当重要的角色,像老师、医师、计划拟定者、工程师、社会工作人员等,对于他们要履行的职责都有明确的分工。在高等教育中,对于熟知大学或是学院运作体系的人来说,这样的观察对于政策及政策的实施的重要性应是十分清楚的。

相对于由上而下的研究方法,运用由下而上方法的研究者一开始先依政策实施的底层环节来拟定活动者的网络架构,之后再询问这些活动者的目标、策略、活动与其连接的机构。之后,他们便在地方性的层级里依其联结的机构,来界定在执行公共政策者之间的网络。此研究方法的主要拥护者是埃尔莫尔(Elmore, 1980)。他主张一种逆向倒推的拟定网络的方式,来比照前进正推的拟定网络的方式,后者基本上被视为一种传统的模式。所谓逆向的方式是由参与政策实施者先搁置他们多重的目标背景,而创造出一种目标的共识(Calista, 1994: 136)。他对于由上而下的方法论的观点提出质疑的理由是,这种方式并不适用于解释真实生活里政策的实施。此外,由中央来控制地方层级的政策实施基本上不见得有利。他认为在政策实施的过程中协商是有必要的,因为此举不仅能调整目标,也能衍生出社会需求的新目标。如此一来,政策的形成与执行上的差异则被视为实施政策的过程中自然而然的一部分。然而,在第一波的政策实施的研究里,这样的差异却被视为谬误的行为及目标的错置。这样的论述也为研究者与决策制定者提供了示范性的策略。依此由下而上的观点来看,就政策的实施而言,"地方层级的意图"不必然屈居于"中央层级的目标"。

关于此研究方法，我们还可以在贺杰(Hjern)与其同事的著作里获知更明确的诠释。贺杰等人(1978: 304)针对瑞典与德国的劳动力市场的训练计划作了一项研究。在发表其研究报告时，他的导言是这么说的："这份研究报告显示出，要在多重组织的体系中发展出一套适当的管理架构，以同时达成国家的与地方性的目标，并同时满足公众与私人的利益是可能的。"此研究的出发点是要解除由中央来控制的错觉(Hanf & Scharpf, 1978: 113)，并且驳斥单一管理的适当性，以及由中央对地方下达命令的运作方式。贺杰等人的研究重点为在劳动力市场训练中，真正发生作用的地区性的网络，以及其对于降低失业的贡献。这份研究的结论为，一个计划的成功并非取决于中央政府人员的努力，而是仰赖基层人员实施政策的技能。在贺杰与其同事合作的其他研究里(如 Hjern & Hull, 1985)，他们舍弃了以公共政策计划为主题，而选择了一个社会性的议题来作分析。以他们的观点来看，研究政策实施的步骤并非先界定政策的问题，然后用政治体系加以诠释；而是在界定了政策之后，以相关的社会性活动者的角度来加以诠释(Hjern & Hull, 1982: 105)。因此首先，政策的目标并非事先设定的。其次，私人行动者及资源是以平等的条件参与的(Hjern & Hull, 1985: 153)。最后他们将非义务性的参与计划的活动者也纳入其中。此研究的部分内容揭示了实际上的政策实施结构，例如那些协助解决问题的活动者、组织及个人。

由下而上的研究法所衍生的问题，与由上而下的研究法是不同的。这些研究者想要了解的是在不同的领域中，活动者如何解决社会性的问题，以及政府所提供的措施在此过程中的意义为何。他们判断政策实施成败的标准并非在于政府的计划与实施的成果是否相符合，也不在于那些人们相信会戮力同心地实施政策的机构是否会有偏差的行为。他们的民主理念也以不同的方式来呈现。他们认为地方性机构处理社会问题的本事，足以显示出民主运作良好。也就是说这些机构不会将依民主程序获得的政策搞得天翻地覆，而表现出非民主的行为。在此我们可以将高等教育中关于合法性的讨论，与国家和其他赞助者的关系串联在一起而成为一项很受用的研究方法。这些研究者所关怀的是传统中高等教育机构和个人所享有的学术自由，因此和政府能强力控制的其他部门可说是大异其趣。

然而，无情的批判却指出，由下而上的研究方法在本质上都忽略了政府的目标，以及政府在重要的改革活动中所运用的策略。批评者同时也提出了许多例证来说明，许多公众的改革的确达到了目标。然而，我们还是可以很公正地说，早期那些试图建立一套理论来诠释有效能的实施的研究者，大体上都忽略了一个重点，那就是：当地方层级的实施者与会受政策影响之人若违抗指示，会产生什么问题？这些研究者强调合法的推动过程，以及由上而下的控制与沟通体系，但此方法并不能充分地说明当那些组织与行动者本身就是改革目标时，他们应扮演的角色为何。话虽如此，若要了解计划与结果之间的关系，组织的文化与传统是不容忽视的。组织自有其历史，经年累月之后，主要的规范与价值都会整合至组织的认同体系与行为模式。此文化深植于组织中，当内在或是外在的行动者欲改变组织的行为时，文化往往形成了保守的元素。传统与文化会形成特殊的价值，使得要从事额外的改革倍加困难。当公众改革的策略与社会大众所认同的组织的规范与价值严重抵触时，要依改革计划来达成政策实施的目标可说是相当大的挑战。

适应此复杂性、混合性模式的发展

由于研究者对由上而下，或是由下而上的方法已有诸多讨论，也由于早期的由上而下的研究方法已显露出许多弊端，许多人便开始尝试建立一套更复杂的混合式的模式。例如，我们从莱恩(Lane, 1993)或帕森斯(Parsons, 1995)的著作里便可有整体的了解。

在普雷斯曼与维达夫斯基(1979, 1984)后来的著作《实施》里，维达夫斯基与他的工作伙伴整合了许多对于由上而下研究法的批判，而提出了一个修正性的观点。他们驳斥了目标与计划的关系是定型的之说法，他们认为目标不应该是静态的，而是随时在变动的。一是由于人的观念是有缺失的，二是由于观念本身也是常常在改变的，还有就是不断会有新环境所产生的影响。他们虽然驳斥此说，不过另一方面也不愿意把政策简化成只是文字的堆砌而没有实质的意义。此外，他们基本上也反对互动论者的理念。因为他们认为政策实施过程的功能只是要满足参与者的需求，而不顾实际的政策结果为何。梅杰尼(Majone)与维达夫斯基(1984: 114)在陈述此情况时提出了一个相当重要的问题：

> 政策的实施是一个演化的过程，由于此结果发生在一个我们未知的世界，事件不断地在发生，不断地持续向前推动(希望如此)，而我们通常只能在过程中观望。在每个环节上，我们都必须应付新的环境。在实施每个理念时，应充分推动各类的有潜力人士。当我们身体力行这些政策时，我们就改变了现状。

因此，在其著作里，实施通常意味着要实现目标，以及修改原初的目标与计划，并重新设计。据此观点来说，实施的概念则是双向的调适(Browne & Wildavsky, 1984a)，以及一项学习的过程(Browne & Wildavsky, 1984c)。

由巴雷特与富奇(Barrett & Fudge, 1981)所提出的政策实施的模式与此推论方式是一致的。他们主张最理想的诠释方式就是视政策的实施为一项政策行动的连续体。在此过程中，执行政策者与政策实施的对象之间会有不断的相互作用与彼此的协商。他们极力驳斥像在萨巴蒂尔与马兹曼尼亚(1979)的著作里所主张的，采用“食谱的方法”有助于成功的政策实施。依他们的看法，此举使得政策实施原本就具有的政治意涵更为模糊:“我们认为在作政策实施的分析时,不能只考虑将政策付诸实现,还要评估真正发生的情况与确实完成的事项,并进而了解这些情况如何发生,以及为何会发生。”这类的观点着重的是真正完成的事项,也就是团体与个人所反映出的行为与行动,以及决定这些行为的因素。之后便检视这些行为与政策关联的程度,而不是假定团体与个人都会依循政策(Barrett & Fudge, 1981: 12~13)。

另外一项模式是由埃尔莫尔所提出的。埃尔莫尔在他 1985 年以后的著作里就将前进式规划——这基本上是一种由上而下的观点,与逆向式规划——此为一种由下而上的观点——两种方法结合在一起来弥补个别的理论之缺失。“我们若只是指出政策实施与成效之间的预期的关系,等于只做了一半的工作,这是所谓的前进式规划;另外一半的工作则是要先审视我们作的选择所产生的结果,然后通过决策的过程,回归到原来的选择加以评估,这就是所谓的逆向式规划”(Elmore, 1985: 37)。他并进而将政策的制定与政策的实施形容为一协商的过程。决策者总是处心积虑地预估政策实施对象的反应、行为与兴趣,这些决策者所用的方式就是埃尔莫尔所谓的可逆转的逻辑。政策制定者总会预期有些事情应该会发生,他们也谨慎地判断有些事情是可能会发生的。然而,如果他们将两者混为一谈的话便可能作出错误的决策(Elmore, 1985: 39)。因此,从一个决策者的角度来看,政策的实施会牵涉到两类问题:一是要选择正确的政策实施的组合模式,如此一来才容易达到预期的成效,这就是前进式规划;另一方面也要从相反的角度来看,也就是检视政策对于决策的影响,并预估地方性的解决之道对于政策实施的结果来说有何效果。

萨巴蒂尔(1986)在其后来的著作(此著作也是此领域中的权威)中进一步建议,在作政策实施分析时要考虑一种倡导联盟的架构。此研究方法的前提为:若要了解政策的改变最有效的分析对象就是政策次级体系,或是政策分支机构里的族群,例如,各式各样的公立的,或是私人机构里的成员,因为这些人总是会主动地关怀政策的问题及相关的议题,像高等教育等。萨巴蒂尔另外还提出应采用由下而上的分析法,并预设这些政策实施的对象会聚集在一起成为一个联合推广的族群,他们有共同的价值规范及理念,并会共享特定的资源。萨巴蒂尔对于立法的渠道与社会经济的情况也有相当敏锐的观察,由于这些情况总是将政策实施对象的行为限定在传统的由上而下的分析模式里,他便主张一种混合式的方法来分析政策实施的过程。

总结的评论

学术界的文献对于以上所提出的政策实施的问题解释有相当大的分歧。首先,以时间点来说,研究者的观点可分为两派:有些研究者认为政策的实施是一个相当狭隘的过程,有明确的开始与结束的时间;有些人则主张政策的实施没有明确的起点,也没有终点可以宣告政策的实施已经告一段落。另外,对于政策实施的过程,研究者的看法也大不相同。有些人认为实施过程中有许多的层面与阶段,我们得一一经历;而有些人则主张政策的形成与实施是交织在一起的,在此过程中,对于计划与目标的定义与协商持续地进行,而且可能是无止境的。对于支持后者的研究者来说,在政策实施过程中的当务之急就是要不断地协商,而非界定政策或是计划的属性。换言之,除非充分的协商已达成,否则此政策便不是一个成熟的政策。因此,判定政策成败的标准会因所运用的方法而有显著的不同,这就与我们在判定民主或是非民主的情况是一样的。当考虑到决策者采纳的建议时,两者的差异更为悬殊。综合地来说,主张由上而下的研究者要求的是适当的政策理论、更多的掌控、明确的目标,并要有灵魂人物来推动政策的实施。而主张由下而上的研究者则诉求地方性的知识、过程由政策实施的对象来掌控,以及结果的评估要比照地方的目标。基于这些重点的论述,政策实施的研究总被批评为具有多重的理论架构,或研究的本质相当有限,而且没有整合性(Lester et al., 1987)。莱恩便将此领域的研究者所用的研究手法摘要如下(1993: 100~101):

> 政策实施理论长期以来的研究重点都在于探讨相互作用的模式,以及建构出政策实施的过程,以借此提高政策实施的成功率。这样的讨论衍生出两派对立的见解:其中一派笃信控制、计划与组织层级;另一派则深信自主性、学习与调适的能力。简言之,由上而下的模式强调责任;由下而上的模式看重信赖。

简·埃里克·莱恩(Jan Erik Lane)进一步主张,若将政策实施的理论重新作有效的定位,则此理论应可检视绩效责任在政策实施上能发挥多少功能,以及如果已经有了绩效责任的归属,信赖的程度如何。此外,他也提出,没有一种单一的政策实施的模式能确保政策必然会达成。"有时候,控制与组织架构会导引出成功的政策实施;然而,有时候,交流与互动才是关键的因素"(1993: 106)。

由上而下的理论强调,中央的控制才是成功的政策实施的必要条件。然而就实际的情况来看,政府的策略往往只是意识形态上的。此外,中央的控制已经渐渐被间接控制的方式所取代,或是说已经修正为间接的控管方式。因此,这种由上而下的理论俨然已过时了。话虽如此,早期的政策实施理论的研究还是有两项重要的贡献:第一是强调了组织内部安排的重要性;第二则是勾勒出政策制定者与政策实施对象之间的正式关系的特质。

研究正式的组织层级的安排在机构间的作用对于学术界(此乃响应新制度理论的发展)或是实际上的运作来说都是相当重要的。对于高等教育的学生来说,政策的重要性毋庸赘言。很明显地,当公立机构与中央的权威体系产生新的关系时,政策实施会继续吸引研究者的兴趣。当官方控制的方法(介于政府与支持机构的控制间)改变时,在政策实施的运作上会有什么影响呢?这是一个相当发人深省的问题。我们因此必须谨慎地检视在正式的安排与这些改变所产生的影响中真正的变化如何。一项只看重决策与法律的解决方式并不意味着这就是过时的观点。相反,此观点会导引我们去注意政治行为与高等教育有关的主要的决定因素。除此之外,政府会持续地为高等教育订立政策,并期望这种主导性的政策能真正落实到这个领域。有些国际性的组织,例如在北美洲的EU及NAFTA,都满心期待它们所规划的有关高等教育的计划与政策能够有效地落实。在此我们所要强调的重点就是,决策者与那些政策欲导入的高等教育机构两者之间的关系,目前正经历正式的改变,任何特定政策实施的研究必须考虑此种关系的转变。

由下而上的分析法长久以来的重要贡献,就是点出了政策实施研究里的几项重点,其中包括了政策的实施是有系统的过程、在实施过程中会有非正式的过程与自发性的投入、协商为过程中的重要元素,以及在中央政治的机制外的政治性观点。然而,这种分析法就像其他政治研究的行为方法一样,也忽略了相当重要的一点,那就是机构是表现人类行为强而有力的架构。

由下而上的研究法将研究重心由政策的制定转移到政策实施的有机部分,此论点让后来的研究者意识到僵化的政策所可能酿成的危害,也使得制定政策与计划的权力多了些虚构的成分。不过,将中央层级的制定政策的权威全盘略过也可能造成严重的误导。因为,如此一来,政策的决定就跟其他的环境因素一样,没有更高的层级加以区隔。像这样的因素在由上到下的分析方法里可能会是一种驱动力,但在由下而上的分析方法里却不具有意义。当政府的主导政策很多且分散的时候,这可能是一项好的研究方法,不过此方法还是忽略了正式的政府决策的重要性。此外,此研究法所提到的决策本身除了具有象征性的驱动力外,在政策实施的过程中也具有推动的作用。就实证的经验看来,此观点是错误的。

政策上的改变
——从实施到评鉴、调适与民营化

导言

若要在高等教育的领域里找出一项依普雷斯曼与维达夫斯基(1973: 167)原来所订立的标准,来针对政策实施的分析作全盘性的研究,那么其结果可能会相当令人失望。甚至要在众多研究题目里找到有“实施”一词的,或是“合理”一词的同义词都是一项相当困难的任务。就算我们从塞里奇与萨巴蒂尔以后的高等教育研究文献里可以看到“实施”这个词汇,这个名词还是不曾有过清楚的定义,或是被特别地分析。由此看来，政策实施过程的分析并非研究者有兴趣的议题。

为何在塞里奇与萨巴蒂尔发表了首批著作后，政策实施的研究在高等教育中并没有蓬勃发展呢？我们可以提出的理由包含了研究工作的复杂性，以及基于由上而下或由下而上观念方法上的争辩，而使得此领域的研究者缺乏一致性的观点。此外，在欧洲，高等教育改革实施的研究有相当大部分是以欧洲为探讨对象；而在美国，明确地引用政策实施方法的研究却相对少了很多，这主要是因为体系的不同。克拉克(1986)就说过，和欧洲的高等教育比较起来，美国的高等教育传统上并非是由国家的机构来计划与推动的。由于美国的体系既庞大又分散，改革一般都是由基层的结构发起的。依克拉克(1986：260)的陈述就是："如果政府的权威是去中央化，那么要主导改革的机会就十分渺茫。对于处于组织高阶的人来说，要拟出改变的方法实非其能力所及。"相反地，陆续增多的改革计划有相当大的部分都是由地方来主导的，并且倾向以市场需求为主，且通常期望并不高。

除此之外，高等教育改革的实施比起社会其他方面的改革来更难达成，例如交通运输、健康医疗、农业，以及国防军事等。塞里奇与萨巴蒂尔(1986：256)也曾经讨论过这个问题。他们认为高等教育改革的实施所衍生的特别问题主要就是：一来许多参与者享有自主性；二来整个结构里的权力相当分散。就算是在一个中央管制的州里，高等教育机构的层级比起绝大多数的社会性分支机构来都还要低，实际上，甚至比低层级的教育机构还要低。在这样的情况下，政策的实施总是与许多机构互相影响，政策实施的分析则因这些机构的影响而充满变数。此外，高等教育改革目标的模糊与多元使得政策分析更加复杂。虽然高等教育体系主要与知识相关，但高等教育后来被要求发挥新功能，而这些新功能和高等教育传统上的生产、延伸与传播知识的角色仅有些许间接的关系。不过，现在一般的看法是，高等教育已能自动发挥许多功能，例如提升社会公平性、提供较多的职业训练、支持地区性的发展，以及满足成人的需求等。塞里奇与萨巴蒂尔对此议题所作的结论是，对于这些新的功能，一般仍是缺乏普遍性的共识。因此，当这些功能变成特定的目标时，还是会立刻遭到质疑或是公然的反对。

其实，高等教育改革实施的研究应该可以说在其他的领域——例如评鉴研究的领域——中获得了大幅度的进展，虽然可能是用不同的名目。这类的主张大体上也是由哈姆与希尔(Ham & Hill，1988：111)所提出的，他们对于由普雷斯曼与维达夫斯基所使用的搜集标准有所批评。哈姆与希尔认为，普雷斯曼与维达夫斯基的许多以研究为焦点的研究，虽然并未冠上"实施"之名，但是其内容和政策实施十分相关。这样的解释却使我们联想到，一项有关政策的分析纵使是以政策的实施为重点，还是难免会偏重于所产出的，并要付诸实现的政策的内容与形式。因此，若要说从80年代到90年代以来，研究者对于高等教育实施分析的缺乏兴趣是由于公共政策的改变，这未免太过牵强。例如，《新公共管理规定》里一项最主要的改变就是强调民营化、解除管制以及评鉴(Henkel, 1991; Neave, 1988)。所以,要从公共政策的架构来推敲高等教育的改变还是可能的。也就是说,广泛的工作架构与目标是可以获知的。但是地方组织与实施机构的相关细节却是付之阙如(Van Vught, 1989)。

虽然在政策的研究里,要详细地区分内在与外在的驱动力是十分困难的,我们仍然坚持公共政策的改变已经影响了政策与政策实施的研究。此情况也使得政策与政策实施研究的运作方式随之改变:怕对于政策实施的主题不感兴趣,而非白纸黑字地道出对于高等教育的影响,但应不至于冲淡研究者对于高等教育政策实施的兴趣。我们将以上的陈述归纳为三部分,以便在之后详加讨论:

- 高等教育中公共政策的改变已经引发研究者对于计划评估与次研究为基础的评估的兴趣。
- 研究者对于公立大学与学院的自我管制的模式渐感兴趣,因此也更关怀高等教育机构的调节能力与创新。
- 公共政策在意识形态上渐渐趋向顾客与消费者、市场,以及解除管制的概念,此举也使得研究者对于政策形成与政策实施的新形式燃起了兴趣,并期望借此厘清高等教育与企业、聘雇与经济之间模糊的界线。

虽然以上这些陈述很明显地是环环相扣的,但为求概念的澄清,我们还是要在以下的篇幅里加以个别讨论。

从政策实施的研究到评估研究

就这方面而言,我们大可说政策实施的研究是研究本身成功的受害者(Wittrock, 1985: 17)。早期政策实施的研究重心都在标明由上到下模式的限制,在高等教育的领域更是如此。此举很容易在实施过程中将评估的方法与研究纳入其中,而显示出可能产生的改革计划的无效果、反效果,以及副作用(Vedung, 1997)。之后,政策实施的研究开始将研究重心由政策的决定转移到对于问题的研究。此外,他们不仅只注重政策实施的结果,也讲求成效,于是评估研究的方向渐渐主导了政策实施研究。与此同时,评估研究的领域也扩大其研究范围、所使用的方法,以及理论立场,以别于理性化的组织理论典范与实证主义的科学哲学模式,并进而鼓吹多元性的立论立场(Cook, 1985)不同方法之间的三角检测(Albæk, 1995),重新反思他们一度视为理所当然的官方政策目标(Guba & Lincoln, 1989)。随着评估研究领域的发展,传统上评估研究侧重成效的测量看来已无关紧要了,因此有别于政策实施研究的观点(如Hargrove, 1975)。

以往评估模式的诉求在于更多的过程与以理论为导向的方法,欲实施改革的环境也需纳入考虑。此外,政策的实施需附带提出一种观点来处理更多元化的社会,因为此多元化的社会具有多重驱动力足以改变,或是影响改革的计划。然而,随着评估工具的精致化，运用以往的评估模式的时代显然已过去了（Chen，1990；Guba & Lincoln，1989；Vedung，1997）。

总而言之，评估研究已经扩展其范围，使得其与传统的政策实施的研究产生了重叠的部分，而政策实施研究的取向使得两者的区分更加模糊。如果我们回过头来讨论政策实施研究与评估研究的定义为何，以及两者在定义上的区分为何，便能检视出其发展的方向。罗斯与弗里曼（Rossi & Freeman，1989：18）曾就评估研究加以定义，他们的说法是："这是一种社会研究流程的系统性运用，主要是评估概念的形成、设计、政策实施，以及社会性参与计划的成效。"以此定义来看，他们是将政策实施研究涵盖在评估研究的范围内。虽然政策实施研究与评估研究两者之间在正规的形式上是有所区别的（Vedung，1997：7），但人们至今还是在探讨一个问题，那就是要将政策实施研究与评估研究作一明确的区分到底可不可能，以及作此区分有没有意义（Albæk，1989：99；Calista，1994：137）。

依后来的学者的看法，政策实施研究与评估研究的区分在于：政策实施研究有许多特质是属于学术研究范畴的；而评估研究在传统上来说为实务导向，着重于提供指示让决策者得以参考。此外，从事政策实施研究者多半为政治科学家、组织分析家，而有兴趣于评估研究的往往是社会学家、心理学家，以及教育工作者（Albæk，1989：100）。

然而，政策实施研究与评估研究的整合并非是毫无问题的（Browne & Wildavsky，1984b：203）。虽然政策实施研究与评估研究在实际上的确有重叠之处，我们还是得将两者作一区分，此乃基于方法论上与分析法上的结合的考虑。研究学者曾说："公共政策天衣无缝的架构大可声嘶力竭地为自身辩护，以将反对者的主导概念转变为冠冕堂皇的杂烩。"我们之所以仍要在两者中作一区分就是为了避免这种情况（Wildavsky，1984：xvii）。此外，一旦提倡了政策实施方法，则形同强调了演化、调节与学习的重要性。我们大可以说连维达夫斯基自己的论点也使得政策实施研究与评估研究的关系更为混淆（参见 Browne 与 Wildavsky 在 Pressman 与 Wildavsky 著作里的论述）。

高等教育资助来源的减少使得资金紧缩。因此，应用性的研究随之增加，实际上也有较多的需求。由于评估研究的本质是较倾向实务性的，此特质在此情况下较为有利。90 年代以来，大型的以研究为导向的理论性评估研究可说是少之又少。由此看来，此部分的发展已渐渐式微。然而，如果深入地检视评估研究里有多少不同种类的模式，以及有多少得以实现，我们便能发觉学习与发展往往被整合到不同类型的评估里（Peters & Olsen，1996）。从这方面来看，由上而下与由下而上的观念的结合并非难事，而这正是我们之前曾建议的要破解两者观点上的僵局的方式（Browne & Wildavsky，1984a：230～231）。

在高等教育中，此发展在质性分析的运动中最为明显。虽然赞成者与反对者两方对于此评估系统仍有激烈的争辩：有些人强调绩效责任的归属；而有些人着重系统的改进，大多数欧洲的国家评估系统却都已将两者的目标作相当程度的整合了(Westerheijden et al.，1994)。而实证性的研究也显示出，要发展出一套评估体系将两者的目标结合在一个共同的过程里是绝对可行的(Saarinen，1995；Stensaker，1997；Massy，1999；Dill，2000)。

从管控到调适

公共政策的改变，如去中央化与自我管制也轮番地使得政策实施研究的中心跟着改变(Van Vught，1989)。新的政策的理论性架构为，政策的实施最好由锁定的对象自我管理，而决策者唯一要掌控的方面为政策目标与政策的架构。也就是说，传统的由上而下的方式里所着重的中央控制的方面与掌控的可能性已经改变，而现今所强调的是公共政策欲施行的机构，或是组织的调节与创新的能力(Van Vught，1989；Neave & Van Vught，1991；Clark，1998)。举例来说，在北欧地区，政策的施行犹如一个学习的过程，且已经成为要设计公共政策相当平常的方式，而评估的方面很明显地也成为政策实施的过程。公共的测量成果的方法仅限于小范围的实验。如果政策在试行阶段成效斐然，那么这些主导性的政策可望转变成一般性的政策。

高等教育已渐渐趋向国际化，在欧洲也出现了超国家层级的治理模式，如欧盟，这些现象对于高等教育的机构都有着既深且远的影响。这些发展已经促使机构研拟调整性的组织。也就是说，传统的政策实施的研究总是视公共政策为任何研究的唯一出发点。然而，对调整性组织的研究另外还考虑到了我们所处的社会里社会经济与结构性的发展、公共需求的改变，以及公共期望的改变(Dill & Sporn，1995；Sporn，1999；Maassen et al.，1999)。

若与传统的政策研究相比较，新的调节性的架构与由上而下的方法并没有什么关联。相反，若我们套入由下而上的方法加以运作的话，却可看出许多雷同的特质。由上而下的方法强调的是责任与控制，后续的政策实施的研究接着探讨在何种情况下责任与控制会发生作用。相对来说，针对调节性组织的研究则更关怀信赖的元素，并进而主张要达到同样的政治性目标会有不同的系统性的路径(Lane，1995：111)。

从公共部门到私立部门的解决之道

在公共政策的发展中，第三项值得我们注意的且足以影响政策实施发展的就是对于有关政策问题的解决之道。以往由公共部门来主导的现象已有所改变，中央控制与公共控制之间的模糊地带总是激起意识形态上的挞伐。80 年代在西欧的政治上出现了所谓的“新右派”的观念，在这方面可说明很重要的发展。此观念所提出的议题是，当我们引用公众的解决之道来处理政策的问题时，要涉入到什么程度才是正确的。因此，鼓吹私立部门主导的研究者便主张，政策应该要大幅度地开放，以接纳各种不同形式的民营化、市场化、准市场化，以及解除管制。这种意识形态的转变与一般的公共部门(Olsen & Peters, 1996)，以及高等教育(Williams, 1995; Slaughter & Leslie, 1997)的转变是一致的。

尼夫与范富格特(Neave & Van Vught, 1991: 252)同时也主张，这样的发展并不代表政府对于结果或是成效的控制有任何的减少，只不过意味着政府的控制，或是事必躬亲的程度是有限的了。因此，既然传统的政策实施研究的核心都是政策付诸实现的过程，这样的公共政策发展趋势自然而然将传统方法中核心议题的重要性大为削弱了。于是，在很短的时间内，政治与研究的主题就转变成应如何发展评估体系以运用猛增的信息，以及回归到旧有的政策实施分析。这也就是说，公共政策应在何时、何处运用民营化、市场化，以及解除管制的手法(Niklasson, 1996; Williams, 1995)。

当民营化、解除管制，以及运用市场机制蔚然成风时，政策制定的民主化也就应运而生了。如此一来，也使得研究者渐有兴趣探究在多元化组织的体系中政策制定及政策实施的议题。在此体系中，国家的目标与地方机构的目标，以及公众与私人机构的利益都因为各式各样组织活动者的推动而并驾齐驱地提升了(Hanf & Toonen, 1985: vi)。在此架构中，若仍以由上而下的方法来研究政策制定与政策实施就显得有些不着边际了。因此，研究者对于政策网络、政策社群团体(Lane, 1995)与组织的领域(DiMaggio & Powell, 1991)越来越有兴趣也是合情合理的。因为在这些领域里，要明确地指出政策的原创者是相当困难的。网络的分析并非以组织层级为出发点，此转变象征了往昔主导者与附属者的关系已不复存在，取而代之的是政策制定者与政策实施者地位的更为平等，而两者之间的互动也成为了研究的重心(Barrett & Fudge, 1981: 258)。然而，盛行于70年代与80年代的由下而上的研究里的政治意识形态，与当今的市场意识形态还是有着显著的不同。后者大体上忽略了研究者所倾向的，或是所着重的政治民主观点。

除此之外，研究者也开始尝试运用市场形态的模式来分析高等教育中改革的过程。基于此，迪尔与斯波恩(Dill & Sporn, 1995: 7)便提出工业组织方法，将高等教育视为另一个工业部门。纵使高等教育拥有许多特别的属性，迪尔与斯波恩仍然声称：此高等教育部门可借由检视其在工业体系里所酿成的竞争情况来加以分析。我们要认清，在此情况下的驱动力已非政府的管理，而是消费者与供应者的行为，因为他们是高等教育工业里深具潜力的新成员。若依波特(Porter)的主张来说，这些研究者所要表达的是：“直截了当的说法就是，要考虑政府如何影响竞争，而非视政府的管理为一项个别的驱动力(Dill & Sporn, 1995: 7)。”

结论

以上所述的政治意识形态的发展对于政策制定与政策实施的研究焦点，与第一波的政策实施分析的研究重心是截然不同的。不过，我们仍可以清楚地看出，新的研究领域里的问题都与公共政策制定的转变有关。举例来说，在一个新的多元化的组织架构中，不同的资本拥有者都想要影响政策，或是实施政策。那么，在此情况下，政策是如何形成的呢(Neave, 1995)？此外，当政府控制的程度渐渐降低时，最有效的政策实施工具为何呢(Van Vught, 1997)？毫无疑问，在公共政策的意识形态上已产生了一个很重要的转变，而这样的政策发展也冲击了其他相关研究主题的定义。然而，我们若先抛开“自我管理”字面上的意义便会发现，在每个国家里的改革并非如此泾渭分明。在许多西方国家，以政策的实际面来说，从前当政策由国家掌控时，其正式的结构无论在意识形态上，或是实际上都有去中央化与自动化结构的色彩(Gornitzka & Maassen, 2000)。这些体系绝大多数还是属于混合式的体系。换言之，旧体系与新体系的决定要素是掺杂在一起的。公共政策与公共次级体系的复杂性，对于政策实施的研究者来说无疑是相当大的挑战，因为自我管理的概念与中央无孔不入的控制还是交织在一起的。此外，责任的结构与管理的结构同样是模糊难辨的。演变至此，新政策的发展对于政策研究无疑有着相当的影响力。然而，在此新公共政策的领域里与国家管理的模式中，旧的研究议题也并非全然过时或是毫无关系。

以过去为基础吗？现今高等教育里实证分析的研究

导言

基于我们以上所述的高等教育政策的改变，此时的问题也随之转变成：现今的政策要如何因应这些改变？纵观当今高等教育的文献，我们不难发现，研究者特别有兴趣的议题就是分析政策本身，以及与所获得回应之间的关系。前者可能是官方定义的政策、特定的政策，或是改革计划；而后者则可能是机构的响应、调节与实施。这样的研究取向也显示出这些问题的确是许多研究的核心。在欧洲的研究方面，要区别几种针对政策实施的研究计划是可能的。然而，有些研究似乎都有示范性的目的，也就是针对公众的主导性政策加以分析，而没有太多实证上的例子。此外，有些研究则缺乏理论性的架构来构筑其分析。也就是说，虽然实证上的陈述相当充分，却缺乏一般性的知识加以诠释。于是，源于我们之前所陈述的发展上的转变，高等教育政策演变的结果就是：当今以实证为取向的政策分析的研究似乎也要随之改变了。

实用主义方法

参与塞里奇与萨巴蒂尔研究计划的学者之一简·埃里克·莱恩持续地对高等教育中政策实施的过程作更进一步的探讨,其深厚的兴趣也促成了《制度式的改革——公共政策观点》(*Institutional Reform: A Public Policy Perspective*)这本书在1990年的诞生。书中他所采用的明确而广泛的政策实施研究方法是,企图"以公共政策的观点来探讨政策制定的系统性发展与由上而下的政策实施的改革。另外并采用制度性的方法来深入了解学术领域的本质,以强调学术专业的价值体系的重要性。之后将公共政策的观点与制度性的方法相结合而成其研究方法"(Lane, 1990: xiv)。在这方面,莱恩的研究是以最早期的政策实施文献里的观点,以及70年代与80年代以来的学术论辩为基础的。

此书对于分析政策实施的一般性的政策模式提供了一个理论性的回顾,在此同时也让读者对于高等教育的政策模式获得整体性的了解。在经过这番全面性的回顾之后,也难怪莱恩会主张:若要了解政策制定与政策实施,光用一套一般性的模式来了解其过程是不够的。因此,此研究生院采用的方法通常也应用在评估研究上。也就是说,要运用不同的理论与概念来处理特定的问题。若要分析政策过程则需要深入探究改革的目标,因此对于政策施行的机构、施行对象与其行为所具有的知识都是非常重要的(Lane, 1990: 39)。在探究这些知识的过程中,作者是依新制度学派的方法来进行研究的(March & Olsen, 1984; March, 1988; Olsen, 1988)。在此过程中,十分重要而又影响政策实施的因素包括了物理结构、人口结构、历史性的发展、个人网络,以及暂时性的结构(临时性的决策重点)(Olsen, 1988: 35)。

这份研究生院导出的问题表可谓非常符合一般研究者的兴趣(Lane, 1990: xii)。这些问题包含了:(1)是否可能有全盘性的政策,或是政策只能处理个别的问题?(2)政策的制定要达到什么样的范围才不会脱离理性的选择模式而变成荒唐可笑或是病态的政策?(3)由上而下的政策实施是否有效?(4)成功的政策实施只是虚构的吗?这些问题都源于一种假设,那就是政策的制定与实施往往呈现出许多瑕疵,像模糊不定的目标、不可靠的方法、政策的失败,以及政策的效率不彰等。

几位瑞典的权威学者的研究构成了此书的实证经验的背景,他们主导了1975~1977年的高等教育,并作了些改变。然而,当他们在研究政策实施是否已经发生时,这些学者所用的方法有些不寻常。他们舍弃了在政策实施的研究中常用的个案分析的方法,而是锁定针对学界人士所作的全国性调查,来获取实证性的资料,另外也从其他针对同样的改革的研究中搜集一些二手资料。这些主导性的改革可归纳成以下几点目标(Lane, 1990: 142):

- 去中央化。
- 机构地位的平等化。
- 对于人力市场需求的响应。
- 参与以及共同决定。
- 回流的可能性，也就是终身教育。

在实现这些目标的过程中，我们可以发现有些政策是成功的，而有些则是失败的。若是失败的政策，我们不难看出有几个因素是休戚相关的。首先，模糊不清的政策目标往往导致失败(Cerych & Sabatier, 1986)。此外，作者也提出，有些目标根本是无法实施的，这也难逃政策失败的命运。例如，他在研究里便提出了一项欲抛弃大学里传统概念的政策来作为佐证，因为这是一项全新的内部决策制定结构，且教育的课程完全没有通识教育的训练，如此背离传统的政策自然注定要失败(Lane, 1990: 236)。而说到在政策实施的过程中所出现的非预期的成果，作者的解释为：改革计划的广泛性与数量会衍生出政策实施的层级架构。换言之，“高等教育的改革计划越多，高于地方性机构的层级的合作体系就越庞大，而地方性机构体系里的人事组织层级也就成长得越快”(Lane, 1990: 181)。

至于成功的政策，莱恩则指出：就算在政策实施的过程中会有像“垃圾桶”那样莫须有的程序，这些程序通常不会再向外延伸，所以公共政策还是可能达成的。“不仅从渐进主义者所抱有的边际改变的理念来看是如此，就算是用社会改革的方式来形塑全面性的社会变迁形式也是可行的”(Lane, 1990: 238)。依据新制度理论者的观点来看，在政策实施的过程中最重要的原则就是，只要机构的核心没有受到威胁，改革就是可能的。此外，只要改革政策的发起是有关改变机构的规模、学生本体的组合、组织性的结构，以及大学部及研究生院的课程的，这样的政策实施通常可顺利进展，而不会让人联想到病态的成分(Lane, 1990: 237)。

虽然本书所涵盖的是一个广泛的理论性的导览，以及相当有趣的实证性的资料，在其方法论的观点上还是完成了一些政策实施的研究，而让读者觉得津津有味。无论是将各式各样不同的组织模式应用到高等教育的政策制定，还是对于改革成效的评估中，此研究生院运用的一套概念区分的原则，对于高等教育领域里各种政策实施过程的研究者来说都有相当大的帮助。遗憾的是，本书对于判定政策成败的标准并没有详细的讨论。同样的政策，对于某个特定的团体来说可能是空前的成功，而对于另外一个团体来说却可能是彻底的失败。因为团体认知与诠释目标的方式不同，它们所用的方法与产生的结果自然也迥异。有些政策是可行的，而有些政策是受人欢迎的。莱恩将两者作了区分，这对于每一个从事政策实施的研究者来说都是很受用的启示。然而，就算有研究者欲将两者作一明显的区分，在每一个政策施行的研究里还是会碰到叙述上自由意志的问题(Lane, 1990: 231)。不过，当研究者要探讨政策付诸实施之际所产生的复杂性时，莱恩的著作仍是相当有价值的参考资料。我们可以视此著作为早期试图结合不同的概念架构以分析政策实施的研究。

组织理论方法

运用组织理论的方法来研究高等教育的改革并非一项新的尝试。从另一方面来说，我们甚至可以声称，在组织理论里有几项重要的研究反而源于对高等教育的研究(Rhoades, 1992: 1884)。在最近的一项名为“将政策付诸实践”的研究里，就是以组织理论为架构。而研究的焦点不仅仅在于高等教育的政策实施或是改革，更重要的是，政策的实施已被视为在高等教育的机构里组织改变的个案。

当组织理论再度被用于组织改变的研究时，最新的元素就是扩大了对于研究成果的分析。组织理论家在传统上总是分析组织内部的改变，而当今的组织理论家所用的理论架构则通常着重于不同组织之间的关系。例如在组织性的环境里，组织与不同的资本拥有者之间的关系。在此发展背后所蕴涵的最主要的认知就是，组织是依赖其所属环境运作的。组织理论之所以能适用于政策实施的分析，此主要认知绝不容忽视。

虽然莱恩的研究堪称首创运用组织理论来诠释政策如何影响关键教育的，不过其理论架构的运用仍稍嫌薄弱。在这方面，另一项较为人所接受的研究是哥德戈布尔(Goedegebuure, 1992)的研究，他运用资源依赖的观点来解释发生在澳大利亚与荷兰的学院的合并活动。在这两个国家里，较小的学术机构被合并到大的学术机构便是政府政策的最直接的影响，具体由政府巨细靡遗地规划出政策来主导这项合并的过程。也就是说，政府也考虑到了增大学校的规模势必增加机构的经费(Goedegebuure, 1992: 3～6)。

这类的研究以政治目标为诉求，基于资源依赖的观点来建构出理论的立场，继之用一系列的数据来作实际上的验证。此分析结果显示出，政府的政策将资金赞助的机制与合并活动相结合的策略是相当成功的，甚至可说是特别的成功。然而，这项研究也提出，合并的活动的奏效也仰赖其他环境性的因素，那就是将被合并的机构对整个大环境的认知(Goedegebuure, 1992: 225)。此结果无论是用由上而下，或是由下而上的政策实施的观点来解读，都有令人满意的结果。用由上而下的观点来说，一项定义明确的政策意味着——以经济动机来说——促使合并者实施政策的经济动机必然有相当正面的影响力。若以由下而上的观点来看，此过程可解读为，成功的政策实施有赖于机构对于整个大环境的认知。而若要以逆向式规划的模式来分析可能发生的合并活动，这也是一项合理的主张。

整体而言，资源依赖的架构可说是一项非常受用的观点，我们从以下三点结果就可得到证实。首先，此观点可用来分析与了解在澳大利亚与荷兰这两个国家里，政府政策施行后机构所作反应的行为。其次，此观点也可用来说明组织在发生改变时，环境所扮演的不可或缺的角色。最后，此资源依赖的架构亦强调了组织影响大环境的能力，而这也是组织的要务(Goedegebuure, 1992: 223～224)。

近来有一项计划，对于有兴趣于政策实施分析的研究者来说，应有相当大的参考价值。此计划是一项大型的政府政策与方案的比较性的研究，其内容是关于加强高等教育机构与国家经济的关系(TSER-HEINE 计划)(Gornitzka, 1999)。此研究要探讨的最主要的问题就是：高等教育要如何改变以响应于政府政策与方案，或与之相互作用？此研究是要检视政府政策与方案要如何成为一项刺激的因素来改变高等教育的组织。这里所用的方法并非配套的由上而下的政策实施的研究法。换言之，此研究并非遵循政策的一般流程，也就是由政策的形成，到政策的实施，然后再到政策成效检讨的线性的、有因果关系的连锁事件。此研究的焦点为在组织改变的过程中，主导性的公共政策可能在组织的层级里成为一项刺激。

此研究生院运用的概念架构基于两项有关组织改变的理论观点：资源依赖理论与新制度理论。而此架构有两项假设前提：首先，组织对于环境期许的回应受组织内部因素的影响，例如权力的分配、机构的价值，还有认定与传统。其次，组织的活动者会主动寻求与环境的组成分子产生互动，以发展出一种依赖的关系，并加以掌控。由于 TSER-HEINE 计划亦特别整合了政府政策在高等教育机构中运作的特质，从这方面而言，此计划可说是响应了古典政策实施研究的取向。此研究生院重视的层面是国家的行动如何刺激组织改变。在 TSER-HEINE 研究计划里，政策绝非只是一连串文字的堆砌。此外，它们也不认为国家只是另一个行动者。有些研究者主张政府在提供与维持整个控管体系方面是不可或缺的角色，也就是说高等教育与政府的关系是基于每日的互动的。在此情况下，体系层级的特质不过是整个机构与历史结构的一部分。政府的政策与方案在整个机构内发生，且组织的改变过程是固定的。TSER-HEINE 的研究计划基本上是扬弃这种观点的。就方法论上来说，TSER-HEINE 计划所采取的研究机构改变的方式是两段式的比较法。首先，他们先选定一个主题，再研究各个国家的政策，并依独立的分析加以比较(Gornitzka & Maassen, 2000; Fulton et al., 2000)。到了第二阶段，他们在七个国家里(此仅为研究计划的一部分)，从一系列的机构层级的个案研究中建立实证性的基础，之后再就每个国家作交叉式的分析。此时，属于国家层级的政府政策就会在分析中反复出现，这也就代表政府政策已融入机构层级的改变过程，成了一项动能。

此项研究示范了多层级的比较研究法。很明显，其重点为：政府的决策与行为是整个命令架构的一部分，而在此架构中会发生组织性的调节。对于有兴趣于政策实施主题的研究者来说，此研究法亦可沿用，因为研究法亦认同：若欲了解大学与学院对于政策的回应，政策的形态以及国家的控制与推动的体系的重要性不容漠视。此研究成果显示出，研究中绝大多数的政府政策，与机构层级的实施成果并没有直接的线性因果关系。然而，就机构层级的改变过程来说，国家政策的价值绝非只是象征性的。

相反，在机构活动者的调节与改变的过程中，国家政策的示范性与认知性的内容，确实影响它们的价值与规范。此外，此研究的另一项重要结论就是：特定政策的实施的成败与政府的推动方法是息息相关的，而此推动方法也是政策的一部分(Van Heffen et al.，1999：291)。

网络组织方法

这些类型的研究的重要性在于尝试建立起活动者与结构的关系，无形中修补了微观与宏观的分析之间被忽略的环节。若依莱恩(1990：39)的陈述就是，这些模式都有浓厚的实在论的色彩，不过在分析的严谨度上来说仍稍嫌薄弱。

另外一种运用网络组织/场地研究方法来探讨政策改变的是一项比较性的研究。在此研究中，研究者针对瑞典、挪威与英国的高等教育中国家政策的发展作深入的探讨，并与过去十年前的情况相比较。此研究法特别的关怀在于公众的改革对于高等教育机构中的学界人士的行为与价值的影响程度如何(Kogan & Hanney，2000；Henkel，2000；Bleiklie et al.，2000；Bauer et al.，1999；Kogan et al.，2000)。

这些研究的理论基础可引用高根与汉尼(2000：20～21)的陈述加以精简，那就是："事实已证明，要在微观与宏观的分析中建立起适当的连接是不可能的。因为前者强调的是对于实证研究里各式各样的细枝末节都要详加说明；而后者的主张为，只要是大体上可行的建议都可能会被提出并加以探讨。"绝大多数的研究者都渐渐接受一项观点：几个表面上看来极不相称，或是不一致的建议是可以同时修正而有所精简的。特别的是，在此社会性的领域中，事实并非由层级分明的模式或是定律累积而成。因此，这些研究者认为，传统的政策实施分析的研究中，无论是由上而下，或是由下而上的分析法，最主要的问题其实就是：这些层级彼此之间的关系如何运作？也就是说，由上而下，或是由下而上的分析法基本上都源于组织层级的模式，也就限制了政策制定与政策成形的变动性(Bleiklie et al.，2000：15)。为了要充分了解高等教育在瑞典、挪威与英国这三个国家里的改变，这些研究者另外发展出使用隐喻的理论架构，像竞技场、框架，以及行动空间(Bauer et al.，1999：31)，或是社会行动的场域(Bleiklie et al.，2000：15)。

虽然要反驳以上研究者所提出的主张并不容易，我们却可以声称这类的政策分析又出现了之前的古典政策实施分析法所遇到的问题：由于**自变项**(independent variable)很难限定，而比较性的研究法所欲解释的**因变项**(dependent variable)更难掌握，在此情况下，要操控高等教育的改变实属困难。因此，这些研究并非限定在政策付诸实行的过程，对于政策如何形成也有相当的关注。

在此研究中的三个国家的政治环境可谓大相径庭，而其中英国的政策导向或许是最不寻常的。之前，高等教育由国家补助但自主性颇高，如今却越来越依赖国家，且听命于国家政策(Kogan & Hanney, 2000: 234)。然而,这三个国家在政治上还是有雷同之处的。因此,当我们着眼于分析政策与改革如何产生时,这三个国家的研究生院呈现的结论似乎大同小异,那就是其政策是由结构、意识形态、主事者与官僚体系间复杂的交互作用所产生出来的结果。我们从英国的研究报告里可以看出,在这个国家里要认定一个传统的主导政策的团体并非易事(Kogan & Hanney, 2000: 237)。另外有一点值得注意的是,此国家在政策形成的过程中与个别体系的互动甚为频繁,这些体系也在彼此间产生驱动力。相比较之下,国家与学术体系的互动就没有如此直接(p. 238)。若要解释这样的发展情况,其理由似乎只是因为历史上的连续性,此现象在三个国家都是如此。由于这些研究都有一贯性的特质,从历史上的连续性来解释其过程可能较为容易,因此又衍生出另一项有力的解释方法(Kogan & Hanney, 2000: 238; Bleiklie et al., 2000: 307; Bauer et al., 1999: 266)。

至于促成这些改变的驱动力,我们也可以得到相去不远的结论。若以挪威的研究结果来作总结,那就是:"改变的产生并非单单是政治改革的成果。除了政治之外,还要考虑更广泛的因素像是人口、社会结构,以及政治体系改变的过程。在这样的架构之下,改革既是在背后推动的驱动力,也是对于改变的回应(Bleiklie et al., 2000: 307)。"

结语

一般的研究者都视政策的实现与政治改革为全盘的改变过程中的一部分,但并非唯一造成改变的因素。很明显地,欧洲的政策研究的发展路线近年来也渐渐和美国一样,着重于组织的改变。依照一位美国研究者的观察,这种理论立场显示出"研究者认为民众或机构是被动地受组织的安排,其行为亦遵循着社会所构建的或认定的原则,这也就构成了文化上的理念。他们所拥有的主权、界限,以及控制体系都深深地融入了文化"(Meyer 1996: 243)。对于许多研究高等教育领域中政策与改变的学者而言,这样的观察亦深具意义。我们从之前所提到的实证性的研究中可归纳出,目前及未来的研究方向如下:(1) 研究的取向显然已经从单一的理论架构发展为多元性理论架构的运用。(2) 改革是非线性的,而非以往所认定的线性的改革。(3) 机构性的与系统性的改革是动态的互动过程所产生的结果,而非源于中央所主导的设计。(4) 学者所采用的理论观点不再视政策的实施为一个独立的过程,相反地,政策的制定与实施为一整合性的过程。(5) 研究者对于主导政策实施的正式结构又重燃了兴趣。

结论及未来研究生院面临的挑战

在高等教育的领域中,对于政策实施的研究在80年代中期达到了最高峰,塞里奇与萨巴蒂尔的研究更为个中翘楚。从那时候开始,大批有关政策的研究便纷纷出炉。

然而,明显地着眼于政策实施的研究则十分罕见。我们要如何解释这个现象呢?本文之前已经提到了政府政策形态的改变,并介绍了政府在高等教育方面所运用的新的管控策略。这些形态的改变与新的管控策略或许可以部分地解释此现象。

然而,政府在推动高等教育政策的过程中所附带的知识基础,应该还是引起了研究者对于政策实施过程的兴趣。有些政策大举成功,有些则是功败垂成,此政策实施过程均反映出政府政策的效能。政府与高等教育的关系在过去十年来已有所改变,此改变并不代表政府已从高等教育中悄然引退,或是代表高等教育中公众改革的形式已销声匿迹。相反,我们甚至可以说,政府与高等教育机构的整体关系已然改变,而此改变所衍生的情况全是为了要将政府的政策付诸实现。以政策实施过程的研究来说,这显然是深具挑战性的。大体上而言,在政策实施研究的领域中,这些并非前所未有的挑战。不过,高等教育中特殊的发展情况却使我们更急于严肃地处理这些问题。

由于"利害关系人社会"(Maassen, 2000)的崛起,政策的制定与改革的实施越来越倾向于以网络组织的形态发生,此形态已经取代了传统的着重于政府与高等教育机构双边关系的形态。同样,传统上视政策实施的过程为单向过程的方式已不复见,现在的政策实施则被认为是相互作用的过程。此外,三十年来的政策实施研究已充分地显示出实在论的缺失,那是因为实在论的前提为——政府政策与改革计划从成形到实施的过程并不受其程序的影响。更重要的是,实在论亦假设政府是无所不知、无所不在的,此点无论对于政策实施的实务与实施过程的研究都没有什么太大的意义。另外值得注意的是,在许多个案里,一项政策或是改革计划并非组织改变的起点,反而是响应了组织的改变。换言之,政府可能会借着发展出新的政策或是新的法律来合法化这些改变,以响应高等教育发展的需求。在探究高等教育政策实施的过程中,我们应该要特别注意政策与改革计划,往往是通过正式的政治流程的确认而得以进一步的发展,而非一个始料未及的机构里所蹦出来的毫不相干的现象。

基于以上这些考虑,未来的研究者应该要特别注意以下几个议题:首先,高等教育中的政策与改革的研究应该要秉持多层级研究方式的原则。对以政策实施的研究来说,此意味着研究的方向应转为检视负责政策拟定的权威体系与政策目标之间的关系。换言之,研究的重心应由政策的实施转移到政策所产生的互动关系。此外,政策实施的研究应该要更谨慎地分析政府政策产生的过程。例如,政策的本质如何影响了施行对象的参与政策制定的意愿?他们是否觉得自身亦有责任,是否认同此政策?除此之外,研究者应该要特别关怀高等教育不同机构的利益,以及在政府政策与改革形成的过程中,谁是输家,谁又是赢家?最后一点要提出的就是,毫无疑问地,政策制定的结构可视为一个网络组织,但在这方面却不宜过分强调权力、利益和冲突,而需掌握其与机构对于政策响应的相关性,无论此政策是来自于政府或是跨国性的组织,情况皆然。

更重要的是,我们要再次强调在政策实施的领域中,未来我们最有兴趣的部分,那就是以不同的管控模式将特定的政策或是大型的改革方案付诸实现的过程。若政府仍保持相当的距离却一心要推动政策的实施，它所设计出的架构恐怕很难让高等教育的机构主动参与，以达成主要的目标。基本上来说，在一个狭隘的视野里，政策实施中的自我管理是很难认定的。就如我们之前曾经提出的，政府仍然千方百计地想要以特定的方式——如大范围的改革计划——来影响高等教育机构的行为，此举无异限制了政策或是改革方案的范畴。当许多传统的政策实施的手法与工具都已不再由中央控管，政府在此体系中要如何运作呢？政府费心设计出的特定的改革方案与政策，与其管理的模式显然无法完美地搭配在一起，这可能也显示出当代政府在政策实施方面的缺陷，或许这可能也是研究者忽略之处。如果原有的改革与政策工具(例如，由中央来规划改革，或是其他的以命令为导向的方法)都已被摒弃，那么应该要有更完整的研究来探讨取代性的改革工具为何，以及这些运用在政策实施上的新方法的成效如何。政府的政策实施似乎还有另一个趋势，那就是在改革的过程中，强硬的施政手段已被较温和的方式所取代，或是两者并用。与过去相比，政府更加相信它们具有足够的说服力与能力来创造出有意义的政策，并在改革施行之前或是其过程中提供适当的指示。政府为了要推动改革而拟订出了许多政策白皮书或是政策计划，我们从其中便可以发现政府相当积极地鼓吹高等教育新的认定、文化的转变，以及角色的重新塑造。遗憾的是，政府的目标仍无明确的定义，足以指导政策实施的特定计划也付之阙如。如果这些特质是高等教育里政策制定的新形式，那么未来的政策实施的分析就必须要更着重在构建出政府的说服力与创意的机制上，以及这些机制如何与领域内的机构相互作用。

我们认为以上这些一般性的问题都值得我们费心钻研。因此，高等教育政策的研究者可能要更严肃地，并以系统性的分析来处理这些问题。在此过程中，严谨的理论架构是不可或缺的，这些理论可以从我们之前所提到的高等教育政策的当代研究中萃取出来，借由探讨真实过程而获致的完整的实证经验而更具有推波助澜之效。更重要的是，在此研究过程中应运用更有弹性的模式来分析政策的实施，这与塞里奇与萨巴蒂尔所提倡的方法可能就略有出入。较理想的研究方式应该是要说明，当沟通与说服力成为最主要的变量时，政府的权力与影响力在政策实施的过程中要如何运作。之前的研究者往往不断地提出更重要的潜在变量来推动其研究，使得变量的明细又多又繁，此举已非我们所期待的了。在此情况下，或许我们应该要提出全面性的、有文化性与认知性的研究方法，不是吗？

（作者 Åse Gornitzka, Svein Kyvik, Bjørn Stensaker）

第十章 21世纪之学术事业:给新进教员更多的选择

当美国学院和大学迈向21世纪时,其教员总数已有约一百万之众(Kirshstein, Mattheson & Jing, 1997)。教员人数的扩张伴随着传统学术事业的改变,以容纳大量及多样的学术机构和个别的需求。现今,大多数教员已不再享有终身任职资格的职位。28%的专职教员不符合终身任职资格,而42%为兼职性质(Gappa, 2000)。教员事业的迅猛发展及其雇用聘任的安排,触及了一个极其重要的问题:学院及大学如何促使现今有前途或有潜力的教员保持对学术事业的高度兴趣呢?

促使学术事业吸引人才是维持高等教育及社会兴旺与长久稳定的基础。正如鲍恩与斯科斯特(Bowen & Schuster, 1986)指出:"本国的教员已然教育了约三分之一至半数以上各年龄层的年轻人,且持续地对于美国年长者的终身学习贡献良多。他们实际上训练了整个美国社会的领导阶层,不论是在各专业、政府、商业界或艺术界。他们提供了美国社会所依恃的基础研究与奖助、哲学与宗教的探索、公众政策的分析、社会评论、艺术的培养及技术咨询。总而言之,教员们经由他们的教学、研究与服务,对于国家的经济与文化的发展,产生了极大的影响(p. 3)。"然而鲍恩与斯科斯特指出:"人们对学术事业的兴趣却在衰退当中,尤其是杰出人才(p. 229)。"蒂尔尼与本西蒙(Tierney & Bensimon, 1996)发现广泛存在于试用期的负面经验亦说明了此系统需要改变。

当然,特别在20世纪60年代后期及70年代,学术事业对于教员来说,也一直是个有趣的议题(Jencks & Riesman, 1968; AAUP/AAU学术终身任期委员会, 1973; O'Toole, Van Alstyne & Chait, 1979; Smith & Associates, 1973)。但在21世纪初对学术事业的探讨,与上一代对终身任职改革此一流行主题的讨论,却是不同的。在90年代,学术研究主要借由探讨两个主题——传统终身任职的潜在问题与改进,以及在终身任职制外的替代学术事业,来研究学术事业的诱人处(Austin & Rice, 1998; Trower, 1996; Chait, 1998; Chait & Trower, 1997; Tierney & Bensimon, 1996; Gappa, 1996; Gappa & Leslie, 1997, 1993; Baldwin & Chronister, 2001)。当终身任职制正反两方争辩不休之时,学术事业的本质却已不可逆转地根本改变了。外在与内在的压力，迫使学院及大学必须在教员的职位上找寻另外的变通之道。由于公众对于高等教育及其教员逐渐升高的批评、强制退休制的终止、日渐萎缩的联邦及州政府的支持、消费者对符合其需求的教育的要求，以及与日俱增对科技的运用，学院及大学于是选择有弹性的教员任命方式(Massy & Wilger, 1992; Heydinger & Simsek, 1992; Rhoades, 1998; Levine, 1997)。

高等教育似乎在不久的将来不会回复到之前的"黄金时期"(指的是50年代中期到70年代的这一段时间)。取而代之的，为了要因应改变及满足其自身的特殊需求，个别的学院及大学正在修改终身任职制的政策与执行，做一些如何填补之前终身任职职缺的决策，以及发展新的事业途径和聘任的安排，来迁就不断增多而不符合终身任职的新进教职人员。在一个世纪以前，强调优良制度运作的教员任用制(AAUP/AAU学术终身任期委员会，1973;Chait & Ford, 1982)已扩及包括非终身任职任用资格的教员(Gappa & Leslie, 1993; Chronister & Baldwin, 1999; Gappa, 1996)。制度化与个别的选择及弹性措施，已逐渐侵蚀了早期对此一成不变事业的看法。政策制定者，例如国家机关、工会联盟，以及其他致力于改变的组织(Rhoades, 1998)，已被不愿依附在国家颁布的指导方针之下的大学及学院所代替。

教员的成员也与一个世纪前对立的一方大大的不同了，有更多的女性与少数族群加入(Tierney & Bensimon, 1996)。因为现今终身任职的程序与条件，以及生活方式的需求，终身任职的职位对他们不见得具有吸引力(Massy & Wilger, 1992; Austin & Rice, 1998; Rice, 1996; Boice, 1992)。而终身任职的教员们，也同样经历了他们自身决策者角色、领导特权及工作负载量的改变(Rhoades, 1998; Kennedy, 1997; Bowen & Schuster, 1986; Levine, 1997)。甚至连学术自由及终身任职的定义都不再是四海皆准了。在不同形态的学术机构及不同形式的委任下，个别的教员都以他们自身的观点来定义学术自由，而个别的学术机构也在修正传统的终身任职制度(Tierney & Bensimon, 1996; Clark, 1987; Trower, 1996)。

现今有许多不在终身任职制度轨道上的教员，已把注意力转移到他们有兴趣的其他事业途径了。正当终身任职制度中的教员数量，相对于那些无终身任职任用资格者持续递减之际，对于具有吸引力且合理的终身任职制替代方案的需求却增加了(Chronister & Baldwin, 1999; Baldwin & Chronister, 2001; Gappa & Leslie, 1993, 1997; Breneman, 1997)。学术界之外的事业正依其模式、结构及适用于高等教育的特性被审视着(Trower, 1998; Heydinger & Simsek, 1992; Waterman, Waterman & Collard, 1994; Edgerton, 1993)。关于教员因学科及学术机构形态的不同而造成的差异，其研究也被极力地搜寻着(Clark, 1997, 1987; Benjamin, 1998; Leslie, 1998b)。

本章借由审视何种改变可促使学术事业更能吸引人才，来探索学术事业。特别是着重在试用期间的终身任职制度教员，以及无终身任职资格教员，从而特别强调下列主旨：

- 在研究世代教员的异同文献中显示，当教员对终身任职制度的价值态度及其对学术事业的渴望并无多大的改变时，他们在同一观点下，对学术事业的满意程度改变了。

- 在过去的一代中，教员的人口统计已有很大的改变。学术机构逐渐增加采用非终身任职资格的职位，而这样的趋势在近期内将不会逆转。

- 在终身任职制度轨道上的新进教职人员或有志于此的人，与前一代进入这个事业的人员，在对此职业的主要期望上有所不同。他们会在事业与生活方式，以及学校的工作环境上找寻平衡。

- 教职人员在他们事业中断断续续的终身任职轨道上，找寻弹性及其他的选择。

这些主旨的探索始于审视70年代早期到90年代，以及现今教员人口统计的世代相异及相同之处。本章继而审查近来对于试用期本身、试用期教员工作情况、态度及满意程度的研究。同时也探索对于试用期不同改革的建议。进而探讨在终身任职制以外，例如非终身任职资格教员其观点下的学术事业。在简短的纵观学术界以外的职场潮流后，继而审视专职、兼职的非终身教员不同的任用安排，以及在不同学术机构中正在使用的示范策略与模式。本章并以针对促使学术事业能对目前及潜在的在职终身任职制、准终身任职轨道或在试用期间，以及非终身任职资格教员更具吸引力的建言作为结论。

世代的差异与相似处

在上一代中，有多少学术事业改变了，改变了什么呢？本节将审视有关教员观点下的学术事业、教员态度与满意程度，以及对于终身任职制的可行性及其意义的争议的世代差异与相似处。然而，在70年代到90年代基本上最主要的改变为，非终身任职资格的专职与兼职教员增加的比例。

- 自1970～1995年，兼职教员的比例已由22%增至42%(Huber，1998；Finkelstein，Seal & Schuster，1998)。然而以绝对数字而言，兼职教员数量由104 000人增至381 000人，增加了266%，而专职的职位却只增加了49%(Chait，1998；美国教育部，1998)。

- 在1975年，29%的专职教员是属于准终身任职的身份；在1995年之前，这个数字已降为20%。与此同时，非准终身任职的专职教员数量却由19%上升至28%(Chronister & Baldwin，1999)。

- 在1975～1997年间，具有终身任职的专职教员一直维持在54%。但加上兼职教员后，全体教员只有36%为终身任职(Chait，1998)。

（终身任职委任程度上的改变，将在下一节有关教员人口统计表中有更完整的讨论。）

虽然，学者们对这些潮流趋势的意见有所不同，但未来的教员再也不能假设学术事业会因试用期与终身任职制的结束，而回到沿袭传统的路线了。而且，此终身任职资格委任制的移转也许会在某些形态的学术机构更快速地产生，例如两年制的学院（60%为兼职教员），或学科（有超过40%的兼职教员于艺术及教育学科）。事实上，差不多所有学术机构的类别及学术的学科，都正经历着无终身任职资格专职与兼职教员数量的增加（Kirschstein, Mattheson & Jing, 1997）。

教员感知的学术事业的世代差异

在美国高等教育扩张与富足的最高时期，大约是在50年代中期到70年代中期，一段偶尔被称之为“黄金时代”的时期，高等教育获得大众的尊崇与财务上的富足。学术的专业曾经成为吸引有才能及有雄心壮志的教员的磁石（Bowen & Schuster, 1986）。被授予博士学位者有三倍之多，且有很多工作提供给这些博士学位受予人。

在此似乎有着无限增长与机会且令人陶醉的时期中，全国的教员似乎对学术专业应为如何形成了一致的共识（Rice, 1996）。

- 研究应是专业致力的中心与学术生涯的焦点，而知识应以自己的路被追寻着。
- 知识追求最好的组织架构为以学科为主的科系。
- 专业质量的维持是依靠同侪评量及专业自主。
- 声誉是建立在国家及国际以学科为主的协会团体上的。

今日，这些统领者及影响终身任职制度及升迁的资深教员，当年正在研究生院中，并在50年代到60年代期间进入此行业。他们持续传承这个专业的远景，尽管新进的教员发现他们涉身于不同的处境中。在这个远景中，一个新进的教员以其博士学位及准终身任职派任，在约定的时间内获得终身任职，而后经由学术研究表现的评比获得升迁。赖斯（Rice, 1996）发现这个盛行的对于教职事业的观念既狭窄又肤浅。于是在80年代晚期和90年代，为挑战此观念而背书。随着博伊尔（Boyer）的作品《重新审视的学术成就》（*Scholarship Reconsidered*, 1990）的问世，加速了这重新检视教员角色及事业的行动。著作中呼吁将学术工作的定义扩展到超越特定研究及著作的狭窄范围以外。根据赖斯（1996）所述，这个学术工作扩大的视野开始获得一位接受早年训练的学者教授的接纳，但它现在却转而提供教员潜在且丰富多样的选择，以及提供学术机构给予教职事业更多的抉择。

通过讲述自身的故事，卡尔森与金宝（Carlson & Kimball, 1994）描述了一些世代差异影响教员对学术事业的观点。在一次利利·恩德蒙特（Lilly Endowment）赞助的教员发展研讨会议的对话中，他们探讨是否人们对学术生命的态度为个人人格或时代背景的反射。

在他们(Carlson & Kimball, 1994)的文章发表时，六十三岁的卡尔森为纽约州立大学石溪分部出众的教授。他开始了在加州大学洛杉矶分校一个传统科学家的事业。在那里，他的研究为国家科学基金会所赞助，而他向来也热爱他的职业。七十岁之前，他并无退休计划。他与妻子，一位临床的胚胎学家，在二十五年间同住在离校园两英里的家中。卡尔森家有五个孩子与八个孙儿。

在追溯他的事业时，卡尔森形容他自己在第一个七年为一个传统的科学家，教授研究生院及大学部门高阶的课程与出版作品。而他持续在很多职位上，成长为一位老师、学者与启蒙导师。虽然直到事业的晚期，他的妻子才拥有独自的事业，但在此前他一直尽力提供家庭的膳宿所需。他描绘其事业为一个偶然却逐渐转变成崭新且令人满意的方向。他说："学术生活已成为我理想中应该形成的样貌：一个探究我学术能力的机会，去作研究，去写作；有一个自由的夏天去从事创作，去继续学习，而且每天充满热忱地醒来面对学生、教书、写作、思考及谈话(Carlson & Kimball, 1994, p. 13)。"

四十二岁的金宝，曾任纽约罗切斯特大学教育研究生院的教授及系主任。他与一位在波士顿的塔夫斯大学新英格兰医学中心任职的内科医生结婚，并以飞机或汽车往返于两地之间。金宝家有两个孩子，分别是六岁与三岁。在与卡尔森交谈时，他已从研究生院毕业十二年了，他说："我已经历事业的三分之二了(Carlson & Kimball, 1994, p. 6)。"他视自己为拥有一些个人与专业抉择两难困境的人，这因此也使他非常不安与混乱。在哈佛大学八年的研究生院训练之后，他花了五年找寻一个专职准终身任职的职位，且在三所不同大学的短期职位中游移着。他说："一个人必须付出极大的风险来为学术工作作准备，找到一个你被栽培来从事职位的几率，一般来说，几率非常之小。早期在我挣扎过几年后，我对于紧缩学术职场，及学术机构对此改变中职场的反应，变得有些愤愤不平(p. 7)。"对于补偿金的公平性、凭教员薪资预算无法找到住处，以及他必须资助妻子及她事业等的考虑，加深了与金宝眼中学术事业互相矛盾的看法。他说："结果是过去十三年来一直忍受了九年的分居两地的婚姻……对于一个双方各自全力投入事业中的家庭，来往两地与维系婚姻的努力是很复杂的(p. 8)。"金宝眼中的学术事业与卡尔森的观点相对应之下是很矛盾且冲突的。

肯尼迪(Kennedy, 1997)将濒临退休的教员与他们在早期事业的就业经历的差异归因于同质效应。卡尔森与金宝正说明了他的观念："人口统计学即是主宰的天命(p. 37ff)。"卡尔森就业时，是一个工作市场宽广、联邦政府资金充裕，以及乐观主义盛行的时期。而金宝相反，是在一个工作机会不多而竞争非常激烈的时期进入他的行业，是联邦政府对学术机构资助减少，且对高等教育前景较不乐观的时期。金宝的故事同时也说明了双薪家庭的两地婚姻中持续增大的冲突与压力。

教员的世代差异，也正是"注意倾听这新的声音"的作者所访谈的资浅教员们愤怒与挫折的主要来源。这是一个美国高等教育基金会为新路线计划所进行的一项研究(Austin & Rice, 1998; Rice, Sorcinelli & Austin, 2000)。身为研究的参与者,此作者访谈了试用期间工程系的教员与他们系上的主管们。反映出被访谈的资浅教员对终身任职制度程序不清、资深教员是否有巩固充满竞争的研究与出版的财务资助的认知能力,以及他们必须在短期内达到成果的压力等,表达了强烈的关切。不论其个别的环境如何,资浅教员们全都有时间规划及平衡个人与职业生活的困难。他们系上的主管们,在另一方面,却大都对于其时间方面的压力无法感同身受,而此也说明了环境的竞争。那些能保证每周工作六十到八十小时的人,便能得到奖赏。而主管们对终身任职制度的主要关切在于确定不会将终身任职给予平庸而不够出色的人。他们觉得为了维持对终身任职制度保守的态度,偶尔错失了之后成为"超级明星"的终身任职人员是一个合理的代价。从某部分来说,他们的观点反映了他们无法理解资浅教员挣扎着决定是否接受终身任职不断上升的压力与家庭生活的复杂心态(与R. Eugene Rice之个别谈话, 1995)。

教员对事业的态度及满意程度的世代转变

是否教员对事业的态度与满意程度在一代之间就改变了呢?有些人期待它们会改变。当然,教员他们自己及他们的事业已有所改变了。教员总体人数的改变——这些人数已改变了早先好几十年的供需均衡——显示了一代之后的态度转变。在1970~1971年,教员有474 000人,其中369 000(78%)为专职人员,而104 000人(22%)为兼职人员(Bowen & Schuster, 1986)。到了1992年,在三千个高等教育的学术机构中有904 935位教员,其中528 260人(58%)为专职,而376 675人(42%)为兼职人员(Kirshstein, Mattheson & Jing, 1997)。

从70年代中期起,高等教育进入了一段持续性财务紧缩的时期,进而影响到教员的补偿金与工作情况。从此之后,根据鲍恩与斯科斯特(1986)所述,学术事业对于那些已进入或企图进入此行业的人,吸引力已可观地减小了。在这一段资源减少的时期中,吸收成员的模式摇摆不定及减缩,教员真实的收入下降且工作环境也变得较不合人意。对这个环境改变的反应,引发了教员联盟工会的成长与兼职人员数量的增加。但大致上来说,教员并未叛离。那些怀抱着某些有关学术生命的价值观进入学术事业的教员们,决定选择接受其大学或学院所提供给他们的机会。

但是鲍恩与斯科斯特提及一个存在的严重风险,即学术事业会变得较不具吸引力,同时也质疑是否学院及大学能够吸引到它们所谓"在无可避免的小池中的特殊天赋异禀与有创造力的科学家、智者与艺术家。他们的重要性远远超过他们的人数……又或在朝向他们的教员细分化上有所进展"(p. 8)。有充分的证据显示在跨越同构型行业中,目前受雇人员的态度及信仰已有极大的改变。贝林(Bailyn, 1993)所作的研究中显示员工不再只是受雇者而已，他们是一群有着复杂生活的人们，对他们而言，就业是一个极其重要但并非唯一的活动。现在的员工势力是多元而混杂的，迫使雇主们放弃要达到目标的一致且大而不变的期望。今日的员工比起他们的前辈来说，是较自主与反阶级制度的，较不喜欢竞争而更合作的。他们想要工作，但他们要以不同的方式来做。组织机构必须帮助受雇员工找到在不忽略员工们个人生活并让他们能提升生产效率的不断需求下，贡献一己之力的方法(p. 10)。

因可供比较的数据资料不足，教员在一代之间对学术事业的态度及满意度改变的实际证据是非常稀少的。一直到1987年与1992年美国高等教育教员的国内研究，才有关于教员对学术事业态度的定期监管与出版的数据。由于高等教育研究机构早期做的意见调查表无法取得，而后期的调查表又是为私人所有的(Linda Sax，私下访谈，2000年1月4日)——促进教学卡内基基金会分别在1969年、1975年、1984年、1989年、1992年及1997年赞助了六次教员随机抽样的意见调查。他们在一连串对学生、学者、行政者及公众政策制定者极重要的多样议题中，寻查人们的意见。其中有几个针对评估教员的态度及满意程度的问题也被例行地包括在内。但是很遗憾，对尝试分析趋势的学者来说，因卡内基基金会兴趣的改变，大部分问卷的问题在这些年间也改变了。而问卷调查的结果也以不同的格式出版，其中有些很难找到或无法取得。借着亚历克斯·麦科密克(Alex McCormick)在促进教学卡内基基金会中的协助，早期有关教员态度及满意程度的问卷调查也被细查，及确定是否涵盖了与1997年问卷中相同或类似的问题(Alex McCormick，私人访谈，2000年2月29日)。在他对所有调查问卷的回顾中，显示出一些关于事业的态度指标在1969年及1997年间曾被替换掉了。

在采用这些意见调查的出版结果中，表1(p. 436)总结了从1969年或1975～1997年(Bayer, 1970; Bayer, 1973; Clark, 1987; 促进教学卡内基基金会，1989; Boyer, 1990; Huber, 1998)的意见调查中重复出现针对问题的回应，他们也提供了一个对教员态度的广阔的概况。文中绝大部分由1969～1997年对于这些问题的响应组成，显示了教员的态度并无多大的改变。

表1 教员态度：一般相同及相异之处
(在所有学术机构中，完全同意或持保留态度的百分比)

说明	年份				
	1969	1975	1984	1989	1997
大致上，我的学术机构是个很好的地方	49	51	42	49	47
我的薪资极优或良好	54	44	40	48	46
在我的学术机构中，知识环境为普通或不佳	47	52	54	56	46

续表

说明	年份				
	1969	1975	1984	1989	1997
如果我必须重新选择，我不要成为大学教师	14*	N/A	21	15	10
我主要的兴趣在于教学或学习有关教学	76	73	69	71	73
教学成效，而非出版作品，应成为教员升迁的主要条件	78	74	64	62	57
我倾向将生命中其他方面都置之次于工作的地位	44	36	38	40	46**
我很少有时间将注意力放在值得注意的工作上	46	41	45	43	63
我的工作为个人可观的压力负担来源	43	36	40	44	39

* 如果我有机会重新调整脚步，我不会选择学术生涯。
** 我觉得与五年前相比，我较无法掌握时间。

资料来源：促进教学卡内基基金会教员意见调查表。

教员对于他们职业上的抉择及学术机构维持了大致上的满意度。其中极少部分显示如果重新选择，他们会改变自己的职业。即使在他们对于逐渐增加的工作负荷，以及在过去十年中多数时候无法跟上通货膨胀的薪资表达不满时，他们依然保持以上的态度。

为什么教员如此满意他们的事业呢？克拉克(1987)提及教员经由他们内在动机的力量获取"补偿金"，借由因自身起见而从事的学术工作，以及对教育的坚定信仰而获取报酬。高等教育的学术机构中大范围的差别待遇也扮演了重要的角色。教员可因自身的选项，决定在教学或研究背景、城市或乡村背景，以及在强调前途光明的大学部门或开放的出路中，找寻自身的事业。克拉克(1987)指出在80年代中期，从未有这么多的美国学者如此的飞黄腾达，而他们也知道这种情况(p. 225)。但克拉克同时也注意到了教员中的断层。他认识到很多所表达的满意程度是来自学术工作的稳固，以及能有机会成为一般教员的一份工作，有着就业的安全感和稳固的升迁步调。他也了解到这样的满足感必须付出代价，而这代价会在90年代越来越高。他说："全球的员工势力的成长为一个摇晃不定的现象，一个融合的职业将会发现它是一个难以吞咽的苦果(p. 232)。"

赞成与反对终身任职制的世代争辩

由美国大学教授协会(AAUP)与美国学院协会(AAC)所颁布的1940年学术自由与终身任职原则声明中说道：

终身任职制为达到某些目的和方法，详述为：(1) 教学、研究与参与校

> 外活动的自由。(2) 足够程度的经济保障，以便使此职业能吸引有才能的男、女。因此，自由、经济保障及终身任职制为对于一学术机构能成功地负起对学生及社会责任的必要条件(美国大学教授协会，1990，p. 3)。

没有一个定义能比此声明引起更多对于其意义、意图及重要性的争论。查特与福德(Chait & Ford, 1982)指出此美国大学教授协会的声明，与其说是定义，倒不如说是盲目支持的特性描述。他说："终身任职制与其说是自由与经济保障，不如称之为婚姻来得幸福些(p. 3)。"他们后来背熟了一个更糟的定义："终身任职制为教员任派于高等教育学术机构的协议，一直持续到年届退休或身体失能，或因正当理由解聘，或因财务紧急而不得已终止聘任，或学术机构改组(AAUP/AAC 学术终身任期委员会，1973，p. 256)。"

许多教授及行政管理者在终身任职制开始之初，即对其有所赞誉及诽谤。对终身任职制赞成与反对之说充斥着大量的典籍，但对其的争议在一代一代之间却颇为相似。对终身任职的攻击都很有规律，主要的诋毁都发生在当外界大众评论教员的行为，或学术机构对社会需求的响应之时。在60年代及70年代早期，州政府立法委员及其他的人们对于校园活动与学生示威行动不再抱有幻想，且质疑教员对他们的学术机构的责任感(Chait, 1995)。于是终身任职制的争辩重新展开了。但令人吃惊的是，现今争论的理由和措辞竟和一代之前颇为相似：

> 在过去几年间因为某些因素促成了这次的重新检视：在学术机构中增加的政治化因素；对大学及学院的表现逐渐丧失的公众信心，尤其是教学质量；全国普遍对于高等教育的目的及方向的争辩，以及严重的财务紧缩。这些与其他一些原因加速了对于终身任职制的重新考虑。正因如此，很多人开始争论虽然终身任职制是用以捍卫学术自由及促进工作保障的，但事实上，它却大力支持与保护需承担责任的批评及财务破产(Smith, 1973, p. ix)。

并且也和一代之前有着同样的热情：

> 高等教育已由大众的全面称颂转为公众的愤怒，而这愤怒是有焦点的。人们不再将他们的武器指向学术机构或高等教育，甚至也不针对在学术机构中的行政管理者或学生。取而代之的，是针对学术，从而使终身任职制成为箭靶(Blackburn, 1972, p. 1)。

其他参与争论的人们，不是赞扬终身任职制的好处，就是引述其教学过程中显著的研究成果、长期保存的与所建立的系与学科的特性，以及终身任职教员所拥有的自主性与权力——一如批评中的终身任职制（AAUP/AAC 学术终身任期委员会，1973；Jencks & Riesman，1968；O'Toole，Van Alstyne & Chait，1979）。

在1990年间，对于终身任职制的价值与意义同样的赞成与反对的争议又再度激增，且有着大致相同的争议理由：公众对高等教育的批评、学费的增加、缩减的联邦政府及州政府资助、教员强制退休年龄的删除、在一快速变动的时期中所需的弹性，以及它对大学部教学研究的支配（Massy & Wilger，1992；Heydinger & Simsek，1992；Kennedy，1997；Plater，1998；Levine，1997）。然而，正如一代之前，大部分的教员及行政管理者再一次地将终身任职制评估为一持久而有弹性的制度来对抗非议（Bowen & Schuster，1986）。没有任何一个体制显示它优于终身任职制，也没有任何令人信服的证据显示学术机构中终身任职制的服务欠佳或终身任职教员不如非终身任职教员有生产力（Chait，1995）。蒂尔尼与本西蒙（1996）总结说，只有当保护学术自由的结构或系统组织，或教员群体的理想代替终身任职制时，终身任职制的系统才会发生改变。换句话说，终身任职制的改革，不管缘自何地何时，都将不会是由一个全国性的运动所产生，而是来自学术机构内对其多变环境的反应。

结论

学术界重视终身任职制。尽管有着外在的压力及内在赞成和反对的争议，终身任职制整体上来说，在一代之间只有些微的改变。虽然在某些学术机构内有些改变，甚至在拥有传统终身任职制的学术机构中，新近采用的后终身任职检讨程序也保有更多改变的期望。而且，总的来说，教员对于他们的事业都维持满意的看法。真正的改变发生在教员的人口统计数字及职业本身。教员们数量自1970年以来，已大约有加倍的增长；但就比例上来说，他们之中越来越少的人是在准终身任职或终身任职的聘任里。缓慢却不可阻挡的，学术机构已由终身任职资格的聘任转变为享有学术自由及工作保障的与终身任职相关的非终身任职资格的聘任。这样的改变给予学术职场的教员，以及高等教育的未来一个偌大的暗示。本章其余的部分在于揭示这样的改变及其成效，以及综观终身任职制可能的修正方式及替代方案，以促使学术事业能吸引目前或潜在的教员。

目前教员的人口统计及其态度

根据全国高等教员研究及其他数据显示，在1992年教员全部总数为904 935人，其中528 260人为专职，而376 675人为兼职（Kirststein，Mattheson & Jing，1997）。撇开教员人数大体上的增长不论，由1987年的769 825人至今，主要的改变在于教员专、兼职的人数分配。表2显示在每一形态的学术机构中，专职的教员的百分比已下降，而兼职者人数比例则上升。

表2 1987年秋季及1992年秋季高等教育授课教员及职员百分比，依照聘任职位、种类及学术机构的管辖

学术机构种类	专职		兼职	
年份	1987	1992	1987	1992
所有的学术机构	67	58	33	42
公立研究机构	86	81	14	19
私立研究机构	78	65	22	35
公立博士研究机构	83	72	17	28
私立博士研究机构	63	61	37	39
公立综合学术机构	75	67	26	33
私立综合学术机构	61	51	39	49
私立人文科学学术机构	69	65	31	36
公立两年制学术机构	48	40	52	60

* 表2至表8为研究助理 Chun-Hui Sophie Ho 整理，使用全国高等教育教员研究，NSOPF：83/93：大众使用数据分析系统(DAS)，美国教育部门教育研究与改进办事处，全国教育统计中心，1997年。

兼职者的数目虽增加，但他们在高等教育的身份职位却没有上升。表3显示大部分专职者占据了终身任职职位与终身任职资格的等级，而兼职者则占据非终身任职资格的职位。

表3 高等教育授课教员与职员百分比，依终身任职职位，专、兼职身份、形态及管辖的学术机构

学术机构种类	教员等级及职位									
	享终身任职		准终身任职		非准终身任职		教员职位无终身任职制		机构中无终身任职制	
	专职	兼职	专职	兼职	专职	兼职	专职	兼职	专职	兼职
所有	54	3	22	2	11	47	5	44	8	5
公立研究	63	10	20	3	12	55	5	32	<1	<1
私立研究	50	2	23	1	18	52	9	41	1	4
公立博士	54	6	27	2	16	55	4	38	<1	<1
私立博士	46	4	27	2	14	49	8	41	6	4
公立综合	61	3	25	2	11	51	3	44	<1	1
私立综合	53	2	26	1	12	46	4	46	5	5
私立人文科学	46	4	25	2	13	51	5	38	11	5
公立两年制	53	2	15	1	6	43	4	48	22	6

此专职与兼职教员的分配也适用于学科或学程范围。表4显示了跨学科的专职教职员大致倾向于占有终身任职及准终身任职职缺，而兼职者则无。

表4 1992年秋季高等教育四年制学术机构授课教员及职员百分比，依终身任职职位、专兼职身份及学科

学术机构种类	教员等级及职位									
	享终身任职		准终身任职		非准终身任职		教员职位无终身任职制		机构中无终身任职制	
	专职	兼职	专职	兼职	专职	兼职	专职	兼职	专职	兼职
所有机构	54	3	22	2	11	47	5	44	8	5
所有四年制	55	4	24	1	12	50	5	41	4	4
农业/家政	72	17	19	—	4	59	4	24	<1	—
商　业	52	2	30	2	10	49	4	41	5	5
教　育	55	3	24	1	14	49	5	45	3	2
工　程	62	7	28	4	6	53	1	33	3	3
艺　术	53	6	22	2	10	48	3	36	12	8
人类科学	60	2	19	<1	12	47	6	48	4	3
自然科学	64	5	21	1	9	42	3	47	3	5
社会科学	63	3	23	4	9	54	3	35	3	5
其他领域	49	3	26	2	14	51	7	43	5	3

表5显示专职与兼职者，在其对工作满意程度上相异与相同之处。专职与兼职人员在他们对工作的满意度上，大致非常接近，且在他们对于薪资的满意度上也相同。兼职者对于其薪资的满意程度也许因为他们大多数在学术界以外已有主要的任职。然而，专职与兼职者对于工作负荷、福利、晋升机会及工作保障上的满意度却有着重大的差异。

表5 工作满意度分析总结，全国高等学校教员研究

分析的领域	评比选项	专职教员(%)	兼职教员(%)
A. 大致对工作的满意程度	非常不满意	4	4
	有些不满意	12	11
	有些满意	48	46
	非常满意	36	39
B. 对工作量负荷的满意程度	不满意	32	17
	有些满意	40	37
	非常满意	28	46

续表

分析的领域	评比选项	专职教员(%)	兼职教员(%)
C. 近年来对于增加工作负荷压力的感觉	更恶化	51	29
	与以往一样	34	31
	有改善	8	6
	不知道	6	34
D. 对薪资的满意度	不满意	45	46
	满意	55	55
E. 对福利的满意度	非常不满意	7	33
	有些不满意	18	24
	有些满意	45	28
	非常满意	30	15
F. 对晋升机会的满意程度	非常不满意	13	28
	有些不满意	19	28
	有些满意	35	27
	非常满意	34	17
G. 对工作保障的满意程度	非常不满意	8	25
	有些不满意	11	20
	有些满意	31	29
	非常满意	50	26

专职教员对于他们事业的态度，已在高等教育研究机构(Sax, Astin, Korn & Gilmartin, 1998)和TIAA/CREF(Sanderson, Phua & Herda, 2000)被更广泛地调查(专职教员并未包括在内)。其结论与全国高等教育教员研究一致且更甚。所有等级的专职教员持续地支持终身任职制，且以终身任职人员的身份强烈地为其代言(Sax, Astin, Korn & Gilmartin, 1998)。几乎十之八九的专职者(87%)，不论其是终身任职职位与否，都提到如果他们重新规划他们的职业，他们一定或可能会追求学术事业；有55%倾向维持现有的终身任职制；而有41%倾向在终身任职制上作一些修正(Sanderson, Phua & Herda, 2000)。专职教员也同时提出他们对于工作(75%)及其工作情况(72%)的满意程度(Sax, Astin, Korn & Gilmartin, 1998)。

然而，意见调查结果指出这对于他们工作增加的满意度，同时也伴随着他们个人生活持续增加的压力。在此十年中(1989～1998)，有较高比例的专职教员指出，其压力来自家庭责任(71%)、自身的身体健康(48%)与照料年长的父母(34%)。时间压力(86%)与缺乏个人时间(80%)为产生压力最常见的因素。相较于男性教员，女性教员对于学术风潮的了解较不理想，尤其是在评估与晋升的程序、工作保障及对个人时间的需求上(Astin, Korn & Dey, 1991; Sax, Astin, Korn & Gilmartin, 1998)。

也许TIAA/CREF问卷调查的结果可局部地解释满意度对压力的二分法(Sanderson, Phua & Herda, 2000)。问卷中要求教员依照这些因素对于他们的重要性及他们的满意程度来评估这十七个因素。此问卷调查有一重要的发现，即对此两者教员观点的落差。举例来说，有76%的教员将与家人相处的时间评为非常重要，但只有30%的人表示他们对所拥有的时间很满意。相同地，52%的人将诱人的薪资与福利评为非常重要，但只有13%的人满意于他们所拥有的。

这对于教员人口统计、态度与满意程度的简短的概论引出了接下来的章节。在这些章节中，将更详细地探索是什么促使学术事业吸引或难以吸引准终身任职的新进教员，以及在非终身任职制资格聘用下的专职、兼职教员。

准终身任职教员的试用期

在《新学术世代》(*The New Academic Generation*)一书中，芬克斯坦、西尔(Finkelstein、Seal)和斯科斯特(1998)为有七年或七年以下专职经验的教员制作了一个简介。本书作者们的同龄群体间的比较指出了资深与资浅教员间的不同：

- 与资深的同龄层比较，资浅的教员较具有多样性，有更多的女性、有色人种和外国国籍者。在美国出生的白种男性(43.2%)不再占专职教员的大多数。
- 与资深同事相较，新进教员有更丰富且多样的经验与多元的教育背景。
- 这两个同龄层对于其工作的态度与对事业的满意度有着相似的看法。他们采取类似的教学方法来教书，以及有同样倾向于多作研究少教学的喜好。因此，新进教员似乎已被他们的导师们同化而成“老样子”了(p. 103)。

然而，新进教员对于工作保障、升迁机会、在学科上维持现状及配偶的就业等的满意程度，都比他们资深同人要低。这些满意程度也许反映出他们准终身任职试用期间的经验及个人与职业生活的冲突。试用者对于学术事业的不满意主要针对缺乏全面、清晰且合理的终身任职程序，缺乏组织，以及无法支配他们的时间、工作负荷和安排个人与职业生活(Rice, Sorcinelli & Austin, 2000; Austin & Rice, 1998; Tierney & Bensimon, 1996; Boice, 1992; Olsen, 1993; Olsen & Near, 1994; Barnes, Agago & Coombs, 1998)。

终身任职程序与时间的期限

新进的准终身任职教员以乐观、热诚及理想化的态度来此。他们投入学术事业，因为他们相信教员的工作包括了追求学术兴趣的自由、有自主性、有弹性及有经由教育来服务社会的机会。但不幸的是，这些早期学术事业教员所预期的，与他们后来所感受到的不尽相同(Rice, 1996; Rice, Sorcinelli & Austin, 2000)。在“倾听新的声音”研究中显示，新进教员发现的是充满压力的工作。

所有教员，尤其是新进教员，必须面对他们时间的多种需求与他们达成教学、研究与服务的高度期望。他们的工作时间在多样与冲突的优先权衡下被切割。学生们期待教员在教室中有优质的表现，资深的同人们期待其在系上、校园及专业服务上的参与。同时他们还必须创作研究与从事学术工作(Gappa & MacDermid, 1997)。贝林(1993)描述了这样的矛盾：

> 因此学术事业是互相矛盾的。除去它的独立自主与弹性，它在心理上是很难从事的。缺乏限制工作的能力、将自己与领域中的大师比较的倾向，尤其是高比率的过重工作负荷，使得学者很难在工作与私人生活中找到满意的整合……这正是学术事业无法肯定的天性，亦是问题之所在。时间对教授来说是极其重要的，因为它永远不够来做工作需求的所有事：教学、研究与学术专业的服务。因此教员不可能维护他们其他层面的生活，而工作总是掌控一切(p. 511)。

在"倾听新的声音"研究中(Austin & Rice, 1998; Rice, Sorcinelli & Austin, 2000)，受访的事业初期的教员并不想要除去终身任职制，但却发现终身任职的过程很令人迷惑。他们被模糊不清、摇摆不定且冲突的工作期望所困惑。一次又一次地，他们作了像这样的评语："凡事都是如此地模糊不清、矛盾及难以捉摸的"、"没有稳定及可信赖的回馈"或"我无法很清楚地看到得到终身任职需要付出什么"(Rice, Sorcinelli & Austin, 2000, p. 10)。一位新进教员提及终身任职的过程，认为其有如"在黑暗中射箭"(Rice, 1997, p. 31)。葛罗戈诺(Grogono, 1994)提及它为"模糊不清"的。

在"倾听新的声音"研究中，参与者也发现终身任职的过程是有很多问题且充满压力的(Rice, Sorcinelli & Austin, 2000)。对于教员的表现的不足、无的放矢且不清楚的回馈，只会使得原本不清晰的期望更加恶化且更难达到。再者，事业初期的教员担心那些负责评估及给予回馈意见的资深同人们会不断改变及提高他们的期望，或他们的讯息往往是互相冲突的。即使当他们的期望很清楚时，研究参与者也意识到，要达到那些决定命运的资深同人的"终身任职门槛"的需求，也需不断被提高超出他们的能力之外。他们也关切经常轮流任职的系主任、人事委员会会员的人事变动，以及终止的委员会会议。这些缺失都被视为造成终身任职程序不稳定的因素。一位参与者如此评论道："系主任对于终身任职的决定权有很大的影响。在我就任之后就改聘系主任了，当我看到目前的系主任控制且主宰终身任职程序，我觉得很痛苦、困扰且害怕。"(Rice, Sorcinelli & Austin, 2000, p. 11)正如查特(1998)指出，教员要一直到试用期的结束才知道他们是否够优秀(p. 5)。或如索斯劳克(Sawsilak, 1999)以在斯坦福大学的自身经验补充道，甚至不知这样的决定是否公平。

对于蒂尔尼与本西蒙(1996)来说，最终的结果是“人们步履蹒跚地走向终身任职评议的结束”(p. 73)。如果他们获得终身任职职位，他们觉得松了一口气而不是兴高采烈。一位十年内在他的学校第一位得到终身任职职位的回复者说道：“它是无人性的。有如一持续的灵魂搜寻过程，但却不是很有结果的，因为你总是认为自己不够好。我对于这整件事感到沮丧(p. 73)。”另一位评论者说道：“我得到它了。我将永远不会放弃它，因为我不会让我的家人再经历一次那样的苦，永远不要(p. 73)。”霍根(Hogan)(1998)也同意此说法。他特别指出否决某人终身任职的过程是制度的残酷，他同时也指出，此一过程不但夺去某人的工作，也剥夺了他的自尊。

对于大部分试用人员来说，终身任职制的时间期限是终身任职程序中最受批评的一项(Austin & Rice, 1998)。当对工作表现得期望很高，且资金援助的机会减少时，便使得支持研究的补助金的竞争更加激烈。期刊付梓的评审过程与时间表往往造成手稿付印时间的延误。而基础设施的问题更使得困难度复杂化。事业初期的教员在自然物理学科与工程学科就经常讨论，争取实验室空间与器材设备，以及争取研究助理或博士后研究的经费之延误，造成他们开始从事研究时间的延后。而不具弹性的终身任职时限，更将试用期的教员置于严重的困境之中。

它同时也将不必要的压力加诸那些有家庭责任的男女身上。七年的试用期限，对于那些在研究生院期间推迟生育，而现今又面临年龄限制的女性教员来说是很困难的。在等待获得终身任职之后再组家庭，或在获得终身任职职位之前照料孩子，都是很困难的抉择(Austin & Rice, 1998)。

在团体中的成员

事业初期的教员希望能在一个鼓励与尊崇合作的团体中追求其事业，他们可以经常互动地谈论自身的理想、工作与学术机构。然而，他们所经历到的却是孤立、分化、残缺、寂寞、竞争与偶尔的无礼对待(Tierney & Bensimon, 1996; Boice, 1992; Austin & Rice, 1998; Rice, Sorcinelli & Austin, 2000)。

> 当他们招聘我之时，他们尽其所能地恭维我，甚至讨好我。现在我在校园中却觉得被忽略了。他们不但不在乎我的实验室与所从事的研究，他们甚至动摇我付出的努力。如果我早知道在这里事情会变得如此，我就不会来此了(Boice, 1992, p. 23)。

在“倾听新的声音”研究中的参与者，也经常提及与资深教员相处的问题与误解(Austin & Rice, 1998)。他们觉得资深教员对于他们所面临的时间压力与阻碍的了解非常有限，而且因为他们无此经验便无从感受在夫妻间（各人均有自己的事业）冲突的需求与压力。这些研究参与者也质疑资深教员们是否正如学者应有的正确决断他们的工作能力般有足够的生产力；或新进教员担心他们必须将所做的工作，塑造成最终评断其工作是否符合终身任职资深教员所感兴趣的模式。他们同时也担心一些在系上生活的琐事，例如他们对系上资深同人日益增加的要求感到不快。他们被要求在系上的委员会服务，或致力于其他耗时且无助于其终身任职的活动。在这些人的研究中，巴恩斯、阿格阿戈和库姆斯（Barnes、Agago & Coombs，1998）发现教员试图离开学术界最重要的两个指标为，对于时间承诺的挫折与在其学术机构中缺乏团队的归属感。

关于团体及学院的议题，特别是对于非多数族群的教员来说，尤其强烈（Austin & Rice，1998；Rice，Sorcinelli & Austin，2000；Tierney & Bensimon，1996；Johnsrud & Des Jarlais，1994；威斯康星大学系统，1990；Tack & Patitu，1992）。在"倾听新的声音"研究中，女性响应者声称在资深教员当中，找寻指导教授或导师有所困难，且在存有些微歧视的环境中，也导致她们必须挣扎着来获得重视。蒂尔尼与本西蒙（1996）指出了这些女性资浅教授的特殊经验的形成，不光只是因为个人的行为，也因性别与系上或学术机构中权力关系而产生被标明为"轻松微笑的工作"成"妈妈的工作"的行为模式（p. 101）。少数族群的试用期教员，往往是他们系上或学术机构中的"唯一"。身为他们群体中的少数代表，他们觉得有义务借由在委员会服务或在文化团体中展现其知识与承诺，来表现其良好的团队精神。蒂尔尼与本西蒙（1996）将此标明为"文化税收"或"潜藏的工作负荷"，且发现这样的情况会引起实质上额外的工作负担（p. 115f）。孤立与有限的同人支持，一位非裔美籍的女性对此白色人种主宰的环境的特性评论道："我还是觉得自己是个陌生人，也就是说，我虽觉得舒适但毕竟不是在自己家中（p. 122）。"

一种平衡的生活

事业初期的教员视此事业为提供弹性时间好让他们可以利用及掌握，有着足够的时间可以思考、集中思维及创作。但根据他们的报告，事实却是无力支配其时间及无法平衡其工作与家庭生活（Rice，Sorcinelli & Austin，2000）。

正当长时间的工作与私人及职业生活的平衡成为大部分专业人士的问题时，在"倾听新的声音"研究中，所访问的新进教员提到寻找足够的时间完成工作与他们时间的零散破碎，成为他们压力的主要来源。研究参与者强烈地感觉到他们的时间与注意力被很零散地分布到大多冲突的任务上。他们说："在终身任职之前的生活有如杂耍特技般，必须长时间地把所有的球停留在空中，才能熬过来（Rice，Sorcinelli & Austin，2000，p. 17）。"被蒂尔尼与本西蒙（1996）所访问的教员说他们总是在工作。

其中一位说道："我在星期五下午休假——只留给我自己，我把星期六上午留给我的家人。其他的时间我每天都工作。"另一位提道："我早上五点前起床，这样我才能写作，然后我八点前上班，并一直到晚上七点(p. 60)。"

用以平衡职业工作的需求与个人生活的努力，使得教员的压力更加大(Bailyn, 1993; Olsen & Near, 1994; Gappa & MacDermid, 1997)。在"倾听新的声音"的研究中，非常少的试用人员在选择如何利用他们宝贵时间的抉择上是抱着满意态度的。宁可过度工作，一位人员评论道："我有两个孩子，一个九岁，一个十一岁，我甚至没有时间看他们的功课。我早上六点起床就出门，到晚上十一点回家。我有时间所能做的就是睡觉(Gappa & MacDermid, 1997, p. 8)。"另一些试用的教员则担心找时间与家人相处可能危及他们的事业。这就意味着当没有人让步时，而你却正在让步妥协。你就像在与其他人赛马一样，而你们那些让步是必须付出很大的代价的(Wilson, 1995, p. A24)。

绝大多数申请教员职位者，现今都拥有事业的伴侣而且希望能继续保有其事业(Norrell & Norrell, 1996)。当教员是双职家庭的成员之一且在上班路途遥远的状况下时，双方的压力便会更加剧(Tack & Patitu, 1992)。在一个初步针对美国大学与学院协会的学术机构的研究中指出，学术机构正借由提供配偶或伴侣不具终身任职资格的工作、准终身任职职位、共享的职位或创造适当工作机会来帮助解决这样的问题。然而，这些努力通常是非正式的，而且也没有全国性的研究显示这些方法是如何的有效(Wolf Wendel, Twombly & Rice, 2000)。

平衡工作与家庭的问题影响着大部分试用期的教员，但对女性则因其双重角色更为不利。塔克与帕提图(Tack & Patitu,1992)指出，女性教员似乎每周工作超过八十个小时，其中三十五个小时主要花在家务及孩子身上。当家中有三岁以下的幼儿时，女性平均要工作九十个小时(p. 43)。这些女性挣扎着要平衡教职事业的需求与家庭生活的影响，显现在女性人员所作的选项上。女性代表了40%的所有助理教授，她们只占了15%的大学教授职位。相较于45%的女性人员，大约73%的男性拥有终身任职职位(Finkel & Olswang, 1996, p. 123)。女性在非终身任职资格职位中所占的比例更多，尤其是兼职性质(Lomperis, 1990)。芬克尔与奥斯旺(Finkel & Olswang, 1996)在研究中发现，超过44%的女性助理教授没有生育，30%的她们决定永远不生孩子，而49%的人说她们推迟生育，因为试用期间与她们的生育年龄冲突。这样的决定可能意味着女性人员也许永远无法生育孩子。至于那些有孩子的女性助理教授，59%报告称育儿所需的时间对终身任职制来说是个很严重的威胁。一位回应者说道："我的同事们都很同情与理解；然而虽然系主任可以了解我对家庭的责任，但他也不得不承认这情况会影响我在一定的时程内取得终身任职的资格(Finkel & Olswang, 1996, p. 132)。"然而，99%的女性助理教授指出，她们还是希望留在学术界。

总而言之，对于试用期间教员的研究发现，其对于学术事业的承诺，同时掺杂了对于终身任职制基础层面的深深关切，其中包括一种难以理解的终身任职制度、缺乏团队，以及无力整合的专业及个人生活（Rice, Sorcinelli & Austin, 2000; Tierney & Bensimon, 1996; Gappa & MacDermid, 1997）。当女性及少数族群的教员们尝试着让自己融入这个传统白种男性的事业时，更面临着其他问题。他们获得终身任职职位，而且升迁的速度都较他们白种男性的对手们为慢，且在工作上有着质量上不同的经验，并且在获得终身任职职位之前很有可能已经离开了学术单位（Johnsrud & Des Jarlais, 1994）。奥斯汀与赖斯（1998）为事业初期的教职人员的观感作了以下的总结：

> 终身任职制，正如它目前的结构与实行的状态一样，是事业初期教员象征性与实质上对于其工作与工作单位所抱的中心思想。他们期待着心中预想此制度所承诺的学术自由、所提供的保障与终身任职制度所代表的严密精确。但他们也担忧此制度在维持文化上的角色。而这文化使得新进教员有不确定感、压力大且不论是以个人或学术单位的角度来说，往往必须单独在工作上摸索。以现有形式存在的终身任职制度，是在削弱一种一向以强调团队、相互了解与尊重及沟通分享为特色的大学文化。在其现有的形态上，终身任职制度正引导事业初期的教员以多样的学术任务来替换他们的理想、热忱与意愿——包括教学及公众服务——并带着压力、不安与对于其工作种类及可作的贡献所有的狭隘的观念。学术自由正因为原来建立要用来保护它的制度而妥协让步（p. 748）。

现今终身任职制度可行的修正方法

研究终身任职制度与试用期限的学者们，一直为想要改善教员事业的满意度与大学及学院能够聘用有优秀能力的潜在教员的希望所驱策着。他们并不倡导废除终身任职制度。大体上来说，在90年代对教员研究的学者同意鲍恩与斯科斯特（1986）的意见，即“现今与终身任职制相关的规则与施行，因其严峻且威胁削弱整个终身任职体系，于是危及了学术自由、大学制度与合法的工作保障”（p. 244）。

工作的不受限制的特性

事业初期的教员也需要清晰、肯定且经常地被告知别人预期他们应如何做的信息。奥斯汀与赖斯（1998）建议设立一个可提供有关学术机构的期望与资源的密集适应计划。系主任与院长在传达什么是他们所期望与什么才构成成功的要素时，扮演了极重要的角色。赖斯、索西勒尼与奥斯汀（2000）提议系上主管必须逐年更新他们详细的期望，并帮助终身任职前的教员学着设立实际的目标与优先级，且将他们的成果保留详细的记录。系上的主管与资深教员同时也应协助每一位终身任职前的个人来找寻终身任职的正确的路径，且帮助他们持续地在此路径上行走。这样想必使得终身任职的条件与期望会在试用期间内维持一致，同时系上的主管或指导老师也可监控与代理新进教员不好意思拒绝的来自资深教职人员可能提出的耗时活动的要求。

博伊斯(Boice, 1992)以教职人员发展的展望着眼点为文，经由其 IRSS 理论触及教员工作的不受限制的特性。他提到帮助新进教员获得参与感、规律性、自我管理与社会网络等的技巧，将可帮助他们安排其试用时期。博伊斯的理论鼓励经由在系以外的教员发展计划，来指导与帮助新进教员持续并精准地朝向他们的目标与期望前进。

贝林(1993)指出学术研究创造了大量的精神负荷。研究是一个长期的活动，需要持续地专注。成功的论著与文章是无法在零碎而分散的片段的情况下完成的。如此一来，在学术事业中即存在着为了长期而延缓的成果，便需要有大量投入的情况。但教职人员被期望要备课及教课，以及在其学术机构中和专业上贡献一己之力。这样多重性的要求对于初次要应付这些要求的新进教员来说，影响最为严重。她建议试用期间的教员对于考虑到这些多重的要求与时间来经历错误并由错误中复原，要有很清楚的预期。

对于终身任职制清楚的预期应包含研究与学术成就的平衡的观点。不论何种形态的学术机构，终身任职制决策中以研究及学术产能为其绝对优势的做法，已为多数学者质疑(Clark, 1987, 1997; Bowen & Schuster, 1986; Damrosch, 1995; Boyer, 1990; Glassick, Huber & Maeroff, 1997)。蒂尔尼与本西蒙(1996)举例说明此一偏颇的奖励制度与改变学术文化的必要。“在知名的期刊中，我有超过二十篇的论文。”一位人士说道，“可是人们总是不断地告诉我说我需要写一本书，院长要看到一本书(p. 65)。”奥斯汀与赖斯(1998)提出终身任职制的评估应建立在一个“完整的人”上，所有有关于此人的工作层面都应列入终身任职的考虑之中。格拉斯克、休伯和梅奥夫(Glassick、Huber & Maerooff, 1997)提议教学表现的评量也应与那些学术表现作比较，并采用多种资料及各种形式的信息来源。

总而言之，学者们正强调拥有清楚预期的重要性，这些预期是有关于学术机构的使命与个别的优势、将全部教职人员的工作均纳入估量构成优秀人才的条件、评估工作表现的一致性，以及教职人员本身发展活动来协助经验不足的新进人员减轻其工作不受限制的特性。

终身任职程序

学者们对于如何修正终身任职程序有多种不同的意见。赖斯、索西勒尼与奥斯汀(2000)及蒂尔尼与本西蒙(1996)强调了两项重要的改革：促使此程序更加清晰透明，以及使它能提供有用的反馈意见。对于资深教职人员来说很熟悉的事物，也许对于事业初期的新进人员是一无所知的。系上主管应与新进教职人员一起审视终身任职程序中的步骤，包括评估的时程表、评审的参与者、实施的程序、评估所需的适当形式与信息的种类。从试用期的一开始，新进教职人员也需要有规律有系统且全面地及有见解地对于其工作及在终身任职制中进展的意见反馈。这样的反馈意见应提供试用期人员一些有用而详尽的方法来改善他的工作。将终身任职程序与决策中的神秘面纱移除，将成为学术机构或个人朝向确保公平与一致的终身任职决策的主要的步骤。

另一重要的步骤为终身任职评审委员会中成员的固定，以确保在试用期间一致的反馈意见与指导原则(Chait, 1998)。

霍根(1998)指出具有终身任职的教员在决定某位资浅的同事是否应获得终身任职职位时，其实是在做一个道德伦理的决定。他建议资深教员在运用他们道德伦理的原则时，必须本着其对终身任职制的决断力，并以真实且透彻的终身任职制的推论为依据。

> 因此我们应拒绝狭隘、武断的评估指标，包括那些称之为“高学术标准”的原则。我们应把非武断性评估指标一致地运用在申请教职的候选人身上，而且我们也应同样运用在某些已选定的候选人从聘用起到最终的试用期评估上。除非我们有肯定的理由(也许是原因)来怀疑他们的成就，我们应广泛地相信候选人显著的成就。而且我们应拒绝与残酷妥协，虽然它很容易且经常地成为终身任职决策的一部分。在终身任职制的争议中，对终身任职候选人有利的明显证据应被用来平息争议。为了要获取成功，那些希望与终身任职制争执对抗的人，需要在“合理的怀疑之外”来成立其案件(p. 38)。

霍根的“道德”决策过程为一个需要公平性与一致性，且强调个人完整的学术事业的决策过程，而它离减轻试用期教员对于不清楚与神秘的终身任职程序的疑虑尚有一段长远的路要走。

其他的学者则提出对终身任职程序更彻底的改革，而他们主要针对及矫正一些最受批评终身任职程序的层面。特罗尔(Trower, 1996)记录了目前在280个学术机构进行中的各种形式、不同程度的终身任职改革。这些包括在传统终身任职系统下的毫无改变(31%)到根本没有终身任职制度(15%)。

查特(1998)建议依照目标的终身任职制(TBO)。TBO是一个在终身任职程序的开始便订下评估的期望与条件，且在一固定长度的试用期结束时删除“升等或离职”的决策。在此目标制的终身任职制中，系主任、候选人与指导教授评议委员会在试用期开始之初，便制订一个“工作表现契约”。这个契约规定了精确比重的混合着适合候选人兴趣的教学、研究与服务、系上需求及学术机构优先考虑的条件。它还定义了构成每个领域适切且充裕专精的证明。在此目标的终身任职制度之下，候选人必须每年上交一次相关文件的资料夹，以具体地证明其专精能力及工作表现契约中所列出的达成的目标。如果系主任或(及)终身任职评议委员们判断其证明具有说服力，则候选人在其专业领域的专精能力便因而成立或“认证”了。一旦经过“认证”，则此候选人借由这个层面的资格而获得终身任职的正面而肯定的推荐，便不再具有争议性了。每一位候选人依照其个人的步调持续地进行此一程序，直至系上观察到此人有获取终身任职的满意的进步(若有实际证明其无法达到获取终身任职的满意的进步，则会导致不续聘与接获到期通知的结果)。查特(1998)建议有些系也许可设定决定获取终身任职的上限(比如说十年)。

在维系查特的主张的去除“升等或离职”的制度方面，有些医学院现已混用了具有终身任职候选人资格与不具有终身任职候选资格的双轨制，所以它们也有类似的评选过程与条件。举例来说，内布拉斯加大学的医疗中心以“保健专业聘任”(Health Professions Appointment, HPA)聘用所有新进人员。HPA是一为期五年的契约聘用制，可无限期地更新契约。教员可在任何时期申请终身任职，但他们不必为了要持续就业而提出申请。如果他们被拒绝了，也可以继续以约聘的身份工作(Wigton & Waldman, 1993)。

终身任职制的期限

因有终身任职制七年的固定试用期限，美国大学教授协会的“学术自由与终身任职之原则声明”(1990)似乎就显得多余了。学者们建议在试用期间保有一些弹性空间，以提供给有着不同生活方式的多样的教员，以及帮助解决某些学科中需要在其时间限期内达成终身任职制要求条件的困难。最常见的解决之道为“停止终身任职制的时钟”的条款，在此条款中可允许个别教员因正当的理由来延展其试用期限一至两年(Austin & Rice, 1998; Gappa & MacDermid, 1997)。

一些其他的学术机构，尤其是医学或其他职业学校，借着延长试用期限以给予试用时期教员更多的时间来跨过此一界限的方式，创造出试用期更大的弹性空间。其他的学校则允许教员由他们准终身任职的身份，转换为几年的约聘身份，而后再重新回到准终身任职的轨道上来；或者以非准终身任职的身份聘任几年之后，再开始试用时期(Trower, 1996; Jones & Sanderson, 1994)。另一些学术机构允许兼职性质的终身任职职位，或在准终身任职的期间预留时间上的弹性(Bickel, 1991)。这些改革，使得那些不管是为了什么原因而找寻非专职学术事业的新进教员的潜在池塘更加的宽广了。

大学与团体

学者们也建议资深教员与行政主管们，以正式或非正式的行动来帮助新进教员在系内或系际之间找寻大学文化或团体(Tierney & Bensimon, 1996; Austin & Rice, 1998; Boice, 1992)。系上主管与资深人员在试用期间正式的监督，对于传达学术机构的基本概念、终身任职程序，以及预期的表现是极为重要的。非正式的监督助长了科系“内部的圈子”，这些小团体有助于作品出版、会议报告，以及有助于对教授的角色进行更深入的了解。非正式的监督同时也帮助新进教员在系里或系外感觉更舒适或更易被包容于社交场合当中。系外的教职人员发展计划提供了试用期人员拥有更多选择的观点以便在其工作上获得协助，以及不包含在评估程序之内的工作交流(Boice, 1992)。跨学科的协会与活动可提供重要的社交及信息交流的多重机会。举例来说，蒂尔尼与本西蒙(1996)发现在其系上觉得被摒除在非正式监督外，但有着相同志趣的女性及少数族群会倾向于凝聚在一起。

致力于达到平衡

因为新进教员的工作是不连贯、模糊不清且缺乏结构的，所以必须了解及接受要由自己负责来安排及组织其时间，以达到平衡的事实。当教员们了解到可以掌握自己的时间时，他们才有能力改变其安排时间的方式(Boice, 1992)。

然而，对于教员个人及教职生活达到平衡的迫切的议题，取代了时间的管理。贝林(1993)指出，真正时间的弹性空间来自聘任的学术机构对于平衡公、私方面允诺的合理性的基本信仰。如此一来，学术机构便必须致力于改变其对于工作设计的已有的假设与文化信仰。对于目前现有的终身任职制度的修正，例如“停止终身任职制时钟”的政策、延长试用期限，或非专职性质的终身任职制度的努力，都必须仰赖校园文化的支持。奥尔森和尼亚(Olsen & Near, 1994)发现教员的生产力是与他们对于个人私生活的满意度相关联的。如此说来，对于私生活的认知即可增加生产力，而否定教员对于私生活的需求则会抑制其生产力。正因如此，奥尔林、尼亚(1994)及奥尔森(1993)建议大学与学院必须提供服务与计划，来帮助减轻教员在工作需求与私生活之间的矛盾冲突。

在制定详细政策时，这些对于教员的有益计划与服务措施并不一定会被实施。系主任与资深教员的态度与行为，将决定某些教员会受惠于其学术机构中这些对家庭友善的政策。局部上说来，使用工作与家庭计划的层次，例如“停止终身任职时钟”的政策，是依靠潜在的专业法则来决定的。如果教员了解到某些政策或计划可能有潜在的负面影响，则即使这些政策是可行的，他们也较倾向于不使用它(Gappa & MacDermid, 1997)。加帕和麦德美(Gappa & MacDermid, 1997)提议大学与学院训练及鼓励他们的系主任成为适应力强及负责的人，给予他们资源及可行的计划，并让他们负起责任。成功的工作与生活的计划都需要校长、学术及行政领袖及教职人员的支持。

传统上来说，平等被定义为在一雇用的职位上，完全一样的对待所有的受雇者。但是平等与完全一致是不同的。在一个多重的社会中，相同的对待也许会有非常不平等的结果(Bailyn, 1993)。尤其当雇主无法因外在压力的不同而作出反应时，他们的受雇者便必须面对不平等的待遇。女性与少数族群的教员相较于另一方的白人男性对手们升迁较慢及较难获得终身任职的职位，也许就是一个例证(Johnsrud & Des Jarlais, 1994)。

如果平等是指拥有有效的机会，那么每一个受雇者都必须被当做一个独特的个体来看待。不同的策略方法可达成同样的结果。在这样平等的观念下，事业的发展是个别化的，但是标准与条件并无改变(Bailyn, 1993)。我们在之前已讨论过的在试用期间的弹性空间，以及选择朝向个别化的方法来达到终身任职的标准及条件，都还有一段很长的路要走，而多样的服务与计划亦是如此。加帕和麦德美(1997)提供了"自助餐"式般已规划好了的工业及学术界的工作与家庭计划，来显示目前可运用的大范围的协助。

总而言之，今日在学者中盛行的看法为，准终身任职的教员大致上来说是一群不快乐的团体。已提出的解决之道为"修补"而不是"终止"终身任职制度。目前主要由研究学者们提议的改革的起点为终身任职程序、时间期限、缺乏组织团体与工作生活的平衡。另一个同等重要的改革的开端为非终身任职资格的教员、占大多数的新进教员、职位身份与聘任的安排。本章即将朝此方向进行讨论。

非终身任职资格教员的聘用安排与职位身份

大多数在美国大学及学院教书的教员为非终身任职资格的。他们的聘任当中，不是在合同中清楚地载明终身任职不在他们的选择之内，就是他们所教的学术机构根本没有授予终身任职。这些新进的教员大部分是以兼职或专职的性质被雇用。所有教员的42%是以兼职性质被雇用的，而其中的96%为不具终身任职资格的(Gappa & Leslie, 1997)。除此之外，专职教员中的28%～31%，目前正占着非终身任职资格的职位(Leatherman, 1999; Schuster, 2000)。也许更重要的是非终身任职的教员增加的比例，兼职教员占教员总数的百分比由70年代的22%，到1987年的35%，再到1993年增至42%(Schuster, 2000)。查福罗斯(Charfauros)与蒂尔尼(1999)及斯科斯特(2000)预料这些非终身任职教员在90年代后期，将代表全部教员的45%～50%。到1993年，专职的非终身任职资格的教员由全体专职教员总数的19%增至24%以上，而且根据斯科斯特(2000)的预估，他们已达31%(Leslie, 1998; Baldwin & Chronister, 2001)。兼职人员的原始粗估的数量由254 687人增加到376 675人(占

47.8%)，而所有专职人员则由515 138人增加到528 260人(占2.5%)。

本节以其他专业的事业模式的简短概论为开端，并在此概论中，提供了高等教育以外专业的可能相关的人员聘用范例。本节接着审视聘用情况与兼职人员的满意程度，而后观察非终身任职资格的专职人员。本节并包括研究学者们对专职、兼职的非终身任职资格的教员的聘任安排所提出的建言。基于为了讨论非终身任职资格聘任的情况与事业，因为其聘任的理由及聘任的特性的不同，本节特别将专职与兼职人员作一区分。兼职人员主要因短期教学的聘任而受雇，而专职人员则以教师、研究学者、诊疗医师与行政人员的多种角色及不同聘任形态与责任而被聘用(Gappa, 1996; NEA, 1996; Gappa, 2000; Baldwin & Chronister, 2001)。

本章首先简短地概述了其他专业的事业模式。在此，本章节接着检视兼职者的聘任情形及其满意程度，并述及无终身聘任专职者的概况。末尾，本章将以研究学者对于兼职者及非终身聘任的专职者的聘任安排所提出的建言作为结论。

学术界以外雇用观念之概论

非终身任职资格的教员数目上升至大部分的职位，以及在终身任职制中所创造出更多的弹性空间，响应了发生在任用上的团体与部门的改变。从历史上来看，美国高等教育与企业之间已来来回回地交换着雇用的策略了(Heydinger & Simsek, 1992)。一些革新的政策，例如休假整修设备、弹性工作时数、更大的工作自主权、工作地点托育服务，以及物质滥用的心理辅导咨询等，现今在大学及学院中也非常普及，这些均源自团体的工作场所。特罗尔(1998)发现，与高等教育在历史背景颇为类似的法律与医学专业，皆因外在的压力必须涵盖成本及增加竞争力，已重新调整其自身的结构。在众多的法律专业顾问公司中，有不少的替代事业模式已将与其对立的传统制度转为终身任职制，即在六到十年之间必须成为助理律师的“升迁或离职”的决定。加帕(1996)发现在医学院之中的临床与基础科学的教员已然发展出不同的轨道，且使得终身任职制成为其他的不同选择之一。

海丁格和斯姆塞克(Heydinger & Simsek, 1992)检视了其他的行业，来看他们可否提供关于教员聘任安排与产能之间关系的建议。他们在医学、法律与销售行业的个别的生产力与收入的水平，发现了直接的相关联性；在航空驾驶行业中，严格的行为标准、证照取得及维持技术水准与指派任务的弹性空间是相关联的；澄清与联系顾客期望则直接与警察的工作表现相关。学者们总结道，将生产力与大比例的收入及一持续的职位上工作的表现相关联，是为强而有力的个别鼓励；而警察人员生产力的问题常常根源于对终极目标的混淆不清，及对最终服务对象缺乏清楚认知。而那位航空机长则揭示了当遵循每一个合乎严格标准的工作表现时，在工作任务中还是可以存在着显著的个人弹性空间的。他们的结论提供了检视教员事业更宽广、更丰富的视野。

沃特曼(Waterman)、沃特曼与科勒德(Collard, 1994)力争存在于雇主及雇员间新的契约,他们说:"大部分的人们与大多数的公司都因缩编、展延、修正编制、裁员与重新改组而态度渐趋强硬。这种情况已经说明了旧契约是无任何价值的(p. 87)。"在交换终身受雇时,他们建议道:"我们应放弃绝望地紧抓着一个工作、一个公司或一个事业的途径不放。现在真正重要的是拥有竞争力的技能,能在我们需要工作时或我们能找到工作的地方找到工作(p. 87)。"学者们提议,雇主与受雇者分担维持与加强受雇者在公司内或公司外的就业能力的责任。在这新约定之下,雇主会提供给每个人机会来发展和增强他们的就业能力,来交换更大生产力同等的承诺,只要受雇者还在公司工作,员工的工作保障将存在于他的新技能上,根据沃特曼、沃特曼与科勒德(1994)的结果则会是两方面的"双赢"。在他们的看法中,不断更新其技能的全体从业人员不只因应改变作出反应,而是防范在先,那是一个"适应力强的"劳动体。公司也将会有更健康的体质。如果员工们都有多重的技能,他们能轻易地跨越功能的界限,而他们也很轻松地在日常的职责与特殊计划之间转换自如,或许当他们发现一家公司合适的情况已不再的时候,能继续自我前进。这样对新的事业适应力强的劳动体,了解到组织的目的是在提供顾客珍视的产品与服务,而当组织无法达到此一境界时,没有人能继续享有工作(Waterman, Waterman & Collard, 1994)。

正如在埃杰顿(Edgerton)文中所引述的,汉迪(Handy, 1993)提议三个不同的工作团体都与一个组织相关联:第一个是专职的职业核心;第二个为契约性的组织或附庸的承包人,他们为其自身组织的成员,但其服务表现可提供给他人所用;第三种工作团体为包含非暂时的、兼职的或在尖峰时刻帮忙的半技术的独立个人,就是被雇用来做特定工作的独立专业人士(Edgerton, 1993)。汉迪称这样的独立个体的生活为"公文包工作阶层",这些独立专业人士将其事业建筑在客户及不同形态的工作的公事文件上。汉迪的看法与沃特曼、沃特曼与科勒德(1994)的适应力强的工作者有很多相似之处。汉迪认为有效率的公司为了减少其核心成员,而后尽可能地把工作推给附属承包者或在组织之外的独立个人。

汉迪的观念可以应用在准终身任职与非终身任职资格的教员之间的关系上,专业的核心即等同于终身任职与准终身任职教员。非终身任职资格教员如今负责很多的学术工作,以往则是由准终身任职教员负责完成的,其中包括许多大学部的教学工作(Kennedy, 1997; Plater, 1998)。依照不同的情况,他们可以被视为附属的承包者或独立个体;在某些个案中,他们在学术事业路径上类似于沃特曼、沃特曼与科勒德(1994)所提到的职业适应力。

这些学术界之外新的雇用观念,例如弹性空间、工作生活、职业适应力、持续改善及联结生产力与奖赏等的策略,受到很多准终身任职或非准终身任职的新进教员的喜爱,这些观念已被考虑纳入试用期的改革建言中。本章已讨论了这些观念与准终身任职教员的关联性，现在转而讨论这些观念运用在非终身任职资格的教员的身上。

兼职教员

兼职教员主要被雇用来教学，并在所有形态的学术机构中以可观的数量被任用。研究及博士型大学任用比例上较少的兼职者(大约23%～32%)，因为他们依赖研究生院教学助理。同样，个别的学科也依不同比例地使用兼职者(见表4)，兼职者占大约全部教员的半数或超过半数，在法律学科约61%，艺术学科约51%，英语与文学学科约50%，计算机学科约49.5%，而数学与统计学科约49%(Leslie, 1998a)，在商业学科约47%，保健学科约36%。对于兼职人员严重的依赖，是因为在这些专业领域中从业者的重要性。在英语与数学学科中对兼职教员的依赖则是不同的。在这些学科中，兼职者被大量地雇用在核心的学术科目中来替代专职教师(Benjamin, 1998)。

他们是谁，他们做些什么

大部分的兼职者(77%)在学术界之外还有其他工作，而对64%的兼职者而言，这些工作为专职事业(Gappa & Leslie, 1997)。所有兼职者的平均家庭收入为67 637元，相较于专职教员的81 248元(Leslie, 1998b)。个别兼职教员为其家庭支出的主要经济收入者，由各方面来源的个别收入总额平均为48 761元，相较于专职教员的60 613元。表6依照学术机构的种类与收入来源比较了专职与兼职的平均收入，大致上说来，兼职者经由在大学任教赚得其总收入的20%～25%。

表6 依照1992年秋季学术机构管理、形态及收入来源显示专、兼职教员及职员平均薪资

学术机构形态	薪资所得总额		收入来源			
			来自学术机构收入		其他收入	
	专职	兼职	专职	兼职	专职	兼职
全部	60 613	48 761	52 738	11 342	7 874	37 419
公立研究型	73 928	55 121	64 543	16 321	9 385	38 801
私立研究型	86 504	61 765	72 671	10 771	13 834	50 994
公立博士型	64 845	47 973	57 486	13 294	7 358	34 679
私立博士型	74 527	92 699	62 686	16 977	11 841	75 722
公立综合型	54 429	42 417	47 323	13 727	7 106	28 690
私立综合型	55 499	49 974	47 570	8 151	7 930	41 822
私立人文科学	44 979	47 775	39 978	12 695	5 001	35 081
公立两年制	48 982	41 148	43 154	9 147	5 827	32 002

除了他们兼职的组织之外，兼职者致力服务于他们的大学及学院，且希望成为学术环境之一分子，他们平均在其教学职位上有6.3年，相较于专职者的11.2年(Leslie，1998b)。然而只有15%的兼职者拥有博士学位，另外的11%拥有专业的学位，大部分的兼职者(52%)拥有一个或更多的硕士学位(Leslie，1998a)，表7与表8显示依个别学术机构的形态及学科的兼职教职人员拥有的学位的分析。

表7 依照1992年秋季学术机构管理及形态，显示兼职教员对于是否拥有博士或第一专业学位回答"是"的百分比

学术机构形态	拥有博士或第一专业学位，回答"是"者的人数
全　部	26
公立研究型	48
私立研究型	50
公立博士型	46
私立博士型	60
公立综合型	24
私立综合型	32
私立人文科学	25
公立两年制	13

表8 依照1992年秋季课程领域，显示兼职教员对于是否拥有博士或第一专业学位回答"是"的百分比

学术机构种类	拥有博士或第一专业学位，回答"是"者的人数
所有四年制	38
农业/家政	13
商　业	23
教　育	32
工　程	41
艺　术	8
人类科学	28
自然科学	39
社会科学	49
其他领域	44

总而言之，大部分的兼职教员当他们的聘任工作合在一起的时候，他们几乎满负荷工作，他们的经济状况理当较佳且在其工作上有更专业的资格，专职者与兼职者的差异并不如多数人所想的那么大，而圈外人往往假设他们会组成一个同侪团体

(Gappa & Leslie, 1997)。专职与兼职教员最惊人的不同是在于性别，因相较于全职者（占全部专职者的33%）女性似乎比较倾向于以兼职者的角色受雇（占所有兼职者的49%）。然而对全国高等教育教员研究的响应中提到，女性一如男性般不喜欢兼职的工作安排(Leslie, 1998)。

兼职者因不同的理由教学(Gappa & Leslie, 1993)，大略将其理由分属于四个不同的类别。大部分的兼职者都在其别处的主要专业上以“专业人员或专家”的名义被雇用。这些兼职人员之所以有教学的动机，是因为来自工作本身内在的满足，以及对于他们所服务的支持者的牺牲奉献精神。他们大部分都有利他的欲望，尤其是那些来自相同背景的人。其他的兼职者包括那些“事业终端者”，即正值生命跑道转换到将近退休或已退休者。有些兼职者，那些“自由学者”，宁可同时在不同的岗位上工作，而其中之一即为兼职教学。

只有16%的兼职者为“学术渴求者”，希望有专职的终身任职职位。然而，在不同的科学领域中存在着显著的差异，在人类学中有超过36%的兼职者，而保健科学中只有1.5%的兼职者追求准终身任职的职位。65%的艺术科学兼职者与61%的人类科学兼职者指出，他们是因为在学术界或其他的地方找不到专职的工作才兼职教学的(Leslie, 1998)。这些学术的渴求者大致上因经济的因素而教学，有些是同时在不同的校区教学，希望终于有一天可以获得准终身任职的职位(Gappa & Leslie, 1993)。

大学与学院则因很多不同理由找寻兼职教员(Leslie, 1998b; Haeger, 1998; Wyles, 1998)。在90年代，社区大学的扩张及州政府对高等教育支持的平稳是最令人信服的理由。从1970～1995年的两年制学术机构的教员人数增长了210%，相较于四年制学术机构69%的增长，而在社区大学中兼职者的比例也由50%上升到60%，聘用兼职者为学术界的广义的缩编、转包及承包的一部分，不断增加的成员、经济的艰难时期、强制退休的失控及对弹性空间的需求，都使得学术机构对于终身任职的长期承诺更趋谨慎。除此之外，一些个人对兼职性质工作的喜好，以及缺乏兼职教师教学成效较差的证据，都导致了兼职者的聘用。

如此一来，大学与学院及兼职者双方都受惠于兼职性质的聘用。85%的兼职教员报告说，他们有些或非常满意于他们的工作。然而，当他们表达对指派教学职务的满意度时，他们对不同层面的聘用表示不满意（见表5）。

聘任政策

兼职者是多样的，有着高度不同的生活情况与教学动机，但其聘任的情形则相反。不论其表现的质量、聘用的长度、职位的适用资格或其学术机构的需求如何，大部分大学或学院都以一致或利己的政策聘用兼职者。兼职教员的聘用倾向依据非正式的实施原则与系内的承诺，而非提供公平与一致的中央颁布的学术机构政策。按好的情况来说，兼职者除其聘任的不正式与无保障外，他们逐渐获得重视及建立同人关系(Gappa & Leslie, 1997, 1993; Rhoades, 1998)。但以最糟的情况而论，兼职者持续地处于边缘地带且易遭受多变而专断的待遇(Gappa, 2000; Gappa & Leslie,1993)。

相较于严密的国家级准终身任职教员的招募，兼职者的招募通常是非正式且由系主任所掌控的。某些职缺只有地域性或区域性的征求广告，但是大部分的招募是口耳相传的，"溪底捞鱼式"征求的最低廉而最脆弱(但不一定是最具资格)的招募情况就会发生。

大部分的兼职者是依学期而派任的，派任通知或更新通知通常来得很迟(不论之前是否被聘用过)。如此一来，兼职者就只有很少的时间来准备课程，这样有可能对其教学质量有所妨碍。无法以一时效性的方式通知对方，可能对于那些依赖收入的兼职者的生活造成严重的妨碍。学期制的聘任政策限定可能的连续聘任次数，以及专断的限定兼职者被指派的工作量，都导致兼职者对其聘任的不安全感，及使他们被排除在福利制度外。这些政策都是学术机构对于向往的弹性空间的不适当的反应，以及学术机构对于不中断的连续聘用将导致终身任职事实的不必要的忧虑。

在支持的服务、供给设备及办公室空间资源稀少的情况下，兼职者通常获得最少的优先权。提供支持服务的办公室通常需要兼职者及早提出申请，且通常在兼职者教课的晚间及周末是关闭的。无法适当地获得支持服务或办公室空间，将影响兼职者的教学及使兼职者与学生的会面更加困难。其他的补助例如专业旅游或休假等，对兼职者来说是根本不存在的。

兼职人员的薪资政策依据学术机构的文化及给付能力而有很大差异，而兼职者对其薪资的观点也有很大的不同。那些在别处有全职职位者大致上较不关切；但另一些依靠薪水作为重要的收入来源者，则越来越需要一份公平的待遇与酬劳。一位兼职者说道："我们得到的是低阶较不吸引人的课程，而且是以低薪来教课，我再也负担不起兼职教课。我做专职排版打字的所得和兼职教书所得一样，同时我再也不能依赖暑期的资源(Gappa & Leslie, 1993, p. 162)。"绝大多数的学术机构不是使用统一标准对待所有的兼职者，就是给予固定的范围待遇，通常是依据其资格与(或)年资，然而一些学术机构在其薪资政策上是不一致的。很少有个别的兼职者得以与高阶层的行政主管协商他们的薪资，如此一来便导致薪资政策完全溶蚀。

非常少的学术机构提供福利给兼职者。缺乏福利制度为兼职者最不满的回应的议题(57%)(见表5)。医疗保险津贴(适用于17%的兼职者，相较于97%的专职者)、退休计划(适用于20%的兼职者，相较于93%的专职者)，以及学费补助金或减免(适用于9%的兼职者，相较于48%的专职者)，这些对于兼职者来说都是最重要的。一位兼职者重述着她的故事："我在这里没有健康保险，我慌了。我开始在经济计划服务处工作，以获得此福利。我二分之一的时间在那里工作，其余三分之一的时间在艺廊工作，三分之二的时间在这所学术机构工作，这是我今年秋天的时间表。我的女儿刚满两岁，而我以艺术馆长的职位被裁员，我不知我的未来在哪里(Gappa & Leslie, 1993, p. 163)?”因为学术机构依照个人聘用的时间基础而不是以服务年资作为规划福利制度的依据，那些有十到十五年连续教学经验的兼职教员却与被雇用教学一学期的兼职者待遇相同(Gappa, 2000)。

许多兼职者与其大学及学院间存在长远及互惠互利的关系，但这些稳定的雇用历史是源于学术机构的善意的结果，而不是来自兼职者享有工作保障的权利。一位系主任曾说：“下一个年度我们被分割为十一个时段，因为我们预期大一新生的班级会较小，而且因为预算的缘故，我们失去了一些时段……去年秋季时我写了字条提早提醒兼职教员，说明来年的情况看来不乐观，要开始打算了(Gappa & Leslie, 1993, p. 173f)。”兼职者坚信，一个长久的服务与优异的表现都无法确保持续的聘任是不公平的。

兼职者同时也对其次等身份与工作努力的不被赏识表达了愤怒与挫折，没有感到被“联系”或“整合”到校园生活之中，取而代之的，他们常感到隔阂、无力与被忽视的感觉。一位兼职者评论道：“在我系上，他们为新老师举行接待会，我是第一次教书且被邀请了，但身为一兼职老师，我并没有被提及，没有人想到要以一个新进老师的身份介绍我，我像一个透明人，虽然我把课教得前所未有的好，但我还是一个透明人(Gappa & Leslie, 1993, p. 192f)。”而这种“隐形”的状况，常常是肇因于系上的文化及系主任们的领导(或缺乏领导)能力。许多兼职者对在校内或系上缺乏与他们协商，以及缺乏参与影响到他们的决策表达了厌烦。而这种厌烦的感觉因他们知道向校方抗议的举动将危及其连续聘任而更加的剧烈(Gappa & Leslie, 1993)。

总而言之，兼职者在响应1993年全国高等学校教员研究中提到，他们经历了对教学发自内心的满足感，但也对其聘用的许多层面感到不满。然而，当85%的专职者对其工作表示了大略的满意度时，他们对于工作不同层面的满意度则有明显的差异。借着1993年全国高等学校教员研究，本杰明(Benjamin)分析了兼职者在其四年制学术机构中，教授职业训练为主的学科(VOC)或人文艺术为主的学科(LAC)的满意度与不满意度。他的分析指出，以职业训练为主的学科的兼职者在大略的满意度上，明显地高于人文学科的兼职者，同时也较满意于其福利、薪资、工作保障及在其领域中充实新知的时间。他发现人文学科的教员对于其较多的不满有其充分的理由，他们较依赖他们的兼职工作，因为其家庭收入平均水平大致上相较于职业学科的兼职者为低，而且其工作保障及保健或其他福利也经常无法由其他雇主处取得(Benjamin, 1998)。最终，兼职者对于学术聘任的满意度将会对其教学质量有长远而直接的影响。莱斯利(Leslie, 1998a)、本杰明(1998)与克拉克(1987, 1997)提议在不同学科及不同形态的学术机构之中，对于任用兼职者及其间的差异与满意程度的相关性，需要投入更多的研究。

专职非终身任职资格

对于过度任用兼职者的顾虑的反应，大学及学院现聘用更多专职且不具终身任职资格的教员(Baldwin & Chronister, 2001)。举例来说，在1999年，佐治亚州立大学的艺术及科学学院减少了兼职者所教授的课程，由原先的900个课程减少到227个，而增加了65位新进专职非终身任职资格的教员(Wilson, 1999)。根据克里斯特和鲍德温(Chronister & Baldwin,1999)的研究，非终身任职资格的教员在1995年占全部专职教员的28.3%，自1975年以来增加了92%。他们将此趋势视为教员聘用上长远的改变。

专职且不具终身任职资格的教员或非准终身任职的教员(FTNTT)的聘用，是以达到学术计划中更高的连续性、执掌任用课程规划中完整领域、集中针对教员负责的特殊领域，例如教学、研究或医疗门诊，以及增加唯有在学术界以外才可获得的大量专业人才或特殊经验等为目的(Gappa, 1996)。FTNTT专职非终身任职资格的教员最多集中在研究型大学(39.5%)，而后是博士班补助型大学(18.5%)、综合型大学(16.9%)、综合型学院(12.3%)，及私立人文科学学院(7.8%)。医疗保健科学则雇用了最大比例(28%)，接着为自然科学(15.7%)与人类科学(12.5%)(NEA更新数据，1996)。当非准终身任职的教员主要以教职聘任时，他们同时也受聘为研究教授、执行教授与优异资深讲师。事实上医学院在多年前早已采用专职的非准终身任职教员来聘任，但主要在临床诊疗的职位上。在1981年以前，120所中72%的美国医学院有非终身任职资格的轨制。从1983～1993年，在医学院中临床教员的总数增长了两倍，而准终身任职或终身任职职位的百分比却减少了(Jones & Sandersor, 1994)。

当学术机构因大学部门或课程规划的特殊领域的教学的目的，将兼职教员的职位并入专职人员的聘任时，专职者的待遇一般来说要比被他们所取代的兼职者要好。他们的聘任如为一年或更久，若非可无限制地更新，就是有限更新次数的固定期限(包括了福利)、补偿津贴，会比兼职者优渥且大部分都接受专业发展的资助。然而，这些教员经常感到身份上的差别待遇，例如在管理统御上参与的权利或是接受年休假的假期。对于某些教学的教员工作保障是一个重要的议题，而这些都必须视其契约的特殊性来决定(Gappa, 1996; NEA, 1996)。

当专职且不具终身任职资格的教员被雇用为诊疗研究人员，或优异资深讲师时，基本上他们享有准终身任职人员的额外津贴，也可能额外享有完全的投票权，而且完全被整合在其系内，正如一位有终身任职教员评论的："每个人都为此教学企业贡献一己之力，我们也认同这些贡献，它是一个群体的努力。不能排除诊疗人员也可接受准终身任职教员的态度，我们需要诊疗教员(Gappa, 1996, p.25)。"可是一些专职且不具终身任职资格的教员，表达了来自更新聘任的缺乏工作保障的关切。其他偶尔也有一些关于身份差别待遇的评论。一位研究教员评论道："基本上来说，研究教授是一个奴隶、一所大学的特权者。我们会给您一间实验室与空间，您拿钱进来，如果推迟，您便是历史了。人们必须要拥有一些东西。然则那个争取了二十年经费的人该如何？于是他到五十岁而经费终止了。您怎么办？解聘他吗(Gappa，1996，pp. 27，29)？"

然而，大致上来说，专职且不具终身任职资格的教员与他们享有终身任职的同事们有着同等资历，他们选择了这种形式的聘用，也因其特长受到同事的尊崇与重视，而且与准终身任职人员有着类似的聘用情况。他们似乎对准终身任职职位不感兴趣，因为他们靠其专业完全可以得到聘用，或是因生活形态的顾虑而排除了准终身任职的聘用。一位专职非准终身任职教授提道："我曾是一个终身任职教授……我的处境非常好。我太太曾是一位学者，我们孩子很小，于是我太太获得一份补助，我放弃了终身任职来到这里。我恢复了实验室而获得三个 NIH 补助费。我成为评议委员会成员，然后我获得了三年的教授聘任，但没有终身任职。我太太为终身任职，他们说：'我们该拿他怎么办呢？'于是他们给我一个募款主任的职务(Gappa，1996，p. 26)。"

鲍德温与克里斯特(2001)根据他们在十二个四年制学术机构所作的研究，发展出三种不同聘任模式来描述专职且不具终身任职资格的教员。

第一种是边缘化的模式。运用专职非终身任职资格的聘任来提供给职员弹性空间及降低花费。这些教员的合约是一年一聘，并在一固定期限内可更新契约。他们负担沉重的教学任务，相较于其他准终身任职的同事们，他们获得的薪资较低。如果有任何专业发展支持他们，也只能分到薄弱的资源，且享有有限的投票权，这些教员与其聘用状况下的兼职者最为相似，但能享有更好的薪资、福利与长期的聘任。

第二种是整合化模式。整合化模式则被运用在雇用具有优异特殊技能与兴趣的个人，他们可增加提供计划与提高准终身任职教员资历的名声。相较于"边缘化的模式"下的人们，他们享有较高的地位且受人尊崇。他们是以年度的合作当做"试用期"被聘用，接着是可更新的复合年制合约，并与准终身任职教员有相似的职等与头衔、选举特权与专业发展援助。

第三种是替代专业轨制模式。与"整合化模式"类似，但被设计为替代终身任职制的可行方案，除了有整合化模式的特性外，这个替代专业轨制相较于准终身任职教员还有教学的负荷与担当职员的角色，享有清晰的专业改进制度与专业发展丰富的支持。这些教员享有年休假的假期，且相较于准终身任职人员，他们享有更优渥的薪资，他们代表了学术团体中羽翼已丰的成员。在"替代专业轨制"下的教员，与加帕(1996)所述的诊疗人员或优异资深教员相类似。正如一位专职且不具终身任职资格的教授所述："我整个的事业是在学术界之内，但却在轨制之外，但一直是个理想导向的事业。我不必在意一个人要达到成功所需的条件，而我已拥有一个极为丰盛的事业(p. 18)。"

若不论这些模式，鲍德温与克里斯特(2001)并没有为专职且不具终身任职资格的教员在人事政策中找到一套理想的处理方式。虽然专职人员大致上来说相较于其他兼职的同事们条件更为优渥，但他们的聘任状况并不如享有终身任职教员那样地被细心规划过。鲍德温与克里斯特(2001)大约勾勒了九个政策区域，建议学术机构着手努力：明确定义试用期、试用期之后的复合年聘任、明确订定更新合约或终止的日期、公平的薪资与福利制度、专业改进制度、专业发展的支持、领导统御的参与、保卫学术自由、认知与奖赏的渠道。然而，加帕(1996)在职业学校详述的一些整合轨迹模式中确实谈到以上的政策区域。在所有学科与学校形态中，医学院校在发展专职的非准终身任职教员的整合与公平的聘任政策时，在努力消除身份职等的差异上有着最大的进展(Jones & Sanderson, 1994; Bickel, 1991; Froom & Bickel, 1996; Lovejoy & Clark, 1995; Bland & Holloway, 1995; Kelley & Randolph, 1994)。

校园气氛、文化、历史与目前状况皆构成大学及学院所拥有的教员聘用制度的基础。鲍德温与克里斯特(2001)发现在不同形态的教员中，其身份差别待遇及差异因明确的措施或学校的政策，或教员隐含或推断的素质差异，常发生于不同学术机构的不同阶层。正如一位院长提道的："现实的事实是终身任职的教员们并没有将非准终身任职的教员一视同仁(p. 129)。"鲍德温与克里斯特(2001)将一些准终身任职教员的态度归因于对于未来终身任职制的恐惧。然而总体来说，有同等资历或比终身任职教员更佳的资深且非终身任职资格的教员都极少经历身份差别待遇。正在建构其学术事业的专职且非准终身任职教员与女性教员，则更强烈地关切到身份差异与事业发展的机会的议题(Gappa, 1996)。一位纯熟的资深教授提到像他这样在学术界之外有着成功事业的人，事业的发展是有待讨论的；但对于那些正在发展事业的人们，事业的路径是非常重要的。他建议金钱、身份与形象是为重要的动机，而休年假的资格、完整的投票权及很清晰的阶级晋升体制，则为重要且具体的尊崇的表示，以及对于非终身任职资格教员积极态度的表现(Gappa, 1996, p. 33)。

资料中专职的非准终身任职教员的不同的角色与事业途径，使得满意程度的解析更加困难。在那些1993年全国高等教育教员调查的响应者中，大部分对于决定他们要教课程权利与其非教育的工作层面，都表示非常或有些满意。三分之二的响应者对于他们工作的负荷表示满意，然而，对于长远的事业展望与其在学术领域中保持进步的能力，却有较不满意的响应。43%的人对工作保障表达不满，47%不满意薪水，而54%对阶级中晋升的机会表示不满(NEA, 1996)；其他则对被视为"次等公民"且被拒于专业发展的完整机会及参与统御管理的门外表达了愤怒。因众多参与者的个体差异，我们也预料到会有由极度满意到生气以至愤怒的不同反应(Breneman, 1997)。

学者对非终身任职聘任的建议

当现今教员的绝大多数都无法拥有终身任职资格之时，终身任职为唯一促进人员素质的理想，就显得不切实际了。正当大学与学院重新定义教员的聘用，及随着有着不同兴趣、不同动机与资格的人员进入学术界，现在正是重新考虑谁才是真正“教员”的时候。这些不具终身任职资格的新进教员成员中，包括拥有高阶专业经验的人们，他们有着精准的临床诊疗及研究技术、宽广和不寻常的生活体验、优异的团体领导资历、源自不同文化的观点与看法，有创新及原创的理念，有政府行政与政治领导经验与无法以传统思考所衡量的人性关怀。很多这些教员或可能的教员都不希望或不愿接受准终身任职聘任(Gappa & Leslie, 1997)。于是学者们开始找寻如何促使非准终身任职聘任变得更具吸引力的方法。

首先，学者们调查哪些因素会影响学术职位的职业选择，其中也包括那些不具终身任职的职位。特罗尔(2000)以问卷查访博士班学生及教员在其第一或第二年聘任中，在《美国新闻和世界报道》(*U. S. News and World Report*)中排名前二十五名的博士班中完成其博士学位者。而响应者提到他们一般较偏好准终身任职聘任。当他们被要求衡量特定的工作职缺时，他们会优先考虑地理位置与工作上教学与研究的平衡，而薪资与学术声望则被评为最低的变量(Trower, 2000; Magner, 2000)。查特与特罗尔(1998)研究聘雇于佛罗里达海湾沿岸大学一所不计划提供终身任职的新的学术机构其教员的特性。在第一年，海湾沿岸大学聘用了九十二位教员，其中有40%的人离开原有的终身任职或准终身任职的职位，而且是在任期制的聘任下工作，其中更有很多人是来自研究型大学。吸引他们的主要是讲授大学部门的课程与重新开展一个新大学的机会。然而在几年之后，对于工作保障的顾虑上升，且22%的教员群体离开了。于是海湾沿岸大学决定收卷起合约来改善工作保障(Wilson, 2000)。

再者，学者在审视何种聘任安排可提供充分的学术自由与经济保障。没有终身任职的学院是很稀有的，大部分是存在于私立的四年制学院(9%)。查特与特罗尔(1997)发现，其聘任安排的特色是值得任何考虑去除终身任职制，或提供其他诱人的替代方案的学术机构认真思考的事。这些学术机构在任期合约下，提供充分的学术自由及经济保障，以满足广大多数的教员的需求。他们同时也发现，在同时提供准终身任职及非准终身任职聘任的学术机构当中，大部分资浅教员当有诱因时，会较喜好非准终身任职的选择，而约聘教员数量的优势使他们发现学术生活的愉快(Chait & Trower, 1997)。约聘教员排斥终身任职制，因为他们将其视为削弱资浅的教员的方式，并强加于人的僵硬条文，而且创造了病态的竞争。

第三，学者检视了与学术事业相似的其他专业，例如法律、企业、医学、工程及研究科学，以找出他们如何吸引多样且高素质的不论是专职或兼职的雇员，且能保有工作的弹性空间(Trower, 1998)。在学术界之内，尤其是职业学校内，学者们发现，一些教员与可能的教员从传统的终身任职制度的刻板严苛中醒悟，而他们也对现今非终身任职资格的教员拥有方便获取宽广的事业途径感到高兴。这个在终身任职体制外的事业途径的提供，将导致个人对学术机构贡献的考虑更甚于对个人事业途径的重视(Gappa, 1996)。这个崭新的事业途径与包括非终身任职资格的教员于领导统御的路径之内，将更能有助于去除固守于现有制度内的阶级差异的额外好处。

第四，一些学者建议学术机构可进行试图让教员扬弃终身任职制的尝试。布雷蒙(Breneman，1997)与查特(1994，1995)曾建议提供更高的薪资以补偿非终身任职教员缺乏工作保障的额外的风险。布雷蒙将此高薪视为一种对于其他教员的暗示——"这样的聘任并非次等的"(1997，p. 10)。查特(1994)提议给予和补偿金相关的更多选择，以及更频繁的带薪休假。当韦伯斯特大学将更多频繁的带薪休假当成终身任职的替代方案时，大部分的教员(86%)选择了那个替代方案(Chait，1995)。

第五，终身任职的替代方案可以提供工作保障及事业的弹性。举例来说，加帕(1996)在哈佛教育研究生院的资浅讲师通常是不愿意离开波士顿区的哈佛毕业生。他们选择每年一聘的聘任，但可无限期更新其聘约。他们从事不同的计划并随着所建立的计划档案而迁移，同时也致力于教学、服务与研究。往往他们的职位混合着稳定的行政职位或外在的职务。他们认为加入哈佛大学可使其维系学术地位，而又可在没有准终身任职的评估压力下完成其计划档案。其中一位提道："我们的保障存在于我们的计划档案中，而且还拥有哈佛的帮助。哈佛帮我们开启了很多扇门，它提供了我们机会(Gappa，1996，p. 17)。"

但是学者同时也发现存在于非终身任职资格聘任的教员的问题，亦即阶级差别待遇的存在。加帕(1996)发现当所有教员完全参与到改变终身任职的程序中，且了解弹性空间与学院整体的重要性时，职业学校较倾向于去除此一新的事业途径中的阶级差异。终身任职教员的态度也因重视专业的技能、认清与非终身任职资格的聘任者有着同等甚至超越他们的资历、经由聘任政策与实施所达成的非终身任职资格者的整合、统御管理的参与，以及其地理位置等的原因而深受影响。不论其时间基础或事业途径为何，尝试以教员奖励与直接认同来标榜工作表现的方法，以朝向达到整合与人员素质的改善，已行之久远了。

对于教员角色与奖励或学校面临破产的挑战的响应(Bland & Holloway，1995)，弗吉尼亚大学医学院在其新的晋升政策与终身任职政策上有着积极及全校性的处理。其方法为合并六个教员的事业途径，一半为有终身任职资格，一半为无终身任职资格。对于终身任职或非终身任职聘任的抉择，即成为人员对事业重点的选择。如此一来，便创造出一个有利于去除阶级差异的环境了。为了协助教员适应新的制度，学校规划了广泛的事业发展制度，并辅以全面的适应及督导计划(Gappa，1996)。在沃特曼、沃特曼与科勒德(1994)的事业弹性模式中，学校示范了"公司的角色"。

要进行成为吸引非终身任职资格的兼职教员聘任的选择，将需要最大的改革(Gappa，2000)，因为他们位于教员分层阶级制度的最底层(Rhoades，1998)。加帕与莱斯利(1993)提出了四项跨越阶级的建言以改善兼职者的地位。第一，应基于教育的而非经济的理由，来聘用兼职教员。有着清楚使命感的学术机构，应发展出确切所需教员种类的教员用人计划，并基于工作表现的能力而非因为他人专职或兼职的身份来拣选教员的成员。第二，大学与学院必须发展出确保所有的兼职者都能被公平与一致地对待的聘用政策及施行方法，并且能充分地提供他人工作所需的工具。公平与一致的待遇并不代表完全等同于准终身任职的教员，而是指仔细地考虑出与学术机构概略的聘用哲学一致的聘用政策与实施方法。这些聘用政策与实施方法应该广布于所有的教员且必须定期审视与更新。第三，这些聘用政策与实施方法也应提供给不同性质的兼职聘任，从一段特定时间期限的短暂临时的聘任，到因特殊学术目的而持续延长的聘任。最后，兼职者必须适应及整合于其学术机构与系内，正如那些有资格参与教员发展计划与机会的其他教职成员一样(Gappa & Leslie, 1993, 1997; AASCU, 1999)。

结论

一篇由AAUP的委员会A研究学术自由与终身任职的报道，掌握了导致目前分歧的教员聘用制度的普遍的想法：

> 然而，根本上多多少少固定的两个等级制度大致上的发展带来了影响教员自我认知、学生对教员的认知、外在世界对学术界的认知等种种的阶级意识。我们相信这些被提出的使用非终身任职资格的专职人员聘用的理由一无是处。而且为了高等教育、学术自由、专业保障及下一代学者和其学生之未来，都应停止这些聘任的滥用(AAUP, 1990, p.47)。

AAUP对于问题有正确的看法，但解决方式错了。正如一个生产团体，教员已被重新改造，而且更加的层级化了(Rhoades, 1998; Bowen & Schuster, 1986; Clark, 1987)。然而正如本章所显示的，问题已不再是如何维持终身任职制度这一教员聘任的既定模式。现今由于非终身任职资格的教员已然成为多数，故问题已变成如何重新改造教员聘任，而使得不论其是否具有终身任职身份的那些最好、最优秀的可能的教员，能被吸引和留在这一行业。

对于这一问题的答案即来自本章所探索学者的作品。这些解决之道包括改革终身任职试用期限，以及在终身任职制度之外提供有吸引力的聘任选择。在20世纪的最后十年，这些观点便显得格外明晰了。在审视教员世代之异同方面，则显示了自70年代以来，教员对于终身任职的态度及学术事业的向往并无多大的改变，但在对事业的满意程度上却有些改变。同时，教员事业的最大改变在于终身任职轨道以外的专、兼职人员已成为多数职位的急速成长。在试用期教员的研究方面，则记载了终身任职制度改革的需求，而对于非终身任职资格教员的研究则显示了应改善聘用的施行方法，以促进这一事业更具吸引力。

自20世纪早期以来，终身任职一直是驱策大学与学院聘用制度的后方动能。终身任职的酬赏一直是实行质量管理、促使学术事业更具吸引力与保护学术自由的方法。随着教员人数的增长与多样化，高等教育经历了财务支持的改变与社会大众更坦率地表达其期许，对于检视目前教员聘任制度的需求便更为强烈了。

教员中的学者们研究了教员事业，且提供了多方考虑下对于改革的建言。随着全国高等教育教员研究的出现，应许了对于教员的工作、职位身份、态度与满意程度的持续且一致的资料搜寻的承诺。而提供给大学或学院实施方法的持续研究及深思的创意也不虞匮乏。

本章试图描绘出今日的教员聘用制度，且主要专注于找出什么是在教员聘任制度下最大的压力。本章并以未来教员聘用政策与施行的一些意见，来提供给那些想要改变其目前教员聘用制度的学术机构作为总结。但这些意见是作者基于终身任职制度将继续存在，而并非在目前形态的状况之下，以及终身任职将成为教员可获取的一连串事业途径之一的前提下所提出来的。现在正是将终身任职目标扩展到全部教员、实行质量管理、促进事业吸引力，以及维护学术自由的时候了。

个别学术机构内的改变

改变是发生在个别的大学或学院之内，而不是全国性的运动或共识。高等教育的企业太大而多样，以致无法固守于任何一套教员聘用的原则与指导方针。每个学术机构将会作出关于改变其教员聘用的政策与施行的决定以满足其自身的需求。影响所及的这些人将参与改变政策与施行的规划。目前终身任职的试用期限与程序，以及兼职者的聘用政策则是为修正的主要目标。

多重的事业途径

非终身任职资格的教员目前占有大多数。正因如此，现在正是将强调的重心由教员是在什么“途径”上，转移到不论其是终身任职或非终身任职，是专职或兼职的身份的人员，他们个体对于学术机构的贡献。以多种受尊崇或被重视的事业途径来“开放”学术事业，学术事业将具有增进所有教员的校园群体的关系、提供对于个别教员事业的更公平与更周详的关注，以及增加生产力等的潜力。不论教员的角色时间基础为何，随着终身任职制的发展，为继续留下的教员提供一些具吸引力的事业途径，已是司空见惯的了。这些持续的聘任应与针对特定时间期限的临时而短暂的聘任作一清楚的区隔。不论专职或兼职，下列任何一种的聘用形态的教员的替换，不论是有终身任职资格、非终身任职资格，或临时聘任，都必须基于未来教员的选择与学术机构的需求来考虑。目前在很多的学术机构中，不论其聘任时限或贡献，临时的教员雇用是保留给所有的非终身任职资格及兼职教员的。

整合

一个成功的教员聘任制度是基于其吸引与留住最具禀赋与优异的人才，以及能将所有教员凝聚在一套可提升的学校环境、高质量教学与专业责任的清晰的价值观下的制度(Gappa & Leslie, 1997)。重新塑造工作团体的概念，成为一个为所有教员建立崇高的标准、公平的工作分担，并将奖赏分配给真正的生产创作的整体教员，则是一个开端与起点。目前存在的两极化的制度，强调分化与不平等的聘用待遇及阶级差异，则需要被重新地考虑与替换。

公平性与一致性

当新的聘用轨道被创造出来时，以剥削及矛盾的施行方式为特色的兼职者聘用制度就应当消失。所有的教员，不论他们处于何种“轨制”，都应给予其工作所需的工具、在其事业中进步的机会，以及免于受到矛盾和反复无常待遇的自由。

弹性空间与选择

教员可能希望有符合其事业与个人需求的选择。他们在生活方式中找寻平衡。选择与弹性空间可以满足学术机构吸引和留住优秀教员的需求，以及个人的事业与个别的需求。学术机构需要实现允诺教员可在其事业与个人生活中获取成功的工作生活的政策与计划。这些计划都可促进平衡的生活方式、增加留职率且花费上也非常经济。

系上主管的角色

系上主管是教员获取成功及他们对学术机构与其事业满足的关键。然而系上主管们在其知识、教员聘任，以及事业发展上有很大的差异。在一个以选择与弹性空间为特色的聘用制度中，系上主管将不断地被提醒要在执行其行政业务的职责时，运用其宽容与知识。他们需要支持、时间、资源、刺激与鼓励，以成就其雇用与留住最佳教职人员的努力。

所有的教员代表了大学与学院的主要资产的投资。正如建筑物与设备需要维护保养与更新一样，教员们也需要学习、成就、发展与更新的支持与机会。借着一个适当与公平的资源的投资，所有的教员不论专职与兼职、有终身任职资格与非终身任职资格的人员，都能齐心协力地提升其大学与学院整体的质量。

（作者 Judith M. Gappa）

词汇表

A

A post hoc analysis 析因分析
Ability to pay 支付能力
Academic calendar 行事历
Academic freedom 学术自由
Academic tasks 学术工作
Acceleration effect 加速效果
Access 入学渠道
Accountability 绩效责任
Accounting Education Change Commission 会计学教育更新委员会
Achievement motivation 成就动机
Achievement motivation 成就动机
ACT Assessment composite scores 测验评量综合分数
ACT 美国大学测验
Activity levels 活动力(作业层级)
Adaptive attributions 适应性的归因
Affective components 情感因子
Affirmative action 平权运动
African Americans 非裔美国人
Allocatively efficient 计划的效率
American Association for Higher Education (AAHE) 美国高等教育协会
American Association of Community Colleges 美国社区学院协会
Appropriate application 适当应用
Appropriate theory 适当理论
Aptitude testing 性向测验
Aptitude treatment interactions (ATIs) 能力倾向处理互动
Army General Classification Tests 陆军一般分类测验
Asian Americans 亚裔美国人
Aspiration levels 抱负层次
Aspirations studies 抱负研究
Assessment movement 评价运动
Association for Innovation 创新协会
Association for the Study of Higher Education (ASHE) 高等教育研究协会
Attributional theory 归因学说

词 汇 表

Attributions 归因
Attrition rates 转学率

B

Baccalaureate degrees 学士学位
Backward mapping 逆向式规划
Benefit/cost analysis 利益/成本分析
Budget reviews 预算审查

C

California community college program 加州社区学院计划
Career advising 就业咨询
Career choice 职业选择
Career inheritance 职业继承
Career satisfaction 工作满意程度
Career-focused education 以生涯为目标的教育
Carnegie Foundation for the Advancement of Teaching 促进教学卡内基基金会
Caste theory 阶级制度
Causal attribution 偶然性归因
Central-limit theorem 中央极限定理
City University of New York 纽约市立大学
Classroom contextual factors 课堂情境因素
Classroom norms 课堂准则
Cognitive monitoring 认知监督
Cognitive strategies 认知策略
Collaboration-Integration Matrix 合作—整合之矩阵
College choice 大学选择权
College participation 大学入学率
Community college degrees 社区学院学位
Community College Research Center 社区学院研究中心
Community colleges 社区学院
Community creation 社区营造
Commutative equity 交换公平
Compared with evaluation 与评估作比较
Compensating variation (CV) 补偿变量
Compensation principle 补偿原理

Composite scale 复合量表
Composite score 综合成绩
Comprehension monitoring 理解力的监督
Computer literacy 计算机操作的能力
Condition Index 条件指数
Congruence and assimilation orientation 一致与同化倾向
Congruence assumption 一致假设
Connected learning 协同学习
Consumer choice 消费者选择
Contest mobility system 竞争的流动
Context regulation 情境调整
Contract training 契约训练
Control and regulation 控制和调整
Control assumption 控制假设
Control beliefs 控制信念
Cook's Distance 库克的距离
Cooperative learning 合作学习
Cost-effectiveness analysis 成本效率分析
Course planning 课程规划
Criteria for success 成败标准
Cross-disciplinary development 跨领域课程发展
Cultural capital 文化资本
Cultural taxation 文化税收
Curriculum Leadership for Undergraduate Education (CLUE) 大学教育课程领导能力

D

Dartmouth College case 达特茅斯学院案
Data structure 数据结构
Decentralization 去中央化
Decision criteria 决策标准
Defensive pessimists 防御性悲观主义者
Degree aspiration models 文凭抱负的模型
Dependent variable 因变项
Desert-based principles 功绩本位的原则
Difference principle 差异原则
Distance education 远程教育
Distributive justice 分配正义

Doctoral education 博士教育
Doctoral student socialization 博士生社会化
Dual-career couples 双职工夫妇
Dummy coding 名义上的编码

E

Early career faculty 事业初期的教员
Ease of learning judgments (EOL) 学习简易度之判定
Education Commission of the States 美国教育委员会
Educational aspirations 教育抱负
Educational attainment 教育成就
Educational mobility 教育流动性
Educational purposes 教育目标
Educational reform 教育改革
Employer/employee covenants 雇主/雇员间的契约
Employment practices 雇用策略
English as a Second Language 英语为第二语言
Enrollment trends 就学人数趋势
Environmental control 环境控制
Equal access 平等取得性
Equal consumption 等量消费
Equity-efficiency quandary 公平效率窘境
Equity equality 公平平等
Equivalent variation (EV) 等量变量
Ethnic differences 种族差异
Ethnicity, motivation and 种族动机
Evaluation criteria 评估指标
Evaluation studies 评估研究
Evaluative state 评鉴的国家
Exchange efficiency 交换效率
Expectancy components 期望因子
Expected value 期望价值

F

Faculty Orientation Scales 全体教员适应量表
Faculty pressures 全体教职员压力

Failure-avoiding tactics 避免失败的技巧
Financial aid 财政补助
Fiscal neutrality 财政中立
Flexible appointments permitted 弹性任命
Formal stage 正式阶段
Forward mapping 前进式规划
Full-time non-tenure 专职且不具终身任职
Full-time/part-time ratio 专职/兼职比率
Fund for the Improvement of Postsecondary Education (FIPSE) 高等教育促进基金会

G

Gender and academic achievement 性别和学术成就
General education 通识教育、普通教育
General Linear Model 一般线性模型
Generational differences 世代争辩之差异
Georgia HOPE Scholarship program 佐治亚 HOPE 奖学金计划
GI Bill 军人退伍福利法案
Goal clarity 目标明确
Goal orientation 目标导向
Goals integration 目标整合
Goal-setting 目标订定
Golden era in higher education 高等教育的黄金时代
Government regulation 政府法规
Grading practices 评分练习
Graduate education 研究牛院教育

H

Hard measure 测量水平
"Heeding New Voices" study "倾听新的声音"研究
High School and Beyond Survey 高中以上学生调查
High school 高级中学
High tuition-high aid 高学费一高补助
Higher education 高等教育
Historically black colleges and universities (HBCUs) 历史悠久的黑人学院及大学
Homoscedasticity assumption 等方差的假设
HOPE Scholarship program HOPE 奖学金计划

Horizontal equity 横向公平

I

Identity formation 认同的形成
Identity theory 认同理论
Independent variable 自变项
Implementation research 实施研究
Income distribution 收入分配
Income inequality 收入不均
Income sources 财产来源
Indices of effects 效用指标
Indifference curves 无异曲线
Induced course load matrix 课程规划矩阵
Informal stage 非正式阶段
Institutional characteristics 教育机构的特征
Institutional Reform 制度式的改革
Instructional methods 教学方法
Intergenerational equity 世代间公平
Isoquants 等产量曲线

J

Joint effects 联合影响
Judgments of learning (JOLs) 学习的判断

L

Land grant colleges 土地赐予学院
Law of diminishing marginal product 边际产量递减法则
League for Innovation in the Community College 社区学院革新联盟
Learned hopelessness 无希望的学习
Leveraging Educational Assistance Partnership program (LEAP) 教育协助推动方案
Libertarianism 极端的自由主义
Locus of control 控制场所

M

Marginal rate of technical 边际技术替代率

Marginal social benefits 边际社会利益
Marginal utility (MU) 边际效用
Mastery goals 精熟目标
Medical benefits 医疗福利
Medical school 医学院
Memorizing strategies 记忆策略
Mental rotation 智力循环
Metacognitive awareness 后设认知体认
Minority students 少数民族学生
Mnemonics 记忆术
Motivated Strategies for Learning Questionnaire (MSLQ) 学习问卷之动机策略
Motivational beliefs 动机信念
Multicollinearity 多元共线性
Multicultural education 多元文化教育
Multiple choice tests 多元选择测验
Multiple regression 多元回归
Multiple waves of data 多数据波

N

National Center for Higher Education Management Systems (NCHEMS) 国家高等教育管理系统中心
National Postsecondary Student Aid Survey (NPSAS) 国家高等教育学生补助调查
Network approach 网络组织方法
New Academic Generation 新学术世代
New Public Management 新公共管理
Nontransfer curriculum 非抵免学分课程

O

Occupational training 职业训练
Ordinary least squares procedures (OLS) 最小平方法
Organization theory 组织理论
Outcome expectations 结果期望
Outcomes assessment 成果评估
Outliers 不合格值

P

Pareto criterion 帕累托标准

词 汇 表

Pareto optimality 帕累托最优
Part-time faculty 兼任教员
Pell Grants Pell 奖助金
Perceived control 感知控制
Performance funding 奖助
Performance goals 表现目标
Persistence 持续度
Personal characteristics 个人特征
Personality types 人格特质
Person-environment fit 个人对环境的适应
Policy analysis 政策分析
Policy implementation 政策实施
Policy implementation 政策实施
Positivism 实证主义
Preference aggregation 总和偏好
Priority of liberty principle 自由优先原则
Probationary faculty 适用教员
Production function analysis 生产函数分析
Product mix efficiency 生产组合效率
Professional Liberal Undergraduate Self Study (PLUSS) 大学部专业通识自我学习
Professional Preparation Network 专业准备课程网络
Professional program 专业课程
Professionalization 专业化
Professions education 专业教育
Progressive education 进步教育
Proportionality principle 比例原则
Psychological theories 心理学理论

Q

Quality assessment movement 质量评估系统

R

Reaction and reflection 反应和反射
Recruitment practices 人员招募
Reflexivity 反思性
Regression analysis 回归分析

Regression toward mediocrity 回归到平均
Relevance of externalities 外在的相关性
Remedial education 补习教育
Reproduction theories 重现理论
Resource agency 资源机构
Resource dependency framework 资源依赖架构
Resource-based principles 资源本位原则
Retention rates 续学率
Reversible logics 可逆转的逻辑

S

Scholarship program 奖学金计划
Self selection assumption 自我选择假设
Self-affirmation strategies 自我肯定策略
Self-efficacy theory 自我效能理论
Self-esteem 自尊
Self-handicapping 自我妨碍
Self-regulated learning 自我管制学习
Self-regulatory processes 自我调整历程
Self-regulatory processes 自我调整历程
Serial-correlation 序列相关
Social allocation perspective 社会分配的观点
Social capital 社会资本
Social reproduction 社会阶层的再生作用
Social welfarism 社会福利主义
Sociological perspectives 社会学角度
Sponsored mobility 世袭支持的社会流动
Stakeholder society 利害关系人社会
State support 州支助
Status attainment 地位成就
Structural interactive theory 结构式的互动理论
Student consumer information 学生消费信息
Student learning 学生学习
Student Orientation Scales 学生生活量表
Student outcomes 学生成就
Study habits 学习习惯
Surface-processing strategies 表面历程策略

词　汇　表

Student time commitments 学时承诺

T

Task components 任务内容
Task values 工作价值
Teaching methods 教学方法
Technology effect 技术影响
Tenure by objectives (TBO) 终身任职制
Test anxiety 测试焦虑
Trait and factor theory 特质因素理论
Transitivity 递移性
Truman Commission on Higher Education 楚门高等教育委员会
Tuition rationalization 学费合理化

U

Utilitarianism 功利主义
Utility theory 效用理论

V

Value components 价值因子
Variables, measurement of 变数的测量
Vertical equity 纵向公平
Vocational education 职业教育
"Voluntary" minorities "自愿"的少数族群

W

Wage inequality 薪资不平等
Welfare-based theory 福利本位理论
Welfare economics 福利经济学
Wisconsin model 威斯康星州模式
Workforce development 人力发展
Workloads 工作量

参考文献

第一章

Angelo, T. A., & Cross, K. P. (1993). *Classroom assessment techniques: A handbook for faculty*. San Francisco: Jossey-Bass.

Armour, R. A., & Fuhrmann, B. S. (Eds.) (1989). *Integrating liberal learning and professional education. New directions for teaching and learning*, No. 40. San Francisco: Jossey-Bass.

Association of American Colleges (1985). *Integrity in the college curriculum: A report to the academic community*. Washington, DC: The Association.

Association of American Colleges, Project on Liberal Learning, Study-in-Depth, & the Arts and Sciences Major (1991a). *The challenge of connecting learning*. Washington, DC: The Association.

Association of American Colleges, Project on Liberal Learning, Study-in-Depth, & the Arts and Sciences Major (1991b). *Reports from the fields*. Washington, DC: The Association.

Bennett, W. (1984). *To Reclaim a Legacy: A Report on the humanities in higher education*. Washington, DC: National Endowment for the Humanities.

Boyer, E. L. (1987). *College: The undergraduate experience in America*. Princeton, NJ: Carnegie Foundation for the Advancement of Teaching.

Boyer, E. L. (1990). *Scholarship reconsidered: Priorities of the professoriate*. Princeton, NJ: Carnegie Foundation for the Advancement of Teaching.

Briggs, C. L., Stark, J. S., & Rowland-Poplawski, J. (2000, November). *How do we know a continuous planning department when we see one?* Paper presented at the annual meeting of the Association for the Study of Higher Education, Sacramento, CA.

Cheney, L. V. (1989). 50 *Hours: A core curriculum for college students*. Washington, DC: National Endowment for the Humanities.

Clifford, G. J., & Guthrie, J. (1988). *Ed school: A brief for professional education*. Chicago: University of Chicago Press.

Dezure, D. (2000, September). Three decades of lessons on teaching and learning. *AAHE Bulletin*, *53*(1): 3-5.

Eljamal, M., Sharp, S., Stark, J. S., Arnold, G., & Lowther, M. A. (1998). Listening for disciplinary differences in faculty goals for effective teaching. *Journal of General Education*, *47*(2): 117-148.

Eljamal, M., Stark, J. S., Arnold, G., & Sharp, S. (1999). Intellectual development: A complex teaching goal. *Studies in Higher Education*, *24*(1): 7-25.

Feldman, K. A., & Newcomb, T. R. (1970). *The impact of college on students*. San Francisco: Jossey-Bass.

Hefferlin, JBL. (1969). *Dynamics of academic reform*. San Francisco: Jossey-Bass.

Hendley, V. (2000, March). 30 years of higher education. *AAHE Bulletin*, *52*(7): 3-8.

参考文献

Lattuca, L. R., & Stark, J. S. (1994). Will disciplinary perspectives impede curriculum reform? *Journal of Higher Education*, *65*(4): 401 - 426.

Lattuca, L. R., & Stark, J. S. (1995). Modifying the major: Discretionary thoughts from ten disciplines. *The Review of Higher Education*, *18*(3): 315 - 343.

Levine, A. E. (2000, October, 27). The future of colleges: 9 inevitable changes. *The Chronicle of Higher Education.*

Lucas, A. F. (1994). *Strengthening departmental leadership*. San Francisco: Jossey-Bass.

National Commission on Excellence (1983). *A Nation at Risk: The Imperative for Education Reform.* Washington, DC: US Department of Education.

National Institute of Education (1984). *Involvement in Learning: Realizing the Potential of American Higher Education.* Report of the NIE Study Group on the Condition of Excellence in American Higher Education. Washington, DC: U. S. Government Printing Office.

Pace, C. R. (1983). *Measuring the quality of college student experiences.* Los Angeles: University of California, Higher Education Research Institute.

Pascarella, E. T. (1985). College environmental influences on learning and cognitive development: A critical review and synthesis. In J. C. Smart (Ed.), *Higher education: Handbook of theory and research*. Vol. 1. New York: Agathon.

Pascarella, E. T., & Terenzini, P. T. (1991). *How college affects students*. San Francisco: Jossey-Bass.

Stark, J. S. (1972). The 4 - 1 - 4 bandwagon. *Journal of Higher Education*, *43*(5): 381 - 390.

Stark, J. S. (1973). The three-year B. A.: Who will choose it? Who will benefit? *Journal of Higher Education*, *44*(9): 703 - 715.

Stark, J. S. (1975). The relation of disparity in student and faculty educational attitudes to early student transfer from college. *Research in Higher Education*, *3*(4): 329 - 344.

Stark, J. S. (1976). Promoting consumer protection for students. *New directions for higher education.* No. 13. San Francisco: Jossey-Bass.

Stark, J. S. (1998). Classifying professional preparation programs. *Journal of Higher Education*, *69*(4), 353 - 383.

Stark, J. S., & Associates (1977), *The many faces of educational consumerism*. Lexington, MA: D. C. Heath.

Stark, J. S., Bentley, R. J., Lowther, M. A., & Shaw, K. M. (1991). The student goals exploration: Reliability and concurrent validity. *Educational and Psychological Measurement*, *51*: 413 - 422.

Stark, J. S., & Lattuca, L. R. (1997). *Shaping the college curriculum*. Needham Heights, MA: Allyn & Bacon.

Stark, J. S., & Lowther, M. A. (1988). Perspectives on course and program planning. In J. S. Stark, & L. A. Mets (Eds.), Improving Teaching and Learning through Research. *New Directions for Institutional Research*. No. 57. San Francisco: Jossey-Bass.

Stark, J. S., & Lowther, M. A. (1988). *Strengthening the ties that bind: Integrating undergraduate liberal and professional study*. Ann Arbor: The University of Michigan. Center for the Study of Higher Education.

Stark, J. S., Lowther, M. A., & Hagerty, B. M. K. (1986). Responsive professional education: Balancing outcomes and opportunities. (*ASHE-ERIC Higher Education Research Reports* No. 3.) Washington, DC: The George Washington University and the Association for the Study of Higher Education.

Stark, J. S., Lowther, M. A., & Hagerty, B. M. K. (1987). Faculty perceptions of professional preparation environments: Testing a conceptual framework. *Journal of Higher Education*, *58*(5): 530-541.

Stark, J. S., Lowther, M. A., Bentley, R. J., & Martens, G. G. (1990). Disciplinary differences in course planning. *The Review of Higher Education*, *13*(2): 141-165.

Stark, J. S., Lowther, M. A., Hagerty, B. M. K., & Orczyk, C. (1986). A conceptual framework for the study of pre-service professional preparation programs in colleges and universities. *Journal of Higher Education*, *57*(3): 231-258.

Stark, J. S., Lowther, M. A., Ryan, M. P., & Genthon, M. (1988). Faculty reflect on course planning. *Research in Higher Education*, *29*(3): 219-240.

Stark, J. S., & Marchese, T. J. (1978). Auditing college publications for prospective students. *Journal of Higher Education*, *49*(1): 82-92.

Stark, J. S., & Morstain, B. R. (1978). Educational orientations of faculty in liberal arts colleges: An analysis of disciplinary differences. *Journal of Higher Education*, *49*(5): 420-437.

Stark, J. S., Shaw, K. M., & Lowther, M. A. (1989). Students goals for college and courses: A missing link in assessing and improving teaching and learning. (*ASHE-ERIC Higher Education Reports*, No. 6.) Washington, DC: The George Washington University and Association for the Study of Higher Education.

Toombs, W. (1977-1978). The application of design-based curriculum analysis to general education. *The Review of Higher Education*, *1*: 18-29.

Tucker, A. (1992). *Chairing the academic department: Leadership among peers* (3rd ed.). Phoenix: Oryx.

第二章

Ablard, K. E., & Lipschultz, R. E. (1998). Self-regulated learning in high achieving students: Relations to advanced reasoning, achievement goals, and gender. *Journal of Educational Psychology*, *90*(1), 94-101.

Abramson, L., Seligman, M., & Teasdale, J. (1978). Learned helplessness in humans: A critique and reformulation. *Journal of Abnormal Psychology*, *87*, 49-74.

Ajzen, I. (1988). *Attitudes, personality, and behavior*. Chicago: Dorsey Press.

Ajzen, I. (1991). A theory of planned behavior. *Organizational Behavior and Human Decision Processes*, *50*, 179-211.

Alexander, P., Schallert, D., & Hare, V. (1991). Coming to terms: How researchers in learning and literacy talk about knowledge. *Review of Educational Research*, *61*, 315-343.

Ames, C. (1984). Competitive, cooperative, and individualistic goal structures: A cognitive-motivational analysis. In R. Ames & C. Ames (Eds.), *Research on motivation in education* (vol. 1. pp. 177-207). New York: Academic Press.

Ames, C. (1992). Classrooms: Goals, structures, and student motivation. *Journal of Educational Psychology*, *84*, 261-271.

Anderman, E., & Young, A. (1994). Motivation and strategy use in science: Individual differences and classroom effects. *Journal of Research in Science Teaching*, *31*, 811-831.

Bandura, A. (1982). Self-efficacy mechanisms in human agency. *American Psychologist*, *37*, 122-147.

Bandura, A. (1986). *Social foundations of thought and action: A social cognitive theory*. Englewood Cliffs, NJ: Prentice Hall.

Bandura, A. (1997). *Self-efficacy: The exercise of control*. New York: W. H. Freeman.

Baron, J. (1994). *Thinking and deciding*. New York: Cambridge University Press.

Baumeister, R. F., & Scher, S. J. (1988). Self-defeating behavior patterns among normal individuals: Review and analysis of common self-destructive tendencies. *Psychological Bulletin*, *104*, 3-22.

参考文献

Bereiter, C., & Scardamalia, M. (1987). *The psychology of written composition*. Hillsdale, NJ: Lawrence Erlbaum Associates.

Berglas, S. (1985). Self-handicapping and self-handicappers: A cognitive/attributional model of interpersonal self-protective behavior. In R. Hogan and W. H. Jones (Eds.), *Perspectives in personality: Theory, measurement, and interpersonal dynamics* (pp. 235-270). Greenwich, CT: JAI Press.

Blumenfeld, P., Pintrich, P. R., Meece, J., & Wessels, K. (1982). The formation and role of self-perceptions of ability in the elementary classroom. *Elementary School Journal*, *82*, 401-420.

Blumenfeld, P., mergendoller, J., & Swarthout, D. (1987). Task as a heuristic for understanding student learning and motivation. *Journal of Curriculum Studies*, *19*, 135-148.

Boekaerts, M. (1993). Being concerned with well-being and with learning. *Educational Psychologist*, *28*, 148-167.

Boekaerts, M., & Niemivirta, M. (2000). Self-regulated learning: Finding a balance between learning goals and ego-protective goals. In M. Boekaerts, P. R. Pintrich, & M. Zeidner (Eds.), *Handbook of self-regulation: Theory, rescarch, and applications* (pp. 417-450). San Diego, CA: Academic Press.

Boekaerts, M., Pintrich, P. R., & Zeidner, M. (2000). *Handbook of self-regulation*. San Diego, CA: Academic Press.

Brown, A. L. (1997). Transforming schools into communities of thinking and learning about serious matters. *American Psychologist*, *52*, 399-413.

Brown, A. L., Bransford, J. D., Ferrara, R. A., & Campione, J. C. (1983). Learning, remembering, and understanding. In J. H. Flavell and E. M. Markman (Eds.), *Handbook of child psychology: Cognitive development* (Vol. 3, pp. 77-166). New York: Wiley.

Butler, D. L., & Winne, P. H. (1995). Feedback and self-regulated learning: A theoretical synthesis. *Review of Educational Research*, *65*, 245-281.

Cameron, J., & Pierce, W. (1994). Reinforcement, reward, and intrinsic motivation: A meta-analysis. *Review of Educational Research*, *64*, 363-423.

Connell, J. P. (1985). A new multidimensional measure of children's perceptions of control. *Child Development*, *56*, 1018-1041.

Corno, L. (1989). Self-regulated learning: A volitional analysis. In B. J. Zimmerman & D. H. Schunk (Eds.), *Self-regulated learning and academic achievement: Theory, research and practice* (pp. 111-141). New York: Springer-Verlag.

Corno, L. (1993). The best-laid plans: Modern conceptions of volition and educational research. *Educational Researcher*, *22*, 14-22.

Covington, M. V. (1992). *Making the grade: A self-worth perspective on motivation and school reform*. Cambridge: Cambridge University Press.

Covington, M. (1984). The motive for self-worth. In R. Ames & C. Ames (Eds.), *Research on motivation in education* (Vol. 1, pp. 77-113). New York: Academic Press.

Covington, M., & Beery, R. (1976). *Self-worth and school learning*. New York: Holt, Rinehart and Winston.

Covington, M. V., & Omelich, C. L. (1979a). Are causal attributions causal? A path analysis of the cognitive model of achievement motivation. *Journal of Personality and Social Psychology*, *37*, 1487-1504.

Covington, M. V., & Omelich, C. L. (1979b). Effort: The double-edged sword in school achievement. *Journal of Educational Psychology*, *71*, 169-182.

Crooks, T. (1988). The impact of classroom evaluation practices on students. *Review of Educational*

Research, *58*, 438 - 481.

Deci, E. L. (1975). *Intrinsic motivation*. New York: Plenum.

Deci, E. L., Koestner, R., & Ryan, R. M. (1999). A meta-analytic review of experiments examining the effects of extrinsic rewards on intrinsic motivation. *Psychological Bulletin*, *125*, 627 - 668.

Deci, E. L., & Ryan, R. M. (1985). *Intrinsic motivation and self-determination in human behavior*. New York: Plenum.

de Charms, R. (1968). *Personal causation: The internal affective determinants of behavior*. New York: Academic Press.

Doyle, W. (1983). Academic work. *Review of Educational Research*, *53*, 159 - 199.

Dweck, C. S., & Elliott, E. S. (1983). Achievement motivation. In P. H. Mussen (Series Ed.,) & E. M. Hetherington (Vol. Ed) *Handbook of child psychology: Vol 4. Socialization, Personality, and social development*. (4th ed., pp. 463 - 691). New York: Wiley.

Dweck, C. S., & Leggett, E. L. (1988). A social-cognitive approach to motivation and personality. *Psychological Review*, *95*, 256 - 273.

Dweck, C., & Repucci, N. (1973). Learned helplessness and reinforcement responsibility in children. *Journal of Personality and Social Psychology*, *25*, 109 - 116.

Eaton, M. J., & Dembo, M. H. (1997). Differences in the motivational beliefs of Asian American and Non-Asian students. *Journal of Educational psychology*, *89*(3), 433 - 440.

Eccles, J. S. (1983). Expectancies, values, and academic behaviors. In J. T. Spence (Ed.), *Achievement and achievement motives* (pp. 75 - 146). San Francisco: Freeman.

Eccles, J. S., Wigfield, A., & Schiefele, U. (1998). Motivation to succeed. In W. Damon (Series Ed.,) & N. Eisenberg (Vol. Ed.), *Handbook of child psychology: Vol 3. Social, emotional, and personality development* (5th ed., pp. 1017 - 1095). New York: Wiley.

Eisenbrg, N., Martin, C. L., & Fabes, R. A. (1996). Gender development and gender effects. In D. C. Berliner & R. C. Calfee (Eds.), *Handbook of educational psychology*. New York: Simon and Schuster Macmillan.

Eisenberger, R., & Cameron, J. (1996). Detrimental effects of reward: Reality or myth? *American Psychologist*, *51*, 1153 - 1166.

Eisenberger, R., & Cameron, J. (1998). Reward, intrinsic interest, and creativity: New findings, *American Psychologist*, *53*, 676 - 679.

Elliot, A. J. (1997). Integrating the "classic" and "contemporary" approaches to achievement motivation: A hierarchical model of approach and avoidance achievement motivation. In M. L. Maehr & P. R. Pintrich (Eds.), *Advances in motivation and achievement* (Vol. 10, pp. 143 - 179). Greenwich, CT: JAI Press.

Elliot, A. J., & Church, M. (1997). A hierarchical model of approach and avoidance achievement motivation. *Journal of Personality and Social Psychology*, *72*, 218 - 232.

Elliot, A. J., & Harackiewicz, J. M. (1996). Approach and avoidance achievement goals and intrinsic motivation: A mediational analysis. *Journal of Personality and Social Psychology*, *70*, 461 - 475.

Entwisle, D. R., & Baker, D. P. (1983). Gender and young children's expectations for performance in arithmetic. *Developmental Psychology*, *19*, 200 - 209.

Feldman, K. (1989). The association between student ratings of specific instructional dimensions and student achievement: Refining and extending the synthesis of data from multisection validity studies. *Research in Higher Education*, *30*, 583 - 645.

Fincham, F. D., & Cain, K. M. (1986). Learned helplessness in humans: A developmental analysis.

参考文献

Developmental Review, *6*, 301 - 333.

Findley, M., & Cooper, H. (1983). Locus of control and academic achievement: A review of the literature. *Journal of Personality and Social Psychology*, *44*, 419 - 427.

Fiske, S., & Taylor, S. (1991). *Social cognition*. New York: McGraw-Hill.

Flavell, J. H. (1979). Metacognition and cognitive monitoring. A new area of cognitivedevelopmental inquiry. *American Psychologist*, *34*, 906 - 911.

Foersterling, F. (1985). Attributional retraining: A review. *Psychological Bulletin*, *98*, 495 - 512.

Ford, J. K., Smith, E. M., Weissbein, D. A., Gully, S. M., Salas, E. (1998). Relationships of goal orientation, metacognitive activity, and practice strategies with learning outcomes and transfer. *Journal of Applied Psychology*, *83*, 218 - 233.

Ford, M. (1992). *Motivating humans: Goals, emotions, and personal agency beliefs*. Newbury Park. CA: Sage Publications.

Fordham, S., & Ogbu, J. (1986). Black students' school success: Coping with the burden of "acting white". *Urban Review*, *18*, 176 - 206.

Frey, K., & Ruble, D. N. (1987). What children say about classroom performance: Sex and grade differences in perceived competence. *Child Development*, *58*, 1066 - 1078.

Garcia, T., McCann, E., Turner, J., & Roska, L. (1998). Modeling the mediating role of volition in the learning process. *Contemporary Educational Psychology*, *23*, 392 - 418.

Garcia, T., & Pintrich, P. R. (1994). Regulating motivation and cognition in the classroom: The role of self-schemas and self-regulatory strategies. In D. H. Schunk & B. J. Zimmerman (Eds.), *Self-regulation of learning and performance: Issues and educational applications* (pp. 127 - 153). Hillsdale, NJ: Lawrence Erlbaum Associates.

Garcia, T., & Pintrich, P. R. (1996). Assessing students' motivation and learning strategies in the classroom context: The Motivated Strategies for Learning Questionnaire. In M. Birenbaum (Ed), *Alternatives in assessment of achievements, learning processes, and prior knowledge* (pp. 319 - 339). Boston, MA: Kluwer Academic Publishers.

Garner, R., Brown, R., Sanders, S., & Menke, D. (1992). "Seductive details" and learning from text. In K. A. Renninger, S. Hidi, & A. Krapp (Eds.), *The role of interest in learning and development* (pp. 239 - 254). Hillsdale, NJ: Lawrence Erlbaum Associates.

Gollwitzer, P. (1996). The volitional benefits of planning. In P. Gollwitzer & J. Bargh (Eds.), *The psychology of action: Linking cognition and motivation to behavior* (pp. 287 - 312). New York: Guilford Press.

Good, T., & Brophy, J. (1987). *Looking in classrooms*. New York: Harper and Row.

Graham, S. (1994). Motivation in African Americans. *Review of Educational Research*, *64*, 55 - 117.

Graham, S., Taylor, A., & Hudley, C. (1998). Exploring achievement values among ethnic minority early adolescents. *Journal of Educational Psychology*, *90*, 606 - 620.

Harackiewicz, J. M., Barron, K. E., & Elliot, A. J. (1998). Rethinking achievement goals: When are they adaptive for college students and why? *Educational Psychologist*, *33*, 1 - 21.

Harackiewicz, J. M., & Sansone, C. (1991). Goals and intrinsic motivation: You can get there from here. In M. L. Maehr & P. R. Pintrich (Eds.), *Advances in motivation and achievement: Goals and self-regulation* (Vol. 7, pp. 21 - 49). Greenwich, CT: JAI Press.

Harter, S. (1985). Competence as a dimension of self-evaluation: Toward a comprehensive model of self-worth. In R. Leary (Ed.), *The development of the self* (pp. 95 - 121). New York: Academic Press.

Heckhausen, H. (1991). *Motivation and action*. New York: Springer Verlag.

Hembree, R. (1988). Correlates, causes, effects and treatment of test anxiety. *Review of Educational Research*, *58*, 47-77.

Hess, R. D., Chang, C. M., & McDevitt, T. M. (1987). Cultural variations in family beliefs about children's performance in mathematics: Comparisons among People's Republic of China, Chinese-American, and Caucasian-American families. *Journal of Educational Psychology*, *79*(2), 179-188.

Hidi, S. (1990). Interest and its contribution as a mental resource for learning. *Review of Educational Research*, *60*, 549-571.

Hill, K., & Wigfield, A. (1984). Test anxiety: A major educational problem and what can be done about it. *Elementary School Journal*, *85*, 105-126.

Holer, B., Yu, S., & Pintrich, P. R. (1998). Teaching college students to be self-regulated learners. In D. H. Schunk & B. J. Zimmerman (Eds.), *Self-regulated learning: From teaching to self-reflective practice* (pp. 57-85). New York: Guilford Press.

Holloway, S. D., Kashiwagi, K., Hess, R. D., & Azuma, H. (1986). Causal attributions by Japanese and American mothers and children about performance in mathematics. *International Journal of Psychology*, *21*, 269-286.

Hsia, J., & Peng, S. S. (1998). Academic achievement and performance. In L. C. Lee & N. W. S. Zane (Eds.), *Handbook of Asian American Psychology*. Thousand Oaks: Sage.

Hyde, J. S., Fennema, E., & Lamon, S. J. (1990). Gender differences in mathe-matics performance: A meta-analysis. *Psychological Bulletin*, *107*, 139-155.

Hyde, J. S., & Linn, M. C. (1988). Gender differences in verbal ability: A meta-analysis. *Psychological Bulletin*, *104*, 53-69.

Johnson, D., & Johnson, R. Instructional goal structure: Cooperative, competitive, or individualistic. *Review of Educational Research*, *44*, 213-240.

Karabenick, S., & Knapp, J. R. (1991). Relationship of academic help seeking to the use of learning strategies and other instrumental achievement behavior in college students. *Journal of Educational Psychology*, 83, 221-230.

Karabenick, S., & Sharma, R. (1994). Seeking academic assistance as a strategic learning resource. In P. R. Pintrich, D. R. Brown, & C. E. Weinstein (Eds.), *Student motivation, cognition, and learning: Essays in honor of Wilbert J. McKeachie* (pp. 189-211). Hillsdale, NJ: Lawrence Erlbaum Associates.

Koriat, A., & Goldsmith, M. (1996). Monitoring & control processes in the strategic regulation of memory accuracy. *Psychological Review*, 103, 490-517.

Krapp, A., Hidi, S., & Renninger, K. A. (1992). Interest, learning and development. In K. A. Renninger, S. Hidi, & A. Krapp (Eds.), *The role of interest in learning and development* (pp. 3-25). Hillsdale, NJ: Lawrence Erlbaum Associates.

Kuhl, J. (1984). Volitional aspects of achievement motivation and learned helplessness: Toward a comprehensive theory of action control. In B. Maher & W. Maher (Eds.), *Progress in experimental personality research* (Vol. 13, pp. 99-171). New York: Academic Press.

Kuhl, J. (1985). Volitional mediators of cognition-behavior consistency: Self-regulatory processes and action versus state orientation. In J. Kuhl & J. Beckman (Eds.), *Action control: From cognition to behavior* (pp. 101-128). Berlin: Springer-Verlag.

Lefcourt, H. (1976). *Locus of control: Current trends in theory research*. Hillsdale, NJ: Erlbaum.

Lenney, E. (1975). Women's self-confidence in achievement settings. *Psychological Bulletin*, *84*, 1-13.

Liebert, R., & Morris, L. (1967). Cognitive and emotional components of test anxiety. A distinction and some initial data. *Psychological Reports*, *20*, 975-978.

Linn, M. C., & Hyde, J. S. (1989). Gender, mathematics, and science. *Educational Researcher*, *18*, 17-19, 22-27.

Linn, M. C., & Petersen, A. C. (1985). Emergence and characterization of sex differences in spatial ability: A meta-analysis. *Child Development*, *56*(1479-1498).

Locke, E. A., & Latham, G. P. (1990). *A theory of goal setting and task performance*. Englewood Cliffs, NJ: Prentice Hall.

Maccoby, E. E., & Jacklin, C. N. (1974). *The psychology of sex differences*. Stanford, CA: Stanford University press.

Maehr, M. L., & Midgley, C. (1991). Enhancing student motivation: A school-wide approach. *Educational Psychologist*, *26*, 399-427.

Malone, T., & Lepper, M. (1987). Making learning fun: A taxonomy of intrinsic motivations for learning. In R. Snow & M. Farr, (Eds.), *Aptitude, learning, and instruction: Vol. 3. Cognitive and affective process analyses* (pp. 223-253). Hillsdale, NJ: Erlbaum.

Marton, F., Dall'Alba, G., & Kun, T. L. (1996). Memorizing and understanding: The keys to a paradox? In D. Watkins and J. Biggs (Eds.), *The Chinese learner. Cultural, psychological, and contextual influence*. Hong Kong: Comparative Education Research Centre, The Australian Council for Educational Research Ltd.

McKeachie, W. J. (1986). Teaching tips: *A guidebook for the beginning college teacher*. Lexington, MA: Heath.

McKeachie, W. J. (1990). Research on college teaching: The historical background. *Journal of Educational Psychology*, *82*, 189-200.

McKeachie, W. J., Pintrich, P. R., & Lin, Y. G. (1985). Teaching learning strategies. *Educational Psychologist*, *20*, 153-160.

Meece, J., Parsons, J., Kaczala, C., Goff, S., & Futterman, R. (1982). Sex differences in math achievement: Toward a model of academic choice. *Psychological Bulletin*, *91*, 324-348.

Meece, J., & Eccles, J. (1993). Introduction: Recent trends in research on gender and education. *Educational Psychologist*, *28*, 313-319.

Meece, J., L., & Jones, M. G. (1996). Gender differences in motivation and strategy use in science: Are girls rote learners? *Journal of Research in Science Teaching*, *33*(4), 393-406.

Midgley, C., Arunkumar, R., & Urdan, T. (1996). "If I don't do well tomorrow, there's a reason": Predictors of adolescents' use of academic self-handicapping strategies. *Journal of Educational Psychology*, *88*, 423-434.

Miller, G., Galanter, E., & Pribram, K. (1960). *Plans and the structure of behavior*. New York: Holt.

Murray, H. (1991). Effective teaching behaviors in the college classroom. In J. Smart (Ed.), *Higher education: Handbook of theory and research* (Vol. 7, pp. 135-172). New York: Agathon Press.

Nelson, T., & Narens, L. (1990). Metamemory: A theoretical framework and new findings. In G. Bower (Ed.), *The Psychology of learning and motivation* (Vol. 26, pp. 125-141). New York: Academic Press.

Nelson-Le Gall, S. (1981). Help-seeking: An understudied problem solving skill in children. *Developmental Review*, *1*, 224-246.

Nelson-Le Gall, S. (1985). Help-seeking behavior in learning. *Review of research in education* (Vol. 12, pp. 55-90). Washington DC: American Educational Research Association.

Newman, R. (1991). Goals and self-regulated learning: What motivates children to seek academic help? In

M. L. Maehr & P. R. Pintrich (Eds.), *Advances in motivation and achievement: Goals and self-regulatory processes* (Vol. 7, *pp.* 151-183). Greenwich, CT: JAI Press.

Newman, R. (1994). Adaptive help-seeking: A strategy of self-regulated learning. In D. H. Schunk & B. J. Zimmerman (Eds.), *Self-regulation of learning and performance: Issues and educational applications* (pp. 283-301). Hillsdale, NJ: Lawrence Erlbaum Associates.

Newman, R. (1998a). Adaptive help-seeking: A role of social interaction in self-regulated learning. In S. Karabenick (Ed.), *Strategic help-seeking: Implications for learning and teaching* (pp. 13-37). Hillsdale, NJ: Lawrence Erlbaum Associates.

Newman, R. (1998b). Students' help-seeking during problem solving: Influences of personal and contextual goals. *Journal of Educational Psychology*, *90*, 644-658.

Nicholls, J. (1984). Achievement motivation: Conceptions of ability, subjective experience, task choice, and performance. *Psychological Review*, *91*, 328-346.

Nisbett, R. (1993). *Rules for reasoning*. Hillsdale, NJ: Lawrence Erlbaum Associates.

Nolen, S. B. (1988). Reasons for studying: Motivational orientations and study strategies. *Cognition and Instruction*, *5*, 269-287.

Norem, J. K., & Cantor, N. (1986). Defensive pessimism: Harnessing anxiety as motivation. *Journal of Personality and Social Psychology*, *51*, 1208-1217.

Pajares, F., & Graham, L. (1999). Self-efficacy, motivation constructs, and mathematics performance of entering middle school students. *Contemporary Educational Psychology*, *24*, 124-139.

Paris, S. G., Lipson, M. Y., & Wixson, K. K. (1983). Becoming a strategic reader. *Contemporary Educational Psychology*, *8*, 293-316.

Pascarella, E., & Terenzini, P. (1991). *How college affects students*. San Francisco, CA: Jossey-Bass.

Perry, R. (1991). Perceived control in college students: Implications for instruction in higher education. In J. Smart (Ed.) *Higher education: Handbook of theory and research* (Vol. 7, pp. 1-56). New York: Agathon Press.

Perry, R., & Dickens, W. (1988). Perceived control and instruction in the college classroom: Some implications for student achievement. *Research in Higher Education*, *27*, 291-310.

Perry, R., & Magnusson, J. -L. (1989). Causal attributions and perceived performance: Consequences for college students' achievement and perceived control in different instructional conditions. *Journal of Educational Psychology*, *81*, 164-172.

Perry, P., & Penner, K. (1990). Enhancing academic achievement in college students through attributional retraining and instruction. *Journal of Educational Psychology*, *82*, 262-271.

Peterson, C., Maier, S., & Seligman, M. (1993). *Learned helplessness: A theory for the age of personal control*. New York: Oxford University Press.

Phillips, D., & Zimmerman, B. J. (1990). The developmental course of perceived competence and incompetence among competent children. In R. Sternberg & J. Kolligian (Eds.), *Competence considered*. New Haven, CT: Yale University Press.

Pintrich, P. R. (1988a). A process-oriented view of student motivation and cognition. In J. S. Stark & L. Mets (Eds.), *Improving teaching and learning through research*. *Vol*. *57*. *New directions for institutional research* (pp. 55-70). San Francisco: Jossey-Bass.

Pintrich, P. R. (1988b). Student learning and college teaching. In R. E. Young & K. E. Eble (Eds.), *College teaching and learning*. *Preparing for new commitments*. *Vol*. 33. *New Directions for teaching and learning* (pp. 71-86). San Francisco: Jossey-Bass.

Pintrich, P. R. (1989). The dynamic interplay of student motivation and cognition in the college classroom. In C. Ames & M. L. Maehr (Eds.), *Advances in motivation and achievement: Motivation-enhancing environments* (Vol. 6, pp. 117-160). Greenwich, CT: JAI Press.

Pintrich, P. R. (1994). Student motivation in the college classroom. In K. Prichard & R. M. Sawyer (Eds.), *Handbook of college teaching: Theory and applications* (pp. 23-43). Westport, CT: Greenwood Press.

Pintrich, P. R. (1999). The role of motivation in promoting and sustaining self-regulated learning. *International Journal of Educational Research*, *31*, 459-470.

Pintrich, P. R. (2000a). An achievement goal theory perspective on issues in motivation terminology, theory, and research. *Contemporary Educational Psychology*, *25*, 92-104.

Pintrich, P. R. (2000b). Multiple goals, multiple pathways: The role of goal orientation in learning and achievement. *Journal of Educational Psychology*, *92*, 544-555.

Pintrich, P. R. (2000c). The role of goal orientation in self-regulated learning. In M. Boekaerts, P. R. Pintrich, & M. Zeidner (Eds.), *Handbook of self-regulation: Theory, research, and applications* (pp. 451-502). San Diego, CA: Academic Press.

Pintrich, P. R., & De Groot, E. V. (1990). Motivational and self-regulation learning components of classroom academic performance. *Journal of Educational Psychology*, *82*, 33-40.

Pintrich, P. R., & Garcia, T. (1991). Student goal orientation and self-regulation in the college classroom. In M. L. Maehr & P. R. Pintrich (Eds.), *Advances in motivation and achievement: Goals and self-regulatory processes* (Vol. 7, pp. 371-402). Greenwich, CT: JAI Press.

Pintrich, P. R., & Garcia, T. (1993). Intraindividual differences in students' motivation and self-regulated learning. *Zeitschrift fur padagogische Psychologie*, *7*, 99-187.

Pintrich, P. R., Marx, R., & Boyle, R. (1993). Beyond cold conceptual change: The role of motivational beliefs and classroom contextual factors in the process of conceptual change. *Review of Educational Research*, *63* (2), 167-199.

Pintrich, P. R., McKeachie, W., & Lin, Y. -G. (1987). Teaching a course in learning to learn. *Teaching of Psychology*, *14*, 81-86.

Pintrich, P. R., Smith, D., Garcia, T., & McKeachie, W. (1993). Predictive validity and reliability of the Motivated Strategies for Learning Questionnaire (MSLQ). *Educational and Psychological Measurement*, *53*, 801-813.

Pintrich, P. R., & Schrauben, B. (1992). Students' motivational beliefs and their cognitive engagement in classroom tasks. In D. Schunk & J. Meece (Eds.), *Student perceptions in the classroom: Causes and consequences* (pp. 149-183). Hillsdale, NJ: Erlbaum.

Pintrich, P. R., & Schunk, D. H. (1996). *Motivation in education: Theory, research and applications*. Englewood Cliffs, NJ: Prentice Hall Merrill.

Pintrich, P. R., Wolters, C., & Baxter, G. (2000). Assessing metacognition and self-regulated learning. In G. Schraw & J. Impara (Eds.), *Issues in the measurement of metacognition*. Lincoln, NE: Buros Institute of Mental Measurements.

Pressley, M., & Afflerbacn, P. (1995). *Verbal protocols of reading. The nature of constructively responsive reading*. Hillsdale, NJ: Lawrence Erlbaum Associates.

Pressley, M., & Woloshyn, V. (1995). *Cognitive strategy instruction that really improves children's academic performance*. Cambridge, MA: Brookline Books.

Rayman, P., & Brett, B. (1995). Women science majors: What makes a difference in persistence after graduation? *The Journal of Higher Education*, *66*(4), 388 - 415.

Renninger, K. A., Hidi, S., & Krapp, A. (1992). *The role of interest in learning and development*. Hillsdale, NJ: Erlbaum.

Roberts, T. A. (1991). Gender and the influence of evaluations on self-assessments in achievement settings. *Psychological Bulletin*, *109*(2), 297 - 308.

Rotter, J. B. (1966). Generalized expectancies for internal versus external control reinforcement. *Psychological Monographs*, *80*, 1 - 28.

Ryan, A., & Pintrich, P. R. (1997). "Should I ask for help?" The role of motivation and attitudes in adolescents' help seeking in math class. *Journal of Educational Psychology*, *89*, 329 - 341.

Sansone, C., & Harackiewicz, J. (2000). *Intrinsic and extrinsic motivation: The search for optimal motivation and performance*. San Diego, CA: Academic Press.

Sansone, C., Weir, C., Harpster, L., & Morgan, C. (1992). Once a boring task, always a boring task? The role of interest as a self-regulatory mechanism. *Journal of Personality and Social psychology*, *63*, 379 - 390.

Schiefele, U. (1991). Interest, learning, and motivation. *Educational Psychologist*, *26*, 299 - 323.

Schneider, W., & Pressley, M. (1997). *Memory development between 2 and 20*. Mahwah, NJ: Lawrence Erlbaum Associates.

Schoenfeld, A. (1992). Learning to think mathematically: Problem solving, metacognition, and sense making in mathematics. In D. Grouws (Ed.), *Handbook of research on mathematics teaching and learning* (pp. 334 - 370). New York: Macmillan.

Schraw, G., & Moshman, D. (1995). Metacognitive theories. *Educational Psychology Review*, *7*, 351 - 371.

Schunk, D. (1985). Self-efficacy and school learning. *Psychology in the Schools*, *22*, 208 - 223.

Schunk, D. H. (1989). Social cognitive theory and self-regulated learning. In B. J. Zimmerman & D. H. Schunk (Eds.), *Self-regulated learning and academic achievement: Theory, research, and practice* (pp. 83 - 110). New York: Springer-Verlag.

Schunk, D. H. (1991). Self-efficacy and academic motivation. *Educational Psychologist*, *26*, 207 - 231.

Schunk, D. H. (1994). Self-regulation of self-efficacy and attributions in academic settings. In D. H. Schunk & B. J. Zimmerman (Eds.), *Self-regulation of learning and performance: Issues and educational applications* (pp. 75 - 99). Hillsdale, NJ: Lawrence Erlbaum Associates.

Shih, M., Pittinsky, T. L., & Ambady, N. (1999). Stereotype susceptibility: Identity salience and shifts in quantitative performance. *Psychological Science*, *10*(1), 80 - 83.

Simpson, M., Hynd, C., Nist, S., & Burrell, K. (1997). College academic assistance programs and practices. *Educational Psychology Review*, *9*, 39 - 87.

Slavin, R. (1983). *Cooperative learning*. New York: Longman.

Snow, R., Corno, L., & Jackson, D. (1996). Individual differences in affective and conative functions. In D. Berliner & R. Calfee (Eds.), *Handbook of Educational Psychology* (pp. 243 - 310). New York: Macmillan.

Steele, C. M. (1988). The psychology of self-affirmation: Sustaining the integrity of the self. *Advances in Experimental Social Psychology*, *21*, 261 - 302.

Steele, C. M. (1997). A threat in the air. How stereotypes shape intellectual identity and performance. *American Psychologist*, *52*, 631 - 629.

Steele, C. M., & Aronson, J. (1995). Stereotype threat and the intellectual test performance of African

Americans. *Journal of Personality and Social Psychology*, *69*(5), 797-811.

Sternberg, R. (1985). *Beyond IQ: A triarchic theory of intelligence*. New York: Cambridge University Press.

Stevenson, H. W., & Lee, S. -Y. (1990). *Contexts of Achievement*. (Vol. 55). Chicago: The University of Chicago Press.

Stigler, J. W., Smith, S., & Mao, L. -W. (1985). The self-perception of competence by Chinese children. *Child Development*, *56*, 1259-1270.

Stipek, D., & Weisz, J. (1981). Perceived personal control and academic achievement. *Review of Educational Research*, *51*, 101-137.

Tryon, G. (1980). The measurement and treatment of test anxiety. *Review of Educational Research*, *50*, 343-372.

Urdan, T. (1997). Achievement goal theory: Past results, future directions. In M. L. Maehr & Pintrich, P. R. (Eds.), *Advances in motivation and achievement* (Vol. 10, pp. 99-141). Greenwich, CT: JAI Press.

VanderStoep, S. W., Pintrich, P. R., & Fagerlin, A. (1996). Disciplinary differences in self-regulated learning in college students. *Contemporary Educational Psychology*, *21*, 345-362.

Veroff, J., & Veroff, J. B. (1980). *Social incentives: A life-span developmental approach*. New York: Academic Press.

Weiner, B. (1986). *An attributional theory of motivation and emotion*. New York: Springer-Verlag.

Weiner, B. (1992). *Human motivation: Metaphors, theories, and research*. Newbury Park, CA: Sage Publications.

Weiner, B. (1995). *Judgments of responsibility: A foundation for a theory of social conduct*. New York: Guilford Press.

Weinstein, C. E., & Mayer, R. (1986). The teaching of learning strategies. In M. Wittrock (Ed.), *Handbook of research on teaching and learning* (pp. 315-327). New York: Macmillan.

Whang, P. A., & Hancock, G. R. (1994). Motivation and mathematics achievement: Comparisons between Asian-American and Non-Asian students. *Contemporary Educational Psychology*, *19*, 302-322.

Wigfield, A. (1994). Expectancy-value theory of achievement motivation: A developmental perspective. *Educational Psychology Review*, *6*, 49-78.

Wigfield, A., & Eccles, J. (1989). Test anxiety in elementary and secondary school students. *Educational Psychologist*, *24*, 159-183.

Wigfield, A., & Eccles, J. (1992). The development of achievement task values: A theoretical analysis. *Developmental Review*, *12*, 265-310.

Wigfield, A., Eccles, J., Maclver, D., Reuman, D., & Midgley, C. (1991). Transitions during early adolescence: Changes in children's domain-specific self-perceptions and general self-esteem across the transition to junior high school. *Developmental Psychology*, *27*, 552-565.

Wlodkowski, R. (1988). *Enhancing adult motivation to learn*. San Francisco: Jossey-Bass.

Wolters, C. (1998). Self-regulated learning and college students' regulation of motivation. *Journal of Educational Psychology*, *90*, 224-235.

Wolters, C., Yu, S., & Pintrich, P. R. (1996). The relation between goal orientation and students' motivational beliefs and self-regulated learning. *Learning and Individual Differences*, *8*, 211-238.

Zeidner, M. (1998). *Test anxiety: The state of the art*. New York: Plenum.

Zimmerman, B. J. (1986). Development of self-regulated learning: Which are the key subprocesses? *Contemporary Educational Psychology*, *16*, 307-313.

Zimmerman, B. J. (1989). A social cognitive view of self-regulated learning and academic learning. *Journal of Educational Psychology*, *81*(3), 329-339.

Zimmerman, B. J. (1900). Self-regulated learning and academic achievement: An overview. *Educational Psychologist*, *25*, 3-17.

Zimmerman, B. J. (1994). Dimensions of academic self-regulation: A conceptual framework for education. In D. H. Schunk & B. J. Zimmerman (Eds.), *Self-regulation of learning and performance: Issues and educational applications* (pp. 3-21). Hillsdale, NJ: Lawrence Erlbaum Associates.

Zimmerman, B. J. (1998a). Academic studying and the development of personal skill: A self-regulatory perspective. *Educational Psychologist*, *33*, 73-86.

Zimmerman, B. J. (1998b). Developing self-fulfilling cycles of academic regulation: An analysis of exemplary instructional models. In D. H. Schunk & B. J. Zimmerman (Eds.), *Self-regulated learning: From teaching to self-reflective practice* (pp. 1-19). New York: Guilford Press.

Zimmerman, B. J. (2000). Attaining self-regulation: A social cognitive perspective. In M. Boekaerts, P. R. Pintrich, & M. Zeidner (Eds.), *Handbook of self-regulation: Theory, research, and applications* (pp. 13-39). San Diego, CA: Academic Press.

Zimmerman, B. J., & Kitsantas, A. (1997). Developmental phases in self-regulation: Shifting from process to outcome goals. *Journal of Educational Psychology*, *89*, 29-36.

Zimmerman, B. J., & Martinez-Pons, M. (1986). Development of a structured interview for assessing student use of self-regulated learning strategies. *American Educational Research Journal*, *23*, 614-628.

Zimmerman, B. J., & Martinez-Pons, M. (1988). Construct validation of a strategy model of student self-regulated learning. *Journal of Educational Psychology*, *80*(3), 284-290.

Zimmerman, B. J., & Martinez-Pons, M. (1990). Student differences in self-regulated learning: Relating grade, sex, and giftedness to self-efficacy and strategy use. *Journal of Educational Psychology*, *82*, 51-59.

Zimmerman, B. J., & Schunk, D. (1989). *Self-regulated learning and academic achievement: Theory, research, and practice*. New York: Springer-Verlag.

Zukier, H. (1986). The paradigmatic and narrative modes in goal-guided inference. In R. M. Sorrentino & E. T. Higgins (Eds.), *Handbook of motivation and cognition: Foundations of social behavior* (pp. 465-502). New York: The Guilford Press.

第三章

Agnew, R., & Jones, D. H. (1988). Adapting to deprivation: An examination of inflated educational expectations. *The Sociological Quarterly*, *29*(2), 315-337.

Alexander, K. L., & Cook, M. A. (1979). The motivational relevance of educational plans: Questioning the conventional wisdom. *Social Psychology Quarterly*, *42*(3), 202-213.

Allen, W. R. (1991). Introduction. In W. R. Allen, E. G. Epps, & N. Z. Haniff (Eds.), *College in Black and White: African American students in predominantly White and in historically Black public universities* (pp. 1-14). Albany: State University of New York Press.

Allen, W. R. (1992). The color of success: African-American college student outcomes at predominantly White and historically Black public colleges and universities. *Harvard Educational Review*, *62*(1), 26-44.

Allen, W. R., & Haniff, N. Z. (1991). Race, gender, and academic performance in U. S. higher education. In W. R. Allen, E. G. Epps, & N. Z. Haniff (Eds.), *College in Black and White: African American students in predominantly White and in historically Black public universities* (pp. 95-109). Albany: State University of New York Press.

Alwin, D. F. (1974). College effects on educational and occupational attainments. *American Sociological*

参考文献

Review, *39* (April), 210 - 223.

Ancis, J. R., & Sedlacek, W. E. (1997). Predicting the academic achievement of female students using the SAT and noncognitive variables. *College and University*, *72*(3), 2 - 8.

Astin, A. W. (1977). *Four critical years*. San Francisco: Jossey-Bass Publishers.

Astin, A. W. (1990). *The Black undergraduate: Current status and trends in the characteristics of freshmen*. Los Angeles: Higher Education Research Institute.

Astin, A. W. (1993). *What matters in college?: Four critical years revisited*. San Francisco: Jossey-Bass Publishers.

Astin, A. W., Tsui, L., & Avalos, J. (1996). *Degree attainment rates at American colleges and universitics: Effects of race, gender, and institutional type*. Los Angeles: Higher Educational Research Institute, University of California.

Baker, T. L., & Velez, W. (1996). Access to and opportunity in postsecondary education in the United States: A review. *Sociology of Education* (Extra Issue), 82 - 101.

Barrera, M. (1997). A theory of racial inequality. In A. Darder, R. D. Torres, & H. Gutierrez (Eds.), *Latinos and education: A critical reader* (pp. 3 - 44). New York: Routledge.

Berger, J. B. (2000). Optimizing capital, social reproduction, & undergraduate persistence: A sociological perspective. In J. M. Braxton (Ed.), *Reworking the student departure puzzle* (pp. 95 - 124). Nashville, TN: Vanderbilt University Press.

Berman, G. S., & Haug M. R. (1975). Occupational and educational goals and expectations: The effects of race and sex. *Social Problems*, *23*, 166 - 181.

Blau, P. M., & Duncan, O. D. (1967). *The American occupational structure*. New York: John Wiley & Sons, Inc.

Bohr, L., Pascarella, E. T., Nora, A., & Terenzini, P. T. (1995). Do Black students learn more at historically Black or predominantly White colleges? *Journal of College Student Development*, *36*(1), 75 - 85.

Brint, S., & Karabel, J. (1989). *The diverted dream: Community colleges and the promise of educational opportunity in America*, [QX(Y6]1900 - 1985. [QX)] New York: Oxford University Press.

Burke, P. J., & Hoelter, J. W. (1988). Identity and sex-race differences in educational and occupational aspirations formation. *Social Science Research*, *17*, 29 - 47.

Cabrera, A. F., Nora, A., & Castaneda, M. B. (1992). The role of finances in the persistence process: A structural model. *Research in Higher Education*, *33*(5), 571 - 593.

Campbell, R. T. (1983). Status attainment research: End of the beginning or beginning of the end? *Sociology of Education*, *56* (January), 47 - 62.

Carter, D. F. (2001). A Dream Deferred? *Examining the degree aspirations of African American and White college students*. New York: Garland.

Carter, D. F. (1999a). The impact of institutional choice and environments on African American and White students degree expectations. *Research in Higher Education*, *40*(1), 17 - 41.

Carter, D. F. (1999b). *Institutional diversity and the degree expectations of college students*. Paper presented at the meeting of the Association for the Study of Higher Education, Miami, FL.

Carter, D. J., & Wilson, R. T. (1996). *Minorities in higher education: 14th annual status report*. Washington, DC: American Council on Education.

Choy, S. P., & Premo, M. K. (1995). *Profile of older undergraduates: 1989 - 1990*. National Center for Education Statistics, Statistical Analysis Report 95 - 167. Washington, DC: U. S. Department of Education, Office of Educational Research and Improvement.

Clark, B. (1960). The "cooling out" function in higher education. *American Journal of Sociology*, *65*, 569 - 576.

Constantine, J. M. (1995). The effect of attending historically Black colleges and universities on future wages of Black students. *Industrial and Labor Relations Review*, *48*(3), 531 - 546.

Darden, J. T., Bagaka's, J. G., & Kamel, S. M. (1996). Historically Black institutions and desegregation: The dilemma revisited. *Equity Excellence in Education*, *29*(2), 56 - 68.

Dawkins, M. P. (1982). Occupational prestige expectations among Black and White college students: A multivariate analysis. *College Student Journal*, *16*(3), 233 - 242.

Deskins, Jr., D. R. (1994). Prospects for minority doctorates in the year 2000: Employment opportunities in a changing American society. In M. Holden, Jr. (Ed.), *The challenge to racial stratification: National political science review* (Vol. 4) (pp. 98 - 148). News Brunswick: Transaction Publishers.

Dougherty, K. (1987). The effects of community colleges: Aid or hindrance to socioeconomic attainment? *Sociology of Education*, *60* (April), 86 - 103.

Eckland, B. K. (1964). Social class and college graduation: Some misconceptions corrected. *American Journal of Sociology*, *70*, 60 - 72.

Epps, E. G., & Jackson, K. W. (1985). *Educational and occupational aspirations and early attainment of Black males and females*. New York: Routledge.

Feagin, J. R., Vera, H., & Imani, N. (1996). *The agony of education: Black students at White colleges and universities*. Atlanta, Georgia: Southern Education Foundation.

Feldman, K., & Newcomb, T. (1969). *The impact of college on students*. San Francisco: Jossey-Bass.

Fleming, J. (1984). *Blacks in college*. San Francisco: Jossey-Bass.

Foley, D. E. (1991). Reconsidering anthropological explanations of ethnic school failure. *Anthropology Education Quarterly*, *22*, 60 - 86.

Fordham, S., & Ogbu, J. U. (1986). Black students' school success: Coping with the "burden of 'acting White'". *The Urban Review*, *18*(3), 176 - 206.

Giroux, H. A. (1983). Theories of reproducation and resistance in the new sociology of education: A critical analysis. *Harvard Education Review*, *53*(3), 257 - 293.

Grubb, W. N., & Wilson, R. H. (1989). Sources of increasing inequality in wages and salaries, 1960 - 80. *Monthly Labor Review*, *112*(4), 3 - 13.

Hanson, S. L. (1994). Lost talent: Unrealized educational aspirations and expectations among U. S. youths. *Sociology of Education*, *67* (July), 159 - 183.

Hao, L., & Bonstead-Burns, M. (1998). Parent-child differences in educational expectations and the academic achievement of immigrant and native students. *Sociology of Education*, *71*(3), 175 - 198.

Hearn, J. C. (1987). Impacts of undergraduate experiences on aspirations and plans for graduate and professional education. *Research in Higher Education*, *27*(2), 119 - 141.

Hearn, J. C. (1991). Academic and nonacademic influences on the college destinations of 1980 high school graduates. *Sociology of Education*, *64* (July), 158 - 171.

Hossler, D. (1984). *Enrollment management*. New York: College Entrance Examination Board.

Hossler, D., Braxton, J., & Coopersmith, G. (1989). Understanding student college choice. In Smart, J. C. (Ed.), *Higher education: Handbook of theory and research* (volume 5). New York: Agathon Press.

Hossler, D., & Gallagher, K. S. (1987). Studying student college choice: A three-phase model and the implications for policymakers. *College and University*, *62*(3), 207 - 221.

Hurtado, S. (1990). *Campus racial climates and educational outcomes*. Unpublished doctoral dissertation,

参考文献

University of California, Los Angeles.

Hurtado, S., Inkelas, K. K., Briggs, C., & Rhee, B. (1997). Differences in college access and choice among racial/ethnic groups: Identifying continuing barriers. *Research in Higher Education*, *38*(1), 43-75.

Hurtado, S., Milem, J. F., Clayton Pedersen, A. R., & Allen, W. R. (1999). Enacting diverse learning environments: Improving the climate for racial/ethnic diversity. *ASHE-ERIC Higher Education Report* Volume 26, No. 8. Washington, DC: The George Washington University, Graduate School of Education and Human Development.

Isaac, P. D., Malaney, G. D., & Karras, J. E. (1992). Parental educational level, gender differences, and seniors' aspirations for advanced study. *Research in Higher Education*, *33*(5), 595-606.

Jackson, K. W., & Swan, L. A. (1991). Institutional and individual factors affecting Black undergraduate student performance: Campus race and student gender. In W. R. Allen, E. G. Epps, & N. Z. Haniff (eds.), *College in Black and White: African American students in predominantly White and in historically Black public universities* (pp. 127-141). Albany: State University of New York Press.

Kao, G., & Tienda, M. (1998). Educational aspirations of minority youth. *American Journal of Education*, *106*(5), 349-384.

Karabel, J., & Astin, A. W. (1975). Social class, academic quality. and college "quality". *Social Forces*, *53*(3), 381-398.

Kempner, K., & Kinnick, M. (1990). Catching the window of opportunity: Being on time for higher education. *Journal of Higher Education*, *61*(5), 535-547.

Kerckhoff, A. C. (1976). The status attainment process: Socialization or allocation? *Social Forces*, *55*(2), 368-381.

Kerckhoff, A. C. (1984). The current state of social mobility research. *The Sociological Quarterly*, *25* (Spring), 139-153.

Knight, W. H., & Wing, A. (1995). Weep not, little ones: An essay to our children about affirmative action. In J. H. Franklin & G. R. McNeil (Eds.), *African Americans and the living Constitution*. Washington: Smithsonian Institution Press.

Knotterus, J. D. (1987). Status attainment research and its image of society. American. *Sociological Review*, *52*(February): 113-121.

Komaromy, M., Grumbach, K., Drake, M., Vranizan, K., Lurie, N., Keane, D., & Bindman, A. B. (1996, May 16). The role of Black and hispanic physicians in providing health care for underserved populations. *New England Journal of Medicine*, *334*(20), 1305-1310.

Labovitz, E. M. (1975). Race, SES, contexts and fulfillment of college aspirations. *The Sociological Quarterly*, *16*, 241-249.

Loo, C. M., & Rolison, G. (1986). Alienation of ethnic minority students at a predominantly White university. *Journal of Higher Education*, *57*(1), 58-77.

Luttrell, W. (1989). Working-class women's ways of knowing: Effects of gender, race, and class. *Sociology of Education*, *62*(1), 33-46.

Maxey, J., Lee, J. S., & McLure, G. T. (1995). Are Black students less likely to enroll at their firstchoice college? *Journal of Blacks in Higher Education*, *7*, 100-101.

McClelland, K. (1990). Cumulative disadvantage among the highly ambitious. *Sociology of Education*, *63* (April), 102-121.

McDonough, P. M. (1997). *Choosing colleges: How social class and schools structure opportunity*. Albany, NY: State University of New York Press.

Morrow, R. A., & Torres, C. A. (1995). *Social theory and education: A critique of theories of social and cultural reproduction*. Albany, NY: State University of New York press.

Nagasawa, R., & Wong, P. (1999). A theory of minority students' survival in college. *Sociological Inquiry*, *69*(1), 76-90.

Ogbu, J. U. (1983). Minority status and schooling in plural societies. *Comparative Education Review*, *27*(2), 168-190.

Otto, L. B. (1976). Social integration and the status attainment process. *American Journal of Sociology*, *81*(6), 1360-1383.

Pascarella, E. T. (1984). College environmental influences on students' educational aspirations. *Journal of Higher Education*, *55*(6), 751-771.

Pascarella, E. T. (1985). Students' affective development within the college environment. *Journal of Higher Education*, *56*(6), 640-663.

Pascarella, E. T., Smart, J. C., & Smylie, M. A. (1992). College tuition costs and early career socioeconomic achievement: Do you get what you pay for? *Higher Education*, *24*(3), 275-291.

Pascarella, E. T., & Terenzini, P. T. (1991). *How college affects students*. San Francisco: Jossey-Bass.

Paulsen, M. B. (1990). College choice: Understanding student enrollment behavior. *ASHE-ERIC Higher Education Report* No. 6. Washington, DC: The George Washington University, School of Education and Human Development.

Porter, J. N. (1974) Race socialization and mobility in educational and early occupational attainment. *American Sociological Review*, *39* (June), 303-316.

Portes, A., & Wilson, K. L. (1976). Black-White differences in educational attainment. *American Sociological Review*, *41*(June), 414-431.

Rippa, S. A. (1997). *Education in a free society: An American history* (8th ed.). New York: Longman.

Sewell, W. H., Haller, A. O., & Ohlendorf, G. W. (1970). The educational and early occupational status attainment process: Replication and revision. *American Sociological Review*, *35*, 1014-1027.

Sewell, W. H., Haller, A. O., & Portes, A. (1969). The educational and early occupational attainment process. *American Sociological Review*, *34* (February), 82-92.

Sewell, W. H., & Shah, V. P. (1967). Socioeconomic status, intelligence, and the attainment of higher education. *Sociology of Education*, *40*(1), 1-23.

Smedley, B. D., Myers, H. F., & Harrell, S. P. (1993). Minority status stresses and the college adjustment of ethnic minority freshmen. *Journal of Higher Education*, *64*(4), 434-452.

Smith, A. W. (1988). In double jeopardy: Collegiate academic outcomes of Black females vs. Black males. *National Journal of Sociology*, *2*, 3-33.

Smith, D. G. (1990). Women's colleges and coed colleges: Is there a difference for women? *Journal of Higher Education*, *61*(2), 181-195.

So, A. Y. (1987). The educational aspirations of Hispanic parents. *Educational Research Quarterly*, *11*, 47-53.

Solorzano, D. G. (1992). An exploratory analysis of the effects of race, class, and gender on student and parent mobility aspirations. *Journal of Negro Education*, *61*(1), 30-43.

Spady, W. G. (1970). Lament for the letterman: Effects of peer status and extracurricular activities on goals and achievement. *American Journal of Sociology*, *75* (January), 680-702.

St. John, E. P. (1991). What really influences minority attendance?: Sequential analyses of the High School and Beyond sophomore cohort. *Research in Higher Education*, *32*(2), 141-158.

St. John, E. P., & Noell, J. (1989). The effects of student financial aid on access to higher education: An analysis of progress with special consideration of minority enrollment. *Research in Higher Education*, *30*(6), 563 - 581.

St. John, E. P., Oescher, J., & Andrieu, S. (1992). The influence of prices on within-year persistence by traditional college-age students in four-year colleges. *Journal of Student Financial Aid*, *22*(1), 27 - 38.

Thomas, G. E., Alexander, K. L., & Eckland, B. K. (1979). Access to higher education: The importance of race, sex, social class, and academic credentials. *School Review*, *87*(2), 133 - 156.

Tinto, V. (1993). *Leaving college*. Chicago: University of Chicago Press.

Trent, W. T. (1991). Focus on equity: race and gender differences in degree attainment, 1975 - 1976; 1980 -1981. In W. R. Allen, E. G. Epps, & N. Z. Haniff (Eds.), *College in Black and White: African American students in predominantly White and in historically Black public universities* (pp. 41 - 59). Albany: State University of New York Press.

Turner, R. H. (1960). Sponsored and contest mobility and the school system. *American Sociological Review*, *25*, 855 - 867.

Velez, W. (1985). Finishing college: The effects of college type. *Sociology of Education*, *58* (July), 191 - 200.

Weiler, W. C. (1993). Post-baccalaureate educational choices of minority students. *The Review of Higher Education*, *16*(4), 439 - 460.

Wilson-Sadberry, K. R., Winfield, L. F., & Royster, D. A. (1991). Resilience and persistence of African-American males in postsecondary enrollment. *Education and Urban Society*, *24*(1), 87 - 102.

第四章

Alexander, K. L., Pallas, A. N., & Houlupka, S. (1987). Consistency and change in educational stratification: Recent trends regarding social background and college access. *Research in Social Stratification and Mobility 6*, 161 - 185.

Atkinson, A. B. (1980). Horizontal equity and the distribution of the tax burden. In H. Aaron & M. Boskin (Eds.), *The economics of taxation*. Washington DC: Brookings Institution.

Barr, N. (1998). *The economics of the welfare state*. Stanford, CA: Stanford University Press.

Barry, B. (1973). *The liberal theory of justice*. Oxford: Clarendon Press.

Bauer, P. (1982). *Equality, the third world, and economic delusion*. London: Methuen.

Bauer, P. (1983). The grail of equality. In W. Letwin (Ed.), *Against equality: Readings on economic and social policy*. London: Macmillan Press.

Bentham, J. (1789). *Introduction to the principles of morals and legislation* (Reprinted 1967, W. Harrison, ed. Oxford: Basil Blackwell).

Berne, R. (1978). Alternative equity and equality measures: Does the measure make a difference? In E. Tron (Ed.), *Selected studies in school finance*. Washington, DC: U. S. Office of Education.

Berne, R., & Stiefel, L. (1984). *The measurement of equity in school finance: Conceptual, methodological, and empirical dimensions*. Baltimore, MD: Johns Hopkins University Press.

Boadway, R., & Bruce, N. (1991). *Welfare economics*. Cambridge: Basil Blackwell.

Browning, E. K., & Browning, J. M. (1987). *Public finance and the price system*. New York: Macmillan.

Buchanan, J. M., (1954). Individual choice in voting and the markeet. *Journal of Political Economy 62*, 334 - 343.

Buchanan, J. M., & Stubblebine, W. C. (1962). Externality. *Economica 29*, 371 - 384.

Cohn, E., & Geske, T. (1990). *Economics of education*. New York: Pergamon Press.

Daniels, N. (1975). *Reading rawls*. Oxford: Blackwell.

Dworkin, R. (1981a). What is equality? Part 1: Equality of welfare. *Philosophy and Public Affairs 10* (3), 185-247.

Dworkin, R. (1981b). What is equality? Part 2: Equality of resources. *Philosophy and Public Affairs 10* (4), 283-345.

Elster, J., & Roemer, J. E. (Eds.) (1991). Interpersonal comparisons of well-being. Cambridge: Cambridge University Press.

Feinberg, J. (1970). *Doing and deserving: Essays in the theory of responsibility*. Princeton, NJ: Princeton University Press.

Foley, D. (1967). Resource allocation and the public sector. *Yale economic essays*, Spring: 45-102.

Glover, Jonathan (Ed.) (1990). *Utilitarianism and its critics*. New York: Macmillan Publishing Co.

Griswold, C. P., & Marine, G. M. (1996). Political influences on state policy: Higher-tuition, higheraid, and the real world. *Review of Higher Education 19*(4), 361-389.

Hammond, P. J. (1976). Equity, Arrow's conditions and Rawls' difference principle. *Econometrica, 44* (4), 793-804.

Hansen, W. L. (1972). Equity and the finance of higher education. In T. W. Schultz (Ed.), *Investment in education: The equity-efficiency quandary*. Chicago: The University of Chicago Press.

Hansen, W. L., & Weisbrod, B. A. (1969). *Benefits, costs, and finance of public higher education*. Chicago: Markam.

Hardin, R. (1982). *Collective action*. Baltimore, MD: Johns Hopkins University Press.

Hardin, R. (1988). *Morality within the limits of reason*. Chicago: University of Chicago Press.

Hausman, D. M., & McPherson, M. S. (1993). Taking ethics seriously: Economics and contemporary moral philosophy. *Journal of Economic Literature* XXXI, 671-731.

Hausman, D. M., & McPherson, M. S. (1996). *Economic analysis and moral philosophy*. Cambridge: Cambridge University Press.

Hayek, F. A. (1976). *Law, legislation and liberty, Vol.* Ⅱ*: The mirage of social justice*. Chicago: University of Chicago Press.

Hearn, J. C., & Longanecker, D. (1985). Enrollment effects of alternative postsecondary pricing policies. *Journal of Higher Education 56*, 485-508.

Heller, D. E. (1997). Student price response in higher education: An update to Leslie and Brinkman. *Journal of Higher Education 68*(6), 624-659.

Hicks, J. R. (1939). *Value and capital*. London: Oxford University Press.

Hirshleifer, J. (1980). *Price theory and applications*. Englewood Cliffs, NJ: Prentice-Hall, Inc.

Hoenack, S. A. (1982). Pricing and efficiency in higher education. *Journal of Higher Education*, *53*(4), 401-418.

Johnstone, D. B. (1998). Patterns of finance: Revolution, evolution, or more of the same? *The Review of Higher Education*, *21*(3), 254-255.

Johnstone, D. B. (1999). Financing higher education: Who should pay? In P. G. Altbach, R. O. Berdahl & P. J. Gumport, (Eds.), *American higher education in the twentieth century: Social, political, and economic challenges*. Baltimore: Johns Hopkins University Press.

Just, R. E., Hueth, D. L., & Schmitz, A. (1982). *Applied welfare economics and public policy*. Englewood Cliffs, NJ: Prentice-Hall, Inc.

参考文献

Kaldor, N. (1939). Welfare propositions and interpersonal comparisons of utility. *Economic Journal*, *XLIX*, 549-552.

Lamont, J. (1994). The concept of desert in distributive justice. *The Philosophical Quarterly 44*, 45-64.

Lamont, J. (2000). Distributive Justice. In Zalta, E. N. (Ed.), *The Stanford encyclopedia of philosophy* (Summer Edition). URL=http://plato Stanford edu/contents. html.

LeGrand, J. (1990). Equity vs. efficiency. *Ethics 10*(3), 554-568.

LeGrand, J. (1991). *Equity and choice: An essay in economics and applied philosophy*. London: Harper Collins Academic.

Lerner, A. P. (1932). The diagrammatical representation of cost conditions in international trade. *Economica 12*, 346-356.

Levi, I. (1980). *The enterprise of knowledge*. Cambridge, MA: MIT Press.

Lewis, D. R., & Dundar, H. (forthcoming). Equity effects of higher education in developing countries. In D. W. Chapman & A. E. Austin (Eds.), *Higher education in the developing world*.

Longanecker, D. (1978). *Federal assistance for postsecondary education: Options for fiscal year 1979*. Washington: Government Printing Office.

McKenzie, R. B. (1979). *The Political Economy of the Educational Process*. Hingham, MA: Martinus Nijhoff Publishing.

McKenzie, R. B., & Staaf, R. J. (1974). *An economic theory of learning: Student sovereignty and academic freedom*. Blacksburg, VA: University Publications.

McMahon, W. (1982). Efficiency and equity criteria for educational budgeting and finance. In W. McMahon & T. Geske (Eds.), *Financing education: Overcoming inefficiency and inequity*. Urbana: University of Illinois Press.

McMahon, W. (1991). Improving higher education through increased efficiency. In D. Finifter, R. Baldwin & J. Thelin (Eds.), *Financing the uneasy public policy triangle in higher education: Quality, diversity, and budgetary efficiency*. New York: Macmillan.

Nozik, R. (1974). *Anarchy, state, and utopia*. New York: Basic Books.

Olsen, E. O., & Rogers, D. L. (1991). The welfare economics of equal access. *Journal of Public Economics*, *45*, 91-105.

Paulsen, M. B., & St. John, E. P. (in press). Social class and college costs: Examining the financial nexus between college choice and persistence. *The Journal of Higher Education*, *72*.

Pettit, P. (1980). *Judging justice: An introduction to contemporary political philosophy*. London: Routledge and Kegan Paul.

Pigou, A. C. (1932). *Economics of welfare*, (4th Edition). London: Macmillian.

Plotnick, R. (1981). A measure of horizontal inequity. *Review of economics and statistics*, *63*(2), 283-288.

Plotnick, R. (1982). The concept and measurement of horizontal inequity. *Journal of Public Economics*, *17*(3), 373-391.

Plotnick, R. (1985). A comparison of measures of horizontal inequity. In M. David & T. Smeeding (Eds.), *Horizontal equity, uncertainty, and economic well-being*. Chicago: The University of Chicago Press.

Rawls, J. (1971). *A theory of justice*. Cambridge, MA: Harvard University Press.

St. John, E. P. (1991a). The impact of student financial aid: A review of recent research. *Journal of Student Financial Aid*, *21*(1), 118-132.

St. John, E. P. (1991b). A framework for reexamining state resource-management strategies in higher education. *Journal of Higher Education*, *62*(3), 263-267.

Sen, A. (1970). *Collective choice and social welfare*. San Francisco: Holden, Day.

Sen, A. (1973). *On economic inequality*. Oxford: Oxford University Press.

Schelling, T. C. (1984). *Choice and consequence*. Cambridge, MA: Harvard University Press.

Schultz, T. W. (1972). Optimal investment in college instruction: Equity and efficiency. In T. W. Schultz (Ed.), *Investment in education: The equity-efficiency quandary*. Chicago: The University of Chicago Press.

Scitovsky, T. (1942). A reconsideration of the theory of tariffs. *Review of Economic Studies 9*, 89–110.

Sidgwick, H. (1907). *The methods of ethics*. London: Macmillan.

Smith. A. (1776). *An inquiry into the nature and causes of the wealth of nations*. Reprinted 1981. Indianapolis: Liberty Classics.

Stokey, E., & Zeckhauser, R. (1978). *A primer for policy analysis*. New York: W. W. Norton and Co.

The Chronicle of Higher Education (1999). *Almanac issue*. Washington, DC.

Thurow, L. (1996). Author/MIT economist says U. S. faces dire threats. *Minneapolis Star Tribune*, March 7, D1 and D8.

Varian, H. R. (1996). *Intermediate microeconomics: A modern approach*. New York: W. W. Norton and Co.

Windham, D. (1976). Social benefits and the subsidization of higher education: A critique. *Higher Education*, *5*, 237–252.

Zalta, E. N. (Ed.) (2000). The Sanford Encyclopedia of Philosophy (Summer Edition). URL=http://cd1. library. usyd. edu. au/Stanford/entries/justice-distributive/.

第五章

Almost 10 percent of scholarship recipients had to take remedial course. (1999, March 7). *The Associated Press State Local Wire*, *BC cycle*.

American Association of State Colleges and Universities. (2000). *AASCU special report: State fiscal conditions*. Washington, DC: Author.

Bennett, M. J. (1996). *When dreams came true: The GI bill and the making of modern America*. Washington, DC: Brassey's.

Boyd, J. D. (1975). *State/territory funded scholarship/grant programs to undergraduate students with financial need to attend public or private post-secondary educational institutions. Seventh annual survey*, 1975–1976 *academic year*. Deerfield: Illinois State Scholarship Commission.

Brubacher, J. S., & Rudy, W. (1976). *Higher education in transition: A history of American colleges and universities*, *1636–1976* (Third ed.). New York: Harper & Row, Publishers.

Bureau of Student Financial Assistance (2000). *Bright futures facts* [*On-line file*], [http://www. firn. edu/doe/bin00072/bffacts. htm]. Tallahassee: Florida Department of Education.

Callan, P. M. (2001). Reframing access and opportunity: Problematic state and federal higher education policy in the 1990s. In D. E. Heller (Ed.), *The states and public higher education policy: Affordability, access, and accountability*. Baltimore, MD: The Johns Hopkins University Press.

Carnegie Commission on Higher Education (1971). *The capitol and the campus: State responsibility for postsecondary education. A report and recommendations*. New York: McGraw-Hill.

Center for Higher Education & Educational Finance (2000). *Appropriations of state tax funds for operating expenses of higher education for fiscal years* 1994–1995 *through* 1999–2000 [*On-line data file*], [http://coe. ilstu. edu/grapevine/table4. html]. Normal: Illinois State University.

Chancellor blasts scholarship program (1997, December 18). *The Florida Times-Union* (Jacksonville, FL), p. B4.

参考文献

Christian, N. M. (2000, June 28). A. C. L. U. sues Michigan, citing bias in giving college aid. *The New York Times*, p. A16.

Clotfelter, C. T., & Cook, P. J. (1991). *Selling hope: State lotteries in America*. Cambridge, MA: Harvard University Press.

College Board. (1999a). *Trends in college pricing 1999*. Washington, DC: Author.

College Board. (1999b). *Trends in student aid 1999*. Washington, DC: Author.

Dunkelberger, L. (1997, December 20). "Bright Futures" dim for poor: The scholarships tend to benefit middle-and upper-income students, critics say. *Sarasota Herald-Tribune*, p. 1A.

Dyer, S. (2000, August 1). 15% of TOPS recipients from upper-income families. *The Advocate* (Baton Rouge, LA), p. 10A.

Fenske, R. H., & Boyd, J. D. (1981). *State need-based college scholarship and grant programs: A study of their development, 1969 - 1980*. New York: College Entrance Examination Board.

Florida Bright Futures Scholarship Program, Florida Statutes, 240. 40201 S[XCS. TIF]10 (1997).

Florida's dim bulbs (1999, June 26). *The Palm Beach Post*, p. 14A.

Freeland, R. M. (1992). *Academia's golden age: Universities in Massachusetts, 1945 - 1970*. New York: Oxford University Press.

Georgia Student Finance Commission (2000a, June 20). *Georgia no. 1 in student financial aid third year in row* [*On-line file*], [http://www.gsfc.org/press_release/pr_06-20-2000.htm]. Tucker, GA: Author.

Georgia Student Finance Commission (2000b). *Georgia's HOPE scholarship program* [*On-line file*], [http://www.gsfc.org/press_release/hopefaq.cfm]. Tucker, GA: Author.

Georgia Student Finance Commission (2000c). *HOPE scholarship program-Program totals* [*On-line file*], [http://www.gsfc.org/gsfc/html_summary_grant_all_cov_H.htm]. Tucker, GA: Author.

Goodwin, D. K. (1994). *No ordinary time: Franklin and Eleanor Roosevelt: The home front in World War* Ⅱ. New York: Simon and Schuster.

Greenberg, M. (1997). *The GI bill: The law that changed America*. New York: Lickle Publishing.

Heller, D. E. (1999). Racial equity in college participation: African American students in the United States. *Review of African American Education*, *1*(1), 5 - 29.

Heller, D. E. (2000). *Affidavit and expert report of Donald E. Heller* (presented in White et al. v. Engler et al.). Detroit: The American Civil Liberties Union of Michigan.

Heller, D. E. (2001). Trends in the affordability of public colleges and universities: The contradiction of increasing prices and increasing enrollment. In D. E. Heller (Ed.), *The states and public higher education policy: Affordability, access, and accountability*. Baltimore, MD: The Johns Hopkins University Press.

Heller, D. E., & Nelson Laird, T. F. (1999). Institutional need-based and non-need grants: Trends and differences among college and university sectors. *Journal of Student Financial Aid*, *29*(3), 7 - 24.

Higher education group wants scholarship changes (1997, December 16). *The Tampa Tribune*, p. 8.

Holst, J. H. (1923). The imposition of fees in state-supported institutions. *Educational Review*, *65* (January), 35 - 39.

Hovey, H. A. (1999). *State spending for higher education in the next decade: The battle to sustain current support*. San Jose, CA: National Center for Public Policy and Higher Education.

Ikenberry, S. O., & Hartle, T. W. (1998). *Too little knowledge is a dangerous thing. What the public thinks about paying for college*. Washington, DC: American Council on Education.

Lottery scholarships benefit wide array of N. M. students (1998, October 30). *Albuquerque Tribune*, p. A5.

参 考 文 献

Louisiana Office of Student Financial Assistance (1999). 6, 218 *TOPS recipients fail to meet renewal requirements* [*On-line file*], [http://www.osfa.state.la.us/110599 renreq.htm]. Baton Rouge: Author.

Louisiana Office of Student Financial Assistance (2000). *Louisiana's Tuition Opportunity Program for Students (TOPS)* [*On-line file*], [http://www.osfa.state.la.us/schgrt6c.htm]. Baton Rouge: Author.

Morey, L. (1928). Student fees in state universities and colleges. *School and Society*, *28*(712), 185 - 192.

Morganthau, T., & Nayyar, S. (1996, April 29). Those scary college costs. *Newsweek*, 53 - 56.

Mortenson, T. G. (1997). Georgia's HOPE Scholarship Program: Good intentions, strong funding, bad design. *Postsecondary Education OPPORTUNITY*, *56* (February), 1 - 3.

Mumper, M. (1996). *Removing college price barriers: What government has done and why it hasn't worked*. Albany: State University of New York Press.

Mumper, M. (1999, November). *HOPE and its critics: Sorting out the competing claims about Georgia's HOPE scholarship*. Paper presented at the annual meeting of the Association for the Study of Higher Education, San Antonio, TX.

Mumper, M. (2001). The paradox of college prices: Five stories with no clear lesson. In D. E. Heller (Ed.), *The states and public higher education policy: Affordability, access, and accountability*. Baltimore, MD: The Johns Hopkins University Press.

National Association of State Scholarship and Grant Programs (various years). *NASSGP/NASSGAP annual survey report*. Deerfield, IL; Harrisburg, PA; and Albany, NY: Illinois State Scholarship Commission; Pennsylvania Higher Education Assistance Agency; and New York State Higher Education Services Corporation.

National Association of State Student Grant and Aid Programs. (2000). *NASSGAP 29th annual survey report*. Albany: New York State Higher Education Services Corporation.

National Center for Education Statistics (2000a). *Digest of education statistics, 1999*. Washington, DC: U. S. Department of Education.

National Center for Education Statistics (2000b). *Projections of education statistics to 2010*. Washington, DC: U. S. Department of Education.

National Commission on Responsibilities for Financing Postsecondary Education (1993). *Making college affordable again: Final report*. Washington, DC: Author.

National Commission on the Cost of Higher Education (1998b). *Straight talk about college costs and prices: Report of the National Commission on the Cost of Higher Education*. Phoenix, AZ.: American Council on Education and the Oryx Press.

New Mexico Commission on Higher Education (1997). *Principles to guide the restructuring of state funded student financial aid in New Mexico* [*On-line file*], [http://www.nmche.org/publications/prncplsfa.html]. Santa Fe: Author.

New Mexico Commission on Higher Education (1999). *The condition of higher education in New mexico*. Santa Fe: Author.

A not very bright idea (1997, December 21). *St. Petersburg Times*, p. 2D.

Postsecondary Education Planning Commission (1999). *Florida's bright futures scholarship program: A baseline evaluation*. Tallahassee, FL: Author.

President's Commission on Higher Education (1947). *Higher education for American democracy*. New York: Harper & Brothers.

Quantum Research Corporation (2000). *CASPAR database system* [*On-line data file*], [http://caspar.nsf.gov/]. Bethesda, MD: Author.

Reeher, K. R. (1983). *National Association of State Scholarship and Grant Programs. 13th annual* *survey*, 1981 - 1982 *academic year*. Harrisburg: Pennsylvania Higher Education Assistance Agency.

Reeher, K. R., & McKelvey, J. L. (1981). *National Association of State Scholarship and Grant Programs. 12th annual survey*, 1980 - 1981 *academic year*. Harrisburg: Pennsylvania Higher Education Assistance Agency.

Reindl, T., & Brower, D. (2000). *State student financial aid: Tough choices and trade-offs for a new generation* (AASCU Perspectives, Vol. 2, No. 1). Washington, DC: American Association of State Colleges and Universities.

Rudolph, F. (1990). *The American college and university: A history* (1990 ed.). Athens, GA: University of Georgia Press.

Sears, J. B. (1923). Our theory of free higher education. *Educational Review*, *65* (January), 27 - 34.

Selingo, J. (1999a, April 16). For fans of state merit scholarships, a cautionary tale from Louisiana. *The Chronicle of Higher Education*, p. A36.

Selingo, J. (1999b, April 16). Seeking dollars to further their dreams, scholarship supporters push for lotteries. *The Chronicle of Higher Education*, p. A38.

Sherman, M. (1991, November 14). Miller reveals lottery plans for education; He anticipates easy referendum passage. *The Atlanta Journal and Constitution*, p. A1.

Silva, M. (1999, April 16). Minority lawmakers fail in effort to change Florida scholarship bill. *The Miami Herald*, p. 6B.

United States Bureau of the Census. (2000a). *Median household income by state:* 1984 *to* 1998 [*On-line data file*], [http://www.census.gov/hhes/income/histinc/h08.html]. Washington, DC: Author.

United States Bureau of the Census. (2000b). *Regions-Familes (all races) by median and mean income:* 1953 *to* 1998 [*On-line data file*], [http://www.census.gov/ hhes/income/histinc/f06.html]. Washington, DC: Author.

United States General Accounting Office. (1998). *Tuition increases and colleges' efforts to contain costs*. Washington, DC: Author.

Wheat, J. (1999, March 7). Scholarship winners deficient in basics. *The Miami Herald*, p. 1A.

第六章

Astin, A. W. (1993). *What matters in college*. San Francisco: Jossey-Bass.

Allison, P. D. (1985). *Event history analysis: Regression for longitudinal event data*. Thousand Oaks: Sage publications, Inc.

Belsey, D. A., Kuh, E., & Welsch, R. E. (1980). *Regression diagnostics: Identifying influential data and sources of multicollinearity*. New York: Wiley.

Bohrnstedt, G. W. (1983). Measurement. In P. H. Rossi, J. D. Wright, & A. B. Anderson (Eds.), *Handbook of survey research* (pp. 69 - 121). New York: Academic Press.

Bryk, A. S., & Raudenbush, S. W. (1992). *Hierarchical linear models*. Newbury Park: SAGE Publications, Inc.

Chatterjee, S., & Price, B. (1977). *Regression analysis by example*. New York: Wiley.

Cohen, J. (1977). *Statistical power analysis for the behavioral sciences* (Rev. ed.). New York: Academic Press.

Cohen, J., & Cohen, P. (1983). *Applied multiple regression/correlation analysis for the behavioral sciences*, (second edition). Hillsdale, NJ: Lawrence Erlbaum Associates.

Duncan, O. D. (1975). *Introduction to structural equation models*. New York: Academic Press.

Ethington, C. A. (1997). A Hierarchical linear modeling approach to studying college effects. In J. Smart

(Ed.), *Higher education: Handbook of theory and research*, Ⅻ (pp. 165 - 194). New York. Agathon Press.

Ezekiel, M., & Fox, K. A. (1959). *Methods of correlation and regression analysis*. New York: John Wiley & Sons.

Galton, F. (1885). Regression toward mediocrity in heredity stature. *Journal of the Anthropological Institute*, *15*, 246 - 263.

Gordon, R. A. (1968). Issues in multiple regression. *The American Journal of Sociology*, *73*, 592 - 616.

Hardy, M. A. (1993). *Regression with dummy variables*. Thousand Oaks, CA: Sage Publications, Inc.

Heck, R. H., & Thomas, S. L. (2000). *An introduction to multilevel modeling*. New Jersey: Erlbaum & Associates.

Hinkle, D. E., Wiersma, W., & Jurs, S. G. (1998). *Applied statistics for the behavioral sciences*, (fourth edition). Boston: Houghton Mifflin.

Kerlinger, F. N. (1973). *Foundations of behavioral research*. New York: Holt, Rinehart & Winston.

Lewis-Beck, M. S. (1980). *Applied regression: An introduction*. Beverly Hills: Sage Publications, Inc.

Long, J. S. (1997). *Regression models for categorical and limited dependent variables*. Thousand Oaks, CA: Sage Publications.

Lord, F. M., & Novick, M. R. (1968). *Statistical theories of mental test scores*. Reading, MA: Addison-Wesley.

Montgomery, D. C., & Peck, E. A. (1992). *Introduction to linear regression analysis*, (second edition). New York: John Wiley & Sons.

Myers, R. H. (1990). *Classical and modern regression with applications*, (second edition). Boston: PWS-KENT Publishing Co.

Neter, J., Wasserman, W., & Kutner, M. H. (1985). *Applied linear statistical models: Regression, analysis of variance, and experimental designs* (2nd ed.). Homewood, IL: Richard D. Irwin.

Nunnally, J. (1978). *Psychometric theory* (2nd ed.). New York: McGraw-Hill.

Ostrom, C. W. (1990). *Time series analysis regression techniques*. Thousand Oaks, CA: Sage Publications, Inc.

Pedhazur, E. J. (1982). *Multiple regression in behavioral research: Explanation and prediction*. New York: Holt, Rinehart & Winston.

Stevens, J. (1996). *Applied multivariate statistics for the social sciences*, (third edition). Mahwah, NJ: Lawrence Erlbaum Associates.

Thomas, S. L., & Heck, R. H. (2001). Analysis of large-scale secondary data in higher education: Potential perils associated with complex sample designs. *Research in Higher Education*, *42*, 517 - 540.

Thompson, B. (1995). Stepwise regression and stepwise discriminant analysis need not apply here: A guidelines editorial. *Educational and Psychological Measurement*, *55*, 525 - 534.

第七章

American Association of Community Colleges (1988). *Building communities: A vision for a new century*. Washington, DC: Author.

American Association of Community Colleges (2000a). *National profile of community colleges: Trends and statistics* (3rd ed.). Washington, DC: Author.

American Association of Community Colleges (2000b). *Performance based funding: A review of five states*. Washington, DC: Author. http://www.aacc.nche/headline/082399/headl.htm

American Association of University Professors (1998). Distance Learning. *Academe*, *84*, 30 - 38.

Anderson, K. (1981). Post-high school experiences and college attrition. *Sociology of Education*, *54*,

1-15.

Anderson, K. (1984). Institutional differences in college effects. ERIC Document Reproducation Service No. ED256 204. Boca Raton, FL: Florida International University.

Arenson, K. W. (1998a). With new admissions policy, CUNY steps into the unknown. *New York Times*, May 28, A1, B6.

Arenson, K. W. (1998b). Classes are full at catch-up U. *New York Times*, May 31, sec. 4, p. 4

Armstrong, W. B., & Mellissinos, M. (1994). Examining the relationship between the liberal arts, course levels, and transfer rates. *New Directions for Community Colleges*, #86 (Summer), 81-91.

Bailey, T., & Morest, V. S. (2001). *Multiple missions of community colleges*. New York: Community College Research Center, Teachers College, Columbia University. http://www.tc.columbia.edu/ccrc.

Banks, J. A. (1995). Multicultural education: Historical development, dimensions, and practices. In J. A. Banks & C. A. M. Banks (Eds.), *Handbook of research on multicultural education* (pp. 3-24). New York: Macmillan.

Barnett, L. (1995). *A climate created: Community building in the beacon college project*. ERIC Document Reproduction Service No. ED393 494. Washington, DC: American Association of Community Colleges.

Barnett, L. (1996). Service learning: Why community colleges? *New Directions for Community Colleges* #93 (Spring), 7-15.

Berkner, L. K., Cuccaro-Alamin, S., & McCormick, A. C. (1996). *Descriptive summary of 1989-1990 beginning postsecondary students: Five years later*. NCES 96-155. Washington, DC: U. S. National Center for Education Statistics.

Berkner, L., Horn, L., & Clune, M. (2000). *Descriptive summary of 1995-1996 beginning postsecondary students: Three years later*. NCES 2000-154. Washington, DC: U. S. National Center for Education Statistics.

Blumenstyk, G. (1998). Western Governors' University takes shape as a new model for higher education. *Chronicle of Higher Education*, (Feb. 6), A21.

Bosworth, B. (1999). Unpublished tabulations from "The 1998 Survey of State-Funded, Employer-Focused Job Training Programs." Belmont, MA: Regional Technology Strategies, Inc.

Boylan, H. R., Bonham, B., & Bliss, L. (1992). The impact of developmental education programs. Paper presented to the First National Conference on Research in Developmental Education. Charlotte, NC.

Braddock, D. (1999). Occupational employment projections to 2008. *Monthly Labor Review*, *122* (11), 51-77.

Breneman, D. W., & Haarlow, W. N. (1998). *Remediation in higher education*. Washington, DC: Thomas B. Fordham Foundation.

Brewer, D. J. (1999). *How do community college faculty view institutional mission? An analysis of national survey data*. New York: Community College Research Center, Teachers College, Columbia University. http://www.tc.columbia.Edu/ccrc

Brint, S. G., & Karabel, J. B. (1989). *The diverted dream*. New York: Oxford University Books.

Burke, J. C. (1997). *Performance-funding indicators: Concerns, values, and models for two-and four-year colleges and universities*. ERIC Document Reproduction Service No. ED407 910. Albany, NY: State University of New York, Rockefeller Institute of Government.

Burke, J. C., & Serban, A. M. (Eds.) (1998). *Performance funding for public higher education: Fad or trend?* New Directions for Institutional Research #97. San Francisco: Jossey-Bass.

Burke, J. C., & Modarresi, S. (1999). *Performance funding and budgeting popularity and volatility:*

The third annual survey. Albany, NY: State University of New York, Rockefeller Institute of Government.

Call, R. W., & Associates (1997). *The applied baccalaureate: A new option in higher education in the United States*. ERIC Document Reproduction Service No. ED 409 038. Alfred, NY: University College of Technology.

Carnevale, A. P., Johnson, N. C., & Edwards, A. R. (1998). Performance-based appropriations: Fad or wave of the future? *Chronicle of Higher Education*, April 10, B6.

Center for the Study of Community Colleges (1988). *An assessment of the urban transfer opportunity program. The ford foundation's second stage transfer opportunity awards. final report*. ERIC Document Reproduction Service No. ED293 573. Los Angeles: University of California.

Cohen, A. M., & Brawer, F. B. (1996). *The American community college* (3rd ed.). San Francisco: Jossey-Bass.

Cohen, A. M., & Brawer, F. B. (1996b). *Policies and programs that affect transfer*. Washington, DC: American Council on Education.

Conley, D. T. (1997). *Roadmap to restructuring*. Eugene, OR: University of Oregon, ERIC Clearinghouse on Educational Management.

Cook, A. (2000). *Community college baccalaureate degrees: A delivery model for the future?* Policy Paper. Denver, CO: Education Commission of the States, Center for Community College Policy.

Derry, W. (1997). Interview by Kevin Dougherty with Auto Tech Coordinator, Broward Community College. Ft. Lauderdale. FL.

Dillon, C., & Cintron, R. (Eds.) (1997). Building a working policy for distance education. *New Directions for Community Colleges #99*. San Francisco: Jossey-Bass.

Dougherty, K. J. (1994). *The contradictory college: The conflicting origins, impacts, and futures of the community college*. Albany: State University of New York Press.

Dougherty, K. J. (In press) The community college. In J. J. F. Forest & K. Kinser (Eds.), *Encyclopedia of higher education in the United States*. ABC-CLIO Publishing.

Dougherty, K. J. (Forthcoming). Maintaining the transfer function in an occupationally oriented institution. New York: Community College Research Center, Teachers College, Columbia University.

Dougherty, K. J., & Bakia, M. F. (1999). *The new economic development role of the community college*. ERIC Document Reproduction Service No. ED439 750. New York: Community College Research Center, Teachers College, Columbia University. http://www.tc.columbia.edu/ccrc

Dougherty, K. J., & Bakia, M. F. (2000). Community colleges and contract training: Content, origins, and impacts. *Teachers College Record*, *102*(1), 197 - 243.

Dougherty, K. J., & Kim J. (2001). *Performance-based funding and community colleges: forms, origins, and impacts*. New York: Community College Research Center, Teachers College, Columbia University. http://www.tc.columbia.edu/ccrc

Eaton, J. S. (1994). *Strengthening collegiate education in community colleges*. San Francisco: Jossey-Bass.

Eaton, J. S. (2000). *Core academic values, quality, and regional accreditation: The challenge of distance learning*. Washington, DC: Council for Higher Education Accreditation.

Ecker, P., & Calhoun-French, D. (1999). General education at Jefferson Community College: Accountability and integrity. *New Directions for Community Colleges #92*. San Francisco: Jossey-Bass.

El-Khawas, E. (1992). *Campus trends*. Washington, DC: American Council of Education.

Florida State Board of Community Colleges (1998). *The florida community college system: A strategic plan for the millennium, 1998 - 2003*. Tallahassee: Author.

Florida Department of Community Colleges (2000). *Outcomes: A longitudinal look at the class of 1993*. Tallahassee, FL: Author. ERIC Document Reproduction Service No. ED 440 708.

Gladieux, L., & Swail, W. S. (1999). *The virtual university and educational opportunity. issues in Equity and access for the next generation*. Policy Perspectives. Washington, DC: The College Board. http://www.collegeboard.org/ policy/html/virtual.html.

Grubb, W. N. (1989). The effects of differentiation on educational attainment: The case of community colleges. *Review of Higher Education*, *12*, 349 - 374.

Grubb, W. N. (1991). The decline of community college transfer rates: Evidence from national longitudinal surveys. *Journal of Higher Education*, *62*, 194 - 217.

Grubb, W. N. (1996). *Working in the middle: Strengthening education and training for the mid-skilled labor force*. San Francisco: Jossey-Bass.

Grubb, W. N. (1999). *Learning and earning in the middle: The economic benefits of sub-baccalaureate education*. New York: Community College Research Center, Teachers College, Columbia University. http://www.tc.columbia.edu/~iee/ccrc/ public.htm

Grubb, W. N. (2001). *From black box to pandora's box: Evaluating remedial/ developmental education*. New York: Community College Research Center, Teachers College, Columbia University. http://www.tc.columbia.edu/~iee/ccrc/ public htm

Grubb, W. N., Badway, N., Bell, D., Bragg, D., & Russman, M. (1997). *Workforce, economic, and community development: The changing landscape of the "Entrepreneurial" community college*. Mission Viejo, CA: League for Innovation in the Community College.

Grubb, W. N., & Badway, N. (1999). Performance measures for improving California community colleges: Issues and options. Unpublished paper, University of California at Berkeley, School of Education.

Grubb, W. N., Badway, N., Bell, D., & Castellano, M. (1999). Community colleges and welfare reform. *Community College Journal*, *69* (June/July), 31 - 36.

Grubb, W. N., Worthen, H., Byrd, B., Webb, E., Badway, N., Case, C., Goto, S., & Villeneuve, J. C. (1999). *Honored but invisible: An inside look at teaching in community colleges*. New York and London: Routledge.

Healy, P. (1995a). Stiffer requirements in Georgia. *Chronicle of Higher Education*, April 21, A36.

Healy, P. (1995b). Georgia adopts tougher entrance standards for state colleges. *Chronicle of Higher Education*, June 30, A22.

Healy, P. (1998). Arizona considers landmark plan to allow community colleges to offer baccalaureate degrees. *Chronicle of Higher Education*, Jan. 16, A30.

Hebel, S., & Selingo J. (2001). For public colleges, a decade of generous state budgets is over. *Chronicle of Higher Education*, (April 20), A10.

Helm, P., & deAnda R. (1993). *2+2+2 evaluation and report*. Sacramento, CA: California Community Colleges, Office of the Chancellor. ERIC Document Reproduction Service No. ED 352 093.

Hilgartner, S., & Bosk, C. (1988). The rise and fall of social problems: A policy arenas model. *American Journal of Sociology*, *94*, 53 - 78.

Horine, Don. (1998). Associate degrees to start going further: Some will transfer to all Florida universities. *Palm Beach Post*, (July 26), 14A.

Huber, M. T. (1998). *Community college faculty attitudes and trends, 1997*. Stanford, CA: Stanford University, National Center for Postsecondary Imporvement.

Ignash, J. (1997). Who should provide postsecondary remedial/developmental education? *New Directions for Community Colleges*, #100, 5-20.

Illinois Community College Board (1986). *Illinois community college board transfer study: A five year study of students transferring from Illinois two year colleges to Illinois Senior Colleges in the Fall of 1979*. ERIC Document Reproduction Service No. ED 270 148. Springfield, IL: Author.

Illinois Community College Board (1989). *Current issues in transfer articulation between community colleges and four Year colleges in Illinois*. ERIC Document Reproduction Service No. ED 304 168. Springfield, IL: Author.

Illinois Community College Board (1998). *Illinois community college system transfer study*. Springfield, IL: Author. ERIC Document Reproduction Service No. ED 422 048.

Illinois State Board of Higher Education (1997). *Illinois articulation initiative: Policy and procedures manual*. ERIC Document Reproduction Service No. ED 416-930. Springfield: Author.

Jenrette, M. S., & Adams, J. Q. (1992). Community college contexts for diversity: Miami-Dade Community College and Joliet Junior College. *New Directions for Teaching and Learning*, #52. San Francisco: Jossey-Bass.

Kane, T. J., & Rouse, C. E. (1995). Labor-market returns to two- and four-year colleges. *American Economic Review*, *85*, 600-614.

Kane, T. J., & Rouse, C. E. (1999). The community college: Educating students at the margin between college and work. *Journal of Economic Perspectives*, *13*(1), 63-84.

Knoell, D. M. (1996). Moving toward collaboration in transfer and articulation. *New Directions for Community Colleges*, *96* (Winter), 55-63.

Krueger, A., & Rouse, C. E. (1996). *The effect of workplace education on earnings, turnover, and job performance*. Princeton, NJ: Princeton University, Center for Economic Policy Studies.

Laden, B. V. (1999). Socializing and mentoring college students of color: The Puente Project as an exemplary celebratory socialization model. *Peabody Journal of Education*, *74*(2), 55-74.

Lavin, D. E., Alba, R., & Silberstein, R. (1981). *Right versus privilege: The open admissions experiment at the City University of New York*. New York: Free press.

Layzell, D. (1999). Linking performance to funding outcomes at the state level for public institutions of higher education. *Research in Higher Education*, *40*(2), 233-246.

League for Innovation in the Community College (2001). League announces articulation agreement between member colleges and four-year universities. *League Connections*, *2*(2).

Lee, V. E., Mackie-Lewis, C., & Marks, H. M. (1993). Persistence to the baccalaureate degree for students who transfer from community college. *American Journal of Education*, *102*(1), 80-114.

Levin, H. M. (1999). Remediation in the community college. Paper presented to Social Science Research Council Workshop on the Multiple and Changing Roles of Community Colleges, New York, February 11-12, 1999.

Levine, A. (1978). *Handbook on undergraduate curriculum*. San Francisco: Jossey-Bass.

Levine, A. (1997). How the academic profession in changing. *Daedalus*, *126*(4), 1-20.

Levine, A., & Cureton, J. (1992). The quiet revolution: Eleven facts about multiculturalism and the curriculum. *Change*, *24*(1), 25-29.

Lynch, L. (1992). Private-sector training and the earnings of young workers. *American Economic Review*, *82*, 299-312.

Lively, K. (1993). States try to end remedial courses at 4-year colleges. *Chronicle of Higher Education*,

Feb. 24, A28.

Lords, E. (1999). More community colleges are building dormitories. *Chronicle of Higher Education*, Nov. 12, A54.

MacDonald, M. (1999). FCCJ sees hope on degree; Legislation key to 4-year program. *Florida Times-Union*, (Jacksonville) (April 29), p. A-1.

Mahony, E. (Ed.) (1992). *Building community through diversity: Connecting students to their learning environments: An anthology of classroom projects undertaken for the Kellogg Beacon Grant. Final Report.* ERIC Document Reproduction Service No. ED 349 064. St. Louis, MO: St. Louis Community College.

Marchese, T. (1998). Not-so-distant competitors: How new providers are remaking the postsecondary marketplace. *AAHE Bulletin* (May).

Martorana, S. V. (1994). *Upper-division collegiate course offerings on community college campuses and implications for restructuring American postsecondary education.* University Park, PA: Pennsylvania State University, Center for the Study of Higher Education. ERIC Document Reproduction Service No. ED 370 643.

McCormick, A. (1997). *Transfer behavior among beginning postsecondary students: 1989 - 1994.* NCES 97-266. Washington, DC: U. S. National Center for Education Statistics.

McMillan, V. K., Parke, S. J., & Lanning, C. A. (1997). Remedial/developmental education approaches for the current community college environment. *New Directions for Community Colleges*, *100*, 21-32.

Moore, M. G., Thompson, M. M., Quigley, B. A., Clark, G. C., & Goff, G. G. (1990). *The effects of distance learning: A summary of literature.* ERIC Document Reproduction Service No. ED 330 321. University Park, PA: American Center for the Study of Distance Education.

Nora, A. (2000). *Re-examining the community college mission.* White Papers for the New Expeditions Project. Washington, DC: American Association of Community Colleges. http://www.nche.edu/initiatives/newexpeditions/White-Papers/accesswhite.htm

Nora, A., & Rendon, L. (1990). Determinants of predisposition to transfer among community college students: A structural model. *Research in Higher Education*, *31*, 235-255.

Nussbaum, T. J. (1997). *Enhancing student transfer: Memorandum of understanding.* ERIC Document Reproduction Service No. ED 414 965. Sacramento, CA: Office of the Chancellor, California Community Colleges.

Ohio adopts measures for financing of 2-year colleges (1994). *Chronicle of Higher Education*, June 29, A21.

Palmer, J. C. (1998). *Fostering student retention and success at the community college.* Policy Paper. Denver, CO: Education Commission of the States, Center for Community College Policy.

Palmer, J. C. (2000). *Instructional faculty and staff in public two-year colleges.* NCES 200 - 192. Washington, DC: National Center for Education Statistics.

Pascarella, E. T. (1999). New studies track community college effects on students. *Community College Journal*, *69*(10), 8-14.

Pascarella, E. T., & Terenzini, P. T. (1991). *How college affects students.* San Francisco: Jossey-Bass.

Pascarella, E. T., Bohr, L., Nora, A., & Terenzini P. T. (1995). Cognitive effects of 2-year and 4-year colleges: New evidence. *Educational Evaluation and Policy Analysis*, *17*, 83-96.

Pascarella, E. T., Edison, M., Nora, A., Hagedorn, L., & Terenzini, P. T. (1996). Cognitive effects of attending community colleges. *Community College Journal*, *66*(4), 35-39.

Pascarella, E. T., Edison, M., Nora, M., Hagedorn, L. S., & Terenzini, P. T. (1998). Does community college versus four-year college attendance influence students' educational plans? *Journal of College*

Student Development, *39*, 179 - 193.

Perin, D. (1998). *Curriculum and pedagogy to integrate occupational and academic instruction in the community college*. ERIC Document Reproduction Service No. ED 428 793. New york: Community College Research Center, Teachers College, Columbia University. http://www.tc.columbia.edu/ccrc

Phelan, D. J. (2000). *Enrollment policies and student access at community colleges*. Policy Paper. Denver, CO: Education Commission of the States, Center for Community College Policy.

Phipps, R. A. (1998). *College remediation: What it is, what it costs, what's at stake*. Washington, DC: The Institute for Higher Education Policy.

Phipps, R. A., Wellman, J. V., & Merisotis, J. P. (1998). *Assuring quality in distance learning*. Washington, DC: Council for Higher Education Accreditation.

Phipps, R. A., & Merisotis, J. P. (1999). *What's the difference? A review of contemporary research on the effectivencess of distance learning in higher education*. Washington, DC: The Institute for Higher Education.

Pierce, D. (1996). Building communities on firm foundations: Remarks at a conference sponsored by the Kellogg Foundation. Washington, DC: American Association of Community Colleges. http://www.aacc.nche.edu/initiatives/ COMMBLDG/firm.html.

Pincus, F. L. (1989). Contradictory effects of customized contract training in community colleges. *Critical Sociology*, *6*, 77 - 93.

Pincus, F. L., & Archer, E. (1989). *Bridges to opportunity? Are community colleges meeting the transfer needs of minority students?* New York: College Board.

Pitter, Gita Wijesinghe (1999). "Ladders to Success: Enhancing Transfer from Technical Associate in Science Degrees to Baccalaureates." Paper presented to Annual Forum of the Association for Institutional Research. ERIC Document Reproducation Service No. ED 433 764.

Powell, R., Conway, C., & Ross, L. (1990). Effects of student predisposing characteristics on student success. *Journal of Distance Education*, *5*(1), 20 - 37.

Rendon, L., & Garza, H. (1996). Closing the gap between two-and four-year institutions. In L. Rendon, R. O. Hope, & Associates (Eds.), *Educating a new Majority*. San Francisco: Jossey-Bass.

Rhoades, G. (1998). *Managed professionals*. Albany, NY: State University of New York Press.

Rhoads, R. A., & Valadez, J. R. (1996). *Democracy, multiculturalism, and the community college*. New york: Garland.

Rifkin, T. (2000). *Improving articulation policy to increase transfer*. Policy Paper. Denver, CO: Education Commission of the States, Center for Community College Policy.

Roueche, J. E., & Roueche, S. D. (1999). *High stakes, high performance: Making remedial education work*. Washington, DC: Community College Press.

Rouse, C. E. (1998). Do two-year colleges increase overall educational attainment? Evidence from the states. *Journal of policy analysis and management*, *17*, 595 - 620.

Ruppert, S. (1995). Roots and realities of state-level performance indicator systems. *New Directions for Higher Education*, #91 (Fall), 11 - 23.

Russell, T. L. (1999). *The no significant difference phenomenon*. Raleigh, NC: North Carolina State university, Office of Instructional Telecommunications.

Schmidt, P. (1997). States press their colleges to make transferring easier. *Chronicle of Higher Education*, July 18.

Schmidt, P. (1999). Florida's 2-year colleges allowed to offer B. A.'s. *Chronicle of Higher Education*, July

2, A29.

Schneider, B., & Stevenson, D. L. (1999). *Ambitious generation*. New Haven, CT: Yale University Press.

Shaw, K. M. (2001). Reframing remediation as a systemic phenomenon: A comparative analysis of remediation in two states. In B. K. Townsend & S. K. Twombly (Eds.), *Community colleges: Policy in the future context* (pp. 193-221). Westport, CT: Ablex.

Shaw, K. M., & London, H. B. (1998). The interplay between ideology, culture, and educational mobility: A typology of urban community colleges with high transfer rates. Unpublished paper, Temple University, School of Education.

Sherry, L. (1996). Issues in Distance Learning. *International Journal of Educational Telecommunications*, *1*(4), 337-365. (http://www.cudenver.edu/-Isherry/pubs/issues.html.)

Smith, V. (1993). New dimensions for general education. In Arthur Levine (Ed.), *Higher learning in america, 1980-2000* (pp. 243-258). Baltimore, MD: Johns Hopkins University Press.

Spann, M. G., Jr. (2000). *Remediation: A must for the 21st-century learning society*. Policy Paper. Denver, CO: Education Commission of the States, Center for Community College Policy.

Striplin, J. C. (2000). ERIC review: An examination of non-liberal arts course transferability in California community colleges. *Community College Review*, *28*(4), 67-77.

Strosnider, K. (1997). For-profit university challenges traditional colleges. *Chronicle of Higher Education*, June 6, A32.

Strosnider, K. (1998). For-profit higher education sees booming enrollments and revenues. *Chronicle of Higher Education*, Jan. 23.

Tinto, V. (1987). *Leaving college*. Chicago: University of Chicago Press.

Tinto, V., Russo, P., & Kadel, S. (1994). Constructing educational communities: Increasing retention in challenging circumstances. *Community College Journal*, *64*(4), 26-29.

Townsend, B. K. (1995). Community college transfer students: A case study of survival. *Review of Higher Education*, *18*, 175-193.

United States Bureau of the Census (2000). *Statistical abstract of the United States: 2000*. Washington, DC: Government Printing Office.

United States National Center for Education Statistics (1991). *College-level remedial education in the Fall of 1989*. NCES 91-191. Washington, DC: USGPO.

United States National Center for Education Statistics (1994). *Report on the state of remedial education, 1992-1993*. Washington, DC:. U.S. Department of Education.

United States National Center for Education Statistics (1996). *Remedial education at higher education institutions in fall 1995*. NCES 97-584. Washington, DC: U.S. Author.

United States National Center for Education Statistics (1997). *The condition of education, 1997*. Washington, DC: U. S. Government Printing Office.

United States National Center for Education Statistics (1998). *Digest of education statistics, 1998*. NCES 99-036. Washington, DC: U. S. Department of Education.

United States National Center for Education Statistics (1999a). *Digest of education statistics, 1999*. NCES (2000)-031. Washington, DC: U. S. Department of Education.

United States National Center for Education Statistics (1999b). *Distance education at postsecondary institutions:* 1997-*1998*. NCES (2000)-013. Washington, DC: Author.

Van Horn, C., Fichtner, A., Dautrich, K., Hartley, T., & Hebbar, L. (1998). *First-year interim report, evaluation of the workforce development partnership program: Executive summary*. New Brunswick, Nj: Rutgers University, Heldrich Center for Workforce Development.

Washington State Board for Community and Technical Colleges (1994). *Transfer outcomes in Washington Community Colleges*. Operations Report #94-1. Olympia, WA: Author. ERIC Document Reproduction Service No. ED. 365 395.

— (1997). 1997-*1998 Articulation and transfer in the state of washington*. Olympia, WA: Author. ERIC Document Reproduction Service No. ED 416 922.

Whitaker, D. G., & Pascarella, E. T. (1994). Two-year college attendance and socioeconomic attainment. *Journal of Higher Education*, *65*, 194-210.

Winter, G. M., & Fadale, L. M. (1990). Impact of economic development programs in SUNY community colleges: A study of contract courses. *Community Services Catalyst*, *20*(2), 3-7.

Winston, G. C. (1999). For-profit higher education: Godzilla or chicken little? *Change*, *31*(1), 13-19.

Zeiss, T. (1998). The realities of competition: Will our students become theirs? *Community College Journal*, *68*(8), 8-13.

Zeszotarski, P. (1999). Dimensions of general education requirements. *New Directions for Community Colleges*, #109, 39-48. San Francisco: Jossey-Bass.

第八章

Alwin, D. F. (1974). College effects on educational and occupational attainments. *American Sociological Review*, *39* (April), 210-223.

Antony, J. S. (1998a). Exploring the factors that influence men and women to form medical career aspirations. *Journal of College Student Development*, *39*(5), 1-10.

Antony, J. S. (1998b). Personality-career fit and freshman medical career aspirations: A test of Holland's theory. *Research in Higher Education*, *39*(6), 679-698.

Antony, J. S. (1996). Factors influencing college students' abandonment of medical career aspirations. Unpublished Ph. D. dissertation. University of California, Los Angeles.

Antony, J. S., & Taylor, E. (in press). Graduate student socialization and its implications for the recruitment of African American education faculty. In Tierney, W. G. (Ed.), *Faculty work in schools of education: Rethinking roles and rewards for the 21st Century*. Albany, NY: SUNY Press.

Astin, A. W. (1984). Student involvement: A developmental theory for higher education. *Journal of College Student Personnel*, *25*(4), 297-308.

Baird, L. L. (1990). The melancholy of anatomy: The personal and professional development of graduate and professional students. In Smart, J. C. (Ed.), *Higher education: Handbook of theory and research*. Vol VI. New York: Agathon Press.

Baird, L. L. (1992). The stages of the doctoral career: Socialization and its consequences. San Francisco: Paper presented at the annual meeting of the American Educational Research Association. ERIC Document Number ED 348 925.

Becker, H. S. (1960). Notes on the concept of commitment. *American Journal of Sociology*, *66*(1), 32-40.

Becker, H. S., & Carper, J. (1956a). The development of identification with an occupation. *American Journal of Sociology*, *61*(4), 289-298.

Becker, H. S., & Carper, J. (1956b). The elements of identification with an occupation. *American Sociological Review*, *21*(3), 341-348.

Becker, H. S., Geer, B., Hughes, E. C., & Strauss, A. (1961). *Boys in White: Student culture in medical school*. Chicago: University of Chicago Press.

Berman, G. S., & Haug, M. R. (1975). Occupational and educational goals and expectations: The effects of race and sex. *Social Problems*, *23*, 166－181.

Bess, J. L. (1978). Anticipatory socialization of graduate students. *Research in Higher Education*, *8*, 289－317.

Blau, P. M., & Duncan, O. D. (1967). *The American occupational structure*. New York, NY: John Wiley & Sons, Inc.

Bragg, A. K. (1976). *The socialization process in higher education*. ERIC/AAHE Research Report No. 7. Washington, DC: The George Washington University, School of Education and Human Development.

Brown, R. E. (1970). *Professional orientations of graduate students and determinants of membership in the graduate students union at university of california*. Final report. Berkeley: Center for Research and Development in Higher Education.

Brown, D., Brooks, L., & Associates. *Career choice and development*. San Francisco, CA: Jossey-Bass, Inc.

Bucher, R., & Stellings, J. (1977). *Becoming a professional*. London: Sage Publications.

Bullis, C., & Bach, B. (1989). "Socialization turning points: An examination of change in organizational identification." Paper presented at the annual meeting of the Western Speech Communication Association, Spokane, WA. ERIC Document Number ED 306 607.

Cahn, S. (1986). *Saints and scamps*. Totowa, NJ: Rowman and Littlefield.

Carter, D. F. (November, 1999). *College students' degree aspirations: A theoretical model and literature review with a focus on African American and Latino students*. Paper presented at the annual meeting of the Association for the Study of Higher Education (ASHE), San Antonio, TX.

Chronicle of Higher Education (1999). *The almanac of higher education*. Chicago, IL: University of Chicago Press.

Cooley, M. R., Cornell, D. G., & Lee, C. (1991). Peer acceptance and self-concept of Black students in a summer gifted program. *Journal of Education of the Gifted*, *14*, 166－177.

Daresh, J., & Playko, M. (1995). "Alternative Career Formation Perspectives: Lessons for Educational Leadership from Law, Medicine, and Training for the Priesthood." Paper presented at the annual meeting of the University Council for Educational Administrators, Salt Lake City, UT. ERIC Document Number ED 387 909.

Dawkins, M. P. (1982). Occupational prestige expectations among Black and White college students: A multivariate analysis. *College Student Journal*, *16*(3), 233－242.

Deskins, D. R. (1994). Prospects for minority doctorates in the year 2000: Employment opportunities in a changing American society. In M. Holden (Ed.), *The challenge to racial stratification: National political science review*, *Volume 4* (pp. 99－148). New Brunswick: Transaction Publishers.

Durkheim, E. (1961). *Suicide*. Translated by J. Spaulding and C. Simpson. Glencoe, IL: Free Press.

Evans, N. J., Forney, D. S., & Guido-DiBrito, F. (1998). *Student development in college: Theory, research, and practice*. San Francisco, CA: Jossey Bass.

Feldman, S. (1974). *Escape from the Doll's house: Women in graduate and professional education*. New York: McGraw Hill.

Fordhan, S. (1988). Racelessness as a factor in Black students' school success: Pragmatic strategy or pyrric victory? *Harvard Educational Review*, *58*, 43－84.

Feldman, N. L. (1967). Career stages and organizational role decisions of teachers in two public junior colleges. *Sociology of Education*, *40*(2), 120－134.

Fries-Britt, S. (1998). Moving beyond black achiever isolation: Experiences of gifted black collegians. *Journal of Higher Education*, *69*(5), 557-576.

Geer, B. (1966). Occupational commitment and the teaching profession. *School Review*, *74*, 31-47.

Gilligan, C. (1978). *In a different voice: Psychological theory and women's development*. Cambridge: Harvard University Press.

Goffman, E. (1961). *Asylums: Essays on the social situation of mental patients and other inmates*. Garden City, NY: Anchor Books.

Gottlieb, D. (1961). Processes of socialization in American graduate schools. *Social Forces*, *40*(2), 124-131.

Havighurst, R. J. (1964). Youth in exploration and man emergent. In H. Borow (Ed.), *Man in a world at work*. Boston, MA: Houghton Mifflin.

Holland, J. L. (1966). *The psychology of vocational choice*. Waltham, MA: Blaisdell.

Holland, J. L. (1973). *Making vocational choices: A theory of careers*. Englewood Cliffs, NJ: Prentice Hall.

Holland, J. L. (1985). *Making vocational choices: A theory of vocational personalities and work environments* (2nd ed.). Englewood Cliffs, NJ: Prentice Hall.

Holland, J. L. (1982). The SDS helps both females and males: A Comment. *Vocational Guidance Quarterly*, *30*(3), 195-197.

Holland, J. L. (1997). *Making vocational choices: A theory of vocational personalities and work environment* (3rd ed.). Odessa, FL: Psychological Assessment Resources.

Hollingshead, A. B. (1949). *Elmstown's youth*. New York: Wiley.

Huntington, M. J. (1957). The development of a professional self-image. In Merton, R. K., Reader, G. G., & Kendall, P. L. (Eds.), *The sudent-physician: Introductory studies in the sociology of medical education*. Cambridge, MA: Harvard University press.

Katz, M. (1963). *Decisions and values: A rationale for secondary school guidance*. New York, NY: College Entrance Examination Board.

Klcin, K. L., & Wcincr, Y. (1977). Interest congruency as a moderator of relationship between job tenure and job satisfaction and mental health. *Journal of Vocational Behavior*, *19*, 91-98.

Lipsett, L. (1962). Social factors in vocational development. *Personnel and Guidance Journal*, *40*, 432-437.

Mario, M. (1997). *Professional socialization of university lecturers in mozambique*. Unpublished Ph. D. dissertation. University of Pittsburgh.

McClelland, K. (1990). Cumulative disadvantage among the highly ambitious. *Sociology of Education*, *63* (April), 102-121.

McDonough, P. M. (1997). Choosing colleges: How social class and schools structure opportunity. Albany, NY: SUNY Press.

Merton, R. K., Reader, G., & Kendall, P. L. (1957). *The student physician*. Cambridge, MA: Harvard University Press.

Morrow, R. A., & Torres, C. A. (1995). *Social theory and education: A critique of theories of social and cultural reproducation*. Albany, NY: SUNY Press.

Mortimer, J. T., & Simmons, R. G. (1978). Adult socialization. *Annual Review of Sociology*, *4*, 421-454.

Oleson, V. L., & Whittaker, E. (1968). *The silent dialogue: A study of the social psychology of professional socialization*. San Francisco: Jossey-Bass.

Osipow, S. H. (1973). *Theories of career development* (2nd ed.). Englewood Cliffs, NJ: Prentice-Hall Inc.

Parsons, F. (1909). *Choosing a vocation*. Boston, MA: Houghton Mifflin.

Pascarella, E. T. (1980). Student-faculty informal contact and college outcomes. *Review of Educational Research*, *50*, 545 - 595.

Pascarella, E. T., Brier, E. M., Smart, J. C., & Herzog, L. (1987). Becoming a physician: The influence of the undergraduate experience. *Research in Higher Education*, *26*(2), 180 - 201.

Re-envisioning the Ph. D. Conference (April, 2000). Sponsored by the Pew Charitable Trusts, Seattle, Washington. http://depts.washington.edu/envision/.

Sanderson, A. R., & Dugoni, B. (1997). *Doctorate recipients from United States universities: Survey of earned doctorates*. Summary Report, 1997. Chicago, IL: National Opinion Research Center.

Sewell, W. H., Haller, A. O., & Ohlendorf, G. W. (1970). The educational and early occupational status attainment process: Replication and revision. *American Sociological Review*, *35*, 1014 - 1027.

Sewell, W. H., Haller, A. O., & Portes, A. (1969). The educational and early occupational attainment process. *American Sociological Review*, *34*, 82 - 92.

Sewell, W. H., & Shah, V. P. (1968). Social class, parental encouragement, and educational aspirations. *American Journal of Sociology*, *73*, 559 - 572.

Sharp, L. M. & Weidman, J. C. (1989). Early careers of undergraduate humanities majors. *Journal of Higher Education*, *60* (September/October), 544 - 564.

Sherlock, B., & Morris, R. (1967). The Evolution of the Professional: A Paradigm. *Sociological Inquiry*, *37*(1), 27 - 46.

Smart, J. C. (1987). Student satisfaction with graduate education. *Journal of College Student Personnel*, *28*, 68 - 77.

Smart, J. C., Feldman, K. A., & Ethington, C. A. (2000). Academic disciplines: Holland's theory and the study of college students and faculty. Nashville, TN: Vanderbilt University Press.

Solorzano, D. G. (1992). An explanatory analysis of the effects of race, class, and gender on student and parent mobility aspirations. *Journal of Negro Education*, *61*(1), 30 - 43.

Spady, W. (1970a). Dropouts from higher education: An interdisciplinary review and synthesis. *Interchange*, *1*, 64 - 85.

Spady, W. (1970b). Dropouts form higher education: Toward an empirical model. *Interchange*, *2*, 38 - 62.

Staton, A. (1990). *Communication and student socialization*. Norwood, NJ: Ablex Publishing.

Staton, A., & Darling, A. (1989). Socialization of teaching assistants. In J. Nyquist, R. Abbott, & D. Wulff, (Eds.), *Teaching assistant training in the* 1990*s*. *New Directions for Teaching and Learning* No. 39. San Francisco: Jossey-Bass.

Stein, E. L. (1992). Socialization at a protestant seminary. Unpublished Ph. D. dissertation. University of Pittsburgh.

Stein, E. L., & Weidman, J. C. (1990). The socialization of doctoral students to academic norms. Paper presented at the Annual Meeting of the American Educational Research Association, Boston, MA.

Stein, E. L., & Weidman, J. C. (1989). Socialization in graduate school: A conceptual framework. Paper presented at the Annual Meeting of the Association for the Study of Higher Education, Atlanta, GA.

Taylor, E., & Antony, J. S. (in press). Wise schooling and stereotype-threat reducation: Successful socialization of African American doctoral students in education. *Journal of Negro Education*.

Thornton, R., & Nardi, P. M. (1975). The dynamics of role acquisition. *American Journal of Sociology*, *80*(4), 870-885.

Tierney, W. G., & Rhoads, R. A. (1994). *Faculty socialization as cultural process: A mirror of institutional commitment*. ASHE-ERIC Higher Education Report No. 93-6. Washington, DC: The George Washington University, School of Education and Human Development.

Tierney, W. G. (1997). Organizational socialization in higher education. *Journal of Higher Education*, *68*(1), 1-16.

Tinto, V. (1975). Dropout from higher education: A theoretical synthesis of recent research. *Review of Educational Research*, *45*, 89-125.

Turnet, C. S. V., & Thompson, J. (1993). Socializing women doctoral students: Minority and majority experiences. *Review of Higher Education*, *16*(3), 355-370.

Van Maanen, J., & Shein, E. (1979). Toward a theory of organizational socialization. In B. M. Straw (Ed.), *Research in Organizational Behavior*, *1*, 209-264.

Weidman, J. C. (1989). Undergraduate socialization: A conceptual approach. In J. C. Smart, (Ed.), *Higher education: Handbook of theory and research*. Vol. V. New York: Agathon Press.

Weidman, J. C., Twale, D. J., & Stein, E. L. (2001). Socialization of graduate and professional students in higher education: A perilous passage? ASHE-ERIC Higher Education Report. Washington, DC: The George Washington University, School of Education and Human Development.

Wentworth, W. M. (1980). *Context and understanding: An inquiry into socialization theory*. New York Elsevier.

Werts, C. E. (1968). Parental influence on career choice. *Journal of Counseling Psychology*, *15*, 48-52.

Williamson, E. G. (1965). Vocational counseling: Trait and factor theory. In B. Steffle (Ed.), *Theories of counseling*. New York, NY: McGraw-Hill Book Company.

Zaccaria, J. S. (1970). *Theories of occupational choice and vocational development*. Boston, MA: Houghton Mifflin Company.

第九章

Albak, E. (1989). *Fra sandhed til information: Evalueringsforskning in USA - for og nu*. Viborg: Akademisk forlag.

Albak, E. (1995). Policy evaluation: design and utilization. In R. Rist (Ed.), *Policy evaluation: Linking theory to practice*. Aldershot: Edward Elgar Publishing Limited.

Baier, V. E., March, J. G., & Satren, H. (1994). Implementation and ambiguity. In D. McKevitt. & A. Lawton (Eds.), *Public sector management: Theory, critique and practice*. London: Sage publications.

Bardach, E. (1977). *The Implementation game*. Cambridge: MIT Press.

Barrett, S., & Fudge, C. (1981). Examining the policy-action relationship. In S. Barrett & C. Fudge (Eds.), *Policy and action*. London: Methuen.

Bauer, M., Askling, B., Marton, S. G., & Marton, F. (1999). *Transforming universities. changing patterns of governance, structure and learning in swedish higher education*. London: Jessica Kingsley Publishers.

Bauer, M., & Henkel, M. (1999). Academic response to quality reforms in higher education: England and Sweden compared. In M. Henkel & B. Little (Eds.), *Changing relationships between higher education and the state*. London: Jessica Kingsley Publishers.

Bie, K. N. (1981). *Creating a new university: The establishment and development of the university of tromso*. Oslo: Institute for Studies in Research and Higher Education.

参 考 文 献

Bleiklie, I., Hostaker, R., & Vabo, A. (2000). *Policy and practice in higher education: Reforming norwegian universities*. London: Jessica Kingsley Publishers.

Browne, A., & Wildavsky, A. (1984a). Implementation as mutual adaptation. In J. Pressman & A. Wildavsky (Eds.), *Implementation*. Berkeley: University of California Press.

Browne, A., & Wildavsky, A. (1984b). What should evaluation mean to implementation? In J. Pressman & A. Wildavsky (Eds.), *Implementation*. Berkeley: University of California Press.

Browne, A., & Wildavsky, A. (1984c). Implementation as exploration. In J. Pressman & A. Wildavsky (Eds.), *Implementation*. Berkeley: University of California press.

Calista, D. J. (1994). Policy implementation. In S. S. Nagel (Ed.), *Encyclopedia of policy studies*. New york: Marcel Dekker.

Cappola-Pignatelli, P. et al. (1981). *Rapporto sull'universita della Calabria*. Roma: Gruppo di Ricerche sull'edilizia per l'Istruzione Superiore (GREIS).

Cerych, L. (1992). Reforms and higher education: Implementation. In B. R. Clark & G. Neave (Eds.), *The encyclopaedia of higher education*. Volume 2. Oxford: Pergamon press.

Cerych, L. & Sabatier, P. (1986). *Great expectations and mixed performance: The implementation of higher education reforms in europe*. Stoke-on-Trent: Trentham Books.

Cerych, L., Neuse, A., Teichler, U., & Winkler, H. (1981). *Gesamthochschule – Erfahrungen, Hemmnisse, Zielwandel*. New york: Campus Verlag.

Chen, H. (1990). *Theory-driven evaluations*. Newbury Park, California: Sage.

Clark, B. R. (1986). Implementation in the United States: A comparison with European higher education reforms. In L. Cerych and P. Sabatier: *ibid*.

Clark, B. (1998). *Creating entrepreneurial universities: Organizational pathways of transformation*. Oxford: Pergamon Press.

Cook, T. D. (1985). Postpositivist critical multiplism. In R. L. Shotland & M. M. Mark (Eds.), *Social science and social policy*. Beverly Hills: Sage.

Dill, D. D. (2000). Designing academic audit: Lessons learned in Europe and Asia. *Quality in Higher Education*, *6*(3), 187–207.

Dill, D. D., & Sporn, B. (Eds.) (1995). *Emerging patterns of social demand and university reform: Through a glass darkly*. Oxford: Pergamon Press.

DiMaggio, P., & Powell, W. W. (1991). *The new institutionalism in organizational analysis*. Chicago: University of Chicago press.

Dunleavy, P. (1981). Professions and policy change: Notes toward a model of ideological corporatism. *Public Administration Bulletin*, *36*, 3–16.

Elmore, R. (1978). Organizational models of social program implementation. *Public Policy*, *26*, 185–228.

Elmore, R. (1985). Forward and backward mapping: Reversible logic in the analysis of public policy. In K. Hanf & T. A. J. Toonen (Eds.), *Policy implementation in federal and unitary systems*. Dordrecht: Martinus Nijhoff Publishers.

Fulton, O., Gornitzka, Å., & Maassen, P. (Eds.) (2002). *Higher education, the State and the economy: Relationships and policies in eight european countries*. Dordrecht: Kluwer Academic Publishers.

Goedegebuure, L. C. J. (1992). *Mergers in higher education*. Utrecht: Uitgiverij LEMMA B. V.

Gornitzka, Å. (1999). Governmental policies and organisational change in higher education. *Higher Education*, *38*, 5–31.

Gornitzka, Å., & P. Maassen (2000). National policies concerning the economic role of higher education.

Higher Education Policy, *13*, 225 - 230.

Guba, E. , & Lincoln, Y. (1989). *Fourth generation evaluation*. Newbury Park, California: Sage.

Ham, C. , & Hill, M. (1988). *The policy process in the modern capitalist state*. Brighton: Wheatsheaf Books.

Hanf, K. , & Scharpf, F. W. (1978). *Interorganizational policy making limits to coordination and central control*. London: Sage publications.

Hanf, K. , & Toonen, T. A. J. (1985). *Policy implementation in federal and unitary systems: Questions of analysis and design*. Dorndrecht: Martinus Nijhoff Publishers.

Hargrove, E. C. (1975). *The missing link: The study of the implementation of social policy*. Washington: The urban Institute.

Henkel, M. (1991). *Government, evaluation and change*. London: Jessica Kingsley Publishers.

Henkel, M. (2000). *Academic identities and policy change in higher education*. London: Jessica Kingsley Publishers.

Henkel, M. , & Little, B. (Eds.) (1999). *Changing relationships between higher education and the state*. London: Jessica Kingsley Publishers.

Hjern, B. , Hanf, K. & Porter, D. (1978). Local networks of manpower training in the Federal Republic of Germany and Sweden. In K. Hanf & F. W. Scharpf (ibid.)

Hjern, B. , & Hull, C. (1982). Implementation research as empirical constitutionalism. *European Journal of Political Research*, *10*, 105 - 115.

Kim, L. (1982). *Widened admission to higher education in Sweden - the 25/5 scheme. A study of the implementation process*. Stockholm: National Board of Universities and Colleges.

Kogan, M. , Bauer, M. , Bleiklie, I. , & Henkel, M. (2000). *Transforming higher education - A comparative study*. London: Jessica Kingsley Publishers.

Kogan, M. , & Hanney, S. (2000). *Reforming higher education*. London: Jessica Kingsley Publishers.

Kyvik, S. (1981). *The norwegian regional colleges: A study of the establishment and implementation of a reform in higher education*. Oslo: Institute for Studies in Research and Higher Education.

Lamoure, J. (1981). *Les instituts universitaires de technologie en france*. Paris: Institute of Education.

Lane, J. E. (1983). *Creating the university of norrland: Goals, structures and outcomes*. Umeå: CWK Gleerup.

Lane, J. E. (1990). *Institutional reform: A public policy perspective*. Aldershot: Dartmouth.

Lane, J. E. (1993). *The public sector: Concepts, models and approaches*. London: Sage.

Lane, J. E. (1995). *The public sector: Concepts, models and approaches* 2nd edition. London: Sage.

Lester, J. P. , Bowman, A. O'M. , Goggin, H. L. , & O'Toole, T. J. (1987). Public policy implementatin evolution of the field and agenda for future research. *Policy Studies Review*, *7*, 200 - 216.

Maassen, P. (2000). The changing roles of stakeholders in Dutch university governance. *European Journal of Education*, *35*, 449 - 464.

Maassen, P. , & van Vught F. A. (1996). *Inside academia*. Utrecht: Tijdstroom.

Maassen, P. , Neave G. , & Joengbloed, B. (1999). Introduction: Organisational adaptation in higher education. In B. Joengbloed, P. Maassen & G. Neave (Eds.), *From the eye of the storm - Higher education's changing institution*. Dordrecht: Kluwer Academic Publishers.

Majone, G. , & Wildavsky, A. (1978). Implementation as evolution. *Policy Studies Review Annual*, *2*, 103 - 117.

March, J. G. (1988). *Decisions and organizations*. Oxford: Blackwell.

参 考 文 献

March, J. G., & Olsen, J. P. (1984). *Rediscovering institutions*. New York: The Free Press.

March, J. G., & Simon, H. A. (1958). *Organizations*. New York: John Wiley.

Massy, B. (1999). Energizing quality work: Higher education quality evaluation in Sweden and Denmark. NCPI Technical Report No. 6-06. Stanford: National Center for Postsecondary Improvement.

Meyer, J. W. (1996). Otherhood: The promulgation and transmission of ideas in the modern organizational environment. In B. Czarniavska & G. Sevon (Eds.), *Translating organizational change*. New York: Walter de Gruyter.

Neave. G. (1988). On the cultivation of quality, efficiency and enterprise: an overview of recent trends in higher education in Western Europe 1986-1988. *European Journal of Education*, *23*, 7-23.

Neave. G. (1995). The stirring of the prince and the silence of the lambs: The changing assumptions beneath higher education policy, reform and society. In D. D. Dill & Sporn (Eds.), *Emerging patterns of social demand and university reform: Through a glass darkly*. Oxford: Pergamon Press.

Neave. G. (1996). Higher education policy as an exercise in contemporary history. *Higher Education*, *32*, 403-415.

Neave. G. (1998). The evaluative state reconsidered. *European Journal of Education*, *33*, 265-284.

Neave. G., & van Vught, F. A. (Eds.) (1991). *Prometheus bound: The changing relationship between government and higher education in western Europe*. Oxford: Pergamon Press.

Niklasson, L. (1996). Game-like regulation of universities: Will the new regulative framework for higher education work? *Higher Education*, *32*, 267-282.

Olsen, J. P. (1988). Administrative reform and theories of organization. In C. Campbell & B. G. Peters (Eds.), *Organizing governance*, *governing institutions*, Pittsburgh: University of Pittsburgh Press.

Olsen, J. P., & Peters, G. (Eds.) (1996). *Lessons from experience*. Oslo: Scandinavian University Press.

O'Toole, L. J. (1986). Policy recommendations for multi-actor implementation: An assessment of the field. *Journal of Public Policy 6*: 181-210.

Parsons, W. (1995). *Public policy: An introduction to the theory and practice of policy Analysis*. Aldershot: Edward Elgar.

Pollitt, C. (1993). *Managerialism and the public services: Cuts or cultural change in the* 1990*s*? Oxford: Blackwell.

Pressman, J. L., & Wildavsky, A. (1973). *Implementation*. Berkeley: University of California Press.

Pressman, J. L., & Wildavsky, A. (1984). *Implementation*. Berkeley: University of California Press. 3nd edition.

Premfors, R. (Ed.) (1984). *Higher education organization: Conditions for policy implementation*. Stockholm: Almqvist & Wiksell International.

Rossi, P. H., & Freeman, H. E. (1989). *Evaluation: A systematic approach*. Newbury Park, California: Sage.

Saarinen, T. (1995). Systematic higher education assessment and departmental impacts: translating the efforts to meet the needs. *Quality in Higher Education*, *1*, 223-234.

Sabatier, P. (1986). Top-down and bottom-up approaches to implementation research: a critical analysis and suggested synthesis. *Journal of Public Policy*, *6*, 21-48.

Sabatier, P., & Mazmanian, D. (1979). The conditions of effective implementation. *Policy Analysis*, *5*, 481-504.

Sabatier, P., & Mazmanian, D. (1981). The implementation of public policy: A framework of analysis. In

D. Mazmanian & P. Sabatier (Eds.), *Effective policy implementation*. Lexington: Lexington Books.

Scott, P. (1999). The research-policy gap. *Journal of Education Policy*, *14*, 317 - 338.

Slaughter, S., & Leslie, L. L. (1997). *Academic capitalism: Politics, policies, and the entrepreneurial university*. Baltimore: Johns Hopkins University Press.

Sporn, B. (1999). *Adaptive university structures: An analysis of adaptation to socio-economic environments of US and European universities*. London: Jessica Kingsley Publishers.

Scott, W. R. (1995). *Institutions and organizations*. Thousand Oaks, California: Sage.

Stensaker, B. (1997). From accountability to opportunity: The role of quality assessments in Norway. *Quality in Higher Education*, *3*, 277 - 284.

van Heffen, O., Verhoeven, J., & De Wit, K. (1999). Higher education policies and institutional response in Flanders: Instrumental analysis and cultural theory. In B. Jongbloed, P. Maassen & G. Neave (Eds.), *From the eye of the storm - Higher education's changing institution*. Dordrecht: kluwer Academic Publishers.

Van Meter, D. S., & Van Horn, C. E., (1975). The policy implementation process: A conceptual framework. *Administration and Society*, *6*, 445 - 488.

van Vught, F. A. (1997). The effects of alternative governance strategies. In B. Steunenberg & F. A. van Vught (Eds.), *Political Institutions and public policy: Perspectives on European decision making*. London: Kluwer Academic Publishers.

Vedung, E. (1997). *Public policy and program evaluation*. London: Transaction Publishers.

van Vught, F. A. (Ed.) (1989). *Governmental strategies and innovation in higher education*. London: Jessica Kingsley Publishers.

Westerheijden, D. F., Brennan, J., & Maassen, P. A. M. (Eds.), (1994). *The changing context of quality assessment: Recent trends in west european higher education*. Utrecht: Lemma.

Westerheijden, D. F., & Sorensen, K. (1999). People on the bridge. Central European higher education institutions in a storm of reform. In B. Jongbloed, P. Maassen & G. Neave (Eds.), *From the eye of the storm: Higher education's changing institution*. Dordrecht: Kluwer Academic Publishers.

Williams, G. L. (1995). The "marketization" of higher education: Reforms and potential reforms in higher education finance. In D. D. Dill. & B. Sporn (Eds.), *Emerging patterns of social demand and university reform: Through a glass darkly*. Oxford: Pergamon Press.

Wittrock, B. (1991). Social knowledge and public policy: Eight models of interaction. In P. Wagner (Ed.), *Social sciences and modern states: National experience and theoretical crossroads*. Cambridge: Cambridge University Press.

Woodley, A. (1981). *The open university of the united kingdom*. Paris: European Cultural Foundation.

第十章

American Association of State Colleges and Universities (1999). *Facing change, building the faculty of the future*. Washington, DC: American Association of State Colleges and Universities.

AAUP/AAU Commission on Academic Tenure (1973). *Faculty tenure: A report and recommendations by the commission on academic tenure in higher education*. San Francisco, CA: Jossey-Bass Publishers, Inc.

American Association of University Professors (1990). *Policy documents and reports*. Washington, DC: American Association of University Professors.

Astin, A. W., Korn, W. S., & Dey, E. L. (1991). *The American college teacher: National norms for the 1989 - 1990 HERI faculty survey*. University of California, Los Angeles, CA: Higher Education Research Institute.

Austin, A., & Rice, R. E. (1998, February). Making tenure viable: listening to early career faculty.

American Behavioral Scientist, *41*(5), 736 - 754.

Bailyn, L. (1993). *Breaking the mold: Women, men and time in the new corporate world*. NY: The Free Press.

Baldwin, R. G., & Chronister, J. L. (2001). *Teaching without tenure: Policies and practices for a new era*. Baltimore, MD. John Hopkins University Press.

Barnes, L. B., Agago, M. O. & Coombs, W. T. (1998). Effects of job-related stress on faculty intention to leave academia. *Research in Higher Education*, *39*(4), 457 - 469.

Bayer, A. E. (1970) "College and university faculty: A statistical description" Washington, DC: American Council on Education. *Research Reports*, *5*(5).

Bayer, Alan E. (1973) *Teaching faculty in academe*: 1972 - 1973. *Research Reports*, *8*(2). Washington, DC: American Council on Education.

Benjamin, E. (1998). Variations in the characteristics of part-time faculty by general fields of instruction and research. *The growing use of part-time faculty: Understanding causes and effects*. New Directions for Higher Education. 104. 45 - 61. San Francisco, CA: Jossey-Bass Publishers, Inc.

Bickel, J. (1991, May). The changing face of promotion and tenure at U. S. medical schools. *Academic Medicine*, *66*(5), 249 - 256.

Blackburn, R. T. (1972). *Tenure: Aspects of job security on the chan̈ging campus*. Atlanta, GA: Southern Regional Education Board.

Bland, C. J., & Holloway, R. L. (1995, September/October). A crisis of mission: Faculty roles and rewards in an era of health care reform. *Change*, *27*(5), 30 - 36.

Boice, R. (1992). *The new faculty member*. San Francisco, CA: Jossey-Bass, Inc.

Bowen, H. R., & Schuster, J. H. (1986). *American professors: A mational resource imperiled*. NY: Oxford University Press.

Boyer, E. L. (1989). *The conditions of the professoriate: Attitudes and trends, 1989*. Princeton, NJ: Carnegie Foundation for the Advancement of Teaching.

Boyer, E. L. (1990). *Scholarship reconsidered: Priorities of the professoriate*. Princeton, NJ: Carnegie Foundation for the Advancement of Teaching.

Breneman, D. W. (1997). *Alternatives to tenure for the next generation of academics*. New Pathways Working Paper Series #14. Washington, DC: American Association for Higher Education.

Carlson, E., & Kimball, B. (1994 fall). Two views of the academic life. *Liberal Education*, *80*(4), 4 - 15.

Carnegie Foundation for the Advancement of Teaching (1989). *Condition of the professoriate: Attitudes and trends, 1989*. Princeton, NJ: Carnegie Foundation for the Advancement of Teaching.

Chait, R. P. (1994, January/February). Make us an offer: Creating incentives for faculty to forsake tenure. *Trusteeship*, *2*(1), 28 - 34.

Chait, R. P. (1995, Spring). The future of academic tenure. *AGB Priorities 3*, 1 - 11.

Chait, R. P. (1998). *Ideas in incubation: Three possible modifications to traditional tenure policies*. New Pathways Working Paper Series #9. Washington, DC: American Association for Higher Education.

Chait, R. P., & Ford, A. T. (1982). *Beyond traditional tenure*. San Francisco, CA: Jossey-Bass, Inc.

Chait, R. P., & Trower, C. A. (1997). *Where tenure does not reign: Colleges with contract systems*. New Pathways Project Working Paper Series #3. Washington, DC: American Association for Higher Education.

Chait, R. P., & Trower, C. A. (1998, September/October). Build it and who will come? *Change*, *30*(5), 20 - 29.

Charfauros, K. H., & Tierney, W. G. (1999). Part-time faculty in colleges and universities. Trends and challenges in a turbulent environment. *Journal of Personnel Evaluation in Education*, *13*(2), 141 - 151. Boston, MA: Kluwer Academic Publishers.

Chronister, J. L. & Baldwin, R. G. (1999, fall). Marginal or mainstream? Full-time faculty off the tenure track. *Liberal Education*, *85*(4), 16 - 23.

Clark, B. R. (1987). *The academic life: Small worlds, different worlds*. Princeton, NJ: The Carnegie Foundation for the Advancement of Teaching.

Clark, B. R. (1997). Small worlds, different worlds: The uniquenesses and troubles of American academic professionals. *Daedalus*, *126*(4), 21 - 43.

Damrosch, D. (1995). *Wescholars: Changing the culture of the university*. Cambridge, MA. Harvard University Press.

Edgerton, R. (1993, September). Upside-down thinking: An interview with Charles Handy. *AAHE Bulletin*, *46*(1). Washington, DC. The American Association for Higher Education.

Finkel, S. K., & Olswang, S. G. (1996, winter). Child rearing as a career impediment to women assistant professors. *Review of Higher Education*, *19*(12), 123 - 139.

Finkelstein, M. J., Seal, R. K., & Schuster, J. H. (1998). *The new academic generation: A profession in transformation*. Baltimore, MD. John Hopkins University Press.

Froom, J. D., & Bickel, J. (1996, January). Medical school policies for part-time faculty committed to full professional effort. *Academic Medicine*, *71*(1), 92 - 96.

Gappa, J. M. (1996). *Off the tenure track: Six models for full-time nontenurable appointments*. New Pathways Working Paper Series #10. Washington, DC: American Association for Higher Education.

Gappa, J. M. (2000, Spring). The new faculty majority: Somewhat satisfied but not eligible for tenure. *Understanding what contributes to job satisfaction among Faculty and staff*. L. S. Hagedorn. (Ed.), *New Directions for Institutional Research #105*. San Francisco, CA. Jossey-Bass Publishers, Inc.

Gappa, J. M., & Leslie, D. W. (1993). *The invisible Faculty*. San Francisco, CA: Jossey-Bass Publishers, Inc.

Gappa, J. M., & Leslie, D. W. (1997). *Two faculties or one? The conundrum of part-timers in a bifurcated work force*. New Pathways Working Paper Series #6. Washington, DC. American Association for Higher Eduction.

Gappa, J. M., & MacDermid, S. M. (1997). *Work, family, and the faculty career*. New Pathways Working Paper Series #8. Washington, DC. American Association for Higher Education.

Glassick, C. E., Huber, M. T., & Maeroff, G. L. (1997). *Scholarship assessed: Evaluation of the professoriate*. San Francisco, CA: Jossey-Bass Publishers, Inc.

Grogono, A. (1994, Winter). Tenure the teacher, let research be its own reward. *Educational Record*, *75*(1), 37 - 41.

Haeger, J. D. (1998, Winter). Part-time faculty, quality programs, and economic realities. The growing use of part-time faculty: Understanding causes and effects. Leslie D. W. (Ed.), *New Directions for Higher Education*, *#104*. San Francisco, CA: Jossey Bass Pulishers, Inc.

Heydinger, R. P., & Simsek, H. (1992). An agenda for reshaping faculty productivity. Denver, CO: State Higher Education Executive Officers.

Hogan, P. C. (1998). The ethics of tenure decisions. *Higher Education Review*, *30*(3), 23 - 41.

Huber, M. T. (1998). *Community college faculty: Attitudes and trends, 1997*. Stanford, CA: Carnegie Foundation for the Advancement of Teaching.

参 考 文 献

Jencks, C., & Riesman, D. (1968). *The academic revolution*. Garden City. NY: Doubleday and Co., Inc.

Johnsrud, L. K., & Des Jarlais, C. D. (1994). Barriers to tenure for women and minorities. *Review of Higher Education*, *17*(4). 335 - 353.

Jones, R. F., & Sanderson, S. C. (1994, September). Tenure policies in U. S. and Canadian medical schools. *Academic Medicine*, *69*(9). 772 - 778.

Kelley, W. N., & Randolph, M. A., (Eds.) (1994). *Careers in clinical research*. Washington, DC. National Academy Press.

Kennedy, D. (1997). *Academic duty*. Cambridge, MA: Harvard University press.

Kirshstein, R. J., Mattheson, N., & Jing, Z. (1997). *Instructional faculty and staff in higher education institutions: Fall* 1987 *and fall 1992*. Washington, DC. U. S. Department of Education.

Leatherman, C. (1999, April 9). Growth in positions off the tenure track is a trend that's here to stay, study finds. *The Chronicle of Higher Education*, A 14 - 16.

Leslie, D. W. (1998a, May). *Part-time, adjunct, and temporary faculty: The new majority*? Report of the Sloan Conference on Part-time and Adjunct Faculty. Williamsburg, VA: The College of William and Mary.

Leslie, D. W. (Ed.) (1998b, Winter). *The growing use of part-time faculty: Understanding causes and effects*. *New Directions for Higher Education # 104*. San Francisco, CA: Jossey-Bass Publishers, Inc.

Levine, A. (1997). How the academic profession is changing. *Daedalus*, *126*(4), 1 - 21.

Lomperis, A. M. T. (1990, November/December). Are women changing the nature of the academic profession? *Journal of Higher Education*, *61*(6), 643 - 677.

Lovejoy, F. H., & Clark, M. B. (1995, December). A promotion ladder for teachers at Harvard medical school: Experience and challenges. *Academic Medicine*, *70*(12), 1079 - 1086.

Magner, D. K. (2000, April 7). The right conditions may lure scholars to jobs off the tenure track, study finds. *Chronicle of Higher Education*, A20.

Massy, W. F., & Wilger, A. K. (1992, Winter). Productivity in postsecondary education: A new approach. *Education Evaluational and Policy Analysis*, *14*(4), 361 - 376.

NEA Higher Education Research Center (1996, September). Full-time non-tenure track faculty. *Update*, *2* (5), 1 - 4. Washington, DC: National Education Association.

Norrell, J. E., & Norrell, T. H. (1996, March). Faculty and family policies in higher educatioin. *Journal of Family Issues*, *17*(2), 204 - 226.

Olsen, D. (1993). Work satisfaction and stress in the first and third year of academic appointment. *Journal of Higher Education*, *64*(4), 453 - 471.

Olsen, D., & Near, J. P. (1994). Role conflict and faculty life satisfaction. *The Review of Higher Education*, *17*(2), 179 - 193.

O'Toole, J. O., Van Alstyne, W. W. & Chait, R. (1979). *Tenure: Three views*. Washington, DC: Change Magazine Press.

Plater, W. (1998, February). Using tenure: citizenship within the new academic workforce. *American Behavioral Scientist*, *41*(5), 680 - 715.

Rhoades, G. (1998). *Managed professionals*. Albany, NY: State University of New York Press.

Rice, R. E. (1996). *Making a place for the new American scholar*. New Pathways Working Paper Series #1. Washington, DC: American Association for Higher Education.

Rice, R. E., Sorcinelli, M. D., & Austin, A. E. (2000). *Heeding new voices: Academic careers for a new gen*. New Pathways Working Paper Series # 7. Washington, DC: American Association for Higher Education.

Sanderson, A., Phua, V. C., & Herda, D. (2000). *The American faculty poll*. NY: TIAA-CREF.

Sawislak, K. (1999, September 17). Denying tenure: Who said anything about fairness? *Chronicle of Higher Education*, B4 - 6.

Sax, L. J., Astin, A. W., Korn, W. S., & Gilmartin S. K. (1999). *The American college teacher. National norms for the 1998 - 1999 HERI faculty survey*. University of California, Los Angeles: Higher Education Research Institute.

Schuster, J. (2000, November 16). Windows and mirrors: Vantage points on a profession in metamorphosis. Sacramento, CA. Presentation at the Associatioin for the Study of Higher Education Conference.

Smith, B. L., & Associates (1973). *The tenure debate*. San Francisco, CA: Jossey-Bass Publishers, Inc.

Sorcinelli, M. D., & Gregory, M. W. (1987). Faculty stress: The tension between career demands and "having it all". *Coping with faculty stress*. New Directions for Teaching and Learning #29. San Francisco, CA: Jossey-Bass Publishers, Inc.

Tack, M. W., & Patitu, C. J. (1992). *Faculty job satisfaction: Women and minorities in perial*. ASHE-ERIC Higher Education Report #4. Washington, DC: The George Washington University Clearing house on Higher Education.

Tierney, W. G., & Bensimon, E. M. (1996). *Promotion and tenure: Community and socialization in academe*. Albany, NY: State University of New York Press.

Trower, C. A. (1996). *Tenure snapshot*. New Pathways Working Paper Series #2.

Washington, DC: American Association for Higher Education.

Trower, C. A. (1998). *Employment practices in the professions: Fresh ideas from inside and outside the academy*. New Pathways Working Paper Series # 13. Washington, DC: American Association for Higher Education.

Trower, C. A. (2000, February 5). Illuminating archery in the dark. New Orleans, L. A. Presentation at the AAHE Conference on Faculty Roles and Rewards.

U. S. Department of Education, National Center for Education Statistics (1998). *Fall staff in postsecondary institutions, 1995*. Washington, DC: U. S. Department of Education.

University of Wisconsin System (1990). *Retaining and promoting women and minority faculty members: problems and possibilities*. Madison, WI: Board of Regents of the University of Wisconsin System.

Waterman, R. H., Waterman, J. A., & Collard, B. A. (1994, July/August). Toward a career-resilient *workforece*. *Harvard Business Review*, *72*(4), 87 - 95.

Wigton, R. S., & Waldman, R. S. (1993, March). An innovative faculty appointment system at the University of Nebraska. *Academic Medicine*, *68*(3), 190 - 191.

Wilson, R. (1995, November 17). Colleges help professors balance work and family. *Chronicle of Higher Education*, A24.

Wilson, R. (1999, June 11). Georgia State U. cuts some part-time positions to add 65 full-time faculty jobs. *The Chronicle of Higher Education*. A18.

Wilson, R. (2000, May 12). A new campus without tenure considers what it's missing. *Chronicle of Higher Education*, A18.

Wolf-Wendel, L. E., Twombly, S., & Rice, S. (2000, May/June). Dual-career couples: Keeping them together. *Journal of Higher Education*, *71*(3), 291 - 322.

Wyles, B. A. (1998, Winter). Adjunct faculty in the community colleges: Realities and challenges. *The growing use of part-time faculty: Understanding causes and effects*. Leslie, D. W. (Ed.), New Directions for Higher Education #104. San Francisco, CA: Jossey-Bass Publishers, Inc.

译后记

高等教育的功能在于进行学术研究与人才培育，其发展有助于社会的物质建设与精神建设，同时提升国家整体竞争力。近年来提升国家竞争力，似乎已成为各国施政之主轴，而高等教育竞争力成为国家发展的关键因素之一。

根据联合国科教文组织(UNESCO)的估计，20 世纪 60 年代全世界高等教育学生人数是一千三百万，到了 1991 年增加到六千五百万，预计到了 2020 年，届时全球将会有一亿五千万的学生接受高等教育。所以对照上述统计数字不难发现，全球高等教育的大众化(massification)，甚至是普及化(universal)已经是必然之趋势。加上全球化(globalization)的影响，通过交通与传播媒体，将世界的经济、贸易、金融、文化及地域的联结，全球化似乎已无法抵挡，这对于高等教育已产生直接与间接的冲击。高等教育面对市场普及化与竞争国际化之情势，如何整合优势，培育具有多元创新的人才，规划具有国际视野与全球意识的课程，已成高等教育机构所要面临的重大课题。

本书《高等教育学》指出了如何因对全球化时代下高等教育机构所要面临的挑战。在培育人才方面，不论是学生或是教师，如何投入高等教育的研究历程、如何进行高等教育相关研究议题，如何在社会文化的脉络下，发展高等教育的特色，皆有多方探讨。在课程教学方面，大学教员的学术专业与规划、大学生学习动机与自我导向学习，本书亦有精辟的分析与见解，实为值得各方先进人士共同探讨。

今日有幸承蒙江苏教育出版社重视高等教育相关议题，愿意让此书在大陆地区推广，并列为“教育科学精品教材译丛”。期盼本书能提供大陆地区关心高等教育之各界人士一重要参考。同时让海峡两岸关心高等教育发展的人士能共同研议及探讨未来高等教育的发展。本书为集体翻译之作，两岸在教育用词上也略有出入，疏漏之处难免，仍请各界先进人士不吝指正。

陈伯璋

2009 年 7 月